Dieter Knöringer

Die Assessorklausur im Zivilprozess

Die Assessorklausur im Zivilprozess

Das Zivilprozessurteil
Hauptgebiete des Zivilprozesses
Klausurtechnik

von

Dr. Dieter Knöringer

Richter am Oberlandesgericht a. D.
Langjähriger hauptamtlicher Arbeitsgemeinschaftsleiter
für Rechtsreferendare

14., überarbeitete und ergänzte Auflage

Verlag C.H. Beck München 2013

Zitiervorschlag: *Knöringer,* Assessorklausur § … Rdnr. …

www.beck.de

ISBN 978 3 406 64745 1

© 2013 Verlag C.H. Beck oHG
Wilhelmstraße 9, 80801 München
Gesamtherstellung: Druckerei C.H. Beck Nördlingen
(Adresse wie Verlag)

Gedruckt auf säurefreiem, alterungsbeständigem Papier
(hergestellt aus chlorfrei gebleichtem Zellstoff)

Vorwort zur 14. Auflage

Wichtigstes Anliegen dieses Buches ist die Vermittlung des für den prozessrechtlichen Bereich der Assessorprüfung benötigten Fachwissens in systematischer Darstellung. Die Erläuterungen orientieren sich an den **konkreten Bedürfnissen des Assessorexamens** und sind daher fallorientiert mit klausurmäßiger Lösung und unter Darlegung der Konsequenzen für die Gestaltung von Tenor, Tatbestand und Entscheidungsgründen ausgestaltet.

Mit Hilfe der zahlreichen Beispiele, Tenorierungsvorschlägen, Aufbauschemata und grafischen Übersichten habe ich versucht, in allen dargestellten Bereichen so konkret wie möglich zu werden.

Die Arbeit mit diesem Buch empfiehlt sich bereits **zu Beginn des Referendariats** – hier werden die ersten Klausuren geschrieben und die Ausbildung beim Zivilgericht beginnt. Vor allem sollte man sich den Effekt des frühzeitigen und laufenden Wiederholens sichern, den Garanten des sicheren Umgangs mit der ZPO.

Das Buch wendet sich aber auch an den **jungen Zivilrichter** bei der Einarbeit in sein neues Referat.

Die **Neuauflage** bringt das Werk nicht nur in allen Teilen auf neuesten Stand, sondern wurde auch in vielen Detailbereichen weiter verbessert und zum Teil erweitert. In manchen Bereichen enthält sie eine Neubearbeitung – so bei der Veräußerung streitbefangener Sache, dem gesetzlichen Parteiwechsel insbes. im Gesellschaftsrecht, der Nebenintervention, dem Meistbegünstigungsgrundsatz beim Versäumnisverfahren, beim Prozessvergleich sowie der Umdeutung unzulässiger Rechtsbehelfe.

Das zum 1. 7. 2013 geplante 2. Kostenrechtsmodernisierungsgesetz (KostMoG, BT-Drucksache 17/11471) wurde in seiner Grundkonzeption bereits berücksichtigt. Relevante Änderungen für das vorliegende Buch werden sich nur hinsichtlich der Tabellenwerte der Gebührentabellen in Anlage 2 zum GKG und Anlage 2 zum RVG ergeben, deren Höhe bei Drucklegung noch nicht endgültig feststanden. Da die die Gebühren auslösenden Gebührentatbestände als solche unverändert bestehen bleiben, bleiben auch die im Buch behandelten Berechnungsbeispiele (etwa zur vorläufigen Vollstreckbarkeit) bis auf die neu einzusetzenden Tabellenwerte unverändert. Die bisherigen Tabellenwerte gelten weiterhin für Verfahren vor Inkrafttreten dieses Gesetzes.

Die im RVG in VV 1010 vorgesehene zusätzliche Beweisgebühr für besonders umfangreiche Beweisaufnahmen ab dem 2. oder 3. Termin wird in den Beispielen in diesem Buch nicht berührt.

Herzlichen Dank sage ich all den Lesern, die mit ihren Zuschriften und Anregungen zur Gestaltung des Werkes beigetragen haben. Um diese Anregungen bitten Autor und Verlag auch weiterhin.

München, im Dezember 2012   *Dieter Knöringer*

Inhaltsverzeichnis

Teil 2. Hauptgebiete des Zivilprozesses

Literatur- und Abkürzungsverzeichnis

I. Kommentare

Bamberger/Roth .... Bürgerliches Gesetzbuch, 3. Auflage, 2012
Baumbach-Hopt .... Handelsgesetzbuch, 35. Auflage, München 2012
Baumbach-Lauterbach-
Albers-Hartmann .... Zivilprozessordnung, 71. Auflage, München 2013 (zitiert: BL)
Erman .... Handkommentar zum Bürgerlichen Gesetzbuch, 12. Auflage, Köln 2008
Hartmann .... Kostengesetze, 42. Auflage, München 2012
Jauernig .... Bürgerliches Gesetzbuch, 14. Auflage, München 2012
Müko-BGB .... Bürgerliches Gesetzbuch, 6. Auflage, München 2012 ff.
                                            (zitiert: Müko-BGB)
Müko-ZPO .... Kommentar, 3. Auflage, München 2007 ff. (zitiert: Müko-ZPO)
Münchner Kommentar
zur Insolvenzordnung ..... Kommentar zur Insolvenzordnung, 2. Auflage, München 2007/2008,
                                            zit. Müko-InsO
Musielak .... Zivilprozessordnung, 9. Auflage, München 2012
Palandt .... Bürgerliches Gesetzbuch, 71. Auflage, München 2012
Stein-Jonas .... Kommentar zur Zivilprozessordnung, 22. Auflage, 2002 ff. (zitiert: StJ)
Uhlenbruck .... Kommentar zur Insolvenzordnung, 13. Auflage, München 2010
Thomas-Putzo .... Zivilprozessordnung, 33. Auflage, München 2012 (zitiert: ThP)
Wieczorek/Schütze .... Zivilprozessordnung, Großkommentar, 3. Auflage, 1994 ff.
Zimmermann .... Zivilprozessordnung, 9. Auflage, Heidelberg 2011
Zöller .... Zivilprozessordnung, 29. Auflage, Köln 2012

II. Lehrbücher und Anleitungsbücher

Anders-Gehle .... Das Assessorexamen im Zivilrecht, 10. Auflage, 2010
Baur-Stürner/Bruns .... Zwangsvollstreckungsrecht, 13. Auflage, 2006
Baur-Stürner .... Zwangsvollstreckungs-, Konkurs- u. Vergleichsrecht, 12. Auflage,
                                            Bd. I Einzelvollstreckungsrecht (1995), Bd. II Insolvenzrecht (1990);
                                            (zitiert nach Rdnr.)
Blomeyer .... Zivilprozessrecht, 2. Auflage, Berlin 1985
Böhme-Fleck-Kroiß .... Formularsammlung für Rechtspflege und Verwaltung, 22. Auflage,
                                            München 2011
Furtner .... Das Urteil im Zivilprozess, 5. Auflage, München 1985
Grunsky .... Grundlagen des Verfahrensrechts, 2. Auflage, Bielefeld 1974
                                            (zitiert: VerfR)
Hövel van den .... Die Tenorierung im Zivilurteil, 5. Auflage, 2010
Jauernig/Hess .... Zivilprozessrecht, 30. Auflage, München 2011
Oberheim .... Zivilprozessrecht für Referendare, 9. Auflage, 2012
Rosenberg/Schwab/
Gottwald .... Zivilprozessrecht, 17. Auflage, München 2010 (zitiert: RoSG)
Siegburg .... Einführung in die Urteils- und Relationstechnik, 6. Auflage, Neuwied
                                            2008
Theimer/Theimer .... Mustertexte zum Zivilprozess, Band I, 8. Auflage 2012, Band II,
                                            7. Auflage 2012
Zeiss/Schreiber .... Zivilprozessrecht, 11. Auflage, Tübingen 2009

Paragraphen ohne Gesetzesangabe sind solche der ZPO.

III. Verzeichnis der häufigsten Abkürzungen

E-Gründe .... Entscheidungsgründe
eSG .... einfache Streitgenossen(schaft)
E-Termin .... Einspruchstermin (Versäumnis- u. Mahnverfahren)
eV .... Einstweilige Verfügung
f. e. T. .... früher erster Termin
HauptA .... Hauptantrag
HilfsA .... Hilfsantrag
HS .... Hauptsache
HT .... Haupttermin
InsO .... Insolvenzordnung
KlageÄ .... Klageänderung
KostenE .... Kostenentscheidung
KV .... Kostenverzeichnis, Anlage 1 zum GKG
NI .... Nebenintervenient/Nebenintervention
nSG .... notwendige Streitgenossen(schaft)
RNachfolger .... Rechtsnachfolger
Rn. .... Randnummer
RVG .... Rechtsanwaltsvergütungsgesetz
RVorgänger .... Rechtsvorgänger
SG .... Streitgenosse
SL .... Sicherheitsleistung
TB .... Tatbestand
U .... Urteil
VB .... Vollstreckungsbescheid
VT .... Verkündungstermin
VU .... Versäumnisurteil
VV .... Vergütungsverzeichnis zum RVG
ZwV .... Zwangsvollstreckung

Randnummern: Die vorangestellten halbfetten Zahlen bezeichnen den behandelten Paragraphen (das Kapitel) des Lehrbuchs, die Zahlen danach die fortlaufenden Randnummern darin.

Teil 1. Das Urteil

Urteile lassen sich nach verschiedenen Kriterien einteilen. Hierzu

Übersicht über die Urteilsarten: Rn. **7.**01 ff.

Im Folgenden wird zunächst das **normale Endurteil** erster Instanz behandelt (§§ 1–6). Im Anschluss hieran werden die **besonderen Urteilsarten** (Teil-, Zwischen-, Anerkenntnisurteile etc.) besprochen (§ 7).

Vorab ein **Überblick** über den **Aufbau des Urteils:**

Maßgebliche Vorschriften: §§ 311 I; 313 (313 a; 313 b); 315 I, III. Hinzu treten beim Tatbestand Gepflogenheiten der Praxis, die nicht vorgeschrieben, aber zweckmäßig sind.

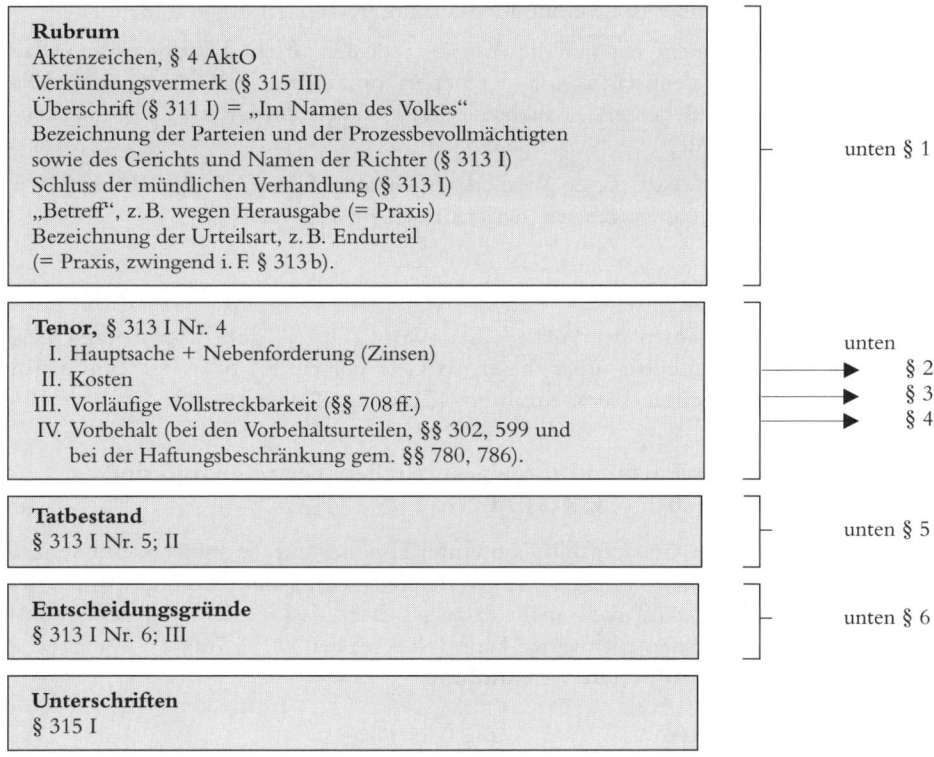

Rubrum
Aktenzeichen, § 4 AktO
Verkündungsvermerk (§ 315 III)
Überschrift (§ 311 I) = „Im Namen des Volkes"
Bezeichnung der Parteien und der Prozessbevollmächtigten
sowie des Gerichts und Namen der Richter (§ 313 I)
Schluss der mündlichen Verhandlung (§ 313 I)
„Betreff", z. B. wegen Herausgabe (= Praxis)
Bezeichnung der Urteilsart, z. B. Endurteil
(= Praxis, zwingend i. F. § 313 b).

unten § 1

Tenor, § 313 I Nr. 4
 I. Hauptsache + Nebenforderung (Zinsen)
 II. Kosten
 III. Vorläufige Vollstreckbarkeit (§§ 708 ff.)
 IV. Vorbehalt (bei den Vorbehaltsurteilen, §§ 302, 599 und
    bei der Haftungsbeschränkung gem. §§ 780, 786).

unten
§ 2
§ 3
§ 4

Tatbestand
§ 313 I Nr. 5; II

unten § 5

Entscheidungsgründe
§ 313 I Nr. 6; III

unten § 6

Unterschriften
§ 315 I

§ 1 Das Rubrum

Der Urteilseingang (Rubrum, Urteilskopf) enthält gesetzlich vorgeschriebene, sowie in der Praxis gebräuchliche Angaben. Da ein „Muster" gesetzlich nicht vorgeschrieben ist, sind in den einzelnen Gerichtsbezirken die Formalien z. T. etwas unterschiedlich.[*] Einheitlich aber sind die Elemente des Rubrums.

1. Aktenzeichen

1.01 Es ist anzugeben gemäß § 4 AktO (= Schönfelder, Anhang) und steht im Urteilskopf üblicherweise links oben.

C = allg. Zivilsachen beim AG, O = allg. Zivilsachen 1. Instanz beim LG

2. Verkündungsvermerk, § 315 III

1.02 Er ist nicht der Nachweis, dass verkündet wurde. Dieser Nachweis erfolgt allein durch das Sitzungsprotokoll über den Verkündungstermin, §§ 160 III Nr. 7, 165.

Der Verkündungsvermerk hat nur die Aufgabe, auf der Urschrift zu bestätigen, dass dessen Formel auch identisch ist mit der bereits verkündeten (BGHZ 8, 309). Das Fehlen dieses Vermerks beeinflusst nicht die Wirksamkeit des Urteils und seiner Zustellung (ThP § 315, 5).

In **Prüfungsarbeiten** darf dieser Vermerk regelmäßig fehlen, da der Bearbeiter ja i. d. R. einen Entwurf zu fertigen hat, der erst noch zu verkünden ist.

3. Überschrift, § 311 I

1.03 Sie lautet nur „Im Namen des Volkes". Das Wort „Urteil" steht *nach* dieser Überschrift, entweder unmittelbar unter dieser (so viele Formulare) oder erst unmittelbar vor der Formel vgl. Böhme-Fleck-Kroiß Nr. 12; Anders-Gehle Rn. 297.[*]

4. Bezeichnung der Parteien, ihrer gesetzlichen Vertreter und der Prozessbevollmächtigten, § 313 I Nr. 1

1.04 Hier ist größtmögliche Genauigkeit geboten im Hinblick auf die subjektiven Grenzen der Rechtskraft (dazu ThP § 325, 1), sowie Beginn (§ 750) und Durchführbarkeit der Zwangsvollstreckung, damit diese nicht daran scheitert, dass die Identität des Schuldners nicht eindeutig festgestellt werden kann (Näheres bei ThP § 750, 3). Maßgebend ist der **Schluss** der **mündlichen Verhandlung**.

a) Angaben zur Partei

1.05 Parteien i. S. v. § 313 sind die sog. Hauptparteien (Kläger u. Beklagter; nur sie sind wirklich Parteien) sowie die etwas missverständlich mit „Nebenparteien" bezeichneten Nebenintervenienten und der beigetretene (!) Streitverkündungsempfänger (§ 74 I).

---

[*] Dazu unten Rn. **1.**13 Muster: einmal das nach Böhme-Fleck-Kroiß Nr. 12 in den südlichen Bundesländern (z. B. Bayern), sowie das in **NRW**/Norddeutschland gebräuchliche.

- **Wer ist Partei** (Hauptpartei)?

Es gilt der **formelle Parteibegriff.** Die Parteistellung hängt also rein formal von der Klageschrift ab, wer darin Rechtsschutz im eigenen Namen (Kläger) gegen wen (Beklagter) in Anspruch nimmt, also unabhängig davon, wer nach der materiellen Rechtslage der wahre Rechtsträger (die *„richtige"* Partei) ist (Zöller 2, 3 vor § 50). Ggfls. ist diese auszulegen: maßgebend ist, wer erkennbar (= Sicht des Gerichts und der Gegenpartei) durch die Bezeichnung betroffen werden soll (BAG NJW 09, 1293).

Davon sind zu unterscheiden:

– Die **richtige Partei:** Aktiv- und Passivlegitimation sind Fragen der Begründetheit, nicht der formal (Klageschrift) bewirkten Parteistellung.
– **Parteifähigkeit,** § 50.
  Das Rubrum berichtet nur, wer laut Klage Partei *ist,* nicht darüber, ob diese Person oder Personenmehrheit auch Partei sein *kann.* Ist die Klage von oder gegenüber einer nicht parteifähigen Person erhoben, so ist diese gleichwohl so, wie in der Klageschrift bezeichnet, im Rubrum als Partei aufzuführen. Also keine eigenmächtigen Zusätze, um eine verfehlte Klage zurechtzurücken!

- **Umfang der Personalien?**

Er richtet sich nach dem Zweck, Verwechslungen möglichst zu vermeiden. Zumeist wird daher § 313 interpretiert mit §§ 253 IV, 130 Nr. 1 (das für die Schriftsätze Vorgeschriebene muss erst recht für das viel wichtigere Urteil gelten). Also: Vor- und Familienname, Geburtsname, Beruf und Adresse sowie die vollständige Parteistellung, also incl. einer Doppelrolle (z.B. Kläger und Widerbeklagter).

Die Parteistellung sollte übersichtlich herausgestellt werden, am besten nach der Anschrift abgesetzt rechts außen am Rand.

- **Firma**

Ist die Klage von oder gegenüber einer „Firma" erhoben, so ist stets zunächst zu prüfen, ob es sich um eine Gesellschaft (Rechtsform) oder eine Einzelperson (die unter „Firma …" auftritt) handelt.

Handelt es sich um eine Einzelperson, ist zu beachten:

(1) Gem. § 17 II HGB kann sie nur unter einer „Firma" (das ist der Handelsname) klagen und verklagt werden, wenn sie **Kaufmann** ist (§§ 1–3 HGB) und der prozessuale Anspruch auch das Handelsgewerbe betrifft (nicht also z.B. bei Pflichtteilsansprüchen). Trifft das **nicht** zu, ist im Rubrum nur der bürgerliche Name aufzuführen.

(2) Darf eine Firma geführt werden, ist Partei der *Inhaber,* nicht die Firma, was insbesondere bei Inhaberwechsel mit Firmenfortführung (§§ 22 ff. HGB) wichtig ist. Nach h.M. ist daher
Kläger: wer zurzeit der Einreichung der Klage Inhaber ist,
Beklagter: wer Inhaber bei Zustellung, § 261 I, ist.
Vgl. ThP 7; Müko-ZPO 15, je vor § 50; BGH NJW 90, 908.
Ist diese Parteistellung einmal erlangt, bleibt sie von späterem Inhaberwechsel (Geschäftsveräußerung) unbeeinflusst.

- **Parteien kraft Amtes**

Insolvenzverwalter (§ 80 InsO), Testamentsvollstrecker (§§ 2212, 2213 BGB), Nachlassverwalter (§ 1984 BGB) und Zwangsverwalter (§ 152 ZVG) führen nach der herrschenden Amtstheorie die Prozesse als gesetzliche Prozessstandschafter im eigenen Namen über fremdes Vermögen.

Sie sind also selbst Partei. Im Rubrum ist aber ihre Funktion anzugeben, da sie, wenn sie den Prozess verlieren, zwar in die Kosten verurteilt werden, dafür aber nur mit dem betreuten Vermögen haften.

Beispiel:

In dem Rechtsstreit

Dr. Hans Schnell, Rechtsanwalt, Badstr. 2, 80017 München, **als Insolvenzverwalter** über das Vermögen des Adam Lustig, Kaufmann, 80331 München, Kaufingerstraße 1,

– Kläger –

- **Nebenintervenient** (Streithelfer), §§ 66–71

Er ist nicht selbst Partei i. S. d. Parteilehre, aber als Dritter am Rechtsstreit beteiligt mit eigenen Befugnissen (dazu unten § 17 und ThP § 67, 1).

Als Prozessbeteiligter mit eigenen Befugnissen ist er im Rubrum aufzuführen, und zwar **unmittelbar nach der unterstützten Partei.**

- **Streitverkündungsempfänger,** §§ 72–74

Gemäß § 74 ist zu unterscheiden:

§ 74 II: Tritt der Streitverkündungsempfänger **nicht bei,** wird er im Urteil nirgends, auch nicht im Rubrum, erwähnt.

Denn er hat mangels Beitritts im laufenden Prozess (Vorprozess) keine prozessuale Stellung und beeinflusst nicht das Urteil.

§ 74 I: Tritt er aber **bei,** so ist er künftig Nebenintervenient der unterstützten Partei und im Rubrum daher auch als Streithelfer aufzuführen (siehe nachfolgendes Musterbeispiel).

Für das Urteil ist der Beitritt bedeutsam, weil der NI wichtige prozessuale Handlungen vorgenommen, z. B. die Säumnis der Hauptpartei abgewendet haben kann (Näheres in § 17) und wegen der Kostenentscheidung (§ 101).

Beachte schon hier: Von dieser prozessualen Situation der Streitverkündung im laufenden Prozess ist die **Interventionswirkung** (§§ 68, 74 III) zu unterscheiden, die sich erst im Folgeprozess des Streitverkünders gegenüber dem Streitverkündungsempfänger auswirkt, aber im laufenden Prozess das wichtigste Ziel der Streitverkündung ist: infolge der Interventionswirkung (§ 68) gelten wichtige Tatsachen und Rechtsfragen schon im Vorprozess als bindend festgestellt auch gegenüber dem Streitverkündungsempfänger (mit und ohne Beitritt, § 74 III), was sich natürlich im Folgeprozess des Streitverkünders gegenüber dem Streitverkündungsempfänger gravierend auswirken kann (Näheres dazu unten §§ 17, 18).

b) Parteiänderungen während des Prozesses (Näheres dazu in § 15)

1.06 Maßgebender Zeitpunkt für die im Rubrum aufzuführende Parteistellung ist der Schluss der mündlichen Verhandlung (ThP § 313, 2). Hier ist Partei (noch), wer zumindest noch von der Kostenentscheidung betroffen wird.

aa) Gewillkürter Parteiwechsel. Ist dieser wirksam (Theorienstreit, dazu Rn. **15**.06 ff.), sind im Rubrum im Regelfall **nur** mehr die **neuen Parteien** aufzuführen:

An der Gerichtskostenentscheidung ist der Ausscheidende i. d. R. nicht mehr beteiligt, sie ergeht unter den neuen Parteien. Die außergerichtlichen Kosten des ausscheidenden Beklagten trägt vorab per Beschluss analog § 269 III 2, IV der Kläger, die eines ausscheidenden Klägers dieser analog § 269 IV selbst (BGH NJW 06, 1353; ThP 21, 22 vor § 50). Kostenmäßig wird der sonst sehr umstrittene Parteiwechsel zumeist wie eine Klagerücknahme behandelt. Näheres unten Rn. **15**.16.
Ergeht der Kostenbeschluss analog § 269 IV (ausnahmsweise) nicht, muss über die außergerichtlichen Kosten des Ausscheidenden im Endurteil entschieden werden. Dieser bleibt dann (wegen der Kosten) bis dahin Partei.

Dasselbe gilt bei Klagerücknahme von oder gegenüber nur einzelnen Streitgenossen (Müko-ZPO 74; ThP 19 je zu § 269).

bb) Gesetzlicher Parteiwechsel, §§ 239 ff. Tritt im Laufe des Verfahrens ein gesetzlicher Parteiwechsel (z. B. Tod) ein, so wird dieser üblicherweise auch im Rubrum kenntlich gemacht. Dies hat nur Klarstellungsfunktion; zwingend ist das nicht, da notwendig nur die als Parteien aufzuführen sind, die es am Schluss der mündlichen Verhandlung (noch) sind.

Beispiel: Bei Tod einer Partei nach Klageerhebung tritt gesetzlicher Parteiwechsel auf deren Erben ein, § 239. Da alle Erben Parteien werden, sind sie alle mit Namen und Adresse im Rubrum aufzuführen. Da die Erbengemeinschaft nicht rechtsfähig ist, kann auch nicht abgekürzt werden, z. B. „Erbengemeinschaft nach Heim Volker".
Das Rubrum lautet z. B.:

In dem Rechtsstreit

Heim, Volker .... .
jetzt seiner Erben

A ..... – Kläger zu 1) – ⎫   alle Erben
B ..... – Kläger zu 2) – ⎬   mit Namen
C ..... – Kläger zu 3) – ⎭   und Adresse

cc) Veräußerung der streitbefangenen Sache, § 265.

Gemäß § 265 II geht der Prozess ungeachtet der Veräußerung unter den *alten* Parteien weiter. Das Rubrum ändert sich also nicht. Der Veräußerer *muss* den Prozess in gesetzlicher Prozessstandschaft (§ 265 II S. 1) fortführen, lediglich der Klageantrag (und so der Tenor) ist nach h. M. (Relevanztheorie) umzustellen auf Leistung an den neuen Rechtsinhaber. Näheres unten § 10 II.

Der Rechtsnachfolger kann als Streithelfer beitreten, § 265 II 3. Nur mit Zustimmung des Gegners *kann* der Rechtsnachfolger gem. § 265 II im Wege des gewillkürten Parteiwechsels als neue Partei eintreten.

c) Gesetzliche Vertreter (bei Prozessunfähigen)

Bei prozessunfähigen Personen (juristische Personen, Minderjährige, OHG und KG) **1.07** genügt es nicht, nur die Tatsache einer gesetzlichen Vertretung anzugeben (z. B. GmbH XY, „gesetzlich vertreten durch den Geschäftsführer"). Denn das Urteil wird nicht an die prozessunfähige Partei, sondern an ihren gesetzlichen Vertreter zugestellt, § 170 I 1, (bei mehreren an einen von ihnen, § 170 III, nach Wahl des Zustellers).

Erforderlich ist daher, die gesetzlichen Vertreter (also alle, jedoch ist Unvollständigkeit unschädlich, Zöller § 313, 4) **mit Namen und Adresse** zu bezeichnen. Als Adresse genügt bei juristischen Personen und bei partei- und rechtsfähigen Personengesellschaften (OHG, KG, BGB-Außengesellschaft, sowie beim Verein wegen § 50 II) i. d. R. die des Geschäftslokals, da dort gem. § 177 dem Zustelladressaten, das ist der gesetzliche Vertreter (§ 170 I 1; ThP 13, 14 vor § 166), oder dem Leiter (§ 170 II) zugestellt oder dort eine Ersatzzustellung vorgenommen werden kann (§ 178 I Nr. 2 bzw. §§ 180, 181).

Beispiele:
- **Minderjährige: beide** Eltern sind anzugeben.
  (Die Zustellung an nur einen Elternteil genügt aber, § 170 III)
- **GmbH: sämtliche** Geschäftsführer **namentlich** z. B. „GmbH X, Kaufingerstr. 2, 80331 München, gesetzlich vertreten durch den Geschäftsführer Adolf Jung, ebenda.
- **AG: alle** Vorstandsmitglieder **namentlich** (nicht nur der Vorsitzende), § 78 AktG. (Der Aufsichtsrat hat nur Überwachungsfunktion, § 111 AktG, jedoch bei Klagen und beim Vorgehen gegen (auch frühere) Vorstandsmitglieder die alleinige Vertretungskompetenz anstelle des Vorstands, § 112 AktG).
- **OHG, KG, BGB-Außengesellschaft:** alle, die nach dem Gesellschaftsvertrag zur Vertretung erforderlich sind, BGHZ 17, 181; ThP 6 a; Zöller 4 zu § 51. Siehe näher unten Rn. **27.09** zu 5 b.
- **WEG:** Sie ist teilrechtsfähig und damit parteifähig, soweit sie bei der Verwaltung gemeinschaftlichen Eigentums am Rechtsverkehr teilnimmt. Die Gemeinschaft kann in diesen Angelegenheiten als solche klagen und verklagt werden, BGHZ 163, 154; BGH MDR 07, 899. Nicht mehr er-

forderlich ist dann die Beifügung einer Eigentümerliste. Es genügt: „WEG-X Straße, vertreten durch den Verwalter Y".

- **Verein** gem. § 54 BGB: er ist nach § 50 II nunmehr auch aktiv und passiv parteifähig und steht damit einem rechtsfähigen Verein gleich, wird daher durch den Vorstand gesetzlich vertreten (ThP § 50, 7, 8).

d) Prozessbevollmächtigte

1.08 Anzugeben sind die Prozessbevollmächtigten, die am Schluss der mündlichen Verhandlung die Parteien vertreten haben. Da die Urteilszustellung gem. § 172 ausschließlich an sie erfolgen kann, ist hierauf und auf die genaue Namens- und Adressenangabe (Postfach des Anwalts im Gerichtsgebäude genügt) zu achten.

Anwaltssozietäten: „Rechtsanwälte Hofmann und Partner ...". Handelt es sich um eine rechts- und parteifähige BGB-Außengesellschaft (BGHZ 146, 341), oder eine Partnerschaftsgesellschaft, oder eine als GmbH geführte Rechtsanwaltsgesellschaft gem. §§ 59 c ff. BRAO (die als solche als Prozessbevollmächtigte tätig werden können, § 7 IV PartGG, § 59 I BRAO), so genügt diese Bezeichnung („und Partner") bei der GbR und der Partnerschaftsgesellschaft (§ 2 PartGG), bei der Rechtsanwaltsgesellschaft ist dieses Wort hinzuzufügen (§ 59 k BRAO) und die gem. § 172 an sie vorzunehmende Zustellung erfolgt gemäß § 170, vgl. Zöller § 172, 4, § 80, 6.

5. Betreff

1.09 Eine kurze Bezeichnung des Gegenstands des Rechtsstreits ist zwar nicht vorgeschrieben (ihr Fehlen daher auch in Prüfungsarbeiten unschädlich) aber durchaus üblich.

Die viel gebrauchte Floskel „wegen Forderung" ist jedoch zu oberflächlich. Den Gegenstand des Rechtsstreits sollte man, wenn schon ein Betreff überhaupt angeführt wird, kurz **charakterisieren,** z.B. „wegen Darlehensrückgewähr", „wegen Schadensersatzes aus Verkehrsunfall", „wegen Herausgabe eines Grundstücks".

6. Bezeichnung des Gerichts und der Richter, § 313 I Nr. 2

1.10 **Gericht:** nach Behörde und (wegen § 547) nach erkennendem Spruchkörper, ThP § 313, 6.

Beispiele: Landgericht Nürnberg, 12. Zivilkammer, 3. Kammer für Handelssachen. Ist am Landgericht für die Zivilkammer der Einzelrichter zuständig (als originärer gem. § 348 oder nach Übertragung der Sache auf ihn als obligatorischer gem. § 348 a), so repräsentiert er die Kammer, tritt an ihre Stelle und schließt diese für die Dauer seiner Zuständigkeit aus. Er ist jetzt sozusagen allein die betreffende Zivilkammer. Da das Urteil eine Entscheidung der (vom Einzelrichter repräsentierten) Kammer ist, muss dieser Spruchkörper und die Tatsache ihrer Repräsentation im Rubrum angegeben werden. Also: „Landgericht Nürnberg, 12. Zivilkammer, Richter am LG Dr. Schnell als Einzelrichter."

Richter: Namen der Richter, die an der **letzten** mündlichen Verhandlung (denn auf Grund dieser ergeht ja die „Entscheidung" i. S. v. § 313) teilgenommen haben.

7. Schluss der mündlichen Verhandlung, § 313 I Nr. 3

1.11 Der Schluss der mündlichen Verhandlung (bzw. der Endtermin gemäß § 128 II bei schriftlichem Verfahren) ist entscheidend für den **Zeitpunkt der materiellen Rechtskraft** sowie die **Präklusionswirkungen** gemäß §§ 296 a, 323 II, 767 II (ThP 7; Zöller 6, 7 zu § 313).

Wird das Urteil nicht sofort im letzten Verhandlungstermin verkündet (sog. Stuhlurteil), sondern in einem eigens dafür anberaumten Verkündungstermin, § 310, so ist nicht dieser Termin anzugeben, da er kein Verhandlungstermin ist, auf Grund dessen das Urteil ergeht, sondern auch hier der Tag der letzten Verhandlung.

Beispiele:

(1) Normalfall: „auf Grund der (letzten) mündlichen Verhandlung vom …". Anzugeben ist nur der letzte Verhandlungstag, nicht (wie im Strafurteil) sämtliche Verhandlungstage.

(2) § 128 II: „… im schriftlichen Verfahren am …". Anzugeben ist der gemäß § 128 II bestimmte Endtermin, bis zu dem Schriftsätze eingereicht werden können und der dem Schluss der mündlichen Verhandlung entspricht.

(3) §§ 251 a, 331 a (Urteil nach Aktenlage): „… nach Lage der Akten am …" (= Säumnistermin, nicht der im Säumnistermin anzuberaumende Verkündungstermin!, Zöller § 313, 6).

(4) §§ 307 II, 331 III (Anerkenntnis- und Versäumnisurteil im schriftlichen Vorverfahren, § 276): „… ohne mündliche Verhandlung am …" (= Tag der Urteilsfällung im Bürowege, beim VU gemäß § 331 III zweckmäßigerweise der Tag der Übergabe an die Geschäftsstelle, a. A. Zöller § 313, 6: Ablauf der Notfrist gem. § 276 I S. 1).

8. Bezeichnung der Urteilsart

Sie erfolgt entweder durch entsprechende Überschrift über dem Tenor, oder schon direkt unter der Überschrift „Im Namen des Volkes" (vgl. nachfolgende Musterbeispiele Rn. **1.**13). **1.12**

Die Bezeichnung der Urteilsart ist zwar zwingend vorgeschrieben nur für Versäumnis-, Anerkenntnis- und Verzichtsurteile gem. § 313b I. Sie ist jedoch für alle Urteilsarten allgemein üblich, um zu kennzeichnen, **welches Verfahrensstadium** mit diesem Urteil erreicht ist (z. B. Teilurteil) und **mit welchen Rechtsbehelfen** es seiner Rechtsnatur nach anfechtbar ist (z. B. Versäumnisurteil = Einspruch).

Steht im Rubrum nur „Urteil", so ist damit das normale, diese Instanz voll abschließende Voll-Endurteil gemeint.

Beispiele: „… erlässt … folgendes Endurteil, Teilurteil, Schlussurteil, Vorbehaltsurteil, Versäumnisurteil, Zwischen-(Grund-)Urteil, Ergänzungsurteil (§ 321), Anerkenntnisurteil."

Zusammenfassendes Beispiel:

1.13

Landgericht München I
20 O 231/20. .   (Verkündet am …
                             … UrkB der GSt.)

IM NAMEN DES VOLKES!

In dem Rechtsstreit

1. Klein und Co. OHG, Karlstr. 2, 80333 München,   – **Klägerin zu 1)** –
    gesetzlich vertreten durch die persönlich haftenden Gesellschafter Karl Klein und Franz Groß, ebenda, (oder: Privatadressen)
2. Arndt, Brunhild, Hausfrau, Goethestr. 1, 80336 München,   – **Klägerin zu 2)** –
    Proz. Bev. der Kläger zu 1) und 2): Rechtsanwälte Dres. Redlich und Tüchtig, Elisenhof 1, 80335 München

und

3. Baur, Bernd, Taxiunternehmer, Sonnenstr. 7, 80331 München,   – **Nebenintervenient** –
    Proz. Bev.: Rechtsanwalt Dr. Gern, Lenbachplatz 3, 80333 München

gegen

1. Firma Elektro-Kurz, eingetragener Kaufmann,[1] Landsbergerstraße 5, 80339 München,   – **Beklagter zu 1)** –
2. Heim, Hans, Schüler (Geburtsdatum), Sandstr. 1, 80335 München,   – **Beklagter zu 2)** –
    gesetzlich vertreten durch die Eltern Martin und Maria Heim, ebenda,
    Proz. Bev. der Bekl. zu 1) und 2): Rechtsanwalt Dr. Horn, Ottostr. 1, 80333 München

wegen

Schadensersatzes aus Verkehrsunfall
erlässt die 20. Zivilkammer des Landgerichts München I durch … auf Grund der (letzten) mündlichen Verhandlung vom … folgendes

TEILANERKENNTNIS- UND ENDURTEIL

---

[1] §§ 17 II, 19 I Nr. 1 HGB. Wegen der Eintragungspflicht vgl. §§ 29, 14 HGB.

In **NRW** und anderen insbes. nördlichen Bundesländern ist folgendes Muster zu verwenden:

Landgericht Köln   Verkündet am …
20 O 231/20..

IM NAMEN DES VOLKES!
Urteil[2]

In dem Rechtsstreit
des …

                                                                          Klägers

– Prozessbevollmächtigter[3]: Rechtsanwalt Dr. Gern aus Köln (Adresse) –

gegen

den/die … …   **Beklagte(r)**

– Prozessbevollmächtigter: Rechtsanwalt Dr. Horn aus Köln –

hat die 20. Zivilkammer des Landgerichts Köln
auf die mündliche Verhandlung vom
durch die Richter …
für Recht erkannt:

---

§ 2 Der Tenor zur Hauptsacheentscheidung, § 313 I Nr. 4

Der Tenor enthält in 3 bis 4 Ziffern das Ergebnis des Rechtsstreits:

    I. Hauptsache
   II. Kosten
  III. Vorläufige Vollstreckbarkeit
  IV. Vorbehalt bei Vorbehaltsurteilen. Bei erstinstanzlichen Urteilen (AG, LG): Zulassung der Berufung, § 511 II Nr. 2 (eher selten), bei Berufungsurteilen des LG/OLG: Zulassung der Revision, § 543.

2.01 **„Hauptsache" heißt Haupt- und Nebenforderung** (z.B. Zinsen), ist also der gesamte prozessuale Anspruch des Klägers (Streitgegenstand), ThP § 91a, 3.

Hauptsache steht also in Abgrenzung zu Kosten- und Vollstreckungsausspruch.

Dieser Hauptsache-Ausspruch soll im Folgenden erläutert werden. Zunächst grundsätzliche Hinweise zur Tenorierung (unten I). Sodann: klageabweisende (unten II), klagestattgebende (unten III), teilweise stattgebende Urteile (unten IV) und Nebenforderungen (unten V).

I. Grundsätzliches zur Tenorierung, insbesondere § 308 ZPO

2.02 An die Fassung des Tenors werden insbesondere folgende 5 Forderungen gestellt (ThP § 313, 8, 9):

- Knapp
- Eindeutig

---

[2] Die Urteilsart wird nur bei Besonderheiten bezeichnet (z.B. wegen § 313b S. 2 = Versäumnis-, Anerkenntnis-, Verzichtsurteil; oder §§ 301 ff.: Teil-, Vorbehalts-, Grundurteil etc.).
[3] Wert gelegt wird darauf, dass gerade die Prozessbevollmächtigten in Parenthese gesetzt werden.

- Vollstreckungsfähig (bei Leistungsklagen)
- Erschöpfend
- Begrenzung durch die Parteianträge, § 308 I („ne ultra petita").

1. Knapp

Die Formel muss so kurz wie möglich, aber noch aus sich heraus verständlich sein.

Eine **Bezugnahme** auf eine Urteilsanlage, die E-Gründe oder Aktenteile (Anlagen) ist nur dann zulässig, wenn dies technisch unvermeidbar ist, weil anders der Entscheidungsgegenstand nicht oder äußerst schwer zu beschreiben ist (ThP § 313, 8). Beispiele: Das Herausgabe- oder Unterlassungsgebot bezieht sich auf eine Konstruktionszeichnung, ein Computerprogramm, einen Werbefilm oder die Videoaufzeichnung eines Bühnenstücks. In diesen Fällen ist die Zeichnung dem Tenor beizuheften und mit auszufertigen, bzw. im Tenor auf das Aktenteil Bezug zu nehmen: „… den Gebrauch des Werbefilms nach Maßgabe des als Anlage K 1 zu den Akten gegebenen Filmmaterials, CD, Videobandes zu unterlassen." BGHZ 94, 291; 142, 388.

Im Übrigen sind Bezugnahmen unzulässig, was seinen guten Grund hat: Die Zwangsvollstreckung wird durchgeführt mittels einer mit der Vollstreckungsklausel versehenen **„vollstreckbaren Ausfertigung"**, die i.d.R. nur Rubrum, Tenor und Unterschriften enthält, §§ 724, 317 II S. 2, 750 I S. 2 (ThP § 317, 2).

2. Eindeutig

Der Tenor ist zwar auslegbar nach Tatbestand und E-Gründen, samt dem dort in Bezug genommenen Parteivortrag (BGH NJW 08, 2716; NJW-RR 99, 1006). Der Tenor ist jedoch letztlich der ausschlaggebende Teil des Urteils. Ihn muss auch der Gerichtsvollzieher (der ja nur die Formel hat!) sofort (nach)vollziehen können.

3. Vollstreckungsfähig (bei Leistungsurteilen)

Unerlässlich ist, dass das Vollstreckungsorgan den Leistungsausspruch ohne weiteres vollziehen kann. Der Gerichtsvollzieher z.B. ist weder befugt noch in der Lage, den Verurteilungsumfang erst zu ermitteln durch Auslegung, Aktenstudium oder Nachfrage: Die Entscheidung zum Leistungsumfang hat das Gericht und nicht das Vollstreckungsorgan zu treffen.

Beispiel: „… wird verurteilt, die laufende Miete zu zahlen", oder „… die gemieteten Räume herauszugeben" ist nicht vollstreckbar.

4. Erschöpfend

Urteile, die die Instanz abschließen, also Vollendurteile und Schlussurteile, müssen alle zuletzt gestellten Anträge erschöpfend erledigen (ThP § 313, 9).

Beispiel: Ist die Zahlungsklage über € 5000,– nur zu € 4000,– begründet, genügt es nicht, nur den begründeten Teil zu tenorieren („Der Beklagte wird verurteilt, an den Kläger € 4000,– zu zahlen"), denn das würde den unbegründeten Teil nicht rechtskraftfähig (= maßgebend ist die Formel!) erledigen. Nötig also der Zusatz: „… im *Übrigen* wird die Klage abgewiesen".

Fehlt im Tenor der Ausspruch über einen noch rechtshängigen Haupt- oder Nebenanspruch, oder bzgl. der Kosten, kommen Berichtigungsbeschluss gem. **§ 319** oder Ergänzungsurteil gemäß **§ 321** in Betracht.

5. Begrenzung durch die Parteianträge, § 308 I („ne ultra petita").

§ 308 I ist Ausfluss der Dispositionsmaxime: Das Gericht darf nicht mehr zusprechen als beantragt ist.

In Schlagworten:

- **Qualitativ nichts anderes**
- **Quantitativ nicht mehr** (wohl aber weniger)

Das macht man sich am besten anhand einiger Beispiele klar, vgl. dazu ThP 2, 3; Zöller 3, 4 zu § 308.

a) Unzulässig ist:

(1) **Quantitativ** mehr zusprechen als beantragt:

Bei Teilklage vollen Anspruch zuerkennen oder aberkennen (der R.Kraftumfang des abweisenden Tenors ergibt sich nicht aus der Formel, sondern den zur Erläuterung heranzuziehenden E-Gründen, vgl. BGHZ, 34, 339. Vorsicht daher bei der Formulierung in den E-Gründen. Dort ausdrücklich dahinstellen, wie es um die Forderung jenseits des rechtshängigen Teils bestellt ist).
Bei zusammengesetzter Teilklage (= Klagehäufung, mit der mehrere jeweils selbstständige Ansprüche jeweils nur zum Teil geltend gemacht werden und nur äußerlich zu einer einheitlich lautenden Klagesumme zusammengefasst sind) einige Einzelanträge überschreiten, andere unterschreiten und so die einheitlich lautende Klagesumme unverändert zusprechen.

Beispiel: Klageantrag € 10 000,–, zusammengesetzt aus € 7000,– Sachschaden, € 2000,– Arztkosten und € 1000,– Schmerzensgeld. Das sind 3 verschiedene Anträge und damit 3 Streitgegenstände (vgl. BGHZ 30, 18; ThP Einl. II, 19). Hier wäre es ein Verstoß gegen § 308 I, wenn zwar im Ergebnis € 10 000,– zugesprochen würden, jedoch mit Einzelbeträgen, die die Einzelanträge übersteigen, z.B. nur € 5000,– für Sachschaden, dafür aber je € 2500,– für Arztkosten und Schmerzensgeld; für die beiden letzten Streitgegenstände erhielte K mehr als beantragt.
Anders ist es natürlich, wenn nur ein Streitgegenstand geltend gemacht wird und sich die Antragssumme aus lediglich unselbstständigen Rechnungsposten ergibt (z.B. € 5000,– Sachschaden, errechnet aus: € 500,– Kotflügel, € 800,– Motorhaube, Spenglerarbeiten € 900,– etc.). Hier kann das Gericht die einzelnen Posten ggfls. in unterschiedlicher Höhe festsetzen, sofern dabei die Klagesumme insgesamt nicht überschritten wird (vgl. Zöller § 308, 4).

(2) **Qualitativ** anderes zusprechen:

- Verurteilung zur Leistung statt nunmehr beantragte Feststellung der Hauptsacheerledigung nach einseitiger Erledigungserklärung des Klägers.
- Geldersatz statt beantragte Naturalherstellung.
- Kapitalabfindung statt Geldrente.
- Auflassung statt bloße Grundbuch-Berichtigung.

b) Zulässig ist:

(1) Lediglich **weniger** zusprechen als beantragt:

Beachte im Tenor dann stets: Abweisung *„im Übrigen"*!

- Prozesszinsen (§§ 286 I 2, 288 bzw. § 291 BGB) statt geforderter weitergehender Zinsen als Verzugsschaden (§§ 288 IV, 280 I, II BGB).
- Verurteilung nur Zug um Zug statt uneingeschränkt (§§ 322, 274 BGB).
- Verurteilung nur unter Vorbehalt gem. §§ 305, 780 ZPO statt uneingeschränkt.
- Feststellung statt Leistung, BGHZ 118, 81. Eine Feststellung ist gegenüber dem Leistungsgebot ein Weniger. Daher kann eine unbegründete Leistungsklage ggf. umgedeutet werden in eine Feststellungsklage, BGH NJW 95, 188; 84, 2295. Allerdings hat das Gericht zuvor gem. § 139 zu klären, ob dem Kläger mit einem bloßen Feststellungsurteil überhaupt gedient ist (Vollstreckung?!).

(2) Lediglich auf **andere Anspruchsgrundlage** stützen:

Kein Verstoß gegen § 308 I liegt vor, wenn das voll stattgebende Urteil lediglich auf eine andere Anspruchsgrundlage gestützt wird, als sie der Kläger gerne bejaht gesehen hätte, z. B. Herausgabe der Mietsache (nur) gem. § 812 BGB, statt gem. § 546 BGB. Legt der Kläger wegen sonstiger Rechtsfolgen aus dem Mietvertrag Wert auf Feststellung dessen Wirksamkeit, muss er Zwischenfeststellungsklage erheben, § 256 II.

c) Verstoß gegen § 308 I

Wird das Urteil zulässig angefochten: Nach h. M. ist der Verstoß gegen § 308 I kein nach § 295 I heilbarer Verfahrensmangel, jedoch ein *Verfahrens*mangel i. S. v. § 538 II S. 1 Nr. 1, § 562 II (Mangel im Urteilsverfahren, nicht nur ein Inhaltsfehler), der daher die Zurückverweisung rechtfertigen kann, §§ 538, 563 (Zöller § 538, 18; § 308, 6, 7).

Der Mangel heilt jedoch im Berufungsverfahren, wenn sich der *Kläger* das Urteil zu eigen macht durch Antrag auf Zurückweisung der Berufung, denn darin liegt inzidenter eine im Berufungsverfahren (nicht mehr im Revisionsverfahren) zulässige Klageänderung oder Klageerweiterung (BGHZ 111, 161; Musielak 20, Zöller 7 zu § 308).

Wird das Urteil nicht angefochten, wird es in der verfehlten Fassung rechtskräftig (keine Teil-Nichtigkeit).

Ist das Urteil unanfechtbar (geworden), ist strittig, wie der Verstoß behoben werden kann. Vorgeschlagen werden: Anhörungsrüge gem. § 321 a; § 767 analog; § 321 analog; Verfassungsbeschwerde (vgl. Zöller § 308, 6; ThP § 308, 5).

d) Ausnahmen von § 308 I:

§ 308 II (KostenE); § 308 a (im Räumungsprozess kann auch ohne Antrag Mietfortsetzung ausgesprochen werden); §§ 708, 709, 711 (Ausspruch zur vorläufigen Vollstreckbarkeit, für Schutzanträge ist jedoch ein Antrag nötig, z. B. § 712); § 721 (Räumungsfrist auch ohne Antrag).

II. Klageabweisende Urteile

Der Tenor lautet hier, gleich ob Leistungs-, Feststellungs- oder Gestaltungsklage, **2.03** schlicht:

> I. Die Klage wird abgewiesen.

Warum sie abgewiesen wird (als unzulässig, unbegründet, „derzeit" unbegründet), kommt im Tenor nicht zum Ausdruck (h. M. vgl. ThP § 313, 10).

Ausnahme: § 597 II (Urkundenprozess). Hier lautet die Formel (ThP § 597, 2):

> I. Die Klage wird *als im Urkundenprozess unstatthaft* abgewiesen.

Wurde der Klage zunächst durch eine vollstreckbare Entscheidung stattgegeben (z. B. durch Versäumnisurteil, Vollstreckungsbescheid, Endurteil, Vorbehaltsurteil) und soll sie nun **nach Einspruch, Berufung bzw. im Nachverfahren abgewiesen** werden, so muss im Tenor des klageabweisenden Urteils **zugleich dieser Vollstreckungstitel aufgehoben** werden, also z. B.:

> I. Das Versäumnisurteil vom … wird aufgehoben und die Klage abgewiesen.

Für den **Umfang** der Klageabweisung (Rechtskraftumfang!) sind, da der Wortlaut des Tenors dazu nichts sagt, TB und E-Gründe sowie der dort in Bezug genommene

Parteivortrag, zur Auslegung heranzuziehen (BGH NJW-RR 99, 1006), bei einem Versäumnisurteil der Klägervortrag (ThP § 322, 17).

III. Klagestattgebende Urteile

2.04 Die Formulierung hängt von der Klageart ab:

1. Leistungsurteile

Um eindeutig klarzustellen, dass es sich um ein Leistungsurteil handelt, beginnt hier jede Formel mit „wird verurteilt …"

> I. Der Beklagte wird verurteilt, …

Fehlt das Wort „verurteilt" im Tenor, kann Verwechslungsgefahr etwa mit einem Feststellungsurteil bestehen.

Beispiele: „Der Beklagte ist verpflichtet … zu zahlen".
Oder: „Der Beklagte ist schuldig …"
Oder: „der Beklagte hat … zu zahlen". Diese Formulierungen können die bloße Feststellung einer Leistungspflicht, aber auch die Verurteilung zu dieser meinen, sind also bzgl. der Urteilsart nicht eindeutig.

Warum der Beklagte verurteilt wird (Anspruchsgrund), kommt im Tenor nicht zum Ausdruck, sondern nur dass und wozu.

Fehlerbeispiele: „… hat an den Kläger ein Schmerzensgeld von € 800,– zu zahlen" (richtig: „verurteilt, € 800,– an den Kläger zu zahlen"). „… die geliehene Uhr wieder herauszugeben" (richtig: „an den Kläger eine Uhr, Marke …, Farbe, etc., herauszugeben").

Größtes Gewicht ist darauf zu legen, dass der **Tenor vollstreckungsfähig** ist. Der Richter (Referendar) muss sich vor der Formulierung klar werden, wie im Entscheidungsfalle die Vollstreckung ablaufen muss, und die Formulierung so wählen, dass das Vollstreckungsorgan den Leistungsbefehl sofort und fehlerfrei vollziehen kann.

Beispiele:

(1) **Zahlungsklage:** Mit einem Tenor „… wird verurteilt, das erhaltene Darlehen wieder zurückzuzahlen" könnte weder der GVZ eine Pfändung vornehmen (Gefahr der verbotenen Überpfändung, da Forderungshöhe dem GVZ nicht bekannt), noch das Vollstreckungsgericht einen Pfändungs- und Überweisungsbeschluss erlassen (in welcher Höhe soll die Forderung dem Gläubiger überwiesen werden?!), noch das Grundbuchamt eine Zwangshypothek gemäß § 866 eintragen. Richtig vielmehr: „Der Beklagte wird verurteilt, an den Kläger € 4800,– nebst Zinsen in Höhe von 5 Prozentpunkten über dem Basiszinssatz seit dem … zu zahlen".

Beachte: Auch der **Nebenanspruch** muss vollstreckungsfähig bezeichnet werden. Ungenügend daher: „… nebst Prozesszinsen zu zahlen". Denn das Datum der Rechtshängigkeit (§ 261) müsste erst aus dem TB oder den E-Gründen oder, wenn daraus nicht ersichtlich, aus den Akten herausgefunden werden. Der GVZ hat aber all diese Unterlagen nicht.

(2) **Der Kläger fordert Herausgabe eines PKW:** Die Vollstreckung erfolgt gem. § 883 durch Wegnahme durch den GVZ. Damit der GVZ unter mehreren ähnlich aussehenden Gegenständen des Vollstreckungsschuldners den richtigen sofort herausfindet, muss dieser im Titel so genau bezeichnet werden, dass jede Verwechslung ausgeschlossen ist. Das amtliche Kennzeichen genügt dafür nicht ohne weiteres, weil es der Schuldner inzwischen für einen ganz anderen PKW zugeteilt bekommen haben könnte. Üblich ist daher:
„Der Beklagte wird verurteilt, an den Kläger den PKW VW-Golf, Baujahr …, grünmetallic, amtl. Kennzeichen HH-AB 100, Fahrgestell-Nr. 21-7557, herauszugeben."

Zu achten ist auch darauf, dass das Haftungsverhältnis mehrerer Verurteilter klargestellt wird.

Beispiel: „Die Beklagten werden als Gesamtschuldner (oder samtverbindlich) verurteilt ...". In der KostenE muss dies wegen § 100 IV nicht unbedingt wiederholt werden. Fehlt aber schon im Hauptsacheausspruch ein Ausspruch über Gesamtschuldnerschaft, so muss der Tenor nach Maßgabe der E-Gründe ausgelegt werden. Ergibt aber auch dies keine Klärung, so liegt eine (u. U. fehlerhafte) Verurteilung zu Teil-Schuldnern vor mit der Haftung (Vollstreckung?!) für Hauptsache (§ 420 BGB) und Kosten (§ 110 I) nur nach Kopfteilen.

2. Feststellungsurteile

Hier beginnt die Formel stets mit

> I. Es wird festgestellt, dass ...

Damit sollen von Anfang an Unklarheiten vermieden werden, ob es sich um ein Leistungs- oder ein Feststellungsurteil handelt. Dies ist vor allem dann wichtig, wenn der Gegenstand der Feststellungsklage auch Gegenstand einer Leistungsklage sein könnte.

Beispiel: Der Kläger kann seinen Personenschaden noch nicht beziffern, weil die Operation noch nicht erfolgt ist. Er kann daher derzeit keine Leistungsklage erheben (bezifferter Antrag nötig, § 253 II), wohl aber eine Feststellungsklage, dass der Beklagte dem Grunde nach zur Leistung verpflichtet sei.
Würde man tenorieren: „Der Beklagte wird verurteilt (oder: ist verpflichtet), den dem Kläger aus Verkehrsunfall vom ... entstandenen Personenschaden zu ersetzen", bestünde Unklarheit, ob es sich um ein ungenügend (weil nicht vollstreckungsfähig) formuliertes Leistungsurteil, ein Grundurteil gemäß § 304 oder ein Feststellungsurteil handelt.

3. Gestaltungsurteile

Gestaltungsklagen und -urteile betreffen die Fälle, in denen die **Rechtsgestaltung** nicht durch Willenserklärungen der Parteien (Kündigung, Anfechtung, Rücktritt etc.) möglich ist, sondern **nur durch Urteil.** Die Gestaltungswirkung tritt dann erst mit formeller Rechtskraft des stattgebenden Urteils ein (ThP 6 vor § 253). Für den Tenor gilt:

Was zu gestalten ist, muss im Tenor aufgeführt werden.

Der Hauptsacheausspruch lautet z. B. in den Fällen:

§ 133 HGB: „Die Max-Wein OHG, München, wird aufgelöst."

§ 140 HGB: „Der Beklagte wird aus der Max-Wein OHG, München, ausgeschlossen".

§ 2342 BGB: „Der Beklagte wird für erbunwürdig erklärt."

§ 767 ZPO: Prozessuale Gestaltungsklage: Umzugestalten ist die Vollstreckbarkeit des Titels insgesamt oder in bestimmter Höhe. Daher: „Die Zwangsvollstreckung *aus* dem Endurteil des LG Hamburg vom ..., 8 O 280/20.., wird für unzulässig erklärt (bzw.: soweit sie über den Betrag von ... hinausgeht, oder: wegen eines Betrags von ...)."

§ 771 ZPO: Prozessuale Gestaltungsklage: Die Gestaltung betrifft nur eine *einzelne* erfolgte Zwangsvollstreckungsmaßnahme (ThP § 771, 7). Daher: „Die auf Grund des Endurteils des LG Hamburg vom ..., 8 O 280/20.. erfolgte Zwangsvollstreckung *in* den PKW Opel ... Fahrgestell-Nr.... wird für unzulässig erklärt." Näheres unten Rn. **21.**10.

IV. Nur teilweise stattgebende Urteile

2.05 Der Hauptsacheausspruch muss das Klagebegehren erschöpfend behandeln, zusprechend oder abweisen. Wird daher dem Klagebegehren nicht voll und uneingeschränkt stattgegeben, sondern nur teilweise, oder unter Vorbehalt oder Einschränkungen, so muss die Klage **im Übrigen** (= Differenz) **abgewiesen** werden. Kostenfolge: § 92 (dazu näher unten § 3).

Der Hauptsacheausspruch lautet dann:

> I. Der Beklagte wird verurteilt ... **Im Übrigen** wird die Klage abgewiesen.

Hauptbeispiele:

(1) Verurteilung nur zu € 7000,– statt zu den beantragten € 10 000,–.

(2) Verurteilung nur Zug um Zug (BGB §§ 322, 273, 274, 1000) statt zur beantragten uneingeschränkten Verurteilung (ThP § 92, 4).

(3) Verurteilung nur nach dem Hilfsantrag.
Hinsichtlich des erfolglosen Hauptantrags muss die Klage ausdrücklich „im Übrigen" abgewiesen werden, da er ja bei der Entscheidung über den Hilfsantrag noch rechtshängig, also Entscheidungsgegenstand ist. Dies gilt selbst dann, wenn Haupt- und Hilfsantrag zahlenmäßig gleich hoch sind (BGH NJW 75, 164 und unten Rn. **8.**21).
Umgekehrt aber, wenn dem Hauptantrag voll stattgegeben wird und der Hilfsantrag (wie regelmäßig) nur für den Fall der Erfolglosigkeit des Hauptantrags gestellt wird (sog. eigentliche Eventualhäufung): Die Rechtshängigkeit des Hilfsantrags erlischt nach h. M. rückwirkend, da sie nur auflösend bedingt durch den Erfolg bereits des Hauptantrags eingetreten ist (BGHZ 21, 16). Der Hilfsantrag fällt damit als Entscheidungsobjekt weg, so dass die Klage diesbezüglich auch nicht „im Übrigen" abgewiesen wird. Näheres bei der Besprechung der Eventualhäufung, Rn. **8.**13, **8.**18.

(4) Bei Zuspruch eines niedrigeren Zinssatzes oder späteren Zinsbeginns als des beantragten, z.B. Prozesszinsen ab Rechtshängigkeit, statt der beantragten früher beginnenden Verzugszinsen nach Mahnung, §§ 286 I S. 1, 288 BGB (ThP § 92, 4).

(5) Verurteilung zu Teilschuldnern statt zur beantragten gesamtschuldnerischen Haftung (Zöller § 92, 3).

(6) Verurteilung nur zu künftiger Leistung (§§ 257–259) statt zur beantragten sofortigen.

(7) Verurteilung nur durch Vorbehaltsurteil, §§ 302, 599, oder unter Vorbehalt der beschränkten Erbenhaftung, §§ 305, 780, wenn der Klageantrag uneingeschränkt (ohne Berücksichtigung des Vorbehalts) lautet (ThP § 308, 3; StJ § 92, 1 a). Dem Klageantrag wird dann nicht voll, sondern teilabweisend nur unter Vorbehalt stattgegeben.

V. Nebenforderungen

Zum Hauptsacheausspruch in Ziff. I des Urteils gehört auch der Ausspruch über die Nebenforderungen. Wichtig: **§ 308 I S. 2!**

Nebenforderungen sind Ansprüche, die materiellrechtlich vom geltend gemachten Hauptanspruch (z.B. BGB §§ 433; 823) abhängig sind und mit (neben) diesem geltend gemacht werden (ThP § 4, 8).

Hervorgehoben seien die beiden Hauptfälle, Zinsen und Kosten:

1. Zinsen

2.06 Beachte für die Tenorierung vorab: Die Verzinsung beginnt bei Verzug und Rechtshängigkeit (Prozesszinsen) analog § 187 I BGB erst am Tag *nach* dem Ereignis (Zustellung, Mahnung, sonstiger Verzugsbeginn, h.M., BAG NJW 12, 103, Tz. 54; Palandt § 187, 1 a. E. m. w. Nachw.)

a) Prozesszinsen

BGB §§ 286 I S. 2, 288 bzw. § 291. I. d. R. folgt der Zinsanspruch schon aus § 286 I **2.07**
S. 2 BGB, so dass § 291 BGB nur geringe Bedeutung hat (nämlich für die wenigen
Fälle, in denen der Schuldner trotz Klageerhebung etc mangels Verschuldens nicht in
Verzug gerät, sowie in den Verweisungsfällen). Zwischen § 288 BGB und § 291 BGB
besteht Anspruchskonkurrenz (Palandt § 291, 1, 6). Zu § 291 BGB näher:

§ 291 BGB: Prozesszinsen. Höhe wie Verzugszinsen, § 291 S. 2 BGB. Der Anspruch
auf Geldleistung muss fällig und durchsetzbar, also einredefrei sein. Das Bestehen einer
Einrede schließt nach h. M. die Fälligkeit (BGHZ 55, 198; Palandt § 291, 5), nach a. A.
(Müko-BGB § 291, 10; § 286, 21 m. w. N.) schon die Wirksamkeit der Forderung aus.

Beispiel 1: Steht der eingeklagten Kaufpreisforderung die Einrede des nicht erfüllten Vertrags (§ 320
BGB) entgegen, beginnt die Zinspflicht aus § 291 BGB erst mit Wegfall der Einrede (Müko § 291,
10), bei Verurteilung Zug um Zug erfolgt daher keine Zuerkennung von Prozesszinsen (auch keiner
Verzugszinsen, da der Verzug durch die Einrede ausgeschlossen ist, im Prozess muss sie allerdings erhoben werden, Palandt § 291, 5; § 286, 12, 13).

Beispiel 2: Beim Abfindungsanspruch gem. § 9 KSchG im Kündigungsschutzprozess entsteht der
Zinsanspruch aus § 291 BGB erst mit Rechtskraft des gestaltend wirkenden Urteils (LAG Bremen
NJW 78, 126 mit näherer Begründung; Müko – BGB 9; Erman 4 zu § 291) nach a. A. bereits mit
Erlass des Urteils (Palandt § 291, 5).

b) Verzugszinsen

Wie ausführlich, **substanziiert,** der Kläger vortragen muss zu Ansprüchen aus Verzug, **2.08**
hängt – wie bei allem Parteivortrag – vom Umfang des Bestreitens durch den Gegner
ab. Es gilt der wichtige Grundsatz: der Umfang der Darlegungslast richtet sich nach
der Einlassung des Gegners, wächst also mit dieser (BGH NJW 2000, 3286 (II 1); 99,
1860 (II 2b); ThP 40 vor § 253).

Beispiel 1: Behauptet der Kläger in der Klageschrift nur: „Der Beklagte befindet sich seit Mahnung
vom 2. 2. ... in Verzug" und bestreitet dies der Beklagte nicht, so genügt dieser Vortrag des Klägers als
substanziierter und schlüssiger Tatsachenvortrag, obwohl er an der Grenze ist zur Aufstellung einer
reinen Rechtsansicht. Bestreitet dies der Beklagte aber, so muss der Kläger den Inhalt des behaupteten Mahnschreibens vortragen und – je nach Umfang des Bestreitens – auch dessen Zugang, andernfalls es am substanziierten schlüssigen Tatsachenvortrag des Klägers fehlt mit der Konsequenz, dass ihm
nur Prozesszinsen unter Klageabweisung im Übrigen zugesprochen werden können.

Beispiel 2: Die in Klageschriften häufig verwendete pauschale Formulierung „der Kläger nimmt
Bankkredit zu ...% Zinsen seit ... in Anspruch" genügt zunächst zur schlüssigen Begründung des
Zinsanspruchs aus §§ 288 IV, 280 I, II BGB; (Palandt § 288, 14). Bestreitet dies B, muss K substanziieren. Üblicherweise legt K eine sog. Bankbestätigung vor: sie ist (infolge Vorlage durch K) sowohl
ergänzter, substanziierter Parteivortrag als auch Beweismittel, nämlich Privaturkunde gem. § 416.
Lässt es B dabei bewenden, wird der Sachvortrag dazu jetzt unstreitig, nicht etwa ist er bewiesen:
die Privaturkunde hat nur formelle Beweiskraft, bewiesen ist nur, *dass* der Aussteller die in der Urkunde enthaltene Erklärung gemacht, also *abgegeben* hat, nicht auch, dass sie *inhaltlich* richtig ist – der
Kläger also wirklich Kredit zu ...% in Anspruch genommen hat. Letzteres betrifft die materielle Beweiskraft der Urkunde, für die der Grundsatz der freien Beweiswürdigung gem. § 286 gilt (ThP 7 vor
§ 415; § 416, 3).
Lässt es B hingegen nicht dabei bewenden, sondern bestreitet er (zulässig mit Nichtwissen), dass K zu
dem angegebenen hohen Zinssatz oder überhaupt, oder zu der Zeit Kredit aufgenommen hat, muss K
– wenn die Bankbestätigung sehr pauschal gehalten ist – seinen Vortrag zur Kreditaufnahme ggfls.
ergänzen, substanziieren, und einer Beweisaufnahme zugänglich machen und Beweis antreten, i. d. R.
durch Benennung des Bankangestellten.
Genügt K dem nicht, können ihm unter Abweisung der Klage im Übrigen nur Prozesszinsen (§§ 286
I 2, 288 I; bzw. § 291 BGB) zugesprochen werden.

Wichtige Zinsvorschriften beim Verzug:

§ 288 I BGB: Verzugszins von 5 Prozentpunkten *(nicht 5%!)* über dem Basiszinssatz (§ 247 BGB) als Mindestschaden.

Hinweis: Da der Basiszinssatz 2 × jährlich wechseln kann (§ 247 I BGB, Bekanntgabe durch die Bundesbank, § 247 II BGB), also variabel ist, ist zu tenorieren: „... nebst 5 Prozentpunkten über dem *jeweiligen* Basiszinssatz". In den Rechenbeispielen dieses Buches zum Vollstreckungsausspruch wird von einem angenommenen runden Durchschnittswert von 8% ausgegangen.

Wichtig: Schon das *Bestehen* eines Einrederechts (§§ 214 I, 275 II, III, 320, 321, 439 III, 635 III, 771, 821 BGB), also auch ohne Geltendmachung der Einrede, schließt den Verzug aus, da dieser einen durchsetzbaren Anspruch voraussetzt (Ausnahme nur § 273 BGB, da dem Gläubiger die Chance der Abwendung eingeräumt werden muss, § 273 III BGB). Im Prozess aber muss die Einrede erhoben oder die vorprozessuale Erhebung Prozessstoff werden (z. B. durch eigenen ungünstigen Vortrag des Klägers), andernfalls sie unberücksichtigt bleibt und der Schuldner sich dann so behandeln lassen muss, als wäre er in Verzug geraten (Jauernig § 280, 34–36; § 320, 18; Palandt § 286, 10, 11; Larenz SchR I (14.) S. 350).

§ 288 II BGB: Verzugszins von 8 Prozentpunkten über dem Basiszinssatz bei Rechtsgeschäften (nicht auch aus Gesetz, z. B. § 849 BGB), an denen ein Verbraucher (§ 13 BGB) *nicht* beteiligt ist.

§ 288 III BGB: Fortentrichtung des höheren Vertragszinses auch im Verzugsfalle. Jedoch ist im Hinblick auf Darlehen zu differenzieren: (a) § 288 III BGB gilt z. B. in folgendem Fall: Verkäufer und Käufer haben individualvertraglich für den Fall der Nichtzahlung des Kaufpreises bei Bereitstellung des gekauften Pkw eine Verzinsung von 15% als Pauschale oder Vertragsstrafe vereinbart. Diese 15% sind gemäß § 288 III BGB auch im Verzugsfalle weiter zu entrichten.

(b) *Anders* aber nach hM beim *Darlehen,* da der Vertragszins ab Fälligstellung nicht mehr als Gegenleistung für die Geldüberlassung geschuldet wird.

(aa) Der Bank bleiben aber im Verzugsfall die gesetzlichen hohen Verzugszinsen gemäß § 288 I, II BGB und ein Verzugsschadensersatzanspruch aus §§ 288 IV, 280 I, II BGB in Höhe der *derzeit* banküblichen Zinsen, wenn sie höher sind.

(bb) Weiter: verschuldet der Darlehensnehmer durch Vertragsverletzung die fristlose Kündigung (§§ 314, 490 BGB), so hat er gemäß § 280 I BGB oder analog § 628 II BGB den Schaden aus der vorzeitigen Kündigung zu ersetzen (Vorfälligkeitsentschädigung), also den Vertragszins, jedoch nur bis zur vertraglich vorgesehenen Fälligkeit bzw. zum nächst zulässigen ordentlichen Kündigungstermin z. B. §§ 488 III, 489 bzw. § 500 BGB (BGHZ 104, 337; Müko-BGB 26; Erman 12; Palandt 11 zu § 288).

(c) Beachte: Zinsvereinbarungen für die Zeit ab Verzugseintritt sind im Individualvertrag in den Grenzen von § 138 BGB zulässig (Vertragsfreiheit: Schadenspauschale zu §§ 288 IV, 280 I, II BGB bzw. Vertragsstrafe, §§ 339, 341 BGB) in AGB aber nur in den Grenzen von §§ 307, 309 Nr. 5, 6 BGB, also nur, wenn der erhöhte Zins sich im Rahmen des gewöhnlich zu erwartenden Verzugsschadens hält und dem Schuldner die Möglichkeit des Nachweises eines geringeren Schadens offen bleibt (Müko-BGB § 288, 29; BGHZ 115, 269: unzulässig, wenn sich die Bank ohne Rücksicht auf ihren Verzugsschaden unveränderte Weiterzahlung des Vertragszinses in AGB ausbedingt).

§§ 288 IV, 280 I, II BGB: Der Schaden kann liegen in (a) der Inanspruchnahme eines Kredits (b) dem Entgang von Zinsgewinn, § 252 BGB (Palandt § 288, 12 ff.).

§§ 497, 491 BGB: Verbraucherdarlehensvertrag
Verzugszinsen sind auch hier gem. § 288 I BGB vorgesehen in Höhe von 5 Prozentpunkten über dem Basiszinssatz. Jedoch gemäß § 503 BGB Ermäßigung bei Immobiliardarlehensverträgen, also grundpfandrechtlich – und zwar zu üblichen Bedingungen

– abgesicherten und daher gegenüber reinen Personalkrediten billigeren Krediten auf nur 2,5 Prozentpunkten über dem Basiszinssatz.

Eine weitere Besonderheit besteht gemäß § 497 I 2 BGB darin, dass gegenüber den gesetzlichen Zinsen als Mindestschaden beiden Seiten der Nachweis eines höheren oder niedrigeren Verzugsschadens offenbleibt, der Mindestschaden also widerlegbar ist, während er sonst bei § 288 I, II BGB unwiderlegbar vermutet wird (Palandt 4, Soergel 10 zu § 288).

c) § 246 BGB

Normaler Zinssatz von 4%, wenn im Gesetz oder Vertrag Zinspflicht ohne nähere (anders lautende) Bestimmung angeordnet ist. **2.09**

Beispiele: *§ 641 IV BGB* (Werklohn ist von der Abnahme an zu verzinsen kraft Gesetzes mit 4% oder kraft Vereinbarung höher). *§ 256 BGB* (Zinsen für geschuldeten Aufwendungsersatz, z.B. für Verwendungen vor dem Rücktritt § 347 II BGB).

d) § 352 HGB

(1) Gesetzlicher (nicht: vereinbarter, den § 352 HGB unberührt lässt) Zinssatz von 5% gemäß § 352 I HGB für beiderseitige Handelsgeschäfte, darunter fallen die Fälligkeitszinsen gemäß § 353 HGB. Nach § 352 II HGB gelten die 5% darüber hinaus für im HGB angeordnete Zinspflichten, auch wenn es sich nicht um beiderseitige Handelsgeschäfte handelt, z.B. § 110 II HGB (Aufwendungsersatz eines OHG/KG-Gesellschafters), § 111 HGB (z.B. unbefugte Entnahme eines Gesellschafters, Nichtzahlung einer Einlage), § 355 HGB (Saldoforderung im Kontokorrent). **2.10**

(2) Für *Verzugszinsen* aber gilt das BGB, also § 288 BGB.

2. Kosten

Kosten, die i.S.v. § 4 als Nebenforderungen neben einem Hauptanspruch (z.B. aus § 433 BGB) geltend gemacht werden können, sind alle außergerichtlichen, vorgerichtlichen und gerichtlichen (aber dann Klage evtl. unzulässig, vgl. ThP 15 vor § 91) Kosten (ThP § 4, 8; StJ § 4, 23, 24). **2.11**

Beispiele: Mahnkosten, Kosten eines Gutachters zur Vorbereitung der Klage (z.B. tierärztliche Untersuchung vor Klage auf Schadensersatz wegen Viehmängel); die Kosten der Übergabe, der Versendung nach einem anderen Ort beim Kauf, § 448 BGB; Beurkundungskosten beim Grundstückskauf, § 448 II BGB.

Ihre Einstufung als „Nebenforderungen" hat primär Bedeutung im Hinblick auf § 4: Bei der Streitwertberechnung bleiben sie außer Betracht (wichtig bzgl. Gebührenstaffel für Gerichts- und RA-Kosten). Im Tenor werden sie meist der Hauptforderung hinzuaddiert, gelegentlich aber auch sprachlich gesondert zuerkannt.

§ 3 Die Kostenentscheidung

I. Die Kostenentscheidung als Kostengrundentscheidung

Das Urteil (bzw. der Beschluss nach § 91a oder § 269 IV) befindet nur darüber, **wer** die Prozesskosten **dem Grunde nach** zu tragen und insoweit dem Gegner zu erstatten hat. Es ergeht also nur eine Kostengrundentscheidung. **3.01**

Der Tenor lautet demnach (z.B. im Falle § 92 I) nur:

Von den Kosten des Rechtsstreits trägt der Kläger $^1/_5$, der Beklagte $^4/_5$.

Die Höhe der Prozesskosten, also welche Gebühren und Auslagen überhaupt angefallen sind und in welcher rechnerischen Höhe (z. B. aus welcher Gebührenstaffel), bzw. welche nicht als „notwendige" Prozesskosten i. S. v. § 91 anerkannt werden können, wird nach Urteilserlass im **Kostenfestsetzungsverfahren** vom Rechtspfleger ermittelt, §§ 103 ff. ZPO, 21 I Nr. 1 RPflG. Hierzu reichen die Parteien nach dem Urteil ihre Kostenaufstellungen (also welche Auslagen sie selbst gehabt haben: verauslagte Gerichtskosten, Gebührenforderungen des eigenen RA) ein, der RPfl. überprüft ihre Erstattungsfähigkeit i. S. v. § 91 und setzt im **Kostenfestsetzungsbeschluss (§ 104)** den rechnerischen Betrag fest, den der Antragsteller vom Gegner je nach Urteilsquote erstattet verlangen kann.

Beispiel: Nach der Kostengrundentscheidung trägt der Kläger ¹/₅, der Beklagte ⁴/₅ der Kosten. Der Kläger reicht eine Kostenaufstellung ein, wonach er € 100,– an Gerichtskosten verauslagt und an seinen eigenen RA € 900,– zu zahlen hat. Nach der Urteilsquote (die auch den RPfl. bindet) erhält er ⁴/₅ davon. Der Kostenfestsetzungsbeschluss lautet demnach: „Die von dem Beklagten an den Kläger zu erstattenden Prozesskosten werden auf € 800,– festgesetzt."

Der Kostenfestsetzungsbeschluss ist **Vollstreckungstitel**, § 794 I Nr. 2, und nur auf Grund dieses Titels, nicht schon allein auf Grund des Endurteils, kann der Kläger seine Kosten beim Gegner erstattet verlangen, § 103 I.

Obwohl hiernach die überwiegende Arbeit mit den Kostentatbeständen dem RPfl. obliegt, ist dennoch eine ausreichende Kenntnis des Kostenwesens auch für den Richter (Referendar) bei Abfassung des Urteils wichtig für die Kostenentscheidung und den Ausspruch zur vorläufigen Vollstreckbarkeit (u. a. Berechnung der Sicherheitsleistung; bei klageabweisenden Urteilen ist die Höhe des Kostenerstattungsanspruchs des Beklagten entscheidend für die Einstufung entweder in § 708 Nr. 11 oder in § 709).

Daher muss auf die Grundbegriffe des Kostenwesens kurz eingegangen werden.

II. Grundbegriffe des Kostenwesens

Zum Verständnis der Zusammenhänge ist die Kenntnis folgender **Grundbegriffe** erforderlich:

1. Kostenentscheidung

3.02　Sie ergeht als **Kosten-Grund-Entscheidung** und regelt, wer dem Grunde nach (Quote) gegenüber dem Gegner einen Erstattungsanspruch bzgl. seiner Prozesskosten hat (vgl. oben I).

2. Prozessualer Kostenerstattungsanspruch

3.03　Das ist der in den §§ 91–107 abschließend (also ausschließlich in der ZPO, daher „prozessualer") geregelte Anspruch einer Partei gegen die andere auf Erstattung der ihr entstandenen **Prozesskosten** (verauslagte Gerichtskosten, Vorschüsse für Zeugen, Honorar des eigenen Rechtsanwaltes).

Er kann nur im Verfahren nach §§ 103 ff. geltend gemacht werden, also nach Festsetzung im Kostenfestsetzungsbeschluss des Rechtspflegers.

3. Materiellrechtlicher Kostenerstattungsanspruch

3.04　Hier geht es um den Anspruch auf Erstattung von **vorgerichtlichen Auslagen,** die zur Sicherung, Durchsetzung oder Abwehr eines Hauptanspruchs gemacht wurden.

Er ist ein normaler bürgerlich-rechtlicher Anspruch, der als solcher stets eine materiellrechtliche Anspruchsgrundlage voraussetzt (z. B. c.i.c.; pVV; BGB §§ 677 ff., 823, 826), BGH WM 07, 755; ThP 13 ff. vor § 91.

Beispiele: Kosten der Mahnung durch RA (§§ 280 II, 286 BGB). Anwaltskosten wegen vorgerichtlicher Abmahnung wegen unlauteren Wettbewerbs (§ 12 I 2 UWG). Ersatz von Rechtsberatungskosten aus c. i. c. (§§ 280 I, 241 II, 311 II BGB) bei Verwendung unzulässiger AGB durch den Vertragsgegner, z. B. bzgl. Schönheitsreparaturen (BGH NJW 09, 2590, Rn. 10; Palandt § 311, 38; § 535, 47 a). Kosten eines vom Geschädigten erholten privaten Sachverständigengutachtens nach Kfz-Unfall: Vermögensfolgeschaden, §§ 7 I, 18 I StVG, 823 I, 249 ff. BGB (Palandt § 249, 56, 58).

Einen allgemeinen bürgerlichrechtlichen Kostenerstattungsanspruch gibt es nicht. Nach ganz h. M. können die **§§ 91 ff. auch nicht analog** angewendet werden zur Begründung eines sonst fehlenden materiellrechtlichen Kostenerstattungsanspruchs, denn die §§ 91 ff. als verschuldens*un*abhängige und lediglich am formalen Unterliegen orientierte Regelung lassen sich nicht auf das verschuldens*ab*hängige materielle Haftungsrecht übertragen, BGH NJW 88, 2032, 2033.

Nicht alle zur Abwehr eines außergerichtlichen Angriffs gemachten Aufwendungen sind danach erstattungspflichtig (allg. Lebensrisiko, keine Anspruchsgrundlage). Beispiel: Verteidigung gegen angekündigte, aber nicht eingereichte Klage (BGH NJW 07, 1458).

Prozessualer (§§ 91 ff.) und materiellrechtlicher (z. B. § 823 BGB) Kostenerstattungsanspruch können sich **überschneiden,** was zu Problemen führt, wie der Anspruch zulässigerweise durchzusetzen ist. I. d. R. ist die klageweise Geltendmachung des materiellrechtlichen Kostenerstattungsanspruchs als Nebenforderung mangels Rechtsschutzbedürfnisses unzulässig, soweit er im Kostenfestsetzungsverfahren geltend gemacht werden kann (ThP 15 vor § 91). Keine Kosten i. S. v. § 91 (und damit keine Überschneidung) sind solche für vorgerichtliche Mahnschreiben, da diese nicht der Vorbereitung eines Rechtsstreits, sondern dessen Abwendung dienen. Sie können daher als Nebenforderungen in der Klage geltend gemacht werden (BGH NJW 06, 2560; ThP § 91, 8).

4. Kostenschuld der Parteien gegenüber der Staatskasse

Das ist die unmittelbar aus dem **Gesetz** (§§ 22–33 GKG) und nicht aus dem Urteil **3.05** folgende **öffentlich-rechtliche Pflicht** gegenüber der Staatskasse, die Gerichtskosten (Gebühren und Auslagen nach dem GKG) zu zahlen. Gesetzlicher Kostenschuldner ist:

§ 22 GKG: der Kläger als Veranlasser des Verfahrens
§ 29 GKG: der Beklagte, **wenn** er unterlegen ist (Nr. 1) oder die Kosten in einem Vergleich übernommen hat (Nr. 2)

Beide haften der Staatskasse als Gesamtschuldner, § 31 I GKG. Das Urteil hat auf die hiernach bestehende gesetzliche Haftung grds. keinen Einfluss. Ausnahme nur in **§ 31 II GKG:** Der Unterliegende und der Kostenübernehmer sollen als Primärschuldner herangezogen werden.

Beachte: Bei der Berechnung der **Sicherheitsleistung,** §§ 708 ff., spielt es keine Rolle, wer für die noch unbezahlten Gerichtskosten (z. B. Auslagen für Zeugen und Sachverständige, soweit von Vorschüssen nicht gedeckt) der Staatskasse haftet. Denn die Sicherheitsleistung soll nur umfassen, was der Gläubiger derzeit vollstrecken kann. Das sind im Zeitpunkt des Urteilserlasses aber nur die bereits *verauslagten* Gerichtskosten. Nur was der Gläubiger selbst schon *verauslagt* hat, kann er vom Gegner erstattet verlangen. Im Übrigen werden die bei Urteilserlass noch nicht bezahlten Gerichtskosten dem Unterliegenden direkt in Rechnung gestellt, so dass der Obsiegende auch nach Urteilserlass dafür i. d. R. nichts verauslagen muss und folglich vom Gegner nichts erstattet verlangen kann. Allenfalls könnte der obsiegende Kläger als Zweitschuldner von der Staatskasse herangezogen werden. Diese nur hypothetische Haftung bleibt aber bei der Berechnung der Sicherheitsleistung außer Betracht. Näheres siehe unten § 4.

5. Kostenpflicht der Partei gegenüber dem eigenen RA

3.06 Sie richtet sich nach dem **RVG:** grundsätzlich nach den gesetzlich normierten Gebühren und Auslagen (§ 2 RVG), ausnahmsweise gemäß §§ 3 a–4 a RVG nach Vereinbarung.

Da diese Schuld allein auf dem **Vertrag** der Partei mit ihrem eigenen RA beruht **(§ 675 BGB),** besteht sie unabhängig davon, ob und in welchem Umfang die Partei gegenüber ihrem Gegner einen Erstattungsanspruch hat. Selbst wenn ihr im Urteil ein voller Erstattungsanspruch zuerkannt worden ist (z. B. „der Beklagte trägt die Kosten"), vom Gegner aber „nichts zu holen" ist, haftet die Partei trotz vollen Obsiegens im **Innenverhältnis** voll ihrem eigenen RA.

Hinweis: Zur Höhe der Vergütung des RA siehe unten § 4.

6. Kostenfestsetzung

3.07 Gemäß §§ 103 ff. ZPO, 21 I Nr. 1 RPflG setzt der RPfl. die prozessualen Kostenerstattungsansprüche der Parteien gegeneinander im Kostenfestsetzungsbeschluss fest.

7. Prozesskosten

3.08 „Kosten des Rechtsstreits" (§ 91) sind Gerichtskosten und außergerichtliche Kosten.

Anders im Strafprozess: Dort zählen zu den „Kosten des *Verfahrens*" nur die Gebühren und Auslagen (z. B. für Pflichtverteidiger, Zeugen) der Staatskasse, nicht auch die Anwaltskosten des Wahlverteidigers („eigene notwendige Auslagen" des Angeklagten), vgl. § 464 a StPO.

a) Gerichtskosten: Sie fallen ausschließlich nach dem GKG an, § 1 GKG. Es sind dies Gebühren und Auslagen:

* **Gebühren**

Welche Gebühren jeweils anfallen **(Gebührentatbestände),** bestimmt sich nach dem Kostenverzeichnis (KV), Anlage 1 zum GKG, § 3 II GKG.

Die rechnerische **Höhe** (Gebührenbetrag) bestimmt sich gemäß § 3 II GKG i. d. R nach dem *Gebührensatz* (= rechte Spalte des KV, also z. B. $\frac{1}{2}$ Gebühr) und dem *Gebührenstreitwert,* der gemäß §§ 34 ff. GKG zu beurteilen ist; der Wert einer vollen Gebühr ist der Tabelle in Anlage 2 zum GKG zu entnehmen, § 34 I GKG.

* **Auslagen**

Das sind Aufwendungen des Gerichts für Zeugen, Sachverständige (die beide nach dem JVEG, Schönfelder 116, zunächst vom Gericht entschädigt werden), Zustellungskosten, Erstellung von Abschriften etc.

Auch die Auslagen sind Gerichtskosten (Legaldefinition in § 1 I GKG) und werden gem. § 3 II GKG nach Anlage 1, KV 9000 ff. berechnet. Musste der RA vor der Zeugenladung einen Gebührenvorschuss an das Gericht entrichten (§ 379 ZPO), so hat er damit Gerichtskosten verauslagt (ThP § 91, 52).

Beispiel 1: K klagt € 20 000,– ein und erzielt ein obsiegendes Urteil. Es entstehen an Gebühren und Auslagen:

(1) **Gebühren:**
Gebührensatz: KV 1210 3 volle Gebühren
Diese allg. Verfahrensgebühr ist gem. § 12 I GKG bei Klageeinreichung vorauszu-
zahlen und gilt in 1. Instanz alle Gerichtsgebühren ab (auch die früher gesondert
berechnete doppelte Urteilsgebühr).
Höhe: §§ 48 I, 34 I GKG, § 3 ZPO.
Streitwert: bis € 22 000,–. Also 3 × € 288,– € 864,–
(2) **Auslagen:**
Auslagen für Zeugen und Sachverständige (KV 9005 i. V. m. JVEG),
Schreibauslagen (KV 9000).

Beispiel 2: Ging dem streitigen Urteilsverfahren ein Mahnverfahren voraus, so wird die im Mahnverfahren gem. KV 1100 zunächst angefallene halbe Gebühr angerechnet auf die vor Abgabe fällige (§ 12
III 3 GKG) volle 3-fache allg. Verfahrensgebühr (KV 1210).

b) Außergerichtliche Kosten sind insbesondere (ThP § 91, 15 ff.; 19 ff.):

Anwaltskosten, § 91 II, also die **gesetzlichen** Gebühren und Auslagen nach dem
RVG. Die gem. § 4 RVG **vereinbarten** Gebühren sind gegenüber dem Gegner nur in
Höhe der gesetzlichen Gebühren erstattungsfähig, hinsichtlich der Differenz haftet also
nur der Auftraggeber!

Übersicht über die Gebührentatbestände: unten § 4.

Parteikosten, § 91 I S. 2, z. B. Reisekosten, Zeitversäumnis.

III. Die Grundsätze der Kostenentscheidung

1. Urteile mit und (ausnahmsweise) ohne Kostenentscheidung

Grundsätzlich enthält jedes Urteil eine Kostenentscheidung, § 308 II. **3.09**

Ausnahmen:
Die ZPO geht für den Regelfall (§§ 91, 92) vom Prinzip der Kosteneinheit aus: die
Kosten des Rechtsstreits bilden i. d. R. eine Einheit, über die dann folglich einheitlich
zu entscheiden ist. Kann daher zum Zeitpunkt der beabsichtigten Teil- oder Zwi-
schenentscheidung noch nicht abschließend gesagt werden, in welchem Umfange die
Partei an den „Kosten des (= ganzen!) Rechtsstreits" zu beteiligen ist, muss eine Kostenentscheidung dort unterbleiben und dem die Instanz abschließenden Schlussurteil
überlassen werden.

Keine Kostenentscheidung enthalten daher:

– **Teilurteile, § 301**
  Wer hinsichtlich des Restes unterliegt, ist mangels Entscheidungsreife dazu noch offen. Wie die
  „Kosten des (= ganzen) Rechtsstreits" zu verteilen sind, steht erst beim Schlussurteil fest.
– **Grundurteil, § 304**
  Erst der Ausgang des anschließenden Betragsverfahrens ergibt das Obsiegen und Unterliegen.
– **Zwischenurteile zwischen den Parteien, §§ 280, 303**
  Hierin wird nicht über den Streitgegenstand entschieden, sondern über prozessuale Fragen (z. B.
  Zulässigkeit der Klageänderung, Unwirksamkeit eines Prozessvergleichs). Ein „Unterliegen" i. S. v.
  §§ 91 ff. wird darin also nicht angesprochen.
  Aber: Zwischenurteile gegenüber Dritten (§§ 71; 135 II; 387) haben bei Unterliegen des Dritten
  dessen Kostenpflicht auszusprechen.

Muss hiernach eine Kostenentscheidung noch unterbleiben, braucht im Tenor kein
klarstellender Hinweis zu erfolgen. Es genügt ein Hinweis am Ende der E-Gründe.

Unschädlich aber: „II. Die Kostenentscheidung bleibt dem Schluss(End)-Urteil vorbehalten."

2. Überblick über die gesetzliche Regelung

3.10 Nach der Systematik des Gesetzes gibt es 1 Grundsatz und 5 Ausnahmen: siehe dazu nachfolgende Übersicht.

Die folgende Darstellung konzentriert sich entsprechend der Examensbedeutung auf den **Grundsatz:**

Zunächst wird der Grundsatz der einheitlichen Kostenentscheidung besprochen (unten 3), sodann werden die Kosten-Tatbestände des § 91 und des § 92 erläutert (unten IV und V).

Die Fälle der **Kostentrennung** sind bis auf § 344 weniger examensrelevant. § 344 wird im Rahmen des Versäumnisverfahrens besprochen. Hinsichtlich der übrigen Fälle soll hier von einer Darstellung abgesehen werden. Zur Tenorierung vgl. Furtner, Urteil, S. 48 ff. In allen Fällen der Kostentrennung ist zu beachten: nur einzelne und abtrennbare „Sonder"-Kosten können gesondert einer Partei auferlegt werden, alle übrigen Kosten müssen ganz normal nach dem Grundsatz der Einheitlichkeit der Kostenentscheidung gemäß §§ 91, 92 verteilt bzw. quotiert werden.

Beispiel (§ 96):

II. Die Kosten für die Entschädigung des Zeugen C trägt der Kläger *(= § 96).* Von den übrigen Kosten des Rechtsstreits tragen der Kläger ¹/₃, der Beklagte ²/₃.

Übersicht:

Grundsatz	Ausnahmen			
§§ 91, 92 Einheitliche Kostenverteilung je nach dem Maß des Unterliegens („Erfolgsprinzip"). So auch bei • Streitgenossen §§ 100, 91, 92 • Veränderungen des Streitgegenstands z. B. durch Teil-Klage-rücknahme, Teil-Erledigung, Teil-Anerkenntnis, (in diesen Fällen Kostenmisch-entscheidung aus §§ 91, 92 mit §§ 269, 91 a, 93)	**Kosten-trennung:** Abtrennung einzelner Kosten, hinsichtlich der übrigen Kosten aber einheitliche KostenE gemäß Grundsatz in §§ 91, 92 (je nach Unterliegen). Fälle der Kosten-trennung: **§ 75** **§§ 94–97** **§ 100 III** **§ 101** **§ 238 IV** **§ 281 III S. 2** **§ 344** Die Kosten-trennung ist (außer bei § 96) zwingend.	**§ 91 a, § 269 III 3** Ermessen (jedoch unter Berück-sichtigung der allg. Kostengrundsätze nach §§ 91–98, 100, 101) (dazu unten Rn. **11.**05; **11.**18)	**§ 93** Bei Aner-kenntnis: Kläger (trotz Obsiegens) (dazu unten Rn. **7.**05)	**§ 93 b** Billigkeits-erwägungen. Sondervor-schrift gegen-über §§ 91, 92 ff. bei Wohnraum-miete

3. Der Grundsatz der einheitlichen Kostenentscheidung

Der in §§ 91, 92 verankerte Grundsatz besagt ein Doppeltes:

a) Der Unterliegende trägt die Kosten nach dem Maß des Unterliegens

Der **Grund** des Unterliegens ist **gleichgültig.** Die ZPO geht von einem rein forma-   **3.11**
len Erfolgsprinzip aus: wer am Schluss (Tenor) unterliegt, trägt die Kosten. Für Billig-
keitserwägungen oder die Frage, wer den Prozess schuldhaft heraufbeschworen hat, ist
kein Raum (Ausnahmen: §§ 93, 93 b).

Beispiel 1: Maßgebend ist der Schluss der mündlichen Verhandlung (Tenor)
K klagt eine Forderung ein, die zu Beginn des Prozesses noch gar nicht fällig ist, am Tag der letzten
mündlichen Verhandlung jedoch fällig geworden ist. B wird voll verurteilt: B trägt alle Kosten, § 91.
B hat aber die Möglichkeit, den Anspruch am Tag der Fälligkeit sofort anzuerkennen, worauf K gemäß § 93 die Kosten seiner voreiligen Klage trägt. Versäumt er dies, trägt B alle Kosten, ungeachtet
der Tatsache, dass die Klage anfänglich noch unbegründet war. Da es nur auf das Unterliegen am
Schluss ankommt, dürfen dem Kläger auch nicht etwa teilweise die Kosten bis zum Eintritt der Fälligkeit auferlegt werden (StJ § 91, 14).

Abwandlung: Bezahlt der Beklagte die begründete Klageforderung im Laufe des Prozesses vorbehaltlos, so ist die Klage am Schluss der mündlichen Verhandlung unbegründet (§ 362 BGB), so dass
sie jetzt abzuweisen ist (§ 91: Kosten Kläger). K kann dies aber verhindern durch sofortige Erledigungserklärung (Näheres unten Rn. **11.**06).

Beispiel 2: Das formelle Erfolgsprinzip gilt auch im Instanzenzug
BGHZ 37, 233 (246): „Obsiegt der Kläger in der Revisionsinstanz auf Grund eines erst nach Erlass
des Berufungsurteils in Kraft getretenen Gesetzes (= Wegfall eines Genehmigungserfordernisses), so
hat der Beklagte grundsätzlich die Kosten aller Instanzen zu tragen, wenn er den Klageanspruch nicht
sofort anerkennt." „Nach der kostenrechtlichen Grundregel (§ 91 ZPO) kommt es hier für die Kos-
tenbelastung hinsichtlich aller Instanzen auf das Unterliegen in der letzten Instanz an."

Beispiel 3: Verschulden ist unerheblich
Dem K ist sein Fahrrad gestohlen worden. „Zeugen" berichten ihm, B sei der Dieb gewesen. K fordert den B mehrfach schriftlich zur Herausgabe auf, B bleibt jede Antwort schuldig und reagiert auch
auf eindringliche Klageandrohungen des jetzt eingeschalteten klägerischen RA nicht. Darauf erhebt K
Herausgabeklage gegen B. In der Beweisaufnahme weist B zweifelsfrei nach, dass er zur Tatzeit Urlaub
im Ausland verbracht hat und ihn die „Zeugen" offenbar mit seinem Zwillingsbruder A verwechselt
haben. Die Klage wird daraufhin abgewiesen. Der Kläger trägt nach dem formalen verschuldensneut-
ralen Erfolgsprinzip der §§ 91, 92 voll die Kosten des Rechtsstreits, auch wenn ihn B ersichtlich hat
„auflaufen" lassen.
K hat jedoch bei verschuldetem Heraufbeschwören eines Rechtsstreits durch B ggfls. einen materiellrechtlichen Kostenerstattungsanspruch (der aber die KostenE nicht beeinflusst). Dieser setzt eine Anspruchsgrundlage voraus (hier wohl § 826 BGB), die K in einem neuen Prozess (oder im alten durch
Klageänderung) realisieren kann.

Beispiel 4: Prozessaufrechnung
(a) Primäraufrechnung (gegen unbestrittene Klageforderung, ThP § 3, 19). Greift diese durch, wird
also die Klage deswegen abgewiesen, so treffen nach § 91 den Kläger die Kosten voll, da er voll unterliegt (ThP § 92, 4a). Die für die Eventualaufrechnung relevante Streitfrage (sogleich) besteht hier
nicht, weil die Primäraufrechnung nicht streitwerterhöhend wirkt, § 45 III GKG.
(b) Eventualaufrechnung
Ist die Klageforderung bestritten und rechnet der Bekl. hilfsweise mit einer bestrittenen Gegenforderung auf und wird demgemäß die Klage abgewiesen, so ist umstritten, ob diese Aufrechnung den
Kläger zum voll Unterliegenden (= § 91) oder nur teilweise Unterliegenden (= § 92) macht.
Meinung 1 (= § 91): Da die Klage im Ergebnis abgewiesen wird und die Aufrechnung gem. § 389
BGB zurückwirkt, trägt der formal unterliegende Kläger die Kosten, § 91. Ausnahme nur: die Auf-
rechnungslage tritt erst im Laufe des Prozesses ein, und der Kläger erklärt daraufhin sofort die Hauptsache für erledigt (KG MDR 76, 846; BL § 91, 24, 25; StJ 7 vor § 91).

Meinung 2 (= § 92): Die Hilfsaufrechnung wirkt gemäß § 45 III GKG streitwerterhöhend. Der Gebührenstreitwert, an dem sich das Ausmaß von Obsiegen und Unterliegen orientiert (s. unten § 3 V), errechnet sich aus der Summe von Haupt- und Aufrechnungsforderung: im Hinblick auf diese Gesamtsumme unterliegen der Kläger (verliert seine Hauptforderung) und der Beklagte (verliert seine Aufrechnungsforderung) jeweils nur zum Teil (BGH NJW 91, 2486 zu III; ThP § 92, 4; Zöller § 92, 3 m. w. N.).

b) Einheitlichkeit der Kostenentscheidung

3.12 Die Kosten des Rechtsstreits bilden grundsätzlich eine Einheit (Kosteneinheit), über die daher nur einheitlich, also in ihrer **Gesamtheit,** zu entscheiden ist: Grundsatz der Einheitlichkeit der Kostenentscheidung.

Nur in den gesetzlich vorgesehenen Ausnahmefällen dürfen besondere Kosten ausgeklammert und gesondert einer Partei auferlegt werden **(Kostentrennung).**

Gründe der Kosteneinheit:

Das Gesetz behandelt sie schon sprachlich als Einheit: § 91 „die Kosten des Rechtsstreits" (also alle!); §§ 91 a, 92 sprechen schlicht von „die Kosten". § 93: „Die Prozesskosten".

Der tiefere Grund für die nur einheitlich zulässige Kostenverteilung liegt im **System des einmaligen Gebührenanfalls (Pauschgebühren)** nach RVG und GKG, das ungeachtet wechselnder Verfahrensabschnitte (z.B. Klageänderungen) einheitliche Gebührentatbestände für das gesamte Verfahren schafft, sowie in der **Degression der Gebühren.**

Zum Verständnis dieser Eigenheit des Kostenwesens hier nur 3 Beispiele:

Beispiel 1: Einmaliger Gebührenanfall

Trotz Klage und Widerklage fällt beispielsweise die Verfahrensgebühr (§ 2 II RVG mit VV 3100) nur einmal an (§ 15 II RVG), und zwar i.d.R. aus dem Gegenstandswert der Addition beider Klagen, §§ 23 I 1 RVG, 45 I 1 GKG. Sie fällt also nicht getrennt einmal für die Klage aus deren Streitwert und zusätzlich aus der Widerklage aus deren Streitwert an. Sie steckt vielmehr **einheitlich** in beiden Klagen. Diesen für beide Klagen einheitlichen Gebührentatbestand würde man zerreißen und missachten mit der **unzulässigen** Tenorierung: „Der Kläger trägt die Kosten der *Klage,* der Beklagte die der *Widerklage".* Denn was z.B. die Verfahrensgebühr betrifft, sind die Kosten der Klage zugleich Kosten der Widerklage und umgekehrt.
(Eine solche unzulässige Tenorierung ist aber evtl. auslegbar als Kostenverteilung je nach dem Streitwert von Klage und Widerklage, StJ § 92, 3 c).

Beispiel 2: Degressive Gebührenstaffelung

Die Höhe der Gerichts- und RA-Gebühren steigt nicht etwa linear mit dem Streitwert, sondern **flacht mit steigendem Streitwert nach oben zu ab:** Eine volle RA-Gebühr aus dem Streitwert € 18 000,– (= € 606,–) ist nicht etwa gleich zweimal eine Gebühr aus der Hälfte, € 9000,–. Die Summe aus letzterem ist erheblich höher: 2 × € 449,– = € 898,–.
Diese Degression bezweckt eine finanzielle Entlastung der Parteien mit zunehmendem Streitwert. Diesen Vorteil bezweckt z.B. auch **§ 45 I 1 GKG:** Die Streitwerte von Klage und Widerklage sind (i.d.R., Ausnahme: S. 3) zusammenzurechnen.

Beispiel 3: Unterliegt der Kläger mit seiner Klage über € 6000,–, der Beklagte mit seiner Widerklage über € 12000,–, so wäre es (abgesehen vom Prinzip des einmaligen Gebührenanfalls = Beispiel 1) auch wegen der gemäß § 45 I GKG zu beachtenden Gebührendegression nicht zulässig zu tenorieren: „Der Kläger trägt die Kosten der Klage (also aus diesem Streitwert = € 6000,–), der Beklagte die Kosten der Widerklage (also aus diesem Streitwert = € 12 000,–)."
Vielmehr müssen gemäß **§ 45 I 1 GKG,** § 23 I 1 RVG die Gebührenstreitwerte von Klage und Widerklage zusammengerechnet werden und das Unterliegen aus Klage bzw. Widerklage ins Verhältnis gesetzt werden zu dieser **Addition.** Es unterliegt zwar dann der Kläger nach wie vor mit € 6000,–, aber **gemessen an einem höheren Streitwert,** aus dem sich für das Teil-Unterliegen vergleichsweise niedrigere Gebühren errechnen:

K unterliegt mit € 6000,– aus dem Streitwert € 18 000,–, also zu ¹/₃. Demnach hat der Beklagte gegen K einen Kostenerstattungsanspruch von ¹/₃ seiner Kosten. Greift man die 1,3 Verfahrensgebühr des Beklagten-RA heraus (Streitwert € 18 000,–): € 606,– × 1,3 : ¹/₃ = € 262,60. Würde man hingegen (unzulässig) das Unterliegen des K unmittelbar aus dem Tabellenwert 6000,– ablesen, hätte B gegen K einen höheren Erstattungsanspruch: € 338,– × 1,3 = € 439,40.

Die Einheitlichkeit der Kostenentscheidung, zu der das Gebührensystem nach GKG und RVG zwingt, ist ein wichtiger Grundsatz, von dem nur in den gesetzlich klar und eng gefassten Ausnahmen (Kostentrennung) abgewichen werden darf. Hier gemachte Fehler wiegen schwer, weil sie zugleich ein Verstoß gegen das Gebührensystem sind und daher eine Kostenabrechnung der Parteien untereinander (Kostenfestsetzung) erheblich erschweren oder gar undurchführbar machen (der Kostenbeamte kann den falschen Kostentenor nicht ändern, sondern ist an ihn gebunden).

Es sei daher noch hingewiesen auf folgende häufige Fehler:

c) Häufige Fehler

3.13

aa) Trennung nach Haupt- und Hilfsantrag

Beispiel: Der Kläger unterliegt mit dem Hauptantrag über € 20 000,– (Kaufpreis für Pkw), dringt aber mit dem Hilfsantrag über € 24 000,– (Rückübereignung des Pkw) durch.

(1) **Falsch:** „Der Kläger trägt die Kosten des Haupt-, der Beklagte die des Hilfsantrags". Denn es gibt wegen des einmaligen Gebührenanfalls nicht „Kosten des Hauptantrags" oder „Kosten des Hilfsantrags", vielmehr fallen die Gebühren (z. B. die Verfahrensgebühr, RVG VV 3100) nur einmal für das ganze Verfahren, also zugleich für den Hilfsantrag an, sofern (wie hier) über ihn entschieden wird und zwar aus dem addierten Streitwert, wenn beide Anträge wirtschaftlich verschiedene Gegenstände betreffen, sonst aus dem höheren Einzelwert, § 23 I 1 RVG, § 45 I 1, 2 GKG. Näheres siehe unten Rn. **8.21**.
Die Verfahrensgebühr wäre also gar nicht ausscheidbar als besonderer Kostenteil gerade des Hauptantrags.

(2) **Richtig:** „Der Beklagte trägt die Kosten des Rechtsstreits".
Betreffen – wie hier – beide Anträge wirtschaftlich denselben Gegenstand trägt, wenn der erfolgreiche HilfsA gleich oder höher als der HauptA ist, der im Ergebnis voll unterliegende Beklagte gemäß § 91 allein die Kosten des Verfahrens (die einheitlich für Haupt- und HilfsA angefallen sind), § 45 I S. 3 GKG. Einzelheiten später bei der Eventualhäufung (Rn. **8.21**).

bb) Trennung nach Prozess- oder Zeitabschnitten.
Da die Gebühren nicht für begrenzte Prozessabschnitte anfallen (lediglich das gebührenauslösende Ereignis, z. B. die Vertretung in einem Verhandlungstermin, RVG VV Vorbemerkung 3 (3), stellt sich zu einem bestimmten Zeitpunkt ein) sondern, **einmal angefallen, jede weitere einschlägige Tätigkeit** (z. B. jede weitere Terminswahrnehmung) **mit abgelten** (Pauschalgebühren), dürfen und können die Kosten nicht nach Prozess- oder Zeitabschnitten verteilt werden.

Bei **Stufenstreitwerten** infolge Klageänderungen, Teilerledigungserklärungen, Teilrücknahmen ist daher zu beachten:

Beispiel: Der Kläger macht € 10 000,– geltend, nimmt aber im 1. Termin (= Terminsgebühr fällt an) die Klage um € 8000,– zurück. Hinsichtlich der restlichen € 2000,– obsiegt K nach Beweisaufnahme.

(1) **Falsch** wäre: „Die Kosten bis zur Klageermäßigung trägt der Kläger, die übrigen Kosten einschließlich der Kosten der Beweisaufnahme der Beklagte".
Denn die gerichtliche Verfahrensgebühr (KV 1210), die RA-Verfahrens- und Terminsgebühren sind aus Streitwert € 10 000,– bereits angefallen und bleiben es auch nach Klageermäßigung (einheitlicher Gebührentatbestand ungeachtet wechselnder Prozessabschnitte). An ihnen sind Kläger und Beklagter anteilig zu beteiligen, was aber nach obigem Tenor nicht der Fall wäre: der Kläger müsste diese drei Gebühren allein tragen, nur weil sie vor Klageänderung angefallen sind.

(2) **Richtig:** „Von den Kosten des Rechtsstreits trägt der Kläger ⁴/₅, der Beklagte ¹/₅."

cc) Trennung nach Streitgegenständen oder Teilen davon

Beispiel: K klagt € 12 000,– ein und obsiegt mit € 10 000,–.

(1) **Falsch** wäre: „Die aus der Zuvielforderung von € 2000,– entstandenen Kosten trägt der Kläger, die übrigen Kosten trägt der Beklagte".

Unzulässige Kostentrennung. Diese wäre auch gar nicht durchführbar, weil die Kosten nicht teils aus Streitwert € 10 000,– und teils aus € 2000,– angefallen sind, sondern aus € 12 000,–, also einheitlich aus der nächst höheren Gebührenstufe, nämlich € 13 000,–.

(2) **Richtig** ist (§ 92 I): „Von den Kosten des Rechtsstreits trägt der Kläger ¹/₆, der Beklagte ⁵/₆."

§ 92 II ist nicht anwendbar, da die Zuvielforderung des K (€ 2000,–) ¹/₆ der Klageforderung und damit nicht „geringfügig" ist (Orientierungswert mit ThP § 92, 8: kleinerer Bruch als ¹/₁₀).

IV. Die Kostenentscheidung bei vollem Unterliegen, § 91

3.14 Unterliegt eine Partei voll, hat sie nach § 91 sämtliche Kosten zu tragen. Die Kostenentscheidung lautet dann schlicht:

> II. Der Beklagte hat die Kosten des Rechtsstreits zu tragen.

Probleme kann es für den Kostenausspruch hier nur geben, wenn auf einer Seite eine wirksame Bevollmächtigung, die Parteifähigkeit bzw. die Existenz gefehlt hat oder die Parteifähigkeit im Laufe des Prozesses weggefallen ist. Hier wird auf das sog. **Veranlasserprinzip** abgestellt, d. h. es hat derjenige die Kosten zu tragen, der das Verfahren *veranlasst* hat.

Da diese Fragen – über die reine Kostenentscheidung hinaus – wichtige Probleme der Praxis aufwerfen, soll hierauf kurz eingegangen werden.

1. Fehlen einer wirksamen Bevollmächtigung

3.15 Hier geht es darum, wer für die Kosten *verantwortlich* zu machen ist.

Beispiel (nach BGHZ 121, 397): RA R erhebt nach Erteilung einer schriftlichen Vollmacht Klage namens des K. Im Prozess stellt sich nach Erholung von Gutachten heraus, dass K – was R nicht wusste – geschäftsunfähig und die Vollmacht daher unwirksam ist. Der nach Unterbrechung (lies: § 241) bestellte Betreuer des K (§ 1896 BGB; beachte: ein Prozesspfleger kann gem. § 57 nur für den Beklagten bestellt werden, für den Kläger analog § 57 nur als letzte Möglichkeit, wenn das Betreuungsgericht die Bestellung eines Betreuers ablehnt, BAG NJW 09, 3051) verweigert die – gemäß § 579 I Nr. 4 analog, § 89 II mögliche – Genehmigung der Prozessführung (dazu ThP § 51, 17; § 89, 13).

Eine Klage, die ein vollmachtloser Vertreter erhoben hat, ist mangels wirksamer Klageerhebung als unzulässig abzuweisen, da die Klage eine Prozesshandlung ist und es hierfür mangels Bevollmächtigung an der Prozess*handlungs*voraussetzung fehlt (ThP 16, 34 vor § 253; § 89, 9; Zöller § 89, 11). Ein Rechtsmittel ist aus denselben Gründen als unzulässig zu verwerfen (BGHZ 111, 221; ThP § 89, 9).

Für die Kostenverteilung gilt nach h. M. das sog. **Veranlasserprinzip**: die Kosten sind **analog § 91** demjenigen aufzuerlegen, der den nutzlosen Verfahrensaufwand veranlasst hat (BGHZ 121, 400; ThP § 89, 11). Denn § 91 beruhe auf dem Gedanken, dass die unterlegene Partei den Rechtsstreit verursacht habe, weshalb § 91 analog (§ 97 für Rechtsmittel) die Kostenpflicht eines anderen Verfahrensbeteiligten begründen könne, wenn dieser und nicht die Partei den Anlass für den Prozess bzw. das Rechtsmittel gegeben habe, BGH a. a. O.; StJ § 88, 14. Der Veranlasser kann der vollmachtlose Vertreter selbst, die Partei oder ein anderer Verfahrensbeteiligter sein:

(1) Der vollmachtlose Vertreter kommt als Veranlasser in Betracht, wenn er den Mangel der Vollmacht **gekannt** hat.

Beispiele: BGH NJW 83, 883: Der RA des unterlegenen Klägers beauftragte ohne Rücksprache mit dem Mandanten am letzten Tag der Frist einen beim BGH zugelassenen RA mit der Revisionseinlegung. Der Kläger genehmigte später nicht, die Kosten wurden dem Berufungsanwalt als Veranlasser auferlegt.

OLG Stuttgart NJW-RR 11, 40: Die Räumungsklage einer Außen-GbR, bei der Gesamtvertretung bestand, wurde als unzulässig abgewiesen, da nicht alle Gesellschafter der Prozessführung zugestimmt hatten. Dem Klägervertreter wurden die Kosten nach dem Veranlasserprinzip analog § 91 auferlegt, weil er wissentlich ohne ausreichende Prozessvollmacht die Klage erhoben hat.

BGH VersR 75, 344: Ein deutscher RA erhebt für eine schwedische Partei Klage, zu der er von einer schwedischen Kanzlei beauftragt wurde, kann aber trotz Aufforderung und Nachfrage keine Vollmacht der Partei selbst beibringen: Klageabweisung und Verurteilung des RA in die Kosten.

(2) Ist der Vertreter aber – wie hier – **gutgläubig** im Besitz einer tatsächlich erteilten Vollmacht, so handelt er als ein von der Prozessordnung vorgeschriebener Vertreter seiner Partei. Nicht er, sondern die Partei hat dann den Prozess veranlasst. Nach BGHZ 121, 400 sind daher die Kosten der Partei selbst aufzuerlegen, auch wenn sie prozessunfähig ist, denn die §§ 91 ff. setzen ungeachtet Partei- und Prozessfähigkeit nur den Bestand eines Prozessrechtsverhältnisses voraus und dieses ist durch die Klageerhebung bereits begründet worden (BGH a. a. O. S. 399).

(3) **Exkurs: § 89 I.**
Beachte vor allem 2 Dinge:
(a) § 89 I setzt voraus, dass der Vertreter selbst (i. d. R. auf Rüge, § 88) **erklärt,** (noch) keine Vollmacht zu haben oder sie (noch) nicht nachweisen zu können. § 89 I setzt also eine **allseits bewusst vollmachts- bzw. nachweislose Vertretung** voraus (ThP 2; StJ 1 zu § 89).

(b) **Rechtsfolge:** Wird der Vollmachtsnachweis nicht beigebracht, wird die Klage wie zu oben (1) als unzulässig abgewiesen (Zöller § 89, 8) und der vollmachtlose Vertreter zur Erstattung der dem *Gegner* entstandenen Kosten verurteilt (§ 89 I 3). Damit sind nicht zu verwechseln die Kosten des *Rechtsstreits selbst* (z. B. Gerichtskosten), über die § 89 keine Regelung trifft: sie sind analog § 91 ZPO nach dem Veranlasserprinzip zu verteilen (ThP § 89, 11). Veranlasser kann die vertretene Partei, ihr gesetzlicher oder der vollmachtlose Vertreter sein ThP a. a. O. Ist (wie häufig) der vollmachtlose Vertreter zugleich der Veranlasser, so fällt die Kostenpflicht aus § 89 mit der aus dem Veranlasserprinzip zusammen (Zöller § 89, 8).

(4) **Rechtsmittel** des (im Urteil oder in einem gesonderten Beschluss) mit den Kosten belasteten vollmachtlosen Vertreters ist die sofortige Beschwerde nach dem allgemeinen Rechtsgedanken der §§ 91 a II, 99 II (BGH NJW 88, 50; ThP § 89, 11 a).

2. Fehlen der Parteifähigkeit (z. B. Erbengemeinschaft) oder der Existenz von Anfang an

Beispiele: BGB-Innengesellschaft, Zöller § 50, 27; Stille Gesellschaft, §§ 230 ff. HGB (sie ist ebenfalls InnenGes.); Erbengemeinschaft, BGH NJW 06, 3715 (aber ggfls. Auslegung, dass die einzelnen Erben als Kläger/Beklagte anzusehen sind). Erlöschen der Existenz einer OHG durch Eintragung der Verschmelzung mit einer GmbH, § 20 I Nr. 2 UmwG (BGH NJW 08, 527).

Der Mangel liegt vor

a) beim Kläger

Die Klage muss, da es an einer Sachurteilsvoraussetzung fehlt, als unzulässig abgewie-   **3.16** sen werden. Den Kläger in die Kosten zu verurteilen, wäre sinnlos, da das Urteil gegen ihn nicht vollstreckbar wäre.

Daher h. M.: Die Kosten sind demjenigen aufzuerlegen, der die Klage **veranlasst** hat bzw. im Prozess die Parteifähigkeit (Existenz) des Klägers behauptet hat (dem „tatsächlich Handelnden").

BGHZ 146, 341, 357; BGH WM 76, 687; OLG Düsseldorf MDR 80, 853; ThP § 50, 13.

Beispiel 1: (BGH WM 76, 686): Der A-Verein e. V. klagt gegen B auf GB-Berichtigung. F tritt im Prozess als Vorstand auf und hat auch dem Klägeranwalt die Prozessvollmacht unterschrieben. Im Prozess stellt sich heraus, dass der A-Verein infolge Wegfalls sämtlicher Mitglieder (Tod bzw. Austritt) schon vor Jahren liquidationslos erloschen ist.
Hier hat F als Vorstand des A-Vereins die Klage veranlasst und auch (konkludent) die Existenz des Klägers behauptet.

Die Entscheidung lautet daher:

In dem Rechtsstreit A-Verein e. V. gegen B

    I. Die Klage wird abgewiesen.
    II. Die Kosten des Rechtsstreits trägt der Kaufmann F, Marsstr. 2, München.
    III. §§ 708 ff. ZPO.

Beispiel 2: (BGHZ 146, 357): A klagt namens einer „Gemeinschaftspraxis Dres A und Kollegen", von ihm als BGB-Außengesellschaft bezeichnet, eine Honorarforderung gegen B ein. Im Prozess stellt sich heraus, dass auf Klägerseite tatsächlich keine (rechtsfähige) BGB-Außengesellschaft existiert (sondern überhaupt keine Gesellschaft oder eine nicht rechtsfähige Innengesellschaft). BGH: A trägt als *Veranlasser* der unzulässigen Klage (fehlende Existenz bzw. Parteifähigkeit) die Prozesskosten.

b) beim Beklagten

3.17 Auch hier muss die Klage als unzulässig durch Prozessurteil abgewiesen werden. Die Kosten trägt gemäß § 91 der Kläger einschließlich der Kosten eines Dritten, der für den „Beklagten" dessen Nichtexistenz oder fehlende Parteifähigkeit geltend gemacht hat,

OLG Hamburg MDR 76, 845; ThP § 50, 13; Zöller § 91, 2; Müko-ZPO § 91, 11.

Beispiel: K klagt eine alte Forderung gegen den B-Sportverein e. V. ein und lässt die Klage dem Kaufmann F als Vorstand zustellen. F lässt über seinen RA Klageabweisung beantragen. Er verweist darauf, dass der Verein infolge Austritts aller Mitglieder schon vor 2 Jahren erloschen sei, was sich nach Beweisaufnahme auch bestätigt.
Hier hat F einen nichtexistenten Beklagten vertreten (BGH WM 76, 686). Obwohl der Kostenerstattungsanspruch gemäß § 91 nur dem Beklagten selbst (Verein) zusteht, dieser aber nicht existiert, erhält F als Nicht-Partei Kostenerstattung, weil er „hinter" dieser Partei steht und sie praktisch repräsentiert. Die Entscheidung lautet dann:

In dem Rechtsstreit K gegen B-Verein e. V.

    I. Die Klage wird abgewiesen.
    II. Der Kläger trägt die Kosten des Rechtsstreits, einschließlich der dem Kaufmann F … entstandenen außergerichtlichen Kosten.
    III. §§ 708 ff.

3. Wegfall der Parteifähigkeit während des Prozesses

3.18 Der Verlust der Parteifähigkeit von juristischen Personen, OHG, KG tritt erst ein mit deren **Vollbeendigung,** sei es durch Eintritt völliger Vermögenslosigkeit oder im Insolvenzverfahren (BGH NJW 96, 2035; 95, 196). Die Löschung im Handelsregister (§ 157 HGB) ist nicht entscheidend, sie wirkt nur deklaratorisch. Maßgebend ist, ob noch Vermögen vorhanden ist: findet sich solches, ist trotz Löschung die Liquidation wieder aufzunehmen und zu beenden, die Partei ist für diese Ansprüche nach wie vor parteifähig (BAG NJW 03, 80; Baumbach-Hopt § 157, 3).

Im Aktivprozess genügt daher für die Parteifähigkeit die Geltendmachung der Klageforderung, im Passivprozess die substanziierte Behauptung, die (gelöschte) Gesellschaft habe doch noch Vermögen (BGH NJW-RR 91, 660; Müko-ZPO § 50, 29).

Umstritten ist, ob die zu Beginn des Prozesses noch vorhandene Parteifähigkeit von juristischen Personen, OHG und KG während des Verfahrens infolge Vermögensverfalls *wegfallen* kann.

Das hat Konsequenzen dafür, ob Sach- oder nur Prozessurteil ergehen darf und damit kostenrechtliche Auswirkungen.

Beispiel: K klagt auf Zahlung von € 20 000,– gegen die B-GmbH und Co. KG. Im Laufe des Prozesses stellt die KG ihre Geschäfte ein. Wegen Vermögenslosigkeit werden sowohl die Komplementär-GmbH als auch die KG im Handelsregister gelöscht.
Die Klageforderung ist nach inzwischen erfolgter Beweisaufnahme voll begründet.

a) Meinung 1:

(1) Bei **Aktivprozessen** der in Vermögensverfall geratenen juristischen Person, OHG, KG ist in der behaupteten Klageforderung noch Liquidationsmasse zu sehen, so dass mangels Vollbeendigung die Klägerin als fortbestehend gilt (BGHZ 75, 182).

(2) Bei **Passivprozessen** (gegen die vermögenslose Gesellschaft) ist Vollbeendigung denkbar. Nicht als noch vorhandenes Vermögen zählt, weil zu vage, der theoretische, aufschiebend bedingte Kostenerstattungsanspruch der Bekl. für den Fall ihres Obsiegens (BGH NJW 08, 528, Rn. 8). Demnach:
– Parteifähigkeit und Existenz erlöschen auch bei noch schwebendem Prozess. Die Klage wird deswegen jetzt unzulässig.
– Jedoch kann der Rechtsstreit wegen dieses Wegfalls der Parteifähigkeit für erledigt erklärt werden. Geschieht dies nicht, ist die Klage als unzulässig abzuweisen (Kosten Kläger, § 91).

BGH NJW 82, 238; BGHZ 74, 212; ThP § 50, 14.
Im Beispiel wird der Kläger zweckmäßigerweise (die Klage ist sachlich voll begründet!) die Hauptsache für erledigt erklären. Erfolgt dies einseitig, ergeht Endurteil:

  I. Es wird festgestellt, dass der Rechtsstreit in der Hauptsache erledigt ist.
  II. Die Kosten des Rechtsstreits trägt die Beklagte.
  III. §§ 708 ff.

Kosten: § 91. Die Kosten können nach dieser Meinung also auch einem Parteiunfähigen auferlegt werden, BGH NJW 82, 238. Diese sind zwar dort nicht beitreibbar. Die Lösung über Hauptsacheerledigung hat aber für den Kläger immerhin den Vorteil, dass er selbst von Kostenerstattungsansprüchen der KG verschont bleibt. Erklärt K nicht für erledigt, ergeht abweisendes Prozessurteil: die Kosten trägt der Kläger (§ 91)!
Beachte: Widerspricht B der Erledigungserklärung (z. B. weil die Klage von Anfang an unbegründet gewesen sei), dann ist dies wegen Wegfalls der Parteifähigkeit und der Prozesshandlungsvoraussetzungen unbeachtlich.

b) Meinung 2:

Die Parteifähigkeit bleibt bis zur Beendigung des schwebenden Prozesses bestehen (bzw. gilt als fortbestehend).

BAG NJW 82, 1831; Zöller 5; BL 22; Musielak 18 zu § 50.
Bei Aktivprozessen: wie obige Meinung 1. Bei Passivprozessen hindere das Vorhandensein einer (möglichen) Schuld die Erlösverteilung (die ja erst nach Schuldenbereinigung erfolgen darf) und damit die endgültige Liquidation (Vollbeendigung).
Wurde vorhandenes Vermögen gleichwohl vor Klärung der streitgegenständlichen Schuld verteilt an die Mitglieder der Gesellschaft ohne Hinterlegung bzw. Sicherheitsleistung für den/die Gläubiger (§ 52 BGB, § 73 GmbHG), dann hat die Gesellschaft (nicht der übergangene Gläubiger) einen Bereicherungsanspruch gem. § 812 BGB gegen die Gesellschafter/Mitglieder, weil diese den Resterlös unter Verstoß gegen diese Verteilungsgrundsätze und damit ohne Rechtsgrund erlangt haben. Die Gläubiger können diesen Bereicherungsanspruch pfänden lassen = Vermögen ist dann also noch vorhanden, die Liquidation nicht abgeschlossen (BAG NJW 82, 1832; Palandt § 53, 2). Vor Beendigung der Passivprozesse stehe also noch gar nicht fest, welches Vermögen verteilt werden könne, die Liquidation sei daher noch nicht abgeschlossen, Vollbeendigung noch nicht eingetreten.
Im Beispiel ergeht, da die Klage weiter zulässig bleibt, normales Sachurteil:

  I. Die Beklagte wird verurteilt, an den Kläger € 20 000,– zu zahlen.
  II. Die Kosten des Rechtsstreits trägt die Beklagte *(= § 91)*.
  III. §§ 708 ff.

V. Die Kostenentscheidung bei teilweisem Obsiegen und Unterliegen, § 92

3.19 Bei Teilunterliegen gilt § 92. Da in Praxis- und Prüfungsfällen sehr häufig anzuwenden, soll die Vorschrift hier eingehend behandelt werden. § 92 ergänzt den Grundsatz des § 91, wonach der **Unterliegende** die Kosten trägt. Trotz der Formulierung teils „obsiegt" ist auch hier entscheidend das **Maß des Unterliegens**. **Teilunterliegen** liegt vor

beim Kläger: soweit dieser nicht voll (Klageantrag) durchdringt, unterliegt er im Rest;

beim Beklagten: er unterliegt, soweit er verurteilt wird, strittig bei Klageabweisung infolge streitwerterhöhender (§ 45 III GKG) Eventualaufrechnung (s. oben Rn. **3.11**, Beispiel 4).

Beispiele:

(1) Die Fälle, in denen der Tenor im Hauptsacheausspruch lautet: „… im Übrigen wird die Klage abgewiesen". Dazu Beispiele siehe oben Rn. **2.05**.

(2) Bei voller Abweisung oder vollem Zuspruch sowohl der Klage als auch der Widerklage oder wenn beiden nur teilweise oder der einen (z.B. Klage) voll, der anderen (Widerklage) nur teilweise stattgegeben wird (ThP § 92, 4; StJ § 92, 1).

(3) Bei unterschiedlichem Prozesserfolg gegenüber mehreren Beklagten (oder von mehreren Klägern). Beispiel: Die Klage gegen B 1 wird abgewiesen, der gegenüber B 2 wird stattgegeben. Dieser Fall ist in § 100 nicht geregelt. Nach h.M. sind die §§ 91, 92 kombiniert anzuwenden („Baumbach'sche Formel").
(ThP § 100, 15; StJ § 100, 16 ff.). Einzelheiten später beim Streitgenossenprozess (Rn. **13.07** ff.).

Der **Umfang des Teilunterliegens** richtet sich nach seinem **Verhältnis zum Gebührenstreitwert** (h.M., ThP 2; Zöller 2 zu § 92). Es geht ja um die Frage, wie das Teilunterliegen an den **Kosten** teilnimmt! Für das richtige Quotieren des Teilunterliegens sind also Grundkenntnisse des Gebührenstreitwerts erforderlich. Beispiele dazu sogleich bei der Besprechung der einzelnen Tatbestände des § 92. Zur Einordnung des Gebührenstreitwerts in die 3 Streitwertarten zunächst folgende kurze Gegenüberstellung.

Die 3 Streitwertarten:

- **Zuständigkeitsstreitwert:** §§ 1–9 ZPO sind maßgebend in vermögensrechtlichen und in nicht-vermögensrechtlichen (deren Wert ist i. F. d. § 3 zu schätzen gem. § 48 II GKG, ThP 8 zu § 23 GVG) Streitigkeiten für die Beurteilung der sachlichen Zuständigkeit, §§ 23, 71 GVG.
- **Rechtsmittelstreitwert:** §§ 2–9. Das ist der Betrag, um den sich der RMittelführer durch Abänderung der angefochtenen Entscheidung verbessern will, also z.B. der Wert des Berufungsantrags (nicht der der Beschwer aus dem angefochtenen Urteil, s. Rn. **26.26**) ohne Hinzurechnung einer etwa gleichzeitig erklärten Klage-Erhöhung, weil diese kein Rechtsmittelangriff ist (und nur den Gebührenstreitwert betrifft, § 47 GKG).
  Hierzu enthält das Gesetz für die Zulässigkeit Mindestbeträge in § 511 II Nr. 1 (Berufung: € 600,01), EGZPO § 26 Nr. 8 (Beschwerde gegen die Nichtzulassung der Revision: € 20 000,01), § 567 II (Kostenbeschwerde: € 200,01).
  Beispiel 1: Wurden K statt € 30 000,– nur € 10 000,– zugesprochen, so beträgt seine Beschwer € 20 000,–. Lautet sein Berufungsantrag aber z.B. nur auf Abänderung um weitere € 500,–, so ist gleichwohl die Berufung (falls nicht zugelassen) unzulässig, weil der Berufungsantrag (= Wert des Beschwerdegegenstandes i.S. v. § 511 II Nr. 1) die Grenz von € 600,– nicht übersteigt.
  Beispiel 2: Haben die Parteien den RStreit in der Hauptsache übereinstimmend für erledigt erklärt, so ist gegen die Kostenentscheidung die sofortige Beschwerde nur statthaft, wenn der Streitwert der Hauptsache (hier € 20 000,–) den Berufungsstreitwert (€ 600,–) übersteigt (die Hauptsache also berufungsfähig war), § 91 a II. Zulässig ist sie des Weiteren aber nur, wenn für den Beschwerdeführer der Rechtsmittelstreitwert von € 200,01 erreicht wird, § 567 II. Der Beschwerdeführer muss also geltend machen, dass ihn die angefochtene Kostenentscheidung zu unrecht um mehr als € 200,– benachteiligt und er sich gegenüber der angefochtenen Kostenentscheidung wertmäßig um

mehr als € 200,– verbessern will (Zöller § 567, 40), z. B. durch Abänderung der KostenE von bisher 50 : 50 in nunmehr $^1/_3$: $^2/_3$ zu seinen Gunsten. Entsprechendes gilt für sofortige Beschwerde gegen Kostenentscheidungen nach Anerkenntnis und Klagerücknahme, §§ 99 II 1, 269 V, 567 II.

- **Gebührenstreitwert:**
Gerichtsgebühren: primär §§ 41–47 GKG, sekundär §§ 3–9 ZPO, (§ 48 I 1 GKG).
RA-Gebühren: § 23 I 1 RVG (verweist auf die gleichen Vorschriften wie für Gerichtsgebühren).
Hier spricht man von „Gegenstandswert", § 2 I RVG.

Kurz zusammengefasst kann man sagen: §§ 3–9 ZPO gelten für alle 3 Streitwertarten. Für den Gebührenstreitwert sind aber zunächst die §§ 41–47 GKG als Sonderregeln zu beachten; kommt es zur direkten oder subsidiären Anwendung der §§ 3 ff. ZPO, sind erst die spezielleren §§ 4–9 ZPO, dann erst ist der allg. Tatbestand des § 3 ZPO (freies Ermessen) anzuwenden.

Bei Teilunterliegen gibt es nach § 92 drei mögliche Kostenfolgen:

- **§ 92 I S. 1:** Verhältnismäßige Teilung (Quotierung)
- **§ 92 I S. 1, 2:** Kostenaufhebung
- **§ 92 II:** Volle Kostenlast einer Partei

1. Verhältnismäßige Teilung (Quotierung), § 92 I S. 1

In der Praxis wird überwiegend nach **Brüchen** gequotelt, gebräuchlich sind auch **3.20** Prozentzahlen. Es wird die Verhältniszahl ermittelt: Unterliegensbetrag zum Gebührenstreitwert.

Hierbei muss nicht äußerste mathematische Genauigkeit erzielt werden. Vielmehr ist eine **praktikable Rundung der Brüche zulässig** (StJ § 92, 3b).

Beachte aber: diese Abrundung im Interesse leichter Handhabung der Kostenausgleichung darf nicht missverstanden werden als „grobes Peilen über den Daumen".

Beispiel: Belaufen sich die Kosten insgesamt auf € 10 000,– und errechnet sich für den Beklagten in der Hauptsache ein Unterliegen von $^{16}/_{36}$ (= € 4444,–), so wäre ein „über den Daumen" frei gepeilter Bruch von $^1/_3$ (= € 3333,–) eine Rechenungenauigkeit, die für den Kläger mit € 1111,– empfindlich zu Buche schlägt.

Brüche mit Nenner bis zu 20 werden sich bei mittleren Streitwerten i. d. R. bilden lassen. Höhere Nenner sind bei hohen Streitwerten hingegen nicht zu vermeiden, weil Abrundungen (das sind letztlich ja mathematische Ungenauigkeiten) zu hohen Kostendifferenzen gegenüber der mathematisch exakten Zahl führen.

Zur Erläuterung nun folgende Beispiele:

Beispiel 1: Normalfall (bezifferte Zahlungsklage)
Der Klageantrag der Kaufpreisklage lautet auf Zahlung von € 8000,–. B wird zur Zahlung von € 6000,– verurteilt, im Übrigen wird die Klage abgewiesen.
Das Unterliegen bemisst sich nach dem Gebührenstreitwert: Dieser ist bei bezifferten Zahlungsklagen identisch mit dem Klageantrag: vermögensrechtliche Streitigkeit, also § 48 I 1 GKG als Einstieg. Die §§ 41 ff. GKG enthalten für die normale Zahlungsklage keine Sondervorschriften, also sind über § 48 I 1 GKG anwendbar die §§ 3–9 ZPO. Vor § 3 ZPO zunächst §§ 4–9 ZPO prüfen, die vorliegend keine Sonderbestimmungen bereithalten.
Also § 3 ZPO: das Interesse des Klägers ist bei normalen Zahlungsklagen problemlos im Klageantrag ausgedrückt (vgl. ThP § 3, 72). Also:

Streitwert
€ 8000,–

K
unterliegt mit
€ 2000,–
= $^1/_4$

B
unterliegt mit
€ 6000,–
= $^3/_4$

Die Kostenentscheidung lautet also: „Von den Kosten des Rechtsstreits trägt der Kläger $\frac{1}{4}$, der Beklagte $\frac{3}{4}$."

Beispiel 2: Abwandlung, Rechenweg

Liegen die Zahlen nicht so einfach, stellt sich die Frage nach einem praktikablen Rechenweg.

Lautet abweichend von Beispiel 1 der Klageantrag auf € 8724,– und wird B zu € 5222,– verurteilt, die Klage im Übrigen abgewiesen,

so kommen u. a. 3 Möglichkeiten in Betracht. Dabei wird man sich bei der Berechnung auf eine Partei beschränken (z. B. Unterliegen des B zum Gebührenstreitwert) und für die andere Partei dann die Differenz auswerfen (beide getrennt auszurechnen empfiehlt sich nur zur Gegenkontrolle). Rechenwege:

(1) **Vereinfachen der Ausgangszahlen:** ein nur mit äußerster Vorsicht gangbarer Weg. Bei zu grober Nivellierung der Zahlen wird das Ergebnis falsch: Streicht man überall die 3 letzten Zahlen, würde K mit 3, B mit 5 Teilen bei Streitwert 8, also zu $\frac{3}{8}$ bzw. $\frac{5}{8}$ unterliegen. Gegenprobe: $\frac{3}{8}$ aus € 8724,– = € 3271,50! Die Vereinfachung ist nicht mehr vertretbar.

(2) **Kürzung der Brüche,** z. B. $\dfrac{€\,5222,-}{€\,8724,-} : 2 = \dfrac{€\,2611,-}{€\,4362,-}$

Oft ergibt sich schon bei hoher Bruchzahl kein weiterer gemeinsamer Teiler mehr und

die hohe Bruchzahl $\dfrac{€\,2611,-}{€\,4362,-}$ als Kostenanteil des B mutet fremd an.

(3) M. E. ist folgender Weg am schnellsten und zuverlässigsten: **Errechnung der Prozentzahl für das Teilunterliegen des B** (hier: 60%).

Damit steht auch die Prozentzahl für das Teilunterliegen K fest (40%). Man muss jetzt nur noch diese Prozentzahlen auf einen gemeinsamen Nenner bringen: K unterliegt mit 40%, B mit 60%, also 40 : 60, also 4 : 6 = 2 : 3 = $\frac{2}{5} : \frac{3}{5}$.

Die Prozentzahl selbst errechnet sich für B wie folgt: € 8724,– : 100% = € 5222,– : x%;

$x = \dfrac{€\,5222,- \times 100}{€\,8724,-} = 59,85 = 60\%.$

Formel für Taschenrechner:

Unterliegensbetrag × 100 geteilt durch Gebührenstreitwert = Unterliegen in %.

Die Kostenentscheidung lautet also: „Von den Kosten des Rechtsstreits trägt der Kläger $\frac{2}{5}$, der Beklagte $\frac{3}{5}$."

Beispiel 3: Klage und Widerklage

K klagt gegen B aus Verkehrsunfall auf Zahlung von € 4000,– Schadensersatz, B macht mit einer zulässigen Widerklage gegen K einen Schaden von € 2000,– geltend. Die Hauptklage hat in Höhe von € 3000,–, die Widerklage in Höhe von € 200,– Erfolg. Im Übrigen werden Klage und Widerklage abgewiesen.

Nach dem Grundsatz der Einheitlichkeit der KostenE dürfen nicht die „Kosten der Klage" der einen Partei, die „Kosten der Widerklage" der anderen auferlegt werden. Vielmehr sind die Kosten beider Klagen die „Kosten des Rechtsstreits", die einheitlich zu verteilen sind (siehe oben Rn. **3.12**, Beispiel 1).

Für das Unterliegen ist der **Gebührenstreitwert** maßgebend, also §§ 41 ff. GKG, hier § 45 I S. 1, 3 GKG: Klage und Widerklage sind zusammenzuzählen, da sie verschiedene Streitgegenstände betreffen (= der eigene Schaden des K bzw. der eigene des B).

Gebührenstreitwert
€ 6000,– (€ 4000,– + € 2000,–)

Unterliegen des K		Unterliegen des B	
mit Klage:	€ 1000,–	aus Klage:	€ 3000,–
aus Widerklage:	€ 200,–	mit Widerklage:	€ 1800,–
	€ 1200,–		€ 4800,–
	= $^1/_5$		= $^4/_5$

Die Kostenentscheidung lautet also: „Von den Kosten des Rechtsstreits trägt der Kläger $^1/_5$, der Beklagte $^4/_5$".

Beachte: Für den **Gebührenstreitwert** enthalten §§ 41 ff. GKG in § 45 GKG eine Sonderregelung, so dass es nicht zur subsidiären Anwendung von § 5 ZPO über § 48 I GKG kommt.
Für die **Zuständigkeit** hingegen gelten §§ 41 ff. GKG überhaupt nicht, so dass es hier bei § 5 ZPO bewendet: Klage und Widerklage werden hier nie zusammengerechnet, es entscheidet allein der jeweils höhere Antrag.

Beispiel 4: Zahlungs- und Herausgabeklage
Die Bank K klagt gegen ihren Kreditnehmer B auf: 1. Rückzahlung eines Darlehens über € 30 000,–; 2. auf Herausgabe des für das Darlehen sicherungsübereigneten Mercedes (Wert € 40 000,–), 3. Zahlung einer restlichen Rate von € 5000,– aus einem weiteren Darlehen, sowie 4. Duldung der Zwangsvollstreckung in das (genau bezeichnete) Grundstück des B wegen der für das 2. Darlehen bewilligten Hypothek über den Nennbetrag von € 20 000,– (valutiert noch zu € 5000,–).
Die Klage erweist sich in Anträgen 1 und 2 als begründet, hinsichtlich 3 und 4 als unbegründet.
Für das Unterliegen ist der Gebührenstreitwert maßgebend. Er wird wie folgt ermittelt: Einstieg ist § 48 I 1 GKG (vermögensrechtliche Streitigkeit). In §§ 41 ff. GKG sind hier keine Sonderbestimmungen relevant, also sind über § 48 I 1 GKG anwendbar die §§ 3–9 ZPO:

Antrag 1: §§ 48 I 1 GKG, 3 ZPO = € 30 000,–

Antrag 2: §§ 48 I 1 GKG, 6 ZPO = € 30 000,–

> Bei normalen Herausgabeklagen zählt der (nach § 3 ZPO zu schätzende) Verkehrswert der Sache, § 6 S. 1 HS 1. Ist die herausverlangte Sache aber Sicherungsgut für eine Forderung (Pfand, Hypothek, Bürgschaft, nach h. M. auch Sicherungseigentum, StJ § 6, 21; ThP § 6, 4), dann ist gem. § 6 S. 1 HS 2 deren Höhe maßgebend, auf den Wert des Sicherungsobjekts kommt es nur an, wenn dieser geringer ist, § 6 S. 2.

Hier: Die Höhe der Forderung (€ 30 000,–) ist entscheidend, da der Wert des Sicherungsobjekts (€ 40 000,–) nicht geringer ist, § 6 S. 2.

Die Anträge 1 + 2 werden nicht addiert, da sie wirtschaftlich den gleichen Gegenstand haben; der eine Antrag steckt wirtschaftlich zugleich im anderen Antrag. Daher sind die Voraussetzungen von § 5 ZPO (§ 48 I 1 GKG) nicht erfüllt, wo **mehrere** (= wirtschaftlich selbstständige) Begehren vorliegen müssen.
Keine Addition also bei Klage auf Rückzahlung eines Darlehens und Herausgabe der dafür sicherungsübereigneten Sache (ThP § 5, 8; StJ § 5, 9 m. w. N.).

> Keine Addition daher auch z. B. bei Klage auf Kaufpreisrest und Herausgabe der unter EV gelieferten Sache (StJ, ThP a. a. O.).

Es entscheidet also nicht die Addition, sondern der höhere bzw. einfache Wert.
Streitwert der Anträge 1 + 2 also: € 30 000,–.

Antrag 3: §§ 48 I 1 GKG, 3 ZPO = € 5000,–

Antrag 4: §§ 48 I 1 GKG, 6 ZPO = € 5000,–

Klagen auf Duldung der ZwV (§ 1147 BGB) fallen unter § 6 S. 1 HS 2, S. 2. Fraglich ist, ob auf den Nennwert (€ 20000,–) oder die Valutierung (€ 5000,–) abzustellen ist. Nach hM ist auf die Höhe der Valutierung abzustellen (ThP § 6, 8, bei Grundschulden aber auf den Nennwert), weil in § 6 die Höhe der Forderung (§ 488 BGB) und nicht der Nennwert des Sicherungsmittels entscheidet. Konsequenterweise stellt die h.M. bei Zusammentreffen von Erfüllungs- (§ 488 BGB) und Duldungsklage (§ 1147 BGB) allein auf die Zahlungsklage ab, Zöller § 3 Rn. 16 „Duldung".

Die Anträge 3 und 4 werden gleichfalls nicht gemäß § 5 ZPO (§ 48 I 1 GKG) addiert. Der Antrag auf Duldung der ZwV hat neben dem Zahlungsverlangen (um das es ja letztlich geht) keinen eigenen Wert, StJ § 5, 9; ThP § 5, 8.

Streitwert der Anträge 3 + 4 (= der einfache) = **€ 5000,–**

Gesamter Gebührenstreitwert: Die Anträge 1 + 2 einerseits und 3 + 4 andererseits betreffen jeweils wirtschaftlich völlig verschiedene Anliegen und sind daher normal zu addieren, §§ 48 I 1 GKG, 5 ZPO.

Gebührenstreitwert insgesamt: € 30000,– + € 5000,– = € 35000,–.

Jetzt kann das Teilunterliegen von K und B quotiert werden:

Die Kostenentscheidung lautet also: „Von den Kosten des Rechtsstreits trägt der Kläger ¹/₇, der Beklagte ⁶/₇."

Sicherheitsleistung: §§ 708 ff.: Die Gebühren errechnen sich aus Streitwert € 35000,–.

Die 4 Beispiele betrafen vermögensrechtliche Streitigkeiten. Nichtvermögensrechtliche sind im Prinzip ebenso zu handhaben. Fälle der Teilabweisung sind jedoch wenig examensrelevant, weil hier schwierige Schätzungen vorzunehmen sind, mit denen der Examenskandidat oft überfordert wäre. Hier mögen daher folgende kurze Hinweise genügen:

Nichtvermögensrechtliche Streitigkeiten sind insbes. Unterlassungs- und Widerrufsansprüche zum Schutz der Ehre, des Namensrechts bei natürlichen Personen (anders evtl. bei Beeinträchtigung des Firmengebrauchs) und des Persönlichkeitsrechts; Anspruch auf Gegendarstellung nach Presserecht (StJ § 1, 46; ThP Einl. IV 4).

Es gelten auch hier § 91 und § 92. Das Teilunterliegen bemisst sich auch hier nach seinem **Verhältnis zum Gebührenstreitwert.** Für diesen gilt **§ 48 II GKG:** Er ist nach den Umständen des Einzelfalles, insbes. Umfang (auch Kompliziertheit oder Einfachheit), Bedeutung für die Parteien, Einkommensverhältnisse zu bestimmen.

Einen Regelstreitwert für den Normalfall gibt es nicht mehr (nur eine Obergrenze von 1 Mio., § 48 II 2 GKG).

2. Kostenaufhebung, § 92 I S. 2

Obsiegen bzw. unterliegen beide Parteien ungefähr zur Hälfte, so hat das Gericht die **3.21** Wahl („oder"), ob es die Kosten gegeneinander aufhebt oder in Quoten verhältnismäßig teilt. Der Unterschied liegt in den Kostenerstattungsansprüchen. Von der Kostenaufhebung (§ 92 I S. 2) ist die Kostenteilung (§ 92 I S. 1) zu unterscheiden.

a) Kostenaufhebung bedeutet, dass die **Gerichtskosten geteilt** werden und **jede Partei ihre außergerichtlichen Kosten** (insbes. RA-Kosten) **selbst** trägt, gleichgültig, ob sie ebenso hoch sind wie die des Gegners oder höher (etwa weil nur 1 Partei einen RA bemüht hat). ThP § 92, 5.

Der **Kostentenor** lautet daher nur:

> II. Die Kosten des Rechtsstreits werden gegeneinander aufgehoben.

Einen Kostenerstattungsanspruch gibt es danach überhaupt nur hinsichtlich der jeweils bereits verauslagten (!) Gerichtskosten.

Dies hat Konsequenzen auch für den Ausspruch über die **vorläufige Vollstreckbarkeit:** In die Sicherheitsleistung darf jeweils nur eingerechnet werden, was aus dem Urteil auch wirklich vollstreckt werden kann; bei Kostenaufhebung sind dies jedenfalls nicht die sonst üblichen Kostenerstattungsansprüche hinsichtlich außergerichtlicher Kosten.

Beispiel: K klagt € 4000,– gegen B ein. In Höhe von € 2050,– wird der Klage stattgegeben, im Übrigen wird sie ohne Beweisaufnahme abgewiesen. Wählt das Gericht Kostenaufhebung, ergeht Endurteil:

> I. Der Beklagte wird verurteilt, an den Kläger € 2050,– zu zahlen. Im Übrigen wird die Klage abgewiesen.
> II. Die Kosten des Rechtsstreits werden gegeneinander aufgehoben.
> III. Das Urteil ist gegen Sicherheitsleistung des Klägers in Höhe von € 2250,– vorläufig vollstreckbar (§ 709 S. 1. Oder gemäß § 709 S. 2: … durch Sicherheitsleistung in Höhe von 110% des jeweils zu vollstreckenden Betrags).

Kosten: § 92 I S. 2. Für Aufhebung genügt, dass beide Seiten ungefähr, nicht notwendig exakt zur Hälfte unterliegen (StJ § 92, 3 a; ThP § 92, 5).

Vorläufige Vollstreckbarkeit:

(1) **Bezüglich K:** § 709 S. 1.
Die Sicherheitssumme errechnet sich wie folgt:

Hauptsache:	€ 2050,–
½ der verauslagten Gerichtskosten:	
Bei Klageerhebung hat K gemäß § 12 I 1 GKG verauslagt:	
3 volle Gebühren (KV 1210) aus € 4000,– = € 315,–, davon ½	€ 157,50
	€ 2207,50

(2) **Bezüglich B:**
Kein Ausspruch veranlasst, da B aus dem Urteil auch nicht hinsichtlich der KostenE vollstrecken kann: er hat noch keine Gerichtskosten verauslagt (keine Zeugenvorschüsse etc., da keine Beweisaufnahme erfolgt ist).

b) Kostenteilung (Quote 1 : 1)

Sie kann zu kostenmäßig ganz anderen (evtl. gar nicht beabsichtigten) Ergebnissen führen, nämlich dann, wenn die außergerichtlichen Kosten der Parteien unterschiedlich hoch sind, weil infolge der Quotierung auch Kostenerstattungsansprüche hinsichtlich der außergerichtlichen Kosten entstehen: jede Partei hat dann Anspruch auf Erstattung der Hälfte ihrer eigenen außergerichtlichen Kosten.

Beispiel: wie oben, jedoch hat B einen RA bemüht, K nicht. Bei Kostenteilung muss K an B die Hälfte von dessen RA-Kosten erstatten (bei Kostenaufhebung trüge sie B alleine). Bei Kostenteilung würde die Entscheidung mit ausgerechneter Sicherheitsleistung (§§ 709 S. 1, 711 S. 1) lauten:

  I. Wie oben.
  II. Die Kosten des Rechtsstreits tragen die Parteien je zur Hälfte.
  III. Das Urteil ist vorläufig vollstreckbar, für den Kläger jedoch nur gegen Sicherheitsleistung in Höhe von € 2250,– *(§ 709 S. 1)*. Der Kläger kann die Vollstreckung durch den Beklagten (oder: aus Ziffer II) abwenden durch Sicherheitsleistung in Höhe von € 400,–, wenn nicht der Beklagte vor der Vollstreckung in gleicher Höhe Sicherheit erbringt *(§§ 708 Nr. 11, 711 S. 1)*.

Kosten: § 92 I S. 1, 2. Alt.

Vorläufige Vollstreckbarkeit:

(1) K: § 709 S. 1. Sicherheitssumme: wie oben. K hat keine außergerichtlichen Kosten, die er erstattet verlangen könnte.

(2) B: §§ 708 Nr. 11, 711 S. 1.
B kann nach Ziff. II die Hälfte seiner RA-Kosten erstattet verlangen: Verfahrens- u. Terminsgebühr (2,5 × € 245,–), Auslagen € 20,–, MWSt. 19% € 120,17, zusammen € 752,67, davon ¹/₂ = € 376,33, aufgerundet € 400,–.

3. Voll auferlegen, § 92 II

3.22 Trotz Teilunterliegens **kann** (= Ermessen, das Gericht darf also statt dessen auch hier normal quoteln) das Gericht gemäß **§ 92 II** einer Partei die gesamten Kosten auferlegen in 2 Fällen:

§ 92 II Nr. 1: Geringfügige Mehrforderung des Klägers und dafür keine oder nur geringfügig höhere Kosten oder:

Geringfügige Verurteilung des Beklagten (Abweisung im Übrigen) und dafür keine oder nur geringfügig höhere Kosten.

§ 92 II Nr. 2: Die Höhe der Forderung ist abhängig von
– **Ermessen des Gerichts,**
   z. B. § 287 (Hauptfall Schmerzensgeldklage);
– **Ermittlung durch Sachverständige,**
   z. B. unbezifferte Schadensersatzklage, weil die Höhe des Schadens erst durch Sachverständige festzustellen ist;
– **gegenseitiger Berechnung,**
   z. B. Abrechnungsprozess mit Verrechnungsposten, deren Höhe der Kläger noch nicht kennt.

Bedeutsam für den Examensfall ist vor allem § 92 II Nr. 1. Hierzu folgende Beispiele:

Beispiel 1: Der Klage auf Zahlung von € 11 000,– wird in Höhe von € 9900,– stattgegeben, im Übrigen (€ 1100,–) wird sie abgewiesen. § 92 II Nr. 1 hat 2 Voraussetzungen, die kumulativ vorliegen müssen.

(1) Ist die **Mehrforderung** des K (€ 1100,–) „geringfügig"? Mit ThP 8; Zöller 10; BL 49 zu § 92 kann als Orientierungshilfe gelten: kleinerer Bruch als ¹/₁₀ bzw. bis zu 10%.

(2) Besondere **Kosten,** falls zu bejahen: geringfügig?
Da bei € 10 000,– ein Gebührensprung vorliegt, hat die Mehrforderung schon damit besondere Kosten verursacht bzgl. aller Gerichts- und Anwaltskosten. Nach § 92 II Nr. 1 ist im Interesse einer großzügigen Anwendung des § 92 II im Falle eines Gebührensprungs weiter zu fragen, ob diese besonderen Kosten „geringfügig" waren, womit es dann bei der Anwendbarkeit des § 92 II Nr. 1 verbleibt.
Hier: Zur Ermittlung der „Geringfügigkeit" ist die Differenz der Gesamtkosten des Rechtsstreits bei dem Streitwert *incl.* der Mehrforderung (hier: bis zu € 13 000,–) zu errechnen, zu den Gesamtkosten aus dem Streitwert *ohne* die Mehrforderung (hier: bis zu € 10 000,–). Das sind hier bei jeweils 3 Ge-

richtsgebühren und 5 RAGebühren (für 2 RAe: 2 × 2,5) nebst Auslagen und MwSt € 3810,50 zu € 3503,50. Die Differenz beträgt also € 307,– das sind 9 % der Gesamtkosten von € 3503,50, die das Verfahren *ohne* die verteuernde Mehrforderung verursacht hat. Die Mehrforderung hat also zwar besondere Kosten verursacht (Gebührensprung), die aber im Verhältnis zu den Kosten *ohne* die Mehrforderung geringfügig sind. Der Kostentenor lautet also gem. § 92 II Nr. 1: „II. Die Kosten des Rechtsstreits trägt der Beklagte."

Beispiel 2: Zinsen

K klagt gegen B auf Rückzahlung eines Darlehens von € 30 000,– nebst 18 % Zinsen seit 1. 1. ... (= für 1 Jahr). B wird verurteilt zur Zahlung von € 30 000,– nebst 8 % Zinsen seit ... (= für 1 Jahr), im Übrigen (Zinsen) wird die Klage abgewiesen. § 92 I oder § 92 II?

§ 92 II Nr. 1 hat 2 Voraussetzungen:

(1) Geringfügige **Mehrforderung.**

Nach h. M. ist es für die Anwendung des § 92 ohne Bedeutung, ob die Partei mit einem Haupt- oder Nebenanspruch teilweise unterliegt, § 92 I und § 92 II finden also auch Anwendung, wenn nur die Zinsforderung teilweise aberkannt wird (BGH NJW 88, 2173 LS 2; ThP § 92, 4). Da sich der Umfang des Teilunterliegens nach dem Gebührenstreitwert richtet (ThP § 92, 2), die Zinsen als Nebenforderungen (Gegenbeispiel: der einzige Klageantrag lautet nur auf Zahlung von 18 % Zinsen aus ...) aber gemäß §§ 43 I GKG, 23 I RVG den Streitwert nicht erhöhen, muss zur Erzielung einer gerechten Lösung ein **fiktiver** Gebührenstreitwert gebildet werden aus der Summe der Haupt- und der Zinsforderung und das Teilunterliegen hierzu ermittelt werden (Zöller § 92, 11): 18 % Zinsen aus € 30 000,– für 1 Jahr belaufen sich auf € 5400,–, der fiktive Gebührenstreitwert beträgt also € 35 400,–. Die aberkannten 10 % Zinsen belaufen sich auf € 3000,–, betragen also nur 8 % der eingeklagten Gesamtforderung (des fiktiven Gebührenstreitwerts). Das Teilunterliegen ist also „geringfügig" (bis zu 10 %) i. S. v. § 92 II Nr. 1.

(2) Keine oder nur geringfügig höhere **Kosten.**

Die Zinsmehrforderung von 18 % statt 8 % hat wegen §§ 43 I GKG, 23 I RVG keinen Gebührensprung ausgelöst, also keine besonderen Kosten verursacht.
Über die Zinsmehrforderung wurde auch kein Beweis erhoben, so dass insgesamt überhaupt keine höheren Kosten dafür angefallen sind. Ergebnis: B trägt gemäß § 92 II Nr. 1 die gesamten Kosten des Rechtsstreits.

Abwandlung: K hat die 18 % Zinsen aus € 30 000,– für 4 zurückliegende Jahre eingeklagt, zugesprochen werden ihm nur 8 % aus € 30 000,– für 1 Jahr. Die aberkannte Zinsforderung ist hier nicht mehr geringfügig i. S. v. § 92 II Nr. 1: Hauptforderung von € 30 000,– und eingeklagte Zinsforderung von € 21 600,– ergeben eine Gesamtforderung von € 51 600,– (fiktiver Gebührenstreitwert). Die zuerkannte Zinsforderung beläuft sich auf € 2400,–, die aberkannte Zinsforderung beträgt also € 19 200,–. Dieser aberkannte Betrag von € 19 200,– beträgt immerhin 37 % der eingeklagten Gesamtforderung. Die Kostenentscheidung ist daher nach § 92 I zu treffen und lautet „II. Von den Kosten des Rechtsstreits trägt der Kläger 37 %, der Beklagte 63 %." Vgl. BGH NJW 88, 2173 LS 2 u. II 1, 2).

Beispiel 3: Geringfügige Verurteilung des Beklagten

Trotz der Formulierung „Zuvielforderung" gilt § 92 II Nr. 1 nach h. M. auch bei einer nur geringfügigen *Verurteilung* des Beklagten bei Klageabweisung im Übrigen (RGZ 142, 84; ThP 8; Zöller 11; StJ 7; Musielak 6 zu § 92).

Beispiel: Der Klage des K über € 12 000,– wird nach Beweisaufnahme zur gesamten Forderung nur in Höhe von € 1000,– stattgegeben, im Übrigen wird sie abgewiesen. Der Kläger hat gem. § 92 II Nr. 1 die gesamten Kosten zu tragen:

(1) Die Verurteilung ist mit 8 % der Klageforderung geringfügig (= bis zu 10 %).

(2) Die Gerichts- und Rechtsanwaltskosten, die anteilig auf die zugesprochenen € 1000,– entfallen, sind hier gleichfalls mit nur 8 % anzusetzen, sind also „geringfügig" im Verhältnis zu den gesamten Kosten des Rechtsstreits.

§ 4 Der Ausspruch über die vorläufige Vollstreckbarkeit

I. Urteile mit und (ausnahmsweise) ohne solchen Ausspruch

1. Grundsatz:

4.01 Von den Ausnahmefällen (unten 2) abgesehen, sind alle Urteile, und zwar von Amts wegen, für vorläufig (= schon vor Rechtskraft) vollstreckbar zu erklären. Eine weitere Frage ist, ob mit oder ohne Sicherheitsleistung (dazu unten II. u. III.).

Dieser Ausspruch im Tenor ist nötig, da die Urteile nicht automatisch vorläufig vollstreckbar sind, sondern nur dann, wenn sie ausdrücklich, dafür erklärt (= Tenor) worden sind, § 704 I (Ausnahmen nur bei Arrest und einstw. Verfügung, s. Rn. **4.**03).

Der Ausspruch umfasst **die Hauptsache** (sofern sie überhaupt vollstreckbar ist) **und stets die Kostenentscheidung.** Daher sind nach h. M. (ThP 1 vor § 708) die Urteile auch dann für vorläufig vollstreckbar zu erklären, wenn sie es tatsächlich nur im Kostenpunkt sind, also bei allen

– klageabweisenden Urteilen
– Feststellungsurteilen
– Gestaltungsurteilen.

4.02 Besonderheiten gibt es in 2 Fällen:

– **Prozessuale Gestaltungsklagen, §§ 767, 768, 771:** Die stattgebenden Urteile sind ausnahmsweise sogar in der Hauptsache vorläufig vollstreckungsfähig im Hinblick auf § 775 Nr. 1 und daher auch bzgl. der Hauptsache für vorläufig vollstreckbar zu erklären. Ohne diese Vollstreckbarerklärung könnte ihre vollstreckungshemmende Wirkung nicht sofort über § 775 Nr. 1, sondern erst nach Eintritt ihrer Rechtskraft eintreten (Müko-ZPO § 704, 7; ThP § 767, 30). Der Wert der vollstreckbaren Hauptsache entscheidet auch über die Einstufung in § 708 Nr. 11 bzw. § 709, das ist i. F. § 767 der Wert des vollstreckbaren Anspruchs (ThP § 767, 32), i. F. § 771 gilt i. d. R. § 6 (ThP § 771, 25). Für die Sicherheitsleistung ist dann noch der Kostenerstattungsanspruch des Klägers hinzuzurechnen.

– **§ 895.** Urteile auf Abgabe einer Willenserklärung, auf Grund deren eine **Eintragung im Grundbuch** erfolgen soll, sind ausnahmsweise und insoweit in der Hauptsache vorläufig vollstreckbar, als mit dem für vorläufig vollstreckbar erklärten Urteil die Eintragungsbewilligung für die Sicherungsmaßnahmen Vormerkung und Widerspruch als abgegeben gilt (TP § 895, 3).

Beispiel: Ist der Verkäufer zur Abgabe der Auflassungserklärung vorläufig vollstreckbar verurteilt, so kann nicht etwa der Kläger mittels vorläufiger Vollstreckung als neuer Eigentümer eingetragen werden. Denn insoweit bleibt es bei dem Grundsatz, dass Urteile auf Abgabe einer Willenserklärung in der Hauptsache erst ab Rechtskraft wirken, § 894 I S. 1. Der Urteilsspruch ist aber insoweit sofort und vor Rechtskraft vollziehbar, als er jetzt schon Grundlage ist zur Eintragung wenigstens von Sicherungsmaßnahmen: Insoweit ist das Urteil ausnahmsweise zur Hauptsache vorläufig vollstreckbar. Zur Sicherheitsleistung: StJ § 895, 4, 5, insbes. FN 11.

2. Ausnahmen

4.03 Nicht für vorläufig vollstreckbar zu erklären sind nur (ThP 1 vor §§ 708 ff.; § 705, 6):

- Urteile, die mit ihrer Verkündung sofort rechtskräftig werden, also die Revisionsurteile des BGH, sowie Berufungsurteile in Verfahren über Arrest und einstweilige Verfügung, § 542 II.

  Beachte: Nicht hierunter fallen Urteile, die lediglich wegen Nichterreichung der Berufungssumme nicht angegriffen werden können. Ob diese erreicht wurde, darf nur das Rechtsmittelgericht feststellen, auch wenn der Fall klar liegt.

  Beispiel: Der Klage über € 1000,– zum AG wird in Höhe von € 500,– stattgegeben, im Übrigen wird sie abgewiesen. Hier ist weder für den Kläger noch für den Beklagten die Berufungssumme von mehr als € 600,– erreicht, die Berufungen beider wären unzulässig, § 511 II Nr. 1. Die Berufungen sind aber, da es sich um ein erstinstanzliches Urteil handelt, statthaft, § 511, so dass keine sofortige Rechtskraft mit Verkündung eintreten kann. Das Urteil des AG ist also ganz normal für „vorläufig vollstreckbar" zu erklären, gemäß § 713 sollen lediglich wegen offensichtlicher Unzulässigkeit einer Berufung Vollstreckungsschutzmaßnahmen außer Betracht bleiben.

- Zwischenurteile, §§ 280, 303, 304.
- Bei Vollstreckungsschutzantrag des Schuldners gemäß § 712 I S. 2.
- Anordnung (Beschluss oder Urteil) und Bestätigung (Urteil) von Arrest und einstweiliger Verfügung, §§ 922, 925 II, 936 (anders aber i. F. § 708 Nr. 6).

  Ein Ausspruch zur vorläufigen Vollstreckbarkeit unterbleibt hier deshalb, weil diese Entscheidungen schon kraft Gesetzes, auch ohne besonderen Ausspruch, vorläufig vollstreckbar sind (ThP § 704, 4. Vorstellungen des Gesetzgebers zum Wesen des vorläufigen Rechtsschutzes, arg.: § 929 I). Ein Ausspruch im Tenor wäre aber sachlich nicht falsch, nur überflüssig und daher ganz unüblich vgl. unten Rn. **25.**12.

- Urteile der Arbeitsgerichte, § 62 I 1 ArbGG. Sie sind kraft Gesetzes mit Verkündung ohne Sicherheitsleistung sofort vollstreckbar.

II. Ohne Sicherheitsleistung, § 708

Beachte vorab:

Für den Vollstreckungsausspruch gibt es **2 Grundfälle: § 708 und § 709.** Bei der Frage, wie der Vollstreckungsausspruch zu fassen ist, hat man **zunächst die Fälle des § 708** zu durchlaufen, da § 709 voraussetzt, dass diese nicht vorliegen: „Andere Urteile" = andere als in § 708 genannte Urteile.   **4.04**

Erst wenn dieser Standort klar ist, kann man die Abwendungsbefugnis gemäß § 711 und eventuelle Schutzanträge von Schuldner und Gläubiger einbeziehen.

Dem entspricht die nachfolgende Gliederung (Tenorierung zunächst also ohne Schutzanträge).

Übersicht: Für jede Partei ist gesondert zu erarbeiten, ob:

1. Der Tenor i. F. § 708

4.05 In allen Fällen des § 708 lautet der Tenor (ohne Schutzanträge): „Das Urteil ist vorläufig vollstreckbar". In den Fällen § 708 Nr. 4–11 kommt noch hinzu ein Ausspruch über die Vollstreckungsabwendung, § 711. Demnach lautet der Tenor bei

§ 708 Nr. 1–3:	„III. Das Urteil ist vorläufig vollstreckbar."
§ 708 Nr. 4–11 mit § 711 S. 1, 2:	„III. Das Urteil ist vorläufig vollstreckbar *(§ 708 Nr. 4–11).* Der Beklagte (bzw. der Kläger bei Klageabweisung, Kostenerstattungsanspruch bis € 1500,–) kann die Vollstreckung durch Sicherheitsleistung in Höhe von … *abwenden,* wenn nicht der Kläger (Bekl.) vor der Vollstreckung Sicherheit in Höhe von … leistet." (Merke also: Der, *gegen* den die Vollstreckung möglich ist, kann *abwenden.* Zur unterschiedlichen Formulierung der Sicherheitshöhe seitens des Obsiegenden in § 711 S. 1 bzw. 711 S. 2 siehe unten Rn. **4.09,** Beispiel 1)."

Im Rahmen des § 708 ist der praktisch **wichtigste und häufigste Fall § 708 Nr. 11.** Er erfasst als Generalklausel alle vermögensrechtlichen (nicht vermögensrechtliche fallen immer unter § 709) Streitigkeiten, die nicht enumerativ in den vorhergehenden Ziffern 708 Nr. 1–10 aufgeführt sind („Andere Urteile" = die nicht in Nr. 1–10 genannt sind). Auf § 708 Nr. 11 soll daher etwas näher eingegangen werden. **Er regelt 2 Fallgruppen:**

(1) Verurteilung des Bekl. in der **Hauptsache bis € 1250,–.**

„Hauptsache" heißt hier wegen § 4: ohne Zinsen und sonstige Nebenforderungen (allg. M., ThP § 708, 13).
Mehrere Ansprüche sind gemäß §§ 2, 5 zusammenzurechnen, wodurch die Grenze von § 708 Nr. 11 überschritten und § 709 S. 1, 2 (gegen Sicherheit) anwendbar werden kann. Keine Addition findet aber statt mit gleichzeitigen Verurteilungen gemäß § 708 Nr. 1–10 (z. B. nicht bei Anerkenntnis- und Endurteil), vgl. unten Rn. **4.10,** Mischfälle.

(2) Nur die **Kostenentscheidung** ist vollstreckbar, der darauf gegründete Kostenerstattungsanspruch **überschreitet nicht € 1500,–** (andernfalls § 709 S. 1, 2).

Nur im Kostenpunkt vollstreckbar sind insbesondere:
– Alle klageabweisenden Urteile
– Feststellungsurteile
– Gestaltungsurteile (incl. Hauptsache aber bei den prozessualen Gestaltungsklagen §§ 767, 768, 771, s. oben Rn. **4.02)**
In diesen Fällen ist der Kostenerstattungsanspruch des Obsiegenden überschlägig zu errechnen (die exakte Ausrechnung erfolgt erst im Kostenfestsetzungsverfahren).

Beachte: Es sind dabei **nicht die Gesamtkosten des Rechtsstreits** zu errechnen (falsch daher bei voll abweisendem Urteil die Kosten beider RAe zu addieren). Maßgebend ist ausschließlich, was speziell die obsiegende Partei an eigenen Kosten vom Gegner erstattet verlangen kann. Bei teilweisem Obsiegen und Unterliegen sind die Voraussetzungen von § 708 Nr. 11 bzw. § 709 für **jede Partei getrennt** zu ermitteln. Dazu unten Rn. **4.09.**

Beispiel 1: Die Kaufpreisklage über € 4000,– wird nach Beweisaufnahme voll abgewiesen. Der Beklagte hat für den auf seinen Antrag vernommenen Zeugen einen Auslagenvorschuss von € 50,– bei Gericht einbezahlt.

Der Kostenerstattungsanspruch des Beklagten gemäß § 91 errechnet sich wie folgt:

1. Tatsächlich verauslagte Gerichtskosten:
   a) Gebühren: keine
      Die allg. Verfahrensgebühr hat gemäß § 12 GKG der Kläger
      bei Klageerhebung verauslagt.
   b) Auslagen: Vorschuss für 1 Zeugen   50,– €

2. Außergerichtliche Kosten
   2,5 Gebühren des eigenen RA des Beklagten (RVG VV 3100, 3104)
   aus Streitwert € 4000,– also

2,5 × € 245,–	612,50 €
Pauschale gemäß RVG VV 7002	20,– €
19% MWSt. RVG VV 7008 (aus beiden Beträgen)	120,17 €
	802,67 €

Die Voraussetzungen von § 708 Nr. 11 sind also erfüllt. Der **Tenor lautet dann** in Ziffer III gemäß §§ 708 Nr. 11, 711 S. 1: „Das Urteil ist vorläufig vollstreckbar. Der Kläger kann jedoch die Vollstreckung **abwenden** durch Sicherheitsleistung in Höhe von € 810,–, wenn nicht der Beklagte vor der Vollstreckung Sicherheit in gleicher Höhe erbringt".

Beispiel 2 (Abwandlung): Hätte der Beklagte außerdem noch € 1000,– als Auslagen für einen Sachverständigen bei Gericht einbezahlt, beliefe sich sein Kostenerstattungsanspruch auf € 802,67 + € 1000,– = € 1802,67. Die Grenze von § 708 Nr. 11 wäre überschritten und daher § 709 S. 1, 2 anzuwenden.

Der Tenor würde dann gemäß § 709 S. 1 lauten: „Das Urteil ist (im Kostenpunkt) **gegen** Sicherheitsleistung (des Beklagten) in Höhe von € 1810,– vorläufig vollstreckbar, bzw. § 709 S. 2: … **gegen** Sicherheit in Höhe von 110% des jeweils beizutreibenden Betrags."

2. Die Abwendungsbefugnis, § 711

In den Fällen des § 708 Nr. 4–11 muss das Gericht gemäß **§ 711 S. 1, 2 von Amts wegen** („hat") neben der Vollstreckbarerklärung im Tenor aussprechen, dass die **Vollstreckung abgewendet werden kann.**   **4.06**

Schuldner = der Unterliegende (derjenige *gegen* den vollstreckt werden kann).
Gläubiger = der Obsiegende.
Im Tenor wird jedoch nicht von „Schuldner" und „Gläubiger" gesprochen, es wird vielmehr auch hier die **normale Parteistellung** genommen (Kläger, Beklagter, ThP 7 vor § 708). Im Übrigen empfiehlt es sich, den Gesetzeswortlaut zu übernehmen.
Tenorierungsbeispiel: oben Rn. 4.05.

Ausnahme allerdings in § 713: ist das Urteil für *beide* Parteien „unzweifelhaft" nicht berufungsfähig (§ 511 II Nr. 1, 2), lautet der Vollstreckungsausspruch nur:
„Das Urteil ist vorläufig vollstreckbar."

In allen Fällen muss die **Sicherheitsleistung** im Tenor bestimmt werden („… hat das Gericht auszusprechen"). Hierfür gibt es 2 Möglichkeiten zur freien Wahl des Richters: Nach § 711 S. 1 (§ 709 S. 1) muss die Höhe der Sicherheitsleistung vom Richter errechnet und im Tenor *beziffert* werden (dazu unten Rn. 4.07).

Daneben steht gemäß §§ 709 S. 2, 711 S. 2 zur Wahl, die Sicherheitsleistung in einer *Prozentzahl* (z. B. 110%) zu bestimmen (dazu unten Rn. 4.08).

a) § 711 S. 1

Höhe und Art der Sicherheit bestimmt das Gericht nach freiem Ermessen, § 108. Die Höhe, also der Wert, muss dabei stets in einer **Geldsumme** ausgedrückt sein, auch wenn das Sicherungs*mittel,* also die Art der Sicherheit, nicht Geld, sondern z. B. eine Bankbürgschaft ist (ThP 10 vor § 708; § 108, 4, 5).   **4.07**

Die *Art* der Sicherheitsleistung lässt das Gericht im Urteil i.d.R. offen (§ 108 I 2: „kann") und spricht nur von „Sicherheitsleistung". Der zur Sicherheitsleistung Verpflichtete hat dann nach § 108 I 2 auch ohne Ausspruch im Tenor und auch ohne Antrag die Wahl, die Sicherheit durch Bankbürgschaft (so der Regelfall) oder durch Hinterlegung von Geld oder mündelsicheren Wertpapieren zu leisten.

Die **Bemessung der Sicherheitshöhe** steht im „freien Ermessen" des Gerichts (nicht: im freien Belieben!). Bei der Ermessensausübung hat der Zweck der Sicherheitsleistung im Vordergrund zu stehen, wobei die Belange beider Seiten zu berücksichtigen sind, da ja beide Sicherheit leisten können (StJ § 711, 3, 7).

Das Gericht muss also einerseits den Nachteil bedenken, der dem Gläubiger dadurch entstehen kann, dass er nicht sofort, sondern erst ab Rechtskraft vollstrecken kann (die Vollstreckung kann jetzt überhaupt zu spät kommen), andererseits den Schaden berücksichtigen, der dem Schuldner infolge voreiliger und letztlich unberechtigter Vollstreckung droht, also den Schadensersatzanspruch gemäß § 717 II.

Damit ist zwar bei § 711 S. 1, 2 eine verschieden hohe Sicherheit bei Gläubiger und Schuldner denkbar (StJ a. a. O.), jedoch nur in besonderen Fällen veranlasst. Denn in der Regel geht es einerseits darum, dass der Schuldner **anstelle** des sofort vollstreckbaren Betrags eine Art aliud, eben die Sicherheit bieten darf, die nur „sicher" genug ist, wenn sie **alles** umfasst, was der Gläubiger aus dem Urteil vollstrecken kann. Andererseits kann der Gläubiger diese Sicherheit bedeutungslos machen, indem er selbst eine Sicherheit erbringt, die wiederum für den Schuldner nur „sicher" genug ist, wenn sie den drohenden Vollstreckungsnachteil abdeckt, also alles umfasst, was der Gläubiger aus dem Urteil vollstrecken kann.

Daher ist es in der **Praxis** allgemein üblich, sofern nicht ganz besondere Ausnahmesituationen aus dem Akteninhalt hervorgehen, die Sicherheit für Kläger und Beklagten **in gleicher Höhe** festzusetzen (Müko-ZPO § 711, 3; BL § 711, 5). Die Höhe bemisst sich dann einheitlich danach, was der Gläubiger insgesamt aus dem Urteil vollstrecken kann unter Einbeziehung des Kostenerstattungsanspruchs, weil die Kostengrundentscheidung im Urteil Grundlage ist für den Kostenfestsetzungsbeschluss, § 794 I Nr. 2.

Für die Berechnung der **Sicherheitsleistung** gelten folgende **Grundsätze** (ThP 10 vor § 708):

- Urteile, die (bzw. soweit sie) der Klage **stattgeben:**
  Formel: Hauptsache + Zinsen + Kostenerstattung.

- Urteile, die (bzw. soweit sie) die Klage **abweisen:**
  Formel: Höhe des Kostenerstattungsanspruchs des Obsiegenden.

- **Teilweises** Obsiegen und Unterliegen:
  Formel: für jede Partei ist der Ausspruch gesondert zu errechnen, je nachdem, was sie vollstrecken kann. Das führt zu kombinierter oder doppelter Anwendung der §§ 708 Nr. 11, 711 und § 709 S. 1, 2.

b) § 711 S. 2

4.08 Die entsprechende Anwendung des 709 S. 2 besagt:
- Der **Schuldner** (verurteilte Beklagte) muss zur Abwendung der Vollstreckung die **volle** Sicherheitssumme erbringen, ist also nicht zu Teilleistungen befugt.

In der Gesetzesbegründung wird zu § 711 S. 2 ausgeführt (BT-Drucksache 14/6036 S. 163): „Allerdings erhält der Schuldner nicht die Möglichkeit, Teilsicherheiten zu leisten. Da der Gläubiger in diesen Fällen (Anm.: §§ 708, 711) ohne Sicherheitsleistung vollstrecken darf, ist es gerechtfertigt, vom Schuldner zu verlangen, dass er in Höhe des gesamten vollstreckbaren Betrages Sicherheit leistet, wenn er die Zwangsvollstreckung abwenden will."

§ 711 S. 2 ist daher zu lesen: „… für den Schuldner jedoch … in Höhe von 110% des aus dem Urteil *insgesamt* vollstreckbaren Betrags …". Dieser umfasst die Urteilssumme nebst Zinsen und den Kostenerstattungsanspruch des obsiegenden Gläubigers (unten Rn. 4.09, Beispiele).

- Der **Gläubiger** (obsiegende Kläger) kann in Höhe des **jeweils** beizutreibenden Betrags Sicherheit leisten (d. h., er ist zu Teilvollstreckungen befugt) zuzüglich eines prozentualen Zuschlags (z. B. 10%) für Schäden des Schuldners, die über den beigetriebenen Betrag hinausgehen (BT-Drucksache 14/6036 S. 162).

Teilvollstreckungen sind gem. § 751 II nur zulässig, wenn eine Abschrift der die *jeweilige* Sicherheitsleistung nachweisenden Urkunde dem Schuldner bei Beginn der Zwangsvollstreckung zugestellt wird. Damit ist der Schuldner davor geschützt, dass der Gläubiger (i. d. R. betrügerisch) nur *eine* Teilsicherheit leistet und auf Grund dieser mehrfach weitere Teilbeträge vollstreckt (BT-Drucksache 14/6036 S. 162).

c) Zusammenfassende Beispiele (die Hauptfälle)

Beispiel 1: Verurteilung des Beklagten bis € 1250,– (§§ 708 Nr. 11, 711).   **4.09**
Der Klage des K gegen B auf Zahlung von € 1250,– nebst 8% Prozesszinsen wird mit voller Kostenlast des B (§ 91) ohne Beweisaufnahme stattgegeben. Für den Vollstreckungsausspruch ist zunächst zu fragen, ob ein Fall des § 708 (ohne SL) oder § 709 (gegen SL) vorliegt. Hier: § 708 Nr. 11 Alt. 1, da K in der Hauptsache nicht mehr als € 1250,– vollstrecken kann. Als nächster Schritt ist § 711 zu beachten. Die Abwendungsbefugnis des Schuldners (B) bemisst sich danach, was K aus dem Urteil vollstrecken kann (Hauptsache + Zinsen + Kostenerstattung). Wegen der Wahlmöglichkeit in § 711 S. 1 bzw. S. 2 ist zu differenzieren:

(a) **§ 711 S. 1**
Die Sicherheitsleistung ist bei dieser Alternative auszurechnen und im Tenor zu beziffern. Sie ist dann für Schuldner und Gläubiger (K) gleich hoch anzusetzen. K kann vollstrecken:

Hauptsache:	€ 1250,–
Zinsen: für den Zeitraum bis zum voraussichtlichen Zeitpunkt des Vollstreckungsbeginns (also nicht nur bis zum Tag des Urteils). Vielfach wird als Faustformel 1 Jahr angesetzt: damit wird dem Sicherheitsinteresse i. d. R. Genüge getan und eine unnötige Rechenarbeit vermieden. Also 8% aus € 1250,– für 1 Jahr	€ 100,–
Kostenerstattungsanspruch des K gegen B bzgl. **der Gerichtskosten:** Anzusetzen ist für die SL nur, was K bei Urteilserlass schon *tatsächlich verauslagt* hat. Die übrigen Kosten fordert der Staat später direkt beim Unterlegenen ein, §§ 29 Nr. 1, 31 II GKG. Hier also gem. § 12 GKG: 3 Gebühren (KV 1210) aus € 1250,– (Gebührenstaffel bis € 1500,–).	€ 195,–

Kostenerstattungsanspruch des K gegen B bzgl. **der außergerichtlichen** Kosten:
Wie hoch diese wirklich sind, wird erst im Kostenfestsetzungsverfahren festgestellt. Hier begnügt man sich mit den mindestens angefallenen RA-Kosten des K, ungeachtet dessen, ob dieser sie schon bezahlt hat oder nicht, da K jedenfalls Gebührenschuldner gegenüber seinem RA geworden ist mit Anfall der jeweiligen Gebühren. Hier:

Verfahrens- u. Terminsgebühr (RVG VV 3100, 3104) aus € 1250,–	€ 262,50
Auslagenpauschale, RVG VV 7002	€ 20,–
19% MwSt. aus *beiden* Beträgen	€ 53,67
Insgesamt	€ 1881,17

Das Urteil lautet dann gemäß §§ 708 Nr. 11, 711 S. 1:

> III. Das Urteil ist vorläufig vollstreckbar *(§ 708 Nr. 11)*. Der Beklagte kann die Vollstreckung abwenden durch Sicherheitsleistung in Höhe von € 1900,–, wenn nicht der Kläger vor der Vollstreckung Sicherheit in *gleicher* Höhe erbringt *(§ 711 S. 1)*.

(b) § 711 S. 2

Hier muss die SL nicht im Tenor beziffert, sondern kann pauschaliert (z. B. 110%) angegeben werden.

(aa) Abwendungsbefugnis für den **Schuldner** (Beklagten): Er muss stets die *volle* Sicherheit leisten für alles, was K aus dem Urteil vollstrecken kann, also Hauptsache + Zinsen + Kostenerstattung.

Aus dem Urteil unmittelbar zu vollstrecken ist zwar wörtlich nur die Urteilssumme, aber die Sicherheitsleistung muss nach ihrem Sinn (Schutz vor Vollstreckungsschaden) stets auch den auf dem Urteil ja ebenfalls beruhenden Kostenfestsetzungsbeschluss mitberücksichtigen. Auch die Vollstreckung wegen der Kosten ist Vollstreckung „wegen einer Geldforderung" i. S. v. § 709 S. 2, 711 S. 2, Musielak § 709, 6.

Der Wortlaut des § 711 S. 2 ermöglicht die arbeitserleichternde **Formulierung:** „… Sicherheitsleistung in Höhe von 110% des aus dem Urteil vollstreckbaren Betrags".

Das Bedenkliche daran ist, dass in diesem Fall (im Unterschied zu § 711 S. 1) die wirkliche Höhe der SL nicht mehr – wie das Gesetz aber in § 711 und § 709 vorschreibt – der Richter festlegt, sondern der Schuldner bei der Hinterlegung oder Stellung einer Bürgschaft, wobei Streit entstehen kann, ob der Schuldner die volle Sicherheitssumme zutreffend errechnet hat. Das Gesetz nimmt das offenbar in Kauf.

Weiter: da der Schuldner (Bekl.) stets, also auch bei Teilvollstreckung des Gläubigers, die *ganze* Sicherheitsleistung erbringen muss, ihm also Teil-Sicherheiten untersagt sind (BT-Drucksache 14/6036 S. 163), kann man auch *nicht* vereinfachend tenorieren: „der Bekl. kann abwenden durch SL in Höhe von 110% des *jeweils* beizutreibenden Betrags".

(bb) Ausspruch betreffend den obsiegenden **Gläubiger:** er muss Sicherheit nur für den *jeweils* beizutreibenden Betrag leisten zuzüglich eines weiteren Sicherheitszuschlags, der in diesem Buch durchgängig mit 10% veranschlagt wird. K muss also 110% (100% + 10%) des *jeweils* zu vollstreckenden Betrags als Sicherheit leisten.

(cc) Der Tenor wird dann etwa lauten:

> III. Das Urteil ist vorläufig vollstreckbar *(= § 708 Nr. 11)*. Der Beklagte kann die Vollstreckung *abwenden* durch Sicherheitsleistung in Höhe von 110% des aus dem Urteil (Anm.: *insgesamt*) vollstreckbaren Betrags, wenn nicht der Kläger vor der Vollstreckung Sicherheit in Höhe von 110% des *jeweils* zu vollstreckenden Betrags leistet *(= § 711 S. 2)*.

Beispiel 2: §§ 708 Nr. 11, 713

Der Klage des K gegen B auf Zahlung von € 600,– wird stattgegeben, eine Berufung wird nicht zugelassen (§ 511 II Nr. 2). Da das Urteil nicht berufungsfähig ist (§ 511 II Nr. 1: ab € 600,01), entfällt wegen § 713 der sonst in § 711 vorgesehene Ausspruch über die Abwendungsbefugnis. Der Tenor lautet daher in Ziff. III nur:

> „Das Urteil ist vorläufig vollstreckbar" *(= §§ 708 Nr. 11, 713)*.

Beispiel 3: Beide Ansprüche fallen unter §§ 708 Nr. 11, 711.

Der Klage des K über € 12 200,– nebst 8% Prozesszinsen wird in Höhe von € 1200,– nebst 8% Prozesszinsen stattgegeben, im Übrigen wird sie abgewiesen. Von den Kosten trägt K $9/_{10}$, B $1/_{10}$.

Das Urteil ist wegen des Verurteilungswerts von über € 600 und wegen der Klageabweisung in Höhe von € 11 000,– berufungsfähig, § 713 greift also nicht ein. Da beide Parteien einen vorläufig vollstreckbaren Anspruch haben, ist der Vollstreckungsausspruch **für jede Partei gesondert** zu erarbeiten:

(I) **Kläger:**

(1) § 708 Nr. 11 oder § 709 S. 1?

K kann in der **Hauptsache** € 1200,– vollstrecken (Zinsen und Kosten bleiben wegen § 4 unberücksichtigt). Es gilt also § 708 Nr. 11.

(2) Höhe der **Sicherheit** gem. § 711 S. 1:

Formel: Hauptsache + Zinsen + Kostenerstattung für K, also

Hauptsache € 1200,–

Zinsen

Prozesszinsen, also rund 1 Jahr (vgl. Beispiel 1). Also 8% aus € 1200,– für 1 Jahr € 96,–

Kostenerstattungsanspruch K gegen B bzgl. **Gerichtskosten:**

nur, was K bei Urteilserlass schon *tatsächlich verauslagt* hat. Hier also: § 12 GKG = 3 Gebühren (KV 1210) aus € 12 200,– (Tabellenwert bis € 13 000,–) = € 657,–.

Davon $1/_{10}$ € 65,70

Kostenerstattungsanspruch des K gegen B bzgl. **außergerichtlicher** Kosten:

2,5 Verfahrens- und Terminsgebühr aus € 12 200,–	€ 1315,–
Auslagenpauschale, VV 7002	€ 20,–
19% MwSt. aus *beiden* Beträgen	€ 253,65
	€ 1588,65
Davon $^1/_{10}$	€ 158,86
Insgesamt also € 1520,56	
aufgerundet	€ 1550,–

(II) **Beklagter:**

(1) § 708 Nr. 11 oder § 709 S. 1?

B kann $^9/_{10}$ seiner Kosten vollstrecken. Da er keine Gerichtskosten (z. B. für Zeugen) verauslagt hat, betrifft das nur seine eigenen RA-Kosten, die hinsichtlich der Mindestgebühren ebenso hoch sind, wie die des Klägers, also € 1588,65

Davon $^9/_{10}$	€ 1429,78
(2) Höhe der Sicherheit also (aufgerundet)	€ 1450,–

Das Urteil lautet dann bei doppelter Anwendung von §§ 708 Nr. 11, 711 S. 1:

> III. Das Urteil ist vorläufig vollstreckbar *(= § 708 Nr. 11)*. Der Beklagte kann die Vollstreckung abwenden durch Sicherheitsleistung in Höhe von € 1550,–, wenn nicht der Kläger vor der Vollstreckung Sicherheit in gleicher Höhe erbringt *(= § 711, S. 1)*.
> Der Kläger kann die Vollstreckung abwenden durch Sicherheitsleistung in Höhe von € 1450,–, wenn nicht der Beklagte vor der Vollstreckung Sicherheit in gleicher Höhe erbringt *(= § 711, S. 1)*.

Bei Anwendung der Wahlmöglichkeit gemäß **§ 711 S. 2:**

> III. Das Urteil ist vorläufig vollstreckbar *(= § 708 Nr. 11)*. Jede Partei kann die Vollstreckung gegen sich abwenden durch Sicherheitsleistung in Höhe von 110% des gegen sie (insgesamt) vollstreckbaren Betrags, wenn nicht die Gegenseite vor der Vollstreckung Sicherheit in Höhe von 110% des *jeweils* durch sie beizutreibenden Betrags erbringt (§ 711 S. 2).

d) Mischfälle innerhalb von § 708

Verurteilungen können unter mehrere Ziffern des § 708 fallen: **4.10**

Beispiel: Über einen Teil des Anspruchs ergeht Anerkenntnisurteil (§ 708 Nr. 1), über den Rest streitiges Endurteil (z. B. nach § 708 Nr. 11).

Geschieht dies nacheinander, also per Teil- und Schlussurteil, so ist die Vollstreckbarkeit für jedes dieser Urteile gesondert zu beurteilen, das Teilanerkenntnisurteil also gemäß § 708 Nr. 1 schlicht für vorläufig vollstreckbar zu erklären (ohne Abwendungsbefugnis gemäß § 711 S. 1, 2), das streitige End-(Schluss-)Urteil gemäß §§ 708 Nr. 11, 711 S. 1, 2 zu behandeln, wobei für die Einstufung in §§ 708 Nr. 11, 711 S. 1, 2 und die Errechnung der Sicherheitshöhe nur der Verurteilungswert des Schlussurteils zählt (keine Addition mit der Verurteilung aus dem Teilanerkenntnisurteil).

Geschieht dies gleichzeitig, also z. B. in einem einheitlichen „Anerkenntnis- und Endurteil", so ist gleichfalls **jeder einzelne Entscheidungsteil** für die vorläufige Vollstreckbarkeit **gesondert** zu behandeln.

Die Verurteilungen aus den Ziff. 1–10 des § 708 werden auch bei gleichzeitiger Verurteilung **nicht addiert**: für § 708 Nr. 11 (und § 709) bleiben nur Verurteilungen übrig, die **nicht** schon unter § 708 Nr. 1–10 fallen; s. Wortlaut in § 708 Nr. 11: „andere Urteile" = andere als Nr. 1–10. Die Sicherheitsleistung darf dann auch nicht das ganze Urteil erfassen („blockieren"), sondern nur *den* Teil, für dessen Vollstreckung Sicherheitsleistung anzuordnen ist.

Beispiel: K klagt € 5000,– ein, B erkennt nach Antragstellung und Bestreiten (also nicht sofort i. S. v. § 93) € 4000,– an. Nach streitiger Verhandlung ergeht am Ende des Termins einheitliches „Anerkenntnis- und Endurteil":

I. Der Beklagte wird verurteilt, an den Kläger € 5000,– zu zahlen.
II. Der Beklagte trägt die Kosten des Rechtsstreits *(§ 91).*
III. …

Der Vollstreckungsausspruch ist für jede Ziffer des § 708 getrennt zu erarbeiten:

(1) **€ 4000,–** = § 708 Nr. 1, also ohne Sicherheit und ohne Abwendungsbefugnis gemäß § 711 S. 1, 2.

(2) **€ 1000,–** = § 708 Nr. 11. Für § 711 S. 1, 2 zählt nur **dieser** beizutreibende Betrag.

Also: Hauptsache (€ 1000,–) + Zinsen (–) + Kostenerstattung (die aus € 5000,– einheitlich bereits angefallenen Gebühren wird man im Verhältnis € 1000,– zu € 5000,–, also zu $^1/_5$ hier anteilig ansetzen: § 12 GKG = € 363,–. RA: 2,5 × € 301,– + Pauschale (€ 20,–) + MWSt. (€ 146,77) = € 1282,27, davon $^1/_5$ = € 256,45, aufgerundet € 260,–).
Sicherheit gemäß § 711 S. 1, damit: € 1260,–.

Der Tenor dieser Kombination § 708 Nr. 1 mit §§ 708 Nr. 11, 711 S. 1 lautet dann z. B.:

III. Das Urteil ist vorläufig vollstreckbar.
In Höhe eines beizutreibenden Betrages von **€ 1000,–** kann der Beklagte die Vollstreckung durch Sicherheitsleistung in Höhe von € 1260,– abwenden, wenn nicht der Kläger vor der Vollstreckung Sicherheit in gleicher Höhe erbringt *(§§ 708 Nr. 11, 711 S. 1; bzw. § 711 S. 2: „… kann der Beklagte abwenden durch Sicherheitsleistung von € 1000,– zuzüglich 10% des vollstreckbaren Betrags, sofern nicht der Kläger vor der Vollstreckung Sicherheit in Höhe von 110% des jeweils zu vollstreckenden Betrags leistet).* Im **Übrigen** ist das Urteil ohne Abwendungsbefugnis (ohne Sicherheit) vorläufig vollstreckbar *(§ 708 Nr. 1).*

e) Wirkung der Abwendungsbefugnis, § 711

4.11 Sie hängt ab vom Verhalten der Parteien, vgl. Müko-ZPO 6 ff.; ThP 4 zu § 711 (nicht verwechseln mit Vollstreckung *gegen* (!) SL gem. § 709: §§ 751 II, 720 a, dazu unter Rn. 4.12).

- **Solange der Schuldner die Sicherheit nicht leistet,** kann der Gläubiger ohne eigene Sicherheitsleistung vollstrecken. Jedoch muss der Gläubiger dann gepfändetes Geld gemäß **§ 720** hinterlegen, bei einer Forderungspfändung (z. B. Arbeitslohn) muss der Drittschuldner (z. B. Arbeitgeber) gemäß **§ 839** hinterlegen (zur Vermeidung einer Auszahlung an den Gläubiger muss der Überweisungsbeschluss sogar ausdrücklich diese Hinterlegungsanordnung enthalten, ThP § 839, 1; § 835, 2).

  Beachte also: allein die im Tenor ausgesprochene aber ungenutzte **Befugnis** des Schuldners zur Vollstreckungsabwendung genügt für diese Beschränkungen gemäß §§ 720, 839!

- **Leistet der Schuldner die Sicherheit, nicht aber der Gläubiger,** ist Beginn der ZwV unzulässig, eine begonnene einzustellen, § 775 Nr. 3, und ZwV-Maßnahmen sind aufzuheben, § 776.

- **Leistet der Gläubiger die Sicherheit,** so kann er vollstrecken, auch wenn der Schuldner Sicherheitsleistung erbracht hat, da dessen Abwendungsbefugnis nur bedingt gewährt ist („wenn nicht"), also jetzt fortfällt. Da der Schuldner diese Befugnis nicht mehr hat, muss der Gläubiger auch nicht gepfändetes Geld gemäß § 720 hinterlegen. Der Schuldner kann seine Sicherheit gemäß § 109 zurückverlangen.

Ab Eintritt der Rechtskraft wird das Urteil unbedingt vollstreckbar. Die Abwendungsbefugnis gemäß § 711, die nur für die Zwischenzeit der vorläufigen Vollstreckbarkeit gewährt ist, entfällt jetzt, eine jetzt erst vom Schuldner erbrachte Sicherheit kann die Vollstreckung nicht hindern. Wenn in § 711 S. 1, 2 (und demnach auch so im Tenor) formuliert ist, der Schuldner könne „die Vollstreckung abwenden", so ist damit natürlich nur gemeint: die vorläufige = bis zur Rechtskraft. § 711 S. 1, 2 stellt dies klar durch Bezugnahme auf die Vorschriften zur vorläufigen Vollstreckbarkeit.

III. Gegen Sicherheitsleistung, § 709

„**Andere Urteile**" heißt: alle die nicht in § 708 aufgeführt sind. Unter § 709 fallen **4.12** also insbesondere alle stattgebenden Urteile in nichtvermögensrechtlichen Streitigkeiten (dazu: ThP Einl. IV 3) sowie die Urteile, in denen die Grenzwerte von § 708 Nr. 11 überschritten werden.

§ 709 S. 3 ist Ergänzung zu § 709 S. 1, 2. Der gesamte § 709 setzt also voraus, dass **kein Fall des § 708** vorliegt.

Die Vollstreckung *gegen* SL (§ 709) darf gemäß **§ 751 II** nur erfolgen, wenn die SL nachgewiesen und der Nachweis zugestellt worden ist. *Ohne* diese SL darf aber nach **§ 720 a** bei Titeln auf Geldleistung eine sog. **Sicherungsvollstreckung** betrieben werden, d. h. eine Vollstreckung nicht zur Befriedigung, sondern nur zur Sicherung (z. B. durch rangwahrende Pfändung). Gem. § 750 III müssen aber 2 Wochen zuvor Urteil und Klausel zugestellt worden sein (Wartefrist), ThP § 720 a, 3, 4.

1. § 709 S. 1 und 2 (die Hauptfälle)

a) **Beispiel 1:** Der Kläger obsiegt voll.   **4.13**

Der Kaufpreisklage des K über € 50 000,– nebst 8% Prozesszinsen wird uneingeschränkt stattgegeben. Der Vollstreckbarkeitsausspruch lautet im Falle

§ 709 S. 1:   „III. Das Urteil ist vorläufig vollstreckbar gegen Sicherheitsleistung in Höhe von € 58 550,–."

Formel zur Höhe der Sicherheitsleistung: Hauptsache + Zinsen (hier z. B. für 1 Jahr = € 4000,–) + Kostenerstattung des K (= € 4503,65), zusammen aufgerundet € 58 550,–.

§ 709 S. 2:   „III. Das Urteil ist vorläufig vollstreckbar gegen Sicherheitsleistung in Höhe von 110% des jeweils zu vollstreckenden Betrags."

b) **Beispiel 2:** Teilabweisung. Beide Ansprüche fallen unter § 709 S. 1, 2.

Bei teilweisem Obsiegen und Unterliegen ist der Vollstreckungsausspruch für jede Partei gesondert zu erarbeiten. Übersteigen beide Ansprüche die Grenzen des § 708 Nr. 11, hat also der Kläger in der Hauptsache mehr als € 1250,– zu vollstrecken und hat der Beklagte einen Kostenerstattungsanspruch von mehr als € 1500,–, so hat eine doppelte Anwendung von § 709 S. 1 bzw. S. 2 zu erfolgen, beide können also nur *gegen* Sicherheit vollstrecken (ThP § 709, 3).

Der Tenor lautet bei einer Teilabweisung der Klage z. B.:

§ 709 S. 1:   „III. Das Urteil ist vorläufig vollstreckbar, für den Kläger gegen Sicherheitsleistung in Höhe von € 30 000,–, für den Beklagten in Höhe von € 4000."

§ 709 S. 2:   „III. Das Urteil ist vorläufig vollstreckbar, für beide Parteien gegen Sicherheitsleistung in Höhe von 110% des jeweils zu vollstreckenden Betrags."

c) **Beispiel 3:** Teilunterliegen. Kombination von § 709 mit §§ 708 Nr. 11, 711

Der Klage des K auf Zahlung von € 50 000,– nebst 8% Prozesszinsen wird in Höhe von € 40 000,– nebst 8% Prozesszinsen stattgegeben, im Übrigen wird sie abgewiesen. Von den Kosten trägt K ⅕, B ⅘.

Das Urteil ist berufungsfähig, § 713 greift also nicht ein. Der Vollstreckungsausspruch ist für jede Partei gesondert zu erarbeiten:

aa) **§ 709 S. 1** mit § 708 Nr. 11, 711 S. 1:

Kläger

(1) 708 Nr. 11 oder § 709 S. 1?

Die vollstreckbare *Hauptsache* (€ 40 000,–) überschreitet § 708 Nr. 11, es gilt also § 709 S. 1, 2.

(2) Höhe der *Sicherheit* gemäß § 709 S. 1:

Formel: Hauptsache (€ 40 000,–) + Zinsen (1 Jahr: € 3200,–) + Kostenerstattungsanspruch des K aus Streitwert € 50 000,– (§ 48 I GKG: € 1368,–. RA: 2,5 Verfahrens- und Terminsgebühr, Auslagen, MwSt., für RA also € 3135,65. Davon $^4/_5$ = € 3602,92).

Beklagter

(1) § 708 Nr. 11 oder § 709 S. 1

B kann $^1/_5$ seiner *Kosten* vollstrecken. Da er noch keine Gerichtskosten verauslagt hat, betrifft das nur seine eigenen RA-Kosten, die für die Sicherheitsleistung als ebenso hoch anzusetzen sind, wie die soeben für K errechneten, also € 3135,65. Davon $^1/_5$ = € 627,13. Dafür gilt § 708 Nr. 11.

(2) Höhe der *Sicherheit* gemäß § 711 S. 1 rund € 630,–.

Das Urteil lautet dann bei Kombination von § 709 S. 1 mit §§ 708 Nr. 11, 711 S. 1:

> III. Das Urteil ist vorläufig vollstreckbar, für den Kläger jedoch nur *gegen* Sicherheitsleistung in Höhe von € 46 810,– *(= § 709 S. 1).*
> Der Kläger kann die Vollstreckung *abwenden* durch Sicherheitsleistung in Höhe von € 630,–, wenn nicht der Beklagte vor der Vollstreckung Sicherheit in gleicher Höhe erbringt *(= § 711 S. 1.)*

bb) **§ 709 S. 2** mit §§ 708 Nr. 11, 711 S. 2:

> III. Das Urteil ist vorläufig vollstreckbar, für den Kläger jedoch nur *gegen* Sicherheitsleistung in Höhe von 110% des jeweils zu vollstreckenden Betrags *(= § 709 S. 2).*
> Der Kläger kann die Vollstreckung (aus Ziff. II) *abwenden* durch Sicherheitsleistung in Höhe von 110% des gegen ihn aus Ziff. II vollstreckbaren Betrags, wenn nicht der Beklagte vor der Vollstreckung Sicherheit in Höhe von 110% des durch ihn jeweils zu vollstreckenden Betrags erbringt *(= § 711 S. 2).*

d) **Beispiel 4:** Verurteilung zu *anderer als Geldleistung* (z. B. Herausgabe)

Die Vereinfachung durch Pauschalierung der Sicherheitsleistung (110%) in §§ 709 S. 2, 711 S. 2 ist nur zulässig, „soweit" zu einer Geldleistung verurteilt wurde. Bei Verurteilungen in der Hauptsache zu *anderen* als Geldleistungen (z. B. zu Herausgabe, Unterlassung, Auskunft, Abgabe einer Willenserklärung, Duldung der ZwV, Verurteilungen bei prozessualen Gestaltungsklagen §§ 767, 771, 805) muss – wenn man von § 709 S. 2 bzw. § 711 S. 2 Gebrauch machen will – differenziert werden zwischen der Hauptsache (dafür Bezifferung erforderlich gem. § 709 S. 1 bzw. § 711 S. 1) und dem Kostenausspruch (dafür Pauschalierung möglich gem. § 709 S. 2 bzw. § 711 S. 2). ThP § 709, 4.

Beispiel: K klagt aus Eigentum auf Herausgabe eines Pkw im Verkehrswert von € 40 000,– gegen B. K obsiegt.

> I. Verurteilung zur Herausgabe
> II. Die Kosten des Rechtsstreits trägt B.
> III. Das Urteil ist vorläufig vollstreckbar, in Ziff. I gegen Sicherheitsleistung in Höhe von € 40 000,– *(= § 709 S. 1),* in Ziff. II gegen solche in Höhe von 110% des jeweils zu vollstreckenden Betrags *(= § 709 S. 2).*

2. § 752. Teilvollstreckung des Gläubigers kraft Gesetzes.

4.14 § 752 S. 1 ermöglicht dem Gläubiger eine Teilvollstreckung mit ermäßigter Sicherheitsleistung, auch, wenn der Tenor nur einen Gesamtsicherheitsbetrag für die gesamte Hauptforderung vorsieht (insbes. im Falle des § 709 S. 1), also § 709 S. 2 nicht vorliegt. Er gilt nur, wenn der *Gläubiger* die Sicherheit zu erbringen hat (§ 751 II), also nur im Falle des § 709 und (weniger bedeutsam) für die Gegen-Sicherheitsleistung des Gläubigers bei §§ 708 Nr. 11, 711 (Zöller 2; ThP 2 zu § 752).

Für eine Teilvollstreckung ohne Leistung der im Tenor angeordneten Gesamtsicherheit besteht z. B. ein Bedürfnis, wenn der Gläubiger nach einer Teilerfüllung des Schuldners vollstrecken will.

Beispiel: K hat gegen B ein Urteil erstritten, wonach er die Hauptforderung von € 20 000,– gegen Sicherheit in Höhe von € 25 000,– vorläufig vollstrecken kann (§ 709 S. 1). B hat später € 15 000,– bezahlt, K will den Rest von € 5000,– vollstrecken. Gemäß § 752 S. 1 ermäßigt sich die Sicherheitsleistung von € 25 000,– im Verhältnis der Teilvollstreckung zur Hauptforderung, also € 5000,– zu € 20 000,– = ¼. K muss also jetzt Sicherheit in Höhe von ¼ der angeordneten Gesamtsicherheit leisten, mithin € 6250,–.

§ 752 S. 2 betrifft den *Vollstreckungsschutzantrag* des Schuldners gemäß § 712 I S. 1 im Falle des § 709 S. 1: Ist im Tenor – trotz der nunmehrigen Erleichterung gem. § 709 S. 2 – nur eine einheitliche Gesamtsicherheit gem. § 709 S. 1 (z. B. € 10 000,–) angeordnet, vollstreckt aber der Gläubiger nur einen Teilbetrag (z. B. nach Teilerfüllung den Rest), so kann der Schuldner auf Antrag gemäß §§ 752 S. 2, 712 I S. 1 die Vollstreckung durch Teilsicherheit in gleicher Höhe abwenden.

3. § 709 S. 3

§ 709 S. 3 ergänzt S. 1, 2 und setzt daher voraus, dass **kein Fall des § 708** vorliegt, **4.15** insbes. also, dass das zu bestätigende VU, wäre es als streitiges Urteil ergangen, nicht unter § 708 Nr. 11 fällt.

Weiter gilt § 709 S. 3 nur bei *Aufrechterhaltung* eines VU, also nur im Falle des § 343 S. 1.

Fehlt es an diesen Voraussetzungen, bewendet es bei den allgemeinen Regeln (§§ 708, 709 S. 1, 2). Demnach sind insbes. folgende Fälle zu unterscheiden:

a) Das Versäumnisurteil wird aufrechterhalten

- Das VU (gedacht als streitiges Urteil) **übersteigt** die Grenze von § 708 Nr. 11:
  Es gilt § 709 S. 3. In die Formel ist zunächst aufzunehmen, was nach § 709 S. 1, 2 auszusprechen ist (ThP § 709, 6).

  Beispiel: Klagestattgebendes VU über € 3000,–.
  Tenor:
  > I. Das VU vom … wird aufrechterhalten.
  > II. Der Beklagte trägt auch die weiteren Kosten des Rechtsstreits (= § 91).
  > III. Das Urteil ist gegen Sicherheitsleistung in Höhe von € 3750,– vorläufig vollstreckbar (*§ 709 S. 1, bzw. gem. § 709 S. 2: „… in Höhe von 110% des jeweils zu vollstreckenden Betrags"*). Die Vollstreckung aus dem Versäumnisurteil darf nur fortgesetzt werden, wenn diese Sicherheit geleistet ist *(= § 709 S. 3)*.

  Anmerkung: Das Urteil gemäß § 343 S. 1 ist ein normales streitiges Endurteil, für das daher nicht mehr wie für das bestätigte VU § 708 Nr. 2 (ohne Abwendungsbefugnis!) gilt. Es unterliegt der allgemeinen Regelung, hier § 709 S. 1, 2.

- **Übersteigt** das VU **nicht** die Grenze von § 708 Nr. 11, so ist § 709 S. 3 unanwendbar. Es bewendet bei §§ 708 Nr. 11, 711, bzw. § 713 (ThP § 709, 5).

  Beispiel: Das klageabweisende VU gegen den Kläger wird bestätigt (§ 343 S. 1). Kostenerstattungsanspruch des Beklagten in Höhe von € 1000,–
  > I. Das VU vom … wird aufrechterhalten.
  > II. Der Kläger trägt auch die weiteren Kosten des Rechtsstreits.
  > III. Das Urteil ist vorläufig vollstreckbar *(§ 708 Nr. 11)*. Der Kläger kann jedoch die Vollstreckung abwenden durch Sicherheitsleistung in Höhe von € 1000,–, wenn nicht der Beklagte vor der Vollstreckung Sicherheit in gleicher Höhe erbringt *(§ 711 S. 1 bzw. alternativ: § 711 S. 2)*.

b) Das Versäumnisurteil wird aufgehoben

§ 709 S. 3 ist unanwendbar, es bewendet bei §§ 708 Nr. 11, 711 bzw. § 709 S. 1, 2.

Beispiel 1: Das stattgebende VU über € 3000,– wird aufgehoben und die Klage abgewiesen (§ 343 S. 2); die Kosten trägt der Kläger (§ 91), ausgenommen die Säumnis-Kosten, die der Beklagte trägt (§ 344, z. B. die Reisekosten des Klägers zum Einspruchstermin, Musielak § 344, 1): doppelte Anwendung von §§ 708 Nr. 11, 711: beide Parteien können mit unterschiedlicher Sicherheitsleistung abwenden.

Beispiel 2: Wird das klageabweisende VU aufgehoben und der Klage über € 10 000,– jetzt voll stattgegeben, so gelten für die Vollstreckung durch den Kläger § 709 S. 1, 2 (Urteil gegen Sicherheit) und für die Vollstreckung durch den Beklagten (Säumniskosten, die gem. § 344 der Kläger trägt) die §§ 708 Nr. 11, 711 (wenn die Säumniskosten € 1500,– nicht übersteigen).

IV. Vollstreckungsschutzanträge

4.16 Schutzanträge des Schuldners (§ 712) oder des Gläubigers (§§ 710, 711 S. 3) können den Vollstreckungsausspruch beeinflussen. Die Schutzanträge müssen gemäß § 714 vor Schluss der mündlichen Verhandlung gestellt und ihre tatsächlichen Voraussetzungen **glaubhaft** (§ 294) gemacht werden. An letzterem fehlt es in der Praxis häufig. Ungenügend ist die Beschränkung auf reine Antragstellung: „Höchstvorsorglich beantrage ich Vollstreckungsschutz". An der Glaubhaftmachung scheitern die Schutzanträge ganz überwiegend in der Praxis und den Examensklausuren.

Die **Ablehnung** eines Schutzantrages erfolgt nur in den Entscheidungsgründen. Dafür genügen knappe Hinweise (BL § 712, 5).

1. Schutzantrag des Schuldners, § 712

Anwendbar auf **alle** Urteile i. S. v. § 708 und § 709.

Der Schutzantrag des Schuldners gem. § 712 bleibt aber unberücksichtigt, wenn das Urteil nicht berufungsfähig ist, § 713.

a) § 712 I S. 1

4.17 **Voraussetzungen:**

(1) Antrag, § 714 I

(2) Für den Schuldner nicht zu ersetzender Nachteil, § 712 I S. 1 (anders § 710: schwer zu ersetzen).

(3) Kein entgegenstehendes überwiegendes Gläubigerinteresse, § 712 II: also Interessenabwägung insbes. mit Gläubigerinteressen i. S. v. § 710. Im Zweifel haben die Gläubigerinteressen Vorrang (ThP § 712, 5). Überwiegen die des Gläubigers, wird der Schutzantrag des Schuldners entweder insgesamt abgelehnt oder in den Fällen § 708 das dort ohne Sicherheit vorläufig vollstreckbare Urteil gegen Sicherheit durch den Gläubiger für vorläufig vollstreckbar erklärt, § 712 II S. 2.

(4) Glaubhaftmachung, §§ 714 II, 294.

Die dem Schutzantrag **stattgebende** Entscheidung lautet

- **In den Fällen § 708 Nr. 1–3:**

  Die dort überhaupt nicht vorgesehene Abwendungsbefugnis tritt jetzt hinzu:

  > III. Das Urteil ist vorläufig vollstreckbar *(§ 708 Nr. 1–3)*.
  > Der Beklagte (Schuldner) kann die Vollstreckung durch Sicherheitsleistung in Höhe von … abwenden *(§ 712 I S. 1)*.

- **In den Fällen § 708 Nr. 4–11:**

  Die in § 711 S. 1, 2 vorgesehene Möglichkeit, dass der Gläubiger in jedem Falle (spätestens nach Erbringung einer eigenen Sicherheit, wodurch die des Schuldners bedeutungslos wird) sofort vollstrecken kann, wird verbaut. In § 711 S. 1, 2 entfällt der Satzteil „wenn nicht der Gläubiger … leistet". Der Schuldner kann jetzt jederzeit die Vollstreckung durch eigene Sicherheit abwenden.

> III. Das Urteil ist vorläufig vollstreckbar *(§ 708 Nr. 4 – 11)*. Der Beklagte (Schuldner) kann die Vollstreckung durch Sicherheitsleistung in Höhe von … abwenden *(§ 712 I S. 1)*.

- **Im Falle § 709 S. 1:**
Doppelter Schutz des Schuldners. Der Gläubiger muss erst einmal selbst Sicherheit erbringen, und selbst dann kann der Schuldner mit einer jetzt von ihm erbrachten Sicherheit die Vollstreckung abwenden.

> III. Das Urteil ist gegen Sicherheitsleistung des Klägers in Höhe von € 10000,– vorläufig vollstreckbar *(§ 709 S. 1;* bzw. gemäß *§ 709 S. 2:* „… in Höhe von 110% des jeweils zu vollstreckenden Betrags). Der Beklagte kann die Vollstreckung durch Sicherheitsleistung in Höhe von 110% des jeweils zu vollstreckenden Betrags abwenden *(§ 712 I S. 1, HS 2)*.

Hinweis: Die in § 712 I S. 1, HS 2 vorgesehene analoge Anwendung von § 709 S. 2 auch i. F. § 709 S. 1 berücksichtigt zu Gunsten des Schuldners, dass dem Gläubiger selbst i. F. § 709 S. 1 (Gesamtsicherheit) eine Teilvollstreckung möglich ist gem. § 752: dann soll der Schuldner auch nur eine Teilsicherheit erbringen müssen, die analog § 709 S. 2 schon vorab in einer Prozentzahl angegeben werden kann. Vgl. oben Rn. **4.14**.

b) § 712 I S. 2

Voraussetzungen: wie oben a), zusätzlich: der Schuldner ist zur Sicherheit nicht in der Lage. **4.18**

Die **stattgebende** Entscheidung lautet nach den genannten Alternativen

entweder: III. Das Urteil ist nicht vorläufig vollstreckbar. (Es kann auch einfach ein Ausspruch zur vorläufigen Vollstreckung weggelassen werden, ThP § 712, 8)
oder: III. Das Urteil ist (bei § 708 ohne, bei § 709 gegen SL) vorläufig vollstreckbar. Die Zwangsvollstreckung ist nach Maßgabe des § 720 a ZPO beschränkt.

2. Schutzantrag des Gläubigers, §§ 710, 711 S. 3

a) Schutzantrag gemäß § 710

Anwendbar nur auf Urteile gemäß § 709.

Voraussetzungen: **4.19**
(1) Antrag, § 714 I.
(2) Gläubiger kann Sicherheit überhaupt nicht oder nur unter erheblichen Schwierigkeiten leisten.
(3) Aufschub der Vollstreckung brächte dem Gläubiger schwer zu ersetzenden oder schwer abzusehenden Nachteil oder wäre unbillig.
(4) Glaubhaftmachung, § 714 II.
(5) **Beachte:** keine Interessenabwägung mit Schuldnerinteressen. Der Schuldner kann aber seinerseits auch Schutzantrag gemäß § 712 stellen; dies führt zur Interessenabwägung gemäß § 712 II. Bei überwiegenden Interessen des Schuldners wird neben § 710 auch § 712 I angewendet (StJ § 712, 4).

Die **stattgebende** Entscheidung lautet (z. B. bei Klage über € 20000,–):

> III. Das Urteil ist vorläufig vollstreckbar *(§ 710)*.

Bei erfolgreichem **Gegenantrag** des Schuldners gemäß § 712 I S. 1:

> III. Das Urteil ist vorläufig vollstreckbar *(§ 710)*.
> Der Beklagte kann die Vollstreckung abwenden durch Sicherheitsleistung in Höhe von 110% des jeweils zu vollstreckenden Betrags (§ 712 I S. 1).

b) Schutzantrag gemäß § 711 S. 3

4.20 Anwendbar auf Urteile gemäß § 708 Nr. 4–11 (§ 711 S. 1). Wesentlich in der Regelung des § 711 schon im Normalfall (ohne Schutzantrag) ist, dass der Gläubiger in jedem Falle die sofortige Vollstreckung erzwingen kann (ggfls. nach Erbringung einer eigenen SL). Gemäß §§ 711 S. 3, 710 ist der Gläubiger von einer eigenen Sicherheit befreit. Er muss nicht erst selbst Sicherheit leisten, um sofort und ungeachtet etwaiger Sicherheit des Schuldners vollstrecken zu können.

Die **stattgebende** Entscheidung lautet schlicht (ThP § 711, 6):

> III. Das Urteil ist vorläufig vollstreckbar *(§ 711 S. 3)*.

§ 5 Der Tatbestand, § 313 I Nr. 5

5.01 Der Tatbestand (TB) ist die geordnete und objektive (d. h. von jeder juristischen oder beweiswürdigenden Bewertung durch das Gericht freie) Zusammenstellung des Sach- und Streitstandes aus der Sicht der Parteien (nicht des Gerichts), abgestellt auf den Schluss der mündlichen Verhandlung (bzw. was dem gleichsteht, z. B. §§ 128 II; 251 a), ThP § 313, 12.

Der Tatbestand folgt unter dieser Überschrift unmittelbar dem Tenor und ist räumlich und durch die folgende Überschrift „Entscheidungsgründe" deutlich abgesetzt von diesen.

Diese klare Absetzung von den E-Gründen folgt aus der unterschiedlichen Funktion dieser beiden Urteilselemente: Der TB enthält den unbewerteten, die E-Gründe den bewerteten und gewürdigten Streitstoff; ersterer ist aus der Sicht der Parteien, letztere sind aus der Sicht des Gerichts geschrieben. Ganz anders das Strafurteil. Dort folgt auf den Tenor nur mehr 1 Urteilselement, die „Gründe"; diese sind untergliedert u. a. in den Sachverhalt, wie ihn das *Gericht* festgestellt hat, und sodann die beweiswürdigenden Ausführungen, warum es diesen Sachverhalt so für erwiesen hält.

Einen Tatbestand hat **grundsätzlich jedes erstinstanzliche Urteil** zu enthalten, also z. B. auch ein Teil- oder Zwischenurteil.

Ausnahmen nur: §§ 313 a; 313 b.

Für das Berufungsurteil gilt nach § 540: Der herkömmliche TB wird ersetzt durch eine Bezugnahme auf die tatsächlichen Feststellungen im Ersturteil (solche können sich auch in den E-Gründen finden) mit Darstellung etwaiger Änderungen oder Ergänzungen (insbes. durch neuen Sachvortrag in 2. Instanz). Dazu näher unten Rn. **26.28**.

Um einen korrekten Tatbestand zu schreiben, muss man von seinen beiden Aufgaben ausgehen und sich diese vor jeder Niederschrift klarmachen (unten 1, 2) und sodann wegen § 313 II daran gehen, diese Aufgaben mittels einer konzentrierten, gestrafften Fassung zu erfüllen (unten 3). Der Aufbau des Tatbestands ist gesetzlich nicht geregelt. Er folgt allgemeiner Praxis (unten II).

I. Die Aufgaben des Tatbestands

Es sind seit jeher **vor allem zwei.** Sie stehen unter dem Gebot besonderer Straffung (unten 3):

1. Objektiver, gedrängter Bericht über die Urteilsgrundlagen 5.02

- **Urteilsgrundlagen sind:**
  - Parteivorbringen (Behauptungen, Beweisantritte etc.), sofern es unter Beachtung des Mündlichkeitsprinzips Prozessstoff geworden ist, also gemäß § 137 durch Vortrag oder Bezugnahme, und zum Schluss der mündlichen Verhandlung noch aktuell ist.
  - Beweisaufnahmen
  - Zwischenurteile (z.B. über die Zulassung einer umstrittenen Klageänderung) und sonstige Prozessgeschichte (z.B. nicht mehr aktuelles Parteivorbringen, das aber, wie z.B. bei Teilklagerücknahme, Kosten verursacht hat).

- **Gedrängter Bericht:**
  Er setzt, um nachvollziehbar zu sein, eine **klare Stoffordnung** voraus. Üblich ist daher eine bestimmte **Gliederung,** dazu unten II. Gemäß **§ 313 II** soll aber im ausformulierten Text des TB nur mehr das Wesentliche und auch dies **nur knapp** dargestellt werden, während der übrige Prozessstoff per **Verweisung** berichtet werden soll.

  Unterschied zum sog. **Sachbericht der Relation:** letzterer enthält keine Verweisungen auf Schriftsätze und Protokolle, sondern enthält selbst ungekürzt den vollständigen Prozessstoff. Abgesehen von den verschiedenen Adressaten (Sachbericht: Mitglieder der Kammer oder des Senats. Tatbestand: Parteien und wegen § 314 Rechtsmittelgericht) entspricht der Sachbericht weitgehend einem (wegen § 313 II nicht mehr zu fertigenden) „ungekürzten Tatbestand".

- **Objektiv:**
  Der TB muss die Urteilsgrundlagen nüchtern und kommentarlos so berichten, wie sie vor und unabhängig von der richterlichen Entscheidungsfindung vorliegen. Parteivorträge sind daher (wenn auch unter Straffung auf das Wesentliche) aus der Sicht der Parteien zu berichten.

  Der Leser des TB soll sich auf Grund dieses völlig neutralen Berichts selbst seine E-Gründe bilden und dann vergleichen können mit den im Urteil nachfolgend dargestellten Schlussfolgerungen des erkennenden Gerichts.

Vereinfacht könnte man auch sagen: Der TB enthält die Zusammenstellung des „da mihi factum", die E-Gründe des „dabo tibi ius".

Beispiele:

(1) **Unstreitiges.** Hier liegt die häufigste Fehlerquelle. Hervorgehoben seien 3 Probleme:

(a) **Unstreitig nach Beweisaufnahme?**
Ein einmal im Prozess vorgebrachtes Behaupten oder Bestreiten bleibt wegen der Einheit der mündlichen Verhandlung grundsätzlich so vorgebracht bis zum Schluss der mündlichen Verhandlung, kein Fallenlassen des Bestreitens also allein dadurch, dass es im nächsten Termin oder nach einer Beweisaufnahme nicht ausdrücklich wiederholt wird. Eine Partei kann natürlich nach einer erdrückenden Beweisaufnahme ihr Behaupten oder Bestreiten auch konkludent fallen lassen. Dieses konkludente Fallenlassen muss aber irgendwie ersichtlich werden (z.B. durch Verzicht auf Gegenzeugen etc.). Schweigen des in der Beweisaufnahme Unterliegenden genügt allein nicht. Im Zweifel hält die Partei auch bei ungünstiger Beweisaufnahme ihr bestrittenes Vorbringen aufrecht (der Instanzenzug ist ja noch nicht zu Ende!), ThP § 313, 17.

(b) **Ungenügendes Bestreiten:**
Ob das Bestreiten substantiiert genug ist etc., ist eine Wertungsfrage. Der TB darf das Ergebnis dieser Wertung nicht unterstellen, sie bleibt den E-Gründen vorbehalten. Bestreitet der Beklagte z.B. unzulässig pauschal die vom Kläger genau aufgelisteten 5 Schadensposten mit „wird der Schaden des Klägers bestritten", so liegt bzgl. der Position Schaden objektiv eine bestrittene Behauptung des Klägers vor, im objektiv gehaltenen Tatbestand also zu berichten im streitigen Klägervortrag. Erst in den

E-Gründen wird ausgeführt, dass der bestrittene Schaden als festgestellt gilt, weil (Wertung!) das Bestreiten des Beklagten unzureichend ist, denn eine geordnete Zusammenstellung von Rechnungsposten kann nicht pauschal in einem Satz („wird bestritten") bestritten werden (Zöller § 138, 10 a).

(c) **Fehlende Äußerungen des Beklagten** zu Klägerbehauptungen, § 138 III:
Die Klägerbehauptungen gehören dann in den unstreitigen Teil (nach ThP § 313, 16 mit kurzer Kennzeichnung). Ausnahme (dann streitiger Klägervortrag): Aus den übrigen Erklärungen des Beklagten ergibt sich ein konkludentes Bestreiten auch dieser Punkte.

Beispiel: K fordert Schadensersatz aus Verkehrsunfall. Er behauptet, B sei der Fahrer des anderen Unfall-PKW gewesen und habe den Unfall wie folgt verschuldet … (folgt Unfallschilderung). B äußert sich nur zum Unfallablauf, den er anders als K schildert. Darüber, ob er selbst gefahren ist oder ein Dritter, äußert er sich überhaupt nicht.
Hier: Unstreitig ist, dass B am Unfall vom … als Fahrer des PKW … beteiligt war. TB: „Am … stießen der klägerische PKW … und der vom Beklagten gesteuerte PKW … auf der X-Straße in A zusammen (= unstreitig). Der Kläger behauptet …. (= Unfallschilderung, streitiger Teil).

(2) **Anträge:**
Anträge sind, **auch wenn schief oder falsch, wörtlich** zu berichten, nicht also in der „korrigierten" Form, wie sie das Gericht nach Auslegung zugrundelegt: dies ist allein Sache der E-Gründe!
Will etwa der Kläger ausweislich der Klagegründe Klage aus § 771 ZPO erheben, formuliert er dies aber fälschlich als Feststellungsklage („es wird festgestellt, dass die ZwV in … unzulässig ist"), so ist dieser Antrag, wenn er nicht vom Kläger selbst richtiggestellt worden ist, so und nicht anders wörtlich zu zitieren.
Fordert der Kläger „Prozesszinsen", so sind dieses Wort und die Rechtshängigkeitsdaten (Zustellung am …) zu berichten, nicht etwa im Antrag gleich das Datum einzusetzen, zu dem (nach Auffassung des Gerichts!) die Rechtshängigkeit eingetreten ist.

(3) **Prozessgeschichte:**
Falsch: Gegen dieses VU legte der Beklagte form- und fristgerecht Einspruch ein.
Richtig: Gegen das ihm am 1. 3. zugestellte (§ 317 I S. 1) VU hat der Beklagte am 8. 3. Einspruch eingelegt.

(4) **Beweisaufnahme:**
Der TB hat über Tatsache und Ergebnis einer Beweisaufnahme zu berichten. Hinsichtlich des Ergebnisses ist in aller Regel auf die entsprechenden Protokolle, Gutachten, Urkunden zu verweisen.
Formulierungsbeispiel: Rn. **5.**09 a. E.

2. Die Beurkundungs- und Beweisfunktion, § 314

5.03 Die zweite wichtige Aufgabe des TB besteht darin, das **mündliche Parteivorbringen** als die Urteilsgrundlage **zu beurkunden, § 314.**

Dies wird angesichts der Kürzungsbestrebungen gerne übersehen, folgt aber nach wie vor zwingend aus der Beweiskraft gemäß § 314. Der TB liefert als öffentliche Urkunde (§ 418) gemäß § 314 vollen Beweis für das mündliche Vorbringen der Parteien. Der Beweis kann **nur** durch das Sitzungsprotokoll und auf keine andere Weise (auch nicht durch Schriftsätze oder übereinstimmende Erklärungen der Parteien) entkräftet werden (BGH NJW 99, 1339). Die einzige Berichtigungsmöglichkeit eröffnet § 320.

§ 314 stellt damit eine **zwingende Beweisregel** i. S. v. § 286 II auf (ThP § 286, 20) und zwar in doppelter Hinsicht, vgl. BGH NJW 83, 886:

5.04 • Positiv: **Was im TB als Parteivorbringen berichtet ist, gilt als tatsächlich vorgetragen.**

Beispiele: Unstreitiges Parteivorbringen, Behaupten, Bestreiten, Beweisantritte, Einwilligung bzw. Widerspruch zu Klageänderung oder Parteiwechsel. Abgabe von Anerkenntnis oder Verzicht. Beweis dafür, dass mündlich etwas anderes vorgetragen wurde als in den Schriftsätzen, denn die Ausführungen im TB gehen vor (BGHZ 140, 339). Maßgebender Zeitpunkt für § 314: der TB erbringt Beweis für das Vorbringen am **Schluss** der mündlichen Verhandlung, sodass früheres widersprechendes Vorbringen überholt ist (BGH a. a. O.).

Nach der Rspr. des BGH und nach der h. M. enthalten Antragstellung und anschließendes Verhandeln eine Bezugnahme der Parteien gemäß § 137 III auf den gesamten, bis zum Termin angefallenen Akteninhalt, der damit zum Gegenstand der mündlichen Verhandlung gemacht wird, sodass die Beweiskraft des § 314 diesen Akteninhalt umfasst, sofern nicht TB oder Protokoll etwas Gegenteiliges ergeben (BGH NJW 04, 1876, 1879; NJW-RR 96, 379; NJW 92, 2149; WM 81, 798; Musielak § 314, 2; Zöller 3; ThP 3; BL 29 zu § 137).

- **Negativ:** **Das Schweigen des TB bedeutet, dass insoweit nichts vorgetragen wurde.** 5.05

Beispiel: Schweigt der TB (und das Protokoll) über die nur mündliche Erklärung des Klägers, vom Urkundenprozess abzustehen (§ 596), so steht unwiderlegbar fest, dass der Prozess in dieser Instanz im Urkundenprozess verblieben ist. Anders aber, wenn die Abstandnahme zuvor schriftsätzlich angekündigt war:
Die negative Beweiskraft des TB gilt nach BGH u. h. M. allerdings nicht für schriftsätzliches Vorbringen vor der letzten mündlichen Verhandlung, weil dies durch Antragstellung und Verhandeln als vorgebracht gilt (positive Beweiskraft, siehe soeben). Übrig bleiben für die negative Beweiskraft des TB nur mündlich erklärte Angriffs- und Verteidigungsmittel, die weder im TB noch im Protokoll vermerkt sind (BGH NJW 04, 1876, 1879).

Diese gesetzliche Beweisregel hat erhebliche Bedeutung insbesondere für zwei Fälle:
(1) **Berufung: §§ 531 II, 533, 97 II.** Ob das Angriffs- oder Verteidigungsmittel „neu" und daher nur sehr eingeschränkt jetzt noch zulässig ist, beurteilt sich nach dem TB des Ersturteils (samt den dort in Bezug genommenen Schriftstücken) und (wegen § 314 S. 2) nach dem Protokoll.

Beispiel 1: Der Beklagte hat in einem vorbereitenden Schriftsatz die Hilfsaufrechnung erklärt. Das LG verurteilt nach mündlicher Verhandlung den Beklagten, ohne im Urteil die Hilfsaufrechnung zu erwähnen, im TB wird sie auch nicht per Bezugnahme (§ 313 II 2) auf den konkreten Schriftsatz bzw. summarisch auf alle gewechselten Schriftsätze berichtet.
B legt Berufung ein, die er u. a. auf die Aufrechnung stützt. K rügt, die Aufrechnung sei nicht Gegenstand der Verhandlung vor dem LG gewesen, sie sei mangels Beurkundung im TB (§ 314) neu für die 2. Instanz und daher gemäß § 533 Nr. 1 nicht zuzulassen, da er sich widersetze und die erstmalige Aufarbeitung der bestrittenen Aufrechnungsforderung nicht sachdienlich sei, weil ihm eine Instanz genommen werde.
§ 533 gilt nur für den neuen, erstmals in der Berufungsinstanz geltend gemachten Aufrechnungseinwand (ThP 7; Musielak 9 zu § 533). Negative Beweiskraft des schweigenden TB? Nach BGH und h. M. nein, da der TB gerade nicht schweigt: In der Antragstellung und Verhandlung liegt im Zweifel – TB und Protokoll sagen hier nichts Gegenteiliges – eine Bezugnahme auf alle zur Vorbereitung eingereichten Schriftsätze, also auch auf den Aufrechnungseinwand (positive Beweiskraft; BGH NJW 04, 1876, 1879; 2155; NJW-RR 96, 379; Musielak § 314, 2).
§ 533 ist also gar nicht relevant. Hinweis: Ob eine, wie hier, versehentlich übergangene Aufrechnungsforderung wegen § 322 II eine Urteilsergänzung gem. § 321 rechtfertigt (so Zöller § 321, 3), oder nur Rechtsmittel (so BGH NJW-RR 96, 379; ThP § 321, 2) ist strittig.

Beispiel 2 (Abwandlung): Der Beklagte hat den Aufrechnungseinwand nicht schriftsätzlich, sondern erstmals in der mündlichen Verhandlung vorgebracht, was aber weder im TB, noch im Protokoll vermerkt ist.
Hier ist der Aufrechnungseinwand für die Berufungsinstanz wegen der negativen Beweiskraft des TB „neu" i. S. v. §§ 533, 531 II (BGH NJW 04, 1876, 1879). Die negative Beweiskraft gilt wegen der in Beispiel 1 dargestellten Wirkung der Antragstellung nicht für schriftsätzliches Vorbringen, wohl aber für Angriffs- und Verteidigungsmittel, die in der mündlichen Verhandlung *ohne* vorherige schriftsätzliche Ankündigung vorgebracht wurden, so etwa dafür, dass in der mündlichen Verhandlung *anders* vorgetragen wurde als schriftsätzlich angekündigt, oder erstmals bestritten und/oder Beweis angeboten, oder vom bisherigen Urkundenprozess Abstand genommen wurde.
Der TB ist hier also wegen unterlassener Beurkundung der Hilfsaufrechnung falsch. Der Beklagte muss das TB-Berichtigungsverfahren gemäß § 320 (Frist!) betreiben, wenn er nicht die Konsequenzen der negativen Beweiskraft hinnehmen will. Andernfalls kann er nur hoffen, dass das OLG die Sachdienlichkeit gem. § 533 Nr. 1 doch bejaht.

(2) **Revision: § 559 I.** Gegenstand der Rechtsprüfung sind nur solche Parteivorträge, die im Urteil oder Protokoll festgehalten sind.

Beachte aber: Zum „Tatbestand" i. S. v. §§ 314, 320, 540 I Nr. 1, 559 I gehören auch tatbestands-artige (objektiv über Parteivorträge berichtende) Ausführungen in den E-Gründen, Zöller § 540, 5. Dort wird gelegentlich zur Einleitung in die dann folgende richterliche Würdigung noch einmal kurz objektiv zusammengetragen, was die Parteien dazu behauptet haben. Dieser Teil ist dann gleichfalls TB i. S. v. §§ 314, 320, 540 I, 559 I (BGH NJW 09, 1485; 04, 2828; BGH MDR 07, 853; ThP § 314, 1). Bevor also die positive oder negative Beweiskraft des TB herangezogen werden kann, müs-sen die E-Gründe danach durchforstet werden, ob sie solche Tatbestandelemente haben (bei Wider-sprüchen geht der Urteilstatbestand vor, BAG NJW 72, 789).

3. Straffung des Tatbestandes, § 313 II

Diese beiden soeben dargestellten Hauptaufgaben stehen unter dem besonderen Straf-fungsgebot des § 313 II.

Fraglich ist, wie diese Straffung auszusehen hat. Einerseits drängt § 313 II auf eine radikale Kürzung: „nur Wesentliches" und auch dies nur „knapp". Andererseits gilt § 314 unverändert fort, der zur Dokumentation zwingt.

5.06 Die Lösung kann nur darin bestehen, **§§ 313 II und 314 sinnvoll miteinander zu kombinieren,** also zu erreichen, dass der TB einerseits optimal gekürzt wird, er aber andererseits seiner Beurkundungspflicht noch voll genügt. Dies ist nur möglich mittels einer geschickten **Verweisungstechnik:** Im ausformulierten Text des TB erscheint nurmehr das zum Verständnis Nötige, alles übrige Beurkundungspflichtige (§ 314) wird per Bezugnahme beurkundet, denn auch die Verweisungen gem. § 313 II 2 nehmen an der Beweiskraft des § 314 teil (BGH NJW 04, 3777; ThP § 314, 1). Wichtig ist, dass der TB trotz der Verweisungen im Wesentlichen in sich selbst ver-ständlich ist (ThP § 313, 25).

Verfehlt wäre es zu sagen, der TB müsse wegen des Knappheitsgebots in § 313 II 1 nicht mehr „vollständig" sein, denn damit würde man erstens das Verweisungsgebot in § 313 II 2 als Einheit mit S. 1 und dessen methodische Fortsetzung übersehen und zweitens insbes. die Tatsache, dass § 314 auch bei Einführung des Knappheitsgebots eben nicht geändert wurde, woran de lege lata nicht vorbeizukommen ist (verfehlte Begründung daher insoweit in BGH NJW 04, 1879, dem kritiklos folgend Zöller § 313, 11).

Richtig vielmehr: Der im TB **ausformulierte** Text soll natürlich wegen § 313 II 1 den Sachstand nicht mehr vollständig *selbst* wiedergeben, aber die Vollständigkeit muss über *Bezugnahme* gemäß § 313 II 2 erzielt werden (§ 314!).

Da § 314 unverändert fortgilt, ist auch die Doktrin des BGH zur positiven Beweiskraft (mittels An-tragstellung und Verhandeln sei das schriftsätzlich Vorgebrachte mitbeurkundet i. S. v. § 314) nur eine Art Auffangkonstruktion für mangels Verweisungen (§ 313 II 2) ungenügende Tatbestände, vom BGH bezeichnenderweise auch nur für solche angewendet (vgl. etwa BGH NJW 04, 1879 zu (3); BGH NJW-RR 96, 379). Der Richter/Referendar ist also kraft Gesetzes weiterhin gehalten, einen TB zu fertigen, der über Bezugnahmen das Vorbringen korrekt beurkundet.

5.07 Als eine Art **Formel** kann man sich merken:

Im Tatbestand **Ausformuliertes + Bezugnahmen = vollständige Urteilsgrund-lage** (nämlich zu beurkundendes Parteivorbringen (§ 314) + Beweisaufnahme + Pro-zessgeschichte).

Umstritten ist, ob die Bezugnahme konkret sein muss (so ThP § 313, 25), oder auch summarisch sein darf (so BGH NJW 04, 3777; NJW-RR 02, 381; BL § 313, 16).

Eine **konkrete** Bezugnahme ist jedenfalls geboten, wo der TB zu einer bestimmten Thematik referiert (z. B.: „Wegen der Einzelheiten des notariellen Vertrages wird auf die Anlage K 2 Bezug genommen"). Die hM in der Lit. lehnt eine globale, **summarische** Bezugnahme auf Schriftsätze als ungenügend bzw. überflüssig ab (Zöller 11; Musielak 8; ThP 25; StJ 49, je zu § 313). Die Bezugnahme gem. § 313 II S. 2 müsse die Parteien und die höhere Instanz zweifelsfrei erkennen lassen, worauf verwiesen werde, diesen sei nicht zuzumuten, sich den entscheidungserheblichen Teil selbst aus den Akten herauszusuchen (OLG Hamburg NJW 88, 2678). Für Überflüssigkeit der globalen Bezugnahme auf Schriftsätze und sonstige Aktenteile spricht auch die neuere Rspr. des BGH, wonach gemäß § 137 III mit Antragstellung und Verhandeln ohnehin der gesamte, bis zum Termin angefallene Akteninhalt zum Gegenstand der mündlichen Verhandlung wurde (siehe oben Rn. **5.**04; Zöller § 313, 18; BGH NJW 04, 1876, 1879).

Verboten aber ist eine globale Bezugnahme auf alle gewechselten Schriftsätze − etwa am *Ende* des TB sozusagen als „Auffang"-Formulierung − nicht: vgl. BGH NJW 04, 3777: die Verjährungseinrede war nicht im TB erwähnt, galt aber infolge der globalen Bezugnahme auf sämtliche Schriftsätze als vorgebracht (Leitsatz 2 und S. 3778 zu (2)).

Gleichwohl wird in einigen Bundesländern auch eine nur ergänzende summarische Bezugnahme am Ende des TB als Fehler gewertet. Fragen Sie also Ihren Ausbildungsleiter, damit Sie im Examen keinen Punktabzug erhalten.

II. Der Aufbau des Tatbestandes

Wie der TB aufgebaut werden soll, ist gesetzlich nicht vorgeschrieben. Nach der Praxis und h. M. ist von folgender bewährter Gliederung auszugehen (ThP 15 ff.; Zöller 12 ff.; zu § 313). **5.08**

Vorab ist zu beachten, dass sie für den Normalfall gedacht und kein Dogma ist. Abweichungen sind geboten, wenn dies die **Verständlichkeit** für den Leser erleichtert, nach der sich in erster Linie die Reihenfolge bestimmt (ThP, a. a. O.).

Beispiel 1: Prozessgeschichte

Sie muss dort berichtet werden, wo dies zum Verständnis der Vorgänge nötig ist. Betrifft sie die Entwicklung der Klageanträge (Teilerledigungen, Einspruch gegen VU), so muss sie unmittelbar vor den Anträgen zu deren besserem Verständnis berichtet werden, nicht erst am Ende des TB.

Beispiel 2: Unstreitiges

Eines der Grundgebote des TB ist zwar, Unstreitiges und Streitiges deutlich zu trennen (vor allem wegen § 314). Dies muss aber nicht so erfolgen, dass man nun schlicht alles, was überhaupt unstreitig ist, bedingungslos in den vorangestellten unstreitigen Teil zusammenzieht und dort berichtet. Damit würde man oft Zusammengehöriges zerreißen.

Die Trennung kann auch so erfolgen, dass man **„abschichtungsweise"** vorgeht: erst Komplex A, eingeleitet mit dem Unstreitigen, gefolgt vom streitigen Klägervortrag, dann Komplex B, eingeleitet durch das dazu Unstreitige, gefolgt vom streitigen Klägervortrag usw.

So wird man z. B. vorgehen, wenn eine Schadensersatzforderung nach Grund und Höhe jeweils nur zum Teil streitig ist: Hier wird man zunächst zum Haftungsgrund Unstreitiges und dann Streitiges, und sodann zur Schadenshöhe Unstreitiges und Streitiges „abschichtungsweise" berichten.

Abschichtungsweise wird man i. d. R. auch vorgehen bei objektiver Klagenhäufung, § 260, und auf diese Weise die einzelnen Streitgegenstände abhandeln.

Im Normalfall hat der TB folgenden **Aufbau:**

Einleitungssatz	**5.09**
Einleitende kurze Feststellung, worum es im Prozess geht.	
Beispiel: „Der Kläger fordert als Erbe des am 1. 7. verstorbenen Franz Meier vom Beklagten Herausgabe eines angeblich zum Nachlass gehörenden Grundstücks".	

UNSTREITIGES

Sprache: Imperfekt („Der Kläger lieferte am …").
Zum Unstreitigen gehört:

- Geschehensablauf, soweit von den Parteien übereinstimmend geschildert.
- Gemäß § 288 ausdrücklich zugestandene Tatsachenbehauptung: „Es ist richtig, dass …".
- Gemäß § 138 II (Antwortpflicht) konkludent Zugestandenes: „Es wird nicht bestritten, dass …", (ThP § 313, 16).
- Gemäß § 138 III solche Tatsachenbehauptungen, zu denen sich der Gegner überhaupt nicht geäußert hat, sofern auch aus dem übrigen Vortrag nicht ersichtlich ist, dass der Gegner diese bestreiten will (ThP § 313, 16).
  Beachte aber: Hat sich der Gegner dazu geäußert, aber nur letztlich ungenügend, weil unsubstantiiert bestritten, so liegt streitiger Vortrag vor. Erst in den E-Gründen kann das ungenügende Bestreiten abgetan und als nicht (genügend) bestritten gewertet werden.
- I. d. R. nicht die Ergebnisse einer Beweisaufnahme. Im Zweifel bleiben die ursprünglichen streitigen Behauptungen der Parteien auch nach erfolgter Beweisaufnahme aufrechterhalten: Der Instanzzug ist noch nicht zu Ende, die nächste Instanz kann die Beweise anders würdigen oder für unverwertbar halten, neue, bessere Beweismittel können noch gefunden werden. Anders (= jetzt unstreitig), wenn sich die zuvor bestreitende Partei das Beweisergebnis zu eigen macht (ThP § 313, 17).

STREITIGER KLÄGERVORTRAG

Sprache: Zur eindeutigen Absetzung vom soeben geschilderten Unstreitigen muss jetzt (da Gliederungsziffern unüblich sind) sprachlich klargestellt werden, dass nunmehr der streitige Teil beginnt. Üblich ist die **Eingangsformulierung im Präsens: „Der Kläger behauptet, …".** Dem folgt **in indirekter Rede** der weitere streitige Klägervortrag („Als der Kläger nach links abgebogen sei, habe der Beklagte noch überholt. Als er dies bemerkt habe, habe er noch schnell …").

Hierher gehören:

- Ausdrücklich bestrittene Tatsachen.
  Gleichgültig ist, ob das Bestreiten zulässig und ausreichend ist oder nicht. Auch unzulässig mit Nichtwissen (§ 138 IV) bestrittene Behauptungen des Klägers gehören hierher, erst in den E-Gründen dürfen Konsequenzen aus solchem unzulässigen Bestreiten gezogen werden.
- § 138 III: Tatsachen, zu denen sich der Gegner zwar überhaupt nicht erklärt hat, hinsichtlich derer aber aus dem Gesamtvortrag die Absicht erkennbar ist, sie gleichfalls zu bestreiten (konkludentes Bestreiten), ThP § 313, 18.
- Antwort des Klägers auf die Klageerwiderung des Beklagten.
  Nimmt der Kläger zur Klageerwiderung des Beklagten Stellung, so wird er i. d. R. seinen Klagevortrag nur präzisieren und ergänzen. Das alles bildet eine Einheit, gleich, wann es vorgetragen wurde. Die Antwort ist also im TB nicht etwa deswegen nach dem streitigen Beklagtenvortrag zu bringen, nur weil sie zeitlich ihm nachgefolgt ist (vgl. Zöller § 313, 14).
  Ausnahme: echte Replik des Klägers, s. unten.
- Unerledigte Beweisangebote des Klägers (ThP 18; Zöller 14 zu § 313). Alternativ und insbes., wenn es sich bei langer Prozessdauer, wie in der Praxis häufig, um zahlreiche unerledigte Beweisangebote handelt, können diese auch erst in der abschließenden Prozessgeschichte zusammen mit den unerledigten Beweisangeboten des Beklagten gebracht werden (vgl. Zöller § 313, 17).

- Rechtsansichten des Klägers.
  Sie sind in den ausformulierten Text dann aufzunehmen, wenn sie zum Verständnis des Streitstandes erforderlich sind. Bedeutsam ist dies vor allem in **Examensklausuren,** in denen – wie häufig, weil aufgabenbedingt – nicht die Tatsachen, sondern die Rechtsfragen im Streit stehen.

- Nebenforderungen (i. d. R. Zinsen).
  Ihre Darstellung folgt am Ende der Klägerstation, unmittelbar vor den Anträgen (bzw. der Prozessgeschichte). In den häufig sehr einfach gelagerten Fällen genügt es, den Anspruchsgrund kurz zu erwähnen: „Daneben begehrt der Kläger Prozesszinsen", oder: „... Zinsen wegen behaupteter Inanspruchnahme eines Bankkredits".
  In den schwierigen Fällen wird man nach kurzer Kennzeichnung des Nebenanspruchs auf die entsprechenden Schriftstücke verweisen.

PROZESSGESCHICHTE, soweit sie

zum Verständnis der Anträge relevant ist.

Sprache: Perfekt („Hiergegen hat der Beklagte am ... Einspruch eingelegt").
Hierher gehören insbesondere:

- Erledigungserklärungen (einseitige, übereinstimmende)
- Vorangegangenes VU (§§ 330 ff.), VB (§ 700) wegen § 341 bzw. § 343. Anzugeben: Tatsache des Erlasses, Datum, Inhalt, Zustellungstag (§ 339), Eingang des Einspruchs (§ 341).
- Vorangegangene Teil-, Zwischen- und Vorbehaltsurteile (damit z.B. Verfahren und Antrag nur noch zum **Rest** oder zur Vorbehaltslos-Erklärung verstanden wird).
- Parteiwechsel und -beitritt.
- Klageänderungen.
  Sind durch den Antragswechsel **keine** besonderen Kosten angefallen, kann man sich mit der Umschreibung begnügen: „Der Kläger hat nach mehrfacher Neuformulierung seines Klageantrags **zuletzt** beantragt zu erkennen."
  Sind aber besondere Kosten angefallen, (z.B. Klageermäßigung von € 7000,– auf € 2000,–: § 269 III S. 2; ThP § 269, 15), so sind die Anträge zu berichten, wenn auch i. d. R. nicht mit vollständigem Wortlaut, so doch dem Verurteilungswert nach („... hat zunächst Zahlung von € 7000,–, sodann ... gefordert").
- Nicht berichtet wird, dass ein schlichtes Mahnverfahren (ohne VB!) vorausgegangen ist.

DIE ZULETZT GESTELLTEN ANTRÄGE

Sprache: Präsens („beantragt zu erkennen").
Es stehen unmittelbar aufeinander folgend (also ohne Zwischentext) und deutlich eingerückt (optisch „hervorgehoben" i. S. v. § 313 II) gegenüber
– Antrag des **Klägers** im wörtlichen Zitat,
– Abweisungsantrag des **Beklagten.**

Zu beachten ist:
- Die **Partei** beantragt, nicht der Prozessbevollmächtigte (anders im Protokoll: dort wird festgehalten, welcher Anwesende welche Erklärungen abgibt).
- Frühere, jetzt überholte Anträge gehören in die Prozessgeschichte.
- **Nicht** im TB berichtet werden, weil von Amts wegen zu regeln:
  Kostenanträge (§ 308 II) und Anträge zum Ausspruch über die **vorläufige Vollstreckbarkeit,** §§ 708 ff.
  Ausnahme: Vollstreckungsschutz, der **nur** auf Antrag gewährt wird, §§ 710, 711 S. 3, 712.

STREITIGE ERWIDERUNG DES BEKLAGTEN

Sprache: Zunächst sprachlich klarstellen, dass es sich um streitigen Vortrag handelt. Der Eingang steht **im Präsens:** „Der Beklagte behauptet (bringt vor, erwidert, macht geltend)." Schilderung seines Vorbringens sodann **in indirekter Rede:** „Als der Beklagte zum Überholen angesetzt *habe, sei* der Kläger plötzlich nach links abgebogen. Der Beklagte *habe* zwar noch …".

Auf logische Reihenfolge achten wie folgt (ThP § 313, 20):
- **Bestreiten** klagebegründender Tatsachen
  - *einfaches* Bestreiten (der Klägervortrag wird lediglich schlicht „bestritten").
  - *Qualifiziertes* Bestreiten (der Beklagte behauptet konkret einen anderen Geschehensablauf, z.B. der Unfall habe sich anders zugetragen: „… vielmehr war es so …").
- **Rechtshindernde** Tatsachen, z.B. Sittenwidrigkeit § 138 BGB, Geschäftsunfähigkeit. § 105 BGB.
- **Rechtsvernichtende** Tatsachen, z.B. angebliche Erfüllung durch Zahlung oder Aufrechnung. Oder: §§ 119, 346 BGB.
- **Rechtshemmende** Tatsachen, z.B. Verjährung § 214 BGB, Zurückbehaltungsrechte, §§ 273, 1000; nicht erfüllter gegenseitiger Vertrag, §§ 320, 321 BGB (vgl. ThP 44 vor § 253).

Beachte: Das Unstreitige zu diesen rechtshindernden, -vernichtenden und -hemmenden Tatsachen ist an sich am Anfang des TB im Unstreitigen zu berichten, so z.B., wenn die Anfechtung unstreitig erklärt wurde, die Parteien jedoch um ihre Rechtswirksamkeit streiten. Sind jedoch solche Einredetatsachen teils streitig, teils unstreitig, wird es zur besseren Verständlichkeit geboten sein, sie erstmals im anspruchsverneinenden Beklagtenvortrag aufzugreifen, dort erst sprachlich klar Unstreitiges und streitigen Beklagtenvortrag gegenüberzustellen und die Erwiderung des Klägers anschließend in der Replik zu behandeln.

- **Hilfsaufrechnung**
- Unerledigte Beweisangebote des Beklagten. Alternativ können sie auch erst in der abschließenden Prozessgeschichte gebracht werden (vgl. oben beim streitigen Klägervortrag).

REPLIK DES KLÄGERS

Hierher gehören nur solche Entgegnungen des Klägers, die ohne vorherige Schilderung des Beklagtenvortrags unverständlich wären. Die meisten „Erwiderungen" des Klägers sind bloße Ergänzungen seines streitigen Vorbringens und daher schon oben im streitigen Klägervortrag abzuhandeln.

In der Replikstation abzuhandeln (weil Kenntnis des Beklagtenvortrags voraussetzend) sind:
- Anspruchserhaltender Klägervortrag gegenüber den vom Beklagten geltend gemachten
  - rechtshindernden
  - rechtsvernichtenden
  - rechtshemmenden Tatsachen

Beispiel: Der Beklagte hat rechtsvernichtende Erfüllung geltend gemacht. In der Replikstation folgt die anspruchserhaltende (bestrittene) Klägerbehauptung, die behauptete Zahlung betreffe eine *ganz andere* Forderung als die streitige.

- Qualifiziertes Bestreiten gegenüber der Hilfsaufrechnung.

PROZESSGESCHICHTE

Sprache: Perfekt („Das Gericht hat Beweis erhoben ...").
Wo sie zu bringen ist, bestimmt die Verständlichkeit. Sie gehört in den TB nur insoweit, als sie für die Entscheidung **noch gegenwärtige Bedeutung hat,** wenn also in den E-Gründen noch darauf einzugehen ist (ThP § 313, 13). Hierher gehören z. B.:

- Erfolgte Beweisaufnahme.
  Im TB wird nur unter größtmöglicher Abkürzung unter Verweisung im Übrigen berichtet. Üblicherweise wird nur der Beweisbeschluss mit Datum zitiert, die einzelnen Beweismittel (Zeugen, schriftliches Gutachten, Urkunden) genannt und im Übrigen (= wegen des Ergebnisses oder des Inhalts) Bezug genommen auf Protokolle und Aktenteile.
  Beispiel: „Das Gericht hat gemäß Beweisbeschluss vom 1. 6. Beweis erhoben durch uneidliche Vernehmung der Zeugen A und B. Hinsichtlich des Ergebnisses dieser Beweisaufnahme wird verwiesen auf das Protokoll vom 1. 7.... Gemäß Beweisbeschluss vom 1. 8. hat der Sachverständige S am 1. 10. ein schriftliches Gutachten erstattet, das dieser in der Sitzung vom 15. 10. mündlich erläutert hat. Auf das Gutachten vom 1. 10. und das Protokoll vom 15. 10. wird Bezug genommen."

- Unerledigte Beweisangebote beider Parteien (unter Bezugnahme auf die entsprechenden Schriftsätze, Zöller § 313, 17).

- Präkludiertes Vorbringen, §§ 296, 296a
  Dieses wird zweckmäßigerweise getrennt vom übrigen (verwerteten) Parteivorbringen in der Prozessgeschichte am Ende des TB erwähnt (vgl. Zöller § 313, 17).
  Beispiel: „Nach Schluss der mündlichen Verhandlung am ... hat der Kläger mit Schriftsatz vom ... weiter vorgetragen, worauf Bezug genommen wird."

- Weitere, noch relevante Fakten können z. B. sein:
  Zustimmung zu schriftlicher Entscheidung, § 128 II; Übertragung auf den Einzelrichter, § 348a, die Kammer §§ 348 III, 348a II.

III. Beispiele

Ein Beispieltext und 2 Aufbauskizzen zur Widerklage mögen das Gesagte veranschaulichen: **5.10**

1. Grundfall:
Der (nur) zum Haftungsgrund umstrittene Verkehrsunfall

Einleitung
Der Kläger begehrt Schadensersatz aus Verkehrsunfall.

Unstreitiges
Am 1. 3. .. fuhr der Kläger mit seinem PKW M-AL 201 auf der A-Str. in München seitlich in den zunächst vor ihm fahrenden PKW S-BZ 150 des Beklagten zu 1., als dieser ansetzte, nach links in das Anwesen A-Str. 10 abzubiegen. Am PKW des Klägers entstand Totalschaden in Höhe von € 10000,–, der ursprünglichen Klageforderung. Die Beklagte zu 2. ist Haftpflichtversicherer des Beklagten zu 1.

Streitiger Klägervortrag

Der Kläger behauptet im Wesentlichen, während er schon zum Überholen angesetzt habe, sei der PKW des Beklagten zu 1. plötzlich nach links gezogen worden (Anm.: Die Beklagten haben in der Klageerwiderung geltend gemacht, der PKW sei zur Mitte eingeordnet gewesen, verlangsamt, mit Blinker links, rechts sei Platz zum Vorbeifahren gewesen. Die Antwort des Klägers hierauf braucht nun nicht in die Replikstation gebracht zu werden, sondern wird – als Ergänzung des als Einheit zu betrachtenden gesamten schriftsätzlichen Klägervortrags – sogleich hier berichtet, also:)

Insbesondere sei das Abbiegen nicht vorhersehbar gewesen, weil der Beklagte zu 1. ohne Blinker vom ganz rechten Fahrbahnrand in einem Zug abgebogen sei. Wegen der behaupteten Einzelheiten, auch zu Geschwindigkeiten, Entfernungs- und Sichtverhältnissen, wird auf die Schriftsätze vom 3. 6. .. und 13. 6. .. verwiesen.

Prozessgeschichte, soweit zum Verständnis der **Anträge** relevant:

Mit der Klage hat der Kläger zunächst vollen Ersatz des Totalschadens von € 10 000,– begehrt. Wegen einer zwischen Einreichung und Zustellung der Klage erfolgten Zahlung der Beklagten zu 2. über € 1000,– hat der Kläger zu Beginn des frühen ersten Termins vom 1. 7. .. die Klage teilweise zurückgenommen. Wegen einer weiteren Zahlung der Beklagten zu 2. über € 5000,– nach Klagezustellung haben die Parteien den Rechtsstreit in dieser Höhe übereinstimmend für erledigt erklärt.

Nebenforderung

Den Restbetrag stellt der Kläger weiter zur Entscheidung nebst Verzugszinsen seit einer angeblich am 3. 5. .. erfolgten Zahlungsaufforderung. Insoweit wird auf den Schriftsatz vom 3. 6. .. Bezug genommen.

Anträge

Der Kläger beantragt *zuletzt* zu erkennen:

> Die Beklagten werden samtverbindlich verurteilt, an den Kläger € 4000,– zu zahlen nebst Zinsen in Höhe von 5 Prozentpunkten über dem jeweiligen Basiszinssatz aus € 10 000,– vom 3. 5. .. bis 15. 6. .., aus € 9000,– vom 16. 6. .. bis 10. 7. ..und aus € 4000,– seit 11. 7. ..

Die Beklagten beantragen

> Klageabweisung.

Streitiger Beklagtenvortrag

1. Qualifiziertes Bestreiten:

Die Beklagten behaupten im Wesentlichen, der Erstbeklagte habe sich auf der 20 m breiten Fahrbahn schon 1 Minute vor dem Unfall so deutlich zur Fahrbahnmitte hin eingeordnet gehabt, dass der Kläger ungehindert habe rechts vorbeifahren können. Wegen der Einzelheiten wird Bezug genommen auf den Schriftsatz vom 7. 6. ..

2. Rechtsvernichtende Einwendung:

Den größten Teil des noch offenen Betrages, nämlich € 3000,–, habe der Kläger im Übrigen schon vorgerichtlich mit Scheck der Beklagten zu 2. am 1. 4. .. erhalten. Insoweit wird Bezug genommen auf die Klageerwiderung vom 7. 6. ..

3. Nebenforderungen:
Die Zinsforderung stehe dem Kläger weder in tatsächlicher noch in rechtlicher Hinsicht zu. Auch insoweit wird auf die Klageerwiderung vom 7. 6. .. Bezug genommen.

Replik

Gegenüber der behaupteten vorgerichtlichen Schuldtilgung mit Scheck der Beklagten zu 2. über € 3000,– wendet der Kläger ein, diese Zahlung sei mit der ausdrücklichen Zweckbestimmung der Beklagten zu 2. erfolgt, der Betrag werde nicht zur Tilgung, sondern lediglich darlehensweise zur Vermeidung von Kreditinanspruchnahme durch den Kläger und jederzeit widerruflich zur Verfügung gestellt.

Duplik

Dazu behaupten die Beklagten, die Darlehensklausel sei im Zuge der weiteren Regulierung einvernehmlich aufgehoben worden, zugunsten einer dem Kläger endgültig verbleibenden a-conto-Zahlung. Auf den Schriftsatz vom 8. 7. .. und den damit vorgelegten Schriftverkehr der Parteien wird Bezug genommen. Der Kläger ist dieser Behauptung entgegengetreten.

Prozessgeschichte

Das Gericht hat Beweis erhoben zum Unfallhergang gemäß Beweisbeschluss vom 1. 7. .. durch uneidliche Vernehmung der Zeugen A, B und C, sowie durch Verwertung der Unfallskizze auf Blatt 5 der Ermittlungsakten 5 Cs … zu Beweiszwecken. Wegen des Ergebnisses der Beweisaufnahme wird auf die Sitzungsniederschrift vom 22. 7. .. Bezug genommen.
Die Parteien haben sich mit schriftlicher Entscheidung einverstanden erklärt.

2. Aufbauskizze:
Klage und Widerklage haben einen gemeinsamen Sachverhalt

Betreffen Klage und Widerklage einen gemeinsamen Sachverhalt (z.B. Kläger und Beklagter machen jeweils ihre Schäden aus gleichem Unfall geltend), zieht man üblicherweise Unstreitiges zu beiden Klagen zusammen, zitiert alle Anträge unmittelbar hintereinander und fasst in der Beklagtenstation die Klageerwiderung mit der Widerklagebegründung zusammen, worauf der Kläger wie bei Replik abschließend zur Widerklage entgegnet. Also: **5.11**

Einleitung: Klage und Widerklage betreffen …
Unstreitiges zur Klage und Widerklage.
Streitiger Klägervortrag zur Klage.
    Klageantrag
    Klageabweisungsantrag
    Widerklageantrag
    Widerklage-Abweisungsantrag.
Streitiger Beklagtenvortrag zunächst als Klageerwiderung,
sodann zur Rechtfertigung der Widerklage.
Entgegnung des Klägers zur Widerklage.

**5.12 3. Aufbauskizze:
Klage und Widerklage haben verschiedene Sachverhalte**

Betreffen beide Klagen unterschiedliche Sachverhalte (K fordert Kaufpreis, B Schadensersatz, weil K vertragswidrig auch dritte Abnehmer beliefert habe), muss man beide Klagen **nacheinander** abhandeln:

> Einleitung. Die Klage betrifft …, die Widerklage betrifft …
>
> Unstreitiges zur *Klage*
> Streitiger Klägervortrag zur Klage
>   Klageantrag
>   Klageabweisungsantrag
> Streitiger Beklagtenvortrag zur Klage
>
> Überleitungssatz zur *Widerklage*
> Unstreitiges zur Widerklage
> Streitiger Vortrag des Widerklägers
>   Widerklageantrag
>   Widerklage-Abweisungsantrag
> Streitiger Vortrag des Widerbeklagten

IV. Häufige Fehler. Ratschläge

Vorab: Warum TB in Prüfungsarbeiten? Der Referendar soll zeigen (= Bewertungskriterien!), dass er

1. Wesentliches vom Unwesentlichen trennen kann,
2. Ordnungs- und Klärungsgeschick hat, insbes., indem er klar herausstellt, was bzgl. des Entscheidungserheblichen (!) *unstreitig* und was *streitig* (also noch einer Klärung zuzuführen) ist.

Damit sind grundlegende Kriterien juristischer Eignung angesprochen, was dem TB in Prüfungsarbeiten seinen Stellenwert verschafft.
Man denke z.B. an die ad-hoc-Beratung des RA für einen Mandanten, der frisch seinen Fall in Auftrag gibt: der RA muss erst einmal klären, worauf es ankommt (wesentlich ist), was davon (bislang) unstreitig ist, wovon er also ausgehen kann und was, weil bislang umstritten, zu beweisen ist. Die „tatbestandsmäßige" Sichtung, Ordnung und Klärung ist also keineswegs ein Steckenpferd der Richterklausur, sondern das tägliche Brot auch des Prozessanwalts. So gesehen ist der TB auch ein Test für die berufliche Eignung, dies sollte der Prüfling bedenken.

5.13 Häufige Fehler:

1. Keine klare Trennung von Unstreitigem und Streitigem

Hauptfehler: der 2fache Reporterbericht über die Aussagen zweier Personen.

Unter Verzicht auf das Unstreitige wird oft nur gegenübergestellt, was der Kläger *insgesamt* und was der Bekl. *insgesamt* vorgebracht hat. Der TB beginnt dann nach einem Einleitungssatz oft sofort mit der Zusammenfassung des gesamten Klägervortrags, also undifferenziert, ob er unstreitig oder streitig ist, wesentlich nur, dass *er* es war, der es in einem Schriftsatz vorgetragen hat. Dies dann meist im Reporterstil in *indirekter* Rede („… er habe", „… er sei"), wodurch dieser Reporterbericht zu 100% zum Streitigen wird. Manche Ref. merken dies im Zuge der Niederschrift und flicken dann mitten in die begonnene streitige Klägerstation das Unstreitige noch schnell dazwischen („… was unter den Parteien auch unstreitig ist". „Unstreitig hat nämlich der Kläger …").

Im ersten Fall ist die Prüfungsanforderung völlig verfehlt, weil Unstreitiges und Streitiges nicht getrennt und als solches herausgearbeitet ist. Im zweiten Fall ist zwar die Trennung „nachgeschoben", aber unübersichtlich und im geforderten Aufbau verfehlt.

2. Falsche Gewichtung

Nur das Entscheidungserhebliche gehört in den ausformulierten Text des TB (alles Übrige: Einbindung per Verweisung).

Man muss also gewichten und das Entscheidungserhebliche ganz klar herausarbeiten und sagen, was vom Entscheidungserheblichen unstreitig und was streitig (noch zu klären) ist.

Oft finden sich in dem vom Unerheblichen nicht entschlackten unstreitigen Teil Berichte, die allein deswegen gebracht werden, nur weil es sich um „Unstreitiges" handelt.

Das Gewichten und Auswählen darf nicht verwechselt werden mit Unvollständigkeit: der *Rest* ist natürlich (wegen § 314) zu beurkunden, aber eben nur per Verweisungen (§ 313 II S. 2).

3. Unzulässige Wertungen, Vorwegnahmen von Auslegungen, juristische Schlussfolgerungen

Der TB ist ein neutraler Bericht, es darf nicht als Faktum einfließen, was erst in den E-Gründen zu begründen ist, namentlich, ob Fristen gewahrt wurden, wie zweifelhafte Prozesserklärungen auszulegen sind.

Fehlerbeispiele: „… legte fristgerecht Einspruch ein" (richtig: nur die Zustelltage etc. anführen). Oder bei Verspätungsvortrag (§ 296): „… trug verspätet vor" (fehlen die Fakten), „… wodurch der Rechtsstreit verzögert würde" (das ist eine reine Wertungsfrage, vgl. § 296 I: freie Überzeugung des Gerichts. Die „Verzögerung" ist daher nicht im TB, sondern argumentativ nur in den E-Gründen abzuhandeln). Oder Vorwegnahme von Auslegungen:
Ist z.B. *zweifelhaft,* ob der Kläger Teilrücknahme oder Teilerledigungserklärung abgegeben hat, wäre es falsch, das erst in den E-Gründen argumentativ zu belegende Auslegungsergebnis bereits im TB als Faktum zu berichten, z.B. „… hat der Kläger Teilrücknahme bzgl. … erklärt". Der Bearbeiter muss sich vielmehr auf die (u.U. wörtliche) Wiedergabe der Erklärung beschränken, wie sie erfolgt ist. Ebenso, wenn zweifelhaft ist, ob der Beklagte der Erledigungserklärung des Klägers zugestimmt hat, weil er sich nur zu den Kosten erklärt hat, dazu unten Rn. **11.**03.

4. Unvollständigkeit

Oft fehlt eine Einbindung des **restlichen** – nach Auffassung des Ref. nicht entscheidungserheblichen – Parteivortrags, oder des präkludierten (§ 296) in den TB. Das **muss erfolgen** (auch wenn das Urteil darauf nicht beruht) **wegen § 314, „technisch" per Verweisung, § 313 II S. 2.** Manche Ref. lassen das, weil entscheidungsunerheblich, völlig unerwähnt, womit sie Gewichtung mit der gesetzlich (§ 314) angeordneten Beurkundungs-Vollständigkeit verwechseln.

Richtig z.B. am Ende des streitigen Klägervortrags der ergänzende Satz: „Hinsichtlich des weiteren (= entscheidungsunerheblichen) Vorbringens des Klägers wird verwiesen auf dessen Schriftsätze vom 1. 10. und vom 15. 10.".

5. Verweisungen

§ 313 II S. 2 formuliert mit „soll" einen dringenden Appell. Das Gesetz will die Abstufung: (1) Wichtiges soll klar, kurz und in sich gut verständlich ausformuliert, (2) abgestuft dazu sollen Einzelheiten und der Rest per Verweisungen berichtet werden.

Die Chance zu zeigen, dieses Gesetzesverständnis zu haben, wird oft nicht genutzt. Der Satz „im Übrigen wird verwiesen auf ..." kann und soll durchaus an mehreren Stellen (Klägerstation, Beklagtenstation, Beweisaufnahme) im TB auftauchen. Die Grenze ist freilich: der TB muss in sich selbst verständlich bleiben (ThP § 313, 25).

6. Wann den TB im Klausurfall niederschreiben?

Früher wurde oft gelehrt: vor der Erarbeitung der Lösung, damit sich bei Niederschrift des TB der Sachverhalt erst einmal „setzt" und klar wird.

Das ist jedenfalls heute nicht mehr ratsam. Die gem. § 313 II geforderte Gewichtung und Straffung kann überhaupt erst gelingen, wenn die Lösung vorliegt: erst dann kann man die dafür nötigen Schwerpunkte setzen.

Zweckmäßigerweise wird der TB also erst verfasst, wenn die Lösungsskizze abgeschlossen und der Tenor skizziert ist.

Im Interesse des „Abschichtens" (was man abschließen kann, legt man sofort nieder) wird man den TB jetzt sofort niederschreiben, vor den E-Gründen. Der TB kostet relativ wenig Zeit, kann also gleich erledigt werden. Wie lange die E-Gründe brauchen, weiß man nicht und man sollte sich nicht der Gefahr aussetzen, unter Zeitnot einen eiligen und deswegen (wie die Erfahrung zeigt) dann oft fehlerhaften TB zu fertigen.
Hat man das nicht gemacht, sondern erst mit den E-Gründen begonnen, so sollte man – um der Fehlerquelle Nr. 1 des TB, nämlich Zeitnot zu begegnen – mindestens 1 Stunde vor Klausurende eine Zäsur machen und hier den TB zügig dazwischenschieben. Aber man muss abwägen:

Bei Zeitnot gilt grundsätzlich: die Entscheidungsgründe haben das größere Gewicht.

§ 6 Die Entscheidungsgründe

Gemäß § 313 I Nr. 6 hat jedes Urteil Entscheidungsgründe zu enthalten. Ausnahmen nur: §§ 313a, 313b. Zum Berufungsurteil: § 540.

Sie werden nach ganz überwiegender Praxis vom Tatbestand deutlich getrennt und eingeleitet mit der **Überschrift „Entscheidungsgründe".**

I. Grundsätzliches

1. Aufgabe der Entscheidungsgründe

Nach § 313 III enthalten die Entscheidungsgründe (nur) eine
„kurze Zusammenfassung der Erwägungen, auf denen die
Entscheidung in tatsächlicher und rechtlicher Hinsicht **beruht".**
Damit sind Aufgabe und Umfang der Entscheidungsgründe fixiert:

6.01 Sie haben **ausschließlich die Aufgabe, den vorangestellten Tenor zu begründen.** Da das Ergebnis gefunden und im Tenor ausgedrückt und vom Leser als

Allererstes zur Kenntnis genommen ist, dürfen die E-Gründe sich auch nicht im Gutachtenstil erst zu dieser Entscheidung vortasten, sondern müssen von diesem vorangestellten Ergebnis ausgehen und es Punkt für Punkt begründen. Die gutachtliche Gedankenarbeit ist abgeschlossen, bevor die E-Gründe niedergeschrieben werden.

Für den **Umfang** ist durch die Worte „beruht" und „kurz" klargelegt: In die E-Gründe gehören ausschließlich solche Überlegungen, auf denen die Entscheidung auch wirklich **beruht.** ThP § 313, 27: „Alle Ausführungen, die nicht geeignet sind, die getroffene Entscheidung zu stützen, sind fehl am Platz, verkennen das Wesen der E-Gründe und nehmen ihnen die klare Linie".

Beispiel: Der Kläger verlangt Herausgabe einer Uhr. In den Schriftsätzen wird um die tatsächlichen Voraussetzungen der §§ 861, 1007, 985 BGB gestritten. Kommt der Bearbeiter in seinen gutachtlichen Vorüberlegungen zu dem Ergebnis, dass §§ 861 und 1007 BGB ausscheiden, § 985 BGB aber eingreift, dann „beruht" die stattgebende Entscheidung nur auf § 985 BGB und nur dessen Voraussetzungen sind zu erörtern.
Falsch wäre danach: „Entscheidungsgründe. Die Klage ist begründet. Der Kläger kann Herausgabe der Uhr zwar nicht aus § 861 BGB fordern, weil der Beklagte keine verbotene Eigenmacht begangen hat. Eine solche liegt nämlich nach § 858 BGB nur vor, wenn … Der Kläger hat aber nach den glaubhaften Angaben des C die Uhr dem Beklagten leihweise, also freiwillig, überlassen.
Der Kläger kann sein Herausgabeverlangen auch nicht auf § 1007 I BGB stützen, weil der Beklagte gutgläubig war …
Jedoch ist die Klage aus § 985 BGB begründet …"
Die Erörterung der §§ 861 und 1007 ist überflüssig und nach § 313 III auch ein Fehler, da hierauf die Entscheidung nicht „beruht".
Im **Unterschied zum Universitätsgutachten** gilt es also keinesfalls, „alle aufgeworfenen Rechtsfragen" des Aufgabentextes in den E-Gründen vollständig abzuhandeln. Es dürfen vielmehr nur diejenigen erörtert werden, auf denen die Entscheidung beruht.
Je nach Aufgabenstellung – und solche ist der Regelfall – ist aber die „übrige" Problematik in einem **Hilfsgutachten** ergänzend zu erörtern. Der z.B. in Bayern übliche Bearbeitervermerk lautet: „Soweit die Entscheidung keiner Begründung bedarf oder in den Gründen ein Eingehen auf alle berührten Rechtsfragen nicht erforderlich erscheint, sind diese in einem Hilfsgutachten zu erörtern."

Hinsichtlich des Umfangs ist **ein Zweites zu beachten:**   6.02

Die E-Gründe müssen auch in der **Gewichtung** stimmen:

Wichtiges ist eingehend zu erörtern, Unproblematisches entsprechend zu straffen. Siehe die Ratschläge in Rn. **6.**08 ff.

Hinweise:

– **Zulässigkeit der Klage**
Oft unproblematisch. Kein sinnloses Abhaken aller Sachurteilsvoraussetzungen. Vielmehr nur die streitigen Punkte herausgreifen. Fehlen streitige Vorträge dazu und bestehen wegen der Zulässigkeit keine Bedenken, genügt der zusammenfassende Satz: „Die Klage ist zulässig". Denn damit ist dieses tragende Urteilselement erwähnt und klargestellt, dass das Gericht den Prüfungsvorrang der Sachurteils- vor den Begründetheitsvoraussetzungen gesehen und beachtet hat.

– **Unzulässigkeit der Klage**
Jede Ausführung zur Begründetheit vermeiden (nicht also: „ergänzend sei festgehalten, dass die Klage auch unbegründet ist, da …").

– **Sonstige prozessuale Fragen**
Z.B. Klageänderung, Teil-Klagerücknahme, Parteiänderungen.
Sofern diese *problemlos* zulässig sind, kann man sich auf kurze klärende Feststellungen (mit Kurzbegründungen zur Vermeidung blanker Behauptungssätze) beschränken.

Etwa: „Der Kläger hat die Klage bei unverändertem Klagegrund gemäß § 264 Nr. 2 ZPO zulässig auf € 8000,– erhöht".

Rechtsausführungen, insbesondere Wiedergabe von Theorien, sind in solchen problemlosen Fällen zu vermeiden. Es kommt vielmehr nur darauf an, dass das Urteil mit einem kurzen Vermerk erkennen lässt, dass dieser tragende Punkt beachtet worden ist.

Sofern allerdings um die prozessualen Fragen *gestritten* wurde, dürfen die Parteien im Urteil auch eine klärende Antwort erwarten. Hier sind nähere Darlegungen erforderlich. Stets aber vermeiden, daraus eine Doktorarbeit zu machen. Auch darauf achten, dass die „Gewichtung" zu den übrigen Ausführungen der E-Gründe stimmt (nicht 8 Seiten Parteiänderungsproblematik und 1 Seite Begründung der umgestellten Klage!).

– Unschlüssige Klage

Da die Klage schon nach dem eigenen Vortrag des Klägers erfolglos ist, wird ausschließlich der Klägervortrag, also dessen Unschlüssigkeit, erörtert. Kein Eingehen auf den Beklagtenvortrag, keine Erörterung was unstreitig (das ist es ja nur bei Einbeziehung des Beklagtenvortrags) oder bewiesen ist (selbst wenn eine – dann überflüssige – Beweisaufnahme erfolgt sein sollte).

– Mehrfach begründete bzw. unbegründete Klage

Rechtfertigen mehrere Anspruchsgrundlagen die Verurteilung, bzw. mehrere Einwendungen des Beklagten etc. die Abweisung, dann müssen nicht sämtliche ergebnisgleichen Gründe in den E-Gründen erörtert werden.

Bei **mehrfach begründeter** Klage kann man sich auf **eine** Anspruchsgrundlage beschränken (bei KFZ-Unfall z.B. auf § 7 StVG), wenn die übrigen problematisch sind, aber auch alle kurz zusammenfassen, wenn sie dem Haftungsgrund nach unproblematisch sind und nur um die Höhe gestritten wird.

Bei **Klageabweisung** muss man zwar sämtliche Anspruchsgrundlagen erörtern. Ist aber eine dieser Anspruchsgrundlagen aus mehreren Gründen nicht erfüllt, wird man den überzeugendsten bzw. am schnellsten und sichersten feststellbaren Abweisungsgrund dafür herausgreifen. In der Praxis ist es aber vielfach üblich, Klageabweisung und Berufungszurückweisung angesichts bevorstehender Rechtsmittel auf ein „zweites Bein" zu stellen, indem ein weiterer überzeugender (!) Abweisungsgrund dargelegt wird.

– Fehlt eine von mehreren Anspruchsvoraussetzungen:

Die Abweisungsbegründung kann auf diesen einen Grund beschränkt werden. Ob die übrigen Anspruchsvoraussetzungen erfüllt sind, kann dahingestellt werden. (Siehe aber die soeben erwähnte „Zwei-Beine-Praxis").

Beispiel: „Ob die Rechtsposition des Klägers ein dingliches Anwartschaftsrecht darstellt, **kann offen bleiben. Denn jedenfalls** ist ein Bedingungseintritt als wesentliche Voraussetzung eines solchen Rechts ausgeschlossen, weil ..."

– Rechtsansichten der Parteien

Das Gericht hat zur Begründung des Tenors vordringlich seine Rechtsauffassung darzulegen und zu begründen. Inwieweit abweichende Rechtsansichten der Parteien dabei zu erörtern sind und in welchem Umfange, hängt von der Wichtigkeit dieser Streitfrage für das Urteil bzw. die Examensaufgabe ab.

In den Examensklausuren stehen klausurbedingt (es kann nach der Klausur kein Termin zur Beweisaufnahme folgen!) vielfach die Rechtsfragen und Rechtsansichten im Vordergrund. Um den

Prüfungsanforderungen gerecht zu werden, ist dann hierauf ausführlich einzugehen (auch wenn ein reines „Praxisurteil" hier manches kürzer fassen würde). Siehe dazu die Ratschläge unter Rn. **6.**09–11.

Bei der Diskussion abweichender Standpunkte ist stets streng darauf zu achten, dass die betroffene Partei vom Gericht nicht „abgekanzelt" oder „belehrt" wird.

2. Art und Weise der Darstellung   6.03

• **Einleitung**

Die Entscheidungsgründe beginnen mit einem Einleitungssatz, der das Gesamtergebnis des Prozesses kurz zusammenfasst.

Beispiele: „Die Klage ist zulässig und begründet". „Die zulässige Klage hat nur im Hilfsantrag Erfolg". „Die zulässige Klage ist im Hinblick auf die erfolgreiche Hilfsaufrechnung unbegründet". „Klage und Widerklage sind jeweils nur zum Teil begründet".
Möglich ist auch ein Einleitungssatz, der zugleich die entscheidungserheblichen Anspruchsnormen erwähnt (ThP § 313, 31). Etwa: „Die (Herausgabe-)klage ist zwar zulässig, jedoch unbegründet, da dem Kläger ein Herausgabeanspruch weder aus § 985 BGB noch aus § 812 BGB zusteht."

• **Urteilsstil**

Da die Entscheidungsgründe nur die Aufgabe haben, den Tenor als das bereits gefundene und verbindlich ausgesprochene Ergebnis zu begründen, ist im Behauptungs(Urteils-, „Denn"-)stil zu verfahren:
Erst Behauptung, dann Begründung.

Beispiel: Der Kläger **ist** Eigentümer, **denn** … Dem steht nicht entgegen, dass … Sein Herausgabeanspruch ist auch nicht ausgeschlossen durch …, **denn** …".

• **Subsumtion**

Voranzustellen ist stets die bejahte oder verneinte Anspruchsnorm (§-Zitat!). Dann sind deren Voraussetzungen Punkt für Punkt zu subsumieren, wobei für jede einzelne Voraussetzung festzustellen ist, durch welche konkrete Tatsache sie erfüllt ist und weshalb diese Tatsache feststeht (z.B. weil sie unstreitig oder durch den Zeugen X bewiesen ist).

Beispiel: Herausgabeklage gemäß § 985 BGB (3 Voraussetzungen: Besitz des Beklagten, Eigentum des Klägers, kein Recht zum Besitz gem. § 986 BGB für den Beklagten).

	Entscheidungsgründe
Anspruchsnorm:	Die Klage ist aus § 985 BGB begründet.
Voraussetzung 1:	1. Der Beklagte ist unstreitig der derzeitige **Besitzer.**
Voraussetzung 2:	2. Der Kläger ist auch **Eigentümer** der Uhr. Diese hat der Kläger als Alleinerbe des unstreitig vormaligen Eigentümers X am 1. 8. geerbt. Dass der Kläger Alleinerbe des X ist, steht fest auf Grund des Testaments vom 1. 2.
Voraussetzung 3:	3. Der Beklagte kann sich auch nicht auf ein **Recht zum Besitz** i.S.v. § 986 BGB berufen. Seine Behauptung, er habe mit dem Erblasser X eine Vereinbarung getroffen, kraft deren er die Uhr bis zum 1. 12. behalten dürfe, ist nicht erwiesen. Zwar gab es hierzu vernommene Zeuge Z an, X und der Beklagte hätten über diese Möglichkeit einmal kurz gesprochen, doch konnte der Zeuge die allein entscheidende Frage nicht bejahen, dass X auch eine diesbezügliche feste Zusage gemacht habe. Da weitere Beweismittel nicht zur Verfügung stehen, trifft den Beklagten insoweit die Beweislast.

Bei der Subsumtion ist darauf zu achten, dass zunächst **von dem Unstreitigen ausgegangen** wird, nicht etwa dem Ergebnis der Beweisaufnahme:

Das Unstreitige ist die Basis der Entscheidungsgründe.

Beispiel (Kfz-Unfall): Falsch wäre: „Wie nach den Bekundungen des Unfallzeugen Z feststeht, hat der Beklagte den Unfall dadurch verschuldet, dass …"
Richtig: „**Unstreitig** bog der Beklagte, unmittelbar vor dem Kläger fahrend, nach links in die Grundstückseinfahrt zu Haus 10 ab. Hierbei hatte sich der Beklagte gemäß § 9 V StVO so zu verhalten, dass eine Gefährdung anderer Verkehrsteilnehmer ausgeschlossen ist. Hiergegen hat der Beklagte verstoßen, indem er … Dies steht fest auf Grund der Bekundungen des Augenzeugen Z …"

● **Gliederungsziffern**

Im Gegensatz zum TB, bei dem Gliederungsziffern zwar nicht verboten, aber gänzlich unüblich sind (die Gliederung zeigt sich dem Leser dort durch die sprachliche Differenzierung zwischen Streitigem und Unstreitigem etc.), **ist in den E-Gründen eine bezifferte Gliederung üblich.**

Sie ist hier unbedingt zu empfehlen, weil sie eine klare Führung des Lesers durch die jeweiligen Voraussetzungen ermöglicht und zugleich eine Selbstkontrolle des Verfassers ist für sauberes Durchprüfen der Voraussetzungen.

Vgl. die sorgfältige Gliederung in den Urteilen des BGH.

II. Der Aufbau der Entscheidungsgründe

Ein Patentrezept gibt es nicht, da jeder Fall seine Besonderheiten hat. Richtlinien aber sind stets:
● **Übersichtlichkeit**
● **Sachlogik**
● **Ständige Kontrolle,** ob das beabsichtigte Schreibwerk auch wirklich nur zur **Rechtfertigung des Tenors** dient und damit
● **Vermeidung von Überflüssigem** (Entscheidungsunerheblichem).

Davon ausgehend haben sich in der Praxis für die 3 Hauptresultate der Klagen folgende **Aufbaumodelle** bewährt, die als Rahmen zu verstehen und ggfls. bei Besonderheiten abzuwandeln sind:

6.04 1. Voll stattgebende Urteile

ENTSCHEIDUNGSGRÜNDE
Einleitungssatz zum Gesamtergebnis.

I. ZULÄSSIGKEIT

I. d. R. genügt: „Die Klage ist zulässig, insbesondere ist das angegangene Gericht örtlich und sachlich zuständig nach §§ x, y."
Weitere Ausführungen sind nur veranlasst, wenn es im Prozess Probleme oder der Aufgabentext zur Erörterung Veranlassung gegeben hat.

II. BEGRÜNDETHEIT

Einleitungssatz zur bejahten Anspruchsgrundlage (§-Zitat!).

Beispiel: „Dem Kläger steht der geltend gemachte Schadensersatzanspruch aus § 823 I BGB zu." Falls weitere Anspruchsgrundlagen zu bejahen oder verneinen sind, folgt: „Dahinstehen kann daher, ob die Klage auch aus §§ x oder y Erfolg hat."

1. Entstanden

    a) dem *Grunde* nach:

        aa) Anspruchsbegründende Tatsachen.

        Anspruchsvoraussetzungen Punkt für Punkt.

        Bejahung jeder Einzelnen in der Reihenfolge:

        – unstreitig

        – § 138 III, unsubstantiiert bestritten

        – bewiesen durch …

        bb) Verneinung rechtshindernder Tatsachen,
            z. B. §§ 105, 134, 138 BGB

    b) Berechtigt auch in der geltend gemachten *Höhe:*

        aa) Anspruchsbegründende Tatsachen,

            z. B.: die verschiedenen Schadenspositionen sind im Einzelnen erwiesen wie folgt …

        bb) Verneinung von anspruchsfeindlichen Tatsachen, die der Beklagte behauptet,

            z. B.: die behauptete Verletzung der Schadensminderungspflicht, § 254 BGB, besteht aus rechtlichen (oder tatsächlichen) Gründen nicht, weil …

2. Nicht nachträglich erloschen

Verneinung rechtsvernichtender Tatsachen, z. B. § 362 BGB.

3. Keine Einreden

Verneinung von rechtshemmenden Tatsachen,

z. B. Verjährung, § 214 BGB, Zurückbehaltungsrechte, §§ 273, 320, 321, 1000 BGB.

Der Klageanspruch ist also auch uneingeschränkt durchsetzbar.

III. NEBENFORDERUNGEN UND NEBENENTSCHEIDUNGEN

1. Zinsen und Mahnauslagen
2. Kosten (§-Zitat genügt i. d. R.)
3. Vorläufige Vollstreckbarkeit

    I. d. R. genügt das §-Zitat. Bei den zumeist nur pauschal geltend gemachten Vollstreckungsschutzanträgen („höchstvorsorglich wird Vollstreckungsschutz beantragt") genügt zur Ablehnung der Hinweis, dass die Voraussetzungen nicht glaubhaft gemacht worden sind, § 714 II.

Hierzu folgendes Beispiel: K klagt vor dem LG auf Schadensersatz aus Kfz-Unfall. B bestreitet **6.05** Grund und Höhe der Klageforderung und erhebt die rechtsvernichtende Einwendung, man habe an der Unfallstelle vereinbart, dass jeder für seinen Schaden selbst aufkomme, was der Kläger aber bestreitet. Verjährungseinrede des Bekl.

Ausgehend von obiger Gliederung, können die E-Gründe z. B. wie folgt lauten:

ENTSCHEIDUNGSGRÜNDE

Die Klage hat in vollem Umfange Erfolg.

I.

Die Klage ist zulässig, insbesondere ist das angerufene Gericht zuständig, § 32 ZPO, §§ 71 I, 23 Nr. 1 GVG.

II.

1. Der Kläger **kann** Ersatz seines Schadens aus § 7 I StVG, § 823 I BGB **verlangen.**

   a) Unstreitig ist der Beklagte mit seinem PKW … auf den vor ihm im Kolonnenverkehr fahrenden klägerischen PKW … aufgefahren, wobei der gegenständliche Heckschaden am Klägerfahrzeug entstand. Der Beklagte kann sich nicht gem. § 17 III StVG entlasten, er hat vielmehr auch schuldhaft gehandelt, da er es fahrlässig unterlassen hat, den gemäß § 4 StVO gebotenen Sicherheitsabstand zu wahren. Zeugen dafür sind nicht vorhanden. Es spricht jedoch bei einem Auffahrunfall der Beweis ersten Anscheins für die Tatsache, dass der Auffahrende entweder infolge zu geringen Sicherheitsabstandes oder infolge sonstiger Unaufmerksamkeit aufgefahren ist (BGH NJW-RR 07, 680; Zöller 30 a vor § 284).

   Dieser Anscheinsbeweis ist vom Beklagten nicht erschüttert worden. Denn hierzu hätte der Beklagte Tatsachen dafür vortragen und beweisen müssen, aus denen sich die ernsthafte Möglichkeit eines anderen Geschehensablaufes ergibt (ThP § 286, 13). Allein die bestrittene und unbewiesene Behauptung des Beklagten, er sei durch einen Lichtreflex plötzlich stark geblendet worden, reicht als bloße Parteibehauptung hierfür nicht aus.

   Die Abwägung der Verursachungsbeiträge der Parteien gem. § 17 II StVG (Hinweis: dieser verdrängt § 254 I BGB, Palandt § 254, 6) führt zur Alleinhaftung des Beklagten. Den Kläger trifft kein Verschulden, da der Beklagte die behauptete grundlose Gewaltbremsung des Klägers nicht hat beweisen können. Zu Lasten des Klägers ist die normale Betriebsgefahr zu berücksichtigen, da sich der Kläger nicht gem. § 17 III StVG hat entlasten können. Der Beklagte hingegen hat grob schuldhaft gehandelt, da hinzukommt, dass er nach dem überzeugenden Gutachten des Sachverständigen Wiedemann mit einer um 40 km/h übersetzten Geschwindigkeit gefahren ist. Stehen sich bei der Abwägung gem. § 17 II StVG – wie hier – normale Betriebsgefahr und grobes Verschulden gegenüber, tritt die Betriebsgefahr zurück (Palandt 67; Erman 97 zu § 254 BGB). Der Beklagte haftet daher dem Grunde nach uneingeschränkt aus § 7 I StVG und § 823 I BGB.

   b) Die Klageforderung ist **auch in der geltend gemachten Höhe berechtigt.**

      aa) Die geltend gemachten Schadenspositionen (Seite 3–5 der Klageschrift) sind tatsächlich durch den streitgegenständlichen Unfall und auch in der vorgetragenen Höhe entstanden. Im Einzelnen:

         (1) Wertminderung. Nach den überzeugenden Bekundungen des vom Gericht beauftragten Sachverständigen S. steht zur Überzeugung des Gerichts fest …

         (2) Reparaturkosten: Nach den Bekundungen des Zeugen Z, Mechaniker bei … sind an Material und Löhnen angefallen … (= Bericht, dass der Zeuge die Beweisfrage auch wirklich bejaht hat). Der Zeuge Z hat einen glaubwürdigen Eindruck gemacht (= Beweiswürdigung).

      bb) Die klägerische Ersatzforderung ist auch nicht wegen Verstoßes gegen die Schadensminderungspflicht, § 254 II S. 1 BGB *(wird von § 17 StVG nicht berührt, Palandt § 254, 6)* ausgeschlossen oder eingeschränkt.

         Die Behauptung des Beklagten, der Kläger habe es vor der Reparaturvergabe unterlassen, die preislich günstigste Firma am Ort zu erfragen, ist schon aus Rechtsgründen unzutreffend. Denn der Geschädigte ist nach ständiger Rechtsprechung nicht gehalten, vor Reparaturvergabe eine Marktforschung hinsichtlich der Preise zu betreiben. Dass der Kläger eine unangemessen teure oder ungeeignete Firma beauftragt habe, hat der Beklagte weder dargetan noch bewiesen.

2. Die Haftung des Beklagten ist auch **nicht ausgeschlossen** durch einen Schadensregulierungsvertrag, wonach jede Partei ihren eigenen Schaden selbst trage. Ob nämlich ein solcher Vertrag überhaupt zustande gekommen ist, blieb ungeklärt. Die Aussagen der hierzu vernommenen Parteien stehen sich widerspruchsvoll gegenüber, neutrale Beweismittel fehlen *(folgt Beweiswürdigung)*. Den Beklagten trifft daher nach allgemeinen Regeln die Beweislast für seine unbewiesene Behauptung.

3. Der klägerische Anspruch ist **auch nicht verjährt.**
   Die vom Beklagten erhobene Verjährungseinrede ist unbegründet, denn …

III.

1. Der Anspruch auf Prozesszinsen in Höhe von 5 Prozentpunkten über dem Basiszinssatz (§ 247 BGB) folgt aus §§ 286 I 2, 288 I BGB.
2. Die Kostenentscheidung beruht auf § 91 I S. 1 ZPO.
3. Der Ausspruch über die vorläufige Vollstreckbarkeit folgt aus § 709 S. 2 ZPO.

2. Voll abweisende Urteile   6.06

ENTSCHEIDUNGSGRÜNDE

Einleitungssatz zum Gesamtergebnis.

I. ZULÄSSIGKEIT

Wie oben **1.**

II. BEGRÜNDETHEIT

Es müssen **alle** nach dem Prozessstoff denkbaren Anspruchsgrundlagen (auch, wenn nicht ausdrücklich zitiert: iura novit curia) abgehandelt werden (beim stattgebenden Urteil genügt eine einzige!).

Der Abweisungsgrund ist voranzustellen, denn auf ihm „beruht" (§ 313 III) die Entscheidung:

1. Ein Anspruch ist überhaupt **nicht entstanden.**

Beispiele: „Die Kaufpreisklage war abzuweisen, da der Kläger das Zustandekommen eines Kaufvertrages nicht hat beweisen können … ."
Oder: „Die Klage erwies sich als unbegründet.
(a) Der Kläger kann den Anspruch mangels erwiesenen Vertragsabschlusses nicht auf § 631 BGB stützen …
(b) Die Klage ist auch nicht aus § 812 I 1 BGB gerechtfertigt, da …
(c) … (weitere denkbare Anspruchsgrundlagen)."

2. Der Klageanspruch ist (jedenfalls) **erloschen.**
a) Voranzustellen ist grds. der Abweisungsgrund:

Beispiel: „Die Klage ist unbegründet. Es kann dahingestellt bleiben, ob der behauptete Kaufvertrag überhaupt wirksam zustande gekommen ist. Denn jedenfalls hat der Beklagte wirksam die Anfechtung gemäß § 123 BGB erklärt …"

b) Ausnahme: Aufrechnung
Hier muss nach der herrschenden Beweiserhebungstheorie (arg. § 322 II; ThP § 145, 15; § 300, 3) zunächst festgestellt werden, dass die Klageforderung (jedenfalls in Höhe der Aufrechnungsforderung) wirklich *bestanden* hat und durch Aufrechnung nunmehr *erloschen* ist.

3. Der Anspruch ist (jedenfalls) **undurchsetzbar**

Beispiel: „Es kann dahingestellt bleiben, ob der umstrittene Werkvertrag überhaupt zustandegekommen ist. Denn jedenfalls ist der eingeklagte Anspruch aus §§ 634 Nr. 4, 281 BGB gemäß §§ 634 a I Nr. 3, 195 BGB verjährt …".

III. NEBENENTSCHEIDUNGEN

1. Kosten
2. Vorläufige Vollstreckbarkeit

3. Teilweise stattgebende Urteile   6.07

Bei Urteilen, die der Klage nur teilweise stattgeben, behandeln die E-Gründe i. d. R. zunächst den begründeten Teil der Klage, im Anschluss hieran und klar abgesetzt den erfolglosen, hinsichtlich dessen die Klage „im Übrigen" abgewiesen wird.

Liegt der Abweisungsgrund schon in der Unzulässigkeit der Klage, muss dieser bereits unter Ziffer I abgehandelt werden.

Beispiel: Die auf vollen Schadensersatz gerichtete Klage des K erweist sich sowohl dem Haftungsgrunde nach (Mitverschulden des K) als auch der Höhe nach (Abzug wegen unzulässig mitreparierter Vorschäden) als nur teilweise begründet. Hinsichtlich des mit eingeklagten Schmerzensgeldes für einen Beifahrer erweist sich die Klage mangels Prozessführungsbefugnis als unzulässig.

ENTSCHEIDUNGSGRÜNDE

Einleitungssatz zum Gesamtergebnis.

I. ZULÄSSIGKEIT

1. Ausführungen, soweit die Klage schon **unzulässig** ist und daher „im Übrigen" abgewiesen wird (hier Schmerzensgeld für Beifahrer).
2. Ausführungen, soweit die Klage **zulässig** ist.

II. BEGRÜNDETHEIT

Einleitungssatz mit Zitat der Anspruchsgrundlage: K kann gemäß § 7 I StVG Schadensersatz nur in Höhe von € 3800,– verlangen.

1. **Entstanden dem Grunde nach?** Ergebnis vorweg: Haftung dem Grunde nach nur zu $^2/_3$.
   a) Ausführungen dazu, was den Anspruch aus § 7 I StVG **begründet.**
   b) Ausführungen dazu, was den Anspruch dem Grunde nach **mindert:** Mitverschulden des K zu $^1/_3$ (§ 17 II, I StVG).
2. **Berechtigt auch der Höhe nach.** Ergebnis vorweg: Ein erstattungspflichtiger Schaden besteht nur in Höhe von …
   a) **Begründete** Schadenspositionen
   b) **Unbegründete** Schadenspositionen (insoweit Abweisung „im Übrigen"); hier: mitreparierte Vorschäden als Abzug.
3. **Verbindung von 1 und 2**
   Unter Berücksichtigung der Haftungsquote von $^2/_3$ und einem erwiesenen Schaden von nur … konnte dem Kläger insgesamt nur ein Betrag von … zuerkannt werden. Im Übrigen war die Klage abzuweisen.

III. NEBENFORDERUNGEN UND NEBENENTSCHEIDUNGEN

1. Zinsen
   a) Soweit **zugesprochen**
   b) Soweit **aberkannt**
2. Kosten
3. Vorläufige Vollstreckbarkeit

III. Häufige Fehler. Ratschläge

1. Die Anspruchsgrundlage

6.08 Mit ihr steht oder fällt die Leistungsklage. Aus ihr heraus muss daher das stattgebende, wie das abweisende Urteil begründet und aufgebaut werden.

Diesen zentralen Ausgangspunkt lassen viele Arbeiten vermissen, obwohl er doch Dreh- und Angelpunkt jedes Urteils bei Leistungsklagen ist. Die Anspruchsgrundlage gehört also in jedem Fall vorangestellt in Form eines (zunächst noch so zulässigen) Behauptungssatzes zum tenorierten Ergebnis.

Die folgenden Schritte müssen hieran anknüpfend, gedanklich und sprachlich streng am Tenor orientiert sein (nur den gilt es zu begründen), d. h. bei

- *klageabweisenden* Urteilen muss jetzt sofort der Umstand aufgegriffen werden, an dem der Klageerfolg scheitert (z. B. die Verjährungseinrede, die man im Gutachten ganz am Schluss prüft)
- bei *klagestattgebenden* müssen die einzelnen Voraussetzungen der Anspruchsgrundlage sauber durchlaufen werden. Dabei genügen Kurzbegründungen bei Unproblematischem, während eingehende Sachverhaltsauswertung und argumentatives Arbeiten bei den Schwerpunkten der Klausurproblematik (Gewichtung) erforderlich sind.

2. Wie ausführlich begründen? Subsumtionstechnik. „Echo-Prinzip"

Die Aufgabe, ein praxisorientiertes Urteil unter Heraushebung des Wesentlichen zu **6.09** fertigen, wird oft dahin verkannt, dass im Interesse der Abkürzung lediglich ergebnisorientierte Behauptungssätze aneinander gereiht werden. Es fehlt dann die nötige Subsumtion und Sachverhaltsauswertung. Abgesehen von Nebenfragen, für die lediglich eine kurze Bemerkung genügt, um zu zeigen, dass die Probleme beachtet wurden (oft: Zulässigkeitsfragen), müssen die tragenden Darlegungen **nachvollziehbar** sein, was nur der Fall ist, wenn für den Ergebnissatz auch eine **Begründung** vorliegt, für zu beweisende **Tatsachen** unter Auswertung des Sachverhalts, für **Rechtsfragen** durch Argumentation.

Für das Urteil im Praxisfall wie im Examensfall gilt hinsichtlich der **tragenden** Überlegungen eine Art **„Echo-Prinzip":** Was von den Parteien in den Schriftsätzen, im Examensfall vom Aufgabensteller in den Sachverhalt an **wesentlichen** Fakten gebracht wurde, muss sich in den tragenden Entscheidungsgründen **wiederfinden** lassen. Wie sorgfältig selbst in Praxisfällen begründet und argumentiert wird, zeigt sich überzeugend an Entscheidungen oberster Gerichte, ein Blick in die BGH-Entscheidungen belegt dies anschaulich. Wenn dies aber selbst in der Praxis, für die gewisse Abkürzungen nötig und üblich sind, gilt, ist das erst recht im Examensfall zu beachten, da hier der Bearbeiter aufgefordert ist, ein möglichst fundiertes Arbeitsmodell zu liefern.

Blanke Behauptungssätze (denen nichts, nicht einmal eine Kurzbegründung, nachfolgt) sind „Begründungen", die ihrerseits der Begründung bedürfen. Sie sind also dort, wo wesentliche Bausteine der Lösung abzuhandeln sind, völlig ungenügend. Entscheidungsfreudigkeit und Kurzfassung darf nicht mit Begründungsschwäche verwechselt werden.

Zur Illustration sei aus zwei Prüfervermerken (2. jur. Staatsprüfung, Bayern) zitiert:

„Wesentliche Prüfungsleistung ist es, die gefundenen Rechtsfolgen vollständig, verständlich und überzeugend zu begründen. Hier steht manches nicht zum Guten. Oft wird nur ein Teil der Voraussetzungen der Normen erörtert, manche Bearbeiter begnügen sich mit der bloßen *Rechtsbehauptung,* manche führen nur Paragraphen an. Nicht wenige glauben, es reiche aus, Palandt oder Thomas-Putzo zu zitieren; das ist keine als Prüfungsleistung verwertbare Begründung."

„Wenn auch bei dem nicht unerheblichen Schwierigkeitsgrad der Aufgabe nicht erwartet werden konnte, dass sämtliche rechtlichen Aspekte angesprochen werden, so musste doch verlangt werden, dass dasjenige Vorbringen erörtert wird, auf das in den Schriftsätzen besonders hingewiesen ist. Es erstaunt immer wieder, dass Prüflinge diese, im Übrigen vielfach hilfreichen Hinweise im Aufgabentext so wenig beachten. So hat sich ein Großteil der Verfasser mit den Fragen des Verzichts, der Verwirkung, der Nichtigkeit wegen Steuerhinterziehung und der Anfechtung wegen Irrtums überhaupt nicht befasst. Dabei hätten hier leicht Pluspunkte gesammelt werden können, die in Zweifelfällen zugunsten der Bearbeiter hätten herangezogen werden können."

6.10 **a)** Das erste Zitat belegt, dass eine sorgfältige **Subsumtion** (Auswertung des Sachverhalts, Ausfüllung der Anspruchsvoraussetzungen mit Tatsachen) erwartet wird. Nötig ist dazu darstellungstechnisch ein **dreifacher Schritt:**

1. Obersatz „Kopfsatz"	„Der Verjährungseinrede steht auch nicht der Einwand unzulässiger Rechtsausübung (§ 242 BGB) entgegen."
2. Definition	„Ein solcher Verstoß nämlich läge nur vor, wenn der Bekl. einen Vertrauenstatbestand des Inhalts gesetzt hätte, dass …"
3. Subsumtion	„Vorliegend hat der Beklagte jedoch lediglich …" (folgt Auswertung des Sachverhalts)

Dieses Drei-Schritt-Verfahren wiederholt sich fortlaufend in der gesamten Arbeit. Es ist Grundlage der Darstellungstechnik.

Die Fakten, also das Tatsachenmaterial, das der Aufgabensteller in den Text gelegt hat, müssen sich hier in der Subsumtion wiederfinden lassen: „Echo-Prinzip". Das ist nicht nur im fundierten, guten Praxisurteil unerlässlicher Baustein der Begründungs- und Subsumtionstechnik, sondern ganz besonders auch im Examensfall: Der Aufgabentext ist in aller Regel konstruiert, in der Schilderung des Tatsachenmaterials auf das zur Lösung unbedingt Nötige zusammengestrichen. Die eingehende Aufarbeitung dieses Tatsachenmaterials ist das erwartete (und nötige) „Echo" darauf. Daran geht der Referendar vorbei, wenn er das Tatsachenmaterial solcher konstruierter Fälle mit einem pauschalen Behauptungssatz „erledigt".

Beachte aber: wie eingangs betont, gilt dies für die *tragenden* Elemente der Begründung. *Kurzbegründungen* reichen hingegen für Nebenfragen aus.

6.11 **b)** Das zweite Zitat bezieht sich mehr auf **Rechtsfragen.** Erwartet wird ein **argumentatives Arbeiten,** wobei der Prüfervermerk im Zitat klarstellt, dass der Aufgabensteller Winke geben will zu bestimmten Diskussionspunkten. Die angesprochenen Rechtsfragen wären auch ohne die „Winke" aktuell, zu diskutieren und gegebenenfalls in den Kommentaren zu erarbeiten. Der Aufgabensteller will diese Arbeit erleichtern und erwartet in der Regel auch, dass darauf auch eingegangen wird („Echo-Prinzip"). Oft besteht die Neigung der Bearbeiter, die einer Partei in den Mund gelegten Rechtsbehauptungen, die als abwegig empfunden werden, erst gar nicht zu diskutieren, weil der Prüfling sie (u. U. zutreffend) als falsch ansieht. Da sie aber aufgeworfen sind (siehe die üblichen, ausdrücklichen Aufgabenvermerke in den Examensarbeiten: „Soweit in den Gründen ein Eingehen auf *alle* berührten Rechtsfragen nicht erforderlich erscheint, sind diese Rechtsfragen in einem Hilfsgutachten zu erörtern"), sind diese (angeblich oder wirklich) verfehlten Rechtsbehauptungen auch zu diskutieren. Es ist dann eine Frage der Gewichtung, welchen Raum sie in der Arbeit einnehmen dürfen, bzw. eine Frage, ob sie insgesamt ins Hilfsgutachten gehören.

3. Das Hilfsgutachten

Es hat in erster Linie die **Aufgabe,** ergänzend zum Hauptteil diejenigen Probleme zu **6.12**
behandeln, die nach der im Urteil vertretenen Auffassung nicht entscheidungserheblich sind und daher im Hauptteil auch nicht behandelt werden konnten.

Beispiel: Das klageabweisende Urteil ist ausschließlich auf die erfolgreiche Verjährungseinrede gestützt. Ausdrücklich dahingestellt blieb die unter den Parteien umstrittene Frage, ob der Anspruch
infolge Mangelhaftigkeit der Sache überhaupt entstanden war. Diese „aufgeworfene", aber letztlich
entscheidungsunerhebliche Frage nach der Fehlerhaftigkeit (Wirksamkeit des Vertrages etc.) ist nun
ergänzend im Hilfsgutachten zu erörtern.

Beliebt, aber verfehlt, ist die Methode, die Urteilsgründe selbst ganz knapp zu halten
(oft: lauter blanke Behauptungssätze), um dann im Hilfsgutachten die vertiefte und
eingehende Begründung zu Entscheidungserheblichem nachzuholen. Der Richter hat
auch kein Hilfsgutachten, mit dessen Hilfe er sich bei den Parteien verständlich machen kann. Das Urteil – das, was wirklich hineingehört – ist ein geschlossener Bau.

Zur Technik:

Es kann **synchron, zeitgleich mit dem Hauptteil** verfasst oder skizziert werden:
man ist gerade eingearbeitet und in der Lage, die ergänzenden Ausführungen sofort
niederzuschreiben, später muss man sich zeitaufwändig erst wieder neu einarbeiten.
Ausgenommen sind solche Probleme, die man zur Lösung im Hauptteil noch nicht
ganz gedanklich durchdringen musste: sie verfasst man schon aus Zeitgründen (der
fertiggestellte Hauptteil ist wichtiger!) erst am Schluss der Klausur.

Gelegentlich kann es sich empfehlen, mittels einer Fußnote in der Niederschrift auf
die entsprechende Stelle im Hilfsgutachten hinzuweisen. Der Leser kann so über die
Verweisung sofort im Hilfsgutachten die dortige Gliederungsziffer finden und so die
Dinge **im Zusammenhang lesen.**

Beispiel: In den E-Gründen wird ausgeführt: „Es kann dahinstehen, ob der Vertrag zwischen den
Parteien formwirksam war, denn jedenfalls ..." Dazu Zeichen im fortlaufenden Text und am unteren
Blattrand als Fußnote vermerken: „Dazu (oder: zur Formwirksamkeit des Vertrages) siehe Ziffer 3 des
Hilfsgutachtens."

§ 7 Überblick über die Urteilsarten

Die Urteilsarten werden im Allgemeinen nach 4 Gesichtspunkten eingeteilt (ThP 4 ff., **7.01**
Zöller 4 ff. vor § 300):

Man unterscheidet nach

Rechtskraftwirkung:	Prozess-	Sachurteile
	Bei Unzulässigkeit der Klage werden rechtskraftfähig nur die Unzulässigkeitsgründe fest-gestellt. Evtl. zusätzliche Aus-führungen bzgl. Begründetheit erwachsen nicht in RKraft, h.M. BGH WM 91, 2083, ThP 8 vor § 253.	Bei Zulässigkeit der Klage wird auch zur Sache selbst rechts-kraftfähig entschieden.

Rechtsschutzbegehren:	Leistungs-urteile	Feststellungs-urteile	Gestaltungs-urteile

Art des Zustandekommens:	Streitige (kontradiktorische)	Echte Versäumnisurteile, §§ 330, 331, 345

Sie ergehen
- entweder auf Grund zwei-seitiger mdl. Verhandlung (Regelfall der Urteile). Dazu gehören ins-besondere:
- Normale Endurteile
- Urteil nach Lage der Akten, §§ 251 a, 331 a, da dieses wegen § 251 a II eine frühere zweiseitige mdl. Ver-handlung voraussetzt und den dortigen Prozessstoff voll berücksichtigt (im Gegensatz zu einem VU in einem Folgetermin, § 332; vgl. Zöller § 332, 1).
- Oder auf Grund einseitiger mdl. Verhandlung, aber nicht gegen den Säumigen, son-dern gegen den Anwesenden („unechtes VU") z.B. § 331 II, 2. HS = Bekl. ist säumig, Klage aber nicht schlüssig.

Schlagwort:
wegen der Säumnis und *gegen* den Säumigen

Die 2 Hauptunterschiede zu den kontradiktor. Urteilen sind:
- Inhalt: Bei den echten VU ist der Urteilsinhalt eine Säumnisstrafe (§ 330: Fiktion der Unbegründetheit, § 331: Geständnisfiktion).
- RBehelfe: grds. nur Einspruch (§ 338), Berufung nur beim techn. zweiten VU gemäß §§ 345, 514 II

Bedeutung für die Erledigung des Rechtsstreits:

End-Urteile	Zwischen-Urteile	Vorbehalts-Urteile
Teil- und	• § 303 • § 280 • § 304 • §§ 71, 135, 387, 402 (im Verhältnis zu Dritten)	(§§ 302, 599) und
Voll-Endurteil Schlussurteil		Schlussurteil

Diese letztgenannten Urteilsarten sollen im Folgenden näher besprochen werden.

I. Endurteile

7.02 Endurteile beenden die Instanz ganz oder teilweise, indem sie über die ganze Kla-ge oder Teile des Streitgegenstandes entscheiden (ThP § 300, 1).

Diese Instanzbeendigung ist auch gemeint, wenn das Gesetz in § 300 I (Voll-Endurteil) und in § 301 (Teil-Urteil) formuliert: „zur **End**-Entscheidung reif …"

Auch Versäumnisurteile, §§ 330 ff., sind Endurteile (ThP § 330, 4). Wird kein Ein-spruch eingelegt bzw. ist dieser verspätet etc., ist die Instanz mit dem VU abgeschlossen. Dass auf zulässigen Einspruch hin in der gleichen Instanz erneut und ggfls. anders entschieden wird, macht das VU nicht zu einem Zwischenurteil, sondern zeigt nur, dass es ein auf besondere Weise (durch die gleiche Instanz) korrigierbares Endurteil ist. Vorbehaltsurteile, §§ 302, 599, sind nach h.M. auflösend bedingte Endurteile, näheres unten III.

1. Voll-Endurteil, § 300

Es entscheidet über die ganze Klage bzw. das ganze Rechtsmittel, § 300 I. **7.03**

Entscheidungsreife besteht, sobald feststeht, dass der Klage stattgegeben oder sie abgewiesen werden muss. Hierzu müssen der Sachverhalt innerhalb der Grenzen des Beibringungsgrundsatzes voll aufgeklärt und die diesbezügliche Frage- und Hinweispflicht des Gerichts gemäß § 139 erfüllt, sowie die Beweise erschöpft sein, soweit sie nicht gemäß §§ 296, 296a, 530ff. ausgeschlossen sind (Zöller 2; ThP 2 zu § 300).

Ein evtl. Anlass/Antrag gemäß **§ 156** zur **Wiedereröffnung** der mündlichen Verhandlung wegen Verfahrensfehlern etc wird zweckmäßig gleich zu Beginn der E-Gründe erörtert zur Rechtfertigung der Entscheidungsreife (z.B. „Entscheidungsreife besteht, da die Voraussetzungen des § 156 nicht vorliegen, denn …"). Sonst sind Verfahrensfehler dort zu erörtern, wo dies jeweils relevant wird, z.B. ist die Verwertbarkeit eines Beweismittels zu erörtern bei der Beweiswürdigung.

Im Einzelnen:

Klagestattgebende Endurteile:
Es müssen feststehen: alle Zulässigkeitsvoraussetzungen (Prüfungsvorrang vor den Begründetheitsvoraussetzungen, h.M.); die klagebegründenden Tatsachen müssen schlüssig und, falls bestritten, bewiesen sein und die Einwendungen des Beklagten (rechtshindernde, -vernichtende, -hemmende) erfolglos sein.

Klageabweisende Endurteile:
(a) Die Klage ist **unzulässig**
Es muss klar sein, ob die Klage als unzulässig *oder* als unbegründet abgewiesen werden soll. Das darf weder offen bleiben („entweder unzulässig oder doch jedenfalls unbegründet"), noch darf kumulativ aus beiden Gründen zugleich abgewiesen werden. Denn die Rechtskraft des Urteils (Prozess- oder Sachurteil) darf nicht im Ungewissen bleiben. Näheres unten Rn. **27.02**.

(b) Die Klage ist **zulässig, aber unbegründet**
– Ist die Klage unschlüssig, so besteht damit sofort Entscheidungsreife: Das Gericht „hat" (= muss) sofort durch Endurteil zu entscheiden, § 300 I, ohne jedwede Beweisaufnahme.
– Steht eine zur Klageabweisung führende Einwendung des Beklagten (rechtshindernd, z.B. § 138 BGB; rechtsvernichtend, z.B. § 362 BGB) fest, ist die Klage abweisungsreif, die Prüfung der Anspruchsgrundlage (ob der Anspruch überhaupt entstanden ist) kann dahinstehen (ThP § 300, 2).

Ausnahme: Aufrechnung. Hier muss nach der herrschenden Beweiserhebungstheorie wegen § 322 II auch die Anspruchsgrundlage voll geprüft werden (ThP § 145, 15; § 300, 3).

2. Teilurteil, § 301

7.04 Es ist ein Endurteil über einen selbstständigen Teil des Streitgegenstandes. Über den Rest wird im letzten Teilurteil entschieden, dem sog. Schlussurteil, welches auch die abschließende einheitlich zu treffende Kostenentscheidung enthält. Der Zweck besteht in einer Beschleunigung durch „Abschichten" entscheidungsreifer Teile und gegebenenfalls umgehender Schaffung eines Vollstreckungstitels.

Wirkung: Das Teilurteil spaltet den Prozess in künftig selbstständige, voneinander unabhängige Teile. Teil- und Schlussurteil müssen also gesondert angefochten werden, die Zulässigkeit eines Rechtsmittels bestimmt sich für jedes dieser Urteile gesondert. Das Gericht ist an sein Teilurteil gebunden (§ 318), die Rechtskraft beschränkt sich auf das jeweilige Teilurteil (ThP § 301, 7).

Wichtiger Fall ist die **Stufenklage (§ 254):** Obj. Klagehäufung, bei der über die einzelnen Stufen Auskunft/Rechnungslegung per Teilurteil und zuletzt über die avisierte Leistung durch Schlussurteil zu entscheiden ist (ThP § 254, 6). Hier nimmt das Gesetz sogar die Gefahr widersprechender Entscheidungen in Kauf (was sonst bei Teilurteilen zu vermeiden ist), da bzgl. des Zahlungsanspruchs keine Bindung gem. § 318 besteht (z.B.: im TeilU über die Auskunft wird der avisierte Leistungsanspruch bejaht, im Schlussurteil über die erhoffte Leistung aber verneint). ThP § 254, 6, 10.

a) Voraussetzungen:

(1) Selbstständiger Teil eines oder mehrerer Streitgegenstände

Möglich ist z.B. ein Teilurteil bei objektiver Klagehäufung (§ 260) nur bzgl. eines Streitgegenstandes, bei einfacher (!) Streitgenossenschaft nur bzgl. eines Streitgenossen.
Bei einem einzigen Streitgegenstand (z.B. mehrere unselbstständige Rechnungsposten eines Schadens) ist ein Teilurteil nur zusammen mit einem Grundurteil und nur dann zulässig, wenn der Teil eindeutig individualisiert ist, § 301 I 2.
Nicht: Bzgl. einzelner Angriffs- oder Verteidigungsmittel (z.B. nicht über die Aufrechnungsforderung), ThP § 301, 3.

(2) Unabhängigkeit vom Ausgang des Rechtsstreits über den Rest

Ein Teilurteil ist nur dann zulässig, wenn die Entscheidung über den Teil unabhängig davon ist, wie der Streit über den Rest ausgeht, wenn also die Gefahr widersprechender Entscheidungen – auch infolge einer abweichenden Entscheidung durch das Rechtsmittelgericht (wird oft übersehen!) – ausgeschlossen ist (BGH NJW 12, 1083; BGHZ 189, 356, Rn. 13; ThP § 301, 2).

Beispiele für die Unzulässigkeit eines Teilurteils:

Beispiel 1 (Klage und Widerklage): K klagt gegen B auf Feststellung, dass die außerordentliche Kündigung unwirksam sei und sein Dienstverhältnis fortbestehe, B erhebt Widerklage auf Feststellung seines Kündigungsschadens (§ 628 II BGB; Palandt § 628, 6 ff.).
Ein Teilurteil nur über die Klage (oder nur die Widerklage) wäre hier unzulässig, weil der umstrittene Kündigungsgrund prozessentscheidend für beide Klagen ist, also nicht unterschiedlich beurteilt werden kann. Würde etwa das LG die Kündigung für berechtigt halten und die Klage durch Teilurteil abweisen, der zur Höhe noch nicht entscheidungsreifen Widerklage später durch Schlussurteil stattgeben, so ist nicht auszuschließen, dass OLG/BGH auf Rechtsmittel nur gegen das Schlussurteil die Kündigung für unberechtigt halten: Urteilskollision.

Beispiel 2: Klage auf Werklohn für Bauwerk, Widerklage auf Schadensersatz gem. §§ 634 Nr. 4, 281 BGB, wobei str., ob und wann die Abnahme erfolgt ist. Die Abnahme ist für die Fälligkeit der Klageforderung (§ 641 BGB) ebenso von Bedeutung wie für die gegenüber der Widerklageforderung erhobene Verjährungseinrede (§ 634 a I Nr. 2, II BGB). BGHZ 189, 356, Rn. 13; BGH NJW 97, 455: § 301 I zielt darauf ab, es schon nicht zu einer unterschiedlichen Beurteilung bloßer Urteilselemente (hier: Abnahme), die nicht in Rechtskraft erwachsen, kommen zu lassen. Ein Teilurteil etwa nur über die Widerklage wäre also unzulässig.

Berufungsverfahren:

(1) Ist das Teilurteil *unzulässig*, so liegt ein wesentlicher *Verfahrensmangel* vor, der gemäß § 538 II Nr. 7 zur Aufhebung und Zurückverweisung führt (das zur Beschleunigung gedachte Teilurteil hat nur viel Zeit und Geld gekostet!). Allerdings *kann* das Berufungsgericht nach h. M. ausnahmsweise (das Berufungsgericht ist sonst nicht befugt, über den Teil des Streitgegenstands zu entscheiden, der noch im ersten Rechtszug anhängig ist, da § 511 I ein darüber bereits erlassenes erstinstanzliches Endurteil voraussetzt), um den Verfahrensfehler der unzulässigen Trennung zu beseitigen (BGH NJW 99, 1036, also aus Gründen der Prozesswirtschaftlichkeit) den noch beim Untergericht anhängigen Teil an sich ziehen und darüber mitentscheiden (Müko-ZPO § 301, 22; Zöller § 538, 55).

(2) Bei einem *zulässigen* Teilurteil besteht hingegen kein Bedarf, einen Verfahrensmangel zu heilen, daher ist der Grundsatz des § 511 I streng zu beachten: das Berufungsgericht kann über den Rest nicht schon aus prozessökonomischen Gründen mitentscheiden, sondern nur bei Einverständnis der Parteien (das einer zulässigen Klageerweiterung in 2. Instanz sehr nahe steht, BGHZ 97, 282) sowie i. F. e. Stufenklage, wenn bei Berufung des Beklagten gegen das Teilurteil über Auskunft die *Abweisung* der ganzen Stufenklage erfolgen soll (BGHZ 94, 275; Zöller § 254, 14; Müko-ZPO a. a. O.).

b) Das Urteil

Beispiel: K macht gegen B einen Restkaufpreis von € 500,– und die Rückzahlung eines Darlehens über € 2500,– geltend. Durch Teilurteil werden € 500,– für die Restkaufpreisforderung zugesprochen. Im Schlussurteil wird über die Darlehensforderung und die gesamten Kosten entschieden.

– Es ergeht zunächst

TEILURTEIL

I. Der Beklagte wird verurteilt, an den Kläger € 500,– zu zahlen.
II. Das Urteil ist vorläufig vollstreckbar *(= §§ 708 Nr. 11, 713).*

Anmerkung:

(1) Kostenentscheidung: Das Teilurteil enthält in aller Regel keine, auch keine Teil-Kostenentscheidung (etwa: Unterliegen mindestens gem. Teilurteil), da das endgültige Unterliegen erst bei Erlass des Schlussurteils feststeht: Das Unterliegen bemisst sich nach dem Streitwert und dieser kann sich nach Erlass des Teilurteil noch erhöhen, so dass die Teilkostenentscheidung aus einem letztlich falschen Streitwert gebildet worden wäre.

(2) Vorläufige Vollstreckbarkeit: §§ 708 Nr. 11, 713 (das Teilurteil ist selbstständig anfechtbar und hier nicht berufungsfähig, § 511 II Nr. 1, vgl. ThP § 301, 7).

– Sodann folgt das Schlussurteil,

wenn die Klage auch zum Rest *begründet* ist:

SCHLUSSURTEIL

I. Der Beklagte wird verurteilt, an den Kläger **weitere** 2500,– zu zahlen.
II. Der Beklagte trägt die Kosten des Rechtsstreits *(= § 91).*
III. Das Urteil ist vorläufig vollstreckbar gegen Sicherheitsleistung in Höhe von 110% des jeweils zu vollstreckenden Betrags *(= § 709 S. 2).*

Anmerkung:

(1) Zu Ziff. I: Es empfiehlt sich klarzustellen, dass eine zusätzliche („weitere") Verurteilung erfolgt.

(2) Kosten: des gesamten Rechtsstreits. Hier: Unterliegen des B bzgl. des Teilteils und des Schlussurteils = § 91.

(3) Vorläufige Vollstreckbarkeit: was aus dem Schlussurteil (!) vollstreckt werden kann. Hier § 709 S. 2, da die Hauptsache über dem Grenzwert in § 708 Nr. 11 liegt.

Wenn die Klage zum Rest *unbegründet* ist:

SCHLUSSURTEIL

I. Die Klage wird abgewiesen soweit sie den durch das Teilurteil vom ... zuerkannten Betrag übersteigt.

II. Von den Kosten des Rechtsstreits trägt der Kläger $5/6$, der Beklagte $1/6$ (= § 92 I)

III. Das Urteil ist vorläufig vollstreckbar. Beide Parteien können die Vollstreckung *abwenden* durch Sicherheitsleistung in Höhe von 110% des aus Ziff. II gegen sie vollstreckbaren Betrags, wenn nicht der Gegner vor der Vollstreckung Sicherheit in Höhe von jeweils zu vollstreckenden Betrags erbringt *(= §§ 708 Nr. 11, 711 S. 2)*.

Anmerkung:

(1) Zu Ziff. I: Nicht einfach tenorieren „die Klage wird abgewiesen". Denn dann besteht die Gefahr des Missverständnisses, ob Gesamt- oder Teilabweisung der Klage erfolgt ist („Die Klage" lautet immer noch über € 3000,–).

(2) Kosten: § 92 I. Gemessen am gesamten Streitwert € 3000,– unterliegt K mit € 2500,–, also zu $5/6$.

(3) Vorläufige Vollstreckbarkeit: maßgebend ist, was aus diesem Schlussurteil vollstreckbar ist: Hier für beide Parteien nur aus Ziff. II die Kostenerstattung, die für beide Parteien den Grenzwert in § 708 Nr. 11 nicht übersteigt. Also doppelte Anwendungen von § 711 S. 2.

Tatbestand und Entscheidungsgründe enthalten sowohl das Teil- wie das Schlussurteil. Der TB des Teilurteils enthält alle zu diesem Zeitpunkt gestellten Anträge. Die Parteivorträge etc. zum Gegenstand des Teilurteils werden, sofern trennbar vom Übrigen, etwas herausgestellt, alles Übrige per Verweisung erledigt und dann erst im Schlussurteil genauer berichtet. Im TB des Schlussurteils werden in der Prozessgeschichte die früheren Anträge berichtet und die Tatsache, was davon durch Teilurteil erledigt ist. Dies wird zweckmäßigerweise unmittelbar vor den Anträgen zu deren besserem Verständnis berichtet, wörtlich zitiert werden im TB des Schlussurteils nur die dort zuletzt noch gestellten (restlichen) Anträge.

3. Anerkenntnisurteil, § 307

7.05 Besondere Vorschriften enthalten: § 93 (Kosten), § 313b (ohne TB und E-Gründe), § 311 II S. 3 (Verkündung), § 708 Nr. 1 (ohne Sicherheit).
Examensrelevant ist vor allem das Teil-Anerkenntnisurteil.

a) Voraussetzungen

Der Erlass eines Anerkenntnisurteils (Teil-Anerkenntnisurteils) setzt voraus:

(1) Anerkenntnis des Beklagten

Inhalt: Anerkennung des prozessualen **Anspruchs** (Unterschied zum Geständnis, § 288: dort werden einzelne **Tatsachen** zugestanden). Ob das Anerkenntnis auch Einschränkungen und Vorbehalte haben darf, ist str. (vgl. ThP 3, Zöller 7 zu § 307). Zulässig ist nach allg. M. jedenfalls wegen § 93 die „Verwahrung gegen die Kosten".
Gegenstand des Anerkenntnisses ist der prozessuale Anspruch. Anerkenntnisurteil ist daher auch bei Feststellungs- und Gestaltungsklagen möglich (ThP § 307, 2).

Beispiel 1: B hat vorgerichtlich die Begleichung des Werklohns abgelehnt, da K keine gemäß VOB/B nach Aufmass prüfbare Rechnung vorgelegt hat. In der Klagebegründung legt K diese prüfbare Rechnung erstmals vor, worauf B schon in der Klageerwiderung erklärt, dass der Klageanspruch anerkannt werde. Problemloses Anerkenntnis, da klare Unterwerfung unter den prozessualen Anspruch. Die Kosten trägt gemäß § 93 der Kläger: keine Klageveranlassung durch B, „sofortiges" Anerkenntnis durch B.

Beispiel 2: kein Anerkenntnis i. S. v. §§ 307, 93 liegt vor, wenn B zwar erklärt, der Anspruch des K aus § 823 BGB auf Ersatz des Unfallschadens werde nach Grund und Höhe nicht bestritten, also anerkannt, B jedoch Klageabweisung beantragt wegen sonstiger Einwendungen, etwa, weil der Anspruch verjährt oder durch außergerichtlichen Vergleich oder durch Aufrechnung undurchsetzbar bzw. erloschen sei. Hier liegt keine Unterwerfung unter das Rechtsfolgebegehren des Klägers vor.

Wirksamkeit: Das Anerkenntnis ist Prozesshandlung. Daher müssen die Prozesshandlungsvoraussetzungen, z. B. § 78, vorliegen (dazu ThP Einl. III, 10). Die gemäß §§ 160 III Nr. 1, 162 vorgeschriebene Protokoll- und Vorlesungspflicht ist keine Wirksamkeitsvoraussetzung (h. M., ThP § 307, 3, anders beim protokollierten Prozessvergleich! ThP § 794, 11).

(2) Vorliegen aller Sachurteilsvoraussetzungen

Das Anerkenntnisurteil ist ein Sachurteil. Daher muss das Gericht auch bei Abgabe eines Anerkenntnisses die Zulässigkeit der Klage prüfen und trotz Anerkenntnisses durch Prozessurteil abweisen, wenn es hieran fehlt (ThP § 307, 10).

Nicht zu prüfen aber sind Schlüssigkeit und Begründetheit. Denn bei Zulässigkeit der Klage ergeht das Urteil inhaltlich nur „gemäß", also allein „auf Grund" des Anerkenntnisses (ThP § 307, 10).

b) Das Urteil

Ist das gesamte Urteil einheitlich ein Anerkenntnisurteil:

ANERKENNTNISURTEIL

  I. Der Beklagte wird verurteilt, an den Kläger € 4000,– nebst Zinsen in Höhe von … seit 1. 10. zu zahlen.
 II. Die Kosten des Rechtsstreits trägt der Kläger (= falls § 93 eingreift, sonst normal gemäß § 91 der Beklagte).
III. Das Urteil ist vorläufig vollstreckbar *(= § 708 Nr. 1).*

Anmerkung:

(1) Diese Urteilsüberschrift ist nötig gem. § 313 b I S. 2.

(2) KostenE: § 93 gilt nur, wenn kumulativ 3 Voraussetzungen vorliegen (ThP § 93, 3):
– Fehlender *Anlass* zur Klage (Beweislast beim Beklagten, ThP a. a. O.)
– *wirksames* Anerkenntnis
– *sofortiges* Anerkenntnis, i. d. R. im ersten Termin vor streitiger Verhandlung, bei Klageänderung sogleich nach dieser. Der Beklagte darf auch nicht in vorbereitenden Schriftsätzen, etwa der Klageerwiderung, bestritten haben, er darf auch nicht zuvor einen Antrag auf Klageabweisung angekündigt oder gestellt haben. Unschädlich für noch „sofortiges" Anerkenntnis sind: Widerspruch im Mahnverfahren, Einspruch gegen Versäumnisurteil, sofern der Beklagte zuvor nicht bestritten hatte (ThP 10, 11; Musielak 4 zu § 93. Bei schriftlichem Vorverfahren: BGH NJW 06, 2490).

(3) Vorläufige Vollstreckbarkeit: § 708 Nr. 1. Keine Abwendungsbefugnis für Beklagten, vgl. § 711 S. 1. Diese nur bei Schutzantrag des Beklagten gem. § 712.

Liegt nur ein **Teil-Anerkenntnis** vor, kann nach h. M. sofort ein Anerkenntnis-Teilurteil (ohne Kosten!) und später über den Rest Schlussurteil ergehen (Zöller § 307, 6; ThP § 307, 12). Sonst wird, vor allem bei gleichzeitiger Entscheidungsreife, über beides entschieden per **„Anerkenntnis- und Endurteil".**

In beiden Fällen ist zu beachten, dass jeder Entscheidungsteil gesondert behandelt werden muss bzgl. Kosten und vorläufiger Vollstreckbarkeit. Nur für den anerkannten Teil gelten: § 93 (hinsichtlich des Restes: §§ 91, 92, sog. Kostenmischentscheidung) und § 708 Nr. 1. Beispiel: oben Rn. **4.10.**

4. Verzichtsurteil, § 306

7.06 Der Verzicht ist das prozessuale Spiegelbild zum Anerkenntnis und ist daher ebenso zu behandeln (ThP § 306, 1). Es gelten also die obigen Grundsätze. Auch das Verzichtsurteil ist ein Sachurteil. Die Klageabweisung erwächst daher in Rechtskraft im Unterschied zur Klagerücknahme, die in der Praxis daher i. d. R. bevorzugt wird.

Beispiel:

VERZICHTSURTEIL (= § 313 b I S. 2)
I. Der Kläger wird mit dem geltend gemachten Anspruch abgewiesen.
II. Der Kläger trägt die Kosten des Rechtsstreits (= *§ 91.* § 93 ist nicht analog anwendbar auf besondere Klageveranlassung durch Beklagten, ThP § 306, 4).
III. Das Urteil ist vorläufig vollstreckbar *(= § 708 Nr. 1).*

TB und Entscheidungsgründe entfallen, § 313 b I S. 1.

5. Urteil bei beschränkter Erbenhaftung, § 305

7.07 **Vor** Annahme der Erbschaft ist eine Klage gegen den vorläufigen Erben nach h. M. unzulässig, da gem. **§ 1958 BGB** die Prozessführungsbefugnis auf Beklagtenseite fehlt (Palandt 1; Müko-BGB 10 zu § 1958).

Nach Annahme der Erbschaft hat der Erbe die Möglichkeit der Haftungsbeschränkung auf den Nachlass innerhalb einer Schonfrist, §§ 2014, 2015 BGB, sofern er dieses Recht nicht schon gemäß §§ 2016, 1994 BGB verloren hat.

Hat er es noch, muss er es im Prozess als **Einrede** geltend machen, damit dieses Recht im Tenor vorbehalten bleibt, da es anderenfalls in der Zwangsvollstreckung nicht berücksichtigt wird, § 780 I.

Ob die Einrede berechtigt ist, muss das Gericht nicht prüfen, darf es aber. Ist sie unbegründet, wird der Vorbehalt nicht im Tenor aufgenommen (ThP § 780, 8). Wird der Vorbehalt gewährt, ergeht z. B.:

ENDURTEIL
I. Der Beklagte wird verurteilt, an den Kläger € 40 000,– zu zahlen.
II. Der Beklagte trägt die Kosten des Rechtsstreits.
III. Das Urteil ist gegen Sicherheitsleistung in Höhe von € 44 700,– vorläufig vollstreckbar *(= § 709 S. 1 bzw. § 709 S. 2 = 110%).*
IV. Dem Beklagten bleibt die beschränkte Erbenhaftung vorbehalten *(= § 305, vgl. ThP § 780, 7).*

Der Vorbehalt allein hindert noch nicht die Zwangsvollstreckung in das gesamte Vermögen des Erben (§ 781). Vielmehr kann und muss dieser aufgrund des Vorbehalts durch Vollstreckungsabwehrklage die beschränkte Haftung geltend machen (§§ 785, 767). Ohne den tenorierten (sonst: § 321) Vorbehalt wäre die Einrede durch § 767 II ausgeschlossen (ThP § 780, 11).

6. Abänderungsurteile nach § 323 und § 323 a

7.08 Nachdem die bisherigen Hauptanwendungsfälle des § 323 a. F., nämlich die Abänderung von familienrechtlichen Unterhaltstiteln nunmehr in §§ 238, 239 FamFG sondergesetzlich geregelt sind, ist der Anwendungsbereich der jetzigen §§ 323, 323 a erheblich reduziert.

Als Fälle einseitiger, häufig fällig werdender wiederkehrender Leistungen i. S. v. § 258 verbleiben für §§ 323, 323 a im Wesentlichen nur noch (vgl. Zöller § 323, 1): Renten gem. §§ 843–845 BGB; Leibrente § 759 BGB; §§ 10, 11, 13 StVG; § 9 ProdHaftG; § 9 ErbbauG; Betriebsrenten (§ 16 BetrAVG, § 46 ArbGG i. V. m. § 323).

Beachte: Die §§ 238, 239 FamFG erfassen wegen § 231 I FamFG spezialgesetzlich nur *gesetzliche* familienrechtliche Unterhaltsansprüche, zu denen auch solche vertragliche Regelungen zählen, die den gesetzlichen Anspruch lediglich nach Höhe, Dauer und Modalität näher ausgestalten (BGH NJW-RR 09, 434; Keidel, FamFG, 17. Aufl. § 238, 3). *Rein vertragliche* Unterhaltsansprüche fallen daher unter §§ 323, 323 a, liegen aber nur vor, wenn die im gesetzlichen Unterhaltsrecht geregelten Grundsätze zu Voraussetzung, Umfang (Bedürftigkeit etc.) und Erlöschen verlassen wurden und der Unterhaltsanspruch völlig auf eine vertragliche Grundlage gestellt und ihm so das Wesen eines gesetzlichen Anspruchs genommen wurde, was alles nur bei Vorliegen besonderer Anhaltspunkte angenommen werden kann (BGH NJW-RR 91, 388, 899; Keidel a. a. O.).

Neben den allgemeinen bestehen für §§ 323, 323 a folgende **besondere Prozessvoraussetzungen** (ThP § 323, 17 ff.):

1. Vorliegen eines Titels i. S. v. § 323 (§ 323 a), z. B. Verurteilung zu Renten gem. §§ 842–845 BGB.
2. Identität des Anspruchs im Vorprozess (bzw. bei § 323 a z. B. im Vergleich) und im jetzigen Abänderungsverfahren.
3. Behauptung von Tatsachen zu einer (bei § 323: wesentlichen) Veränderung der Umstände. Zur *Begründetheit* der Klage gehört, ob diese Tatsachen dann auch festgestellt werden können.

Die stattgebende Entscheidung lautet z. B.:

ENDURTEIL

I. Das Urteil des AG Hamburg vom 1. 4. 2011 (25 C 400/11) wird mit Wirkung ab 1. 3. 2013 dahin abgeändert, dass der Beklagte anstatt der bisherigen monatlichen Rente von € 300,– künftig an den Kläger € 450,– monatlich im Voraus zu zahlen hat.

II. Der Beklagte hat die Kosten des Rechtsstreits zu tragen.

III. Das Urteil ist vorläufig vollstreckbar *(= § 708 Nr. 8).* Der Bekl. kann die Vollstreckung durch Sicherheitsleistung in Höhe von 110% des jeweils beitreibbaren Betrags (oder: 110% der jeweils fälligen Raten) abwenden, wenn nicht der Kläger vor der Vollstreckung Sicherheit in gleicher Höhe erbringt *(= § 711 S. 1 und S. 2. Die Beschränkung auf Teilsicherheiten „jeweils" ist hier nach h. M. ausnahmsweise zulässig, vgl. ThP 11 vor § 708).*

II. Zwischenurteile

Entscheidungsgegenstand:

Sie entscheiden im Gegensatz zu den Endurteilen (Teil-, VorbehaltsU) nicht über den Streitgegenstand, sondern nur über einzelne Streitpunkte, i. d. R. über Verfahrensfragen, bei § 304 auch über den Anspruchsgrund. **7.09**

Die **echten** (§§ 280, 303, 304) sind nur zulässig, solange die Endentscheidung noch nicht entscheidungsreif ist. Ist sie das aber, werden die Streitpunkte im Endurteil abgehandelt. In §§ 280, 303, 304 ist also zu lesen: Ist *nur* der Zwischenstreit zur Entscheidung reif …

Die sog. **unechten** (§§ 71, 135, 387, 402) unterliegen einer eigenen Regelung.

Rechtsnatur der Zwischenurteile: Feststellungsurteile.

Zweck: Bindende (§ 318) Klärung der dem Endurteil vorgelagerten Streitpunkte. Die Parteien müssen jetzt nicht mehr wie bei ungeklärter Prozesslage alternativ argumentieren. Dadurch wird das weitere Verfahren entlastet, der Umfang des Parteivorbringens gestrafft.

Anfechtbarkeit: § 303 nur zusammen mit dem Endurteil, die Übrigen sind gesondert anfechtbar (sofortige Beschwerde bzw. Berufung).

Man unterscheidet folgende **4 Arten:**

1. Unechte Zwischenurteile gegenüber Dritten, §§ 71, 135 II, 387, 402

7.10 Sie haben mit den übrigen Zwischenurteilen nur den Namen gemein, da sie nicht Elemente der Endentscheidung sind (StJ § 303, I 3). Sie erledigen den (Zwischen-)Streit gegenüber dem Dritten endgültig (Zöller § 303, 3). Diese 4 Vorschriften fallen nicht unter § 303 (ThP § 303, 3).

Beispiel zu § 71:
> I. Der Beitritt von XY als Nebenintervenient ist unzulässig (wird als unzulässig zurückgewiesen).
> II. XY hat die Kosten des Zwischenstreits zu tragen (§ 101).

Diese Zwischenurteile sind gesondert anfechtbar mit **sofortiger Beschwerde** (§§ 567 ff.).

2. Zwischenurteile, § 280

7.11 Anwendungsbereich: bei Streit über die (zu bejahende) Zulässigkeit der Klage und des gewillkürten Parteiwechsels (ThP 28, 29 vor § 50; Zöller § 280, 2). Sonstige Fragen regelt § 303. Ist die Klage unzulässig, ergeht wegen Entscheidungsreife natürlich Endurteil.

Beispiele:

ZWISCHENURTEIL

Die Klage ist zulässig. *Oder:* Der Parteiwechsel ist unzulässig.

Das Zwischenurteil nach § 280 enthält keine Kostenentscheidung und ist nicht vorläufig vollstreckbar. **Anfechtung** ist möglich mit Berufung, § 280 II. Streitwert wie Hauptsache (ThP § 280, 3).
Konsequenz: Wird es nicht angefochten, wird es rechtskräftig und bindet auch das höhere Gericht, bei dem nur das nachfolgende Endurteil angegriffen wird. Andererseits ist das Endurteil (auch wenn schon formell rechtskräftig) auflösend bedingt durch die Aufhebung des Zwischenurteils: Wird letzteres in 2. Instanz aufgehoben und die Klage abgewiesen (mit Aufhebung des Zwischenurteils steht Unzulässigkeit der ganzen Klage fest, worüber Berufungsgericht daher umfassend zu entscheiden hat), so fällt auch das in 1. Instanz schon ergangene stattgebende Endurteil von selbst weg (ThP § 280, 10).

3. Zwischenurteile, § 303

7.12 Anwendungsbereich: Zulässigkeit der Wiedereinsetzung, des Rechtsmittels, des Einspruchs (§ 341), der Unwirksamkeit eines Prozessvergleichs (= das alte Verfahren geht jetzt weiter, h. M. vgl. unten Rn. **24.**13; ThP § 794, 39), Zulässigkeit der Klageänderung (Musielak § 303, 4).

Beispiel:

ZWISCHENURTEIL

Die mit Schriftsatz des Klägers vom 1. 10. vorgebrachte Klageänderung ist zulässig.

Wirkung: § 318. Anfechtung nur zusammen mit dem Endurteil (ThP § 303, 7).

4. Grundurteil, § 304

Es ist ein Zwischenurteil eigener Art, kein Teilurteil, weil es nicht über einen selbstständigen Teil des Streitgegenstandes entscheidet.

Nach dem Grundurteil folgt das Betragsverfahren zur Höhe mit dem abschließenden Endurteil:

(1) Grundurteil 7.13

Sein Erlass steht im freien **Ermessen.**

Zulässig aber nur, wenn (ThP § 304, 3, 4):

– Grund *und* Betrag streitig sind,
– nicht der ganze Rechtsstreit schon entscheidungsreif ist, sondern nur der Grund.
   Zum Grund gehört, dass schon feststehen: Zulässigkeit der Klage und alle anspruchsbegründenden Tatsachen (bis auf den Betrag).
– hohe Wahrscheinlichkeit besteht, dass der Klageanspruch in irgendeiner Höhe besteht, BGHZ 53, 23; NJW 01, 225. Steht diese aber schon fest, muss Vollendurteil ergehen, § 300 I.

Beispiel:

GRUNDURTEIL
   Der Klageanspruch wird dem Grunde nach für gerechtfertigt erklärt.

Oft kann ein Grundurteil nur als eingeschränktes ergehen (z.B. wegen § 254 BGB), dann muss wegen Entscheidungsreife gleichzeitig die Klage im Übrigen durch Teilurteil abgewiesen werden (Zöller § 304, 18).

Beispiel:

Die Klage auf € 10 000,– Schadensersatz erweist sich wegen § 254 BGB dem Grunde nach nur zu $^4/_5$ als begründet, die Schadenshöhe ist noch strittig:

TEIL- UND GRUNDURTEIL
   Der Klageanspruch wird dem Grunde nach zu $^4/_5$ für gerechtfertigt erklärt *(= § 304).* Im Übrigen wird die Klage abgewiesen *(= § 301).*

Prüfungspunkte, die zum Grund des Anspruchs gehören (wie insbes. § 254 BGB, § 17 StVG) dürfen nur dann dem Betragsverfahren überlassen werden, wenn das Grundurteil dazu einen ausdrücklichen *Vorbehalt* enthält (im Tenor oder zumindest in den E-Gründen), BGHZ 141, 136; Zöller § 304, 18.

Soweit ein reines Grundurteil ergeht: Der TB enthält den bezifferten Klageantrag und hebt das beiderseitige Vorbringen zum Grund hervor, verweist zur Höhe auf Schriftsätze. Die Entscheidungsgründe enthalten nur Ausführungen zur Zulässigkeit der Klage und zum Haftungsgrund unter Klarstellung, dass derzeit die Höhe noch nicht entscheidungsreif ist.

Wirkung für das Gericht: § 318 (Zöller § 304, 20).

Wirkung für die Parteien: Spätere Einwendungen, die den Haftungs*grund* betreffen, sind künftig ausgeschlossen. Ausgeschlossen ist daher eine Aufrechnung, die vor Erlass des Grundurteils hätte geltend gemacht werden können (Zöller 24; ThP 23 zu § 304).

Rechtskraft: nur formelle (§ 304 II), nicht materielle (ThP § 304, 20), so dass spätere Klageabweisung möglich bleibt.

(2) Endurteil 7.14

Im anschließenden Betragsverfahren wird geklärt, in welcher Höhe der Klageanspruch gerechtfertigt ist.

Mangels materieller Rechtskraft des Grundurteils ist es dem Gericht nicht verwehrt, die Klage jetzt **ganz abzuweisen**. Stellt sich jetzt erst heraus, dass tatsächlich überhaupt kein Schaden entstanden ist, muss die Klage abgewiesen werden (ThP § 304, 23).

Möglich sind daher z. B.

ENDURTEIL

> I. Die Klage wird abgewiesen.
> II. Der Kläger trägt die Kosten des Rechtsstreits *(= § 91).*
> III. §§ 708 ff.

oder nach obigem Teil- und Grundurteil (Schaden nur € 6000,–, davon $^4/_5$):

SCHLUSSURTEIL

> I. Der Beklagte wird verurteilt, € 4800,– an den Kläger zu zahlen. Im Übrigen *(s. Anm.)* wird die Klage abgewiesen.
> II. Von den Kosten des Rechtsstreits trägt der Kläger $^{13}/_{25}$, der Beklagte $^{12}/_{25}$.
> III. §§ 708 ff.

Anmerkung:

Zu I: Abgewiesen wird nur, was nicht durch etwa vorangegangenes Teilurteil (hier $^1/_5$ aus € 10 000,– = € 2000,–) schon abgewiesen worden ist, abgewiesen werden hier also nur weitere € 3200,–.

Zu II: Kostenentscheidung: Die Quote richtet sich nur nach dem Gesamtunterliegen zum Klageantrag, nicht der Quote im Grundurteil. Diese ist vielmehr auf die festgestellte Höhe anzuwenden: das ergibt z. B. $^4/_5$ aus dem von € 10 000,– eingeklagten, aber nur zu € 6000,– nachgewiesenen Schaden = $^4/_5$ aus € 6000,– = € 4800,–. Mit diesen € 4800,– unterliegt B zu € 10 000,– = $^{12}/_{25}$ (vertretbar auch $^1/_2$ oder Kostenaufhebung, § 92 I).

III. Vorbehaltsurteile, §§ 302, 599

Sie dienen der Prozessbeschleunigung und beugen einer Prozessverschleppung durch unbegründete Aufrechnung bzw. Einwendung vor, indem sie schon jetzt einen Vollstreckungstitel gewähren, noch bevor über letztere entschieden ist.

Nach h. M. sind sie auflösend (durch Aufhebung im Nachverfahren) bedingte Endurteile (BGHZ 69, 272; ThP § 302, 1).

1. Vorbehaltsurteil, § 302

Beispiel: K macht eine Kaufpreisforderung von € 40 000,– geltend. B rechnet auf mit einer Darlehensforderung (Alt. 1: i. H. v. € 40 000,– oder höher; Alt. 2: i. H. v. € 10 000,–).

7.15 a) Zunächst ergeht ein Vorbehaltsurteil

Voraussetzungen:

(1) Beklagter macht eine Aufrechnungsforderung geltend (Konnexität ist nicht erforderlich).

(2) Die Klage ist stattgebend entscheidungsreif, ausgenommen nur bzgl. der Aufrechnung.

(3) Die Aufrechnungsforderung ist noch nicht entscheidungsreif.

(4) Ermessen.

Ist die Aufrechnungsforderung **ebenso hoch** wie die Klageforderung:

VORBEHALTSURTEIL

I. Der Beklagte wird verurteilt, an den Kläger € 40 000,– zu zahlen.

II. Der Beklagte trägt die Kosten des Rechtsstreits *(= § 91).*

III. Das Urteil ist gegen Sicherheitsleistung in Höhe von … vorläufig vollstreckbar *(= § 709 S. 1 oder S. 2).*

IV. Die Entscheidung über die Aufrechnung des Beklagten mit dessen Gegenforderung aus Darlehen vom 1. 7.… . bleibt vorbehalten.

Anmerkung:

(1) Kosten: Der Beklagte unterliegt trotz des Vorbehalts derzeit voll = § 91.

(2) Vorläufige Vollstreckbarkeit: Für die Bezifferung i. F. § 709 S. 1 ist zu beachten: Der Streitwert für alle Gebühren bestimmt sich zunächst nur nach der Klageforderung: ob sich eine Eventualaufrechnung überhaupt streitwerterhöhend (§§ 45 III GKG, 23 I 1 RVG: Addition) auswirkt, stellt sich erst bei Erlass des Schlussurteils heraus.

(3) Der Vorbehalt ist in den **Tenor** aufzunehmen (BGH NJW 81, 394). Die Aufrechnungsforderung ist so genau wie möglich zu bezeichnen, zulässig ist aber auch die Formulierung „… laut Tatbestand erklärte Aufrechnung" (ThP § 302, 6).

(4) Tatbestand und Entscheidungsgründe wie sonst.

Ist die Aufrechnungsforderung **niedriger,** muss der Vorbehalt auf diese Höhe im Tenor beschränkt werden, es ergeht dann Vorbehaltsurteil nur in dieser Höhe, **im Übrigen vorbehaltloses Endurteil:**

VORBEHALTS- UND ENDURTEIL

I. Der Beklagte wird verurteilt … ⎫

II. Kosten   ⎬ wie oben

III. Vollstreckbarkeit   ⎭

IV. Hinsichtlich eines Betrages von € 10 000,– bleibt die Entscheidung über die Aufrechnung mit einer Forderung aus … vorbehalten.

Anfechtbarkeit (wichtig):

Das Vorbehaltsurteil ist gem. § 302 III selbstständig anfechtbar. Die gesonderte Anfechtung (z. B. mit Berufung) kann dringend geboten sein, weil das Vorbehaltsurteil gem. § 318 Bindungswirkung für das Nachverfahren hat: so werden z. B. Zulässigkeit und Begründetheit der Klage bindend festgestellt und können im Nachverfahren nicht mehr angezweifelt werden. Der Beklagte muss also schon das Vorbehaltsurteil mit Berufung angreifen, wenn er z. B. geltend machen will, dass die Klageforderung (im Beispiel also die Kaufpreisforderung) nicht besteht (ThP § 302, 7).

b) Sodann ergeht im Nachverfahren das Schlussurteil   **7.16**

Nachverfahren:

(1) Fortsetzung von Amts wegen, auch vor Rechtskraft des Vorbehaltsurteils.

(2) Bindung (§ 318). Das Gericht ist im Nachverfahren an das Vorbehaltsurteil gebunden, auch vor dessen Rechtskraft. Im Nachverfahren kann der Beklagte daher weder die Zulässigkeit noch die Begründetheit der Klage beanstanden, das Gericht prüft nur noch die Aufrechnungsforderung und die Zulässigkeit der Aufrechnung (aber nur, wenn letztere nicht schon, wenn auch lückenhaft, im Vorbehaltsurteil festgestellt wurde), sowie neu entstandene Einwendungen (ThP § 302, 7).

Jedoch sind Klageerweiterung und Widerklage zulässig.

(3) Hauptsacheerledigung tritt ein, wenn das Vorbehaltsurteil auf Rechtsmittel (§ 302 III) aufgehoben und dort die Klage abgewiesen wird. War das Schlussurteil inzwischen schon ergangen, fällt dieses von selbst weg, weil es auflösend bedingt ist durch Aufhebung des Vorbehaltsurteils (Zöller 15; ThP 10 zu § 302).

(4) Versäumnisverfahren:

Es gelten §§ 330, 331 analog: „Angreifer" ist jetzt der Beklagte, der seine Aufrechnungsforderung durchsetzen will. Da die Parteirollen selbst unverändert bleiben, können die §§ 330, 331 auf diese „Angreifer"-(„Kläger"-)Rolle des Beklagten nur analog angewendet werden (ThP § 302, 13, anders bei § 600, s. Rn. **7.**19).

Säumnis K: § 331 analog, die Behauptungen zur Aufrechnung gelten als zugestanden.
    Bei Schlüssigkeit: Aufhebung des Vorbehaltsurteils und Klageabweisung.
Säumnis B: § 330 analog, die Aufrechnung gilt als unbegründet, der Vorbehalt entfällt.

(5) Tenorierung:
Ist die Aufrechnung **begründet:**

SCHLUSSURTEIL
    I. Das Vorbehaltsurteil vom .... wird aufgehoben.
    II. Die Klage wird abgewiesen.
    III. Der Kläger trägt die Kosten des Rechtsstreits *(= § 91).*
    IV. (§§ 708 Nr. 11, 711 oder § 709 S. 1, 2 je nach Höhe des Kostenerstattungsanspruchs des Beklagten).

Anmerkung:

(1) Ausdrückliche Aufhebung ist vorgeschrieben in § 302 IV.

(2) Kostenentscheidung: „Anderweit" entscheiden i. S. v. § 302 IV heißt, nach dem aufgehobenen Vorbehaltsurteil (wo auch über Kosten entschieden wurde) neu über die *gesamten* Kosten zu entscheiden (Kosteneinheit!).

(3) Vorläufige Vollstreckbarkeit:
Höhe des Kostenerstattungsanspruchs des Beklagten: Auslagen für Zeugen etc. und eigene RA-Kosten. Vor- und Nachverfahren gelten gemäß § 15 II RVG als eine Gebühreninstanz, die Gebühren fallen also insgesamt nur einmal an, nicht doppelt. § 17 Nr. 5 RVG gilt gemäß dortiger Klammerdefinition nicht auch bei § 302 (vgl. Zöller § 302, 16). Streitwert: Bei Primäraufrechnung (gegen unbestrittene Klageforderung, Rn. **3.**11) nur Höhe der Klageforderung. Bei Eventualaufrechnung gegen *bestrittene* (folgt aus dem „hilfsweise") Klageforderung mit *bestrittener* Aufrechnungsforderung erfolgt Streitwerterhöhung durch Addition von Klageforderung und Aufrechnungsforderung, *soweit* über letztere jetzt rechtskraftfähig (ThP § 322, 45–48 a) entschieden wird, §§ 45 III GKG, 23 I 1 RVG, 322 II ZPO.

Ist die Aufrechnung **unbegründet:**

SCHLUSSURTEIL
    I. Das Vorbehaltsurteil vom ... wird unter Wegfall des Vorbehalts aufrechterhalten.
    II. Der Beklagte hat die **weiteren** Kosten zu tragen *(= § 91).*
    III. (§§ 708 Nr. 11, 711 bzw. § 709 S. 1, 2).

Anmerkung:

Zu Ziff. III.: Vollstreckbar ist nur Ziff. II., entscheidend ist daher die Höhe der dem Kläger erst im Nachverfahren zusätzlich entstandenen Kosten (z. B. Auslagen für Zeugen). Hinsichtlich Hauptsache und früherer Kosten ist Titel das Vorbehaltsurteil.

2. Vorbehaltsurteil, § 599

7.17 Es verurteilt den Beklagten im Urkundenprozess unter der auflösenden Bedingung, dass dessen im Urkundenprozess noch unzulässigen Einwendungen im Nachverfahren die Klage unbegründet machen (BGH NJW 88, 2542).

Beispiel: K, Verkäufer eines Grundstücks, macht aus dem notariellen Kaufvertrag den dort verbrieften Kaufpreis von € 800 000,– im Urkundenprozess geltend. B (Käufer) wendet ein, der Kaufvertrag sei wegen Unterverbriefung nichtig, K bestreitet dies. Eine etwaige Heilung gem. § 311 b I S. 2 BGB ist nicht eingetreten, da die Eintragung des Käufers B unstreitig noch nicht erfolgt ist.

Die anspruchs*begründenden* Tatsachen (nur sie obliegen dem Kläger) kann K alle mit Vorlage der notariellen Urkunde beweisen. Die rechts*hindernde* Einwendung aus § 117 BGB hingegen kann der Beklagte B (denn Urkunden wird er dazu nicht haben, eine – gem. § 595 II schon im Urkundenprozess mögliche – Parteivernehmung gem. §§ 445, 447, vgl. ThP § 595, 3, wird wohl bei Aussage gegen Aussage keine Klärung bringen) voll erst im Nachverfahren geltend machen, hier kann er insbes. den Zeugenbeweis führen (z. B. Zuhörer bei der Vereinbarung der Unterverbriefung benennen).
Es wird also ein den B verurteilendes Vorbehaltsurteil ergehen und B muss zusehen, dass er im Nachverfahren den Klageanspruch zu Fall bringt.

a) Zunächst ergeht ein Vorbehaltsurteil   7.18

Voraussetzungen:

(1) Zulässigkeit der Klage
Neben den allgemeinen Sachurteilsvoraussetzungen müssen auch die besonderen des Urkundenprozesses vorliegen, also
– Erklärung des Klägers gemäß § 593 I
– Streitgegenstand i. S. v. § 592 (Geldforderung etc.)
– Beweisbarkeit durch Urkunden, § 592

(2) Begründetheit der Klage
(abgesehen von den noch vorzubehaltenden Rechten)

(3) Widerspruch des Beklagten gegen die Klageforderung

(4) Kein Ermessen, ob Entscheidung per Vorbehaltsurteil ergeht (anders § 302). Denn der **Urkunden**prozess muss als **solcher** abgeschlossen (= Urteil) werden, das Gericht kann nicht nach Erschöpfung der Urkunden einfach zum ordentlichen Verfahren übergehen und dann alles zusammen mit einem normalen Endurteil erledigen. Ausnahme nur: eindeutige Abstandnahme des Klägers vom Urkundenprozess, § 596.

Es ergeht dann

VORBEHALTSURTEIL
   I. Der Beklagte wird verurteilt, an den Kläger € 800 000,– zu zahlen.
  II. Der Beklagte trägt die Kosten des Rechtsstreits (= § 91).
 III. Das Urteil ist vorläufig vollstreckbar. Der Beklagte kann die Vollstreckung durch Sicherheit in Höhe von ... *abwenden,* wenn nicht der Kläger vor der Vollstreckung Sicherheit in gleicher Höhe leistet (= §§ 708 Nr. 4, 711 S. 1, alternativ S. 2).
 IV. Dem Beklagten wird die Ausführung seiner Rechte vorbehalten (= § 599 I).

Anfechtbarkeit: § 599 III. Wichtig (wie soeben zu § 302).

b) Sodann ergeht im Nachverfahren das Schlussurteil: 7.19

(1) Fortsetzung des bisherigen Verfahrens, mit dem es eine Einheit bildet, § 600 I.

(2) Bindung (§ 318) an das Vorbehaltsurteil und damit Einwendungsausschluss, soweit es nicht auf den eigentümlichen Beschränkungen der Beweismittel im Urkundenprozess beruht und nur, soweit der Prozessstoff Gegenstand der gerichtlichen Entscheidung im Urkundenprozess war (nicht aber auch: hätte sein können), h. M. BGHZ 82, 120; 158, 69; ThP § 600, 4. Daraus folgt nach BGHZ 158, 69: „Bei einem Urkundenprozess sind diejenigen Teile des Streitverhältnisses, die im Vorbehaltsurteil beschieden werden mussten, damit es überhaupt ergehen konnte, als endgültig beschieden dem Streit im Nachverfahren entzogen." Mit Erlass des Vorbehaltsurteils sind daher insbesondere bindend bejaht:

- Zulässigkeit der Klage
- Statthaftigkeit des Urkundenprozesses
- Schlüssigkeit der Klage
- Passivlegitimation des Beklagten
- Rechtliche Einordnung des Klageanspruchs, insbesondere:
  Bejahung derjenigen Anspruchsvoraussetzungen, ohne deren rechtliche Beurteilung kein Vorbehaltsurteil zugunsten des Klägers hätte ergehen dürfen, z.B. Fälligkeit der Klageforderung, Wirksamkeit des Begebungsvertrages, Formgültigkeit des Wechsels
- Einwendungen des Bekl., die im Urkundenprozess möglich sind, vorgebracht und verbeschieden wurden.

Keine Bindung, soweit der Vortrag nicht Gegenstand des Vorverfahrens war und über den daher **vom Gericht noch nicht entschieden** wurde. Der Grund liegt darin, dass der Beklagte seinen Widerspruch gemäß § 599 I nicht begründen muss, es ihm also freisteht, ob er zum Klageanspruch gar keine, einzelne oder umfassende Einwendungen erhebt. Soweit er Einwendungen dort unterlässt, sind sie nicht Gegenstand des Vorbehaltsurteils und können als neuer Sachvortrag im Nachverfahren vorgebracht werden (BGH NJW 93, 668), z.B. erstmalige Erhebung der Verjährungseinrede. Der Beklagte kann die Echtheit einer Privaturkunde im Nachverfahren auch dann noch bestreiten, wenn er sich dazu im Urkundenprozess noch nicht erklärt hat, oder so unsubstantiiert, dass die Echtheit als zugestanden angesehen wurde, denn in beiden Fällen hat das Gericht die Echtheit noch gar keiner Prüfung unterzogen (BGHZ 158, 69; 82, 115; ThP § 600, 6).

(3) Hauptsacheerledigung für das Nachverfahren, wenn das Vorbehaltsurteil auf Rechtsmittel (§ 599 III) aufgehoben und dort die Klage abgewiesen wird (ThP § 600, 9).

(4) Versäumnisverfahren, § 600 III.

Säumnis K: § 330. Aufhebung des Vorbehaltsurteils und Klageabweisung.
Säumnis B: § 331. Aufrechterhaltung unter Wegfall des Vorbehalts (ThP § 600, 7).

Erweisen sich die Einwendungen des Beklagten als begründet:

Schlussurteil wie zu § 302: Aufhebung des Vorbehaltsurteils und Klageabweisung. Besonderheit aber bei §§ 708 Nr. 11 bzw. § 709: Der Kostenerstattungsanspruch ist hier höher wegen § 17 Nr. 5 RVG: Abgesehen von der insgesamt nur einmal anfallenden Verfahrensgebühr (sie wird angerechnet, RVG VV 3100 Abs. 2), entsteht für das Nachverfahren **noch** einmal die Terminsgebühr des RA: Der Kostenerstattungsanspruch des Beklagten kann also z.B. bestehen aus: Auslagen für Zeugen + RA-Gebühren: 1 Verfahrensgebühr und 2 Terminsgebühren.

Erweisen sich die Einwendungen des Beklagten als unbegründet:

Schlussurteil wie zu § 302: „Das Vorbehaltsurteil vom ... wird unter Wegfall des Vorbehalts aufrechterhalten. Der Beklagte hat die *weiteren* Kosten des Rechtsstreits zu tragen". Besonderheit aber § 708 Nr. 5 (vorläufig vollstreckbar ohne Sicherheit, lediglich Abwendungsbefugnis für Beklagten, § 711 S. 1, 2).

Teil 2. Die Hauptgebiete des Zivilprozesses

§ 8 Die objektive Klagenhäufung, § 260

Objektive Klagenhäufung liegt vor, wenn der Kläger im selben Verfahren gegen den **8.01** selben Beklagten (oder dieselben, dann zusätzlich §§ 59 ff. zu prüfen) mehrere prozessuale Ansprüche (= Streitgegenstände) geltend macht.

Kurz: **Mehrheit von Streitgegenständen bei Einheit des Verfahrens** (ThP § 260, 1). Diese Mehrheit kann bestehen in 3 Formen:

- Nebeneinander: **kumulative** Klagenhäufung, unten II
- Haupt- und Hilfsantrag: **eventuelle** Klagenhäufung, unten III
- Entweder/oder: **alternative** Klagenhäufung, unten IV

I. Überblick

- **Sie liegt vor**

nach dem herrschenden 2-gliedrigen Streitgegenstandsbegriff (BGH NJW 09, 56, **8.02** Rn. 15; BGHZ 154, 347; 117, 5; ThP Einl. II 25; Müko-ZPO 32 ff. vor § 253) bei

- **Antragsmehrheit,**

    also wenn der Kläger mehrere Klageanträge stellt, gestützt auf einen oder auf mehrere Lebenssachverhalte. Das sind die Hauptfälle.

    Beispiel 1: K verlangt € 9000,– für Reparaturkosten (Vermögensschaden) und € 1000,– Arztkosten (Personenschaden) sowie € 500,– Schmerzensgeld (Nichtvermögensschaden) wegen eines Unfalles. 3 Anträge bei einem Lebenssachverhalt, also 3 Streitgegenstände (vgl. ThP Einl. II 19 m. w. N.).

    Beispiel 2: K verlangt € 8000,– Kaufpreis und € 2000,– aus einem Darlehen. 2 Anträge bei 2 Lebenssachverhalten, also 2 Streitgegenstände.

- **Sachverhaltsmehrheit,**

    also wenn der Kläger denselben Klageantrag auf mehrere Klagegründe (Lebenssachverhalte) stützt. Diese Fälle sind relativ selten.

    Beispiel: K fordert € 6000,–, gestützt auf Kaufvertrag und den zahlungshalber übergebenen Kaufpreisscheck. Abschluss des Kaufvertrags und die abstrakte Scheckbegebung sind 2 verschiedene Lebenssachverhalte. Hier also 1 Antrag bei 2 Sachverhalten: 2 Streitgegenstände (BGH NJW 92, 117; ThP Einl. II 32 u. § 260, 3: alternative Klagenhäufung, dem Gericht stehe frei, aus welchem Klagegrund es stattgebe). BGH a. a. O.: Bei RMittel des Bekl. fällt auch der nicht beschiedene Klagegrund der RMittelinstanz an (ebenso wie ein nicht beschiedener Hilfsantrag bei RMittel des Bekl. gegen den Hauptantrag).

    Oder: der einzige Antrag ist darauf gestützt, dass dem Kläger Ersatz des Schadens zustehe aus eigenem Recht, aber ebenso aus abgetretenem Recht (BGH WM 91, 600).

- **Sie entsteht**

- zu Beginn des Verfahrens: **8.03**

    durch Klageerhebung, § 253. Hierher gehört auch die Stufenklage, § 254,

- im Laufe des Rechtsstreits:

    entweder durch Geltendmachung (§ 261 II) eines weiteren prozessualen Anspruchs (dazu gehört auch die Zwischenfeststellungsklage, § 256 II) oder durch Prozessverbindung, § 147.

- **Zulässigkeitsvoraussetzungen: § 260**

8.04 § 260 betrifft nur die Zulässigkeit des *Verbunds* der mehreren Streitgegenstände. Fehlen die Verbindungsvoraussetzungen, so ist bei **kumulativer** Klagenhäufung nur zu trennen (§ 145): § 260 ist hier also keine Sachurteilsvoraussetzung (deren Kennzeichen: bei Verstoß Prozessurteil). Anders jedoch bei **eventueller** und **alternativer** Klagenhäufung: dort ist nach h. M. Prozesstrennung ausgeschlossen, außer bei Verstoß gegen ein Verbindungsverbot (z. B. § 578 II, näher unten Rn. **8.**17) Der abgetrennte Hilfsantrag hinge jetzt von einem außerprozessualen Ereignis ab: dem Ergebnis des zu einem selbstständigen Prozess abgetrennten früheren Hauptantrages, Zöller § 260, 6 a. Bei alternativer Häufung ginge mit Trennung die Alternativität verloren. Wegen der antragsbedingten Untrennbarkeit kann sich § 260 hier praktisch zu einer weiteren Sachurteilsvoraussetzung auswirken.

Die Verbindungsvoraussetzungen gem. § 260 sind:

(1) **Identität der Parteien.** Gemeint ist die Abgrenzung zu §§ 59 ff. § 260 meint nur solche Streitgegenstandshäufung, die sich **innerhalb desselben Prozessrechtsverhältnisses** (derselbe Kläger gegen denselben Beklagten) ergibt. Also:
– Bei nur 1 Streitgegenstand gegen 2 Beklagte (z. B. Gesamtschuldner) liegt **subj.** Klagenhäufung vor. Also §§ 59 ff., nach h. M. aber zusätzlich § 260 analog, vgl. Rn. **13.**05.
– Bei 2 Streitgegenständen gegen 1 Bekl.: **nur § 260.**
– Bei 2 Streitgegenständen gegen 2 Bekl. (z. B. als Gesamtschuldner) liegt **kombiniert obj. und subj. Klagenhäufung** vor: § 260 und §§ 59 ff. müssen kumulativ vorliegen.

(2) **Zuständigkeit des Prozessgerichts.** Sie ist ohnehin schon Sachurteilsvoraussetzung, wird in § 260 also nur betont. Gerade infolge Verbundes aber: § 5 und § 25.

(3) **Gleiche Prozessart.** Gemeint ist nicht Klageart (Leistungs-, Feststellungs- und Gestaltungsklage), sondern Verfahrensart: Verfahren, für die besondere Regeln gelten (z. B. Amtsermittlung statt Parteimaxime) können nicht im Verbund mit normalem Verfahren behandelt werden.

Beispiele für unzulässige Verbindung i. S. v. § 260: Familiensache mit Nichtfamiliensache. Oder: Wechselprozess mit normalem Urkundenprozess (wegen besonderen Gerichtsstandes, § 603 und Ladungsfrist, § 604, vgl. BGHZ 53, 11, 17). Oder: Arrest- und Hauptsacheprozess (ThP § 260, 13). Für zulässig i. S. v. § 260 hält BGH NJW 02, 751 die Verbindung von gewöhnlichem Prozess mit Urkundenprozess (im Wege der Widerklage, wohl aber auch sonst), da der i. d. R. früheren Entscheidungsreife des Urkundenprozesses mit einem Teil-Vorbehaltsurteil (§ 301) ausreichend Rechnung getragen werden könne.

(4) **Kein Verbindungsverbot,** z. B. § 578 II (Wiederaufnahme – mit der Nichtigkeitsklage, ThP § 578, 6).

- **Streitwert (Zuständigkeit, Gebühren): § 5?**

8.05 § 5 gilt primär für die sachliche Zuständigkeit, über § 48 I GKG auch für die Gerichts- und über §§ 23 I 1 RVG, 48 I GKG auch für die Rechtsanwaltsgebühren.

§ 5 setzt die Geltendmachung „mehrerer Ansprüche" voraus, was nach h. M. nur zutrifft, wenn sie der Kläger **nebeneinander** geltend macht (StJ § 5, 3). Streitwertaddition findet danach also überhaupt nur statt bei **kumulativer Klagenhäufung.** Denn bei Eventual- und bei Alternativhäufung will der Kläger nicht mehrere Ansprüche zugleich, sondern letztlich nur **einen** (entweder/oder). Also:

kumulative: Streitwertaddition gemäß § 5 ZPO (§§ 48 I GKG, 23 I RVG) für Zuständigkeits- und Gebührenstreitwert. Voraussetzung ist aber, dass die Ansprüche wirtschaftlich verschieden sind („mehrere").

eventuelle: § 5 unanwendbar.
Zuständigkeitsstreitwert: Wert des höchsten Einzelanspruchs (h. M., Zöller § 260, 7). Dazu Beispiel unten Rn. **8.**16.
Gebührenstreitwert: § 45 I 2, 3 GKG, § 23 I RVG. Der Hilfsantrag wird überhaupt nur berücksichtigt, wenn über ihn auch entschieden wird. Ist das der Fall, kommt es allein

auf den höheren Einzelantrag an, wenn – wie zumeist – Haupt- und Hilfsantrag wirtschaftlich teilidentisch sind; nur bei Verschiedenheit werden beide addiert.

alternative: § 5 unanwendbar.

Für die hier vor allem relevanten Wahlschulden (§ 262 BGB) gilt für Zuständigkeits- und Gebührenstreitwert gem. § 3 ZPO (§ 48 I GKG, § 23 I RVG): bei Wahlrecht des Klägers: die höhere Einzelleistung, bei Wahlrecht des Beklagten: Wert der geringeren Einzelleistung (StJ § 5, 29; ThP § 3, 169 „Wahlschuld").

II. Die kumulative Klagenhäufung

Sie liegt vor, wenn der Kläger gegen denselben Beklagten mehrere Streitgegenstände **bedingungslos** nebeneinander geltend macht. **8.06**

Abgrenzung: mehrfache Begründung.

Keine obj. Klagenhäufung, weil keine Streitgegenstandsmehrheit, liegt vor, wenn der Kläger **einen** Klageantrag innerhalb desselben Lebenssachverhalts auf mehrere materiellrechtliche Anspruchsgrundlagen stützt (ThP § 260, 5).

Beispiel (nur mehrfache Begründung): K klagt auf Herausgabe einer an B überlassenen Sache, gestützt auf Ablauf des Mietvertrages (§ 546 BGB), Eigentum (§ 985 BGB), früheren Besitz des Klägers (§ 1007 BGB) und Bereicherung (§ 812 BGB).

Zu **Prüfungsschema** und **Urteil** bei kumulativer Klagenhäufung folgender zusammenfassender Fall: Die zusammengesetzte Teilklage. **8.07**

K verklagt B aus München vor dem LG München I auf Zahlung von € 15 000,– nebst Prozesszinsen. Nach den Klagegründen wird ein Betrag von € 12 000,– als Teil einer behaupteten Kaufpreisforderung von insgesamt € 20 000,–, sowie ein Betrag von € 3000,– als Teil einer behaupteten Werklohnforderung von insgesamt € 8000,– geltend gemacht.

B beantragt Klageabweisung, da beide Forderungen längst bezahlt seien, im Übrigen sei der Werklohnanspruch nur zu € 1000,– begründet gewesen. K bestreitet dies. Das Gericht vernimmt auf Antrag des K einen Zeugen zur Höhe der Werklohnforderung und auf Antrag des B einen Zeugen über den Tilgungseinwand. Kostenvorschüsse für die Zeugenladungen werden nicht angefordert. Die Zeugen können nichts Sachdienliches angeben. Lösungsskizze:

(I) Zulässigkeit der Klage

(1) Ordnungsmäßigkeit der Klageerhebung, §§ 253 II, 78 I:

K macht kumulativ 2 Streitgegenstände (StG) geltend.

Hier wichtig: werden mehrere Teilbeträge zu einer äußerlich einheitlichen Klagesumme zusammengefasst, so müssen die Klagegründe eine genaue Aufschlüsselung enthalten, sonst ist der Klageantrag unbestimmt und die Klage unzulässig (ThP 9, 20; Zöller 15 zu § 253).

Hier: Die Aufschlüsselung ist erfolgt.

(2) Örtliche Zuständigkeit:

Für StG 1:   (hier: §§ 12, 13, 29)

Für StG 2:   (hier: §§ 12, 13, 29)

Bei anderer ausschließlicher örtlicher Zuständigkeit: Liegt Verweisungsantrag vor (§ 281)? Dann trennen (§ 145) und verweisen.

(3) Sachliche Zuständigkeit:

Erst: besteht andere ausschließliche sachliche Zuständigkeit für einen der StG? Dann trennen (§ 145) und verweisen (§ 281), sofern Verweisungsantrag gestellt wurde.

Dann: § 5. Addition, sofern nicht ein StG wirtschaftlich im anderen mitenthalten ist (dazu ThP § 5, 7, 8). Hier: € 15 000,–, also LG, §§ 71 I, 23 Nr. 1 GVG

(4) Sonstige allgemeine und besondere Prozessvoraussetzungen (ThP 15 ff., 32 f. vor § 253):

Für StG 1:   (hier: +)
Für StG 2:   (hier: +)

(II) Voraussetzungen des § 260 für eine **Klagenhäufung**

(1) Identität der Parteien (= Streitgegenstandsmehrheit zwischen **denselben** Parteien). Hier: (+)

(2) Zuständigkeit des Prozessgerichts (schon oben I 2, 3 geklärt).

(3) Gleiche Prozessart. Hier: beide im gewöhnlichen Forderungsprozess.

(4) Ein Verbindungsverbot besteht vorliegend nicht.

Beachte zu § 260: Bei kumulativer Klagenhäufung enthält er keine Sachurteilsvoraussetzungen, da bei Verstoß nur zu trennen ist. Daher keinesfalls unter der „Zulässigkeit der Klage" angliedern, sondern deutlich getrennt davon, am besten danach und unter eigener Gliederungsziffer. Prüfung erst nach (nicht vor) Zulässigkeit der Klage. Denn Trennung gem. § 145 scheidet aus, wenn ein proz. Anspruch entscheidungsreif ist: dann Teilurteil (BGH NJW 57, 183; ThP § 145, 2). Solche sofortige Entscheidungsreife besteht aber, wenn ein proz. Anspruch unzulässig ist. Konsequenzen aus § 260 bei etwaigem Verstoß kann man also *erst* ziehen, wenn feststeht, dass die Klage *zulässig* ist.

(III) Begründetheit der Klage

(1) Kaufpreisanspruch (€ 12 000,–): § 433 II BGB

(a) Entstanden:
    Wirksamer Vertrag und Höhe der Forderung: Unstreitig.

(b) Erloschen:
    Erfüllungseinwand (§ 362 BGB) des B bestritten, nicht bewiesen.
    Beweislast bei B: also keine Erfüllung.

(c) Durchsetzbarkeit:
    Rechtshemmende Einreden (z. B. §§ 214, 273, 320 BGB): nicht geltend gemacht.

(2) Werklohnanspruch (€ 3000,–): § 631 I BGB

(a) Entstanden:
    – Wirksamer Vertrag: unstreitig.
    – Höhe und Fälligkeit (§ 641 BGB): Unstreitig nur in Höhe € 1000,–, darüber hinaus von K nicht bewiesen. Beweislast bei K. Entstanden also nur in Höhe € 1000,–.

(b) Erloschen:
    nein (wie oben 1 b): Beweislast bei B.

(c) Durchsetzbarkeit:
    Einreden wurden nicht erhoben.

(3) Zinsen: §§ 286 I 2, 288 bzw. §§ 291, 288 I 2 BGB (s. oben Rn. **2.**07)
    Gefordert hat K Zinsen aus € 15 000,–. Zuzusprechen sind aber nur solche aus € 13 000,–. Also erfolgt auch insoweit eine Teilabweisung.

Ergebnis: Klage zulässig, die Klagenverbindung (§ 260) ebenfalls. Klage teilweise begründet: € 12 000,– + € 1000,– = € 13 000,– + Zinsen daraus. Im Übrigen Abweisung.

Es ergeht also

ENDURTEIL

I. Der Beklagte wird verurteilt, an den Kläger € 13 000,– nebst Zinsen hieraus in Höhe von 5 Prozentpunkten über dem Basiszinssatz seit … (Zustellung) zu zahlen.
Im Übrigen wird die Klage abgewiesen.

II. Von den Kosten des Rechtsstreits trägt der Kläger $^2/_{15}$, der Beklagte $^{13}/_{15}$ (= *§ 92 I*).

III. Das Urteil ist vorläufig vollstreckbar, für den Kläger jedoch nur gegen Sicherheitsleistung in Höhe von € 16 200,– (= *§ 709 S. 1; alternativ: S. 2*).
Der Kläger kann die Vollstreckung (aus Ziff. II) abwenden durch Sicherheitsleistung in Höhe von € 250,–, wenn nicht der Beklagte vor der Vollstreckung Sicherheit in gleicher Höhe erbringt (= *§§ 708 Nr. 11, 711 S. 1; alternativ: S. 2*).

Anmerkungen:

Vorläufige Vollstreckbarkeit: Da Teilunterliegen vorliegt, hat jede Partei zumindest einen Kostenerstattungsanspruch. Der Vollstreckungsausspruch ist daher für jede Partei gesondert zu erarbeiten vgl. oben Rn. **4.**09, 13.

Zum Tatbestand

Der Aufbau des Tatbestands hängt davon ab, ob die prozessualen Ansprüche irgendwie zusammenhängen, oder nicht.

Hängen sie zusammen, ist der unstreitige Sachverhalt für alle prozessualen Ansprüche zu Beginn des Tatbestands abzuhandeln, dem folgt der streitige Klägervortrag in der Reihenfolge der Streitgegenstände usw.

Hängen sie **nicht** zusammen, sind sie nacheinander abzuhandeln (also aneinanderzureihen) und jeweils nach unstreitigem und streitigem Vortrag zu untergliedern.

Übersicht: Der Tatbestand bei kumulativer Klagenhäufung **8.08**

Die prozessualen Ansprüche hängen historisch

zusammen	nicht zusammen
z. B. mehrere proz. Ansprüchen aus gleichem Verkehrsunfall (Sachschaden und Schmerzensgeld)	z. B. Anspruch aus Kauf und Werkvertrag
Einleitungssatz I. Unstreitiger Vortrag zu allen proz. Ansprüchen II. Streitiger Vortrag des Klägers zu 1. proz. Anspruch Nr. 1 (Sachschaden) 2. proz. Anspruch Nr. 2 (Schmerzensgeld) Prozessgeschichte, soweit zum Verständnis der Anträge erforderlich (z. B. Klageänderungen, vorheriges Versäumnisurteil) III. Anträge • des Klägers • des Beklagten	Einleitungssatz I. Proz. Anspruch Nr. 1 (Kauf) 1. Unstreitiges 2. Streitiger Vortrag des Klägers II. Proz. Anspruch Nr. 2 (Werklohn) Wie zu oben I. Danach: Prozessgeschichte, sofern zum Verständnis der Anträge erforderlich III.

IV. Verteidigungsvortrag des Beklagten in der Reihenfolge Bestreiten Einwendungen Einreden zu 1. proz. Anspruch Nr. 1 2. proz. Anspruch Nr. 2	IV. wie nebenstehend
V. Erwiderungsvortrag des Klägers 1. betreffend proz. Anspruch Nr. 1 2. betreffend proz. Anspruch Nr. 2	V.
VI. Prozessgeschichte u. Zusammenfassung, welche Beweise erhoben wurden. Unerledigte Beweisangebote beider Parteien (s. dazu oben Rn. **5.**09).	VI.

Anmerkung: im TB sind keine Gliederungsziffern gebräuchlich. (Diese dienen oben nur zur Übersicht und zum Vergleich).

III. Die eventuelle Klagenhäufung (Haupt- und Hilfsantrag)

8.09 Sie liegt vor, wenn der Kläger einen unbedingten Hauptantrag, sowie einen oder mehrere Hilfsanträge stellt.

Nach dem Inhalt der Bedingung unterscheidet man 2 Formen der Eventualhäufung:

- **Eigentliche:** Der Hilfsantrag wird gestellt für den Fall der *Erfolglosigkeit* (= Unzulässigkeit oder Unbegründetheit) des Hauptantrags.
  Das ist der Regelfall. Dazu unten 3.

- **Uneigentliche:** Der Hilfsantrag wird gestellt für den Fall des *Erfolgs* (= Zulässigkeit und Begründetheit) des Hauptantrags. Dazu unten 4.

8.10 Abgrenzung: Hilfsbegründung.

Der **Hilfsantrag** enthält einen gegenüber dem Hauptantrag anderen, selbstständigen Streitgegenstand (Zahlung des Kaufpreises, hilfsweise Rückgabe der Kaufsache). Bei der **Hilfsbegründung** hingegen bleibt der Streitgegenstand unverändert derselbe: der Kläger stützt *einen* Antrag, beruhend auf *einem* Lebenssachverhalt, hilfsweise auf weitere materiellrechtliche Anspruchsgrundlagen. Die Hilfsbegründung ist mangels Streitgegenstandshäufung schon gar keine Klagenhäufung, also auch keine eventuelle (ThP § 260, 10).

Beispiel: K fordert Rückgabe der Kaufsache aus Vertrag (§ 346 I S. 1 BGB), „hilfsweise" aus § 812 BGB, falls der Kaufvertrag unwirksam sein sollte (= Hilfsbegründung). Klage aus eigenem, hilfsweise aus abgetretenem Recht (= Hilfsantrag, da anderer Lebenssachverhalt, BGH NJW 09, 56, Rn. 15)

1. Die Bedeutung der Bedingung

8.11 Sie bewirkt

- **sofortige, aber auflösend bedingte Rechtshängigkeit**
- **aufschiebend bedingte Entscheidungsbefugnis des Gerichts**

a) Sofortige, aber auflösend bedingte Rechtshängigkeit

Sofort: 8.12

Der Hilfsanspruch wird sofort rechtshängig und daher auch sofort verhandlungsfähig (h. M. BGHZ 72, 341). Das Gericht kann also z. B. im Haupttermin Zeugen zu Haupt- und Hilfsanspruch vernehmen.

Aber *entscheiden* darf es über diesen rechtshängigen Anspruch erst, wenn die vom Kläger gesetzte Bedingung dafür eingetreten ist, denn erst damit wird der Hilfsanspruch *entscheidungsreif,* siehe sogleich unter Rn. **8.**14).

Auflösend mit Rückwirkung:

Die Rechtshängigkeit des Hilfsanspruchs **erlischt aber rückwirkend** wieder (also so, **8.13** als ob er nie erhoben worden wäre, abgesehen von der Hemmung der Verjährung, s. sogleich) **mit Rechtskraft** des dem Hauptantrag stattgebenden Urteils (bzw. bei uneigentlicher: mit Rechtskraft des den Hauptantrag abweisenden Urteils).

Denn dann steht endgültig fest, dass es keiner Entscheidung über den Hilfsantrag bedarf, die Bedingung also nicht eingetreten ist (BGHZ 21, 16; ThP 17; Zöller 4 zu § 260 m. w. N.).

Beachte: dies ist nicht die auflösende Bedingung i. S. v. § 158 II BGB, wonach Wegfall nur ex nunc eintritt, also gerade nicht rückwirkend. Nebenbei: die Vorschriften des BGB über Rechtsgeschäfte (z. B. Bedingungen, Anfechtung etc.) sind für Prozesshandlungen (die Klageerhebung ist eine solche) grundsätzlich unanwendbar (Ausnahmen: §§ 130, 140 BGB), da sie in ihren Voraussetzungen und Wirkungen vom Prozessrecht (und nicht dem BGB) geregelt sind, näheres: Palandt 37 vor § 104; ThP Einl. III; Zöller 14 ff. vor § 128.

Hinweis: **Rückwirkendes** Erlöschen der Rechtshängigkeit kennt das Prozessrecht auch an anderer Stelle:
(1) Bei *Klagerücknahme,* § 269 III (ThP § 269, 13).
(2) Bei *Eventualwiderklage* (die es also auch gibt, BGHZ 132, 390, 397 m. w. N.), wenn die Bedingung nicht eintritt (BGHZ 21, 16; BGH NJW 73, 98).

Materiellrechtliche Konsequenzen für die **Verjährung:**

Die Verjährung des Hilfsanspruchs wird mit Klageerhebung (nur) gehemmt, BGB § 204 I Nr. 1, die Hemmung endet gemäß BGB § 204 II S. 1 erst 6 Monate nach der rechtskräftigen Zuerkennung des Hauptantrags, die für den nicht verbeschiedenen Hilfsantrag eine „anderweitige Beendigung des eingeleiteten Verfahrens" darstellt. Ein rückwirkender Wegfall der Hemmung ist nicht vorgesehen.

b) Aufschiebend bedingte Entscheidungsbefugnis

Eine Entscheidung des Gerichts über den Hilfsanspruch ist nur aufschiebend bedingt **8.14** zulässig für den Fall, dass die Bedingung eintritt, sich der Hauptantrag also als erfolglos (eigentliche Eventualhäufung) bzw. erfolgreich (uneigentliche) erweist (Merle ZZP 83, 444). Erst mit Eintritt dieser Bedingung wird der Hilfsanspruch entscheidungsreif (Merle a. a. O.; StJ § 300, 9).

Der Abweisung (bzw. der Zuerkennung) des Hauptantrags steht der Fall gleich, dass die Parteien den Hauptantrag übereinstimmend für erledigt erklären (BGH NJW 03, 3202). Auch nach einer beiderseitigen Erledigungserklärung ist also, falls die Parteien den Rechtsstreit nicht insgesamt für erledigt erklärt haben (Auslegungsfrage), noch über den Hilfsantrag zu entscheiden (siehe unten Rn. **8.**22 = Fall 2 c).

BGHZ 150, 381; BGH MDR 75, 1008: „An diese vom Kläger gewählte Reihenfolge (Haupt- und Hilfsantrag) ist das Gericht gebunden. Es darf daher über den hilfsweise erhobenen Anspruch erst entscheiden, wenn die vom Kläger gesetzte Bedingung eingetreten ist".

- Entscheidungen über den Hilfsantrag **vor** Bedingungseintritt sind **unzulässig.**

  Beispiel: Erweist sich der Hilfsantrag schon bei Prozessbeginn als offenkundig unzulässig oder unschlüssig, so darf ihn das Gericht trotz aller Beschleunigungsgebote der ZPO nicht schon mal vorab durch Teilurteil abweisen, um sich dann abschließend eingehend mit der Prüfung des Hauptantrags zu befassen. Das mag vielfach wünschenswert sein, um die Schriftsatzflut einzudämmen. Es verstieße aber gegen § 301, weil noch keine Entscheidungsreife für den Hilfsantrag besteht (Merle ZZP 83, 444).

- Tritt die aufschiebende Bedingung **nicht ein:** Dann ergeht Vollendurteil nur über den Hauptantrag ohne Ausspruch zum Hilfsantrag, da dessen Rechtshängigkeit rückwirkend mit Rechtskraft erlöschen wird (Zöller § 260, 4).

- **Zusammengefasst:** Über den Hilfsantrag darf erst entschieden werden, wenn **wenigstens gleichzeitig** der Hauptantrag abgewiesen (eigentliche) bzw. ihm bei uneigentlicher stattgegeben wird oder der Hauptantrag sonst erledigt ist, z. B. durch übereinstimmende Erledigungserklärungen (h. M., BGHZ 150, 381; Zöller § 301, 8; unten Rn. **8.**22 = Fall 2 c).

  Zulässig aber soll es nach vielen sein, den Hauptantrag vorab durch Teilurteil abzuweisen (BGHZ 56, 79; BGH NJW 95, 2361; ThP § 260, 17). Das trifft aber jedenfalls dann nicht zu – und das ist der Regelfall – wenn bei beiden Anträgen über ein gemeinsames präjudizielles Rechtsverhältnis (z. B. die Wirksamkeit eines Vertrages) zu entscheiden ist (Zöller § 301, 7). Dann besteht die Gefahr widersprechender Entscheidungen zumindest auf Grund abweichender Beurteilung durch das Rechtsmittelgericht. Zurecht daher ablehnend BGH NJW 92, 2081; Zöller § 301, 8 m. w. N.

2. Das Prüfungsschema

8.15 **Der Hilfsantrag darf erst geprüft und im Gutachten erst erörtert werden, wenn feststeht, dass die aufschiebende Bedingung auch eingetreten ist.**

Zwar ist auch der Hilfsantrag schon rechtshängig, aber er ist überhaupt nur unter jener Voraussetzung zur Entscheidung gestellt.

Tritt die Bedingung nicht ein, darf der Hilfsantrag im Gutachten nicht behandelt werden (Schumann „Die Zivilprozessrechtsklausur", JuS 74, 574). Denn es kommt ja dann nicht zur Entscheidung über den Hilfsantrag – und etwas gutachtlich zu prüfen, worüber gar nicht entschieden wird, ist ein schwerer Fehler.

Da der Gutachtenersteller zu Beginn der Prüfung nicht weiß, ob die Bedingung eintritt (also z. B. der Hauptantrag erfolglos ist) oder nicht, ist er gezwungen, Haupt- und Hilfsantrag **getrennt und nacheinander** abzuhandeln:

A. Der Hauptantrag
   I. Zulässigkeit
   II. Begründetheit
      1. Klägerstation (ist die Klage im *Haupt*antrag schlüssig?)
      2. Beklagtenstation (ist der Beklagtenvortrag zum *Haupt*antrag erheblich?)
      3. Beweisstation (steht der Klägervortrag zum *Haupt*antrag fest nach Beweisaufnahme? Beweislast?)
B. Der Hilfsantrag
   I. Zulässigkeit
   II. Begründetheit
   Reihenfolge wie zu A.

Fehlerbeispiel: Häufig wird folgender verfehlter Aufbau gebracht:

I. Die Zulässigkeit der Klage
  1. Zum Hauptantrag
  2. Zum Hilfsantrag
II. Die Begründetheit der Klage
  1. Zum Hauptantrag
  2. Zum Hilfsantrag

Dieser Aufbau setzt schon in der Gliederung das Ergebnis voraus: dass es überhaupt zur Entscheidung über den Hilfsantrag kommt. Das Gutachten aber soll auch in der Gliederung zum Ausdruck bringen, dass das Ergebnis Schritt für Schritt logisch entwickelt wird.

Ganz falsch ist dieser Aufbau natürlich dann, wenn die Bedingung für den Hilfsantrag überhaupt nicht eintritt: dann wurde Überflüssiges geprüft (Schumann JuS 74, 574: bei Haupt- und Hilfsantrag eine typische Examenssünde und ein schwerer Verstoß gegen den Antragsgrundsatz, § 308 I).

Dieses Gutachten bzw. die gutachtlichen Vorüberlegungen gehen (wie stets) der Fertigung des Urteils voraus. Zur Gestaltung von Tatbestand und Entscheidungsgründen im **Urteil** s. unten Rn. **8**.26, 27.

Zusammenfassendes Beispiel: K klagt gegen B aus München vor dem AG München auf Zahlung **8.16** von € 4000,– Kaufpreis für den gebrauchten PKW Marke X, hilfsweise auf Rückgabe dieses PKW, Fahrgestell-Nr. 0057 B, falls der Kaufvertrag unwirksam sein sollte. Unstreitig ist, dass B diesen PKW im Marktwert von € 3500,– von K erhalten hat. Wie ist zu entscheiden, wenn sich der umstrittene Vertragsabschluss

a) erweisen   b) nicht erweisen lässt?

(A) Der Hauptantrag

(I) Zulässigkeit der Klage im Hauptantrag.

Merke: Auch für die Sachurteilsvoraussetzungen kommt es zunächst ausschließlich auf den Hauptantrag an, bei streitwertabhängiger Zuständigkeit aber ist der höhere Antrag maßgebend (h.M., s. sogleich, StJ § 5, 24; Zöller § 260, 7).

(1) Ordnungsmäßigkeit der Klageerhebung, § 253 II: (+)
Der Hauptantrag muss unbedingt sein.

(2) Örtliche Zuständigkeit: §§ 12, 13: München.

(3) Sachliche Zuständigkeit

(a) Ausschließliche Zuständigkeit für den HauptA? Hier keine. Also:

(b) normale Streitwertzuständigkeit, §§ 23, 71 GVG.

> (aa) § 5? Haupt- und HilfsA werden für die Zuständigkeit nie addiert, da sie nicht nebeneinander (was § 5 voraussetzt), sondern nacheinander („anstatt") geltend gemacht werden (StJ § 5, 36).
>
> (bb) Str. ist nur, ob auch für die streitwertabhängige Zuständigkeit zunächst ausschließlich auf den HauptA abzustellen ist, oder auf den *höheren* der beiden Anträge. Für letzteres die wohl h.M., da beide Anspr. rechtshängig sind (Zöller § 260, 7). Kommt es nicht zur Entsch. über den (höheren) HilfsA, berührt dies die einmal eingetretene Zust. wegen § 261 III Nr. 2 nicht (Schumann NJW 82, 2801; StJ § 5, 24). Beachte: nicht verwechseln mit dem Gebührenstreitwert: dort entscheidet die Addition oder nur der Wert des Hauptantrags, § 45 I, 2, 3 GKG, vgl. unten Rn. **8.20, 8.21**).
>
> Hier (nach beiden Meinungen): € 4000,–, zuständig ist also das Amtsgericht, § 23 Nr. 1 GVG.

(4) Besondere Sachurteilsvoraussetzungen des Hauptantrags (dazu ThP 32 vor § 253): hier keine.

(5) Zwischenergebnis: Die Klage im Hauptantrag ist also zulässig.

(II) Begründetheit der Klage im Hauptantrag.

Anspruchsgrundlage: § 433 II BGB.

– Lässt sich der Vertragsschluss *erweisen,* ist dem (im Übrigen unstreitigen) HauptA voll
stattzugeben. Die RHängigkeit des HilfsA erlischt rückwirkend (mit RKraft), so
dass auf den HilfsA **nicht** mehr einzugehen ist: das Gutachten (E-Gründe) ist also
mit der Prüfung des Hauptantrags beendet. Der Hilfsantrag wird (falls in der Aufgabenstellung verlangt) in einem Hilfsgutachten erörtert.

– Lässt sich hingegen der Vertragsschluss *nicht erweisen,* ist der Hauptantrag als unbegründet abzuweisen. Es kommt jetzt auf den Hilfsantrag an, so dass weiterzuprüfen
ist:

(B) Der Hilfsantrag

Beginnen mit der **Klarstellung, dass** die aufschiebende **Bedingung** für den Hilfsantrag jetzt **eingetreten** ist. Dazu ggfls. Auslegung der Bedingung; sie kann besagen: für
den Fall „der Unzulässigkeit" des Hauptantrags, der „gänzlichen Unbegründetheit"
des Hauptantrags, der „teilweisen Erfolglosigkeit" des Hauptantrags. Je demnach tritt
die Bedingung ein, oder nicht. Also keine Schablone, erst Auslegung.

Gewollt ist als Bedingung i.d.R. jedenfalls die *völlige* Erfolglosigkeit des Hauptantrags
(wie hier).

(I) Zulässigkeit der Klage im Hilfsantrag

(1) Ordnungsmäßigkeit der Klageerhebung, § 253 II.

Insbesondere auf den Antrag achten:

(a) Zulässige Bedingung? Sie muss innerprozessual sein (erfüllt, wenn vom Ergebnis
des Hauptantrags abhängig).

(b) Bei mehreren Hilfsanträgen: Ist deren Reihenfolge vom Kläger klargestellt? Sonst:
unbestimmter Klageantrag! (Das Gericht darf auch gewählte Reihenfolge nicht ändern
= Verstoß gegen § 308 I).

(2) Örtliche Zuständigkeit: §§ 12, 13

(3) Sachliche Zuständigkeit: § 23 Nr. 1 GVG

(4) Besondere Sachurteilsvoraussetzungen: hier keine.

(5) Rechtsschutzbedürfnis:

Haupt- und Hilfsanträge dürfen sich zwar widersprechen und ausschließen. Aber sie müssen ähnliche
Ziele verfolgen und wirtschaftlich (innerlich) zusammenhängen (Jauernig, § 88 III; StJ § 260, 20). Die
Praxis verfährt hier großzügig. In extremen Fällen (Hauptantrag auf Kaufpreis, Hilfsantrag auf Rückgabe einer Mietsache, Jauernig, a.a.O.), wird man das Rechtsschutzbedürfnis (für den Hilfsantrag)
verneinen (Blomeyer, § 42 III 2a).

(II) Die Voraussetzungen des § 260

8.17 Liegen die Voraussetzungen des § 260 nicht vor, ist bei kumulativer Klagehäufung
lediglich zu trennen, bei eventueller (so hier) aber nach den einzelnen Voraussetzungen zu differenzieren:

(1) **Dieselbe Prozessart** liegt hier vor. Beachte aber für den Fall des Verstoßes: Da Haupt- und
Hilfsantrag – abgesehen vom Verstoß gegen ein Verbindungsverbot, unten (2) – nicht gem. § 145
getrennt werden dürfen (vgl. oben Rn. **8.04**), wirken sich die Verbindungsvoraussetzungen des § 260
hier **ausnahmsweise als zusätzliche Sachurteilsvoraussetzungen** aus: Ist die Verbindung unzulässig und nicht abtrennbar, kann zum Hilfsantrag nicht zur Sache verhandelt und entschieden werden: Abweisung des Hilfsantrags als unzulässig.

Beispiel: BGHZ 53, 17: Im Wechselprozess können auch nicht hilfsweise andere als wechselrechtliche Ansprüche geltend gemacht werden. Erklärt der Kläger nicht die Abstandnahme (§§ 602, 596), so wird – wenn der wechselrechtliche Hauptantrag unbegründet ist (die Bedingung also eintritt) – der Hilfsantrag als im Wechselprozess unstatthaft (§ 597 II), also als unzulässig abgewiesen (BGH NJW 82, 523, 524 a. E.; 2258, 2259 a. E.).

(2) **Zuständigkeit des Gerichts:** Hier gegeben. Beachte aber zum Problem: Sofern die Prozessart für Haupt- und Hilfsantrag dieselbe ist und nur die Zuständigkeit divergiert, wird man bei entspr. Verweisungsantrag abschichtungsweise vorgehen: erst abweisendes Teilurteil über den Hauptantrag, dann nach Verweisung Schlussurteil über den Hilfsantrag und die gesamten Kosten. So etwa, wenn der HauptA vor das gem. §§ 12, 13 angegangene LG Berlin, der HilfsA aber gem. § 24 vor das LG Hamburg gehört (StJ § 281, 14; ThP § 260, 17). § 260 stellt damit bei reinen *Zuständigkeitsfragen* keine zusätzliche Sachurteilsvoraussetzung auf.

(3) **Verbindungsverbot** (§ 578 II)? Hier ist keines angeordnet. Bei Verstoß sind die Rechtsfolgen strittig. Nach bislang h. M. gilt dasselbe wie zu oben (1): Der unzulässig verbundene Hilfsantrag ist – mangels Abtrennbarkeit – als unzulässig abzuweisen (BGHZ 34, 153). Also auch hier ist § 260 ausnahmsweise eine zusätzliche Sachurteilsvoraussetzung.
Anders nunmehr BGH NJW 07, 909: Das Verbindungsverbot (dort: § 640 c I 1 a. F.) zwinge in allen Instanzen, auch noch in der Revisionsinstanz, falls zuvor übersehen, zur sofortigen Prozesstrennung gemäß § 145 I. Denn die Verbindungsverbote untersagten eine einheitliche Verhandlung und Entscheidung, die der Kläger daher auch nicht mittels Eventualhäufung erzwingen könne. Konsequenz: Mit der Abtrennung riskiere der Kläger, dass die abgetrennte Klage als bedingte und damit unzulässig durch Prozessurteil abgewiesen werde (so i. F. BGH NJW 07, 909 und 913). Dem könne der Kläger nur entgehen, wenn er die Bedingung fallenlasse, worin eine Klageänderung im Sinne einer Klageerweiterung liege, weil die zuvor nur eventuell gestellten Klagebegehren nunmehr kumulativ geltend gemacht werden (a. a. O. S. 911), was aber nicht mehr in der Revisionsinstanz möglich sei (ebenso StJ § 260, 53).

(III) Begründetheit der Klage im Hilfsantrag

§ 812 I S. 1 BGB ist erfüllt. Erlangung des Besitzes und „Leistung" zur Erfüllung eines vermeintlich bestehenden Kaufvertrags sind unstreitig, ein Kaufvertrag als Rechtsgrund besteht nicht.
Ergebnis dann: dem HilfsA ist stattzugeben, im Übrigen (= HauptA) ist die Klage abzuweisen. Zum Urteil unten Rn. **8.21** (Fall 2b).

---

3. Das Urteil bei eigentlicher Eventualhäufung

Die Gestaltung des Urteils hängt davon ab, ob es zur Entscheidung über den Hilfsantrag kommt, die Bedingung also eintritt, oder nicht.

Je nach Bedingungseintritt sind daher **2 Fallgruppen** zu unterscheiden:

a) Fallgruppe 1: Über den Hilfsantrag ist *nicht* zu entscheiden (die Bedingung   **8.18**
tritt **nicht** ein, weil bereits der HauptA erfolgreich ist).

Beispiel: Hauptantrag auf Zahlung von € 8000,– Kaufpreis, Hilfsantrag auf Rückgabe der Sache (Wert € 6000,–). Bereits der Hauptantrag hat Erfolg. Der Tenor lautet dann:

ENDURTEIL

    I. Der Beklagte wird verurteilt, an den Kläger € 8000,– zu bezahlen.
    II. Der Beklagte trägt die Kosten des Rechtsstreits *(§ 91).*
   III. Das Urteil ist gegen Sicherheitsleistung in Höhe von € 10 000,– vorläufig vollstreckbar
     (§ 709 S. 1; bzw. § 709 S. 2: 110% des jeweils zu vollstreckenden Betrags).

Anmerkungen:

(1) Hauptsacheausspruch: Da die aufschiebende Bedingung für den HilfsA nicht eingetreten ist, wird über ihn nicht entschieden. Wegen des bevorstehenden rückwirkenden Wegfalls der RHängigkeit erfolgt auch im Tenor kein Ausspruch zum Hilfsantrag, insbesondere nicht: „im Übrigen wird die Klage abgewiesen".

(2) Kostenentscheidung: § 91. Entschieden wird allein über den Hauptantrag.

(3) Vorläufige Vollstreckbarkeit. Falls nach § 709 S. 1 beziffert tenoriert werden soll: Höhe der Sicherheit: das, was K aus Ziff. I und II vollstrecken kann, also: Hauptsache (€ 8000,–) + Kostenerstattungsanspruch, nämlich verauslagte Gerichtskosten (§ 12 I GKG = € 498,–) sowie eigene RA-Kosten (= 2,5 Verfahrens- u. Terminsgebühr aus € 412,– + Auslagen u. MwSt. zusammen € 1747,50).

Gebührenstreitwert: € 8000,–, §§ 45 I 2 GKG, 23 I 1 RVG. Da über den HilfsA nicht entschieden wird, bleibt er für die Gebühren ganz außer Betracht.

(4) Rechtsmittel: Legt der Bekl. gegen die Verurteilung nach dem *Hauptantrag* RMittel ein, fällt auch der nicht beschiedene Hilfsantrag dem RMittelgericht an, es kann also z. B. nur diesem stattgeben oder die ganze Klage abweisen (BGHZ 41, 39; NJW 92, 117; FamRZ 04, 1962; ThP § 260, 18).

Beachte weiter: Legt der Bekl. gegen die Verurteilung (nur) nach dem *Hilfsantrag* Berufung ein, so fällt der abgewiesene Hauptantrag dem Berufungsgericht nicht an, denn der Beklagte ist ja insoweit nicht beschwert. Der Kläger muss seinerseits Haupt- oder Anschlussberufung erheben (BGHZ 41, 38; NJW 94, 2766; ThP 18; Zöller 6 a zu § 260).

8.19 b) Fallgruppe 2: Es ist *auch* über den Hilfsantrag zu entscheiden (die Bedingung **tritt ein,** weil der Hauptantrag erfolglos ist)

Es ist Auslegungsfrage, aber zumeist stellt der Kläger die Bedingung für den Fall, dass der Hauptantrag *voll* erfolglos ist.

Hervorzuheben sind dann insbes. folgende Möglichkeiten:

8.20 Fall 2 a: Beide Anträge sind erfolglos

Beispiel: Die Klage auf Zahlung von € 8000,– PKW-Kaufpreis, hilfsweise auf Rückgabe des PKW (Wert € 6000,–) wird ganz abgewiesen.

Es ergeht

ENDURTEIL

    I. Die Klage wird abgewiesen.
   II. Der Kläger trägt die Kosten des Rechtsstreits *(§ 91)*.
  III. Das Urteil ist vorläufig vollstreckbar. Der Kläger kann jedoch die Vollstreckung abwenden durch Sicherheitsleistung in Höhe von € 1300,–, wenn nicht der Beklagte vor der Vollstreckung Sicherheit in gleicher Höhe erbringt *(= §§ 708 Nr. 11, 711 S. 1; alternativ: S. 2)*.

Anmerkungen:

(1) Hauptsacheausspruch: Mit dieser Formulierung wird alles abgewiesen, was zuletzt noch beantragt ist, also Haupt- und Hilfsantrag. Beachte: Zur Auslegung des Umfangs der Klageabweisung (insbes. RKraft: welche HilfsA, Höhe?) müssen TB und E-Gründe herangezogen werden (siehe oben Rn. **2.**03).

(2) Vorläufige Vollstreckbarkeit: Kostenerstattungsanspruch des Bekl. aus Ziff. II. Verauslagte Gerichtskosten: keine. Eigene RA-Kosten des Bekl.: 2,5 Verfahrens- u. Terminsgebühr aus Streitwert € 8000,– = 2,5 × € 412,– + Pauschale € 20,– + 19% MwSt. aus beiden Beträgen. Kostenerstattungsanspruch also: € 1249,50, aufgerundet € 1300,–. Also §§ 708 Nr. 11, 711.

Gebührenstreitwert: §§ 45 I 2, 3, GKG, 23 I 1 RVG.

Wird über den Hilfsantrag **nicht** entschieden (oben Fallgruppe 1), bleibt er (auch) für die Gebühren ganz außer Betracht.

Wird über **beide** entschieden, werden ihre Streitwerte

– addiert, wenn sie wirtschaftlich *verschiedene* Gegenstände betreffen (§ 45 I 2 GKG),

> **Beispiele:** Klage auf Unterlassung neben solcher auf Widerruf beleidigender Äußerungen (StJ § 5, 13). Klage auf Räumung, hilfsweise auch auf Zahlung der künftigen Nutzungsentschädigung, Fall der uneigentlichen Eventualhäufung, unten Rn. **8.**23.

– nicht addiert, wenn (wie bei Haupt- und Hilfsanträgen zumeist!) wirtschaftliche (Teil-)*Identität* vorliegt. Maßgebend ist dann der höhere Einzelwert (§ 45 I 3 GKG).

Beispiele: Feststellung des gesamten Rechtsverhältnisses neben Teilleistung aus diesem; es ist allein der höhere Wert (also die Feststellungsklage) maßgebend (ThP § 3, 65, 189; § 5, 7, 8). Restkaufpreis, hilfsweise Rückforderung aus Rücktritt (ThP § 5, 8). Letzterem steht der obige Fall nahe: der geforderte Kaufpreis ist ja nichts anderes als der Gegenwert für den hilfsweise herausveranlagten Pkw. Streitwert also: € 8000,–.

Fall 2 b: Der Hauptantrag ist erfolglos, der Hilfsantrag voll erfolgreich.   8.21

Für den **Hauptsacheausspruch** (Ziff. I) beachten: der Hauptantrag ist stets ausdrücklich abzuweisen (= „im Übrigen wird die Klage abgewiesen"), selbst wenn Haupt- und Hilfsantrag gleich hoch sind, sonst ist nicht rechtskraftfähig über ihn entschieden. Vgl. oben Rn. **2**.05.

Differenziert ist hier die **Kostenentscheidung:**

Maßgebend ist wie stets das Unterliegen zum Gebührenstreitwert: Sofern Haupt- und Hilfsantrag wegen wirtschaftlich *verschiedener* Gegenstände gem. § 45 I 2 GKG zusammenzurechnen sind, muss der abgewiesene Teil (Hauptantrag) ins Verhältnis gesetzt werden zur Addition (Beispiel 1). Sofern dies (wie i. d. R. bei Eventualhäufung) *nicht* der Fall ist (§ 45 I 3 GKG), richtet sich das Unterliegen *nur* nach dem nicht addierten höheren Einzelwert (i. d. R. dem Hauptantrag), entscheidend ist also, ob im Verhältnis zu diesem ein Teilunterliegen vorliegt (Beispiel 2).

Beispiel 1 (§ 45 I 2 GKG): Klage auf Zahlung von € 20 000,– Kaufpreis für ein Gemälde, hilfsweise (falls der Kaufvertrag nicht wirksam zustande gekommen sein sollte) auf Zahlung von € 5000,– Schadensersatz wegen entgangenen Gewinns aus einem andernfalls mit einem *anderen* konkreten Interessenten abgeschlossenen Kaufvertrag über dasselbe Gemälde (Palandt § 311, 55).
Der Hauptantrag wird abgewiesen, dem Hilfsantrag wird stattgegeben.

ENDURTEIL

    I. Der Beklage wird verurteilt, an den Kläger € 5000,– zu zahlen. Im Übrigen *(= Hauptantrag)* wird die Klage abgewiesen.
    II. Von den Kosten des Rechtsstreits trägt der Kläger $^4/_5$, der Beklagte $^1/_5$ *(§ 92 I 1).*
    III. *§ 709 S. 2.*

Kostenentscheidung: Maßgebend ist das Unterliegen zum Gebührenstreitwert (oben Rn. **3**.19), hier gem. § 45 I 2 GKG zur Addition von Haupt- und Hilfsantrag (€ 25 000,–), da beide Anträge wirtschaftlich verschiedene Gegenstände betreffen: Der Kläger unterliegt zu € 35 000,– mit € 20 000,–, also zu $^4/_5$. (ThP § 92, 2).

Beispiel 2 (§ 45 I 3 GKG. Der Regelfall): Klage auf Zahlung von € 20 000,– Pkw-Kaufpreis, hilfsweise auf Rückgabe des Pkw im Wert von € 18 000,– (alternativ: ebenfalls € 20 000,–).
Der Hauptantrag ist erfolglos, der Hilfsantrag voll erfolgreich.

ENDURTEIL

    I. Der Beklage wird verurteilt, den Pkw … an den Kläger herauszugeben. Im Übrigen *(= Hauptantrag)* wird die Klage abgewiesen.
    II. Von den Kosten des Rechtsstreits trägt der Kläger $^1/_{10}$, der Beklagte $^9/_{10}$ *(§ 92 I 1).*
    III. *§§ 708ff.* (Für K aus Ziff. I nur § 709 S. 1 beziffert auf € 18 000,–, da keine Geldleistung, aus Ziff. II: § 709 S. 2. Für B: §§ 708 Nr. 11, 711 S. 2) vgl. Rn. **4**.13.

Kostenentscheidung: Maßgebend ist das Unterliegen zum Gebührenstreitwert, hier gem. § 45 I 3 GKG € 20 000,–, da wegen wirtschaftlicher Identität keine Addition erfolgt, sondern der höhere Hauptantrag allein maßgebend ist. Da der Kläger mit dem Hilfsantrag (€ 18 000,–) durchdringt, unterliegt er im Verhältnis zu dem maßgebenden höheren Hauptantrag (€ 20 000,–) nur mit € 2000,–, also nur zu $^1/_{10}$.

Abwandlung (Wert des Pkw ebenfalls € 20 000,–): Obsiegt der Kläger mit dem gleich hohen Hilfsantrag, obsiegt er gebührenmäßig voll und der Beklagte trägt gemäß § 91 alle Kosten des Rechtsstreits.

Zusammengefasst für Beispiel 2: Wird der Hauptantrag abgewiesen und dem wirtschaftlich identischen Hilfsantrag stattgegeben, ist dem Kläger nach § 92 nur dann ein Teil der Kosten aufzuerlegen, wenn der Wert des Hauptantrags den Wert des Hilfsantrags übersteigt.

Für diese gesetzgeberische Entscheidung in § 45 I 3 GKG spricht, dass der Kläger ja nur *entweder* den Haupt- *oder* den Hilfsanspruch will und bei voll erfolgreichem Hilfsantrag in dieser Höhe voll obsiegt: unterliegen kann er dann nur mit der Differenz, um die der Hauptantrag höher war, als der Hilfsantrag.

Müko-ZPO 7; BL 12, StJ 3 zu § 92. Eingehend Emde MDR 95, 990 (zu dem mit § 45 GKG gleichlautenden § 19 GKG a. F.).

8.22 Fall 2 c: Der Hauptantrag wurde übereinstimmend für erledigt erklärt, über den Hilfsantrag ist gleichwohl noch zu entscheiden.

Beispiel: K klagt im Hauptantrag auf Lieferung und Übereignung eines bestimmten Gemäldes im Wert von € 20 000,–, im Hilfsantrag auf Schadensersatz wegen entgangenen Gewinns von € 10 000,– aus angebahnter Weiterveräußerung durch K. Wegen anderweitiger Veräußerung durch B nach Rechtshängigkeit haben K und B den Rechtsstreit in Bezug auf den Hauptantrag für erledigt erklärt. Nach BGH NJW 03, 3202 muss gleichwohl noch über den Hilfsantrag entschieden werden. Kurze Hinweise zur Lösung:

Entscheidungsgründe:

(I) Hinsichtlich des Hauptantrags haben die Parteien den Rechtsstreit übereinstimmend für erledigt erklärt. Zu entscheiden war daher nur noch über den Hilfsantrag und die Kosten. Die Bedingung für den Hilfsantrag ist auch eingetreten, denn der als Bedingung („hilfsweise") genannten Abweisung des Hauptantrags als unzulässig oder unbegründet steht der Fall gleich, dass es wegen übereinstimmender Erledigungserklärungen zu keiner Entscheidung über den Hauptantrag kommt (BGH NJW 03, 3202). Denn in einem derartigen Fall trägt der für Haupt- u. Hilfsantrag bestimmende Kläger nur dem Umstand Rechnung, dass der aus seiner Sicht ursprünglich zulässige und begründete Hauptantrag nachträglich gegenstandslos geworden ist (BGH a. a. O.), wie hier durch Erlöschen des Erfüllungsanspruchs gemäß § 275 I BGB nach Rechtshängigkeit.

(II) Zulässigkeit der Klage im Hilfsantrag.

(III) Begründetheit der Klage im Hilfsantrag.

(IV) Kosten: Kostenmischentscheidung aus § 91 a für den erledigten Teil, im Übrigen aus §§ 91, 92 (so BGH NJW 03, 3202 zu III).

– Wäre der HauptA begründet gewesen und ist es der HilfsA auch: B trägt alle Kosten (§§ 91 a, 91).

– Wäre der HauptA begründet gewesen, ist es der HilfsA aber nicht, z. B. mangels Schadensnachweises durch K: Da über den Hilfsantrag entschieden wird und die Streitgegenstände wirtschaftlich verschieden sind, werden Haupt- u. Hilfsantrag für den Gebührenstreitwert addiert (§ 45 I 2 GKG). K hat mit dem Hauptantrag (€ 20.000,–) obsiegt (so iRv § 91 a zugrundezulegen), war im Hilfsantrag (€ 10000,–) unterlegen. Kosten also $^1/_3$ (K) : $^2/_3$ (B).

4. Die uneigentliche Eventualhäufung

8.23 Sie liegt vor, wenn der Hilfsantrag gestellt wird **für den Fall des Erfolgs des Hauptantrages.**

Beispiel: BGH NJW 01, 1285: Hauptantrag auf Abschluss eines Kaufvertrages auf Grund Vorvertrages, Hilfsantrag *auch* auf dessen Vollzug durch Abgabe der Auflassungserklärung und der Eintragungsbewilligung. Oder Hauptantrag auf Abschluss des Kaufvertrages gestützt auf Vorvertrag, Hilfsantrag *auch* auf dessen Erfüllung durch Zahlung des Kaufpreises, Zug um Zug gegen Übereignung der Kaufsache durch den Kläger.

Sie ist nach h. M. zulässig, weil auch hier die Bedingung ein innerprozessuales Ereignis ist (BGH NJW 01, 1285; 86, 2821 (zu I 2a); BAG NJW 65, 1042; ThP 8, StJ 24, Zöller 8 zu § 260; Blomeyer § 42 III 2b).

In Abgrenzung von der schlichten kumulativen Klagenhäufung (die in diesen Fällen natürlich auch möglich ist), liegt sie aber nur vor, wenn die **Entscheidung** als solche bedingt gewollt ist (prozessuale Eventualstellung), sie also **unterbleiben** muss (§ 308 I), wenn der Hauptantrag sich als unbegründet erweist. Abgrenzungen: unten b). Der Begriff „uneigentlich" ist daher unglücklich, weil ja eine wirkliche Eventualstellung vorliegt. Man sollte sie besser – weil vom Regelfall (Erfolglosigkeit des Hauptantrags) abweichend – *„unregelmäßige"* nennen.

a) Das Urteil bei uneigentlicher Eventualhäufung   8.24

Beispiel: Kündigungsschutzklage, hilfsweise auch Lohn.
K klagt gegen seinen Arbeitgeber B auf Festellung, dass dessen Kündigung vom 1. 3. das Arbeitsverhältnis nicht beendet habe. Hilfsweise, für den Fall, dass dem Festellungsantrag stattgegeben werde (das Arbeitsverhältnis fortbestehe), beantrage er auch Verurteilung des B zur Zahlung des Bruttolohns für März in Höhe von € 1800,–.

(1) Erweist sich die Kündigung als *wirksam,* wird ausschließlich darüber entschieden. Die bereits mit Klageerhebung, aber auflösend bedingte Rechtshängigkeit des Hilfsantrags erlischt rückwirkend mit Rechtskraft des den Hauptantrag abweisenden Urteils (Blomeyer § 42 III 2 b m. w. N.).
Die Klageabweisung erfasst also **nur** die Kündigung. Wichtig für die Rechtskraft, Gestaltung der E-Gründe.

(2) Erweist sich die Kündigung aber als *unwirksam,* so tritt jetzt die Bedingung für den Hilfsantrag ein. Ist auch er begründet, ergeht (vgl. Böhme-Fleck-Kroiß Nr. 20)

URTEIL

I. Es wird festgestellt, dass das Arbeitsverhältnis durch die Kündigung vom 1. 3. nicht aufgelöst ist.
II. Der Beklagte wird verurteilt, an den Kläger € 1800,– (brutto) zu bezahlen.
III. Der Beklagte trägt die Kosten des Rechtsstreits *(§ 46 II ArbGG, § 91 ZPO)*
IV. *(Kein Ausspruch zur vorläufigen Vollstreckbarkeit wegen § 62 ArbGG, aber wegen § 61 I ArbGG:)* Der Wert des Streitgegenstandes wird auf € 5400,– festgesetzt.
V. Entscheidung über Zulassung/Nichtzulassung der Berufung *(§ 64 III a ArbGG)?* Hier unnötig.

Anmerkung zu II: Der Arbeitnehmer kann auf Brutto- oder auf Nettolohn klagen (Palandt § 611, 51). Zur Vollstreckung eines Bruttolohn-Urteils: ThP 17 vor § 704.

Zu III: In erster Instanz sind von der Erstattung die RA-Kosten des Obsiegenden schon kraft Gesetzes weitgehend ausgenommen, § 12 a I ArbGG (aber S. 3), so dass entspr. Einschränkung im Tenor nicht erforderlich ist.

Zu IV: Streitwert der Festellungsklage: § 42 III 1 GKG (3 Monatsgehälter: 3 × € 1800,– = € 5400,–). Wird neben arbeitsgerichtlicher Festellungsklage auch eine Lohnklage erhoben, so liegt objektive Klagenhäufung vor, für die bei eventueller gem. § 45 I 3 GKG, bei kumulativer gem. § 48 I 1 GKG, § 5 ZPO jedenfalls insoweit keine Addition erfolgt, als wirtschaftliche Identität vorliegt, also für den Dreimonatszeitraum des § 42 III 1 GKG (hier März–Mai). Anders, weil keine wirtschaftliche Identität vorliegt: Lohn für die spätere Zeit *jenseits* des Dreimonatszeitraums, während vor Einreichung der Klage fällige Beträge (Rückstände) in Arbeitsgerichtssachen dem Streitwert nicht hinzugerechnet werden, § 42 IV GKG.
In normalen ZPO-Fällen (ohne ArbGG) gilt § 45 I GKG. Betrifft obiges Beispiel einen freien Dienstvertrag, ist – da zwischen Festellungs- und Leistungsantrag Teilidentität besteht – gemäß § 45 I 3 GKG nicht zu addieren, sondern auf den höchsten Einzelwert abzustellen. Dies ist hier der Festellungsantrag, für den über § 48 I GKG § 3 gilt (§ 42 II, III GKG ist nicht einschlägig, da keine wiederkehrende Leistung i. S. dieser Vorschrift), also etwa: Wert des erhofften Gehalts, damit Orientierung an § 42 II GKG mit dem bei Festellungsklagen üblichen Abschlag von 20%, so BGH NJW-RR 06, 213. Also: 3 × 12 Gehälter à € 1 800,– = € 64 800,–, abzüglich 20% = € 51.840,–.

Zu V: Da die Berufung hier schon gem. § 64 II b und c ArbGG statthaft ist, bedarf es keiner Entscheidung gem. § 64 III ArbGG (im Tenor, § 64 III a ArbGG) über Zulassung/Nichtzulassung der Berufung.

b) Sonderfall: Klage auf Erfüllung, „hilfsweise" auf Schadensersatz   8.25

Ein Fall **unechter** Eventualhäufung, nämlich **kumulativer** Häufung besteht in den Fällen §§ 255, 259, sowie § 510 b, ArbGG § 61 II, wenn **neben** der Klage auf Leistung unter Fristsetzung **zugleich** eventueller Schadenersatz gefordert wird, „für den Fall, dass" nicht innerhalb der Frist geleistet werde.

Hier liegt eine kumulativ und unbedingt beantragte Verurteilung vor zu

- bereits fälliger Leistung unter Fristsetzung und
- bedingtem (= falls ergebnislosem Fristablauf) Schadenersatz.

Das „hilfsweise" bezieht sich also nur auf die *materiellrechtliche* Voraussetzung des bedingten Anspruchs und nicht, wie bei Eventualhäufung, auf die *prozessuale* Frage, ob entschieden werden solle, oder nicht.

Beispiel 1: K klagt gegen B auf Herausgabe einer Golduhr (Wert € 3800,–) und beantragt zugleich gem. §§ 255 ZPO, 281 I BGB, dem B für die freiwillige Herausgabe eine Frist von 10 Tagen (ab Rechtskraft, ThP § 255, 1) zu setzen, „hilfsweise" für den Fall nicht fristgerechter Herausgabe, den B zur Zahlung von € 3800,– Schadenersatz zu verurteilen (= § 259).

Beispiel 2: Klage auf Nacherfüllung (§ 634 Nr. 1 BGB) mit Frist (§ 255) neben bedingtem Anspruch des Bestellers auf Rückvergütung nach Minderung, §§ 634 Nr. 3, 638 IV, 346 I BGB. Die Fristsetzung ist erforderlich, da die Voraussetzungen des Rücktritts vorliegen müssen (§ 638 I BGB: „statt zurückzutreten", s. Palandt § 638, 2 mit § 636, 3–5).

§ 510 b und § 61 II ArbGG sind auf das Verfahren vor dem AG bzw. ArbG beschränkte Sonderfälle und erfassen nur Ansprüche auf Vornahme einer *Handlung* (nicht auch: Herausgabe, Unterlassung) mit der Erleichterung, dass die Verurteilung zur Entschädigung nicht der „Besorgnis" i. S. v. § 259 bedarf. Für *andere* Ansprüche bedarf es beim AG/ArbG – und beim LG mangels Anwendbarkeit dieser Sondervorschriften sowieso – der Kombination einer Klage gem. § 255 mit § 259 (Musielak § 510 b, 1).

Nach h. M. kann der Kläger **beide** Ansprüche in **kombinierter** Anwendung von §§ 255, 259 in einer Klage geltend machen:

- **§ 255** betrifft dann den schon **fälligen, unbedingten** Erfüllungsanspruch (mit Frist).
- **§ 259** betrifft den noch **bedingten** (ergebnisloser Fristablauf), künftigen Schadensersatzanspruch. Zulässig also nur bei „Besorgnis" i. S. v. § 259.

BGH NJW 99, 954. Hauptanwendungsfälle liefern die Vorschriften des materiellen Rechts, die dem Gläubiger nach Ablauf einer gesetzten Frist gestatten, Schadensersatz oder neue Rechte geltend zu machen, inbes.: §§ 281 I; 323 I, 437 Nr. 2, 3; 634 Nr. 2, 3, 4; 637; 1003 II BGB (Zöller § 255, 4).

In solchen Fällen liegt objektive Klagenhäufung vor in Form der kumulativen und nicht der uneigentlichen Eventualhäufung, was sich bei Klagabweisung zeigt:

(1) Bei **Unbegründetheit** werden **beide** Anträge rechtskraftfähig abgewiesen, i. F. einer Eventualstellung würde die Rechtshängigkeit der Klage aus § 259 entfallen und darüber würde erst gar nicht (abweisend) entschieden werden (vgl. Blomeyer § 42 III 2 b).

(2) Hat die **Klage Erfolg,** lautet das Urteil im obigen Beispiel 1:

ENDURTEIL

   I. Der Beklagte wird verurteilt, an den Kläger eine Golduhr (genaue Bezeichnung) herauszugeben. Für die (freiwillige) Herausgabe wird dem Beklagten eine Frist von 10 Tagen ab Rechtskraft dieses Urteils gesetzt *(= § 255).*

   II. Für den Fall, dass der Beklagte dieser Verpflichtung nicht fristgerecht nachkommt, wird er verurteilt, an den Kläger € 3800,– zu zahlen *(= § 259).*

   III. Der Beklagte trägt die Kosten des Rechtsstreits.

   IV. Das Urteil ist gegen Sicherheitsleistung jeweils in Höhe von € 5000,– vorläufig vollstreckbar *(§ 709 S. 1; lediglich für Ziff. II, alternativ: S. 2)*

Anmerkung zu Ziffer IV: Ausgegangen wurde davon, dass die Werte in Ziffern I und II gleich hoch sind (je € 3800,–). Da nach dem Bedingungsvorbehalt in Ziffer II erst einmal aus Ziffer I zu vollstrecken ist und erst nach ergebnisloser Vollstreckung und Fristablauf aus Ziffer II vollstreckt werden darf (Bunte JuS 67, 209), stehen nie beide *gleichzeitig* zur Vollstreckung an; in die Sicherheitsleistung gehört daher nur der „*jeweils*" zu vollstreckende Betrag, nicht die Addition (€ 7600,–). Streitwert: € 3800,–. Keine Addition gem. § 48 I GKG, § 5, da Teilidentität besteht.

Da die Erleichterung gemäß § 709 S. 2 nur für Geldvollstreckung gilt, muss zwischen Ziff. I und II differenziert werden (vgl. Rn. **4.**13, dort Beispiel 4).

5. Der Tatbestand

Er gleicht dem der kumulativen Klagenhäufung, da der Kläger mehrere Ansprüche **8.26** geltend macht. Da der TB **aus der Sicht der Parteien** zu schreiben ist und bis zum Urteil Haupt- und Hilfsantrag dem Gericht als aktuelle Anträge vorliegen, ist **über den Hilfsantrag** (Sachvorträge und Anträge) **selbst dann zu berichten, wenn im Ergebnis über den Hilfsantrag nicht entschieden wird.** Nach § 313 II sollen „die" (= alle bis zuletzt) erhobenen Ansprüche hervorgehoben und samt Parteivortrag berichtet werden. (Abgrenzung: anders wäre es, wenn der Kläger den Hilfsantrag fallengelassen hätte: dann gehört er in die Prozessgeschichte).

Beispiel: K verlangt Kaufpreiszahlung € 8000,–, hilfsweise Rückgabe der Kaufsache.

TATBESTAND

Einleitungssatz: Der Kläger begehrt in erster Linie Kaufpreiszahlung, hilfsweise fordert er Rückgabe der gelieferten Kaufsache.

I. Zum **Hauptantrag**
   1. Unstreitiges dazu
     Die Parteien verhandelten am 2. 6. über den Kauf eines PKW …
   2. Streitiger Klägervortrag
     K behauptet, B habe seinem Angebot über € 8000,– zugestimmt.

II. Zum **Hilfsantrag**
   1. Einleitung: hilfsweise begehrt der Kläger …
   2. Unstreitiges dazu
   3. Streitiger Klägervortrag dazu

III. **Anträge**
   1. Hauptantrag
   2. Hilfsantrag
   3. Klagabweisungsanträge des Beklagten

IV. Zum **Hauptantrag**
   1. Streitiger Vortrag des Bekl.
     Der Bekl. bestreitet, das Angebot des K angenommen zu haben. Er behauptet …
   2. Erwiderung des Klägers (sofern rechtserhaltend, sonst ist sie schon in seinem streitigen Vorbringen oben I 2 aufzuführen).

V. Zum **Hilfsantrag**
   1. Streitiger Vortrag des Beklagten
   2. Erwiderung des Klägers (sofern rechtserhaltend)

VI. Prozessgeschichte
   Insbesondere Bericht über erhobene Beweise, unerledigte Beweisangebote beider Parteien (dazu oben Rn. **5.**09).

Anmerkung: Gliederungsziffern sind im TB (im Gegensatz zu den E-Gründen) nicht üblich, hier nur zur besseren Orientierung.

6. Die Entscheidungsgründe

8.27 Ihr **Aufbau** richtet sich (im Unterschied zu Gutachten und Prüfungsschema, oben Rn. **8.**15) **nach dem tenorierten Ergebnis.**

a) Über den **Hilfsantrag wird nicht entschieden** (weil der Hauptantrag bereits Erfolg hat):

> Einleitungssatz: die Klage hat bereits nach dem Hauptantrag Erfolg.
>   I. Zulässigkeit der Klage (nur zum Hauptantrag)
>   II. Begründetheit der Klage (nur zum Hauptantrag)
> III. Hilfsantrag: hierzu nur mit 1 Satz klarstellen, dass darüber wegen Erfolgs des HauptA nicht mehr zu befinden ist, weil für diesen Fall nicht mehr beantragt (§ 308 I).
> IV. Nebenentscheidungen
>   1. Kosten
>   2. Vorläufige Vollstreckbarkeit

b) Über den **Hilfsantrag wird auch entschieden** (weil der Hauptantrag erfolglos oder sonst erledigt ist):

> Einleitungssatz: Die Klage hat nur nach dem Hilfsantrag Erfolg.
>   I. Hauptantrag (Die Klage war insoweit abzuweisen, da …)
>   1. Zwar Zulässigkeit der Klage
>   2. Aber Unbegründetheit der Klage gem. Hauptantrag: Abweisung.
>   II. Hilfsantrag
>   1. Zulässigkeit der Klage, sowie: § 260 (vgl. Rn. **8.**17).
>   2. Begründetheit der Klage gem. Hilfsantrag
> III. Nebenentscheidungen
>   1. Kosten
>   2. Vorläufige Vollstreckbarkeit

IV. Die alternative Klagenhäufung

8.28 **1.** Alternative **Anträge.** Sie sind nach h. M. nur zulässig in den Fällen der Wahlschuld, §§ 262 ff. BGB. Im Übrigen sind alternativ gefasste Klageanträge **mangels bestimmten Klageantrags** (§ 253 II Nr. 2) unzulässig (BGH WM 89, 1873).

Beispiel: Der Kläger klagt auf „Mietzins oder Räumung" (BL § 260, 7). Er müsste das per Haupt- u. Hilfsantrag geltend machen!

8.29 **2.** Eine alternative Häufung nur des **Klagegrundes**(-sachverhaltes) bei nur 1 Antrag ist selten.

Beispiel: K verlangt Zahlung von € 50 000,–, gestützt auf Darlehen und den dafür hingegebenen Wechsel, BGH NJW 92, 117. BGH WM 91, 600: Antrag auf Schadensersatz, gestützt auf eigenes und auf abgetretenes Recht. Auch diese Form der alternativen Klagenhäufung ist nach h. M. wegen Verstoßes gegen das Bestimmtheitsgebot (§ 253 II Nr. 2) unzulässig, da nur der Kläger selbst und nicht das Gericht den Entscheidungsgegenstand bestimmen kann (BGHZ 189, 56; Musielak 7; Zöller 5 zu § 260; a. A. ThP § 260, 3).

8.30 **3. Nicht** hierher gehört nach h. M. die **Ersetzungsbefugnis** (Hauptfälle: §§ 251 II, 775 II BGB), da dort der Kläger nur *einen* Antrag mit einem Klagegrund geltend macht und nicht wie bei der alternativen 2 Anträge, die beide – wenn auch alternativ – zugesprochen werden sollen (ThP § 260, 7). Die Klage mit zugebilligter Ersetzungsbefugnis ist daher auch nicht etwa wegen unbestimmten Klageantrags (§ 253 II) unzulässig (vgl. Palandt § 262, 8).

Im Tenor des Urteils ist die Ersetzungsbefugnis festzustellen: „… der Beklagte kann durch freiwillige Leistung von … abwenden" (BL § 260, 7).

§ 9 Die Klageänderung

I. Die Fälle der Klageänderung

Klageänderung ist Änderung des Streitgegenstands. Sie liegt nach dem herrschenden **9.01** zweigliedrigen Streitgegenstandsbegriff (dazu und Beispiele: oben Rn. **8.**01) vor, wenn
- der **Klageantrag** und/oder
- der vorgetragene **Lebenssachverhalt** (und zwar im Kern, sonst § 264 Nr. 1, BGH NJW 07, 83)
- oder die Reihenfolge von Haupt- u. Hilfsantrag (BGHZ 170, 164) geändert wird.

Die Fälle der Klageänderung sind

- **Klageauswechslung**
  An die Stelle des bisherigen Klagebegehrens tritt austauschend ein anderes (unten III).
- Die **nachträgliche objektive Klagenhäufung.**
  Neben einen schon rechtshängigen prozessualen Anspruch tritt ein weiterer selbstständiger (unten IV).
- Die Fälle des **§ 264 Nr. 2** (Klageerhöhung bzw. Klageermäßigung).
  Bei unverändertem Klagegrund (Lebenssachverhalt) wird der Klageantrag bzgl. Haupt- oder Nebenforderung (z. B. Zinsen) erhöht oder ermäßigt (unten V).
- Die Fälle des **§ 264 Nr. 3**
  Bei unverändertem Klagegrund (Lebenssachverhalt) wird statt des ursprünglich geforderten Gegenstandes wegen später eingetretener (oder bekannt gewordener) Veränderungen ein anderer Gegenstand oder Schadenersatz gefordert (unten V).

  In den Fällen des § 264 Nr. 2, 3 liegt stets Änderung des Klageantrags und damit (nach allen Theorien) Klageänderung vor, die aber kraft Gesetzes stets zulässig ist: „Nicht als Klageänderung anzusehen", d. h. es **ist** Klageänderung, aber infolge der *Fiktion* nicht deren Zulässigkeitsvoraussetzungen unterworfen.

- Parteiänderungen (Parteiwechsel und Parteibeitritt)?

  Nach stRspr. des BGH sind die §§ 263 ff. weitgehend analog anzuwenden, aber sehr strittig.
  Die Parteiänderung wird später eingehend besprochen (unten § 15). Im Folgenden werden die §§ 263 ff. daher nur für die **objektive Streitgegenstandsänderung** erläutert.

- Es verbleiben als „klassische Fälle" der Klageänderung:

Klageauswechslung   Nachträgliche obj. Klagehäufung   264 Nr. 2   264 Nr. 3

Diese 4 Fälle werden im Folgenden besprochen. Zunächst zur Zulässigkeit der Klageänderung.

II. Die Zulässigkeit der Klageänderung

Nach ganz h. M. ist die Zulässigkeit der Klageänderung eine **besondere Sachurteils-** **9.02** **voraussetzung** für den neu erhobenen proz. Anspruch.

Unzulässigkeit der Klageänderung führt daher zum **Prozessurteil** über den neuen Anspruch: der Kläger hat zwar den neuen Anspruch rechtshängig gemacht, das Gericht muss also darüber entscheiden und kann die unzulässige Klageänderung nicht wegen ihrer Unzulässigkeit einfach ignorieren. Aber die Einbeziehung in den gegenwärtigen Prozess ist unzulässig und hindert eine Sachentschei-

dung über den neuen Anspruch. Die Zulässigkeit der Klageänderung ist also keine Wirksamkeitsvoraussetzung der Klageerhebung, sondern Sachurteilsvoraussetzung.
BGH LM Nr. 1 zu § 268 a. F.; RoSG § 99, 30; ThP 17; BL 18; Zöller 17; Musielak 11 je zu § 263.

Aufbau – Empfehlungen:
Bei der Prüfung der Zulässigkeit der Klage empfiehlt es sich, so früh wie möglich zu klären, ob die Klageänderung zulässig oder unzulässig ist: ist die Klageänderung nämlich unzulässig, so ist die geänderte Klage schon deswegen als unzulässig abzuweisen, die übrigen Sachurteilsvoraussetzungen können ungeprüft dahinstehen.
Vgl. Schumann JuS 74, 645: **die Ausführungen zur Klageänderung gehören an die Spitze der Prüfung.**
Weiter: Die Gesamtgliederung der Zulässigkeitsprüfung kann – je nach Behandlung des alten Anspruchs – etwas unterschiedlich sein. Daher: Machen Sie sich **so rasch wie möglich klar, welcher Typus der Klageänderung vorliegt** und entwerfen danach ihr Aufbaukonzept.

9.03 Es empfiehlt sich folgendes Grundschema:

A.

1. Ordnungsmäßigkeit der Klageerhebung
   a) Neues Begehren: § 261 II
   b) Bisheriges Begehren: § 253 II

   > Aber: dessen Prüfung entfällt bei *zulässiger* Klageauswechslung, da die Rechtshängigkeit des alten Begehrens erlischt.

2. **Zulässigkeit der Klageänderung**
   in der Reihenfolge
   – Klageänderung kraft Gesetzes zulässig gem. §§ 264 Nr. 2, 3.
   – Einwilligung des Bekl., § 263
   – Rügelose Einlassung des Bekl., § 267
   – Sachdienlicherklärung durch Gericht, § 263. Begriff der Sachdienlichkeit: s. unten Rn. **9.**08; ThP § 263, 8.

   Ist die Klageänderung hiernach **zulässig,** folgen jetzt die allgemeinen (und ggfls. die besonderen) Sachurteilsvoraussetzungen für den **neuen** (eingewechselten, ermäßigten oder erweiterten) Klageanspruch. Bei nachträglicher obj. Klagenhäufung werden daneben diejenigen des bisherigen Anspruchs geprüft. Bei zulässiger Klageauswechslung entfällt die Rechtshängigkeit des alten Anspruchs, der daher nicht mehr geprüft wird, s. unten Rn. **9.**05.

3. Örtliche Zuständigkeit
4. Sachliche Zuständigkeit

   Ggfls. § 5 bei nachträgl. obj. Klagenhäufung, sowie § 506 bei Erhöhung der Klage; § 261 III Nr. 2 bei Klageermäßigung etc.

5. Prozessführungsbefugnis etc.

B.

Entscheidung über den **alten Anspruch?**
Das richtet sich nach dem Typus der Klageänderung:
1. Klageauswechselnde Klageänderung:
   a) Falls zulässig: Die Rechtshängigkeit des alten Anspruchs erlischt (strittig nur, wann). Er wird daher nicht mehr geprüft.
   b) Falls unzulässig: Strittig. Nach h. M. muss über den alten Anspruch, da rechtshängig geblieben, in der Sache entschieden werden, und zwar bei Nichtverhandeln über ihn durch VU gem. §§ 330, 333, sonst durch normales streitiges Endurteil. Näheres unten Rn. **9.**08.

2. Bei nachträglicher objektiver Klagenhäufung:
   Problemlos: es wird stets über beide Anträge (alten und neuen) entschieden.
   Bei unzulässiger Erweiterung wird durch Prozessurteil abgewiesen, über den
   bisherigen (alten) Anspruch normal weiterverhandelt.

3. Klageänderungsfälle gem. § 264 Nr. 2
   Die Klageänderung ist zwar hier stets kraft Gesetzes zulässig. Bei Klageermäßigung ist aber nach h. M. die Zustimmung des Beklagten gem. § 269 I erforderlich. Fehlt diese und bleibt der Kläger hinsichtlich des Ermäßigungsbetrags
   schlicht untätig (§ 333), so ergeht insoweit abweisendes VU gegen den Kläger,
   §§ 330, 333, andernfalls streitiges Endurteil. Näheres unten Rn. **9.18**.

4. Klageänderungsfälle gem. § 264 Nr. 3
   Hinsichtlich des **bisherigen** Antrags hat sich die **Hauptsache erledigt;** das
   wird der Kläger dann auch erklären (Jauernig § 41 II 3). Zum Prüfungsschema, wenn dies übereinstimmend und wenn es einseitig geschieht: unten
   Rn. **11.**21, 25.

III. Die klageauswechselnde Klageänderung

Darunter fallen in Abgrenzung zu § 264 Nr. 2 die Fälle, in denen entweder der **9.04**
zugrunde liegende Lebenssachverhalt und/oder das Rechtsfolgebegehren aus ihm
(Klageantrag) **ausgewechselt** wird.

Beispiele: (1) Auswechslung auch des *Lebenssachverhalts:* Darlehen aus 2012 statt Werklohn aus 2013;
Umstellung der Klage aus eigenem Recht auf solche aus abgetretenem Recht, BGH NJW 07, 2561;
09, 56.
Lebenssachverhalt ist das gesamte, bei natürlicher Betrachtungsweise zusammengehörende Geschehen.
Er ist bei Sachverhalten von gewisser Dauer weit zu ziehen (z. B. bei Streit um die Beendigung einer
Gesellschafterstellung: die diversen Aufhebungs-, Ausschluss- u. Beendigungsgründe), bei Rechtsgeschäften des täglichen Lebens (z. B. Abtretung) dagegen enger. Näheres und Beispiele bei ThP Einl. II
30 ff. BGH NJW 07, 83, 84: „Die Identität des Klagegrundes wird aufgehoben, wenn durch neue
Tatsachen der Kern des in der Klage angeführten Lebenssachverhalts verändert wird. Dabei muss
es sich um wesentliche Abweichungen handeln; die bloße Ergänzung oder Berichtigung der tatsächlichen Angaben fällt unter § 264 Nr. 1 und stellt daher keine Änderung des Klagegrundes dar".

(2) Klageänderung infolge *Antragsänderung* bei gleichem Lebenssachverhalt – ohne dass ein Fall des
§ 264 Nr. 2 gegeben ist, weil der Antrag nicht etwa ermäßigt, sondern durch ein völlig anderes
Rechtsfolgebegehren ausgewechselt wird – liegt z. B. vor beim Übergang vom werkvertraglichen
Vorschussanspruch (§ 637 III BGB) zum Schadensersatz gemäß §§ 634 Nr. 4, 281, 280 I BGB (da
ersterer u. a. abrechnungspflichtig ist, letzterer endgültig regelt), BGH NJW-RR 98, 1006. Ebenso:
Umstellung des Klageantrags von Unterlassung auf Schadensersatz, ThP § 263, 2.

Wegen des Problems, ob nach Klageauswechslung noch zum alten Antrag zu entscheiden ist, hat man danach zu differenzieren, ob die Klageänderung zulässig (1.) oder unzulässig ist (2.):

1. Die Klageauswechslung ist zulässig   9.05

Beispiel: K klagt gegen B auf Rückzahlung eines Darlehens über € 10 000,–. B bestreitet, von K
jemals ein Darlehen erhalten zu haben. Auf Antrag des K werden dazu 3 Zeugen vernommen, für die
er Auslagenvorschüsse (u. a. Anreise per Flugzeug) in Höhe von € 1200,– veraulagt. Da die Beweisaufnahme ungünstig für K verläuft, stellt er die Klage mit zugestelltem Schriftsatz um: das Darlehen

habe die von ihm geführte K-GmbH gewährt, diese habe ihre Rückzahlungsansprüche in Höhe von jetzt noch offenen € 6000,– soeben an ihn abgetreten, er verlange daher jetzt € 6000,– aus abgetretenem Recht. B erwidert darauf, die Geldüberlassung und Kündigung durch die K-GmbH werde nicht bestritten. B stellt jedoch die bestrittene und beweislose Behauptung auf, die K-GmbH habe das Geld zurückerhalten. Die Parteien sind anwaltlich vertreten.

Wie ist zu entscheiden?

Zur folgenden Gliederung: A. Zulässigkeit. B. Begründetheit. C. Tenor mit Erläuterungen zur Kostenentscheidung. D. Tatbestand. E. Entscheidungsgründe.

(A) Zulässigkeit der Klage

(I) Neuer (eingewechselter) Anspruch

Prüfung damit beginnen, da eine zulässige Auswechslung (jetzt: abgetretenes Recht) den bisherigen Anspruch verdrängt haben kann (s. unten II).

(1) Ordnungsmäßigkeit der Klageerhebung, §§ 261 II, 78 I:

Zulässig erhoben mit Schriftsatz, der den Erfordernissen von § 253 II Nr. 2 und der Prozesshandlungsvoraussetzung gem. § 78 I genügt.

(2) Zulässigkeit der Klageänderung?

(a) Einwilligung, § 263? Nicht ausdrücklich, aber konkludent, jedenfalls:

(b) § 267: rügelose Einlassung des B auf geänderte Klage begründet unwiderlegliche Vermutung der Einwilligung, auch wenn sich der Beklagte einer Klageänderung nicht bewusst ist (ThP § 267, 1).

(3) Prozessführungsbefugnis bzgl. des neuen Anspruchs?

Ja, K macht nach Abtretung den Anspruch als **eigenen** geltend.

(4) Sonstige allgemeine Sachurteilsvoraussetzungen des neuen Anspruchs (örtliche, sachliche Zuständigkeit etc.): als gegeben zu unterstellen.

(II) Alter, jetzt fallen gelassener Anspruch

Bei **zulässiger** Klageauswechslung ist nach ganz h. M. über den früheren prozessualen Anspruch nicht mehr zu entscheiden:

(1) Die Rechtshängigkeit des alten Anspruchs erlischt bei zulässiger Klageänderung zwar erst – dann aber rückwirkend auf den Zeitpunkt der Rechtshängigkeit des ihn verdrängenden neuen –, wenn feststeht, dass sie zulässig ist, also entweder schon ab Zustimmung des Beklagten oder später ab rechtskräftiger Zulassung (BGH NJW 92, 2235; 90, 2682; ThP 14; Zöller 16 zu § 263). Bei der Entscheidung über den neuen Anspruch steht aber bereits (bzw. lediglich noch nicht rechtskräftig) fest, dass es infolge zulässiger Auswechslung keiner rechtskraftfähigen Entscheidung mehr über den früheren Anspruch bedarf: dieser bleibt folglich auch als Entscheidungsgegenstand außer Betracht.

(2) § 269 I (Einwilligung des Bekl.) ist bei vollständiger Klageauswechslung nach h. M. neben den §§ 263 ff. nicht anwendbar.

Hauptargument: die Klagerücknahme (gänzlich oder teilweise) zielt auf ersatzlose *Beendigung* des Prozessrechtsverhältnisses ab, die Klageauswechslung aber auf dessen *Fortgang* (Zöller § 263, 6, 18; a. A. Grunsky VerfR § 13 III).

Beachte: Dieser Differenzierung folgend entscheidet die h. M. bei bloßer Klageermäßigung i. S. v. § 264 Nr. 2: ist in der Beschränkung eine Teilrücknahme zu sehen, so wird das Prozessrechtsverhältnis teilweise beendet, § 269 I ist dann **neben** § 264 Nr. 2 anzuwenden (vgl. BGH NJW 90, 2682 zu 1 b, ThP 6; BL 1; Zöller 4 a je zu § 264; a. A. Musielak § 264, 6). Im obigen Beispiel ist § 264 nicht relevant, weil die geänderte Klage nicht auf denselben Klagegrund (Lebenssachverhalt), sondern einen neuen (abgetretenes Recht, ThP Einl. II Rn. 32) gestützt wird.

(B) Begründetheit der Klage

Zu entscheiden ist nur über das zulässig eingewechselte neue Klagebegehren:

(1) Anspruch **entstanden,** § 488 I S. 2 BGB

(a) In der Person der K–GmbH: unbestritten, § 138 III

(b) Aktivlegitimation des K gem. § 398 BGB: unbestritten, § 138 III.

(2) Anspruch **nicht erloschen,** § 362 BGB?

Bestrittene und beweislose Behauptung des B, Beweislast bei B. Anspruch also nicht erloschen.

(3) **Höhe:**

Die Geldüberlassung ist auch zur Höhe unstreitig.

(C) Der Tenor

ENDURTEIL

I. Der Beklagte wird verurteilt, an den Kläger € 6000,– zu zahlen.

II. Die Kosten der Beweisaufnahme trägt der Kläger *(= § 96).* Von den übrigen Kosten des Rechtsstreits trägt der Kläger ²/₅, der Beklagte ³/₅ *(= § 92 I 1).*

III. Das Urteil ist vorläufig vollstreckbar, für den Kläger jedoch nur *gegen* Sicherheitsleistung in Höhe von 110% des jeweils zu vollstreckenden Betrags *(= § 709 S. 2).*
Der Kläger kann die Vollstreckung durch den Beklagten *abwenden* durch Sicherheitsleistung in Höhe von 110% des aus Ziff. II gegen ihn vollstreckbaren Betrags, wenn nicht der Beklagte vor der Vollstreckung Sicherheit in Höhe von 110% des jeweils zu vollstreckenden Betrags leistet *(= § 708 Nr. 11, 711 S. 2).*

Erläuterungen:

Zur Hauptsacheentscheidung:

Keine „Abweisung im Übrigen" bzgl. des fallen gelassenen Anspruchs: dieser ist nicht mehr Entscheidungsgegenstand (siehe oben A II).

Zur Kostenentscheidung:

Die *Mehrkosten,* die der fallen gelassene alte Anspruch verursacht hat, trägt der Kläger: insoweit wird ja der Bekl. nicht verurteilt und darf daher nicht mit diesen Kosten belegt werden. Die Frage ist nur, wie man diese Mehrkosten errechnet. Gebräuchlich sind vor allem **2 Möglichkeiten:**

(1) **Abtrennung** der ausscheidbaren Mehrkosten **gemäß § 96,** im Übrigen §§ 91, 92.

Das ist die einfachste und schnellste Lösung und wird daher vielfach praktiziert (Zöller § 263, 18; StJ § 264, 38; Furtner Urteil S. 63; Blomeyer JuS 70, 234).

Hier: Die Kosten der Beweisaufnahme vor der Klageänderung, also die Auslagenvorschüsse von immerhin € 1200,– sind ausscheidbar, da sie nicht zum Teil in anderen Gebührentatbeständen mit enthalten sind, sie können im Wege der Kostentrennung gemäß § 96 dem Kläger gesondert auferlegt werden. Im Übrigen entspricht die Klageermäßigung einer Klagerücknahme um € 4000,–, so dass von den übrigen Kosten des Rechtsstreits gemäß § 92 I 1 der Kläger ²/₅, der Beklagte ³/₅ trägt.

(2) **Bildung einheitlicher Quoten gem. § 92 nach Ausrechnung der Streitwertstufen.**

Der soeben unter (1) beschriebene einfache Weg der Abtrennung bestimmter Kosten ist dann nicht oder nur mittels zahlloser unübersichtlicher Abtrennungen gangbar, wenn der Streitwert innerhalb der Instanz **mehrfach** sowohl nach oben wie nach unten **wechselt.**

In diesen Fällen von Stufenstreitwerten lässt sich eine einheitliche Quotierung gem. § 92 und ein damit verbundener etwas aufwändiger Rechenweg meist nicht vermeiden. Solche Stufenstreitwerte entstehen infolge von Klageänderungen, Teilanerkenntnissen, Teilerledigungserklärungen, Teilrücknahmen.

Beispiel: Klage auf Rückzahlung eines Darlehens über € 10000,–, hierzu Teilanerkenntnis des Bekl. mit der Kostenfolge aus § 93, danach Klageerweiterung um ein weiteres Darlehen über € 20000,– (Streitwert jetzt € 25000,–), dazu erneut Teilanerkenntnis in Höhe von € 13000,–, hinsichtlich der restlichen € 12000,– wird B zur Zahlung von € 4000,– verurteilt.

Im **Klausurfall** wird hier die Kostenentscheidung in aller Regel erlassen sein. Für die Arbeit in der Praxis und der Zivilstation sei daher nur der grundsätzliche Rechenweg skizziert (Rechenbeispiel in der 10. Auflage S. 142/143).

Erforderlich sind **3 Rechenwege:**

– Zunächst Ausrechnung der Gesamtkosten. Hierzu durchläuft man für jede Gebühr die einzelnen Streitwertstufen.
– Zweitens werden die Anteile der Parteien in den Streitwertstufen in €-Beträgen errechnet. Hierzu wird man das Rechenwerk auf eine Partei (z.B. den Kläger) beschränken (weil die andere zwangsläufig den Rest trägt).
– Drittens setzt man die Anteile der Parteien in €-Beträgen ins Verhältnis zu den Gesamtkosten (= Quote), wobei nach Gerichtskosten und außergerichtlichen Kosten differenziert wird.

9.06 (D) Der Tatbestand

Zum fallen gelassenen Anspruch:
Da über den fallen gelassenen proz. Anspruch nach h.M. nicht mehr zur Sache entschieden wird (abgesehen von den Kosten), darf der TB nicht mit Details dazu belastet werden. Andernfalls träte Kopflastigkeit des TB gegenüber den E-Gründen ein.
Ganz weglassen darf man ihn andererseits auch nicht, da er wegen der Kosten noch aktuell ist für die Entscheidung: gem. § 313 II sind alle erhobenen Ansprüche samt Anträgen zu berichten, frühere jedenfalls dann, wenn sie für die Entscheidung noch Bedeutung haben (wie hier wegen der Kosten), ThP § 313, 19. Es empfiehlt sich, über den fallen gelassenen Anspruch in einer Prozessgeschichte vor den zuletzt gestellten Anträgen (oder ganz zu Beginn des TB) zu berichten, jedoch in größtmöglicher Kürze bzgl. des Parteivortrags (Verweisungen auf Akteneile!), bzgl. des Antrags exakt, da dieser für den Streitwert des alten Anspruchs und damit seine Kosten wichtig ist.

Der TB wird zweckmäßigerweise wie folgt gestaltet:

> Einleitungssatz: „Der Kläger fordert nach Umstellung seiner Klage zuletzt Rückzahlung eines Darlehens aus abgetretenem Recht".
>
> ### I. Eingewechselter neuer Anspruch
> 1. Unstreitiges zum neuen Anspruch.
> 2. Streitiger Vortrag des Klägers zum neuen Anspruch.
>
> ### II. Prozessgeschichte zur Klageänderung.
>
> Hier: „Der Kläger hat zunächst Rückzahlung eines Darlehens gefordert, welches er selbst dem Beklagten gewährt habe. Hinsichtlich aller Einzelheiten wird verwiesen auf … Dazu hat der Kläger beantragt, den Beklagten zur Zahlung von € 10000,– zu verurteilen. Der Beklagte ist dem entgegengetreten. Mit Schriftsatz vom … hat der Kläger die Klage umgestellt auf Leistung aus abgetretenem Recht der K-GmbH. Der Beklagte hat der Umstellung der Klage nicht widersprochen und weiter zur Sache verhandelt. Insoweit wird auf das Protokoll der Sitzung vom … verwiesen. Der Kläger hat zuletzt beantragt zu erkennen":

III. **Letzte Anträge**
   1. des Klägers
   2. des Beklagten
IV. **Streitiger Beklagtenvortrag**
   V. Replik des Klägers
   VI. Bericht über Beweiserhebung, sonstige Prozessgeschichte

9.07

(E) Die Entscheidungsgründe

Einleitungssatz zum Prozessergebnis: „Die Klage ist in ihrer *letzten* Fassung zulässig und begründet".
   I. **Eingewechselter Anspruch**
      Mit diesem beginnen, denn nur auf ihm „beruht" (§ 313 III) der Tenor!
      Vgl. oben Rn. **6**.01.
      1. Zulässigkeit
         a) der Klageänderung
         b) der (neuen) Klage im Übrigen (= allg. Sachurteilsvoraussetzungen)
      2. Begründetheit
      3. Zinsen etc.
   II. **Fallengelassener Anspruch**
      Hier nur kurz begründen, dass die Rechtshängigkeit nach h. M. (s. oben
      Rn. **9**.05) infolge kraft Zustimmung des Beklagten zulässiger Klageänderung entfallen *ist,*
      oder doch mit RKraft entfallen *wird,* so dass es einer Prüfung und Entscheidung zum alten Anspruch nicht mehr bedarf.
   III. Kosten
      Hier genügt das reine Gesetzeszitat i. d. R. nicht. Die E-Gründe müssen zumindest (wenn auch ohne Wiedergabe des Rechenwerks) erkennen lassen,
      dass das Gericht etwaige Mehrkosten des fallen gelassenen Anspruchs in der
      Kostenentscheidung berücksichtigt hat.
   IV. §§ 708 ff.

2. Die Klageauswechslung ist unzulässig

Abzuweisen als unzulässig ist dann jedenfalls die neue, eingewechselte Klage, da die Zulässigkeit der Klageänderung Sachurteilsvoraussetzung ist. Zu differenzieren ist aber weiter, *wie* daneben auch noch über den alten, fallen gelassenen Antrag zu entscheiden ist. **9.08**

Beispiel 1: (Abwandlung des Beispiels oben Rn. **9**.05). K klagt zunächst € 10 000,– aus Darlehen
ein, welches er selbst dem B gegeben habe. Nach einer für K ungünstigen Beweisaufnahme darüber,
ob K überhaupt Vertragspartner gewesen sei, stellt er die Klage mit zugestelltem Schriftsatz um: das
Darlehen habe sein Arbeitskollege A dem B gewährt, er mache dessen soeben abgetretenen Anspruch
über € 10 000,– geltend. Im nächsten Termin stellt K nur mehr den geänderten Antrag und weigert
sich, zur ursprünglichen Klage zu verhandeln.
B widersetzt sich der Klageänderung. Nur vorsorglich bestreitet er, von A jemals Geld erhalten oder
einen Darlehensvertrag überhaupt geschlossen zu haben. K benennt hierfür 3 weitere bisher nicht
vernommene Zeugen.
Wie ist zu entscheiden?

(A) Zulässigkeit der Klage

(I) Neuer (eingewechselter) Anspruch.

(1) Ordnungsmäßigkeit der Klageerhebung, §§ 261 II, 78 I: (+)

(2) Zulässigkeit der Klageänderung? Nein:

(a) Zulässigkeit kraft Gesetzes gem. § 264 Nr. 2, 3? Nein, da der Lebenssachverhalt nicht gleichblieb, sondern ausgewechselt wurde: der Sachverhalt als Streitgegenstandselement i. S. d. herrschenden 2-gliedrigen StG-Lehre wird geändert, wenn von der Zahlungsklage aus **eigenem** Recht übergegangen wird zu der aus **abgetretenem** Recht (BGH NJW 07, 2561; 09, 56; ThP Einl. II 32).

(b) Einwilligung i. S. v. § 263 oder rügelose Einlassung i. S. v. 267? Nein, vielmehr ausdrückliche Ablehnung durch B.

(c) **Sachdienlichkeit, § 263?**

Diese ist nach Rspr. und h. M. objektiv nach der Prozesswirtschaftlichkeit zu beurteilen (BGH NJW 12, 2662, Tz. 20; 00, 800, 803; ThP § 263, 8, je m. w. N.):

– **Zu bejahen,** wenn der bereits gewonnene Prozessstoff, insbes. Beweiserhebungen, auch für die geänderte Klage verwertbare Entscheidungsgrundlage bleibt. Ist das der Fall, steht der Sachdienlichkeit nicht entgegen, wenn infolge der Klageänderung neue, weitere Beweise erhoben werden müssen, der Prozess sich dadurch verzögert. Denn maßgebend ist dann, dass der Streitstoff bereits im anhängigen Verfahren ausgeräumt und so ein weiterer RStreit vermieden wird (BGH, ThP a. a. O.).

– **Zu verneinen** aber, wenn der Kläger einen völlig neuen Prozessstoff vorträgt, für den das Ergebnis der bisherigen Prozessführung nicht verwertet werden kann, weil es dafür nicht einschlägig ist.

Im letzteren Sinne liegt der Fall hier: die für die angebliche Darlehensgewährung K an B gewonnenen Beweise besagen überhaupt nichts darüber, ob das Darlehen ein gewisser A gewährt hat. Der bereits gewonnene Prozessstoff wäre für eine Klage des K aus abgetretenem Recht des A nicht einschlägig und bliebe daher nicht mehr verwertbare Entscheidungsgrundlage. Die Fortführung eines solchen Prozesses bietet prozesswirtschaftlich keinerlei Vorteile gegenüber einem nun neu und gesondert begonnenen Prozess, das Gericht müsste ebenso neu beginnen und erspart sich im Vergleich zu neuem selbstständigem Prozess keinerlei Beweiserhebungen.

Die Klageänderung ist daher unzulässig, der eingewechselte **neue** Anspruch daher durch **Prozessurteil** als unzulässig abzuweisen (ThP 17; Müko-ZPO 54; Zöller 17; BL 19 zu § 263).

(II) Bisheriger Anspruch

(1) Zunächst ist zu prüfen: Ist er überhaupt noch zur Entscheidung gestellt? Möglich ist insbesondere:

(a) Hilfsweise aufrechterhalten neben dem neuen Anspruch?

Dann liegt Eventualhäufung vor, § 260. Die Bedingung für den zum Hilfsantrag gewordenen ursprünglichen Antrag ist eingetreten, weil der Hauptantrag (eingewechselter Anspruch) unzulässig und daher erfolglos ist.

Es folgt dann Prüfung von Zulässigkeit und Begründetheit des Hilfsantrags (ursprüngl. Klagebegehren). Ist dieser erfolgreich, so wird dieser im Tenor zugesprochen und die Klage „im Übrigen" (= unzulässiger eingewechselter Hauptantrag) abgewiesen.

(b) Klagerücknahme bzgl. des bisherigen Anspruchs, § 269?

Auslegungsfrage. Allein das Umstellen auf ein neues Begehren bedeutet noch keine konkludente Rücknahme des alten, sondern zunächst einmal nur schlichte Untätigkeit des Klägers und damit Fortdauer der Rechtshängigkeit. Liegen keine sonstigen Anhaltspunkte vor, wird man in der bloßen Nichterklärung des Klägers daher keine Klagerücknahme sehen. Es stellt sich dann die Streitfrage, in welcher Form über den alten Anspruch zu entscheiden ist:

(2) Bei Fortdauer der Rechtshängigkeit des alten Anspruchs:
Bleibt der Kläger dazu schlicht untätig, so ist zu differenzieren, *wie* über den alten Anspruch noch zu entscheiden ist.

Nach h. M ist über den **bisherigen Anspruch** (bei Zulässigkeit der ursprünglichen Klage) **durch Sachurteil** zu entscheiden: dieses ergeht als klageabweisendes **Versäumnisurteil gem. §§ 333, 330,** sofern der Kläger im gesamten letzten Verhandlungstermin zum alten Anspruch weder Anträge stellt noch verhandelt, vielmehr jede diesbezügliche Einlassung verweigert, **sonst als normales streitiges Endurteil.**

Argument: die Rechtshängigkeit des bisherigen Anspruchs ist mangels Klagerücknahme oder eine die Rechtshängigkeit verdrängende *zulässige* Klageänderung nicht erloschen, so dass über den bisherigen Anspruch in jedem Falle durch Urteil zu entscheiden ist (BGH NJW 88, 128; Zöller 17; BL 19; Müko-ZPO 53; ThP 17 zu § 263).
Die Lösung über §§ 333, 330 ist freilich nur dann möglich, wenn die Teilversäumnis bzgl. des bisherigen Anspruchs im **gesamten** letzten Verhandlungstermin besteht, also nicht, wenn zu dessen Beginn die Anträge zum alten Anspruch schon gestellt worden sind und zunächst über ihn auch verhandelt worden ist (vgl. unten Rn. **19.**03; BGHZ 63, 94; ThP 1; Zöller 1 zu § 333). Ist der Antrag zum alten Anspruch bereits in einem früheren Termin gestellt worden, so kommt wegen der Fortwirkung der Antragstellung nach dem Grundsatz der Einheit der mündlichen Verhandlung (s. unten Rn. **23.**07) eine Lösung über §§ 333, 330 nur in Betracht, wenn der Kläger zum alten Anspruch im letzten Termin überhaupt nicht verhandelt i. S. v. § 333, also jede diesbezügliche Einlassung zur Sache *verweigert* (Zöller § 333, 2; Musielak § 334, 2).
§ 308 I steht einem Sachurteil über den bisherigen Anspruch auch nicht entgegen: War der Antrag dazu jemals in mdl. Verhandlung gestellt, so wirkt diese Antragstellung wegen der Einheit der mdl. Verhandlung fort, eine wiederholte Antragstellung ist unnötig (BGHZ 141, 193; ThP § 137, 1; Zöller § 137, 1 u. § 333, 1). Der Kläger mag dieses Fortwirken durch Klagerücknahme beenden, wenn er wirklich keine Entscheidung mehr zum alten Anspruch will! War der Antrag noch nie gestellt (z. B. Klagewechslung *vor* dem Termin), wird man mit BGH NJW 88, 128 zu 3 c, d i. d. R. den neugefassten Antrag dahin auslegen können, dass er als Hauptantrag und der bisherige als Hilfsantrag gestellt sein solle, womit über *beide* entschieden werden kann, da sie ja beide rechtshängig geworden sind. Der BGH hat einen Verstoß gegen § 308 I bei Entscheidung auch über den alten Antrag daher verneint.

Folgt man dieser h. M., ergibt sich für die weitere Prüfung sowie das Urteil:

(B) Begründetheit der Klage

Sie ist **nicht mehr** zu prüfen:
– Eingewechselter Anspruch: Abweisung durch Prozessurteil.
– Bisheriger Anspruch: nach h. M. Abweisung durch Versäumnisurteil gem. §§ 330, 333, also ohne Sachprüfung, da § 330 die Unbegründetheit als Säumnissanktion fingiert. § 333 ist hier über § 332 (Folgetermin, s. unten Rn. **19.**16) anwendbar, da K im gesamten (letzten) Termin zum ursprünglichen Klagebegehren jede Verhandlung verweigert hat.

(C) Der Tenor

Hat der Kläger, wie hier, den bisherigen Anspruch weder zurückgenommen, noch als Hilfsantrag aufrechterhalten und dazu verhandelt, bleibt er vielmehr insoweit nur untätig, ergeht nach h. M. (oben Meinung 3):

VERSÄUMNIS- UND ENDURTEIL

I. Die Klage wird abgewiesen.

II. Der Kläger trägt die Kosten des Rechtsstreits *(§ 91)*.

III. *§§ 708 ff.*

Erläuterungen:

Zu fertigen ist **ein** einheitliches Urteil, nicht etwa wegen § 313b gesondert ein VU und daneben ein selbstständiges streitiges Endurteil über den unzulässigen neuen Antrag. Denn altes und neues Begehren sind ja nicht durch Beschluss gemäß § 145 I getrennt worden (dann: 2 verschiedene Aktenzeichen), sondern in einem Prozess verblieben und müssen daher durch gemeinsames Urteil verbeschieden werden.

Überschrift:

Sie soll klarstellen, dass eine Kombination von 2 Urteilsarten vorliegt, die auch mit verschiedenen Rechtsbehelfen anzugreifen sind: VU (= Einspruch, § 338) bzgl. bisherigen, streitiges Endurteil (= Berufung, § 511) bzgl. eingewechselten Anspruchs.

Vorläufige Vollstreckbarkeit:

Soweit Versäumnisurteil erging: § 708 Nr. 2!

Soweit streitiges Prozessurteil erging: §§ 708 Nr. 11, 711 bzw. § 709, je nach Höhe des Kostenerstattungsanspruchs des B, soweit Prozessurteil erging. Dazu weiter:

Der Streitwert und damit die Höhe der Sicherheitsleistung ist umstritten:

Z. T. wird vertreten, der Streitwert des bisherigen und des eingewechselten Anspruchs seien gem. § 5 zu addieren, weil wegen des weiter rechtshängig gebliebenen bisherigen Anspruchs eine zwar vom Kläger ungewollte, aber zwangsläufige obj. Klagehäufung vorliege (vgl. Blomeyer JuS 70, 233 FN 49). Folgt man dem, wären hier die Gebühren aus € 20 000,– zu errechnen.

Nach wohl überwiegender Meinung scheidet § 5 (§§ 48 I GKG, 23 I RVG) aus, weil der Kläger die Ansprüche nicht *nebeneinander* will, sondern nur *einen* davon (so im Ergebnis Zöller § 263, 18, 32). Dem dürfte beizupflichten sein. Der Streitwert beträgt dann hier nur € 10 000,–. Der Kostenerstattungsanspruch des B betreffend das streitige Prozessurteil beläuft sich auf rund € 1470,–.

9.09 (D) Der Tatbestand

Im Hinblick auf § 313b ist danach zu differenzieren, ob über den fallengelassenen Anspruch insoweit ein Versäumnisurteil oder ein normales streitiges Sachurteil ergeht:

> **Falls kein VU** über den alten Antrag ergeht, muss der TB über 2 Prozessbegehren berichten, der TB entspricht also dem bei nachträglicher objektiver Klagehäufung. Das unzulässig eingewechselte neue Begehren wird man überwiegend durch Verweisung berichten.
>
> **Falls ein VU** über den alten Antrag ergeht, empfiehlt sich folgender Aufbau:
> Einleitungssatz: Der Kläger hat zunächst … und sodann … begehrt.
>
> I. Fallengelassenes Begehren
> 1. Kurze Kennzeichnung des Begehrens samt früherem Antrag (z. B.: € 10 000,– aus *eigenem* Recht)
> 2. Sodann: „Von der weiteren Fertigung des Tatbestands wird insoweit gemäß § 313b ZPO abgesehen".
>
> II. Eingewechseltes Begehren
> 1. Kurze Kennzeichnung des neuen Anspruchs (z. B.: € 10 000,– aus *abgetretenem* Recht des A)
> 2. Klägervortrag: Kurzfassung, im Übrigen Verweisung auf Schriftsätze des K, keine lange Darstellung des Sachvortrags, da das Klagebegehren unzulässig ist.
> 3. Anträge des K zu II (K beantragt *zuletzt*)

4. Anträge des B zu I und II
5. Beklagtenvortrag:
   Keine Einwilligung in die Klageänderung.
   Kurzfassung, im Übrigen Verweisung auf Schriftsätze des Beklagten zu II,
   da das Klagebegehren unzulässig ist.

(E) Die Entscheidungsgründe   9.10

Aufbau wie bei zulässiger Klageauswechslung, oben Rn. **9.**07.

Einleitungssatz: „Die Klage ist erfolglos, sowohl in ihrer ursprünglichen, wie in
der geänderten Fassung."

I. Eingewechselter Anspruch
Mit diesem beginnen, da dessen Unzulässigkeit nach h.M. zur Entscheidung
auch über den bisherigen Anspruch zwingt.
Erörtert wird nur die Unzulässigkeit der Klageänderung, denn nur auf ihr
„beruht" (= § 313 III) insoweit die Entscheidung.

II. Fallengelassener Anspruch
1. Entscheidungspflicht. Hierzu klarstellen:
   Nach h.M. ist über den nicht ausdrücklich zurückgenommenen Antrag
   zu entscheiden, da dessen RHängigkeit noch besteht, daher
2. Voraussetzungen der §§ 333, 330. Falls nicht erfüllt: Prüfung wie bei
   normalem Sachurteil.

III. Kosten
IV. §§ 708 ff. Hier nicht nur Zitat, sondern auch kurzer Hinweis, ob Streitwert
gem. § 5 durch Addition gebildet wurde oder mit h.M. aus dem einfachen
Wert des höchsten Anspruchs.

Beispiel 2 (Abwandlung des Beispiels 1; nach BGH NJW 88, 128):
K klagt eine Darlehensforderung von € 10 000,– ein. B bestreitet, den Vertrag gerade mit K abgeschlossen zu haben. Nach einer für K erfolgreichen Beweisaufnahme weist das Gericht in momenta-
ner Verkennung der Beweislage darauf hin, dass es sachdienlicher wäre, die Klage auf ein von A an K
abgetretenes Recht zu stützen. Daraufhin stellt K im selben Termin den Antrag um (§ 297) auf Klage
aus abgetretenem Recht. B widersetzt sich der Klageänderung und beantragt Klageabweisung. Später
weist das Gericht in demselben Termin darauf hin, dass sein Hinweis verfehlt gewesen und die jetzige
Klageänderung keinesfalls sachdienlich sei. Wie ist zu entscheiden?

(A) Zulässigkeit der Klage

(I) Neuer Anspruch (gestützt auf Abtretung):
Die Klage ist insoweit wegen unzulässiger Klageänderung durch Prozessurteil abzuweisen: Widerspruch des B, die Behandlung als sachdienlich war (so im Ergebnis BGH NJW 88, 128) nur Bestand-
teil eines Hinweises, nicht aber schon die verbindliche Beurteilung einer Klageänderung.

(II) Bisheriger Anspruch (gestützt auf eigenes Recht):
(1) Die ursprüngliche Klage blieb rechtshängig (wie zu Beispiel 1: kein Erlöschen durch zulässige
Klageänderung oder Klagerücknahme), so dass nach h.M. durch Urteil zu bescheiden.
(2) Zulässigkeit der bisherigen Klage: (+)

(B) Begründetheit der Klage

(I) Neuer Anspruch: (–) keine Prüfung, da insoweit Prozessurteil ergeht.

(II) **Bisheriger** Anspruch:

(1) Keine Unbegründetheitsfiktion gem. §§ 333, 330, da im selben (= letzten) Termin zum bisherigen Anspruch noch streitig verhandelt und sogar Beweis erhoben wurde.

(2) Also normales Sachurteil. Da die Klage schlüssig und nach Beweisaufnahme begründet ist, muss dem ursprünglichen Klagebegehren stattgegeben (so BGH NJW 88, 128) und die Klage im Übrigen (neuer, eingewechselter Anspruch) durch Prozessurteil abgewiesen werden (insoweit bei BGH a. a. O. infolge Zurückverweisung offengeblieben). Es ergeht also

ENDURTEIL

I. Der Beklagte wird verurteilt, an den Kläger € 10 000,– zu zahlen.
    Im Übrigen wird die Klage abgewiesen.

IV. Die nachträgliche objektive Klagenhäufung

9.11 Neben einen schon rechtshängigen prozessualen Anspruch tritt ein weiterer, selbstständiger. Nach ganz h. M. gelten hierfür neben § 260 die §§ 263 ff. direkt oder analog.

ThP 1; BL 4; Zöller 2 zu § 263. Für analoge Anw.: BGH NJW 85, 1841 (zu 4); BGH MDR 81, 1012 (nachträgliche Geltendmachung eines Hilfsanspruchs), BGH NJW 1978, 2552 (nachträgliche Erweiterung um einen Feststellungsantrag).
Für direkte Anwendung spricht, dass das ursprüngliche Klagebegehren in einer jetzt veränderten Gestalt (Antrags- und/oder Sachverhalterweiterung) verfolgt wird.
Für nur analoge Anwendung spricht, dass die ursprüngliche Klage selbst ja gar nicht verändert wird, sondern nur eine weitere Klage hinzutritt (Streit nicht vertiefen, da ergebnisgleich).

9.12 Das **Prüfungsschema** beim Gutachten, der Tenor, sowie der Aufbau von TB und E-Gründen gestalten sich wie bei der ursprünglichen obj. Klagenhäufung (oben § 8), lediglich ergänzt um den Prüfungspunkt „Zulässigkeit der Klageänderung".

Beispiel: K klagt vor dem zuständigen AG auf Rückzahlung eines dem B im Jahre 2012 gewährten Darlehens über € 4000,–. Im Laufe des Verfahrens erweitert er die Klage mit zugestelltem Schriftsatz auf Rückzahlung eines jetzt fällig gewordenen weiteren Darlehens aus 2013 über € 6000,–. Der Schriftsatz enthält außer der weiteren Klagebegründung den neugefassten Klageantrag auf Zahlung von insgesamt € 10 000,–. Im ersten Termin nach Klageerweiterung stellt K den neugefassten Klageantrag, der Amtsrichter weist den Beklagten gem. § 504 ZPO auf die nunmehrige Unzuständigkeit des AG und die Zuständigkeitsbegründung bei rügeloser Einlassung hin. B nimmt dies zur Kenntnis, beantragt Klageabweisung in vollem Umfang und trägt vor, das Darlehen 2013 sei noch gar nicht fällig, da noch gar nicht gekündigt.
Die Beweisaufnahme zu beiden Klagebegehren ergibt die Richtigkeit des klägerischen Vortrags.
Wie ist zu entscheiden? Lösungsskizze:

(I) Die Zulässigkeit der Klage

(1) Ordnungsmäßigkeit der Klageerhebung:
– bzgl. Darlehen 2012: ja, § 253 II
– bzgl. Darlehen 2013: ja, §§ 261 II, 253 II, Schriftsatz zur Klageerweiterung enthält Antrag und Sachverhalt zu Darlehen 2013.

(2) Zulässigkeit der Klageänderung, §§ 263 ff.
– Klarstellung, dass nachträgliche obj. Klagenhäufung vorliegt und darauf nach h. M. die §§ 263 ff. direkt oder analog anzuwenden sind.
– Voraussetzungen der §§ 263 ff.?
   ja: rügelose Einlassung des B auf geänderte (erweiterte) Klage, § 267 (Verteidigung nur zur Sache selbst).

(3) Örtliche Zuständigkeit, für beide Klageansprüche: §§ 12, 13

(4) Sachliche Zuständigkeit
- An sich jetzt Unzuständigkeit des AG gem. § 5 (Addition € 4000,– + € 6000,–): §§ 23 Nr. 1, 71 I GVG.
- Aber § 39 S. 1: rügelose Einlassung des B nach Hinweis gem. § 504.

(5) Sonstige allgemeine Sachurteilsvoraussetzungen sind mangels gegenteiliger Angaben als erfüllt anzunehmen. Die (erweiterte) Klage ist also insgesamt zulässig.

(II) Die Verbindungsvoraussetzungen gem. § 260

Die Zulässigkeit des Verbunds ist keine Sachurteilsvoraussetzung, da ihr Fehlen nur zur Trennung der beiden Klagen führen würde, nicht aber zum Prozessurteil. Daher nicht unter „Zulässigkeit der Klage" prüfen, sondern deutlich (eigener Gliederungspunkt!) davon getrennt und am besten **danach** (s. Rn. **8.** 07).

Hier: Die Verbindungsvoraussetzungen (dazu ThP § 260, 11 ff.) liegen vor.

(III) Die Begründetheit der Klage

- Bzgl. Darlehen 2012: Nach Ergebnis der Beweisaufnahme begründet.
- Bzgl. Darlehen 2013: Nach Ergebnis der Beweisaufnahme begründet.
Der Klage ist also **voll stattzugeben.**

Der Tenor lautet demnach:

ENDURTEIL
I. Der Beklagte wird verurteilt, an den Kläger € 10 000,– zu zahlen.
II. Der Beklagte trägt die Kosten des Rechtsstreits.
III. Das Urteil ist gegen Sicherheitsleistung in Höhe von 110% des jeweils zu vollstreckenden Betrags vorläufig vollstreckbar. *(§ 709 S. 2)*

Der Tatbestand 9.13

Aufbau und Inhalt gestalten sich wie bei ursprünglicher obj. Klagenhäufung (oben Rn. **8.**08). Zusatz hier nur: die Klageänderung(-erweiterung) wird als Prozessgeschichte berichtet, zum Verständnis des Lesers am besten unmittelbar, bevor erstmals die Sprache auf den weiteren Klageanspruch (Darlehen 2013) kommt.

Beispiel (Reihenfolge): Einleitungssatz zu **beiden** Begehren. 1. unstreitiger und streitiger Klägervortrag zum bisherigen Anspruch. 2. Prozessgeschichte zur Klageerweiterung. Dann 3. unstreitiger und streitiger Klägervortrag zum weiteren Anspruch. 4. Letzte Anträge etc.

Die Entscheidungsgründe 9.14

Aufbau und Inhalt gestalten sich ebenfalls wie bei ursprünglicher obj. Klagenhäufung (oben Rn. **8.**07). Die Zulässigkeit der Klageerweiterung (§§ 263 ff.) wird unter der „Zulässigkeit der Klage" abgehandelt.

V. Die Klageänderungsfälle gem. § 264 Nr. 2 und 3

Grundvoraussetzung des § 264 ist, dass der klagebegründende Sachverhalt („Klage- 9.15 grund" = „Lebenssachverhalt") unverändert bleibt, bei § 264 Nr. 3 wird er lediglich um die Veränderungstatsache ergänzt.

Im Übrigen hat man zu differenzieren:

§ 264 Nr. 1: Regelt keine Klageänderung, da weder Antrag, noch Sachverhalt geändert wird. § 264 Nr. 1 hat nach allg. M. nur Klarstellungsfunktion und wird daher von manchen als überflüssig angesehen (vgl. z. B. Zöller § 264, 1).

§ 264 Nr. 2, 3: Klageänderungen, die aber kraft Gesetzes zulässig sind.
In beiden Fällen nämlich wird der Antrag und damit nach allen StG-Theorien auch der Streitgegenstand geändert. Die Formulierung in § 264 „Als eine Änderung der Klage ist es nicht anzusehen ...“ enthält daher für § 264 Nr. 2 und 3 eine **Fiktion:** es **ist** Klageänderung, aber nicht als solche zu *behandeln,* sie fällt *deswegen* nicht unter die Zulässigkeitsbeschränkungen gem. §§ 263, 267 der normalen Klageänderung und ist damit kraft Gesetzes stets zulässig (ThP § 264, 1).

1. Die Klageerhöhung gem. § 264 Nr. 2

9.16 Darunter fallen quantitative und qualitative Erhöhungen des Antrags bei gleich bleibendem Sachverhalt.

Beispiele: Übergang von Feststellungs- zur Leistungsklage (BGH NJW 85, 1784), oder von der Auskunfts- zur Zahlungsklage (BGH NJW 79, 926). Erhöhung der Teilklage auf das Ganze. Sofortige statt künftige Leistung. Erhöhung von Nebenforderungen, z. B. Zinsen (ThP § 264, 4).
Nicht unter die Privilegierung des § 264 Nr. 2 hingegen fällt die nachträgliche Anspruchshäufung (§ 260), also die Geltendmachung eines weiteren selbstständigen prozessualen Anspruchs.

Für die **Zulässigkeitsprüfung** gilt auch hier das Prüfungsschema wie oben Rn. **9.**03, also:

1. Ordnungsmäßigkeit der Klageerhebung
   a) bzgl. des ursprünglichen Antrags: § 253 II
   b) bzgl. der Erhöhung: § 261 II
2. Zulässigkeit der Klageänderung
   Kraft Gesetzes zulässig, § 264 Nr. 2
3. Sachliche Zuständigkeit
   Bei AG evtl. § 506 und Hinweis gem. § 504

2. Die Klageermäßigung i. S. v. § 264 Nr. 2

9.17 Darunter fallen quantitative und qualitative Ermäßigungen des Klageantrags bei gleich bleibendem Sachverhalt, aber bei Fallenlassen eines von mehreren Streitgegenständen liegt teilweise Klagerücknahme vor (Zöller § 264, 3 c).

Beispiele: K fordert zunächst Zahlung von € 5000,– Reparaturkosten und ermäßigt die Klageforderung auf € 3000,–. K ermäßigt den uneingeschränkten Antrag auf Leistung Zug um Zug. Übergang von der Leistungs- zur Feststellungsklage, daher ist nach h. M. die einseitige Erledigungserklärung gem. § 264 Nr. 2 zulässig (näheres unten Rn. **11.**07). Aber Klagerücknahme, wenn K zunächst Reparaturkosten und Schmerzensgeld fordert, die Klage auf Schmerzensgeld aber später fallen lässt.

Die „Beschränkung“ oder „Ermäßigung“ des Klageantrags ist **auslegungsbedürftig.** Sie kann bedeuten (ThP § 264, 6):

– **teilweise Erledigungserklärung**
  Diese ist i. d. R. gemeint, wenn der Klageanspruch vor oder nach Klageerhebung teilweise erfüllt wurde.
– **teilweise Klagerücknahme**
  Diese ist i. d. R. gemeint, wenn der Kläger erkennen lässt, dass er unberechtigt, unbeweisbar oder irrtümlich zu viel beantragt hat.

9.18 **Zusammenfassendes Beispiel:** K hat von B einen neuen Pkw für € 20 000,– gekauft und klagt nun nach erfolgloser Frist zur Nacherfüllung auf Schadensersatz in Höhe von € 25 000,– da der Pkw entgegen der Vereinbarung nicht mit ABS ausgerüstet und daher der schon sichere Abkäufer D abgesprungen ist, der dem K € 25 000,– geboten hatte.
Im Termin muss K nach Antragstellung einräumen, mit dem Pkw einen Unfall mit Totalschaden verschuldet zu haben. Um einem zeitraubenden Streit um die Höhe des Wertersatzanspruchs des B zu entgehen, stellt K die Klage zu Protokoll (§§ 261 II, 297 I) um auf Ersatz des entgangenen Gewinns

von € 5000,–. B widersetzt sich einer Klageänderung. Bei der Auslieferung des Pkw ohne ABS treffe ihn kein Verschulden, da er vom Hersteller falsch beliefert worden sei und dies nicht bemerkt habe, vorsorglich rechne er auf mit einem Wertersatzanspruch aus § 346 II S. 1 Nr. 3 BGB in Höhe von € 20 000,–, dem Zeitwert des Pkw, den K zur Vermeidung von Kosten nicht bestreitet. Beide Parteien sind anwaltlich vertreten.

Lösungsskizze:

(I) Ermäßigtes Begehren (kleiner Schadensersatz € 5000,–)

(1) Zulässigkeit der Klage

(a) Ordnungsmäßigkeit der Klageerhebung: §§ 261 II, 78 I.

(b) Zulässigkeit der Klageänderung: § 264 Nr. 2.

Der Lebenssachverhalt (Klagegrund) blieb derselbe, auch wurde das Klagebegehren seiner Art nach (der Antrag, die begehrte Rechtsfolge) nicht ausgetauscht (z. B. gegen Minderung), sondern lediglich ermäßigt. Form: Die Beschränkung und die Erweiterung i. S. v. § 264 Nr. 2 erfolgen gem. § 261 II zu Protokoll (§ 297) oder durch zugestellten Schriftsatz gem. § 253 II (Musielak § 264, 4, 7; ThP § 261, 3).

(c) Sonstige Sachurteilsvoraussetzungen sind erfüllt, insbesondere kann die sachliche Zuständigkeit des LG nicht durch Streitwertsenkung entfallen, § 261 III Nr. 2 (Musielak § 264, 7; ThP § 4, 2).

(2) Begründetheit der Klage
Anspruchsgrundlage: §§ 437 Nr. 3, 280 I, 281 I 1 BGB.

(a) Entstanden: Das Fehlen der vereinbarten Beschaffenheit und damit der Sachmangel (§ 434 I S. 1 BGB) bei Gefahrübergang (§ 446 S. 1 BGB) ist unstreitig. Das Verschulden wird vermutet, § 280 I 2 BGB, eine Entlastung des B gelingt nicht, da das Fehlen von ABS bei einer ordentlichen Einweisung des Käufers erkennbar war. Der Vortrag des K zum Weiterverkauf an D wurde nicht bestritten und gilt daher als zugestanden, § 138 III.

(b) Erloschen durch Aufrechnung? Nein, da gemäß § 281 V BGB der Wertersatzanspruch (aus § 346 II S. 1 Nr. 3 BGB) nur gegeben ist gegenüber dem „großen" Schadensersatzanspruch (statt der *ganzen* Leistung), den K mit dem geänderten Klagebegehren aber gerade nicht (mehr) geltend macht.

(II) Bisheriges Begehren (großer Schadensersatz: € 25 000,–).

Zu prüfen ist, ob es überhaupt noch zur Entscheidung gestellt ist:

(1) € 5000,–: Im Umfang des weiterverfolgten Antrags blieb die Rechtshängigkeit bestehen (dazu oben I).

(2) € 20 000,–: Der weitergehende Anspruch blieb rechtshängig und muss nach den auch sonst geltenden Verfahrensvorschriften dem Streit der Parteien entzogen werden (BGH NJW 90, 2682). Die Ermäßigung oder Beschränkung des Klageantrags (hier von € 25 000,– auf € 5000,–) ist auslegungsbedürftig. Sie kann bedeuten (ThP § 264, 6):

(a) **Teilweise Erledigungserklärung?** Diese wäre einseitig, so dass in kumulativer Klagenhäufung vorläge eine Leistungsklage über € 5000,– neben einer Feststellungslage über die Erledigung von € 20 000,– (Klausuraufbau zu letzterer also wie bei einseitiger Teilerledigungserklärung). Das ist hier zu verneinen, da die Ermäßigung des Klagebegehrens nicht darauf beruht, dass es erfüllt wurde (so aber läge es, wenn B schon vor der Ermäßigung die Aufrechnung erklärt hätte, weil die Aufrechnung einen Erledigungsgrund darstellt, ThP § 91 a, 5), sondern K den weitergehenden Anspruch einem Streit mit ungewissem Ausgang entziehen wollte, die Klage also insoweit zurückgenommen hat.

(b) **Teilweise Klagerücknahme:** So hier.
Nach h. M. ist bei einer Klageermäßigung im Sinne einer teilweisen Klagerücknahme **neben § 264 Nr. 2 auch § 269** anzuwenden: § 264 Nr. 2 solle dem Beklagten nicht das durch § 269 gesicherte Recht nehmen auf Erzwingung einer rechtskraftfähigen Entscheidung über den fallen gelassenen Teil. Ist, wie hier, bereits zur Hauptsache verhandelt, kann der Kläger also „ermäßigen" i. S. v. zurücknehmen nur mit Zustimmung des Beklagten (BGH NJW 90, 2682 zu b; OLG Düsseldorf NJW 2012, 85; ThP § 264, 6; a. A. Musielak § 264, 6 m. w. N.: anzuwenden sei i. d. R. nur § 264 Nr. 2, da das Gesetz bei der zustimmungsfreien Klageänderung gem. § 264 Nr. 2 auf den Schutz des Beklagten verzichte).

Beachte: für die einseitige volle und teilweise Erledigungserklärung gilt § 269 nicht (sie ist also zustimmungsfrei), da der Erledigungsantrag den Gegenstand der ursprünglichen Leistungsklage umfasst, das gesamte Streitobjekt also weiter rechtshängig bleibt (siehe unten Rn. **11.**07).

Verweigert bei vollständiger oder teilweiser Klagerücknahme der Beklagte seine Zustimmung (wie hier), so bleibt die Klage in ursprünglicher Höhe rechtshängig mit der Folge, dass hinsichtlich des Ermäßigungsantrags (hier: € 20 000,–) zu entscheiden ist, entweder durch (vgl. Zöller § 269, 16):

– abweisendes VU gem. §§ 330, 333, falls K dazu keinen Sachantrag gestellt hatte,
– andernfalls (so hier, da die Anträge schon gestellt waren – sie müssten auch bei Fortsetzung des Prozesses in weiteren Terminen nicht wiederholt werden, BGHZ 141, 193) in Fortsetzung des Prozesses durch streitiges Endurteil mit normaler Sachprüfung. Hier daher: Das unwirksam zurückgenommene Klagebegehren über € 20 000,– war gemäß §§ 437 Nr. 2, 280 I, 281 I BGB begründet, ist aber durch Aufrechnung des Bekl. mit dessen Wertersatzanspruch gem. §§ 281 V, 346 II S. 1 Nr. 3 BGB über € 20 000,– erloschen.

(III) Gesamtergebnis:

ENDURTEIL

I. Der Beklagte wird verurteilt, an den Kläger € 5000,– zu zahlen (= ermäßigtes Begehren: kleiner Schadensersatz). Im Übrigen (= durch Aufrechnung erloschenes altes Begehren auf großen Schadensersatz) wird die Klage abgewiesen.

3. Die Antragsanpassung gem. § 264 Nr. 3

9.19 Der **Klagegrund** (Lebenssachverhalt) **muss,** abgesehen von der nachträglichen Veränderung, **derselbe geblieben sein** (sonst § 263), ThP § 264, 7.

Nachträglich: streng genommen nur Veränderungen, die erst nach Rechtshängigkeit eingetreten sind, **nach h. M. aber auch solche, die** dem Kläger erst **nach Rechtshängigkeit bekannt werden,** sei es auch infolge von Fahrlässigkeit (h. M. ThP 7; Zöller 5; a. A. Musielak 8 zu § 264).

Beispiele: Übergang von der Herausgabeklage gem. § 985 BGB nach Sachuntergang zur Schadensersatzklage aus § 989 BGB. Übergang von der Klage auf Erfüllung zu solcher auf Schadenersatz gem. § 281 IV BGB. Wechsel von Erfüllung auf Surrogat wegen Untergangs des Leistungsgegenstandes, § 285 BGB.

§ 264 Nr. 3 kann mit § 264 Nr. 2 zusammentreffen (ThP § 264, 8). Sofern der neugefasste Antrag hinter dem ursprünglichen zurückbleibt, liegt zugleich eine Ermäßigung i. S. v. § 264 Nr. 2 vor, weshalb der Kläger zur Vermeidung der Kostenfolge aus § 269 (ist nach h. M. neben § 264 Nr. 2 anzuwenden) zweckmäßigerweise bzgl. des alten Antrags die Hauptsache für erledigt erklären wird (vgl. Jauernig § 41 II 3; StJ § 264, 81). Stimmen die Anträge größenmäßig überein, bedarf es der Erledigungserklärung m. E. nicht, da eine zulässige Klageänderung (hier: § 264 Nr. 3) in ihrem Umfang die Rechtshängigkeit des bisherigen Anspruchs beseitigt (vgl. BGH NJW 90, 2682).

Beispiel: K klagt aus § 433 I BGB gegen B auf Übereignung eines Gemäldes, Verkehrswert € 2000,–, das K bisher noch nicht bezahlt hat. Nach Zustellung der Klageschrift wird das Gemälde infolge Leichtsinns des B gestohlen, der Täter lässt sich nicht mehr ermitteln.

K verlangt nunmehr Zahlung von € 800,– Schadensersatz wegen entgangenen Gewinns, da er das Gemälde schon für € 2800,– an X weiter verkauft gehabt habe und erklärt im Übrigen die Hauptsache für erledigt. B stimmt der Erledigungserklärung unter Verwahrung gegen die Kosten zu, bestreitet aber die Höhe des entgangenen Gewinns und beantragt Klageabweisung.

Eine Beweisaufnahme ist nur nach Erledigungserklärung erfolgt; sie bestätigt voll den Klagevortrag. Wie ist zu entscheiden?

Es ergeht

ENDURTEIL

I. Der Beklagte wird verurteilt, an den Kläger € 800,– zu bezahlen.
II. Der Beklagte trägt die Kosten des Rechtsstreits.
III. Das Urteil ist vorläufig vollstreckbar *(§ 713).*

Erläuterungen:

Hauptsache: Die Rechtshängigkeit des ursprünglichen Klageantrags auf Übereignung ist (bis auf die Kosten) infolge übereinstimmender Erledigungserklärung entfallen (ThP, § 91 a, 17 s. unten Rn. **11.**04). Er ist daher nicht mehr Entscheidungsgegenstand des Hauptsacheausspruchs.
Der neue, geänderte Antrag auf Zahlung: Die Klageänderung ist kraft Gesetzes zulässig gem. §§ 264 Nr. 3 und 2, die zusammen fallen können, ThP § 264, 8. Hier: Umstellung des Klageantrags von Übereignung auf Schadensersatz = 264 Nr. 3. Ermäßigung i. S. v. § 264 Nr. 2: Zuerst wurde Erfüllung, also der volle Wert von € 2000,– gefordert, jetzt nur entgangener Gewinn € 800,–. Die zulässig geänderte Klage auf € 800,– ist begründet gem. §§ 433 I, 283 S. 1, 280 I, 276, 252 BGB.
Kosten: Die Klage ist voll erfolgreich, also § 91 (€ 800,–) + § 91 a (Übereignung), Kostenmischentscheidung (ThP § 91 a, 44).

§ 10 Die Veräußerung der streitbefangenen Sache, §§ 265, 266

Hier treffen sich 3 Themenkreise: Folgen der Rechtshängigkeit (die Regelung wird erst ab dann relevant, so auch der systematische Standort im Gesetz), Klageänderung (der Kläger muss nach h. M. den Klageantrag umstellen, wenn er veräußert), Parteienlehre (Prozessstandschaft des Rechtsvorgängers, Rechtskrafterstreckung auf Rechtsnachfolger gem. § 325, für Rechtsnachfolger: Parteiwechsel oder Beitritt als Streithelfer?).   **10.01**

Zunächst einige grundsätzliche Hinweise, dann die Regelung im Einzelnen.

I. Grundsätzliches

- **Der Zweck der Regelung in §§ 265, 266**   **10.02**
  Infolge der Veräußerung der streitbefangenen Sache verliert der veräußernde Kläger die Aktiv-, der veräußernde Beklagte die Passivlegitimation. Die Klage wäre also – ohne die Regelung in §§ 265, 266 – als unbegründet abzuweisen.
  Um die unerwünschte Konsequenz – neuer Prozess mit gleichem Inhalt, nur diesmal von oder gegenüber dem Rechtsnachfolger – zu vermeiden, bestimmen §§ 265, 266 vor allem:
  – der Veräußerer wird trotz Verlusts der Sachlegitimation am Prozess **als Partei festgehalten,** § 265 II S. 1
  – der Veräußerer führt den Prozess nach Verlust seiner Sachlegitimation fort in **gesetzlicher Prozessstandschaft:** also im eigenen Namen über fremdes Recht,
  – infolge der gesetzlichen Prozessstandschaft hat die **alleinige Prozessführungsbefugnis** der Veräußerer, dem Rechtsnachfolger fehlt sie (obgleich er jetzt Inhaber des Rechts ist) (ThP § 265, 12).
  – Die Veräußerung i. S. v. § 265 ist **kein Fall der Erledigung der Hauptsache** (Ausnahme nur bei Einrede des Bekl. gem. § 265 III). Klare „Gegenprobe": Erklärt der Kläger trotz der Veräußerung nicht für erledigt, müsste die Klage bei Annahme einer Erledigung als unbegründet abgewiesen werden. Aber genau das erfolgt wegen § 265 II S. 1 nicht. Vielmehr geht der Prozess trotz Verlusts der Sachlegitimation (beim Kläger oder Beklagten) unverändert weiter (ThP § 265, 12). Die Veräußerung i. S. v. § 265 ist also kein erledigendes Ereignis. Ausnahme § 265 III, s. unten Rn. **10.** 07.

- **Streitbefangen** ist ein Gegenstand oder Recht dann, wenn dessen Veräußerung dem Kläger die Aktiv-, dem Beklagten die Passivlegitimation nehmen würde (ThP § 265, 3), z. B. Eigentum, Besitz.

- **Veräußerung, Abtretung:** Jede Einzelrechtsübertragung unter Lebenden, durch die der Kläger die Aktiv-, der Beklagte die Passivlegitimation verliert und ein Dritter sie erhält (ThP § 265, 6), z. B. §§ 398, 873, 929 BGB, Überweisung einer gepfändeten Geldforderung, § 835 ZPO.

Die beiden Dinge gehören zusammen: es muss sich um eine „streitbefangene" Sache (oder Anspruch) handeln und diese muss mit der *Folge* veräußert (abgetreten) werden, dass dadurch dem Kläger bzw. Bekl. die Sachlegitimation genommen und auf einen Dritten übertragen wird. Maßgebend ist für beide: es muss ein **Wechsel in der Sachlegitimation** eintreten.

Die Begriffe „Veräußerung/Abtretung" i. S. v. § 265 sind nicht identisch mit den *materiellrechtlichen* **Begriffen** gleichen Wortlauts (§§ 398, 929 BGB etc.), sondern erheblich weitergehend, sie erfassen auch gesetzlichen und originären Erwerb durch staatlichen Hoheitsakt.

BGHZ 61, 140, 142: „Die Begriffe „Veräußerung, Abtretung, Rechtsnachfolge" (i. S. v. § 265) betreffen den Übergang der *Berechtigung*. Unerheblich ist lediglich, *wie* sich dieser Übergang vollzieht, ob durch Rechtsgeschäft, Gesetz oder Hoheitsakt."

10.03 **Beispiele:**

(I) **§ 265 liegt vor:**

(1) Rechtsgeschäftliche Übertragungsakte

§§ 398, 873, 929, 925 BGB. Übertragung des unmittelbaren oder des mittelbaren Besitzes (BGHZ 114, 309; RoSG § 100, 11; ThP 7; Musielak 5 zu § 265).

Beispiel: Der auf Herausgabe aus § 985 BGB verklagte B veräußert und übergibt die Sache an den gutgläubigen D. Die Sache ist sowohl für den Kläger als auch den Bekl. streitbefangen: der Kläger verliert das Eigentum und damit seine Aktivlegitimation, der Bekl. verliert den Besitz, also seine Passivlegitimation. „Eigentum" und „Besitz" sind die *„streitbefangenen"* Sachen, die Übertragung von B auf D gem. §§ 929, 932 BGB ist die *„Veräußerung"* (RoSG § 100, 6).
Der Prozess geht also wegen § 265 II zwischen K und B weiter, obwohl beide nicht mehr sachlich legitimiert sind. Vorsicht also wegen § 265 in der Begründetheitsprüfung, insbes. beim Kläger: Klage also nicht wegen Verlusts von Aktiv- und Passivlegitimation beider Parteien abweisen. War die Klage bis zur Veräußerung durch B an D begründet (K also Eigentümer), muss ihr wegen § 265 II auch nach Veräußerung stattgegeben, B also zur Herausgabe verurteilt werden.

(2) Übergang kraft Gesetzes

§§ 268 III, 426 II, 566 I, 774 I, 1153 (Übergang der Hypothek mit Abtretung der eingeklagten Forderung); § 613 a BGB (Betriebsübergang während des Kündigungsschutzprozesses: der bisherige Arbeitgeber bleibt Partei in Prozessstandschaft für den Übernehmer, BAG NJW 2012, 175 = NZA 2011, 1445; 2010, 1198; Zöller § 265, 5; Müko-BGB § 613 a, 205, 215).

Beispiel: Gläubiger G verklagt den Hauptschuldner S auf Rückzahlung eines Darlehens. Daraufhin zahlt der Bürge B auf die gleich hohe Bürgschaft. G muss wegen §§ 774 I BGB, § 265 II 1 ZPO den Prozess in gesetzlicher Prozessstandschaft für B fortführen und den Klageantrag nach der herrschenden Relevanztheorie (unten Rn. **10.04**) umstellen auf Zahlung an B.

(3) Übertragung durch staatlichen Hoheitsakt (originärer Erwerb)

Zuschlag in der Zwangsversteigerung gem. § 90 ZVG (bei Grundstücken; bei Versteigerung beweglicher Sachen hingegen erfolgt Übereignung nicht schon durch den Zuschlag gem. § 817 I, sondern erst durch die „Ablieferung" durch den GVZ gem. § 817 II als staatlichen Hoheitsakt (Zöller 7, 8; ThP 7 zu § 817). Enteignung. Überweisungsbeschluss gem. § 835 (BGHZ 169, 221, Rn. 16; ThP § 265, 9).

Beispiel: Die von K gegen B eingeklagte Werklohnforderung wird von G (Gläubiger des K) gepfändet und ihm zur Einziehung überwiesen, §§ 835, 836 I. Dadurch verliert K zwar nicht die Forderung, aber das wichtige Gläubigerrecht, Leistung an sich selbst zu verlangen (ThP § 836, 2). Diese Sachbefugnis wird K genommen und auf G übertragen, der die Forderung kündigen, einziehen, mit ihr aufrechnen und vor allem auf Leistung *an sich* klagen darf (BGHZ 82, 31; ThP § 836, 3), letzteres wenn sie nicht – wie aber hier – schon anderweitig rechtshängig ist. Infolge bereits bestehender Rechtshängigkeit aber gilt § 265 II 1: Die Werklohnforderung ist „streitbefangen". Der Überweisungsbeschluss – zur Einziehung (wie hier) oder an Zahlungs Statt zum Nennwert (Vollübertragung) – stellt die „Veräußerung" dar (hier also auch kein Rechtsgeschäft, sondern staatlicher Hoheitsakt). Müko-ZPO 52, 59; ThP 9 zu § 265. K muss also den Prozess fortführen in gesetzlicher Prozessstandschaft für G und den Klageantrag umstellen auf Leistung an G. Eine eigene Klage des G wäre unzulässig, da die Prozessführungsbefugnis ausschließlich dem K zusteht (unten Rn. **10.**11). G kann allenfalls mit Zustimmung des B den Prozess übernehmen (§ 265 II 2), andernfalls als einfacher Streithelfer beitreten.

(II) § 265 liegt dagegen nicht vor:

(1) K hat bei B ein Auto gekauft und klagt nun aus § 433 BGB auf Übereignung. B veräußert sein Auto dennoch jetzt an C.
Es liegt zwar im üblichen Sprachgebrauch eine Veräußerung (hier: §§ 929 ff. BGB) vor, nicht aber i. S. v. § 265: „Veräußerung" und „streitbefangen" setzen einen Wechsel in der Sachlegitimation voraus. Die Passivlegitimation des B folgt ausschließlich aus § 433 BGB als Vertragspartner eines *Kaufvertrages* und der ist B nach wie vor: Kein Übergang der Sachlegitimation auf C, § 265 ist also nicht einschlägig.

(2) Ebenso: K hat nach Pkw-Unfall € 4000,– Schadensersatz gegen seinen Gegner B eingeklagt. Während des Rechtsstreits veräußert K seinen Pkw an C. „Streitbefangen" ist nur die Forderung und diese wird hier weder veräußert, noch geht sie mit der Pkw-Veräußerung automatisch über auf C. Das Eigentum bzw. die Haltereigenschaft des K war zwar bei *Entstehung* des Anspruchs (§ 823 BGB, § 7 StVG) entscheidend, ist es aber nicht für dessen *Fortbestand*. Die Aktivlegitimation nicht verwechseln mit dem Problem der *Höhe* des Anspruchs: Wegen der Dispositionsfreiheit des Geschädigten behält dieser den Anspruch aus § 249 II BGB in voller Höhe, auch wenn er den beschädigten Gegenstand unrepariert veräußert (Müko-BGB 367 ff.; Palandt 7 zu § 249; str. bei Grundstücken).

(3) § 265 nicht bei Gesamtrechtsnachfolge während des Prozesses: hier tritt gesetzlicher Parteiwechsel ein. Beispiele: Tod einer Partei (§ 239), Übertragung aller Gesellschaftsanteile an einer Personengesellschaft (OHG, KG, BGB-Ges.) auf den letztverbleibenden Gesellschafter. Näheres unten Rn. **15.**02.

(4) § 265 nicht bei Eintritt der Nacherbfolge während eines Rechtsstreits des Vorerben mit Dritten. Der Nacherbe ist nicht Nachfolger des Vorerben, sondern des Erblassers und erhält nur von diesem Aktiv- und Passivlegitimation (§§ 2100, 1922 BGB). Ein gesetzlicher Parteiwechsel auf den Nacherben findet allerdings in dem (aber eher seltenen) Fall des § 242 statt (dazu unten Rn. **15.**02).

Nun zur Regelung im Einzelnen. Man muss differenzieren, ob der **Kläger** oder der **Beklagte** veräußert hat.

Dann aber stellen sich jeweils insbesondere 3 Fragen:

– Verfahrensfortgang, Konsequenzen für den Kläger, z. B. Antragsumstellung?
– Möglichkeiten der Prozessbeteiligung für bzw. gegen den Rechtsnachfolger?
– Welche Wirkungen hat das rechtskräftige Urteil zwischen den alten Parteien für/gegen den Rechtsnachfolger?

II. Der Kläger veräußert

Ausgangsbeispiel: K hat an B seinen Pkw unter Eigentumsvorbehalt verkauft und klagt nun nach Rücktritt vom Kaufvertrag auf Herausgabe aus §§ 985, 323, 346 I, 449 II BGB, da B trotz Fristsetzung den Kaufpreis nicht beglichen hat. B bestreitet (zu Unrecht) die Rücktrittsvoraussetzungen wegen angeblicher Verrechnungen. Im Laufe des Rechtsstreits veräußert K den Pkw gem. §§ 929, 931 BGB an C. B erhebt die Einrede aus § 265 III.
Es stellen sich die 3 soeben aufgeworfenen Fragen

1. Verfahrensfortgang. Konsequenzen für den Kläger und das Urteil

10.04 Gemäß § 265 II S. 1 wird der Kläger am Prozess als Partei festgehalten und klagt nun in gesetzlicher Prozessstandschaft über das Recht des Erwerbers. Jedoch ist der Kläger nach h. M. (Relevanztheorie) gehalten, den **Klageantrag umzustellen** auf Leistung an den Rechtsnachfolger C, andernfalls die Klage mangels Aktivlegitimation als unbegründet abzuweisen ist (BGHZ 158, 295, 304). Dazu unten Fälle 1 u. 2, Rn. **10**.05, **10**.06.

Wegen der möglichen Einrede des Beklagten aus § 265 III ist im weiteren Verfahrensverlauf danach zu differenzieren, ob ein Urteil K/B auch *gegen* den Rechtsnachfolger C Rechtskraft entfalten würde (Regelfall gem. § 325 I), oder nicht (§ 325 II, Stichwort: „Gutgläubigkeit"). Beachte dabei schon hier: entscheidend ist (Wortlaut des § 265 III !), ob es *gegen* C wirken würde, denn *für* ihn wirkt es stets gem. § 325 I, der durch § 325 II nur für die *nachteiligen* Folgen eingeschränkt wird (ThP 8; BL 10 zu § 325).

Entfaltet nämlich das Urteil **keine** Rechtskraft *gegen* C (§ 325 II), ist dem Prozessgegner die Fortsetzung des Prozesses nicht zumutbar, da er mangels Rechtskrafterstreckung mit einem weiteren Prozess mit dem Rechtsnachfolger rechnen muss, das klageabweisende Urteil im laufenden Prozess ihm also nichts nützen wird.

§ 254 II gibt ihm daher die **Einrede** („kann"; StJ § 265, 32) der mangelnden Rechtskrafterstreckung und (infolge der Veräußerung) der fehlenden Aktivlegitimation (ThP § 265, 19). Es ist strittig, ob die Klage dann als unzulässig oder als unbegründet abzuweisen ist. Dazu unten Fall 3, Rn. **10**.07.

10.05 **a) Fall 1:** Es tritt volle Rechtskrafterstreckung ein gegen C (§§ 265 II S. 1, 325 I), K stellt jedoch den Klageantrag *nicht* um auf Leistung an den Rechtsnachfolger C.
Beispiel: K hat als Berechtigter gem. §§ 929, 931 BGB an C veräußert, der von der Rechtshängigkeit wusste. K trägt dies vor (macht also die Prozessstandschaft aus § 265 II S. 1 geltend), fordert aber unverändert Herausgabe an sich selbst.

(I) Zulässigkeit

K macht ein fremdes Recht im eigenen Namen geltend (was sich zwar nicht aus dem Antrag, aber dem Begründungsvortrag ergibt). Die Prozessführungsbefugnis ergibt sich aus gesetzlicher Prozessstandschaft gem. § 265 II S. 1 (ThP § 265, 12). Eine Einrede des B aus § 265 III (falls nach strittiger Auffassung schon die Zulässigkeit betreffend) wäre unbegründet, da infolge Kenntnis des Erwerbers § 325 II nicht eingreift, vielmehr volle Rechtskrafterstreckung auf C gem. § 325 I stattfindet. Die Klage ist also trotz unveränderten Antrags zulässig.

(II) Begründetheit, str.:

(1) **Irrelevanztheorie:** nach dem Wortlaut des § 265 II ist die Veränderung der mat. Rechtslage für den Prozess irrelevant (Ausnahme nur § 265 III), Klageantrag und Tenor lauten auf Leistung an den Kläger (Rechtsvorgänger), RoSG § 100, 31 ff.; Jauernig § 87 III 3. Die Klage ist danach voll begründet: B wird zur Herausgabe an K verurteilt.

(2) **Relevanztheorie (h. M.):** Die Veränderung der mat. Rechtslage ist unter Einschränkung der zu weit geratenen Wortfassung des § 265 II S. 1 doch insoweit „relevant", als der Kläger bei Rechtsnachfolge auf Klägerseite den **Klageantrag** der veränderten mat. Rechtslage **anpassen**, ihn also i. d. R. umstellen muss auf Leistung an den Rechtsnachfolger C (außer K hat eine Einziehungsermächtigung für den RNachfolger C, ThP § 265, 13), andernfalls – so hier – die Klage mangels Aktivlegitimation des K als unbegründet abgewiesen wird.
Denn § 265 II S. 1 will nur den *Fortgang* des Prozesses sichern, aber nicht zu einem materiellrechtlich unrichtigen Urteil führen (Leistung an Rechtsvorgänger K, statt an den jetzigen Rechtsinhaber C).
BGHZ 158, 295, 304; ThP 13; Zöller 6; BL 17; StJ 36, 42 je zu § 265.

Danach ist die Klage als unbegründet abzuweisen, da der Klageantrag nicht auf Leistung an den Aktivlegitimierten (C) lautet. Nach StJ a. a. O. schafft solche Abweisung im Verhältnis zum Rechtsnachfolger C keine Rechtskraft (diesem wird also eine eigene Klage aus § 985 BGB nicht genommen).

Beachte: Bei Veräußerung auf *Beklagtenseite* gilt die Relevanztheorie nicht, hier kann keine Umstellung des Klageantrags auf Verurteilung des Rechtsnachfolgers erfolgen, da dieser gar nicht Partei ist und daher auch gar nicht verurteilt werden könnte, Näheres unten Rn. 10.16.

b) Fall 2: Es tritt volle Rechtskrafterstreckung ein gegen C (§§ 265 II S. 1, 325 I), K stellt den **10.06** Klageantrag *um* auf Herausgabe an C.

Beispiel: wie soeben zu Fall 1, jedoch Antragsänderung in Leistung an C.

(I) Zulässigkeit

(1) Ordnungsmäßigkeit der Klagerhebung, § 261 II (s. dazu Rn. **9.**18): (+)

(2) Zulässigkeit der Klageänderung?
Infolge Antragsänderung in Herausgabe an C liegt Klageänderung vor, die jedoch kraft Gesetzes stets zulässig ist nach § 264 Nr. 2 oder 3:
(a) § 264 Nr. 2: so BGH NJW-RR 90, 505; Musielak § 265, 10; ThP 4; Zöller 3 b zu § 264.
(b) § 264 Nr. 3: so BGH NJW 60, 964; Müko-ZPO 87; StJ 42 zu § 265.

(3) Prozessführungsbefugnis: gesetzliche Prozessstandschaft gem. § 265 II S. 1.

(4) Sonstige allg. und besondere Prozessvoraussetzungen: (+)

(II) Begründetheit

(1) § 985 BGB. Abzustellen ist nach Klageänderung jetzt auf den Rechtsnachfolger C: § 985 BGB jetzt für C?
(a) Eigentum des C: Erwerb vom Berechtigten §§ 929, 931 BGB, also: (+)
(b) Besitz des B: (+)
(c) Kein Besitzrecht des B i. S. v. § 986 BGB: (+)

(2) Einrede des B aus § 265 III? Nein, da C nicht gutgläubig ist i. S. v. § 325 II.
Die Klage ist also zulässig und begründet. Tenor: Verurteilung des B zur Herausgabe an C.

c) Fall 3: Es tritt *keine* Rechtskrafterstreckung ein gegen C (§§ 265 III, 325 II). B erhebt die Einrede **10.07** aus § 265 III.

Beispiel: wie zu Fall 2, jedoch hatte C beim Erwerb von der Rechtshängigkeit weder positive Kenntnis, noch grob fahrlässige Unkenntnis (die Anforderung an die Gutgläubigkeit i. S. v. § 325 II richtet sich nach den analog anzuwendenden Gutglaubensvorschriften, hier § 932 II, ThP § 325, 8). B erhebt die Einrede aus § 265 III. C ist, als er dies erfährt, mit der Prozessführung durch K nicht einverstanden. Nach h. M. ist die Klage nach Einrede aus § 265 III unbegründet, richtigerweise ist sie schon unzulässig (nach beiden Ansichten müsste K wegen § 265 III für erledigt erklären, ThP § 265, 19; anders bei Veräußerung durch den Beklagten B, da dort § 265 III nicht gilt):

(I) Zulässigkeit

K macht ein *fremdes* Recht (des C) im eigenen Namen geltend, klagt also in Prozessstandschaft, deren Zulässigkeit aber bei Eingreifen von § 265 III fraglich und strittig ist:
(1) *Gewillkürte* Prozessstandschaft liegt mangels Zustimmung des Rechtsträgers (das ist C gem. §§ 929, 931 BGB) nicht vor, ThP § 51, 33.

(2) *Gesetzliche* Prozessstandschaft gem. § 265 II S. 1?
(a) Die h. M. bejaht sie auch bei Eingreifen von § 265 III ohne Erörterung des Problems bzw. sie lässt trotz Fortfalls der Prozessstandschaft wegen § 265 III die Zulässigkeit der Klage bestehen und kommt (inkonsequenterweise) zur Sachabweisung (unten II), sodass die Prüfung der Voraussetzungen des § 265 III hier im Rahmen der Zulässigkeit noch dahinstehen muss und sich in die der Begründetheit verlagert.

(b) Nach a. A. ist sie zu verneinen mit der Konsequenz der Klageabweisung als unzulässig durch Prozessurteil. Gesetzliche Prozessstandschaft gem. § 265 II scheidet aus, da § 265 III Ausnahme ist zu § 265 II: das, was § 265 II S. 1 gibt – nämlich gesetzliche Prozessstandschaft – nimmt § 265 III wieder. Sofern die Voraussetzungen von § 265 III vorliegen (dazu sogleich unter II) gilt: Dem K fehlt daher neben der Aktivlegitimation (infolge Veräußerung) auch die gesetzliche Prozessstandschaft aus

§ 265 II S. 1 (Zöller 9; ThP 19; Müko-ZPO 12 zu § 265). Bei konsequenter Anwendung des Grundsatzes des Vorrangs der Prozessvoraussetzungen vor den Begründetheitsvoraussetzungen (ThP 8 vor § 253; BGH WM 78, 470, dazu näher unten Rn. **28.**01 ff.) ist die Klage daher mangels Prozessführungsbefugnis des K als unzulässig abzuweisen (so auch Müko-ZPO 108 a. E.; StJ 32; Wieczorek 114 je zu § 265).

Folgt man der h. M. ist weiterzuprüfen:

(II) Begründetheit

Abzustellen wäre an sich infolge der Klageänderung nunmehr auf den Rechtsnachfolger C, also darauf, ob der Klageanspruch in der Person des C begründet ist, was an sich zu bejahen ist, da C vom Berechtigten gem. §§ 929, 931 BGB erworben hat.

Aber § 265 III: Ungeachtet der Umstellung des Klageantrags auf C gibt § 265 III dem Beklagten die **Einrede** fehlender Rechtskrafterstreckung und fehlender Aktivlegitimation (Zöller § 265, 9), weshalb die Klage unter dessen Voraussetzungen (§ 325 II) als unbegründet abzuweisen ist, wenn der Kläger nicht zuvor für erledigt erklärt (ThP 19, Zöller 9; StJ 52; Musielak 12 zu § 265).

Gem. § 265 III müsste § 325 II erfüllt sein, d. h. die Rechtskraft eines Urteils K/B dürfte nicht *gegen* B wirken.

Da umstritten ist, wie **§ 325 II** zu lesen ist, sei zum Verständnis und zur Vertiefung kurz Näheres zu § 325 gesagt: Das rechtskräftige Urteil (K/B) wirkt gemäß § 325 I „für und gegen" den Rechtsnachfolger (C), d. h., wenn der Rechtsvorgänger (Veräußerer K) obsiegt hat, wirkt es für, wenn dieser aber verloren hat, die Klage also abgewiesen wurde, wirkt es gegen den Rechtsnachfolger (C), dem daher auch das geltend gemacht Recht aberkannt wird.

§ 325 II will nun die im letztgenannten Fall genannten *nachteiligen* Folgen der Rechtskrafterstreckung aus § 325 I (Klageabweisung im Prozess K/B) ausschließen, wenn – und hier fängt der Streit an – der Erwerber C gutgläubig hinsichtlich der Rechtshängigkeit war (Meinung 1) bzw. von einem *Nichtberechtigten* gutgläubig hinsichtlich Berechtigung und Rechtshängigkeit erworben hat (Meinung 2). Es gibt demnach 2 Meinungen, wie die nur analoge Anwendung der Gutglaubensvorschriften in § 325 II zu verstehen ist. Gemeinsamer Ausgangspunkt ist, dass § 325 II infolge der analogen Anwendung der Gutglaubensvorschriften nur gilt, wenn nach materiellem Recht zumindest theoretisch überhaupt gutgläubiger Erwerb möglich ist, also **nicht bei Forderungen.**

(1) **Meinung 1:** § 325 II sei rein *prozessrechtlich* und daher **nur als Ausnahme zu § 325 I** zu verstehen. Bezweckt werde lediglich, den guten Glauben des Erwerbers C an das Nichtbestehen der *Rechtshängigkeit* zu schützen. Daher gelte § 325 II sowohl beim Erwerb des C vom Berechtigten (wie hier, Gutgläubigkeit also nur bzgl. der Rechtshängigkeit erforderlich), als auch beim Erwerb vom Nichtberechtigten (dort doppelte Gutgläubigkeit erforderlich: bzgl. Berechtigung des Veräußerers und Rechtshängigkeit).

Hat also der Erwerber C in Wahrheit vom Berechtigten K erworben – wie hier –, weist aber das Gericht verfehlt die Klage ab (z. B. weil es irrig die Rücktrittsvoraussetzungen verneint), so wirkt dieses Urteil nach § 325 II *keine* Rechtskraft gegen den jetzt (§ 932 II BGB analog), der daher im Folgeprozess C gegen B Tatsachen zu seinem Herausgabeanspruch aus § 985 BGB vortragen kann, die nicht durch Präklusion von Tatsachen durch Rechtskraft (lies: ThP § 322, 36 ff.) verbraucht sind, also z. B. vortragen kann, dass die Rücktrittsvoraussetzungen *doch* vorlagen, der Anspruch aus § 346 I BGB also bestand und abtretbar war.

Dass § 325 II als rein prozessuale Ausnahme zu § 325 I zu verstehen ist und sich daher nur auf die Gutgläubigkeit bzgl. der Rechtshängigkeit beschränkt, hat auch seinen guten Grund: der Erwerber hat mangels Kenntnis von der Rechtshängigkeit keine Chance, sich zu seinen Gunsten am Prozess zu beteiligen durch Prozessübernahme (§ 265 II S. 2) oder Beitritt als Streithelfer, aber das Urteil würde sich ohne den Schutz durch § 325 II auch bei Klageabweisung K/B auf ihn erstrecken. Weiter: die nur analoge Anwendung der Gutglaubensvorschriften (§§ 932 ff. BGB etc.) in § 325 II kann nur prozessual gemeint sein, denn eine analoge Anwendung auf den materiellrechtlichen Erwerb vom *Berechtigten* macht keinen Sinn.

ThP 8; BL 9 zu § 325; Müko-ZPO § 265, 106 (anders aber § 325, 97); RoSG § 100, 23; Jauernig § 63 IV 2 (Anm.: ich halte diese Meinung 1 für zutreffend).

Für die Einrede des Bekl. B aus § 265 III bedeutet dies:

Nach seinem Wortlaut („kann … entgegensetzen", statt „ist … entgegenzusetzen"), aber auch seiner Verteidigungsfunktion nach stellt § 265 III eine **Einrede** des Beklagten dar (StJ § 265, 32), nämlich die der mangelnden Rechtskrafterstreckung, so dass der Beklagte nach den allgemeinen Grundsätzen zu Einreden (ThP 41, 44 vor § 253) die Darlegungs- und Beweislast hat für die Gutgläubigkeit des

Erwerbers C hinsichtlich der Rechtshängigkeit. Die Anforderung an den guten Glauben (Kenntnis, bzw. grobe Fahrlässigkeit etc.) richten sich nach den analog angewendeten Vorschriften (insoweit allg. M., ThP 8; Musielak 27 zu § 325), hier also nach § 932 II BGB analog. B wird diesen Nachweis (wenn nicht ohnehin unstreitig) erbringen können, so dass die Klage – trotz Umstellung des Klageantrags auf Leistung an C (Zöller § 265, 9) – als unbegründet abzuweisen ist und K daher besser für erledigt erklärt.

(2) **Meinung 2** (wohl h. M.): § 325 II erfasse **nur** den Erwerb vom *Nichtberechtigten.* Denn § 325 II wolle nur verhindern, dass ein *klageabweisendes* Urteil gegen den Rechtsvorgänger K (mag dieser auch in Wahrheit Berechtigter gewesen – Fehlurteil, aber dann werde er nachträglich durch das Urteil zum Nichtberechtigten – oder wirklich Nichtberechtigter gewesen sein) gemäß § 325 I Rechtskraft *gegen* den Erwerber C wirkt, also auch diesem das Recht abspricht, obwohl dieser nach materiellem Recht zumindest gutgläubig (§ 934 BGB) Eigentum erworben hat. § 325 II erfordert dann stets doppelte Gutgläubigkeit (Musielak 23, 24; Müko-ZPO 97, 101; StJ 35 ff., 40 je zu § 325).

Für die Einrede des B aus § 265 III bedeutet dies: Zwar muss bedacht werden, dass über die Berechtigung/Nichtberechtigung des K überhaupt noch kein Urteil vorliegt und B mit seinem Einwand aus § 265 III nicht zuwarten kann, bis es vorliegt. Eine Unterstellung, dass es zu einem i. S. v. § 325 II ungünstigen Urteil gegen K kommt – wie StJ-Leipold § 325, 36, FN 79 für die Einrede aus § 265 III vor Erlass des Urteils vorschlägt – scheidet hier aber aus, da ein Erwerb des C vom Nichtberechtigten überhaupt nicht in Frage steht, also auch nicht unterstellt werden kann. Denn hier war K *unstreitig Eigentümer,* ein Erwerb vom Nichtberechtigten (§ 934 BGB) scheidet also aus. Fraglich ist im Prozess lediglich, ob dem K ein Herausgabeanspruch aus § 346 I BGB zustand und ein Eigentumserwerb des C gem. § 931 BGB an dessen Fehlen gescheitert sein könnte, aber dies würde den K nicht zum Nichtberechtigten i. S. d. Gutglaubensvorschriften (§ 934 BGB) machen, was § 325 II und damit § 265 III nach dieser Meinung 2 aber voraussetzen. B kann daher keine Einrede aus § 265 III erheben.

2. Möglichkeiten der Prozessbeteiligung für den Rechtsnachfolger C

a) Der Rechtsnachfolger übernimmt das Verfahren: 10.08

Voraussetzung: Parteiwechsel mit Zustimmung von K und B (ThP § 265, 17).

Da die Zustimmung des Gegners (B) aber selten zu erwarten ist (weil sich dieser nicht auf eine neue, ihm unbekannte Partei wird einlassen wollen) steht der Beitritt als Streithelfer im Vordergrund der Möglichkeiten für den Erwerber (C), vgl. Rn. **10.**09.

Scheitert die zwischen K und Rechtsnachfolger C abgesprochene Prozessübernahme am Widerspruch des B (Sachdienlichkeit analog § 263 wie sonst beim Parteiwechsel genügt nach § 265 II 2 nicht), ergeht nach h. M. (BGH NJW 88, 3209; ThP § 265, 17) Endurteil (nicht Zwischenurteil gem. § 303): „I. C wird aus dem Prozess gewiesen. II. Die Kosten der gescheiterten Prozessübernahme trägt C (§ 91). III. §§ 708 ff."

b) Der Rechtsnachfolger darf oder will nicht übernehmen:

(1) Beitritt als **Streithelfer,** §§ 66 ff.   10.09

Das ist die wichtigste Beteiligungsmöglichkeit für den Rechtsnachfolger, insbes. bei befürchtetem nachlassenden Einsatz des Veräußerers. Als Nebenintervenient kann er recht gut auch seine eigenen Interessen wahren (die sich zumeist mit denen des Veräußerers decken): er kann selbst Tatsachen und Rechtsansichten vortragen, Beweisanträge stellen und Einspruch/Berufung einlegen, dies auch allein und ohne die Hauptpartei (K), nur nicht *gegen* sie (Näheres unten **17.**08). Das rechtliche Interesse am Beitritt (§ 66) liegt darin, dass über nunmehr *sein* Recht in Prozessstandschaft gestritten wird (ThP § 66, 5).

Von den beiden Formen der Nebenintervention (gewöhnliche § 67, streitgenössische § 69) schließt § 265 II S. 3 die weiterreichende (vgl. ThP § 69, 1) streitgenössische aus, obwohl bei RKrafterstreckung gemäß § 325 I an sich dessen Voraussetzungen vorlägen (StJ § 265, 59). Es bleibt also nur die gewöhnliche Nebenintervention mit der Rechtsstellung gem. § 67.

Der Nebenintervenient ist ab Beitritt (§ 70) stets zu laden, andernfalls könnte gegen die unterstützte Hauptpartei – hier K – kein VU ergehen, § 335 I Nr. 2 (ThP § 67, 8).

10.10 (2) **Hauptintervention, § 64**

Das ist eine selbstständige Klage des RNachfolgers C gegen beide Parteien des Hauptprozesses (K und B). Sie begründet einen davon unabhängigen neuen Prozess.

Beispiel: C könnte gegen K auf Feststellung seines Eigentums und gegen den besitzenden B auf Herausgabe gem. § 985 BGB klagen. Im Urteil wird in Ziffer I das Eigentum des C festgestellt und in Ziffer II der B zur Herausgabe an C verurteilt, vgl. Furtner, Urteil S. 257.
Zulässig ist die Hauptintervention aber im Falle § 265 II bei Rechtskrafterstreckung gem. § 325 I nur bei Zustimmung des Veräußerungsgegners (B) gem. § 265 II S. 2; fehlende Zustimmung (= besondere Prozessvoraussetzung) macht die Hauptinterventions-Klage unzulässig (ThP § 64, 4).
Tritt Rechtskrafterstreckung hingegen nicht ein (§ 265 III, 325 II), so gilt § 265 II S. 2 nicht, einer Zustimmung des B bedarf es dann nicht (StJ § 64, 11; Müko-ZPO § 265, 109).

10.11 (3) **Eigene Klage** des Rechtsnachfolgers aus abgetretenem Recht?

Beispiel: Könnte C im Ausgangsfall während des weiterlaufenden Prozesses K/B eine eigene Klage gegen B aus § 985 BGB erheben? Es ist wiederum zu unterscheiden, ob ein Urteil im Prozess des Rechtsvorgängers K RKraft auch *gegen* (!) C äußern würde:
– Bei voller **RKrafterstreckung, §§ 265 II, 325 I.** Eigene Klage des RNachfolgers wäre **unzulässig:** erstens fehlt ihm die Prozessführungsbefugnis (obwohl er jetzt Rechtsinhaber ist), denn § 265 II S. 1 weist sie ausschließlich dem RVorgänger zu (ThP § 265, 12). Zweitens stünde die anderweitige Rechtshängigkeit aus dem Verfahren des RVorgängers K entgegen, § 261 III Nr. 1 (BL § 265, 16; Zöller § 265, 8 a). Zwar erfordert doppelte Rechtshängigkeit auch gleiche Parteien in beiden Verfahren, doch steht dem gleich, wenn trotz Verschiedenheit der Parteien sich die Rechtskraft auf die Parteien des 2. Prozesses erstreckt, wie hier gem. § 325 I (vgl. ThP § 261, 11).
– Falls **keine RKrafterstreckung** gegen den RNachfolger eintritt, §§ 265 III, 325 II: Eigene Klage des C wäre **zulässig:** Die dem Veräußerer gem. § 265 II S. 1 allein zugeordnete Prozessführungsbefugnis entfällt gem. § 265 III, der Erwerber (C) hat daher jetzt eigene Prozessführungsbefugnis, die nunmehr problemlos aus behauptetem eigenem Recht folgt (Zöller § 265, 9; ThP § 51, 21). Anderweitige Rechtshängigkeit, § 261 III Nr. 1 steht nicht entgegen, da in beiden Prozessen verschiedene Parteien stehen und zwischen ihnen keine RKrafterstreckung eintritt, § 325 II.

3. Welche Wirkungen hat das rechtskräftige Urteil zwischen den alten Parteien K/B für den Rechtsnachfolger C?

a) Rechtsvorgänger K hat verloren

10.12 **§ 325 I:** bei RKrafterstreckung auf C (Normalfall) stünde einer Klage des C der Einwand der RKraft (§ 322) entgegen, die Klage wäre also unzulässig.

Näheres: ThP § 322, 11. C kann also gegen B nichts mehr machen. C hätte im Prozess K/B als Streithelfer beitreten sollen, um dort seine Rechte zu wahren!

§ 325 II: ohne RKrafterstreckung gegen C ist das abweisende Urteil K/B folgenlos für C, dessen Klage also normal zulässig.

b) Rechtsvorgänger K hat obsiegt

10.13 Das rechtskräftige Urteil wirkt gem. § 325 I in jedem Fall *für* (nur i. F. § 325 II nicht auch: *gegen*) den RNachfolger C (Zöller § 325, 44), so dass einer eigenen Klage des C gegen B der Einwand der RKraft (§ 322) entgegensteht: C ist auf § 727 oder § 731 beschränkt.

Die Frage, **wer** (K oder RNachfolger C) aus dem Urteil vollstrecken kann und dafür die **Vollstreckungsklausel** (§§ 724, 725) erhält, stellt sich in gleicher Weise für das rechtskräftige wie für das vorläufig vollstreckbare Urteil, da die hierfür einschlägigen Vorschriften (§§ 724, 727, 731) auch für vorläufig vollstreckbare Urteile gelten (ThP §§ 724, 8, 727, 1). Nach h. M. (BGH NJW 84, 806) gilt für beide:

- **Rechtsvorgänger K** und nur dieser erhält die Klausel §§ 724, 725

  Dies auch dann, wenn infolge Umstellung des Klageantrags auch das Urteil lautet auf Leistung an den RNachfolger C. Denn § 725 stellt auf die „Partei" ab und dies ist nur K, außerdem stellt das Urteil die RNachfolge als solche nicht rechtskräftig fest, K muss also „für" C vollstrecken oder diesen auf §§ 727, 731 verweisen.

- RNachfolger C ist auf **Titelumschreibung (§ 727)** oder Klage auf Klauselerteilung (§ 731) beschränkt.

III. Der Beklagte veräußert

Ausgangsbeispiel: wie eingangs zu II, nur veräußert und übergibt (§ 929 BGB) jetzt B an C

Klage aus § 985 BGB
K ⟶ B
§ 929 BGB ↓
C

1. Möglichkeiten des Klägers gegen den veräußernden Beklagten

- **§ 264 Nr. 3: Klageänderung** in Klage auf Schadensersatz (z. B. § 989 BGB) oder   **10.14**
  auf Herausgabe des Surrogats (z. B. §§ 285; 816 BGB). ThP § 265, 14.
- **§ 269: Klagerücknahme** gegen B, neue Klage gegen C.
- K kann aber auch den **Klageantrag unverändert** aufrechterhalten und versuchen, Erfolg in der Zwangsvollstreckung gegen B oder C (§§ 727, 731) zu haben (ThP § 265, 14).

Trotz Wegfalls der auf Besitz beruhenden Passivlegitimation wird die **Klage nicht etwa unbegründet:** § 265 III gilt bei Veräußerung auf Beklagtenseite nicht, auch nicht analog, d. h., es bewendet uneingeschränkt bei § 265 II S. 1: der Prozess geht unter den bisherigen Parteien so weiter, als hätte es keine Veräußerung (keinen Wegfall der Passivlegitimation) gegeben, K und B gelten weiterhin als aktiv/passiv legitimiert (ThP § 265, 20; Zöller § 265, 10).

Die Veräußerung auf Beklagtenseite führt also wegen § 265 II S. 1 und mangels Anwendbarkeit des § 265 III nicht zur Hauptsacheerledigung (anders aber bei Veräußerung auf Klägerseite und nur im Falle des dort anwendbaren § 265 III, ThP § 265, 19, 20).

Beispiel: War C gutgläubig (§ 932 BGB), so hat dieser Eigentum erlangt und K es verloren. Ohne die Regelung in § 265 II wäre die Klage jetzt doppelt unbegründet: fehlendes Eigentum des K und fehlender Besitz des B. Gem. § 265 II soll aber der Prozess so weitergehen, als hätte es diese Veräußerung B an C nie gegeben: war die Klage also, abgesehen von der Veräußerung B/C, voll begründet (Eigentum des K, Besitz des B, fehlendes Besitzrecht des B stehen für Zeit vor Veräußerung an C fest), so wird jetzt **B zur Herausgabe an K verurteilt** (entgegen der wahren Rechtslage: das Gesetz will verhindern, dass sich B durch Veräußerung dem Prozess und der Verurteilung entzieht). Zimmermann 17; Zöller 6 b zu § 265; RoSG § 100, 25.

Vollstreckungsmöglichkeiten des K, wenn B zur Herausgabe verurteilt ist: **10.15**
- **gegen B:**
  auf Grund des stattgebenden Urteils kann K gegen B vollstrecken (auch wenn das Urteil entgegen der mat. RLage ergangen ist, BGHZ 61, 143): Möglicher-

weise ist B noch oder nach Rücktritt etc. wieder im Besitz der Sache. C hat dann bei Vollstreckungszugriff K gegen B sein etwaiges Recht durch Klage gem. § 771 geltend zu machen, trägt also die volle Darlegungs- und Beweislast für sein Eigentum (hätte K den C verklagt, müsste K Beweis führen!). Im Hinblick auf diese Umkehr der Beweislast-Situation ist es also gar nicht so abwegig, wenn K seinen Klageantrag gegen B unverändert aufrechterhält.

– **gegen C:**

Bei Rechtskrafterstreckung gegen C, § 325 I: § 727 bzw. § 731 mit anschließender Vollstreckung gegen C.

Ohne RKrafterstreckung gegen C, § 325 II (C muss doppelt gutgläubig gewesen sein wegen Erwerbs von einem Nichtberechtigten): keinerlei Vollstreckungsmöglichkeiten gegen C.

2. Möglichkeiten der Prozessbeteiligung für und gegen den Rechtsnachfolger C.

10.16 Für ihn:

Es gilt das oben zu Rn. **10.**08 Gesagte entsprechend, also

– Übernahme durch C: Parteiwechsel mit Zustimmung von K und B, § 265 II.
– Beitritt als Streithelfer
– Hauptintervention

Gegen ihn:

– Keine Klageänderung in Antrag auf Verurteilung des RNachfolgers C. Denn C ist am Prozess nicht als Partei beteiligt und kann daher nach allg. M. auch nicht verurteilt werden (BGHZ 61, 143; ThP § 265, 14).
– Neue Klage gegen C, *neben* der noch rechtshängigen gegen B?

Bei RKrafterstreckung eines Urteils K/B auf C (§ 325 I): unzulässig, da doppelte Rechtshängigkeit einträte, § 261 III Nr. 1. Es geht um dasselbe Klagebegehren; dass die Parteien verschieden sind, steht wegen RKrafterstreckung nicht entgegen (ThP § 261, 11; § 265, 12).
Ohne RKrafterstreckung gegen C: (§ 325 II): zulässig. Keine doppelte RHängigkeit, da verschiedene Parteien, unter denen auch keine RKrafterstreckung eintritt (ThP § 265, 20).

3. Welche Wirkungen hat das rechtskräftige Urteil zwischen den bisherigen Parteien K/B für den Rechtsnachfolger C?

10.17 a) Die Klage wurde **abgewiesen**

Das rechtskräftige Urteil wirkt in jedem Fall (Gut- und Bösgläubigkeit des C) *für* den RNachfolger C, § 325 I.

Eine Klage des K gegen C wäre wegen entgegenstehender Rechtskraft (§ 322) unzulässig.

b) Der Rechtsvorgänger **B wurde verurteilt**

Ob Vollstreckungsgefahr auch für C besteht, hängt von der Rechtskrafterstreckung auf ihn ab:

Bei voller RKrafterstreckung auf C (§ 325 I): K kann gem. § 727 bzw. § 731 verfahren und dann gegen C vollstrecken.

Ohne RKrafterstreckung gegen C (§ 325 II): Das Urteil wirkt nicht *gegen* C. §§ 727, 731 sind unanwendbar, keine Vollstreckungsmöglichkeit gegen C. Es ist nun Klage K gegen C nötig: dieser steht mangels Rechtskrafterstreckung gegen C nicht der Einwand der RKraft aus dem Urteil K/B entgegen (ThP § 265, 20).

IV. Besonderheiten bei § 266

§ 266 trifft für den Fall einer **Grundstücksveräußerung** eine Sonderregelung gegenüber § 265 II S. 2: der Rechtsnachfolger (Grundstückserwerber) ist hier zur Übernahme des Prozesses berechtigt und auf Antrag sogar verpflichtet. Wird von dieser Übernahmeregelung kein Gebrauch gemacht, bleibt es beim Grundsatz § 265 II S. 1: der Prozess geht unter den bisherigen Parteien weiter.   **10.18**

§ 11 Die Erledigung der Hauptsache

Knöringer, JuS 2010, 569: Die Erledigung der Hauptsache im Zivilprozess

Es sind zu unterscheiden: **11.01**

- **Übereinstimmende Erledigungserklärung,** § 91 a: Sie ist eine Prozessbeendigung durch Parteihandlung, die Rechtshängigkeit der Hauptsache erlischt bis auf die Kostenfrage. Entscheidung: Beschluss über die Kosten. Dazu unten I.
- **Einseitige Erledigungserklärung des Klägers:** Sie bewirkt keine Prozessbeendigung, sondern ist nach h. M. Klageänderung in eine Feststellungsklage. Die Rechtshängigkeit der Hauptsache bleibt insoweit bestehen. Entscheidung: Endurteil. Dazu unten II.
- **Teilerledigungserklärung** (übereinstimmende und einseitige durch Kläger): Sie führt zu einem Endurteil mit einheitlicher Kostenentscheidung, die bei übereinstimmender Teilerledigungserklärung aus einer Kostenmischentscheidung aus § 91 a mit §§ 91 ff. besteht. Dazu unten III.

Die einseitige Erledigungserklärung nur des *Beklagten* ist prozessual unbeachtlich.

Gesetzlich geregelt ist nur der Fall der übereinstimmenden Erledigungserklärung, § 91 a (Einfügung in die ZPO erst seit 1950, dazu StJ § 91 a, 1). Infolge unvollständiger Regelung ist hier noch vieles streitig.

I. Die übereinstimmende Erledigungserklärung, § 91 a

Hier endet der Prozess zur Hauptsache (Streitgegenstand) allein und bereits durch die **Parteihandlungen.** Ob Erledigung *wirklich* eingetreten ist, ist demnach unmaßgeblich.   **11.02**

Gedacht ist die Regelung in § 91 a zwar vorwiegend für den Fall, dass eine zunächst berechtigte Klage wegen nachträglicher Ereignisse ihren Anlass verliert (unzulässig oder unbegründet wird) und daher bis auf die Kosten eigentlich keiner gerichtlichen Entscheidung mehr bedarf. Das Gesetz geht aber weiter: ähnlich wie beim Prozessvergleich sollen es die Parteien in der Hand haben, den Prozess vorzeitig (ohne Urteil) zu beenden, gleichgültig, wodurch sie motiviert sind: Eintritt eines Erledigungsereignisses, Zeit, Geld etc. Die Gründe müssen die Parteien nicht einmal mitteilen (anders bei einseitiger Erledigungserklärung, da hier eine Klageänderung in eine Feststellungsklage erfolgt, s. unten II 1).

Infolgedessen hat das Gericht auch **nicht** zu prüfen, ob ein Erledigungsereignis auch **wirklich** eingetreten ist. Maßgebend ist allein − ähnlich wie beim Prozessvergleich −, ob wirksame beiderseitige *Prozess*erklärungen abgegeben worden sind: **„erledigend"** ist hier (im Unterschied zur einseitigen) nicht ein Ereignis, sondern sind ausschließlich **die beiden Erledigungserklärungen** der Parteien. Daran ist das Gericht gebunden: der Prozess ist bereits in der Hauptsache beendet. Ob ein Erledigungsereignis eingetreten ist, gewinnt Bedeutung nur bei der Frage der Kostenverteilung (und auch dort nur summarisch, ohne Klärung schwieriger Rechtsfragen, ohne weitere Beweisaufnahme).

Überblick:

1. Erledigungserklärung

11.03 Es müssen beide Parteien die Hauptsache für erledigt erklären, wobei die Erledigungserklärung des Beklagten (Zustimmung) schon dann **fingiert** wird, wenn er nicht binnen einer Notfrist von 2 Wochen der Erledigungserklärung des Klägers widerspricht (sofern zuvor belehrt), **§ 91 a I 2.**

a) Zunächst ggfls. **Auslegung:**

Die Erledigungserklärungen müssen nicht wörtlich oder ausdrücklich erfolgen (ThP § 91 a, 10). Wesentlich ist nur, dass die Parteien zu erkennen geben, dass sie keine rechtskraftfähige Entscheidung zur Hauptsache per Urteil wollen.

Beispiele: „Der Rechtsstreit wird aus Kostengründen nicht weiter verfolgt" (in Abgrenzung zur Klagerücknahme stellt der Kläger Kostenantrag zu Lasten des Beklagten). Beim Bekl. genügt, wenn er der Erledigungserklärung des Klägers nicht widerspricht (schweigt etc.) und sich auf reinen Kostenantrag beschränkt („... unter Verwahrung gegen die Kosten"), BGHZ 21, 299; ThP a. a. O.

b) Wirksamkeit der Erklärungen als Prozesshandlungen:

– **Form:** Erklärung in mündlicher Verhandlung (nur dann besteht Anwaltszwang, ThP 16; Zöller 10 zu § 91 a), schriftsätzlich oder zu Protokoll der Geschäftsstelle (§ 129 a).

  Begründung (Angabe des Erledigungsgrundes oder des sonstigen Motivs) ist zweckmäßig (Kostenverteilung?), aber bei übereinstimmender Erledigungserklärung nicht nötig (anders bei einseitiger wegen § 253 II, da Klageantrag auf Feststellung) ThP § 91 a, 11.

– Die **Prozesshandlungsvoraussetzungen** (dazu Überblick bei ThP Einl. III 10) müssen vorliegen.

2. Wirkung

11.04 Beendigung des Prozesses allein durch **Parteihandlung** (bis auf den Kostenbeschluss). Daher Beendigung auch dann, wenn die Hauptsache tatsächlich nicht erledigt wurde, z. B. weil die Klage von Anfang an unzulässig oder unbegründet und daher gar nicht erledigungsfähig war (näheres bei der einseitigen Erledigungserklärung, unten II).

Klassisches **Beispiel:** Der Beklagte bezahlt kurz vor Zustellung der Klage. Diese ist daher ab Rechtshängigkeit unbegründet und nicht mehr „erledigungsfähig". Das ist aber bei übereinstimmender gleichgültig: erklären die Parteien die Hauptsache übereinstimmend für erledigt, so ist allein dadurch der Prozess zur Hauptsache beendet, ein Urteil darüber darf nicht mehr ergehen, da die Rechtshängigkeit der Hauptsache erloschen ist.

Erlöschen der Rechtshängigkeit bis auf die Kosten (BGHZ 106, 366; ThP § 91 a, 17; BL § 91 a, 108).

Letzteres ist z. B. wichtig für den Fortbestand der Anschlussberufung, die u. a. aus diesem Grund noch nicht ihre Wirkung verliert, wenn die Parteien den Streitgegenstand der Hauptberufung für erledigt erklären (§ 524 IV gilt hierfür nicht analog), BGH NJW 86, 852; ThP § 524, 19, str.

Im Verfahren bereits ergangene Entscheidungen (z. B. Versäumnis-, Teil-, Vorbehaltsurteil, Urteile erster Instanz bei E.-Erkl. in 2. Instanz): Soweit sie rechtskräftig geworden sind, bleiben sie wirksam, andernfalls gilt **§ 269 III S. 1 analog:** sie werden infolge Wegfalls der Rechtshängigkeit von selbst wirkungslos, also auch ohne ausdrückliche Aufhebung. Diese *muss* (klarstellend) nur auf *Antrag* erfolgen (§ 269 IV analog), ist aber auch ohne Antrag stets zulässig (da nur deklaratorisch, vgl. Zöller § 269, 17) und im **Klausur-** und Praxisfall zur Klarstellung ggfls. empfehlenswert. Zum Ganzen: ThP 25; StJ 24 zu § 91 a.

Keine weitere Beweisaufnahme. Der Kostenbeschluss nach § 91 a ergeht auf Grund des *„bisherigen"* Prozessergebnisses. Str. ist, ob damit jede weitere Beweisaufnahme schon grundsätzlich unzulässig ist (so ThP 46 a; BL 114 zu § 91 a), oder nicht verboten, aber auf Ausnahmefälle beschränkt ist (so BGHZ 13, 145; 21, 300; StJ 31; Zöller 26 zu § 91 a). Für den **Klausurfall** wird man davon ausgehen, dass das Gericht dazu jedenfalls grds. nicht verpflichtet ist (also keinen Beweisbeschluss fertigen, sondern abschließenden Kostenbeschluss gem. § 91 a).

3. Entscheidung: Beschluss, § 91 a. Zusammenfassendes Beispiel:

K klagt gegen B auf Zahlung von € 20 000,– Schadenersatz aus Verkehrsunfall. Gegen den im 1. Termin (1. 3.) säumigen B ergeht antragsgemäß Versäumnisurteil nach Maßgabe der schlüssigen Klage (§ 331 II). Nach rechtzeitigem Einspruch kommt es, da B Mitschuld des K zu 50% einwendet und die Schadenshöhe bestreitet, zur Beweisaufnahme, die sich inzwischen auf schon 5 Termine erstreckt, weil jeweils geladene Zeugen erkrankt sind. Im 5. Termin stellt sich die Notwendigkeit eines Sachverständigengutachtens heraus, ein wichtiger Zeuge ist mit bekannter Adresse nach Brasilien ausgewandert (voraussichtliche Dauer eines Rechtshilfeersuchens 2–3 Jahre). Die bisherige Beweisaufnahme hat keine Klärung gebracht. Im Termin vom 1. 7. (oder nur: schriftsätzlich) lässt K über seinen RA erklären, dass er unter diesen Umständen das Verfahren nicht durchführen werde, zumal er gestern von B € 7000,– erhalten habe. B lässt über seinen RA erklären, ihm sei das egal, er verwahre sich jedenfalls gegen die Kosten.

11.05

Lösungsskizze: Art der beantragten Entscheidung? § 91 a-Beschluss? Er setzt voraus:

(1) Erledigungserklärung des **Klägers**

(a) Auslegung: K will keine rechtskraftfähige Entscheidung mehr zur Hauptsache, damit auch kein Urteil nach Aktenlage (§§ 333, 331 a), das Entscheidungsreife voraussetzt, die K selbst nicht für gegeben hält (Anmerkung: § 331 a dürfte bei beiderseitigem Nichtverhandeln und Antrag auf Entscheidung nach Aktenlage dem § 251 a vorgehen, da letzterer freies Ermessen und sogar Anordnung des Ruhens des Verfahrens vorsieht, vgl. ThP § 251 a, 2). Abgrenzung zur Klagerücknahme: dort volle Kostenpflicht, § 269 III. Also Erledigungserklärung: K *will* nicht mehr.

(b) Wirksamkeit der Prozesshandlung: in mündlicher Verhandlung erklärt, über RA (§ 78 I).

(2) Erledigungserklärung des **Beklagten**

(a) Auslegung: es genügt, wenn B nicht widerspricht und sich – wie hier – auf reine Kostenfrage beschränkt, BGHZ 21, 299; ThP § 91 a, 10.

(b) Wirksamkeit der Prozesshandlung: ja, wie zu 1 b.

(3) Also übereinstimmende Erledigungserklärungen: obwohl die Hauptsache selbst längst nicht erledigt ist, ist der *Prozess* jetzt zur Hauptsache mit Sofortwirkung erledigt. Es bleibt der **Kostenbeschluss gem. § 91 a:**

BESCHLUSS

Die durch die Säumnis des Beklagten im Termin vom 1. 3. entstandenen Kosten trägt der Beklagte. Im Übrigen werden die Kosten des Rechtsstreits gegeneinander aufgehoben.

Oder:

1. Das Versäumnisurteil vom 1. 3. ist wirkungslos.
2. Die durch die Säumnis des Beklagten … (wie 1. Alt.)

Gründe:

I. Tatsache, dass und ggfls. weshalb (Auslegung) übereinstimmende Erledigungserklärungen vorliegen. Kurze Ausführungen zur Wirkungslosigkeit des Versäumnisurteils analog § 269 III S. 1.
II. Argumente für die Kostenverteilung.

Unterschriften der 3 Richter bzw. des Einzelrichters

Anmerkungen:

(1) **Tenor:** Unbedingt nötig ist nur der Kostenausspruch. Vorausgegangene Entscheidungen, wie hier das VU vom 1. 3., *dürfen* (müssen aber auf Antrag, analog § 269 IV) im Tenor für wirkungslos erklärt werden.

(2) **Gründe:** Bei Beschlüssen heißt es schlicht: „Gründe".
Der Beschluss gem. § 91 a ist stets zu begründen: dies ist zwar nicht ausdrücklich vorgeschrieben, folgt aber nach ganz h. M. u. a. daraus, dass der Beschluss mit sofortiger Beschwerde anfechtbar ist (§ 91 a II, BGHZ 13, 145, ThP § 91 a, 25).

(3) **Kostenentscheidung:** Fälle zwingender Kostentrennung (hier: § 344) sind auch im Beschluss nach § 91 a zu berücksichtigen (ThP § 344, 3), andere (z. B. § 96) dürfen berücksichtigt werden. Im Übrigen: Kostenantrag ist zwar üblich, wegen § 308 II aber unnötig. **Grundsätze der Kostenverteilung bei § 91 a:**
Maßgebend ist der voraussichtliche Ausgang des Rechtsstreits, also wie **derzeit** zu entscheiden wäre, wenn die Hauptsache nicht für erledigt erklärt worden wäre (ThP § 91 a, 47; StJ § 91 a, 29). Dabei genügt eine summarische Prüfung der Erfolgsaussichten, schwierige Rechtsfragen brauchen nicht abgehandelt zu werden (BGHZ 67, 346; 163, 197), es genügt eine „überwiegende Wahrscheinlichkeit für den Klageerfolg" (BGHZ 123, 266; Zöller § 91 a, 26a).
Dabei sind u. a. zu berücksichtigen: Zulässigkeit und Schlüssigkeit der Klage, bisherige Beweisergebnisse (§ 286). Ist, wie hier, der **Prozessausgang ungewiss**, wird **Kostenaufhebung** in Betracht kommen analog § 92, ThP § 91 a, 48. Die allg. Kostentatbestände §§ 91, 92, 93–97, 100, 101 können im Rahmen der Billigkeitserwägung herangezogen werden (ThP § 91 a, 48).
Die Parteien können auch über die Kosten des für erledigt erklärten Rechtsstreits disponieren und so eine Kostenentscheidung ohne Erfolgsprüfung durch das Gericht herbeiführen, z. B. durch einen Kostenvergleich oder dadurch, dass der Beklagte (z. B. zu Protokoll) seine Kostentragungspflicht anerkennt, woran das Gericht analog § 307 gebunden ist ohne Prüfung der Erfolgsaussicht der Klage (BAG NJW 04, 533).

(4) **Kein Ausspruch über vorläufige Vollstreckbarkeit,** da §§ 708 ff. nur für Urteile gelten. Der § 91 a-Beschluss ist **Vollstreckungstitel gem. § 794 I Nr. 3,** und als solcher Grundlage des Kostenfestsetzungsbeschlusses **§ 794 I Nr. 2** (ThP § 91 a, 63).

II. Die einseitige Erledigungserklärung des Klägers

Hier endet der Prozess nicht durch Parteihandlungen, sondern durch Urteil. Die Entscheidung hängt davon ab, ob die Hauptsache *wirklich* und erst *nach* Eintritt der Rechtshängigkeit erledigt ist.

1. Grundsätzliches

a) Zweck, Regelung: Wird eine ursprünglich zulässige und begründete Klage durch **11.06**
ein Ereignis nach Eintritt der Rechtshängigkeit unzulässig oder unbegründet (z. B. der
Beklagte hat soeben die Klageforderung beglichen), so müsste sie eigentlich abgewiesen werden mit der zwingenden Kostenlast des Klägers aus § 91, da es auf den Erfolg
der Klage bei *Schluss* der mündlichen Verhandlung ankommt.

Das Institut der Erledigungserklärung der Hauptsache soll es dem Kläger ermöglichen,
diese Konsequenz zu vermeiden, indem er wegen dieses Ereignisses die Hauptsache für
erledigt erklärt (ThP § 91 a, 1). Nicht er, sondern der Bekl. trägt dann die Kosten
(§ 91), wenn die Klage bei Eintritt des Ereignisses zulässig und begründet war und das
Ereignis erst *nach* Rechtshängigkeit eingetreten ist: Gebot der Gerechtigkeit, dass sich
der Kläger dann von der Kostenlast befreien können muss.

Dem wollte der Gesetzgeber mit Einführung des Instituts der Hauptsacheerledigung (Vereinfachungs-
VO von 1942) Rechnung tragen, was jedoch damals und mit der 1950 in die ZPO übernommenen
Regelung (§ 91 a) nur sehr unvollständig erfolgt ist (StJ § 91 a, 1 m. w. N.).
Immerhin: das Institut der Erledigungserklärung *als solches* ist *gesetzlich anerkannt* und in § 91 a veran-
kert, keine bloße Literaturschöpfung im gesetzesfreien Raum, sondern Fortentwicklung des lücken-
haften Gesetzes.

b) Rechtsnatur: Nach h. M. ist sie eine gem. **§ 264 Nr. 2** stets zulässige Klageände- **11.07**
rung in eine **Feststellungsklage** (sog. Klageänderungstheorie).
Klageantrag, Streitgegenstand und damit Rechtskraft beinhalten eine 3-fache Feststellung:

1. Die Klage war **ursprünglich** (= z. Zt. des erledigenden Ereignisses) **zulässig,**
2. sie war **ursprünglich** (= z. Zt. des erledigenden Ereignisses) **begründet,**
3. sie ist jetzt **nachträglich** durch ein bestimmtes Ereignis nach Rechtshängigkeit
   unzulässig oder unbegründet geworden.

BGH NJW 08, 2580, Tz. 8; 02, 442; 99, 2516; Habscheid JZ 63, 625; ThP 32, 33; Zöller 34; StJ 47;
Musielak 29 zu § 91 a; RoSG § 131, 22.

Der Streitgegenstand der jetzigen Feststellungsklage schließt also den der ursprüngli- **11.08**
chen Leistungsklage mit ein, Habscheid JZ 63, 626.

Das **stattgebende** Urteil ist ein Feststellungsurteil: „Der Rechtsstreit ist in der Hauptsache erledigt". Es ist *Sach*urteil, der materiellen Rechtskraft fähig und trifft rechtskräftig diese obige dreifache Feststellung.

Das Erledigungsurteil ist zugleich eine Entscheidung zur Hauptsache: das Gericht nimmt eine Sachprüfung der ursprünglichen Klage vor und stellt fest, dass sich der Anspruch erledigt hat und erledigen
konnte erst dann, wenn und weil die Klage zuvor zulässig und begründet war.
Die Rechtskraftwirkung umfasst also sowohl den ursprünglichen *Bestand* der Klageforderung, als auch
deren *wirksame Erledigung,* der Streitgegenstand des Feststellungsurteils schließt den der ursprünglichen
Klage mit ein.
Habscheid JZ 63, 625 (zu I 2 a aa und S. 626 zu FN 72); Blomeyer § 64 I 3 b (insb. zu FN 28); ThP
51; Musielak 46; StJ 54 zu § 91 a; RoSG § 131, 32.
Die übliche Formulierung des Feststellungsantrags und des stattgebenden Tenors („es wird festgestellt,
dass der Rechtsstreit in der Hauptsache erledigt ist") beruht auf einer starken Abkürzung zur Vermeidung längerer Schreibarbeit. Die „Erledigung" ist ein abstrakter Begriff, der ohne Definition in der
Luft hängt. Der korrekt und vollständig ausformulierte und dies definierende Klageantrag lautet vielmehr (z. B. bei einer Kaufpreis- oder Schadensersatzklage) „festzustellen, dass die Klage bis zur Zah-

lung durch den Beklagten zulässig und begründet war und durch die vorbehaltlose Zahlung des Beklagten unbegründet wurde und sich dadurch erledigt hat."

Dieser Spannungsbogen – und nicht nur das erledigende Ende – bildet das Rechtsverhältnis, das gemäß § 256 festgestellt werden soll,

11.09 Bei **Abweisung** der nunmehrigen Feststellungsklage erwächst in Rechtskraft – wie stets bei klageabweisenden Urteilen je nach genauem Inhalt der Entscheidungsgründe – dass die ursprüngliche Klage von Anfang an unzulässig bzw. unbegründet war bzw. sich mangels erledigenden Ereignisses nicht erledigt hat (RoSG § 131, 32; Musielak 46; ThP 51 je zu § 91 a). Das hat zur Konsequenz, dass einer neuen Klage mit altem Leistungsantrag die Rechtskraft des Feststellungsurteils (soweit sie bei abgewiesener Klage reicht) entgegensteht, diese also unzulässig wäre.

Gegen diesen von der h. M. befürworteten Umfang der Rechtskraft wird eingewandt, dass das „Warum" der Erledigung im Grunde nur eine Vorfrage zum tenorierten Subsumtionsschluss („... ist daher erledigt, bzw. nicht erledigt") ist und nur Letzterer nach sonst allgemeiner Lehre in Rechtskraft erwächst (ThP § 322, 17, 19).

Beispiel: Weil der Darlehensanspruch besteht (= Vorfrage), hat der Beklagte daher € ... zu zahlen (= Subsumtionsschluss). In Rechtskraft erwachse daher nur die Feststellung der Erledigung bzw. Nichterledigung, nicht aber auch, dass und weshalb die ursprüngliche Klage erledigungsfähig war und weshalb sie später erledigt wurde oder nicht (Zöller § 91 a, 46 m. w. N.).

Der h. M. ist zu folgen. Im Übrigen wird nach allg. Meinung auch bei dem in gleicher Weise abstrakten und klärungsbedürftigen Begriff der „Abweisung" einer Klage zur Bestimmung der Rechtskraft auf die Entscheidungsgründe zurückgegriffen.

c) Erledigung der Hauptsache (Ereignis)

Vorab: Unterscheide stets: **Erledigung** der Hauptsache (das ist das Ereignis) und Erledigungs**erklärung** (das ist die Konsequenz, die der Kläger hier zieht: *Prozesshandlung* i. S. e. Klageänderung zur Vermeidung der Klagabweisung). Die bloße Erledigung der Hauptsache (Ereignis) beeinflusst nur die *materielle* Rechtslage, aber nicht den Prozess. Es muss die (übereinstimmende, einseitige) Erledigungserklärung hinzukommen, erst diese beeinflusst den Prozess.

11.10 **Begriff:** Erledigung der Hauptsache liegt vor, wenn die Klage durch **ein Ereignis nach Rechtshängigkeit** unzulässig oder unbegründet wird.

H. M. BGHZ 184, 128 (Rn. 18); 155, 395; 83, 12; NJW 86, 588; ThP 4; StJ 5 zu § 91 a.

Notwendig ist also ein **Zeitfaktor** und ein **Erledigungserfolg:**

aa) die h. M. stellt auf den Zeitpunkt **nach Rechtshängigkeit** vor allem deshalb ab, weil vorher (auch zwischen Anhängigkeit und Rechtshängigkeit, dazu unten Fall 4) noch gar keine „Hauptsache" vorliege, die sich erledigen könnte, BGHZ 83, 14.

Der Eintritt der Rechtshängigkeit ist dabei nur der *früheste* Zeitpunkt. Maßgeblich ist der **Zeitpunkt des Eintritts des Ereignisses** (unmaßgeblich der der Abgabe der Erledigungserklärung), BGH NJW 86, 588.

BGH NJW 86, 588 (LS): „Bei einseitiger Erledigungserklärung kommt es für den Ausspruch des Gerichts, dass die Hauptsache erledigt ist, darauf an, ob die Klage im Zeitpunkt des **nach ihrer Zustellung** eingetretenen erledigenden Ereignisses zulässig und begründet war."
S. 589: „Vielmehr kann sich eine zunächst unzulässige oder unbegründete Klage „erledigen", wenn sie nur später, nämlich im Zeitpunkt des erledigenden Ereignisses, zulässig und begründet war." Beispiel: Bei Prozessstandschaft ist die zunächst fehlende Einwilligung des Rechtsträgers kurz vor Eintritt des Erledigungsereignisses (Bezahlung) beigebracht worden.

bb) **Erledigungserfolg:** die Klage muss bei Eintritt des Ereignisses zulässig und begründet gewesen sein. Das Erledigungsereignis muss also *ursächlich* dafür sein, dass jetzt (nach Rechtshängigkeit) die Klage unzulässig bzw. unbegründet wird.

BGH NJW 68, 992. BGHZ 37, 142: „Durch das Ereignis, in dem die Erledigung der HS zu sehen ist, muss der Kläger gehindert sein, die von ihm erbetene gerichtliche Entscheidung durchzusetzen. Daran fehlt es, wenn die verfahrensrechtlichen Voraussetzungen der ... Klage von Anfang an nicht gegeben waren".

BGHZ 184, 130: „Die Hauptsache ist erledigt, wenn die Klage im Zeitpunkt des nach ihrer Zustellung eingetretenen erledigenden Ereignisses zulässig und begründet war und durch dieses Ereignis unzulässig oder unbegründet wurde."

Beispiele für die Erledigung der Hauptsache: **11.11**

(1) **Erfüllung:** die eingeklagte Forderung wird vom Beklagten oder einem Dritten (z.B. von der nicht mitverklagten Haftpflichtversicherung des Beklagten) vorbehaltlos bezahlt. Bei **Zahlung unter Vorbehalt** ist zu differenzieren, welchen Einfluss der Vorbehalt auf die *Beweislastverteilung* haben soll:

(a) Bestreitet der Schuldner auch bei Zahlung die Schuld und beharrt auf der den Gläubiger treffenden Beweislast, so liegt keine Erfüllung i.S.v. § 362 BGB, keine HS-Erledigung vor (BGH NJW 07, 1270; Palandt § 362, 11; Zöller § 91a, 58 „Erfüllungshandlungen"). BGHZ 86, 269: „Ein so verstandener Vorbehalt ist immer dann auch anzunehmen, wenn die Zahlung des Schuldners an den Gläubiger nur auf Grund eines **vorläufig vollstreckbaren Urteils** zur Abwendung der ZwV erfolgt. Dasselbe gilt auch, wenn der Schuldner zur Abwendung der ZwV aus einem **Vorbehaltsurteil** zahlt, das zwar ein formell rechtskräftiges, aber durch etwaige Aufhebung im Nachverfahren auflösend bedingtes Endurteil ist". Die Schuldtilgung bleibt in der Schwebe und tritt erst mit rechtskräftigem Abschluss auch des Nachverfahrens ein (BGHZ 86, 270; NJW 90, 2756; Palandt § 362, 12).

(b) Bezweckt dagegen der Vorbehalt nur, § 814 BGB auszuschließen und nicht als Anerkenntnis missverstanden zu werden, will der Schuldner sich also die Möglichkeit der Rückforderung offenhalten, wenn er – als jetzt Beweispflichtiger – das Nichtbestehen der Schuld beweisen kann, so liegt ordnungsgemäße Erfüllung i.S.v. § 362 BGB also HS-Erledigung vor (BGH NJW 07, 1270 m.w.N.; Palandt § 362, 11).

(2) **Aufrechnung** nach Rechtshängigkeit. Rechnet der Beklagte nach Klagezustellung mit einer bereits vorher aufrechenbaren Gegenforderung auf, ist trotz § 389 BGB erst die *Aufrechnungserklärung* das erledigende Ereignis für die bis dahin zulässige und begründete Klage (erst recht natürlich, wenn die Aufrechnungslage erst nach Rechtshängigkeit eintrat). Jetzt h.M. seit BGHZ 155, 392; Zöller, 58; ThP 4a zu § 91a; Palandt § 389, 2.

Hinweis: eine ähnliche – aber nicht identisch beantwortete – Streitfrage besteht bei § 767 II. Dort stellt der BGH nach wie vor auf die Aufrechnungslage ab, die zur Präklusion nach § 767 II bereits dann führe, wenn sie vor Schluss der mündlichen Verhandlung eingetreten sei, denn wann die Einwendung i.S.v. § 767 II entstanden sei, beurteile sich nach materiellem Recht, nämlich danach, wann die *objektive Möglichkeit* bestanden habe, das Gestaltungsrecht auszuüben (BGHZ 163, 339; 155, 396; ThP § 767, 22a), wobei der Schuldner allerdings nicht zur Vermeidung von Nachteilen aus § 767 II verpflichtet ist, eine Aufrechnungslage herbeizuführen: er kann sich also z.B. auf sein LeistungsverweigerungsR wegen Mängeln (§ 641 III BGB) beschränken und muss nicht zur Erzielung einer aufrechenbaren Geldforderung den Gläubiger mit der Mängelbeseitigung (§§ 634 Nr. 4, 280 II, 286 BGB) setzen (BGHZ 163, 343). Anders die h.M. im Schrifttum: bei § 767 II gehe es um die Rechtfertigung einer Präklusion, die aber nur berechtigt sei, wenn das Gestaltungsrecht vor Schluss der mündlichen Verhandlung auch *ausgeübt* worden sei, weil erst dadurch „die Einwendung" – das ist die Vernichtung der Klageforderung durch Aufrechnung, also das Vernichtungsereignis – „entstanden" sei (vgl. den Wortlaut des § 767 II). Musielak 36, 37; StJ 32ff. zu § 767.

(3) Die **herausverlangte Sache** (z.B. § 985 BGB) wird jetzt an den Kläger herausgegeben oder geht unter. Die Parteien schließen einen **außergerichtlichen Vergleich**. Der Beklagte erhebt erstmals im Prozess die Einrede der **Verjährung** des bereits vor Eintritt der Rechtshängigkeit (erst recht danach, z.B. nach Verfahrensstillstand, § 204 II 2 BGB) verjährten Anspruchs (BGHZ 184, 128; ThP § 91a, 5). Bei **Unterlassungsklage,** wenn die Beeinträchtigungsgefahr (= materielle Anspruchsvoraussetzung, Frage der Begründetheit, nicht der Zulässigkeit) wegfällt, z.B. dadurch, dass sich Bekl. unter Übernahme einer Konventionalstrafe zur künftigen Unterlassung verpflichtet, nicht schon durch die blanke Erklärung des Bekl. künftig zu unterlassen (BGH NJW 05, 594; Palandt § 1004, 32).

(4) **Keine Hauptsacheerledigung liegt** vor:

(a) Bei ungünstigem Ergebnis der Beweisaufnahme.

(b) Bei der Stufenklage (§ 254): Ergibt die erteilte *Auskunft*, dass ein Leistungsanspruch nicht besteht, so tritt dadurch für diesen keine Hauptsacheerledigung ein. Zwar sind bei der Stufenklage die einzelnen Ansprüche nach ihrem Zweck miteinander verknüpft, bleiben aber prozessual selbstständig, die Leistungsklage ist also selbstständig zu beurteilen: sie war und ist von Anfang an unbegründet (BGH NJW 94, 2895; ThP 6; Zöller 5 zu § 254). Dem Gläubiger kann aber aus materiellem (!) Recht, insbes. Verzug (§§ 280 II, 286 BGB) ein Schadensersatzanspruch zustehen wegen nicht rechtzeitiger Auskunftserteilung (z. B. gem. §§ 675, 666, 259 BGB). Dieser kann im laufenden Verfahren durch Klageänderung geltend gemacht werden, eine (verfehlte) einseitige Erledigungserklärung kann ausgelegt werden als Feststellungsantrag bzgl. der Ersatzpflicht des Beklagten (BGH NJW 94, 2896).

11.12 **d) Zu prüfen** sind daher bei einseitiger Erledigungserklärung **3 Punkte:**

– als **Prozesshandlung** wirksam?

– als **Klageänderung** zulässig?

– ist **Erledigung** nach Rechtshängigkeit **eingetreten?** Dazu 3 Unterpunkte:

(1) Zulässigkeit und (2) Begründetheit der Klage *bei* Ereignis (3) Ereignis mit Erledigungswirkung *nach* Rechtshängigkeit.

Dazu nun die wichtigsten Fälle samt klausurmäßigem Prüfungsschema:

2. Die 7 wichtigsten Fälle – Prüfungsschema

11.13 **a) Fall 1** (Normalfall): **Die Leistungsklage ist zulässig und begründet, Erledigung nach Rechtshängigkeit ist eingetreten.**

Beispiel: K klagt vor dem örtlich u. sachlich zuständigen LG gegen B auf Zahlung von € 20 000,– Schadensersatz aus PKW-Unfall. Nach für K günstiger Beweisaufnahme zahlt die Haftpflichtversicherung des B die € 20 000,– an K, der daraufhin im nächsten Termin über seinen RA für erledigt erklären lässt. B widersetzt sich, seine Haftpflichtversicherung habe voreilig bezahlt, da B für den Unfall nicht verantwortlich sei; weitere Beweismittel könne er allerdings nicht bieten.

Folgt man der h. M. („Klageänderungstheorie", ThP § 91 a, 6): **Der Feststellungsantrag tritt an die Stelle des ursprünglichen Leistungsantrags und beseitigt ihn zugleich.** Demnach Aufbau wie bei zulässiger klageauswechselnder Klageänderung (dazu oben Rn. **9.**05):

(I) Zulässigkeit der Klage

(1) Ordnungsmäßigkeit der Klageerhebung, §§ 261 II, 78 I:

Die einseitige Erledigungserklärung fällt als Klageänderung (h. M.) unter § 261 II. Es liegt jetzt der Klageantrag einer Feststellungsklage vor (ThP 32; Zöller 35 zu § 91 a), rechtshängig gemacht durch „Geltendmachung" in der mündlichen Verhandlung (§ 261 II), also in der Form des § 297 (Zöller § 91 a, 37; ThP § 261, 4; § 297, 1). Hier: (+).

(Beachte: Die Formerleichterungen in § 91 a I gelten für die übereinstimmenden Erledigungserklärungen, nicht für den Klageantrag).

Die Erledigungserklärung ist (wie jede Klagerhebung auch) eine Prozesshandlung, es müssen also für ihre Wirksamkeit auch die Prozess*handlungs*voraussetzungen (dazu: ThP Einl. III, Rn. 10 ff.) vorliegen, insbesondere muss § 78 beachtet sein. Hier: (+)

(2) Zulässigkeit der Klageänderung: § 264 Nr. 2. Der Übergang von der Leistungs- zur Feststellungsklage (und umgekehrt) ist nach ganz h. M. ein Fall des § 264 Nr. 2, so auch bei einseitiger Erledigungserklärung, da lediglich ein Weniger (bzw. ein Mehr) begehrt wird (h. M., BGH NJW 08, 2580, Rn. 8; ThP § 91 a, 32).

Zur dogmatischen Einordnung der einseitigen Erledigungserklärung gerade in § 264 Nr. 2 siehe näher Knöringer JuS 10, 570.

(3) Örtliche Zuständigkeit: (+)

(4) Sachliche Zuständigkeit:
- Streitwert der jetzigen Feststellungsklage: str., s. unten Rn. **11**.14. Falls danach geringer als Hauptsache (z. B. nur Kosteninteresse) und *unter* LG-Zuständigkeit:
- § 261 III Nr. 2 (ThP § 4, 2; Zöller § 261, 12). Der Streitstoff wird nicht ausgewechselt (dann wäre die Vorschrift unanwendbar), vielmehr umfasst der Streitgegenstand des Erledigungsantrags auch Zulässigkeit und Begründetheit der ursprüngl. Klage, deren Streitgegenstand insoweit mitumfasst wird (seine Rechtshängigkeit besteht daher fort), s. oben Rn. **11**.08 und insbes. Habscheid JZ 63, 625.

(5) Feststellungsinteresse, § 256 I: (+)

(II) Begründetheit der Klage

Die einseitige Erledigungserklärung enthält im Klartext die Rechtsbehauptung und damit den Klageantrag: festzustellen, dass die *zulässige* und *begründete* Klage *jetzt* infolge eines Ereignisses nach Rechtshängigkeit (unzulässig oder) unbegründet geworden sei (s. oben Rn. **11**.07, ThP § 91a, 33). Also:

(1) Zulässigkeit der Klage bei Zahlung durch die Versicherung: (+)

(2) Begründetheit der Klage bei dieser Zahlung: ja, siehe Ergebnis der Beweisaufnahme (§ 286).

(3) Eintritt eines Erledigungsereignisses *nach* Rechtshängigkeit, ja: vorbehaltlose Zahlung durch (nicht mitverklagten) Gesamtschuldner § 362 BGB, § 115 I VVG.

Die Feststellungsklage ist also zulässig und begründet. Entscheidung:

ENDURTEIL

    I. Es wird festgestellt, dass der Rechtsstreit in der Hauptsache erledigt ist.
    II. Die Kosten des Rechtsstreits trägt der Beklagte.
    III. Das Urteil ist gegen Sicherheitsleistung in Höhe von € 2810,– vorläufig vollstreckbar (*§ 709 S. 1; alternativ: S. 2*).

Anmerkungen:

(1) **Zu Ziff. I.** Nicht: „... ist für erledigt *erklärt*", weil das hieße, dass beide Parteien übereinstimmend für erledigt erklärt hätten (ThP § 91a, 38).

(2) **Kosten:** § 91 (nicht § 91a). BGHZ 83, 15.

(3) **Vorläufige Vollstreckbarkeit:** § 709 S. 1, 2.
Die Einstufung in § 708 Nr. 11 bzw. § 709 richtet sich danach, was K aus Ziff. II vollstrecken kann. Da die einseitige Erledigungserklärung erst im Termin abgegeben wurde, sind alle Gebühren – auch die Terminsgebühr RVG VV 3104 – aus Streitwert € 20000,– bereits angefallen. K kann also vollstrecken: Gerichtskosten € 864,–, 2,5 RA-Gebühren (VV 3100, 3104) nebst Auslagen und MwSt. (€ 1945,65), zusammen € 2809,65. Es gilt also § 709 S. 1, 2.

Abwandlung (Streitwert bei einseitiger Erledigungserklärung) **11.14**

Hier: Einseitige Erledigungserklärung *vor* dem Verhandlungstermin

Beispiel: K erhält die Zahlung vor dem Verhandlungstermin und erklärt noch vor diesem die Hauptsache für erledigt, B widerspricht.
Eine Änderung ergibt sich hier nur für die Terminsgebühr, die aus dem umstrittenen Streitwert *ab* einseitiger Erledigungserklärung anfällt. Bedeutsamer ist die Streitfrage jedoch für die Quotierung bei Haupt- und Hilfsantrag (dazu unten Fall 4).

(1) Meinung 1 (BGH NJW 11, 529 m. w. N.): i. d. R. das Kosteninteresse des Klägers, also das Interesse, mit keinen Kosten belastet zu werden. Das ist die Summe aller bis zur Erledigungserklärung angefalle-

nen Kosten, also die schon angefallenen Gerichtskosten (€ 864,–) sowie für 2 RAe die Verfahrensgebühr aus € 20 000,– nebst Auslagen und MwSt.: € 864,– + € 2046,32. Die Terminsgebühr fällt an aus € 2910,32, beträgt also € 226,80. K kann dann vollstrecken: € 2113,96. Dafür gilt § 709 S. 1, 2. Meinung 1 ist *verfehlt* und insbes. unhaltbar, wenn die Feststellungsklage abgewiesen wird, weil die ursprüngliche Klage unbegründet war: dann nämlich liegt eine rechtskraftfähige Sachabweisung des ursprünglichen Klagebegehrens vor (oben Rn. **11.**09) und niemand wird jetzt behaupten wollen, es sei doch nur um die Kosten gegangen. Der Streitwert kann aber nicht (rückwirkend) unterschiedlich angesetzt werden, je nachdem, ob die Feststellungsklage Erfolg hat oder abgewiesen wird (Knöringer JuS 10, 576).

(2) Meinung 2: Ab Erledigungserklärung liegt eine positive Feststellungsklage vor. Der Streitwert einer solchen ist nach ganz h. M. (auch BGH) niedriger als der einer Leistungsklage, i. d. R. 80%, in besonderen Fällen auch geringer, so hier: **50%** (StJ § 91 a, 56; Zimmermann § 3, 16 je m. w. N.). Diese Auffassung ist die *zutreffende* Konsequenz aus der Klageänderungstheorie.
Die Terminsgebühr fällt hiernach an aus € 10 000,–.

(3) Meinung 3: Der Streitwert ist unverändert der der vormaligen Leistungsklage, da die jetzige Feststellungsklage deren Streitgegenstand mit umfasst (BL Anh. § 3, 45; Zöller § 3, 16 „Erledigung", je m. w. Nachw.).
Die Terminsgebühr fällt hiernach an aus € 20 000,–.

11.15   b) Fall 2: Die Leistungsklage ist zulässig und begründet, Erledigung aber nicht eingetreten

Beispiel: K hat aus Versäumnisurteil über € 20 000,– vollstreckt (§ 720 a ist wegen § 708 Nr. 2 nicht relevant). Im Einspruchstermin erklärt er die Hauptsache für erledigt, B widerspricht.

Folgt man der herrschenden Klageänderungstheorie, so liegt jetzt (nur) mehr eine **Feststellungsklage** vor, die aber **unbegründet** ist, da sich die Hauptsache tatsächlich nicht erledigt hat: die Zwangsvollstreckung aus einem nur vorläufig vollstreckbaren Titel, sowie die Zahlung zur Abwendung einer solchen sind (bis zur Rechtskraft) keine Erfüllung und damit auch keine Erledigung (siehe oben Rn. **11.**11, Palandt § 362, 12; Zöller § 91 a, 58 „Erfüllungshandlungen").

Ergebnis: die Klage wird abgewiesen, K trägt alle (!) Kosten § 91 (StJ § 91 a, 43).

Das kann K nur vermeiden, wenn er den ursprünglichen Zahlungsantrag **hilfsweise** neben der Erledigungserklärung aufrechterhält, was zulässig und im obigen Fall (siehe aber Rn. **11.**17) auch ratsam ist (ThP 34 b; StJ 52; Zöller 46 zu § 91 a).

11.16   c) Fall 3: Die Leistungsklage ist von Anfang an unzulässig oder unbegründet

Beispiel: K erhebt Zahlungsklage gegen B aus Verkehrsunfall, den K allein verschuldet hat. Die nicht mitverklagte Versicherung des B bezahlt in Verkennung der Sachlage. K erklärt daraufhin für erledigt, B widersetzt sich und besteht auf Beweisaufnahme. K hatte 2 Unfallzeugen benannt. Müssen diese noch vernommen werden?

Nach der Klageänderungstheorie (h. M.) wird ab Erledigungserklärung nicht über die ursprüngliche Leistungsklage, sondern stets **über die jetzige Feststellungsklage entschieden** (BGH NJW 08, 2580 vor Rn. 8) deren Streitgegenstand aber den der ursprünglichen Leistungsklage mit umfasst (ThP § 91 a, 33, 51; Zöller § 91 a, 45; OLG Saarbrücken NJW 67, 2212):

Um die im Klageantrag begehrte **doppelte Feststellung** (die Klage war vor dem Ereignis begründet, ist infolge des Ereignisses jetzt unbegründet) treffen zu können, muss über die Begründetheit der ursprünglichen Leistungsklage jetzt Beweis erhoben werden. Danach wird die Feststellungsklage als unbegründet abgewiesen werden. Rechtskraft: sie erfasst auch, dass die alte Leistungsklage unbegründet war (ThP § 91 a, 51), da deren Streitgegenstand von der jetzigen Feststellungsklage mit umfasst ist.

d) Fall 4: Hilfsanträge des Klägers 11.17

Wenn für den Kläger unsicher ist, ob durch ein Ereignis wirklich Erledigung eingetreten ist, steht er vor der Entscheidung, ob und wie er durch Hilfsanträge Nachteile vermeiden kann. Im Wesentlichen bestehen 2 Möglichkeiten, von denen die zweite ebenso aktuell wie umstritten ist (s. dazu auch Knöringer JuS 10, 571 ff.).

Beispiel (nach BGH NJW-RR 98, 1571): Kläger (K) und Beklagter (B) stellen in ihren Betrieben jeweils Heizkessel her. K klagt im Wettbewerbsprozess gegen B auf Unterlassung einer behaupteten wettbewerbswidrigen Werbung für dessen Heizkessel BK6. B bestreitet, diese Werbung in eigener Verantwortung gemacht zu haben, worauf K 5 Zeugen benennt. Nunmehr trägt B vor, die Produktion dieses Heizkessels sei soeben eingestellt worden, was er durch Vorlage von Unterlagen belegt, zumindest sei damit die bestrittene Wiederholungsgefahr entfallen, weshalb die ohnehin unbegründete Klage jetzt auch aus diesem Grunde abzuweisen sei.
Wie soll K vorgehen? Er hat 2 Möglichkeiten:

(I.) Hauptantrag auf Feststellung der Erledigung, hilfsweise Aufrechterhaltung des ursprünglichen Unterlassungsantrags.

Dieses Vorgehen ist nach allgemeiner Meinung (ThP § 91a, 34b) zulässig, aber es ist zu differenzieren, ob es immer ratsam ist.

(1) Stimmt B der Erledigung nicht zu, hat K die Gewähr, dass bei Verneinung des Erledigungsereignisses (etwa: die Wiederholungsgefahr ist doch nicht entfallen, weil B zwar die Produktion von BK6, nicht aber dieselbe beanstandete Werbung für Restexemplare und das Nachfolgemodell eingestellt hat) nach Abweisung des Hauptantrags jedenfalls im Hilfsantrag über das ursprüngliche Klagebegehren entschieden wird und zwar nach voller Beweisaufnahme und mit voller Kontrolle durch Berufung als 2. Tatsacheninstanz.

(2) Dieses Vorgehen birgt allerdings ein Risiko, das wohl überdacht sein will: Stimmt nämlich B der Erledigungserklärung sogleich – hier also vor jeder Beweiserhebung – zu (nehmen wir an, weil er ein „schlechtes Gewissen" hat, da er weiß, dass mit der Produktionseinstellung von BK6 die beanstandete Werbung gar nicht entfallen wird und er bei übereinstimmender Erledigungserklärung der bevorstehenden beweismäßigen Klärung zu seinen Lasten entrinnen wird), so wird das Gericht ohne jede Beweisaufnahme nur einen Kostenbeschluss gem. § 91a mit summarischer Prüfung des mutmaßlichen Prozessausgangs erlassen. Da eine Beweisaufnahme damit verhindert ist, wird das Gericht bei ungeklärtem Prozessausgang die Kosten gegeneinander aufheben (§ 91 I 2 im Rahmen von § 91a I). Aber schlimmer für K: er hat jetzt keine Möglichkeit mehr, dass über sein eigentliches Klagebegehren rechtskraftfähig und durch Berufung überprüfbar entschieden wird.

Wenn es dem K also nicht so sehr um die Kosten, sondern vorrangig darum geht, dass auf jeden Fall über sein ursprüngliches Klagebegehren rechtskraftfähig entschieden wird, ist diese erste Möglichkeit nicht die sicherste und beste. Dann wird er sich evtl. für die 2. Möglichkeit entscheiden:

(II.) Ursprünglicher Klageantrag als Hauptantrag, Erledigungserklärung nur hilfsweise.

Diese Möglichkeit trägt den soeben genannten Bedenken und Risiken Rechnung. K wird dieses Vorgehen wählen, wenn er dem in Frage stehenden Erledigungsereignis misstraut, insbes. wenn es auf einer bestrittenen Behauptung des B beruht. Stellt K alternativ die Erledigungserklärung zunächst zurück, riskiert er, dass er damit zu spät kommt, wenn das Gericht infolge anderer Beurteilung – etwa im Hinblick auf die im Beispiel von B vorgelegten Privaturkunden etc. – sofort entscheidet.

Allerdings ist die Zulässigkeit einer nur hilfsweisen Erledigungserklärung sehr umstritten, zumal sie der BGH zuletzt für unzulässig erklärt hat.

Verneinend: BGHZ 106, 359; BGH NJW-RR 06, 1378; StJ 19, 46; Zöller 35; Musielak 31; Müko–ZPO 80 je zu § 91 a.

Bejahend: BGH NJW 75, 539; BGH NJW-RR 98, 1571; ThP 12; BL 76 je zu § 91 a; Bergerfurth NJW 92, 1660; Knöringer JuS 10, 572.

Entscheidend ist, ob für die hilfsweise Erledigungs-Feststellungsklage das Feststellungsinteresse gem. § 256 I besteht.

Richtigerweise ist es – unabhängig von der von BGH u. Literatur hierzu ausschließlich diskutierten Kostenersparnis – allein schon wegen der oben zu I 2 dargelegten prozessualen Risiken des Klägers mit Nachdruck zu bejahen.

Der BGH hat in der dem obigen Beispiel zugrundeliegenden Entscheidung das Feststellungsinteresse wegen der für K günstigeren Kostenfolge bejaht, es zuletzt aber in NJW-RR 06, 1378 verneint, weil sich ein Kostenvorteil für K nicht einstelle, da er schon im Hauptantrag unterliege, was wohl heißen soll, dass K ohnehin alle Kosten zu tragen habe. Abgesehen davon, dass das Feststellungsinteresse schon unabhängig von der Kostenfrage zu bejahen ist, ist das Argument auch gar nicht zutreffend. Der Kläger trägt gem. § 92 die Kosten insoweit, als der erfolglose Hauptantrag den erfolgreichen Hilfsantrag übersteigt. Die Quotierung hängt ab vom umstrittenen Streitwert ab einseitiger Erledigungserklärung. Nimmt man z. B. den Streitwert obiger Unterlassungsklage an mit € 50 000,– und den ab einseitiger Erledigungserklärung mit BGH als die Summe aller bis dahin angefallenen Kosten, hier rund € 7640,–, dann trägt K 85% und B 15% der Kosten, K also keinesfalls sämtliche, wie aber letztere Entscheidung nahelegen will. Richtigerweise beträgt der Streitwert aber bei dogmatisch sauberer Zugrundelegung einer pos. Feststellungsklage 50% des Hauptsachewerts (s. oben Rn. **11.**14), was zur Kostenaufhebung führt.

11.18 **e) Fall 5: Erledigung zwischen Anhängigkeit und Rechtshängigkeit**

Beispiel: Nach (oder kurz vor) Einreichung der Klage über € 20 000,–, aber vor ihrer Zustellung, erhält K von der Haftpflichtversicherung des Beklagten, der vorgerichtlich jede Zahlung abgelehnt hatte, vorbehaltlos den vollen Betrag. Was ist dem K zu raten?

(1) Würde K (einseitig) für erledigt erklären, müsste die Klage (nach der Klageänderungstheorie also die Feststellungsklage) als unbegründet abgewiesen werden, denn nach h. M. kann eine „Erledigung der Hauptsache" nur *nach* Eintritt der Rechtshängigkeit erfolgen. BGHZ 83, 14: „Erst durch die Zustellung der Klage werden das Prozessrechtsverhältnis, die Parteien und der Streitgegenstand bestimmt. Im Stadium der bloßen Anhängigkeit kann danach auch keine „Hauptsache" vorliegen, die sich erledigen könnte".

(2) § 269 III S. 3 will diesem Dilemma abhelfen. Ist, wie hier, der Anlass zur Klageerhebung *vor* Rechtshängigkeit weggefallen (falls *nach* Rechtshängigkeit, bleibt nur Erledigungserklärung, BGH NJW 04, 223) und nimmt der Kläger daraufhin seine Klage zurück, ergeht ein Kostenbeschluss nach denselben Kriterien wie ein Beschluss nach § 91 a (mutmaßlicher Ausgang des Rechtsstreits). Hier: da die Klage – ohne die nunmehr doch erfolgte Zahlung der Versicherung – Erfolg gehabt hätte und B durch seine Zahlungsweigerung Veranlassung zur Klage gegeben hat, ergeht nach Klagerücknahme

BESCHLUSS *(§ 269 IV)*:
Der Beklagte hat die Kosten des Rechtsstreits zu tragen *(§ 269 III S. 3)*.

Im Rahmen der Billigkeitsentscheidung gemäß § 269 III S. 3 können – wie beim Kostenbeschluss gemäß § 91 a auch (ThP § 91 a, 48) – die allgemeinen Kostentatbestände der §§ 91, 92, 93 ff., 100, 101 herangezogen werden. So wird insbes. nach dem Grundgedanken des § 93 zu berücksichtigen sein, ob der Beklagte die Klage überhaupt „veranlasst" hat, oder diese voreilig war (dann Kosten beim Kläger), etwa weil der Beklagte wegen eines legitimen Überprüfungsinteresses oder eines Zurückbehaltungsrechts etc. die Leistung zurecht noch zurückgestellt hatte.

(3) Der Kläger kann aber auch per Klageänderung übergehen zur Klage auf Schadensersatz wegen Verzugs (Musielak § 91 a, 38).

(4) Abwandlung (BGH NJW 07, 1460): K reichte am 11. 2. Klage ein, die am 20. 2. zugestellt wurde. Ohne sich zuvor erkundigt zu haben, ob und ggfls. wann die Zustellung erfolgt ist, teilte K am 6. 3. mit, die Forderung sei am 3. 3. bezahlt worden und erklärte: „Vor diesem Hintergrund wird die Klage hiermit zurückgenommen und Antrag gemäß § 269 III 3 ZPO gestellt." Kann der Fehler des K „repariert" werden?

Da das in Frage stehende Erledigungsereignis nach Rechtshängigkeit eintrat, lagen die Voraussetzungen des § 269 III 3 nicht vor, K hätte ausschließlich die Hauptsache für erledigt erklären können. Eine analoge Anwendung des § 269 III 3 scheidet mangels planwidriger Lücke aus, da K eine für ihn günstige Kostenentscheidung durch Erledigungserklärung hätte erreichen können. Eine Auslegung der Klagerücknahme als Erledigungserklärung scheitert nach BGH a. a O. an der Eindeutigkeit der Erklärung, zumal auch der ausdrücklich gestellte Antrag nach § 269 III 3 eine Klagerücknahme voraussetzt. Eine Anfechtung der Klagerücknahme gemäß § 119 BGB wegen irriger Annahme der Voraussetzungen des § 269 III 3 ist nicht möglich, da die Vorschriften über Willenserklärungen (§§ 104 ff. BGB) auf Prozesshandlungen nicht anwendbar sind (ausgenommen §§ 133, 140 BGB, die allg. Rechtsgrundsätze enthalten, Palandt Ü 37 vor § 104). In Betracht käme allenfalls eine Umdeutung der Klagerücknahme in eine Erledigungserklärung, da § 140 BGB auf Prozesshandlungen analog anwendbar ist. Der BGH hat die Umdeutung abgelehnt, da diese stets eine unwirksame Prozesshandlung voraussetzt, woran es hier fehlt. Man kann auch nicht die Teilunwirksamkeit daraus herleiten, dass der neben der Klagerücknahme gestellte *„Antrag gemäß § 269 III"* an den Voraussetzungen scheitert, da die Entscheidung nach § 269 III 3 von Amts wegen ergeht, ein Antrag also gar nicht erforderlich und nur eine Anregung ist. Nach a. A. ist eine Umdeutung gleichwohl vorzunehmen, da es sich im Falle § 269 III 3 der Sache nach um eine Erledigungserklärung handele (Zöller § 91 a, 32 m. w. N.). Dem steht jedoch entgegen, dass der Gesetzgeber § 269 III 3 unter Anerkennung der Rechtsprechung des BGH, wonach vor Rechtshängigkeit gar keine erledigungsfähige „Hauptsache" vorliegen könne, nicht bei § 91 a, sondern bewusst bei der Klagerücknahme eingeordnet hat (BT-Drucks. 14/4723 S. 81). Im Ergebnis ergeht daher Kostenbeschluss wie bei einer normalen Klagerücknahme gem. § 269 III 2: „Der Beklagte hat die Kosten des Rechtsstreits zu tragen."

f) Fall 6: Säumnis des Beklagten   11.19

Beispiel: Zahlungsklage des K über € 9000,– zum zuständigen LG.
Im ersten Termin erscheint B trotz ordnungsgemäßer Ladung nicht. K (anwaltlich vertreten) trägt – was nicht schriftsätzlich angekündigt war – vor, die Haftpflichtversicherung des B habe am … (nach Rechtshängigkeit) vorbehaltlos den Schaden in Höhe der Klageforderung bezahlt. K erklärt die Hauptsache für erledigt und beantragt, da gestern ihm gegenüber telefonisch auch der Bekl. der Hauptsacherledigung zugestimmt habe, durch Beschluss gem. § 91 a dem Beklagten die Kosten aufzuerlegen. Hilfsweise beantrage er, durch Versäumnisurteil die Erledigung festzustellen.

(I) **Übereinstimmende Erledigungserklärung und Beschluss gem. § 91 a?**
Es liegt nur **eine** wirksame Erledigungserklärung (des K) vor, da nur diese gegenüber dem Gericht abgegeben wurde. Die Behauptung des K, B habe auch für erledigt erklärt (zugestimmt), wird nicht als gem. § 331 I zugestandene Tatsache behandelt, da *Prozesshandlungen* nicht zugestanden werden können. Als zugestanden (§ 331 I) gelten nur die **tatsächlichen** Behauptungen des K, aus denen sich ergibt, dass die Hauptsache *erledigt* sei (Zeiss § 77 IV 1; Zöller § 91 a, 58 „Versäumnisverfahren").

(II) **Versäumnisurteil?**
Fraglich ist, ob **§ 335 I Nr. 3** entgegensteht, weil die tatsächliche Behauptung des Erledigungsereignisses und die Erledigungserklärung (Feststellungsantrag) dem Bekl. nicht rechtzeitig eine Woche (§ 132) vor dem Termin mitgeteilt worden sind. § 335 I Nr. 3 gilt für Sachanträge und als solcher

wird der Erledigungsantrag behandelt (Zöller § 91 a, 37). Dies und der Wortlaut von § 335 I Nr. 3 sprechen für Unzulässigkeit eines VU.

Andererseits: § 335 I Nr. 3 gilt nicht für dem *Kläger* ungünstige Tatsachen, wie es das rechtsvernichtende Erledigungsereignis darstellt (StJ § 335, 13). Zum *Antrag:* Der Kläger kann im Säumnistermin stets *weniger* beantragen, als er schriftsätzlich angekündigt hat (z. B. die Hälfte zurücknehmen und VU über die andere beantragen). Der Erledigungsantrag führt zur Feststellungsklage und hinsichtlich der Rechtsfolgen zu einem Weniger gegenüber dem ursprünglichen Leistungsantrag: Nach h. M. fällt er deshalb unter § 264 Nr. 2 als Fall der Ermäßigung. B wird nicht einem überraschenden und daher unzulässigen Mehr, sondern einem Weniger ausgesetzt (Ziffer I des Urteils enthält keine Vollstreckungsgefahr). § 335 I Nr. 3 steht daher bei Erledigungserklärung des Klägers erst im Säumnistermin nicht entgegen (h. M., StJ 26; Zöller 5 zu § 331; BL § 91 a, 176; a. A. Müko-ZPO § 331, 31). Zur Erledigungserklärung vor Erlass eines 2. VU (§ 345) s. unten Rn. **19.35.** Es ergeht:

VERSÄUMNISURTEIL

I. Es wird festgestellt, dass der Rechtsstreit in der Hauptsache erledigt ist.

II. Der Beklagte trägt die Kosten des Rechtsstreits *(§ 91).*

III. Das Urteil ist vorläufig vollstreckbar *(§ 708 Nr. 2).*

11.20 g) Fall 7: Die Erledigung einer negativen Feststellungsklage

Beispiel (nach BGH NJW 99, 2516): K machte im Fernsehen eine kritische Äußerung über die politische Tätigkeit des B, worauf dieser den K unter Klageandrohung aufforderte, eine strafbewehrte Unterlassungserklärung abzugeben. K erhob daraufhin am 1. 2. negative Feststellungsklage vor dem LG Berlin mit dem Antrag festzustellen, dass B nicht berechtigt sei, ihn gerichtlich oder außergerichtlich zur Unterlassung folgender Äußerung zu verpflichten … (Text der strittigen Äußerung). Das LG Berlin bestimmte Termin auf den 10. 4.

Bereits am 10. 2. erhob B gegen K Leistungsklage vor dem LG Potsdam auf Unterlassung dieser Äußerung. Im dortigen Termin vom 1. 4. erging nach Antragstellung und streitiger Verhandlung ein Beweisbeschluss zur Vernehmung von 5 Zeugen am 5. 5.

Wie ist hinsichtlich der Feststellungsklage vor dem LG Berlin im Termin vom 10. 4. zu verfahren? Wie ist es dort, wenn das Gericht gemäß § 273 II Nr. 4 alle Zeugen geladen hatte und diese alle erschienen sind?

Abwandlung: Am 10. 4. erließ das LG Berlin ein der Feststellungsklage stattgebendes VU gegen B, gegen das dieser fristgerecht Einspruch eingelegt hat, worauf Termin gemäß § 341 a bestimmt wurde auf 10. 5. Im Verfahren über die Leistungsklage erging am 5. 5. zugunsten des B ein Grundurteil.

K wird die Feststellungsklage in der Hauptsache für erledigt erklären, in der Zusatzfrage wird (darf) die Beweisaufnahme durchgeführt werden, weshalb K dort nur hilfsweise für erledigt erklären wird. In der Abwandlung muss K für erledigt erklären.

Die Voraussetzungen für eine erfolgreiche Erledigungserklärung liegen (aus Sicht des K, denn er muss sich ja entscheiden, was er jetzt tut) vor:

(I) Zulässigkeit der jetzigen Feststellungsklage bzgl. Erledigung.

Prüfungsschema wie oben zu Fall 1, also

(1) §§ 261 II, 78 I: Ordnungsmäßigkeit des neuen Antrags und Wirksamkeit der Erledigungserklärung als Prozesshandlung: (+).

(2) § 264 Nr. 2: (+)

(II) Begründetheit (Feststellung der Hauptsacheerledigung):

(1) Die negative Feststellungsklage war ursprünglich zulässig, § 256 I.

Das Interesse des K an „alsbaldiger" Feststellung bemisst sich u. a. auch nach der Zeitdifferenz und dem Zuwarten bis zur Möglichkeit einer Leistungsklage desselben Inhalts (Musielak § 256, 12). Wäre es daher vorprozessual außer jeden Zweifel gewesen, dass B wirklich und auch umgehend Leistungsklage erheben werde, wäre das Feststellungsinteresse wohl zu verneinen gewesen (bei BGH a. a. O. offen gelassen). K konnte davon aber – trotz Klageandrohung – nicht mit Sicherheit ausgehen (BGH NJW 99, 2517).

(2) Die negative Festststellungsklage war ursprünglich begründet.

Aus Sicht des K ist seine Äußerung von der Meinungsfreiheit gem. Art. 5 GG gedeckt (so im Ausgangsfall BGH NJW 98, 3047), so dass der Unterlassungsanspruch des B aus §§ 823 I, 1004 BGB unbegründet ist.

Ob dem K eine Erledigungserklärung anzuraten ist, bemisst sich danach, wie *er* aus seiner Sicht die Prozesslage beurteilen muss: danach erscheint seine schlüssige Klage erfolgreich.

(3) Erledigung der Hauptsache

(a) Ausgangsfrage: Das **Feststellungsinteresse** einer negativen Feststellungsklage **entfällt** (die Klage wird also jetzt unzulässig), wenn eine auf die Durchsetzung desselben Anspruchs gerichtete **Leistungsklage** erhoben wird und **nicht mehr einseitig zurückgenommen werden kann** und darüber hinaus feststeht, dass dort eine Sachentscheidung ergehen wird, die Klage darf also nicht unzulässig sein und es darf nicht eine Unzuständigkeitserklärung des später angerufenen Gerichts nach Art. 27 EuGVVO wegen gleichzeitiger Befassung zweier Gerichte zu erwarten sein (BGH NJW 99, 2516; BGHZ 165, 309; 134, 209; 99, 343; ThP 19; Zöller 7 d zu § 256).

Sind diese Voraussetzungen für die später erhobene Leistungsklage erfüllt, hat der Feststellungskläger (K) die Sicherheit, dass eine Entscheidung über die von ihm begehrte Feststellung nunmehr im Rahmen der Leistungsklage erfolgen wird (BGHZ 134, 209).

Der Vorrang der Leistungsklage (des B) gegenüber der Feststellungsklage wird damit begründet, dass nur mit der Leistungsklage ein Vollstreckungstitel für den umstrittenen Anspruch geschaffen werden kann (BGHZ 134, 209).

Erledigendes Ereignis ist vorliegend also das Unzulässigwerden der negativen Feststellungsklage wegen Wegfalls des Feststellungsinteresses ab dem Termin vom 1. 4.: dort wurde verhandelt, so dass einseitige Rücknahme durch B nicht mehr möglich ist (§ 269 I), die Unterlassungsklage wurde als zulässig gewertet, da Beweisbeschluss erging.

Stimmt – wie zu erwarten – B der Erledigungserklärung nicht zu, muss die ursprüngliche Begründetheit der negativen Feststellungsklage des K geklärt werden. Dazu wird man zur Vermeidung doppelter Zeugenvernehmung das Verfahren zurückstellen oder aussetzen, bis die Leistungsklage entschieden worden ist.

(b) Zusatzfrage: Ausnahmsweise – aus prozessökonomischen Gründen – besteht das Feststellungsinteresse fort, wenn die **Feststellungsklage** bereits ganz oder doch fast **entscheidungsreif** ist und zwar gerade zu dem maßgeblichen Zeitpunkt, in dem die Leistungsklage nicht mehr einseitig zurückgenommen werden kann, (hier also ab 1. 4.). Denn dann wäre es nicht prozessökonomisch, den Feststellungskläger K auf das gerade erst beginnende Leistungsverfahren zu verweisen (BGHZ 165, 309; 99, 343). Da hier sämtliche Zeugen gem. § 273 II Nr. 4 zum Termin am 10. 4. geladen wurden und erschienen sind, so dass dort nach deren Vernehmung noch am 10. 4. ein Endurteil ergehen kann, wird man das Fortbestehen des Feststellungsinteresses bejahen müssen und dem K anraten, den Erledigungsantrag nur hilfsweise zu stellen für den Fall, dass das Gericht (was vertretbar ist) die Feststellungsklage als seit dem 1. 4. unzulässig geworden ansehen sollte.

III. Die Teilerledigungserklärung

Zu unterscheiden sind die übereinstimmende (1) und die einseitige klägerische Teilerledigungserklärung (2).

Sie sind zulässig für abgrenzbare Teile eines Streitgegenstandes oder einzelne von mehreren Streitgegenständen. Die Grundsätze oben I und II sind für den von der Erledigungserklärung betroffenen Teil entsprechend anzuwenden. Doch ist **stets durch Urteil mit einheitlicher Verteilung aller Kosten** zu entscheiden (ThP § 91 a, 44, 45).

1. Die übereinstimmende Teilerledigungserklärung

11.21   **Beispiel:** K klagt vor dem zuständigen LG gegen B auf Zahlung von € 14 000,– Schadensersatz aus Verkehrsunfall. Nach Zustellung der Klage zahlt die nicht mitverklagte Haftpflichtversicherung des B vorbehaltlos € 10 000,– an K, worauf K und B vor dem 1. Termin die Hauptsache in dieser Höhe für erledigt erklären. Über den Rest wird Beweis erhoben, der die Klageforderung bestätigt.

Lösungsskizze:

Der für erledigt erklärte Teil erscheint bei Prüfung von Zulässigkeit und Begründetheit der Klage nur noch partiell, da seine Rechtshängigkeit entfallen ist:

Ob die Klage auch im für erledigt erklärten Teil zulässig und begründet war (bis zur Erledigungserklärung), wird nur bei Begründung der Kostenentscheidung erörtert, die sich bzgl. der € 10 000,– auf § 91 a stützt (s. unten III).

(I) Zulässigkeit der Klage

(1) Ordnungsmäßigkeit der Klageerhebung: (+)

(2) Zulässigkeit der Klageänderung: § 264 Nr. 2

(3) Sachliche Zuständigkeit: §§ 23 Nr. 1, 71 I GVG. Ursprünglich € 14 000,–, infolge übereinstimmender Erledigungserklärung jetzt noch € 4000,–, also wäre an sich das AG zuständig. Aber es gilt § 261 III Nr. 2, wonach die spätere *Verminderung* des insoweit (Rest, hier: € 4000,–) identisch bleibenden Streitgegenstandes bedeutungslos ist (ThP § 4, 2; Zöller § 261, 12; StJ § 4, 7).

Oder kürzer: Streitwertermäßigung durch übereinstimmende Erledigungserklärung kann wegen § 261 III Nr. 2 dahinstehen.

(4) Sonstige allg. und bes. Prozessvoraussetzungen: (+)

(II) Begründetheit der Klage

1. Bzgl. des übereinstimmend für erledigt erklärten Teils (€ 10 000,–) ist die Rechtshängigkeit erloschen, so dass die Begründetheitsprüfung entfällt.

   Hier aber evtl. klarstellend kurz ausführen, dass die Voraussetzungen für eine wirksame übereinstimmende Teilerledigungserklärung vorliegen (Erklärung in Schriftsatz oder mdl. Verhandlung, Prozesshandlungsvoraussetzungen, insbes. § 78), so dass die Rechtshängigkeit wirklich entfallen ist.

2. Bzgl. des verbliebenen Restes (€ 4000,–) ist die Klage nach dem Ergebnis der Beweisaufnahme begründet, § 7 I StVG, § 823 I BGB.

(III) Nebenentscheidungen

(1) § 91 (€ 4000,–)

(2) § 91 a (€ 10 000,–) zunächst: Vorliegen und Wirksamkeit übereinstimmender Erledigungserklärungen. Dann: Gründe für die Kostenverteilung bzgl. des Erledigungsbetrags. Genau begründen, da insoweit gesondert anfechtbar, § 91 a II.

(3) §§ 708 ff.

ENDURTEIL

I. Der Beklagte wird verurteilt, an den Kläger € 4000,– zu zahlen.

II. Der Beklagte trägt die Kosten des Rechtsstreits *(§§ 91 + 91 a).*

III. Das Urteil ist gegen Sicherheitsleistung in Höhe von … vorläufig vollstreckbar *(§ 709 S. 1; alternativ: § 709 S. 2).*

Anmerkungen:

(1) **Hauptsache:** *Kein* Ausspruch bzgl. des übereinstimmend für erledigt erklärten Betrags: seine Rechtshängigkeit ist entfallen, es gibt nichts mehr zu erkennen. Auch ein lediglich klarstellender Hinweis („In Höhe von € 10000,– haben die Parteien den Rechtsstreit übereinstimmend für erledigt erklärt") ist ganz unüblich (wenn auch nicht verboten, weil ja nur klarstellend), da in die Formel nur getroffene Entscheidungen gehören. Falsch jedenfalls: „… ist in Höhe von … erledigt", weil das weder geprüft noch entschieden wird.

Wird die Klage *jenseits* des übereinstimmend für erledigt erklärten Betrages *abgewiesen,* lautet die Formel auch nur: „Die Klage wird, soweit die Parteien die Hauptsache nicht für erledigt erklärt haben, abgewiesen", oder auch einfach: „Die Klage wird abgewiesen". Der Rechtskraftumfang abweisender Urteile – hier nur € 4000,– ergibt sich dann aus TB und den E-Gründen, einschließlich dem dort in Bezug genommenen Parteivortrag (BGH NJW-RR 99, 1006; ThP § 322, 17).

(2) **Kosten:** § 91 bzgl. € 4000,–, **§ 91 a** bzgl. Teilerledigungserklärung über € 10000,–. Inwieweit die KostenE auf § 91 bzw. § 91 a beruht, wird im Tenor nicht differenziert (ThP § 91 a, 44), sondern erst in den E-Gründen erläutert. Nach dem auch hier geltenden Grundsatz der Einheitlichkeit der KostenE (dazu eingehend oben Rn. 3.12) muss auch bei einer **Kostenmischentscheidung,** wie hier aus §§ 91 und 91 a, mit **einheitlichen Quoten über die gesamten Kosten** entschieden werden (Zöller § 91 a, 54).

Zur Anfechtung der KostenmischE vgl. ThP § 91 a, 55; Zöller § 91 a, 56.

(3) **Vorläufige Vollstreckbarkeit:** § 709 S. 1, 2 (Wert der HS: € 4000,–). Soll die Sicherheitsleistung gemäß § 709 S. 1 beziffert werden, ist (neben der Hauptsache) der Kostenerstattungsanspruch des K zu errechnen. Die Gerichtskosten und die RA-Verfahrensgebühr sind bereits aus € 14000,– angefallen. Die Terminsgebühr entsteht hier aus dem ermäßigten Streitwert € 4000,–, da die Erledigungserklärungen bereits vor dem Termin erfolgt sind. **11.22**

Nach **h. M.** ist Streitwert **nach** übereinstimmender Teilerledigungserklärung nur mehr der Wert des **nicht für erledigt erklärten Teils** ohne Hinzurechnung der bis zur Erledigungserklärung angefallenen anteiligen Kosten, da diese wegen § 4 den Streitwert nicht erhöhen: sie sind – solange noch ein Teil der Hauptsache anhängig ist (hier € 4000,–) – nur Nebenforderungen. Die Terminsgebühr entsteht im obigen Beispiel also aus € 4000,–.

Anders ist es bei *voller* übereinst. Erledigungserklärung: hier erlischt die RHängigkeit der Hauptsache und es entstehen anschließend anfallende Gebühren aus – mangels Hauptsache – dem Wert der bis zur Erledigungserklärung angefallenen Kosten.
BGH NJW-RR 95, 1090; ThP § 91 a, 57, 58; Zöller § 3, 16 „Erledigung".

(4) **Tatbestand:** **11.23**
Die **übereinstimmende Teilerledigungserklärung** ist **in der Prozessgeschichte** zu berichten, zum Verständnis des gegenüber der Klageschrift ermäßigten Klageantrags **am besten unmittelbar vor den zuletzt gestellten Anträgen** (also ähnlich wie bei Klageänderung etc., vgl. Aufbauschema zum Tatbestand Rn. 5.09).

Dabei muss auch der ursprüngliche volle Klageantrag wenigstens der Summe nach berichtet werden. Ihn ganz aus dem TB wegzulassen, wäre falsch: Die Rechtshängigkeit ist erloschen nur bis auf die Kosten. Für diese hat der Sachvortrag zum erledigten Teil nach wie vor Bedeutung und muss – wenn auch in aller Kürze und unter Zuhilfenahme gezielter Verweisungen – nachvollziehbar geschildert werden. Dabei werden die unstreitigen und streitigen Tatsachen kurz gegenübergestellt.

Aufbauschema für TB bei übereinstimmender Teilerledigungserklärung:

    I. Unstreitiges zum Rest
    II. Streitiges Klägervorbringen zum Rest
    III. Prozessgeschichte
        „Ursprünglich begehrte der Kläger *insgesamt* ... (= ursprünglicher voller Antrag). Die Parteien haben jedoch übereinstimmend den Rechtsstreit in Höhe von ... betreffend ... für erledigt erklärt. Der Kläger beantragt *zuletzt:*"
    IV. Neue Anträge zum Rest
    V. Streitiges Beklagtenvorbringen zum Rest
    VI. Gesonderte Prozessgeschichte: Streitstand bzgl. Erledigungsbetrag z. Zt. der übereinst. Erklärungen. Kurzgefasst darstellen das Unstreitige und das streitige Vorbringen der Parteien: der Streitstand ist ja nach wie vor aktuell für die Kostenentscheidung.
    VII. Sonstige Prozessgeschichte.

11.24 (5) **Entscheidungsgründe:**
Gliederung wie obige Lösungsskizze. Der auf § 91 a entfallende Teil muss gut begründet werden (gesondert anfechtbar mit sofortiger Beschwerde, § 91 a II), insbes.: war die Klage auch insoweit zulässig und begründet, ist *vor* oder *nach* Rechtshängigkeit bezahlt worden, Klageveranlassung durch B, oder verfrühte Klage (§ 93) etc.?

11.25 2. **Die einseitige Teilerledigungserklärung des Klägers**

Beispiel: Wie Beispiel zu 1, jedoch widerspricht der RA des B der Erledigungserklärung. Es folgt eine für K erfolgreiche Beweisaufnahme über die ganzen € 14 000,–.

Lösungsskizze:
Es liegen jetzt **2 verschiedene Anträge** vor: Leistungsklage über (noch) € 4000,– und Feststellungsantrag bzgl. € 10 000,–. Die Anträge wird man in der Zulässigkeits- und in der Begründetheitsprüfung am besten jeweils getrennt erörtern.

(I) Zulässigkeit der Klage

(1) Die (restliche) **Leistungsklage**

(a) Ordnungsmäßigkeit der Klageerhebung, §§ 253, 78 I: (+)

(b) Sachliche Zuständigkeit: sie bleibt wegen § 261 III Nr. 2

(2) Die **Feststellungsklage** (Erledigungsantrag)

(a) Ordnungsmäßigkeit der einseitigen Erledigungserklärung, § 261 II

– Auslegung als Erledigungserklärung: Anlass ist Zahlung nach Rechtshängigkeit (ThP § 264, 6).

– Rechtshängigkeit durch „Geltendmachung" in der mündlichen Verhandlung, §§ 261 II, 297.

– Wirksamkeit als Prozesshandlung (da Klageantrag auf Feststellung), insbes. § 78 I (Zöller § 91 a, 37, ThP 16 vor § 253). Hier: (+)

(b) Zulässigkeit der Klageänderung: § 264 Nr. 2.

(c) Zuständigkeit: § 261 III Nr. 2 (ThP § 4, 2).

(d) § 256: (+). Die Erledigungserklärung ist die gebotene Konsequenz aus der sonst drohenden Kostenlast gemäß § 91 und gerade wegen dieses dringenden Interesses als Institut eingeführt.

(II) § 260. Da die Anträge nicht identisch sind, tritt zwangsläufig der Effekt einer kumulativen Klagenhäufung ein, die aber problemlos zulässig ist, da der Feststellungsantrag nur eine Reduzierung des ursprünglich einheitlichen Leistungsantrags ist. Es dürfte daher auch entbehrlich sein, diesen Punkt eigens anzugliedern.

(III) Begründetheit der Klage

Betrifft die Teilerledigungserklärung einen völlig selbstständigen Streitgegenstand (Darlehen neben erledigtem Kaufpreis), ist die Prüfungs- und Darstellungsreihenfolge beliebig.

Betrifft sie aber – wie hier – den Teil *eines* Streitgegenstands (Schadensersatz), beginnt man zweckmäßigerweise mit dem nicht für erledigt erklärten Teil, weil man im für erledigt erklärten Teil i.d.R. darauf (z.B. zum Haftungsgrund) verweisen kann und oft nur noch die Frage beantworten muss, ob ein Erledigungsereignis nach Rechtshängigkeit eingetreten ist. Also:

(1) Der (restliche) **Leistungsantrag** über € 4000,–. §§ 7 I StVG, 823 I BGB: (+) (siehe Beweisergebnis)

(2) Der **Feststellungsantrag** (einseitige Erledigungserklärung) bzgl. € 10 000,–:

(a) Die Klage war ursprüngl. (= Eintritt des Erledigungsereignisses, BGH NJW 86, 588) zulässig auch bzgl. dieser weiteren € 10 000,–. Zulässigkeitsprüfung also innerhalb einer Begründetheitsprüfung. Nicht ungewöhnlich: vgl. Prüfung der Zulässigkeit der Klage in Begründetheitsprüfung der Berufung (unten Rn. **26.23**).

(b) Die Klage war ursprüngl. insoweit (€ 10 000,–) auch begründet. Maßgeblicher Zeitpunkt wie soeben zu (a).

(c) Eintritt eines Erledigungsereignisses *nach* RHängigkeit: (+)

Beide Anträge sind also begründet. Entscheidung:

ENDURTEIL

    I. Der Beklagte wird verurteilt, an den Kläger € 4000,– zu zahlen.
       Im Übrigen ist der Rechtsstreit in der Hauptsache erledigt. *(vgl. ThP § 91a, 45)*
    II. Die Kosten des Rechtsstreits trägt der Beklagte. *(§ 91)*
    III. Das Urteil ist gegen Sicherheitsleistung in Höhe von …. vorläufig vollstreckbar. *(§ 709 S. 1; bzw. § 709 S. 2)*.

Anmerkungen:

(1) **Zu Ziff. III:** (Gebühren)Streitwert: Für die **bis** zur Erledigungserklärung angefal-   **11.26** lenen Gebühren gilt der Wert der Klageforderung. Der **Streitwert danach ist umstritten,** hier relevant für die Terminsgebühr, da K die Erledigungserklärung noch vor dem Verhandlungstermin abgegeben hat.

BGH NJW-RR 96, 1210: Streitwert nach einseitiger Teilerledigungserklärung ist die restliche Hauptsache (€ 4000,–) zuzüglich der Mehrkosten für den erledigt erklärten Teil (€ 10 000,–). Für diese Mehrkosten ist eine Differenzrechnung anzustellen: was hätte der Prozess gekostet, wenn er von Anfang an nur über den nicht für erledigt erklärten Teil (€ 4000,–) geführt worden wäre im Vergleich zu den Kosten aus dem vollen Klagebetrag (€ 14 000,–). Musielak § 91a, 55.
Folgt man hingegen mit StJ § 91a, 56 konsequent der Klageänderungstheorie: Wert der Restforderung (€ 4000,–) zuzüglich 50% des einseitig für erledigt erklärten Betrags. Daraus ist die RA-Terminsgebühr zu errechnen, hinzutritt die schon angefallene Verfahrensgebühr aus € 14 000,–.

11.27 (2) **Tatbestand:** Da die gesamte Sache (€ 14000,–) rechtshängig geblieben ist, ist auch der **gesamte Streitstand dazu zu berichten.** Der TB beginnt also auch hier mit dem Unstreitigen zum gesamten Komplex, dem streitigen Klägervortrag zu den gesamten € 14000,–. Dann folgt eine kurze **Prozessgeschichte zur einseitigen Erledigungserklärung,** beginnend mit dem ursprünglichen vollen Klageantrag (der nicht wörtlich, aber doch der Summe nach berichtet werden muss) und der Erklärung, dass **davon** der Kläger einen Teil (genau sagen, welcher Teil des Streitgegenstands davon betroffen ist) für erledigt erklärt hat.

Dann folgen die **Anträge:** beim Kläger nur der **zuletzt** noch gestellte (restliche, hier: € 4000,–) **Leistungs**antrag. Der Feststellungsantrag (hier: € 10000,–) wird nur dann als solcher wörtlich berichtet, wenn ihn der Kläger (was selten geschieht) ausdrücklich als eigenen Feststellungsantrag formuliert (i.d.R. begnügt sich der Kläger mit der bloßen Abgabe der Erledigungserklärung, dann genügt der Bericht hierüber in der vorangestellten Prozessgeschichte).

Beispiel: „Der Kläger fordert Schadenersatz aus Verkehrsunfall. Am … ereignete sich … (Unstreitiges). Der Kläger behauptet, unfallbedingt folgende Schäden erlitten zu haben … (Streitiges). Er hat daher zunächst beantragt, den Beklagten zur Zahlung von € 14000,– zu verurteilen. In der mündl. Verh. vom … hat er den Rechtsstreit in Höhe von € 10000,– betreffend die Position Instandsetzung der Karosserie für erledigt erklärt.
Der Kläger beantragt zuletzt:
    Der Bekl. wird verurteilt, an den Kläger € 4000,– zu zahlen.
Der Beklagte beantragt,
    die Klage abzuweisen.
Der Bekl. widersetzt sich der vom Kläger erklärten Hauptsacheerledigung, da die Klage auch bzgl. der Position Karosseriearbeiten unbegründet sei.
Der Bekl. bestreitet zum gesamten Klagevorbringen …“.

§ 12 Die Widerklage

12.01 Die Widerklage ist eine echte **Klage besonderer Art,** die vom Beklagten im selben Verfahren gegen den Kläger (und bei Drittwiderklage zusätzlich gegen Dritte) erhoben wird. Sie kann erhoben werden als Leistungs-, Feststellungs- und Gestaltungswiderklage.

Die Vorteile der Widerklage sind insbesondere:
§ 33 (zusätzlicher Gerichtsstand). Die Beweise werden nur einmal, im Idealfall in einem einzigen Termin, erhoben (Zeit und Geld!). Der Prozess ist billiger als 2 getrennt geführte Prozesse: nach §§ 23 I 1 RVG, 45 I GKG fallen die Gebühren nur einmal an und zwar entweder aus dem höchsten Einzelwert (z.B. nur der Klage) oder aus der Addition beider Streitwerte, die infolge der Degression der Gebühren mit steigendem Streitwert zu einer Abflachung der Gebühren führt, so dass der addierte Streitwert letztlich billiger kommt (vgl. oben Rn. **3.**12).

I. Die prozessuale Behandlung der Widerklage

12.02 **1. Erhebung:** § 261 II (Schriftsatz oder in mündlicher Verhandlung gem. § 297).

2. Zulässigkeit: als Klage besonderer Art erfordert die Widerklage neben den allgemeinen auch besondere Sachurteilsvoraussetzungen (dazu unten II; ThP § 33, 17, 22).

3. § 33 gibt unstreitig einen zusätzlichen, besonderen Gerichtsstand und kommt in dieser Funktion dann schon gar nicht zum Tragen, wenn für die Widerklage ohnehin bereits die Zuständigkeit aus §§ 12, 13 gegeben ist. Streitig ist nur, ob daneben die Konnexität besondere Sachurteilsvoraussetzung ist (dazu unten II).

4. § 33: Begriff des „Zusammenhangs" (Konnexität)
Er entspricht weitgehend dem des § 273 BGB und ist hier wie dort weit auszulegen (ThP § 33, 4). „Zusammenhang" besteht, wenn die prozessualen Ansprüche auf ein gemeinsames Rechtsverhältnis zurückzuführen sind (Zöller § 33, 15), wofür genügt, wenn ihnen ein **innerlich zusammengehöriges einheitliches Lebensverhältnis** zugrundeliegt, das es als wider Treu und Glauben verstoßend erscheinen lässt, wenn der eine Anspruch ohne Rücksicht auf den anderen geltend gemacht und verwirklicht werden könnte (so für § 273 BGB: BGHZ 92, 196; Palandt § 273, 9).

Der Zusammenhang muss mit dem Streitgegenstand der Klage (a), oder mit Verteidigungsmitteln (b) bestehen.

a) **Mit dem Streitgegenstand der Klage:**
Beispiele: Konnexität besteht insbesondere für Rechtsfolgen, die jede Partei für sich aus der Gültigkeit oder Ungültigkeit desselben Vertrages herleitet (z. B. Klage auf Kaufpreisrestzahlung, Widerklage auf Rückzahlung der Anzahlung gemäß § 812 I BGB), oder dem Bestand/Nichtbestand einer Haftung aus gesetzlichem Schuldverhältnis (z. B. §§ 987 ff., 823 ff. BGB), etwa bei Teilklage auf zunächst nur Sachschadensersatz, Widerklage auf Feststellung, dass überhaupt keine Haftung aus dem Schadensvorfall bestehe, § 256 II. In den Fällen des § 256 II besteht in der Vorgreiflichkeit stets auch die Konnexität i. S. v. § 33 (StJ 18; ThP 5 zu § 33).
Keine Konnexität besteht bei Klage auf Mietzins mit Widerklage aus Kauf (hier sind nur die Personen dieselben), Zöller § 33, 15.

b) **Mit Verteidigungsmitteln:**
Gemeint sind nur selbstständige, wie Einwendungen (z. B. §§ 362, 389 BGB) oder Einreden (z. B. § 214 BGB), also *nicht* auch *Beweismittel* (ThP § 33, 6).
Beispiel: K klagt € 5000,– ein, B rechnet dagegen mit einer Gegenforderung über € 12 000,– vorsorglich auf (womit ggfls. € 5000,– verbraucht sein können) und erhebt Widerklage auf den überschießenden Betrag von € 7000,– (Zöller 16, ThP 6 zu § 33). Der „innerlich zusammengehörige Lebenssachverhalt" ist hier das Geschehen, das der *Gesamtforderung* über € 12 000,– zugrunde liegt, und dies verbindet das Verteidigungsmittel Aufrechnung mit der Widerklage.

5. Streitwert. Streng zu trennen sind:
a) Zuständigkeitsstreitwert: § 5 Hs. 2 (also nie Addition!).
b) Gebührenstreitwert, §§ 45 I GKG, 23 I 1 RVG:
- *Derselbe Gegenstand* (im wirtschaftlichen Sinne, nicht i. S. der Streitgegenstandslehre), § 45 I 3 GKG: keine Addition, der höhere Einzelwert ist maßgebend.
  Beispiel: Mietzinsklage und Feststellungswiderklage, dass kein wirksamer Mietvertrag bestehe; Klage auf einen Teil der Leistung, dagegen negative Feststellungswiderklage wegen gänzlich fehlenden Haftungsgrundes; Klage auf Zahlung gegen den Bürgen, Widerklage auf Herausgabe der Bürgschaftsurkunde (StJ § 5, 34).

- *Verschiedene Gegenstände,* § 45 I 1 GKG: Addition.
  Beispiel: Klage auf Zahlung des Restkaufpreises, Widerklage auf Rückzahlung bereits erfolgter Zahlungen. Klage und Widerklage auf wechselseitigen Schadensersatz aus Verkehrsunfall (StJ § 5, 35).

6. Selbstständigkeit der Widerklage: Die Widerklage ist nicht etwa ständig abhängig von dem Fortbestand der Hauptklage, also nicht akzessorisch. Lediglich **bei Erhebung** der Widerklage muss die Hauptklage schon und noch rechtshängig sein (besondere Prozessvoraussetzung). **Danach** aber ist sie unabhängig vom weiteren Fortbestand der Hauptklage, daher z.B. Fortgang des Verfahrens zur Widerklage, wenn nach deren

Erhebung die Hauptklage zurückgenommen wird (BGHZ 40, 189; ThP § 33, 23). Die Rechtshängigkeit der Hauptklage ist sozusagen nur als „Sprungbrett" für eine zulässige Widerklage nötig.

7. Verhandlung und Beweisaufnahme erfolgen **gemeinsam.** Ein Teilurteil (§ 301) über Haupt- oder Widerklage darf nur ergehen, wenn es davon unabhängig ist, wie der Streit über den Rest ausgeht (dabei auch an die Rechtsmittel denken!), weshalb angesichts des i.d.R. vorliegenden Zusammenhangs äußerste Vorsicht und Zurückhaltung am Platze ist, vgl. oben Rn. **7.**04.

Abgetrennt werden darf gemäß **§ 145 II** nur eine *nicht* (!) konnexe Widerklage. Da die Widerklagen in aller Regel konnex sind, scheidet Abtrennung also normalerweise aus.

8. Verspätungspräklusion, § 296? Nein: da die Widerklage der Angriff *selbst* ist und nicht lediglich Angriffs*mittel* (vgl. § 146; ThP § 146, 2), kann sie und der Vortrag zu ihrer Begründung nicht wegen Prozessverzögerung gem. § 296 I, II präkludiert (damit als unbegründet behandelt) werden (Zöller § 33, 9).

9. Versäumnisurteil, § 347 I

Die Widerklage wird gem. § 347 I auch im Säumnisverfahren einer Klage gleichgestellt, was zur Anwendbarkeit der §§ 330 ff. führt:

a) **Säumig ist der Beklagte** und Widerkläger: bzgl. des Klageanspruchs kann gegen ihn VU gem. § 331 ergehen, bzgl. der Widerklage abweisendes VU gem. § 330 (die Widerklage muss nur rechtshängig sein, gleich wann; genügend also z.B. am Tag vor dem Säumnistermin, da § 335 I Nr. 3 den Säumigen nur in seiner Rolle als *Beklagter* schützt, ThP 4, Zöller 4 zu § 335). Zöller § 330, 8.

b) **Säumig ist der Kläger** und Widerbeklagte: bzgl. des Klageanspruchs kann gegen ihn abweisendes VU gem. § 330 ergehen, bzgl. der Widerklage aber echtes VU gem. § 331 wegen § 335 I Nr. 3 nur dann, wenn die Widerklage „rechtzeitig" (= 1 Woche, § 132) vor dem Säumnistermin zugestellt worden ist (Zöller § 330, 8). *Beachte:* für die Widerklage ist nicht mehr die 2-wöchige Einlassungsfrist gem. § 274 III zu wahren, da auf Grund der Hauptklage bereits ein Prozessrechtsverhältnis besteht, demzufolge für alle späteren Termine, selbst bei Klageänderung und Widerklage, nur noch die Frist des § 132 gilt (Zöller 4; StJ 9 zu § 274; ThP § 261, 3).

10. Widerklage erstmals in der Berufungsinstanz: § 533

Grundvoraussetzung ist, dass überhaupt eine zulässige Hauptberufung vorliegt, denn nur sie führt weiter und ermöglicht eine Abänderung des Ersturteils.
Ist diese Voraussetzung erfüllt, kann der Bekl. in Ergänzung seiner Hauptberufung oder als Berufungsbeklagter im Rahmen einer Anschlussberufung Widerklage erheben. Sie ist gem. § 533 aber nur unter der doppelten Voraussetzung zulässig, dass der Gegner einwilligt, bzw. das Gericht sie für sachdienlich hält (§ 533 Nr. 1) *und* dass sie auf Tatsachen gestützt ist, die das Berufungsgericht „ohnehin" nach § 529 zugrundezulegen hat, die also keine Einbeziehung neuer Tatsachen lediglich für die Widerklage erfordert (Betonung durch das „ohnehin"), § 533 Nr. 2.

Andernfalls ist die Widerklage als unzulässig durch *Prozessurteil* abzuweisen und daneben die sie tragende (Anschluss-)Berufung als unbegründet zurückzuweisen (ThP § 533, 6).

II. Prüfungsschema und Urteil

Zur Betonung der Grundlinien sei von folgendem einfachen Sachverhalt ausgegangen:

Beispiel: K aus Nürnberg verklagt B aus München vor dem LG München I auf Zahlung eines Kaufpreises von € 10 000,–. B erhebt mit zugestelltem Schriftsatz Widerklage auf Zahlung von € 3000,– aus Darlehen, das er dem K gewährt habe. K und B sind ordnungsgemäß anwaltlich vertreten, die Anwälte verhandeln im 1. Termin sogleich zur Sache. Nach der Beweisaufnahme erweist sich die Klage als voll, die Widerklage jedoch nur in Höhe von € 1300,– als begründet. **12.03**

Lösungsskizze:

Aufbau: Klage und Widerklage werden sowohl im Gutachten, als auch in den Entscheidungsgründen **getrennt** und **nacheinander** erörtert.

(A) Die Klage (§ 433 II BGB).

(I) Zulässigkeit:

(1) Ordnungsmäßigkeit der Klageerhebung, §§ 253, 78 I: (+)

(2) Örtliche Zuständigkeit: §§ 12, 13.

(3) Sachliche Zuständigkeit: §§ 71 I, 23 Nr. 1 GVG (€ 10 000,–)

(II) Begründetheit;

Die Kaufpreisklage ist nach dem Beweisergebnis voll begründet.

(B) Die Widerklage (§ 488 I BGB).

(I) Zulässigkeit:

(1) Allgemeine Prozessvoraussetzungen (ThP § 33, 17):

(a) Ordnungsmäßigkeit der Klageerhebung, §§ 261 II, 78 I: (+).

(b) Örtliche Zuständigkeit:

(aa) §§ 12, 13: nein, zuständig wäre Nürnberg.

(bb) § 33: nein, es fehlt die Konnexität (vgl. oben I 4).

(cc) Jedoch § 39: der Kläger hat sogleich rügelos zur Hauptsache verhandelt (ThP § 39, 4), die Ausnahmefälle des § 40 II liegen nicht vor.

(c) Sachliche Zuständigkeit, §§ 23 Nr. 1, 71 I GVG:

(aa) keine Addition der Streitwerte, § 5 Hs. 2, also zuständig an sich das AG.

(bb) Aber: Die Zuständigkeit des LG umfasst die des AG (ThP § 33, 18; Zöller § 33, 12). Im Übrigen: § 39 S. 1. Hier also: (+)

(d) Keine anderweitige Rechtshängigkeit, § 261 III Nr. 1. Die Widerklage muss einen von der Hauptklage verschiedenen Streitgegenstand haben, darf sich also nicht in der Verneinung des Klageanspruchs erschöpfen.

Beispiel: Unzulässig wäre hier ein Widerklageantrag auf Feststellung, dass B dem K *keinen* Kaufpreis von € 10 000,– schulde, zulässig aber evtl. Feststellungswiderklage gem. § 256 II, dass der Kaufvertrag nicht bestehe (dies aber nur dann, wenn die Feststellung dieses präjudiziellen Rechtsverhältnisses Bedeutung haben kann über den Gegenstand der Erfüllungsklage *hinaus,* z.B. weil K Ansprüche aus Schlechterfüllung des Kaufvertrages (§ 280 I BGB) geltend gemacht hat, s. unten Rn. **12.07** und Zöller 26, ThP 32 zu § 256). Weiteres Beispiel bei ThP § 33, 21. Hier: (+).

12.04 **(2) Besondere Prozessvoraussetzungen** (ThP 22 ff.; Zöller 17 ff. zu § 33):

(a) **Rechtshängigkeit der Hauptklage.** Diese ist aber nur erforderlich bei **Erhebung** der Widerklage, **danach** ist die Widerklage unabhängig vom Fortbestand der Hauptklage. Hier (+).

Bei Erhebung der Widerklage muss die Klage in der *Hauptsache* noch rechtshängig sein. Daran fehlt es, wenn die Widerklage erst erhoben wird nach rechtskräftigem Urteil über die Klage, oder erst erhoben wird nach Klagerücknahme oder erst dann, wenn nach einem Prozessvergleich oder übereinstimmender Erledigungserklärung die Rechtshängigkeit in der Hauptsache erloschen ist und nur noch über die Kosten zu entscheiden ist (BGH NJW-RR 01, 60; ThP § 33, 23; § 91 a, 17; § 794, 26). Unzulässig ist auch eine Widerklage, die erst nach Schluss der mündlichen Verhandlung eingeht oder erhoben wird, da über sie (wenn das Gericht eine Wiedereröffnung der mündlichen Verhandlung gem. § 156 I ablehnt) nicht mehr mündlich verhandelt werden kann, BGH NJW 00, 2513; NJW-RR 92, 1085. Das Prozessurteil kann ausnahmsweise ohne mündliche Verhandlung ergehen, da andernfalls die unzulässige Widerklage durch Wiedereröffnung der mündlichen Verhandlung zulässig werden würde (vgl. BGH-RR 92, 1085, offen gelassen in BGH NJW 00, 2513).

(b) **Gleiche Prozessart** für Klage und Widerklage.

Dazu und Beispiele schon oben Rn. **8.04**.

(c) **Parteiidentität** (ThP § 33, 28). Die Widerklage hat gewisse Privilegien, die sich nur daraus rechtfertigen, dass bereits ein Prozessrechtsverhältnis zwischen den Parteien der Hauptklage besteht. Daher ist die Widerklage als privilegierte Klage und mit diesen Privilegien nur zulässig, wenn an ihr mindestens **auch die Parteien der Hauptklage beteiligt** sind, sie also vom Beklagten der Hauptklage gegen deren Kläger gerichtet ist (Zöller § 33, 18).

Eine andere und umstrittene Frage ist, ob die Einbeziehung *Dritter* im Wege der Widerklage zulässig ist und ob es sich dann auch insoweit um *echte* Widerklagen oder nur um schlichte streitgenössische Klagen handelt. Dazu unten III 4.

(d) **Konnexität.** Sie fehlt zwischen Kaufpreis- u. Darlehensklage. Strittig aber ist, ob sie eine zusätzliche besondere Prozessvoraussetzung der Widerklage ist:

(aa) Nach **h. M.** regelt § 33 lediglich den Gerichtsstand (Stellung des § 33 im Gesetz, Wortlaut) ThP 1; StJ 6, 7; Zöller 2; BL 1 zu § 33.

(bb) Nach **a. A.** regelt § 33 neben dem besonderen Gerichtsstand zugleich die besondere Prozessvoraussetzung der Konnexität: die mit der Widerklage ermöglichte gemeinsame Beweisaufnahme etc. sei sinnlos, wenn jeglicher Zusammenhang fehle (Grunsky VerfR S. 140; RGZ 114, 173; BGHZ 40, 178; BGH NJW 75, 1228). **Jedoch:** das Fehlen der Konnexität kann gem. **§ 295 I geheilt** werden durch rügelose Einlassung des Widerbeklagten (BGH LM Nr. 7 zu § 1025; ThP 7; StJ 20 zu § 33). So liegt der Fall hier, da K im 1. Termin sofort rügelos zur Hauptsache verhandelt hat.

Die Widerklage ist also nach alledem zulässig.

(II) Begründetheit:

Die Widerklage auf Rückzahlung des Darlehens hat sich nur in Höhe von € 1300,– als begründet erwiesen, im Übrigen (€ 1700,–) ist sie abzuweisen.

Der Tenor wird etwa lauten:

ENDURTEIL

    I. Der Beklagte wird verurteilt, an den Kläger € 10 000,– zu zahlen.
    II. Auf die Widerklage hin wird der Kläger verurteilt, an den Beklagten € 1300,– zu zahlen.
       Im Übrigen wird die Widerklage abgewiesen.

III. Von den Kosten des Rechtsstreits trägt der Kläger $^1/_{10}$, der Beklagte $^9/_{10}$.

IV. Das Urteil ist vorläufig vollstreckbar, für den Kläger jedoch nur gegen Sicherheitsleistung in Höhe von € 12000,–, für den Beklagten nur gegen Sicherheitsleistung in Höhe von € 1500,– (§ 709 S. 1; alternativ § 709 S. 2: 110%).

Anmerkungen:

(1) Es empfiehlt sich, im gesamten Urteil nur von dem „Kläger" und dem „Beklagten" (bei diesem ggfls. zusätzlich von „Widerkläger" zu sprechen, so auch z.B. der BGH, vgl. etwa BGH NJW 09, 148), denn ein ständiges Aufführen der doppelten Parteirolle (der „Kläger *und* Widerbeklagte" fordert vom „Beklagten *und* Widerkläger" …) macht das Urteil nur unübersichtlich (anders nur bei Widerklagen mit Drittbeteiligung). Im *Rubrum* freilich muss die Doppelrolle stets kenntlich gemacht werden.

(2) Kosten: § 92 I. Der Gebührenstreitwert beträgt gem. § 45 I S. 1 GKG € 13000,–, hierzu unterliegt B mit € 11700,–, also zu $^9/_{10}$.

(3) Zu Ziff. IV. Der Vollstreckbarkeitsausspruch folgt hier für beide Parteien jeweils aus § 709 S. 1 bzw. § 709 S. 2. Soll die Sicherheitsleistung gem. § 709 S. 1 beziffert werden, ist bzgl. des Klägers zu berücksichtigen, dass dieser Gerichtskosten nur aus dem Streitwert der Klage (€ 10000,–) verauslagt hat (§ 12 I GKG). Beim Widerkläger ist zu beachten, dass dieser hier keinerlei Gerichtskosten verauslagt hat, da § 12 I GKG zwar für eine Klageerhöhung, nicht aber für die Widerklage Kostenvorschüsse vorsieht, § 12 II Nr. 1 GKG.

Zum **Tatbestand:** siehe oben Rn. 5.12 (Aufbauskizze: Klage und Widerklage mit verschiedenen Sachverhalten). **12.05**

Entscheidungsgründe: **12.06**

Sie werden in derselben Reihenfolge aufgebaut, wie die vorstehende Lösungsskizze, also

Entscheidungsgründe

Einleitungssatz: Ergebnis von Klage und Widerklage

I. Die Klage
    1. Zulässigkeit
    2. Begründetheit (incl. Nebenforderungen, wie z.B. Zinsen)

II. Die Widerklage
    1. Zulässigkeit
    2. Begründetheit (incl. Nebenforderungen, wie z.B. Zinsen)

III. Die Nebenentscheidungen
    1. Kosten, §§ 91 ff.
    2. Vorläufige Vollstreckbarkeit, §§ 708 ff.

III. Besondere Fälle der Widerklage

1. Die Zwischenfeststellungswiderklage, § 256 II

Gesetzeszweck: Bei der Leistungsklage etwa erwächst nur der Leistungsbefehl, der **12.07**
Subsumtionsschluss („… hat daher zu zahlen") in Rechtskraft, nicht auch der Grund (die Anspruchsgrundlage, etwa: Kaufvertrag). Die Zwischenfeststellungs(wider)klage gemäß § 256 II ermöglicht es, auch das den Leistungsbefehl bedingende Rechtsverhältnis (die Gültigkeit des Kaufvertrages) der Rechtskraft zuzuführen.

Sie ist allerdings **nur zulässig,** wenn dieses Rechtsverhältnis **erstens „vorgreiflich"** ist für die Hauptklage (also über diese nicht ohne Klärung dieses bedingenden Rechtsverhältnisses entschieden werden kann) und **zweitens** in ihrer Bedeutung über die Ergebnisse der Hauptklage **hinausreicht,** etwa weil der Kläger sich aus dem Rechtsverhältnis noch auf weitere, noch nicht eingeklagte Rechtsfolgen beruft (z.B. Schadensersatz wegen Verzugs oder pVV). Denn ein Rechtsschutzbedürfnis für eine zusätzliche Klage würde fehlen, wenn schon die Hauptklage alle Fragen zu diesem Rechtsverhältnis erschöpfend regeln würde (Zöller 25 f.; ThP 28, 29, 34 zu § 256).

Beispiel: K klagt Reparaturkosten aus Verkehrsunfall ein, weitere denkbare Ansprüche wegen Arztkosten und Schmerzensgeld stehen im Raum. Hier kann B Zwischenfeststellungswiderklage gem. § 256 II erheben, mit dem Antrag festzustellen, dass B aus dem Verkehrsunfall vom ... überhaupt nicht hafte (z. B. wegen Alleinschuld des Klägers). Die Feststellung eines gesetzlichen Schuldverhältnisses gem. §§ 7 StVG, 823 BGB ist erstens zwingend entscheidungserheblich für die Hauptklage und zweitens über sie hinaus bedeutungsvoll für weitere denkbare Rechtsfolgen daraus.

Fehlt die Vorgreiflichkeit (weil über die Hauptklage ohne ein Eingehen auf das festzustellende Rechtsverhältnis entschieden werden kann, z. B.: ob der Klageanspruch besteht, kann offen bleiben, da er „jedenfalls" verjährt ist), so kann die nach § 256 II unzulässige Klage ggfls. als gewöhnliche (selbstständige) Feststellungsklage gem. § 256 I zulässig sein (Zöller 29; ThP 30 zu § 256).

Der **Streitwert** für die **negative** Zwischenfeststellungsklage entspricht dem Gesamtwert aller mit ihr abzuwehrenden Ansprüche (ggfls. dann keine Streitwertaddition von Klage und Widerklage infolge Teilidentität, § 45 I 3 GKG, vgl. ThP § 5, 7), derjenige der **positiven** entspricht i. d. R. 80% einer entsprechenden Leistungsklage (ThP § 3, 65; Zöller § 256, 30).

2. Aufrechnung und Widerklage

12.08 Da die Aufrechnung nicht zur Rechtshängigkeit führt (ThP § 145, 20), ist der Beklagte in der Wahl seiner Verteidigung frei:

Er kann z. B. aufrechnen und daneben den die Hauptklage übersteigenden Betrag per Widerklage geltend machen. Ist er aber der Auffassung, dass die Klageforderung sowieso unbegründet sei, kann er vorsorglich Eventualaufrechnung erklären und seine gesamte Gegenforderung mit **Eventual-Widerklage** (solche ist zulässig, ThP § 33, 14) für den Fall der Klageabweisung wegen Nichtbestehens der Klageforderung geltend machen (StJ § 33, 37).

Oder: der Beklagte rechnet auf und erhebt Eventual-Widerklage für den Fall, dass die Klage Erfolg hat weil die Aufrechnung unzulässig sein sollte (z. B. weil sich die Aufrechnungsforderung als einredebehaftet herausstellt, § 390 BGB). Weitere Beispiele bei Zöller § 33, 26.
Unzulässig ist aber eine parteierweiternde Hilfswiderklage gegen einen bisher unbeteiligten Dritten, da es keinem Prozessgegner zuzumuten ist, sich auf ein Verfahren einzulassen, bei dem die Möglichkeit besteht, dass es sich wieder in ein rechtliches Nichts auflöst (weil die aufschiebende Bedingung nicht oder die auflösende doch eintritt), BGH NJW 01, 2095; StJ 208 vor § 128.

12.09 **3. Possessorische** (§§ 861 ff. BGB) **Hauptklage und petitorische** (§§ 1007, 985 BGB) **Widerklage.**

Beispiel (BGH NJW 79, 1358): V überlässt dem K ein Pferd zur Probe, nimmt es aber später heimlich wieder zu sich. K erreicht per einstweiliger Verfügung Aushändigung des Pferdes an einen Sequester. V und K streiten um Herausgabe des Pferdes.

Problematisch wegen § 863 BGB, aber nach h. M. zulässig: Zunächst solle die Besitzschutzklage (§§ 861 ff. BGB) der Entscheidungsreife per Teilurteil (§ 301) zugeführt werden. Bei gleichzeitiger Entscheidungsreife und Begründetheit beider Klagen solle die Hauptklage (§ 861 BGB) zur Vermeidung divergierender Entscheidungen analog § 864 II BGB abgewiesen und der Widerklage (§ 985 BGB) stattgegeben werden (BGH a. a. O.; Palandt § 863, 3).

4. Die Drittwiderklage

Unter bestimmten, im Einzelnen aber umstrittenen Voraussetzungen und Folgen ist es **12.10** möglich, bisher am Prozess **unbeteiligte Dritte** im Wege der Widerklage (bzw. neben ihr) in das Verfahren einzubeziehen. Überblick zum Streitstand: Zöller 20–24; ThP 8, 10 ff. zu § 33. Im Wesentlichen geht es um 3 Fälle:

a) Fall 1: „Streitgenössische Drittwiderklage" gegen den Kläger und Dritte   12.11

Beispiel: K verklagt B auf Schadensersatz aus Verkehrsunfall. B erhebt Widerklage auf Ersatz seines Schadens und zwar gegen K *und* dessen Haftpflichtversicherung D. Zulässig? Es stehen sich insbes. 2 Auffassungen gegenüber (mit oft gleichen Ergebnissen, allerdings dürfte die Klageänderungstheorie des BGH einen größeren Spielraum eröffnen):

(1) Die Rechtsprechung.

BGHZ 40, 185 (grundlegend); BGH NJW 71, 466; BGH LM Nr. 12 zu § 33 ZPO; BGH NJW 75, 1228; 81, 2642; 87, 3139; 91, 2838; 96, 196; BGHZ 89, 37; 91, 132; 187, 112, Rn. 6.

(a) **Zulässigkeit:**

– Die Widerklage muss vom Beklagten erhoben sein und sich zumindest **auch** gegen den Kläger richten.
– Es müssen die Voraussetzungen der nachträglichen Parteierweiterung vorliegen, für die nach st. Rspr. **§§ 263 ff. analog** gelten, also Einwilligung des Dritten oder Sachdienlichkeit (BGHZ 131, 76).

Argument: mit der Widerklage erreiche der Widerkläger die Position eines *Klägers*, also die gleiche Position wie bei einer selbstständig erhobenen Klage, könne daher die beklagten Parteien nachträglich erweitern und deshalb unter gleichen Voraussetzungen auch sogleich mit Erhebung der Widerklage gegen den Kläger und den Dritten vorgehen, auf die zufällige zeitliche Reihenfolge, wann die subj. Klagehäufung eintrete, könne es nicht ankommen. So grundlegend BGHZ 40, 189 f. Sachdienlichkeit kann hier wegen der Gesamtschuldnerschaft gem. § 115 I S. 4 VVG bejaht werden.

(b) Ist die Drittwiderklage damit eine „echte" Widerklage, also mit allen Privilegien (insbes. §§ 33, 261 II) für den „Wider"-Kläger und zu Lasten des Dritten?

Das ist im Grundsatz zu verneinen, da sie, soweit sie sich gegen den bisher unbeteiligten Dritten richtet, schon begrifflich keine Widerklage ist (BGHZ 187, 112, Rn. 11; BGH NJW-RR 08, 1516; ThP § 33, 13). In Betracht kommt allenfalls eine analoge Anwendung, die aber für § 261 II schon deshalb ausscheidet, da dieser eine bereits bestehende Rechtshängigkeit zum Gegner (= Dritten) voraussetzt und eine Klageerhebung in mündlicher Verhandlung gegen den nicht oder nur als Zeugen anwesenden Dritten unzumutbar wäre.
Für die örtliche Zuständigkeit bejaht der BGH in teilweiser Abkehr von seiner Rspr. nunmehr eine partielle analoge Anwendung des § 33, nämlich für eine Drittwiderklage, die sich gegen den *Zedenten* der Klageforderung richtet; eine generelle analoge Anwendung blieb offen (BGHZ 187, 112; ThP 13; bejahend aber Zöller 24 zu § 33). Verneint man sie, muss sich in anderen Fällen die örtliche Zuständigkeit aus allgemeinen Bestimmungen (insbes. §§ 12, 13) oder infolge rügeloser Einlassung (§ 39) ergeben. Eine Gerichtsstandsbestimmung gem. § 36 I Nr. 3 kommt nur in Betracht, wenn die Widerbeklagten *keinen gemeinsamen* Gerichtsstand haben, scheidet also für die meisten Fälle aus.

(c) **Fehlen** die obigen Zulässigkeitsvoraussetzungen, so ist nach BGH LM Nr. 12 zu § 33 die Klage gegen den Dritten jedenfalls dann als unzulässig abzuweisen, wenn der Widerkläger auf dem Verbund beharrt. Auch insoweit bleiben aber neuere Entscheidungen abzuwarten, zumal die Lit. für Prozesstrennung plädiert.

(2) Die h. M. im Schrifttum.

ThP 8, 10 ff.; Zöller 23, 24; Müko-ZPO 28 je zu § 33; Nieder ZZP 85, 437 und MDR 79, 10 ff.; Wieser ZZP 86, 36 ff.; Greger ZZP 88, 454.

(a) **Zulässigkeit:**
Drittwiderklagen sind, soweit sie den Dritten betreffen, keine echten Widerklagen. Ihre Zulässigkeit richtet sich allein nach den Regeln jeder normalen Streitgenossenschaft, also nach **§§ 59, 60,** und ggfls. nach den Regeln über Prozessverbindung und -trennung (§§ 145, 147), nicht nach §§ 263 ff. analog. Die Voraussetzungen sind hier wegen § 3 PflVG erfüllt.

(b) **Die Privilegien der Widerklage** (insbes. §§ 261 II, 33) **gelten nicht.** § 33 kann jedoch ggfls. analog angewandt werden für die örtliche Zuständigkeit (insoweit wie soeben zu 2b mit BGHZ 187, 112: ThP 13, weitergehend Zöller 24 zu § 33).

(c) **Fehlen** die Voraussetzungen der §§ 59, 60, so wird lediglich **getrennt** (§ 145), nicht aber die Dritt-Widerklage als unzulässig abgewiesen.

12.12 b) Fall 2: „Isolierte Drittwiderklage" ausschließlich gegen den Dritten

Beispiel: B erhebt isolierte „Widerklage" lediglich gegen die klägerische Haftpflichtversicherung.

K ———— Klage ———→ B

isolierte Drittwiderklage

Sie ist nach allen Auffassungen (mit ähnlichen Positionen) jedenfalls **grundsätzlich unzulässig:** nach Auffassung des BGH (NJW 08, 2852, Rn. 26) deswegen, weil die Widerklage sich nicht *auch* gegen den Kläger richtet (nur dies ermöglicht die Parteierweiterung), nach der h. M. im Schrifttum (= §§ 59, 60) deswegen, weil zwischen K und der Haftpflichtversicherung überhaupt *keine Streitgenossenschaft* besteht, sie also auch nicht zulässig sein kann, denn beide müssten ja auf *derselben* Seite als *Beklagte* stehen (Streitgenossen sind nur die, die auf derselben Parteiseite stehen, ThP 1 vor § 59). ThP § 33, 11.

Das Gericht kann aber verbinden (§ 147), andernfalls wird es trennen (§ 145) und (mit Lit.) nicht abweisen.

Der BGH hat jedoch **Ausnahmen** zugelassen unter 3 Voraussetzungen (BGH NJW 07, 1753): (1) Die Gegenstände der Klage und der Drittwiderklage müssen derart eng miteinander verknüpft sein, dass der Sinn des § 33 auch hier zutreffe, zusammengehörende Ansprüche miteinander zu verhandeln und zu entscheiden. (2) Schützenswerte Interessen des isoliert Widerbeklagten dürfen nicht verletzt werden. (3) Es müssen die Voraussetzungen der Klageänderung, nach deren Maßstäben auch die parteierweiternde Widerklage zu behandeln sei (Einwilligung des Dritten bzw. Sachdienlichkeit) vorliegen.

BGHZ 91, 132: Klage einer KG auf Rückzahlung eines Darlehens gegen die Erbin eines Gesellschafters, Widerklage der Beklagten gegen die KG auf Feststellung der Gesellschaftszugehörigkeit der Beklagten, später Parteiwechsel auf die Gesellschafter als alleinige Feststellungsgegner. Am Ende des Prozesses richtete sich die Drittwiderklage ausschließlich gegen Letztere als Dritte.

Zum Verständnis des Parteiwechsels: dieser war zur Vermeidung einer Abweisung der Widerklage erforderlich, da bei der handelsrechtlichen Personengesellschaft der Streit, ob jemand der Gesellschaft angehört, nicht mit dieser, sondern nur mit den Mitgesellschaftern ausgetragen werden kann, da die Streitigkeit den Gesellschaftsvertrag betrifft, den nur die Gesellschafter untereinander und nicht mit der Gesellschaft abgeschlossen haben (BGHZ 48, 176; 91, 133). Die Gesellschaft (KG) war daher für die Feststellungsklage gar nicht passivlegitimiert gewesen.

BGHZ 91, 134; 147, 222: Die Zulässigkeit dieser Drittwiderklage gründet sich auf die Besonderheit, dass das auf sie ergehende Urteil für die Gesellschaft (KG) verbindlich ist und damit auch für die Darlehensklage der KG vorgreiflich sein kann (Anm.: In diesem Fall lag immerhin zunächst eine echte und zulässige Widerklage vor, die der Widerklägerin die Rechte einer Klägerin zu Parteiveränderungen verschaffte).

BGHZ 147, 220: K klagt aus abgetretenem Recht eine Honorarforderung des Architekten A ein. Der beklagte Bauherr beruft sich demgegenüber auf eine Schadensersatzforderung gegen den Architekten A wegen dessen fehlerhafter Planungsleistungen. Da er mit dieser Gegenforderung mangels Passivlegitimation des K gegen diesen keine Widerklage erheben, sondern nur gemäß § 406 BGB aufrechnen kann, erklärt er gegenüber K die Eventualaufrechnung und erhebt gleichzeitig isolierte Drittwiderklage nur gegen den Architekten A, der in diese nicht einwilligt.

BGH: Die Drittwiderklage ist hier ausnahmsweise zulässig, da die Widerklage der Aufgabe dient, zusammengehörende Ansprüche (hier: die Widerklageforderung ist identisch mit der Aufrechnungsforderung) miteinander zu verhandeln und zu entscheiden (Anm.: aber es liegt ja gar keine Widerklage im Sinne einer Gegenklage des Beklagten gegen den Kläger vor, dann kann auch nicht aus deren Funktion gefolgert werden!). Dieser Fall sei nicht anders zu behandeln, als wenn der beklagte Bauherr die Schadensersatzforderung per (unbegründeter) Widerklage gegen den Zessionar K geltend gemacht und sodann oder gleichzeitig den A per Drittwiderklage verklagt hätte: solche Drittwiderklage wäre nach der Rspr. zulässig gewesen. Allein der Umstand, dass B aus materiellrechtlichen Gründen (fehlende Passivlegitimation des K) seinen Angriff gegen den Zessionar nicht per Widerklage, sondern nur im Wege der Aufrechnung führen könne, rechtfertige es nicht, die Drittwiderklage für unzulässig zu halten.

Auch die weiteren Zulässigkeitsvoraussetzungen liegen vor: Schützenswerte Belange des A werden nicht verletzt, der Parteierweiterung (analog § 263) hat zwar A nicht zugestimmt, sie ist aber jedenfalls sachdienlich (was BGH a. a. O. in letzter Instanz erklärt hat).

Nach der gegenteiligen Literaturauffassung liegt indes kein Sonderfall vor: der Prozess ist zu trennen, da gar keine Streitgenossenschaft zwischen K und A besteht, oder er ist durch Verbindungsbeschluss auf juristisch ordnungsgemäße Füße zu stellen. Der Unterschied zur Auffassung des BGH liegt darin, dass die Drittwiderklage, wenn man sie mit dem BGH als *Widerklage* behandelt, wegen ihrer Konnexität nicht abgetrennt werden darf (§ 145 II), der Drittwiderkläger den Verbund (und die Ausschaltung der Zeugenstellung des Dritten A) also erzwingen kann.

BGH NJW 07, 1753: A tritt seine Schadensersatzansprüche gegen B aus Verkehrsunfall ab an seinen Sohn S (um Zeugenstellung zu erlangen). S erhebt aus abgetretenem Recht Klage gegen B, der daraufhin isolierte Drittwiderklage erhebt gegen A (u. a. um dessen Zeugenstellung auszuschalten).
BGH: Enge Verknüpfung der beiden Prozessinhalte wegen einheitlicher Feststellung des streitigen Unfallhergangs und der Mitverursachungsanteile. Schützenswerte Belange des A werden nicht verletzt, zumal er die eigentliche „materielle" Partei auf Klägerseite ist und den Gegenstand der Hauptklage genau kennt. Dass A jetzt die Zeugenstellung verliert, stellt nur die Situation her, in der A ohne die – zur Erlangung der Zeugenstellung erfolgte – Abtretung gestanden hätte. Sachdienlichkeit (§ 263 analog) ist zu bejahen, da die Klärung aller Fragen in nur 1 Prozess prozesswirtschaftlich ist.
Ebenso **BGH NJW 08, 2852** und **BGHZ 187, 112** in weiteren Fällen der Klage des Zessionars mit isolierter „Widerklage" nur gegen den Zedenten.

c) Fall 3: Drittwiderklage nur durch den Dritten $\qquad$ 12.13

Beispiel: Der Beifahrer X des B erhebt „Widerklage" gegen K. Sie ist wie in Fall 2 unzulässig, nach BGH LM Nr. 12 zu § 33 deswegen, weil X nicht Beklagter war, auch nicht als solcher beigetreten ist, und eine parteierweiternde Drittwiderklage nur zulässig ist, wenn sie vom *Beklagten der Hauptklage* ausgeht, nach der Lit. deswegen, weil X in der Rolle eines *Klägers* und B in der Rolle nur eines *Beklagten* gar nicht in *Streitgenossenschaft* stehen. Lösung wie zu Fall 2: Verbindungsbeschluss (§ 147) oder (mit Lit.) Trennung (§ 145).

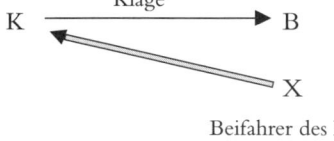

Beifahrer des B

12.14 d) Tatbestand

> **Tatbestand** zu obigem Beispiel in Rn. **12.**11 einer streitgenössischen Drittwiderklage
>
> Einleitungssatz
>
> Unstreitiger zu Klage, Widerklage und Drittwiderklage
> z. B. Beteiligte Pkw, Ort, Zeit, starker Regen, Dämmerung
>
> Streitiger Vortrag K zur Klage
> Hergang des Unfalls, Schadenshöhe
>
> Anträge:
> K aus Klage gegen B
> Klageabweisungsantrag B
> • Überleitungssatz zur Wider- und Drittwiderklage
> Anträge des B aus Widerklage gegen K und aus Drittwiderklage gegen D
> (Gesamtschuldner).
> Widerklage-Abweisungsanträge von K und D.
>
> Streitiger Vortrag B
> zur Klage
> zur Rechtfertigung der Wider- und der Drittwiderklage
>
> Streitiger Erwiderungsvortrag K und D zur Wider- und Drittwiderklage
>
> Prozessgeschichte (z. B. zur Beweisaufnahme)

§ 13 Die einfache Streitgenossenschaft

13.01 Streitgenossenschaft (= subj. Klagenhäufung) besteht, wenn auf der Klägerseite und/ oder der Beklagtenseite mehrere Hauptparteien stehen.

Abgrenzung also zur Beteiligung *Dritter* (Nebenintervenient, §§ 66 ff., beigetretener Streitverkündungsempfänger, § 74 I).

Die Parteienmehrheit kann eine **notwendige** sein zur Erzielung einer einheitlichen Sachentscheidung, § 62. Dazu unten § 14.

Die §§ 59–61, 63 gelten für die einfache und die notwendige Streitgenossenschaft, § 62 gilt nur für die notwendige (und verdrängt § 61 zum Teil).

I. Die Wirkungen der einfachen Streitgenossenschaft, §§ 61, 63

13.02 Die einfache Streitgenossenschaft ist im Grunde nur die äußere Zusammenfassung mehrerer an sich selbstständig möglicher Klagen zu einem Prozess (StJ 2 vor § 59). Daher § 61:

Grundsatz: Selbstständigkeit jedes Prozessrechtsverhältnisses. Jeder SG betreibt seinen Prozess selbstständig und unabhängig von den übrigen SG. Sein Verhalten wirkt weder für noch gegen die übrigen SG. Das Prozessergebnis kann daher für jeden SG unterschiedlich sein.

Ausnahme: aus BGB oder ZPO ergeben sich gemeinsame Wirkungen.

1. Hierzu folgende Übersicht:

§ 61

Grundsatz	Ausnahmen:
Jeder SG betreibt seinen Prozess selbstständig und unabhängig von den anderen SG. Was der eine SG macht, wirkt nicht für oder gegen die übrigen. Die Prozessrechtsverhältnisse sind voneinander unabhängig und können zu unterschiedlichen Ergebnissen führen. Daher (ThP § 61):	Ausnahmen gelten, wenn sich aus BGB oder ZPO gemeinsame Folgen ergeben:

Grundsatz:

– **Zulässigkeit der Klage** ist für jeden SG gesondert zu prüfen (ThP § 60, 7, s. unten II)
– **Fristen:** laufen für jeden SG gesondert.
– **Säumnis:** der säumige SG gilt nicht als vertreten durch den anwesenden (anders, bei gemeinsamem RA). Anders bei notwendiger: § 62
– **Zeuge:** kann SG nur sein, wenn die Beweistatsache ausschließlich andere SG betrifft, also nicht bei gemeinsamen Tatsachen (ThP § 61, 7)
– **Rechtsmittel:**
  • Einlegungs- u. Begründungsfristen laufen für jeden SG gesondert (je nach Zustellung)
  • Wirkung nur für den SG, der es einlegt (im Übrigen tritt RKraft ein)
  • Der Gegner kann frei wählen, ob er gegen einen oder alle RMittel einlegt
  • **RMittelsumme:** Addition gem. § 5 bei RMittel mehrerer SG nur, wenn wirtschaftl. verschiedene Begehren vorliegen (also nicht bei Gesamtschuldnern).
– **Rechtskraft:**
  Tritt für jeden SG gesondert ein (z. B. je nach Zustellung bzw. ob er RMittel eingelegt hat oder nicht)
– **Urteil:**
  Kosten: § 100 (dazu unten III)
  Vorläufige Vollstreckbarkeit: die §§ 708–720a gelten für jedes Prozessrechtsverhältnis gesondert, der Vollstreckungsausspruch ist also (bei unterschiedlichem Ausgang) für jeden SG gesondert zu errechnen.
  Der für mehrere SG gemeinsame RA erhält gem. § 7 I RVG nur einmal seine Gebühren, Ausnahme: die Verfahrensgebühr, die für jeden weiteren SG um 0,3 erhöht wird (RVG VV 1008).
  Hat jeder SG einen eigenen RA, so erhält jeder seine vollen Gebühren, arg. § 6 RVG.

Ausnahmen:

BGB:
– Klage gegen Gesamtschuldner, **§§ 421 ff. BGB:** z. B. § 422: die Erfüllung durch einen wirkt auch für die anderen. Der Gläubiger (Kläger) muss dann auch bzgl. der übrigen SG für erledigt erklären.
– Klage mehrerer Gesamtgläubiger, **§§ 428 ff. BGB,** z. B. § 429: Gerät nur einer von 3 Klägern in Annahmeverzug und geht dann die Sache wegen nur leichter Fahrlässigkeit des Bekl. unter, so ist der Bekl. gem. §§ 300 I, 275 I, 429 BGB frei gegenüber allen Klägern: deren gesamte Klage wird abgewiesen.
– **materiellrechtl. notwendige SG** § 62: eine **Einzelklage** (nur von oder nur gegenüber einem der Rechtsträger) ist unzulässig.
  Dazu unten § 14.

ZPO:
– **§ 63:** Terminseinheit (Ladungen etc. an alle)
– **Tatsachenvortrag:**
  • Für *gemeinsame* Tatsachen: der des einen SG wirkt grds. auch für u. gegen die anderen SG, sofern nicht Vortragender einschränkt oder betroffener anderer SG widerspricht (ThP § 61, 11)
  • Für *Einzel*tatsachen (die rechtl. nur das Verhältnis zu einem einzigen SG betreffen): Vortrag ohne Folgewirkung für die anderen.
– **Beweiswürdigung:**
  für gemeinsame Tatsachen nur einheitlich, § 286 (bei der Kaufpreisklage gegen mehrere Käufer kann der Kaufvertrag nicht sowohl wirksam wie nichtig sein). Ausnahmen: §§ 138 III, 288, 331 I (ThP § 61, 12).
– **proz. notwendige SG,** § 62 (unten § 14)

dazu **Beispiel unten** Rn. **13.**04

2. Die grundsätzliche Selbstständigkeit der Prozessrechtsverhältnisse

13.04 **Beispiel:** Grundstückseigentümer C hat bei der Bank K ein Hypothekendarlehen über € 100000,– aufgenommen und dieser dafür eine Hypothek über diese Summe bestellt. Für die Darlehensschuld hat sich A mündlich und B schriftlich verbürgt.

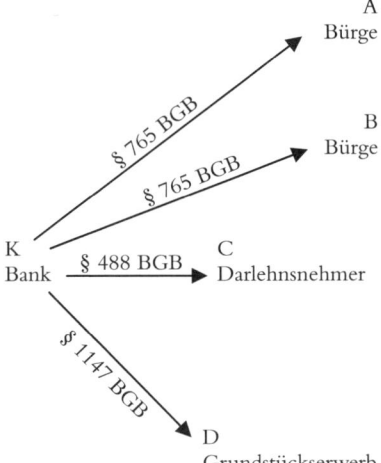

C veräußert das Grundstück an D, die Schuldübernahme aber wird von K wegen sonst erlöschender Bürgschaften (§ 418 BGB) nicht genehmigt (§ 415 BGB).

K klagt nun gegen A, B und C als Gesamtschuldner auf Zahlung, gegen D auf Duldung der ZwV (§ 1147 BGB).

Im Termin verweist A darauf, dass seine nur mündliche Bürgschaft formunwirksam sei (§ 766 BGB), K erklärt daraufhin insoweit Klageverzicht, A beantragt Verzichtsurteil.

B bestreitet jede Haftung, K legt aber notarielle Urkunde vor, in der B sich der sofortigen Zwangsvollstreckung hinsichtlich der Bürgschaft unterworfen hat.

C ist säumig, K beantragt gegen ihn VU, die Klage ist schlüssig. D erkennt in Höhe von € 80000,– den Klageanspruch an, hinsichtlich des Restes vergleichen sich K und D. K beantragt AnerkenntnisU über € 80000,–.

Wie lautet der Tenor zur Hauptsache? Wie sind die Rechtsmittelaussichten der Beklagten? Die Parteien sind ordnungsgemäß anwaltlich vertreten (§ 78).

Es ergeht

Verzichts-, End-, Versäumnis- und Anerkenntnisurteil

    I. Der Kläger wird mit dem gegen den Beklagten zu 1. (A) geltend gemachten Anspruch abgewiesen.   } VerzichtsU, § 306

    II. Die Klage gegen den Beklagten zu 2. (B) wird abgewiesen.   } ProzessU

    III. Der Beklagte zu 3. (C) wird verurteilt, an den Kläger € 100000,– zu zahlen.   } VU, § 331

    IV. Der Beklagte zu 4. (D) wird verurteilt, die Zwangsvollstreckung in das Grundstück ... wegen eines Betrages von € 80000,– zu dulden.   } AnerkenntnisU § 307

    V. §§ 91 ff.

    VI. §§ 708 ff.

Erläuterungen:

(I) Prozessrechtsverhältnis K – A:

Die Prozesshandlung „**Verzicht**" ist nur bezüglich A abgegeben, wirkt also nur im Prozessrechtsverhältnis K – A, § 61. Rechtsmittelaussichten für A: keine, da nicht beschwert.

(II) Prozessrechtsverhältnis K – B:

Da K bereits einen Vollstreckungstitel gegen B besitzt, fehlt für die Entscheidung durch Urteil das **Rechtsschutzbedürfnis** (ThP 27 vor § 253). Der Unzulässigkeitsgrund besteht und wirkt nur im Prozessrechtsverhältnis K/B, nur dort ergeht also Prozessurteil. (Bei Streitgenossenschaft ist die Zulässigkeit der Klage von und gegenüber jedem Streitgenossen gesondert zu prüfen, Aufbauschema unten II.)

RMittelaussichten für B: Beschwer trotz Klageabweisung nach h.M. zu bejahen, jedenfalls, wenn B schon in 1. Instanz *Sach*abweisung beantragt hat, da das ProzessU in 2. Instanz durch klageabweisendes SachU (anderer RKraftumfang!) ersetzt werden könnte (z.B. wenn B nachweist, dass K inzwischen auf die Rechte aus der not. Urkunde und die zugrundeliegende Bürgenhaftung des B verzichtet hat), ThP 28 vor § 511.

Die Berufung des B bringt aber nur den Prozess K/B in die 2. Instanz.

(III) Rechtsstreit K – C:
Es ergeht **VU gem.** **§ 331 II:** da zwischen Bürgen (A, B) und dem Hauptschuldner (C) keine notwendige Streitgenossenschaft besteht, gilt C nicht gem. § 62 als durch A, B vertreten, er ist säumig (BGH NJW 69, 1481; ThP § 62, 15). Die Klage ist schlüssig.

RBehelf für C: Einspruch gem. § 338. Infolge seines Einspruchs bleibt nur der Prozess K/C in 1. Instanz (§ 342), während der übrige Prozess gleichzeitig in 2. Instanz anhängig sein kann.

(IV) Rechtsstreit K – D:
€ 80000,–: **Anerkenntnisurteil, § 307.**

€ 20000,– Rest zum eingeklagten Betrag: der **Vergleich** hat die Rechtshängigkeit in Höhe der damit geregelten € 20000,– beendet (ThP § 794, 26). Da jenseits der anerkannten € 80000,– die Rechtshängigkeit entfallen ist, darf daher auch nicht tenoriert werden: „Im Übrigen (€ 20000,–) wird die Klage abgewiesen."

RMittelaussichten für D: Er ist trotz seines Anerkenntnisses beschwert (h.M. str.), kann hier also Berufung einlegen, da es bei Verurteilung des *Beklagten* nicht auf die formelle Beschwer (Abweichung vom eigenen Antrag des D) ankommt, sondern die *materielle* Beschwer (Tatsache und Höhe der Verurteilung). Beim *Kläger* hingegen kommt es auf die *formelle* Beschwer an (ThP 18, 19 vor § 511).

Die Erfolgsaussichten der Berufg. gegen ein AnerkenntnisU sind aber beschränkt. Hauptfälle: prozessuale Unwirksamkeit des Anerkenntnisses (nicht: §§ 119 ff. BGB), Unzulässigkeit der Klage, Restitutionsgrund, Widerruf mit Einverständnis des Gegners, Zöller 6 vor § 306; ThP § 307, 8.

II. Das Prüfungsschema

Der Aufbau des Gutachtens und der E-Gründe bei subj. Klagenhäufung entspricht weitgehend dem bei obj. kumulativer Klagenhäufung (oben Rn. **8.**07). **13.05**

Die Zulässigkeit der *Klage* ist dabei streng von der der *Streitgenossenschaft (§§ 59, 60)* auseinanderzuhalten. ThP § 60, 7: liegen die Verbindungsvoraussetzungen der §§ 59, 60 nicht vor, ist lediglich zu trennen (§ 145), sie sind also gar keine echten Sachurteilsvoraussetzungen. Dies führt wie bei obj. Klagenhäufung zu einem **3-teiligen Aufbau.**

Beispiel: K klagt aus einem mit der OHG O (Sitz: München, Vertretungsberechtigter Gesellschafter X) geschlossenen Kaufvertrag auf Zahlung von € 4000,– Kaufpreis nebst Prozesszinsen gegen die OHG und deren Gesellschafter G (Wohnsitz München) vor dem AG München. Die Klage wird der OHG am 1. 4. und dem G am 10. 4. zugestellt.

I. Die Zulässigkeit der Klage

Die Zulässigkeit der Klage ist **für jeden SG gesondert** zu prüfen (Konsequenz aus § 61), ThP § 60, 7.

Dazu 2 Wege: Entweder *getrennte* Durchprüfung für jeden SG (so hier) oder Durchgliederung nach den gewohnten Sachurteilsvoraussetzungen, hierbei *Untergliederung,* ob sie auch für jeden der SG vorliegen.

1. Klage **gegen die OHG O**

a) Ordnungsmäßigkeit der Klageerhebung, § 253: (+)

b) Örtliche Zuständigkeit, § 17: (+)

c) Sachliche Zust.: § 23 Nr. 1 GVG, keine Addition gem. § 5, da wirtschaftlich identisches Begehren: dieselbe Gesellschaftsschuld. Zuständig ist also das Amtsgericht.

d) Parteifähigkeit: § 124 I HGB

e) Prozessfähigkeit: OHG ist prozessunfähig (ThP § 52, 4), aber wirksam gesetzlich vertreten gem. § 125 HGB durch den vertretungsberechtigten Gesellschafter X.

f) Sonstige Sachurteilsvoraussetzungen: (+)

2. Klage **gegen G**

a) Örtliche Zuständigkeit: §§ 12, 13

b) Sachliche: § 23 Nr. 1 GVG: (+)

c) Sonstige: (+)

II. Zulässigkeit der Streitgenossenschaft, §§ 59, 60 und § 260 analog

Nach allg. M. lassen sich die in §§ 59, 60 aufgeführten Fallgruppen nicht scharf voneinander abgrenzen, sie überschneiden sich. Es besteht aber auch kein praktisches Bedürfnis dafür, da alle 3 Gruppen dieselben Wirkungen haben (= § 61).

Die **§§ 59, 60** sind nach h. M. **weit auszulegen** (BGH NJW 75, 1228: Zweckmäßigkeitsvorschrift): Streitgenossenschaft ist zulässig, wenn eine gemeinsame Verhandlung u. Entscheidung *zweckmäßig* ist (ThP § 60, 1).

1. **Rechtsgemeinschaft** (§ 59, 1. Alt.)

hinsichtlich des materiellen Rechts, um das gestritten wird, z.B. Miteigentum, Gesamtschuld, Gesamthandsverhältnisse (Gesellschaft, Erbengemeinschaft), Hauptschuldner – Bürge (Zöller, § 60, 5).

2. **Derselbe Grund** (§ 59, 2. Alt.)

z.B. gemeinsame unerlaubte Handlung; Recht oder Pflicht aus gemeinsamem Vertrag (Mietzinsklage gegen Eheleute), ThP § 60, 3.

3. **Gleichartigkeit** (§ 60)

z.B. Klage mehrerer Geschädigter aus einem Verkehrsunfall. Klage des Vermieters gegen mehrere Mieter aus gleichem Anlass. Nicht aber Klage des Maklers gegen die Parteien des vermittelten Vertrags (Zöller, § 60, 7; ThP § 60, 4).

4. **§ 260 (analog)**

Jede subj. Klagenhäufung ist zugleich eine obj.: der proz. Anspruch des K ist gegen den Bekl. zu 1. schon wegen der Personenverschiedenheit ein anderer, als der gegen den Bekl. zu 2. Es wird daher § 260 zumindest analog angewendet (Musielak § 60, 11; StJ 7 vor § 59; Müko-ZPO § 59, 10 m. w. N.). Es muss also insbes. dieselbe Prozessart vorliegen.

> Wird z. B. eine besondere Prozessart wie der Urkundenprozess gewählt, so müssen deren Voraussetzungen von und gegenüber allen SG vorliegen.
>
> 5. **Fehlt** eine dieser Voraussetzungen, so ist **lediglich zu trennen** (§ 145 I), nicht abzuweisen (ThP § 60, 7). Da sie folglich keine Sachurteilsvoraussetzungen darstellen, sind sie getrennt von der Zulässigkeit der Klage selbst (oben I) zu erörtern, am besten zwischen der Zulässigkeit und der Begründetheit.
>
> **Hier:** Die Voraussetzungen Nr. 1 und 4 liegen vor, die Streitgenossenschaft ist also zulässig.
>
> III. **Die Begründetheit der Klage**
>   1. **Gegen die OHG**
>   §§ 433 II BGB, 124 I HGB
>   a) Entstanden
>   b) Nicht erloschen
>   c) Keine Einreden (z. B. § 320 BGB)
>   2. **Gegen den Gesellschafter G**
>   §§ 433 II BGB, 128 HGB
>   a) Entstanden
>   Gesellschaftsschuld: (+) Gesellschafter: (+)
>   b) Nicht erloschen
>   c) Keine Einreden
>   aa) Solche der OHG: (–)
>   bb) Gem. 129 II, III HGB: (–)
>   cc) Persönliche (z. B. nur ihm eingeräumte Stundung): (–)

III. Das Urteil

Für die Nebenentscheidungen beachte vorab: **13.06**

– **Kosten:** § 100. Dort ist nicht geregelt das Obsiegen *aller* SG (dafür § 91) und das Unterliegen (ganz oder z. T.) *nur einzelner* SG (dafür §§ 91, 92 kombiniert, h. M.).

– **Vollstreckungsausspruch:** die §§ 708–720a gelten für jedes Prozessrechtsverhältnis gesondert (ThP § 61, 18). Es ist also **für jede Partei gesondert festzustellen**, ob ein Fall des § 708 (ohne Sicherheitsleistung bzw. gegen Abwendung §§ 708 Nr. 11, 711) oder des § 709 (gegen Sicherheitsleistung) vorliegt.

Für die **Sicherheitshöhe** wichtig (falls gemäß § 711 S. 1 bzw. § 709 S. 1 beziffert werden soll):
(a) **Gerichtskosten:** fallen nur einmal an (es ist *ein* gemeinsames Verfahren). Gebührenstreitwert: § 48 I GKG mit §§ 3–9 ZPO. Addition gem. § 5 also nur, wenn das Anliegen gegenüber den SG wirtschaftl. verschieden ist (z. B. wegen desselben Unfalls soll B 1 Reparaturkosten, B 2 Schmerzensgeld zahlen).
(b) **RA-Gebühren:** Grds. kann **jeder** SG einen eigenen RA beauftragen und erhält bei Obsiegen vom Gegner **vollen** Ersatz, arg.: § 6 RVG (ThP § 100, 6; § 61, 19). Verliert z. B. K gegen B 1–6, die je für sich einen eigenen RA beauftragt haben, so muss K neben den Kosten für den eigenen RA noch die für die 6 RAe der 6 Beklagten bezahlen.
Bestellen die SG einen **gemeinsamen RA**, gilt **§ 7 I RVG mit VV 1008:** soweit die Angelegenheit dieselbe ist (z. B. der RA vertritt wegen desselben Haftpflichtschadens den Kfz-Halter und dessen gesamtschuldnerisch gem. § 3 PflVG mithaftende Haftpflichtversicherung), erhält dieser RA die Gebühren nur einmal, jedoch erhöht sich die Verfahrensgebühr für jeden weiteren SG um 0,3 (VV 1008).

Im Hinblick auf die Kostenentscheidung sind insbes. **3 Fälle zu unterscheiden:**

13.07 1. Obsiegen aller Streitgenossen (= § 91)

Beispiel: Die Klage gegen die OHG und G auf Zahlung von € 4000,– wird abgewiesen.

ENDURTEIL

    I. Die Klage wird abgewiesen.
    II. Der Kläger trägt die Kosten des Rechtsstreits *(§ 91).*
    III. Das Urteil ist vorläufig vollstreckbar *(§ 708 Nr. 11).*
       Der Kläger kann die Vollstreckung abwenden … *(§ 711 S. 1 bzw. S. 2)*

13.08 2. Unterliegen aller Streitgenossen (= § 100)

Hier sind 3 Konstellationen zu unterscheiden:

Unterliegen aller

als Teilschuldner	als Gesamtschuldner	mit unterschiedlicher Beteiligung, insbes. (ThP § 100, 9):
§ 100 I	**§ 100 IV**	– verschiedene Streitwerte
		– verschiedenes Prozessverhalten
		(der eine erkennt an, der andere veranlasst ein
		unergiebiges Sachverständigengutachten etc.)
		§ 100 II: Ermessen
		§ 100 III: Zwingend

13.09 a) Als Teilschuldner, § 100 I

Beispiel: Die 10 Beklagten $B_1 – B_{10}$ haben als künftige Wohnungseigentümer eine Eigentumswohnanlage durch den Bauunternehmer K errichten lassen, an den sie die Bauarbeiten gemeinsam vergeben haben. K klagt nun den restlichen Werklohn von € 500 000,– ein. Nach h.M. haften $B_1 – B_{10}$ für die Herstellungskosten („Aufbauschulden") i.d.R. (Auslegungsergebnis der Verpflichtungserklärungen) entgegen § 427 BGB nur anteilig in Höhe ihrer Miteigentumsanteile gemäß § 420 als Teilschuldner, BGHZ 75, 26; Müko-BGB 9; Palandt 2 zu § 420. Nach einer für K erfolgreichen Beweisaufnahme ergeht dann:

ENDURTEIL

    I. Die Beklagten werden verurteilt, jeweils an den Kläger € 50 000,– zu zahlen.
    II. Die Beklagten tragen zu je $^1/_{10}$ die Kosten des Rechtsstreits *(§ 100 I).*
    III. Das Urteil ist vorläufig vollstreckbar und zwar gegen jeden Beklagten gegen Sicherheitsleistung in Höhe von € 52 000,– *(§ 709 S. 1; bzw. § 709 S. 2: 110%).*

13.10 b) Als Gesamtschuldner, § 100 IV

Werden die Beklagten schon im Hauptsacheausspruch als Gesamtschuldner verurteilt, haften sie gem. § 100 IV automatisch auch für die Kosten gesamtschuldnerisch, auch wenn dies in der Kostenentscheidung nicht ausdrücklich gesagt wird (was aber so üblich ist).

Beispiel: Im Ausgangsfall zum Prüfungsschema (oben Rn. **13.**05) ergeht nach Beweisaufnahme:

ENDURTEIL

    I. Die Beklagten werden wie Gesamtschuldner verurteilt, an den Kläger € 4000,– zu zahlen nebst … Zinsen seitens B 1 seit 1. 4. und seitens B 2 seit 10. 4.
       (unterschiedliche Zustelltage, bei Prozesszinsen beachten!)
    II. Die Bekl. tragen samtverbindlich die Kosten des RStreits *(§ 100 IV).*
    III. Das Urteil ist gegen Sicherheitsleistung in Höhe von … vorläufig vollstreckbar *(§ 709 S. 1; bzw. § 709 S. 2: 110%).*

Erläuterung:

Zu I: Eine echte Gesamtschuld besteht hier deswegen nicht, weil die Regeln §§ 421 ff. BGB hierauf nicht generell (nur vereinzelt) „passen", insbes. ist die nach § 423 BGB mögliche Einzelwirkung des Erlasses – z.B. nur zugunsten der Gesellschaft, nicht aber auch der Gesellschafter – unvereinbar mit § 129 HGB (BGHZ 47, 376, 380; Palandt § 423, 3). Der Tenor des Urteils gegen die Gesellschaft (OHG, KG, GbR) und ihre Gesellschafter (§ 128 HGB) kann daher mangels genereller Anwendbarkeit der §§ 421 ff. BGB nur lauten: „wie" Gesamtschuldner, oder „als wären sie Gesamtschuldner" (Baumbach/Hopt, HGB, § 128, 39; ThP § 100, 11).

c) Bei unterschiedlicher Beteiligung, § 100 II, III 13.11

Beispiel: Hat im Ausgangsfall die OHG ihre Kaufpreisschuld nicht bestritten, wohl aber G und dadurch Beweisaufnahme durch 1 Zeugen veranlasst, so lautet Ziff. II bei voller Verurteilung (ThP § 100, 9):

> II. Der Bekl. zu 2. (G) trägt allein die Kosten der Beweisaufnahme *(= § 100 III)*, die übrigen Kosten tragen die Beklagten samtverbindlich *(§§ 91, 100 IV)*.

3. Obsiegen bzw. Unterliegen nur einzelner Streitgenossen

Dieser Fall ist in § 100 nicht geregelt. Nach h.M. sind die **§§ 91, 92 kombiniert** 13.12 anzuwenden (BGHZ 8, 325; ThP 15; Zöller 5 ff. zu § 100).

Gerichtskosten und außergerichtliche Kosten müssen **stets getrennt** werden. Als **Grundsatz** gilt: der obsiegende SG ist von allen Kosten freizustellen und ihm ist ein Kostenerstattungsanspruch für seine außergerichtlichen Kosten einzuräumen.

Nach h.M. gilt bei gleicher Beteiligung die sog. **Baumbach'sche Formel:**

Beispiel:
K verklagt B 1 und B 2 auf gesamtschuldnerische Zahlung von € 4000,–. B 1 wird verurteilt, die Klage gegen B 2 wird abgewiesen.

Nach der Baumbach'schen Formel lautet die **Kostenentscheidung** (Regelung zunächst bzgl. der Gerichtskosten, dann Regelung der gegenseitigen Erstattungsansprüche wegen außergerichtlicher Kosten):

Gerichtskosten	II. „Die Gerichtskosten tragen der Kläger und der Erstbeklagte je zur Hälfte.
Kostenerstattung für B 2	Die außergerichtlichen Kosten des Zweitbeklagten trägt der Kläger alleine.
Kostenerstattung für K	Die außergerichtlichen Kosten des Klägers trägt der Erstbeklagte zu Hälfte.
Entbehrlich: (nur klarstellend)	Im Übrigen tragen die Parteien (= Kläger und Erstbeklagter) ihre außergerichtlichen Kosten selbst." (Bei den außergerichtlichen Kosten des K geht man rechnerisch von 2 Prozessen aus, von denen K 1 verloren hat).

Der Ausspruch über die **vorläufige Vollstreckbarkeit** lautet dann (falls ohne Beweisaufnahme, jede Partei mit eigenem RA):

K gegen B 1 (§ 709 S. 1, alternativ S. 2)	III. „Das Urteil ist vorläufig vollstreckbar, für den Kläger gegen den Bekl. zu 1. jedoch nur gegen Sicherheitsleistung in Höhe von € 4600,–. (Hauptsache + $^1/_2$ verauslagter GK + $^1/_2$ eigener RA-Kosten).

B 2 gegen K
wegen Kostenerstattg.
(§§ 708 Nr. 11, 711
S. 1, alternativ S. 2)

⎫
⎬
⎭

"Der Kläger kann die Vollstreckung seitens B 2 durch SL in Höhe von € 750,– (= 100%) abwenden, wenn nicht der Beklagte zu 2. zuvor Sicherheit in gleicher Höhe erbringt."

Unterliegen **nur einzelne SG nur zum Teil,** ist die Baumbach'sche Formel in den Quoten entsprechend abzuwandeln. Auch hier gilt § 92 (ThP § 100, 19 mit Tenorierungsbeispiel; Zöller § 100, 5 ff.). Näheres und Rechenbeispiele bei Stegemann-Boehl JuS 91, 320 ff.

Beispiel: vgl. Zöller § 100, 6: Klage gegen A, B, C als Gesamtschuldner auf Zahlung von € 1000,–. A wird voll, B zur Hälfte verurteilt, die Klage gegen C wird abgewiesen: „Von den Gerichtskosten tragen der Kläger die Hälfte, A $^2/_6$, B $^1/_6$. Der Kläger trägt die außergerichtlichen Kosten des C und die Hälfte der außergerichtlichen Kosten des B. Dieser trägt $^1/_6$, A aber $^2/_6$ der außergerichtlichen Kosten des Klägers. Im Übrigen trägt jede Partei ihre außergerichtlichen Kosten selbst."

Anmerkung: Die einheitlich anfallenden Gerichtskosten bleiben nicht an dem allein voll unterliegenden A hängen. Vielmehr sind sie zunächst einmal nach der Zahl der Prozessrechtsverhältnisse zu teilen (bei 3 Bekl. also je $^1/_3$) u. das Unterliegen in diesem jeweiligen Prozessrechtsverhältnis zu ermitteln. K unterliegt also: im Verhältnis zu C mit $^1/_3$ der GK, im Verhältnis zu B mit der Hälfte dieses $^1/_3$, also zu $^1/_6$, K trägt von den GK also $^1/_3 + ^1/_6 = ^1/_2$. A trägt $^1/_3$ der GK (= $^2/_6$), B trägt aus seinem Prozessrechtsverhältnis $^1/_2$ dieses Drittels, also $^1/_6$.

§ 14 Die notwendige Streitgenossenschaft, § 62

14.01 Notwendige Streitgenossenschaft (nSG) liegt vor, wenn aus Rechtsgründen (nicht auch: Logik, Zweckmäßigkeit) **die Sach-Entscheidung nur einheitlich sein kann** (BGHZ 30, 195; ThP 22; Musielak 2 zu § 62).

> **notwendig** heißt also:
> zur Erzielung einer einheitlichen
> **Sach**entscheidung nötig

Diese Notwendigkeit kann sich nach § 62 **nur aus 2 Gründen** ergeben, daher 2 Formen der nSG (eine dritte gibt es nicht, BGHZ 30, 199):

prozessual nSG (§ 62 I 1. Alt.)	**materiellrechtlich nSG** (§ 62 I 2. Alt.)
Es muss nicht Streitgenossenschaft bestehen (es müssen also nicht von Anfang an alle gemeinsam klagen oder verklagt werden), *wenn sie aber besteht, dann sind sie nSG.* Denn: Die SachE muss einheitlich sein aus Rechtsgründen, wobei nach **Rspr.** nur **prozessuale** zählen, nämlich die Fälle gesetzl. angeordneter **RKrafterstreckung:** die einheitl. Sachentscheidung soll die sonst drohende RKraftkollision verhindern (BGH NJW 85, 385). Nach Lit. zwingen auch weitere Gründe zu solch einheitl. Sachentscheidung.	Aus „sonstigen", also materiellrechtl. Gründen ist eine SG notwendig in den Fällen, in denen das **materielle Recht nur von oder gegenüber allen gemeinsam ausgeübt** werden kann. Schon die Klageerhebung („der Gang zum Gericht") muss gemeinsam sein. Da die Prozessführungs- und Sachbefugnis (Aktiv- u. Passivleg.) nur allen gemeinsam zusteht, kann die Entscheidung auch nur allen gegenüber einheitlich sein. ThP § 62, 11.

Also	Also
1) Erst relevant, **sofern überhaupt eine Streitgenossenschaft besteht. Einzelklagen sind zulässig,** BGHZ 30, 198.	1) **Notwendig gemeinschaftliche Klage** durch bzw. gegen alle. **Einzelklagen sind unzulässig, da die Prozessführungsbefugnis nur allen gemeinsam zusteht** (BGH NJW 84, 2210). Gegenprobe: Wo das Gesetz einzelne Mitberechtigte allein klagen lässt mit Wirkung für die anderen (Aktivprozesse von Miteigentümern etc. §§ 1011, 432, 2039 BGB), scheidet materiellrechtlich nSG aus.
2) **Nur die SachE muss einheitlich sein.** Denkbar und zulässig also z. B.: Prozessurteil bzgl. des einen SG, Sachurteil gegen den anderen.	2) **Die SachE muss einheitlich sein und an ihr müssen alle nSG beteiligt sein.** Ist daher die Klage auch nur gegen einen der nSG unzulässig (z. B. prozessunfähig), so kann die Sachentscheidung (an der auch dieser SG unbedingt beteiligt sein muss) nicht ergehen, Konsequenz: Die Klage ist gegenüber *allen* SG unzulässig (ThP § 62, 22).
3) **Merkbeispiel:** Bei der Anfechtungsklage gegen den Erben wegen dessen Erbunwürdigkeit (§ 2342 BGB) sind nSG wegen der Gestaltungswirkung des stattgebenden Urteils (§ 2344 BGB) alle Anfechtungsberechtigten (§ 2341 BGB), Soergel § 2342, 5. Oder: Klage eines Insolvenzgläubigers auf Feststellung seiner Ford. zur Tabelle gegen die Personen, die im Prüfungstermin der Feststellung widersprochen haben, §§ 179, 183 InsO.	3) **Merkbeispiel:** Handelsrechtliche Gestaltungsklage der OHG/KG-Gesellschafter auf Ausschließung eines Gesellschafters, § 140 HGB (BGHZ 30, 197; ThP § 62, 12). Oder: Mieterhöhungsklage gegen mehrere Mieter, § 558b BGB (Palandt § 558b, 7).

I. Die prozessual notwendige SG, § 62 I, 1. Alt.

Sie liegt vor, wenn aus Rechtsgründen die Sach-Entscheidung (§ 62: „streitige **14.02** Rechtsverhältnis") notwendig einheitlich sein muss.

Im Gegensatz zur materiellrechtl. nSG, wo schon die Klageerhebung von oder gegenüber allen gemeinsam erfolgen muss (wo also schon die *Herbeiführung* einer Streitgenossenschaft notwendig ist), ist bei der prozessual nSG eine Einzelklage zulässig, denn sie entfaltet Wirkungen überhaupt erst, **sofern überhaupt Streitgenossenschaft besteht:** dann allerdings muss die Sachentscheidung (aber auch nur sie) notwendig einheitlich sein.

Notwendig ist also hier nicht die Streitgenossenschaft (= deren Herbeiführung), sondern nur die einheitliche Sachentscheidung. Daher vermeidet die Literatur vielfach den Ausdruck „prozessual nSG" zugunsten der Bezeichnung: „notwendig einheitliche Sachentscheidung (Feststellung)" (ThP 7; BL 4; StJ 4 zu § 62).

1. Ein einführendes Beispiel:

14.03 Gläubiger G hat eine behauptete Darlehensforderung zur Tabelle angemeldet. Im Prüfungstermin (§ 176 InsO) wird vom Ins-Verwalter und von 2 Insgläubigern (B 1, B 2) die Auszahlung des Darlehens bestritten und der Feststellung der Forderung zur Tabelle daher von ihnen widersprochen. Daraufhin erhebt G gem. § 179 InsO Klage zum LG auf Feststellung zur Tabelle gegen die Feststellungsgegner. § 179 InsO ist ein Fall proz. nSG infolge RKrafterstreckung gem. § 183 I InsO (ThP § 62, 9).

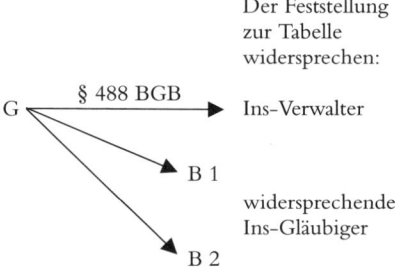

Der Feststellung zur Tabelle widersprechen:

Ins-Verwalter

widersprechende Ins-Gläubiger

(1) **Einzelklage** nur gegen B 1? Sie wäre zulässig: es besteht keine materiellrechtl. Verpflichtung, die Feststellung (Anerkennung) gegenüber sämtlichen Widersprechenden gleichzeitig zu betreiben. Obsiegt G mit seiner Einzelklage gegen B 1, so hat dies gem. § 183 I InsO RKraftwirkung gegenüber sämtlichen Ins-Gläubigern, auch soweit nicht am Prozess beteiligt (Ausnahme: die anderen Gläubiger haben eigene, noch offene Feststellungsprozesse, Uhlenbruck InsO § 183, 3): die Tabelle ist folglich (allen gegenüber) zu berichtigen, § 183 II InsO (Müko-InsO § 183, 4).

Exkurs: Die Widerspruchsrichtung der erhobenen Widersprüche kann verschieden sein: gegen den Grund der Forderung (wozu auch Inhaberschaft des Anmelders gehört), dann ist die ganze Forderung bestritten; oder gegen die Höhe (dann gilt die Fdg. im Übrigen als festgestellt); oder gegen das vom Anmelder beanspruchte Vorrecht; oder gegen die Anmeldbarkeit als Ins-Forderung (z. B. unzulässig in ausländischer Währung angemeldet), Uhlenbruck 7; Müko-InsO 33 ff. zu § 178.
Um zur Eintragung in die Tabelle zu gelangen, muss der Anmelder sämtliche Widersprüche beseitigen, also **alle die verklagen, die eine unterschiedliche Widerspruchsrichtung vertreten** (Müko-InsO § 183, 4), dem Anmelder würde es also nichts helfen, wenn er nur den X verklagt, der lediglich die Höhe bestreitet, nicht aber auch den Y, der schon den Grund bestreitet. Er wird daher zweckmäßigerweise sämtliche Opponenten verklagen. Im Ausgangsbeispiel kein Problem, weil dort die Widerspruchsrichtung sämtlicher Opponenten gleich ist: da reicht es aus, wenn G einen von ihnen verklagt.

(2) **Abwandlung:** Klage gegen alle Widersprechenden, jedoch ist die **Klage gegen B 1 unzulässig:** Es ergeht *Sachurteil* gegen den Ins-Verwalter und B 2, *Prozessurteil* bzgl. B 1. Notwendig einheitlich sein muss nicht die gesamte Entscheidung, sondern nur die **Sach**entscheidung.

(3) **Abwandlung: B 1 bestreitet weiterhin, B 2 lässt sein Bestreiten fallen.** Da die Sachentscheidung einheitlich sein muss, wird, wenn G gegenüber B 1 und Ins-Verwalter nicht durchdringt (die Forderung nicht zu beweisen vermag), die gesamte Klage durch Sachurteil als unbegründet abgewiesen (auch gegenüber B 2, obwohl nicht mehr bestreitend!). Vgl. ThP § 62, 17.

(4) **Abwandlung: B 1 ist säumig,** G beantragt gegen ihn Teil-Versäumnisurteil: gem. § 62 I *gilt* (nicht: *ist*) B 1 als vertreten durch B 2 und den Ins-Verwalter; B 1 ist also nicht säumig. Der Prozessantrag des G wird durch Beschluss zurückgewiesen, B 1 ist zum kommenden Beweistermin hinzuzuziehen, § 62 II.

2. Wann liegt prozessual nSG vor?

- **Rspr.: ausschließlich in den Fällen der gesetzlich angeordneten Rechtskrafterstreckung** (dazu unten a).

Grundsatzentscheidung in BGHZ 30, 199, bestätigt durch BGHZ 92, 351: im Unterschied zu § 62 I, 2. Alt. müssen es **prozessuale** Gründe sein, die eine einheitliche Sachentscheidung fordern. Als solche kommen nur die gesetzlich geregelten Fälle der Rechtskrafterstreckung in Betracht. Im Anschluss an Rosenberg: „Die Rechtskrafterstreckung bei einem (gedachten) *Nacheinander* der Prozesse führt zur notwendigen Streitgenossenschaft bei einem *Miteinander* der Prozesse."

Denn wenn es bei einem Nacheinander infolge der Rechtskrafterstreckung nicht unterschiedliche Sachentscheidungen geben kann, so kann es unterschiedliche auch nicht geben, wenn die Prozesse zeitgleich, miteinander geführt werden.

Danach gibt es ein verlässliches Kriterium: das Gesetz ordnet ausdrücklich Rechtskrafterstreckung an. **Abgrenzung:** keine prozessual nSG liegt vor in den Fällen, in denen eine einheitliche Entscheidung nur wünschenswert oder aus Gründen der Logik notwendig erscheint (BGHZ 30, 199; 92, 354).

- **h. M. in Lit.:** außerdem in Fällen der **Unteilbarkeit des streitigen Rechts** (hierzu unten b).

a) Bei Rechtskrafterstreckung

aa) Unstreitige Fälle: nSG sind (sofern sie überhaupt klagen bzw. verklagt sind) vgl. BGHZ 30, 199; ThP 7 ff.; Zöller 3 zu § 62:   **14.04**

- **§ 327:** Im Passivprozess über Nachlassverbindlichkeiten sind nSG Erbe und Testamentsvollstrecker (zulässig wegen § 2213 BGB. Nicht: Aktivprozesse der Erben, da unzulässig wegen § 2212 BGB).
- **§ 856 II, IV:** mehrere Pfändungsgläubiger bei Klage gegen Drittschuldner auf Hinterlegung.
- **§§ 179, 183 InsO:** bei Klage eines Insolvenzgläubigers auf Feststellung (Anerkennung) einer im Prüfungstermin § 176 InsO bestrittenen Forderung zur Tabelle sind nSG: alle Bestreitenden. Das rechtskräftige Urteil wirkt gem. § 183 I InsO für und gegen alle Ins-Gläubiger.
- **§§ 1495, 1496 BGB:** bei Klage auf Aufhebung einer fortgesetzten Gütergemeinschaft sind nSG wegen § 1496 alle an der fortgesetzten Gütergemeinschaft beteiligten Abkömmlinge (also alle gemeinschaftlichen, § 1483 BGB), Müko-BGB § 1496, 3.
- **§§ 2342, 2344 BGB:** bei Anfechtungsklage gegen den Erben wegen dessen Erbunwürdigkeit sind nSG: alle Anfechtungsberechtigten (= § 2341 BGB), da das stattgebende Urteil gem. § 2344 BGB für und gegen jedermann (also auch alle Klagebefugten = § 2341 BGB) wirkt (Soergel 5; Müko-BGB 9 zu § 2342).
- *Beachte:* Keine Rolle spielt, ob die RKrafterstreckung nur bei Erfolg der Klage, nicht aber bei Klageabweisung eintritt (sog. einseitige RKrafterstreckung, z. B. bei § 2344 BGB), denn die Frage, ob proz. nSG vorliegt, muss zu Beginn des Prozesses feststehen und kann nicht vom Erfolg der Klage im Nachhinein abhängen (Säumnis im 1. Termin?!), vgl. StJ § 62, 5; Blomeyer § 108 III 2 a.

Kein Fall der nSG (weder prozessual noch materiellrechtlich) ist die **Gesamtschuld,** BGB §§ 421 ff., 840, 2058 (allg. M., ThP § 62, 15).   **14.05**

Rechtskrafterstreckung (§ 62 I, 1. Alt.) von einem auf den anderen Gesamtschuldner findet nach der ausdrücklichen Regelung in § 425 II letzte Alt. BGB nicht statt (also: jeder Prozess hat rechtskraftmäßig Einzelwirkung, bei Miteinander der Prozesse also keine notwendig einheitliche Sachentscheidung). Notwendig gemeinschaftliche Klage (§ 62 I, 2. Alt.) ist schon nach dem Grundgedanken der Gesamtschuld nicht erforderlich, § 421 BGB.

bb) Streitige Fälle. Nach h. M. liegt **keine nSG vor** bei   **14.06**

(1) Klage gegen **OHG und Gesellschafter** (§ 128 HGB), bzw. gegen KG und persönlich haftenden Gesellschafter.

Ein Urteil *zugunsten* der Gesellschaft wirkt zwar auch zugunsten des Gesellschafters, indem sich dieser dem Gläubiger gegenüber hierauf berufen kann (§ 128 HGB). Auch wirkt das Urteil *gegen* die Ges. gegen den Gesellschafter, indem es ihm nach § 129 I HGB die Einwendungen nimmt, die der Ges. abgesprochen wurden (z. B. die Gesellschaftsschuld sei gar nicht entstanden oder infolge Zahlung wieder erloschen). Baumbach-Hopt § 128, 43; BGH WM 76, 1085.

Ein unterschiedliches Ergebnis kann der Prozess gegen OHG und Gesellschafter also nur haben, sofern sich der **Gesellschafter mit persönlichen Einwendungen verteidigt** (z. B. ihm persönlich sei Stundung gewährt). Daher **strittig:**

(a) **Meinung 1:** Es liegt nSG zwischen OHG und ihren Gesellschafter vor, ausgenommen im Verhältnis zu dem Gesellschafter, der persönliche Einwendungen erhebt (insoweit dann nur einfache SG). RGZ 123, 151; 136, 266.

(b) **Meinung 2 (h. M.):** Stets nur **einfache SG** wegen möglicher, u. U. erst später erhobener persönlicher Einwendungen des Gesellschafters. Denn der Charakter der Streitgenossenschaft darf aus Gründen der Rechtssicherheit nicht im Laufe des Prozesses wechseln − je nachdem, ob der Gesellschafter persönliche Einwendungen erhebt oder fallen lässt (BGH NJW 88, 2113; ThP § 62, 8; Baumbach-Hopt § 128, 39).

Offen bleiben kann dann die umstrittene Frage, ob § 129 I HGB überhaupt einen Fall der Rechtskrafterstreckung darstellt, oder nur einen Fall der Präklusion ähnlich dem § 767 II (offen gelassen in BGHZ 54, 255 und WM 76, 1086).

(2) Klage gegen **Hauptschuldner und Bürgen**
Keine notwendig einheitl. Sachentscheidung, da sich der **Bürge mit persönlichen Einwendungen verteidigen** kann (z. B. Aufrechnung mit eigener Forderung des Bürgen, Stundung nur gegenüber Bürgen, Einrede der Verjährung der Bürgschaftsforderung, Palandt § 768, 2). Gegen prozessual nSG daher die ganz h. M.: BGH NJW 69, 1481; ThP § 62, 15.

(3) Klage gegen **Versicherungsgesellschaft und Versicherungsnehmer,**
§§ 115 ff. VVG.

Trotz RKrafterstreckung gem. § 124 VVG für den Fall, dass der Haftpflichtanspruch des Dritten aberkannt wird, liegt nach h. M. kein Fall der proz. nSG vor: Denn die SachE muss nicht notwendig einheitlich sein, weil sich die **Versicherung** im Gegensatz zum Versicherungsnehmer **auch noch aus anderen Gründen entlasten kann,** z. B. durch Berufung auf einen Risikoausschlussgrund (z. B. § 11 AKB, §§ 115 I S. 2, 117 III S. 1 VVG), oder auf Leistungsfreiheit, weil der Dritte Ersatz auch von einem anderen Schadensversicherer erlangen kann, § 117 III S. 2 VVG, so BGHZ 63, 51, 55; ThP 8; Zöller 8 a zu § 62.

14.07 b) Wegen **Unteilbarkeit** des streitigen Rechts?

Der **BGH** beschränkt die Fälle prozessual nSG auf solche der RKrafterstreckung und **lehnt weitere Fallgruppen daneben ab,** also auch die nachfolgende, da dort (fast unstreitig) keine RKrafterstreckung vorliegt.

BGHZ 30, 195 (199); 92, 353; ebenso Musielak 7; Müko-ZPO 20 zu § 62.

Die **h. M.** in der Literatur hingegen **bejaht** eine notwendig einheitliche Sachentscheidung (also § 62 I, 1. Alt.) **außerdem** bei *Aktiv*-Prozessen der Mitberechtigten in den Fällen **§§ 432, 1011, 2039** BGB:

Klagen trotz des Einzelklagerechts (= daher keine materiellrechtlich nSG, § 62 I, 2. Alt.) alle oder mehrere Rechtsinhaber, was sie nicht müssen, aber können, so fordere die **Unteilbarkeit** ihres Rechts, dass darüber notwendig eine einheitliche Sachentscheidung ergehe, sie seien prozessual nSG.

ThP 8; Zöller 16; StJ 8; BL 5 zu § 62; Blomeyer § 108 III 2 b.

Beispiele (dabei stelle man sich für das Problem notwendiger Streitgenossenschaft am besten jeweils vor, dass einer der mehreren Kläger säumig ist, oder nur einer von ihnen Berufung einlegt):

(1) **§ 432 BGB: Mitgläubiger.** BGH NJW 85, 1826: Beide Eheleute haben mit B einen „Hauserstellungsvertrag" auf Errichtung eines Flachbungalows geschlossen. Wegen Baumängeln klagen sie den werkvertraglichen Vorschussanspruch für Mängelbeseitigungskosten ein (§ 637 III BGB). Nach h. M. in Lit: prozessual nSG, nach BGH: einfache SG.

(2) **§ 1011 BGB: Bruchteilseigentümer.** Miteigentümer klagen auf Herausgabe (§ 985 BGB), auf Löschung der am gesamten Grundstück (Gegensatz: § 1114 BGB) lastenden Hypothek; sie machen Ansprüche wegen Eigentumsverletzung geltend (§§ 812 ff.; 823; 987 ff. BGB): Ansprüche auf unteilbare Leistung (wegen nur gemeinschaftlicher Empfangszuständigkeit, Palandt § 1011, 2; § 432, 1). Nach h. M. in Lit: prozessual nSG, nach BGH: einfache SG (BGHZ 92, 351).

(3) **§ 2039 BGB: Miterben.** § 2039 S. 1 BGB gibt dem einzelnen Miterben eine gesetzliche Prozessstandschaft für die Erbengemeinschaft (BGHZ 167, 152). Es müssen also nicht alle Miterben klagen, falls sie es aber tun: Unteilbar z. B.: Die Miterben machen gegen den Erbschaftsbesitzer den erbrechtlichen Gesamtanspruch geltend, §§ 2018 ff. BGB. Klage der Miterben auf **Grundbuchberichtigung** (BGHZ 44, 367, 370; Palandt § 2039, 2). Nach h. M. in Lit.: prozessual nSG, falls *alle* Miterben klagen (Müko-BGB § 2032, 36), nach BGHZ 23, 207, 212: nur einfache SG.

II. Die materiellrechtlich notwendige SG, § 62 I, 2. Alt.

Sie liegt vor, wenn ein Recht aus materiellrechtlichen Gründen allen gemeinsam zusteht in der Weise, dass es **ohne Einzelklagebefugnis** nur von oder gegenüber allen gemeinsam geltend gemacht werden kann, also dann, wenn **eine nur gemeinsame Prozessführungsbefugnis und Aktiv-(Passiv)-Legitimation** besteht (BGHZ 30, 195, 197; 92, 351, 353; ThP 11, StJ 14 zu § 62). **14.08**

Kennzeichnend sind also 2 Elemente:

* **Nur gemeinsame Prozessführungsbefugnis: Einzelklagen sind unzulässig.**
  Hier besteht also im wahrsten Sinne des Worts eine „notwendige Streitgenossenschaft": alle Rechtsträger müssen klagen bzw. verklagt werden, schon der Gang zu Gericht (die Herstellung der Streitgenossenschaft) muss gemeinschaftlich erfolgen. Die Hemmung der Verjährung gegenüber nur einem nSG aus materiell-rechtlichen Gründen wirkt nicht auch gegenüber den anderen nSG (BGHZ 131, 376). Das Schrifttum bezeichnet diese Fallgruppe daher vielfach als **„notwendig gemeinschaftliche Klage"** (ThP 11; StJ 14; BL 6 zu § 62).

* **Infolge nur gemeinsamer Sachbefugnis: notwendig einheitliche Sachentscheidung unter Beteiligung aller.**
  Also nicht nur gemeinschaftliche Klage (diese ist nur erste Voraussetzung für das Entscheidende), sondern auch notwendig einheitliche Sachentscheidung:
  diese muss erstens **alle Rechtsträger einschließen** und zweitens **inhaltlich** gegenüber allen **einheitlich** sein.
  Konsequenz: damit diese Sachentscheidung einheitlich ausfallen kann, sind ggfls. abweichende Prozesshandlungen nur einzelner SG wirkungslos (dazu näher unten III). Und: ist eine *Sach*entscheidung nicht gegenüber allen SG möglich, ist sie auch gegenüber den anderen SG nicht – also überhaupt nicht – möglich (= Prozessurteil insgesamt), dazu sogleich das einführende Beispiel, Abwandlung (2).

1. Ein einführendes Beispiel:

A, B, C sind Gesellschafter der O-OHG mit Sitz in Berlin. Eines Tages entdecken A und B, dass C zu **14.09** Lasten der OHG Veruntreuungen in erheblichem Umfang gemacht und verschleierte Sonderentnahmen vorgenommen hat. Da dies wichtige Gründe für eine Ausschließung des C gemäß § 140 HGB sind (BGHZ 16, 323; 32, 17; 31, 304; Baumbach-Hopt § 140, 7), soll C durch handelsrechtliche Gestaltungsklage zum LG Berlin gemäß § 140 HGB ausgeschlossen werden. Der Verkehrswert des Gesellschaftsanteils des C beträgt € 200 000,–.

Dazu nun 4 Alternativen, zum Vergleich mit der proz. nSG in derselben Reihenfolge durchgegliedert wie das dortige Einführungsbeispiel, oben Rn. **14**.03.

(1) **Einzelklage nur des A** (im eigenen Namen) gegen C.

Die Problematik liegt hier in der Zulässigkeit der Klage:

(I) **Zulässigkeit** der Klage

(1) Ordnungsmäßigkeit der Klageerhebung, §§ 253 II, 78

(2) Örtliche Zuständigkeit: Wohnsitz des auszuschließenden C (§ 13) oder (wichtiger) besonderer Gerichtsstand gem. § 22 am Sitz der OHG (§ 17), Baumbach-Hopt § 140, 21. Hier: Berlin.

(3) Sachliche Zuständigkeit: §§ 71 I, 23 Nr. 1 GVG. Gem. § 3 ist i. d. R. der Verkehrswert des Gesellschaftsanteils des Auszuschließenden maßgebend (ThP § 3, 23). Hier: € 200 000,–, zuständig ist also das LG.

(4) **Prozessführungsbefugnis:**
Sie fehlt, da nach materiellem Recht (§ 140 I HGB) nur die sämtlichen übrigen Gesellschafter (A und B) das Recht zur Erhebung der Ausschließungsklage gem. § 140 HGB haben (BGHZ 30, 197). Der nur gemeinsamen Sachbefugnis entspricht die nur *gemeinsame* Prozessführungsbefugnis, A und B sind materiellrechtlich notwendige Streitgenossen gem. § 62 I 2. Alt. (BGHZ 30, 197; ThP § 62, 12). Die **Einzelklage** des A ist also mangels dessen alleiniger Prozessführungsbefugnis **unzulässig**.
Die Voraussetzungen einer actio pro socio (wörtlich: „Klage im Interesse eines Gesellschafters") liegen nicht vor, da diese nur für sog. Sozialansprüche gilt, also für Ansprüche der Gesellschaft aus Gesellschaftsvertrag gegen Mitgesellschafter (Hauptbeispiel: Beiträge, Palandt § 714, 9; Müko-BGB § 705, 204 ff.; Staudinger § 705, 61 ff.).

(2) **Abwandlung:** Es klagen A und B gemeinschaftlich, B ist jedoch nach schwerem Verkehrsunfall prozessunfähig, dessen Klage also unzulässig.

Klar ist, dass jedenfalls die Klage des B durch Prozessurteil abzuweisen ist. Das aber hat – im Unterschied zu den Fällen der proz. nSG – auch Konsequenzen für den oder die übrigen nSG:

Eine *Sachentscheidung* ist wegen der nur gemeinschaftlich bestehenden Sachbefugnis (Aktivlegitimation) nur in der Weise möglich, dass sie *allen* gegenüber ergeht. Kann das nicht gegenüber *allen* erfolgen, weil – wie hier – eine der Klagen unzulässig ist, so kann eine SachE überhaupt nicht ergehen: Sie hätte ja den prozessunfähigen B notwendig einschließen müssen. Es bleibt daher als Konsequenz nur die **Klageabweisung als insgesamt unzulässig** (Prozessurteil, ThP § 62, 22).

Daraus folgt als **Resümée:** entweder ergeht gegenüber allen ein einheitliches Sachurteil oder eben ein einheitliches Prozessurteil.

(3) **Abwandlung:** Gemeinschaftliche Klage von A und B. Der Beklagte C behauptet aber, die Vorwürfe seien nach Rückzahlung der Gelder einvernehmlich ausgeräumt worden. A stellt dies schließlich unstreitig, **jedoch bestreitet dies B weiterhin.**

Da die Sachentscheidung nur einheitlich sein kann (Bereinigung ja oder nein): das Bestreiten durch B bleibt weiterhin relevant, C muss die Bereinigung beweisen. Gelingt ihm das nicht, wird der Klage – trotz Nichtbestreitens seitens A – voll stattgegeben (Beweislast bei C).

Das Nichtbestreiten durch A kann aber im Rahmen der gesamten Beweiswürdigung (§ 286) eine erhebliche Bedeutung gewinnen: kann C die Bereinigung nicht klar beweisen, ist aber die Erklärung des A, warum er nicht weiter bestreitet, plausibel und überzeugt das Gericht, kann das Gericht den Bereinigungseinwand im Rahmen der einheitlichen Beweiswürdigung als erwiesen ansehen und dann die Klage sachlich abweisen.

(4) **Abwandlung: A ist säumig.** Bekl. C beantragt abweisendes Teil-Versäumnisurteil gegen A. Hier greift wie bei prozessual nSG § 62 I ein: A „gilt" als vertreten durch den anwesenden B, also kein VU.

2. Die Fälle materiellrechtlich notwendiger SG

### a) Gestaltungsklagen	14.10

- **des HGB:** §§ 117, 127, 133, 140 (dies auch für KG über § 161 II), BGHZ 30, 197.
- Nicht: Gestaltungsrechte, die auch ohne Klage ausgeübt werden können, da es hier an der in § 62 vorausgesetzten Notwendigkeit gemeinsamer Rechtsverfolgung fehlt:

Beispiele: Also keine nSG i.F. eines von oder gegenüber mehreren auszuübenden Rücktritts (§ 351 BGB), einer Anfechtung (§ 143 BGB), eines Vor- oder Wiederkaufsrechts (§§ 456, 463 BGB), h.M., StJ 21; ThP 12 zu § 62.

b) Aktivprozesse von Gesamthandsgemeinschaften, sofern sie nicht parteifähig 14.11
und sofern nicht Einzelklagen zulässig sind:

Beispiele:

(1) Zu bejahen für Gütergemeinschaft bei Gesamtvertretung, § 1450 I BGB. Ebenso bei Mieterhöhungsverlangen von mehreren Vermietern oder gegenüber mehreren Mietern gem. § 558a, b BGB (BGH NJW 04, 1797; Palandt § 558b, 7).

(2) Zu verneinen bei Aktivprozess der Miterbengemeinschaft: wegen des Einzelklagerechts gem. § 2039 S. 2 BGB besteht kein Zwang zu gemeinsamer Klageerhebung, daher auch keine materiellrechtlich nSG. Allerdings wird wegen der Unteilbarkeit des Rechts in der Lit. (gegen BGH und h.M.) vielfach eine prozessual nSG angenommen: sind alle oder mehrere Miterben Kläger der gesamthänderischen Nachlassforderung, so muss die *Sach*entscheidung notwendig einheitlich sein (so Zöller 16; ThP 13; StJ 18 zu § 62).

(3) BGB-Außengesellschaft (Palandt § 705, 24). Sie ist nach nunmehriger Rspr. des BGH rechts- und parteifähig, BGHZ 146, 341 (NJW 01, 1056). Wie bei der OHG sind nicht die einzelnen Gesellschafter, sondern ist die Gesellschaft (GbR) selbst Trägerin der Rechte (Rechtsinhaberin) und direkt Verpflichtete, Verträge (z.B. Kaufverträge) kommen nur mit der GbR und nicht mehr (wie zuvor) mit den BGB-Gesellschaftern zustande. Infolgedessen ist zur Durchsetzung einer Gesellschaftsforderung nicht mehr (wie zuvor noch von der stRspr gefordert) das gemeinsame gerichtliche Vorgehen aller Gesellschafter erforderlich (= materiellrechtlich nSG), sondern nur die Klage des Rechtsträgers, also der Gesellschaft (GbR) selbst. Die Gesellschafter der Außen-GbR sind mangels Rechtsinhaberschaft nicht mehr materiellrechtlich notwendige Streitgenossen. Sie sind auch keine prozessual nSG, da *ihnen* gegenüber keine einheitliche Sachentscheidung ergehen muss, denn sie sind nicht die Rechtsträger, also für eine Sachentscheidung materiellrechtlich weder aktiv noch passiv legitimiert; sie haften zwar aus §§ 128 ff. HGB analog für die Gesellschaftsschulden (BGHZ 146, 358; 154, 372), aber als Gesamtschuldner und sind als solche keine nSG (s. oben Rn. **14.**06).

(4) BGB-Innengesellschaft (Palandt § 705, 33). Bei ihr tritt nach außen nur der sog. Tätige im eigenen Namen auf (ist dieser Kaufmann, so liegt stille Gesellschaft nach §§ 230 ff. HGB vor). Mangels Vertretung wird der Innengesellschafter (der stille Gesellschafter) durch diese Tätigkeit weder berechtigt noch verpflichtet, er wird also nicht Rechtsträger, vielmehr nur im Innenverhältnis und auch nur schuldrechtlich, nicht dinglich am Recht des Tätigen beteiligt (im Grundbuch steht nur der Tätige als Alleineigentümer), es gibt i.d.R. auch kein Gesamthandsvermögen (Palandt § 705, 33). Zur Durchsetzung einer Gesellschaftsforderung ist daher eine Mitwirkung des Innengesellschafters weder nötig noch möglich, weil Rechtsträger allein der nach außen auftretende Tätige ist.

Es liegt daher keine notwendige Streitgenossenschaft vor, weder im materiellrechtlichen noch im prozessualen Sinne.

c) Passivprozesse gegen mehrere Berechtigte

Notwendig gemeinschaftlich ist die Klage **gegen** mehrere Berechtigte nur dann, wenn 14.12 ein einzelner von ihnen das begehrte Recht **nicht allein erfüllen kann,** weil ihm dafür die alleinige Passivlegitimation fehlt.

Eine danach erhobene **Einzelklage** gegen nur einen von mehreren Rechtsträgern wäre schon als **unzulässig** mangels alleiniger Prozessführungsbefugnis des Beklagten (die also auch auf Beklagtenseite Sachurteilsvoraussetzung sein kann!) abzuweisen, nicht erst als unbegründet mangels alleiniger Passivlegitimation (BGHZ 36, 187 (LS 1), 191; BGH NJW 84, 2210; Müko-ZPO § 62, 47).

Ausnahme nach h. M.: derjenige, der vorgerichtlich seine Verpflichtung bereits anerkannt hat, muss (darf) nicht mitverklagt werden, so z. B. bei einer Auflassungsklage nicht der Miteigentümer, der der Auflassung schon zugestimmt hat, bei der Gesamthandklage gem. § 2059 II BGB ist die Klage nur gegen die Widersprechenden geboten (Palandt § 2059, 4. Vgl. BGH WM 91, 240; NJW 92, 1102).

Solche **Fälle sind z. B. Ansprüche gegen**

– **Miteigentümer**

(1) auf Duldung eines Notwegs auf einem Grundstück, das mehreren Personen zu ideellen Bruchteilen gehört, BGH NJW 84, 2210: „Nicht die ideellen Miteigentumsanteile unterliegen der Duldungspflicht des § 917 I BGB, sondern immer das Grundstück als Ganzes. Deshalb können die in einer Rechtsgemeinschaft stehenden Miteigentümer (§§ 1008, 741 ff. BGB) den Notweganspruch nur gemeinsam erfüllen, weil sie dafür *das Grundstück* zur Verfügung stellen müssen".

Da die Notwegduldungsklage nicht gegen sämtliche Miteigentümer gerichtet war, wies sie der BGH wegen Fehlens der alleinigen Prozessführungsbefugnis auf Beklagtenseite durch Prozessurteil als unzulässig ab (BGH NJW 84, 2210 und ebenso BGHZ 36, 187, 193).

(2) auf Einräumung oder Feststellung des Bestands einer Grunddienstbarkeit am gesamten Grundstück.

Denn ideelle Miteigentumsanteile können nicht mit einer Grunddienstbarkeit belastet werden, sondern nur das Grundstück als *Ganzes,* dafür aber müssen *alle* Miteigentümer ihre Zustimmung erteilen (BGHZ 36, 187, 189; NJW 84, 2210).

(3) auf Auflassung: diese kann gemäß § 747 S. 2 BGB nur durch alle Miteigentümer gemeinsam erklärt werden, also müssen sie auch notwendig gemeinsam verklagt werden (BGH NJW 94, 1471; StJ § 62, 20). Anders natürlich (= einfache SG), wenn der Klageantrag lautet auf Übertragung der Miteigentums-*Anteile* (§ 747 S. 1 BGB).

– **§ 2059 II BGB: Gesamthandklage gegen Miterbengemeinschaft**

Beispiele: Klage aus § 1147 BGB auf Duldung der ZwV in ein Nachlassgrundstück, oder: auf **Grundbuchberichtigung** gem. § 894 BGB bzgl. eines Grundstücks, für das die Erbengemeinschaft (oder der Erblasser) als vermeintlicher Eigentümer eingetragen ist (ThP § 62, 14; Palandt § 2059, 11).

Nicht, falls **Gesamtschuldklage (§ 2058 BGB)** erhoben ist: diese richtet sich gegen den (die) **einzelnen** Miterben *persönlich* als die mit ihrem Privatvermögen haftenden Gesamtschuldner. Hier ist wie bei jeder Gesamtschuld wegen § 421 BGB Einzelklage zulässig. Werden mehrere verklagt, sind sie bei Gesamtschuldklage nur einfache SG (Müko-BGB § 2058, 22; Palandt § 2058, 11).

Problematisch: Auflassungsklage

Beispiel: Der Erblasser E hat an K ein Grundstück verkauft, aber noch nicht aufgelassen. E wird von A, B, C beerbt. K will Auflassung.

Nach h. M. hat K die Wahl, ob er vorgeht mit der

(a) **Gesamthandklage, § 2059 II BGB:** hier muss er als materiellr. nSG alle MitE (A, B, C) auf Abgabe der Auflassungserklärung verklagen, die sie wegen § 2040 I BGB nur gemeinsam abgeben können; oder mit der

(b) **Gesamtschuldklage, § 2058 BGB:** jeder MitE schuldet ja aus §§ 433 I, 2058, 421 BGB, auf die Auflassung *hinzuwirken.* K könnte also den A allein verklagen. Aber der Klageantrag darf nur auf „Herbeiführung der Auflassung" (also: der allein verklagte MitE solle zusehen, wie er die übrigen, nicht verklagten MitE dazu bringt, die Auflassung zu erklären), lauten, auf mehr nicht, da der Einzelne ja zur isolierten Auflassungserklärung wegen § 2040 I BGB nicht in der Lage ist (BGH NJW 63, 1611; Palandt § 2058, 11) Mehr, als einen verklagten MitE als „Hebel" gegen die übrigen MitE zu benutzen, verschafft ihm die Gesamtschuldklage nicht. K wird also zweckmäßigerweise gleich die Gesamthandklage erheben, § 2059 II BGB.

3. Die rechts- und parteifähige BGB-Außengesellschaft; Rechtsstellung der Gesellschafter

14.13 Anhand eines durchgelösten Falles soll kurz dargestellt werden, wo und wie die gerade besprochenen Probleme im Klausuraufbau relevant werden.

Fall: Die Gemeinschaftspraxis: P hat sich nach einem Sportunfall in die Gemeinschaftspraxis Dres. A, B, C begeben, die in der Rechtsform einer BGB-Außengesellschaft betrieben wird. Dem dort den P behandelnden Arzt Dr. A unterläuft infolge einer Ablenkung ein Fehler, der bei P zu Komplikationen mit mehrwöchigem Krankenlager führt.

P klagt nunmehr auf Ersatz seines Verdienstausfalls und auf Schmerzensgeld (je € 10 000,–) gegen die Gemeinschaftspraxis als Beklagte zu 1 und die Ärzte Dres. A, B, C als Beklagte zu 2–4.

Im Verhandlungstermin vor dem zuständigen LG sind alle Parteien ordnungsgemäß vertreten, ausgenommen C, der weder erschienen, noch vertreten ist. P beantragt gegen C den Erlass eines VU, nachdem ihm das Gericht eröffnet hat, dass im Falle einer Vertagung ein neuer Verhandlungstermin erst in 7 Monaten möglich sei. A und B lassen zu Protokoll Widerklage erheben auf Zahlung des Arzthonorars von € 3000,–, da der Behandlungsvertrag nach ihrer Meinung auch mit den Ärzten persönlich zustande gekommen sei.

Wie ist zu entscheiden, wenn sich die von P schlüssig vorgetragene Forderung erweisen lässt?

Lösungsskizze: Zum Aufbau: Da gegenüber B 1, 2, 3 ein streitiges Endurteil zu erarbeiten ist, gegen B 4 aber ein VU beantragt wurde, wird man wegen der unterschiedlichen Voraussetzungen (ausnahmsweise) die Klage des P wie folgt getrennt prüfen und so auch die Entscheidungsgründe gliedern:

(A) Die Klage des P gegen die GbR, A und B

(I) Zulässigkeit der Klage

(1) Ordnungsmäßigkeit der Klageerhebung, §§ 253 II, 78: (+)

(2) Örtliche und sachliche Zuständigkeit: (+)

(3) Parteifähigkeit, § 50 I. Fehlt die aktive (= Kläger) oder die passive (= Beklagte, so evtl. hier) Parteifähigkeit, ist die Klage als unzulässig abzuweisen (Musielak § 50, 13).

(a) Bzgl. P und A, B: (+)

(b) Bzgl. der GbR?

(aa) Zuerst klarstellen, wer ausweislich der Klageschrift als B 1 überhaupt Partei ist (= formeller Parteibegriff, ThP 3 ff. vor § 50). Hier: Partei soll die GbR als solche sein.

(bb) Sodann: ist die GbR als solche rechtsfähig und damit gem. § 50 I parteifähig?
Nach nunmehriger Rspr. des BGH (BGHZ 146, 341 = NJW 01, 1056 = BB 01, 374) ist die BGB-Außengesellschaft in Angleichung an die Rechtslage bei OHG/KG rechtsfähig (§ 14 II BGB), soweit sie am Rechtsverkehr eigene Rechte und Pflichten begründet. In diesem Rahmen ist sie zugleich im Zivilprozess aktiv und passiv parteifähig (§ 50 I).
Hauptargumente: Der historische Gesetzgeber habe die Rechtsnatur der GbR nicht abschließend geregelt, sich jedenfalls nicht *gegen* eine Rechts- und Parteifähigkeit der GbR ausgesprochen, so dass eine **Rechtsfortbildung** möglich sei. Der Wortlaut des § 736 („Urteil gegen alle Gesellschafter erforderlich") stehe nicht entgegen, da der Zweck dieser Regelung die Verhinderung der Vollstreckung von Privatgläubigern einzelner Gesellschafter in das Gesellschaftsvermögen sei; dieses Ziel sei aber bei Anerkennung einer Rechts- und Parteifähigkeit der GbR ebenso gut erreichbar. Daran ist zutreffend, dass ein Titel gegen die GbR eine Gesellschaftsschuld voraussetzt, also bei Privatverbindlichkeiten nur einzelner Gesellschafter nicht ergehen kann. Nach der Argumentation des BGH, wonach die Vollstreckung in das Gesellschaftsvermögen wahlweise sowohl nach § 736 als auch durch Titel gegen die GbR möglich sein soll, müsste es in § 736 heißen: „ist ein Urteil gegen die Gesellschafter *ausreichend*", der Gesetzgeber aber hat formuliert: *„erforderlich"*. Man wird daher i. S. d. neuen Rspr. in § 736 den Zusatz einfügen müssen: „gegen alle Gesellschafter erforderlich, *sofern* nur die Gesellschafter (aus § 128 HGB analog) und nicht die Gesellschaft selbst verklagt wurde(n)."

(II) Zulässigkeit der subjektiven (§§ 59 ff.) und objektiven Klagenhäufung (§ 260): (+)

(III) Begründetheit

(1) Die Klage des P gegen die GbR

(a) §§ 611, 280 I (= pVV), 278 BGB
Der Vertrag kommt (wie bei der OHG und KG, §§ 124 I, 161 II HGB) mit der rechtsfähigen (§ 14 II BGB) Außen-GbR zustande, nicht (wie nach früherer Konstruktion) mit allen Gesellschaftern persönlich als Gesamtschuldnern, so noch BGHZ 97, 273 für die ärztliche Gemeinschaftspraxis (BGHZ 146, 348; Habersack BB 01, 376). Der behandelnde Arzt wird daher i. S. v. § 278 BGB im Pflichtenkreis der *GbR* tätig.

Rechtsfolge: Ersatz des Verdienstausfalls (§ 252 BGB) und Schmerzensgeld (§ 253 II BGB, Palandt § 253, 8).

(b) §§ 823 I, 31 (analog), 253 II BGB
Die analoge Anwendung des § 31 BGB auf die nunmehr rechtsfähige Außen-GbR für deliktisches Handeln ihrer geschäftsführenden Gesellschafter wird (entgegen der früheren Rspr.) konsequenterweise bejaht (BGHZ 172, 169, Rn. 9 ff.; 154, 88; Palandt § 714, 6).

(2) **Die Klage des P gegen A und B**

(a) §§ 611, 280 I (= pVV), 278 BGB: (–) Der Vertrag kommt nur mit der GbR zustande.

(b) § 128 HGB analog
Die Haftung der Gesellschafter einer Außen-GbR entspricht nunmehr derjenigen von Gesellschaftern einer OHG, also Haftung analog §§ 128, 129, 130 HGB (BGHZ 146, 341 LS 3 und S. 358; 154, 372; K. Schmidt NJW 01, 998; Habersack BB 01, 482).
Da die Gesellschaftsschuld besteht (§§ 611, 280 I, 278 BGB und §§ 823 I, 31 BGB analog) haften A und B hierfür analog § 128 HGB.

(B) Die Klage des P gegen C
Da P ein VU gem. § 331 beantragt hat, sind dessen Voraussetzungen zu prüfen:

(1) Prozessantrag des P: (+)

(2) Termin zur mündlichen Verhandlung: (+)

(3) Säumnis des C
Abwendung durch Vertretungsfiktion gem. § 62 I ZPO (ThP § 62, 20)? Zwischen C sowie A, B müsste eine notwendige Streitgenossenschaft vorliegen:

(aa) Prozessual notwendige (§ 62 I 1. Alt.)?
Nein, es liegt kein Fall gesetzlich angeordneter Rechtskrafterstreckung vor (ThP § 62, 8).

(bb) Materiellrechtlich notwendige (§ 62 I 2. Alt.)?
Sie liegt vor, wenn das Gesetz einen Zwang zu gemeinsamer Klageerhebung aller (oder gegen alle) angeordnet hat, weil nur auf diese Weise die notwendig einheitliche Sachentscheidung herbeigeführt werden kann (ThP 11 ff.; Musielak 8 zu § 62).
Bei Passivprozessen der Gesamthänder (wie hier) liegt materiellrechtlich notw. SG nur vor, wenn eine ihrem Gegenstand nach nur von allen Gesellschaftern einheitlich erfüllbare Verpflichtung geltend gemacht wird (BGH NJW 2000, 292; Musielak § 62, 11), wie etwa bei Klagen auf Auflassung oder Grundbuchberichtigung.
In den übrigen Fällen, in denen die Gesamthänder als Gesamtschuldner in Anspruch genommen werden (so hier aus § 128 HGB analog) besteht lediglich einfache Streitgenossenschaft, da der einzelne Gesamthänder die begehrte Leistung (hier Schadensersatz, Schmerzensgeld) auch als Einzelperson erbringen kann (Musielak § 62, 11).

(4) Es liegt kein Erlasshindernis gemäß § 335 vor.

(5) Es besteht kein Erlasshindernis gemäß § 337.
Strittig ist, ob die Nichtbeachtung einer ständigen örtlichen Übung unter den Rechtsanwälten, ein VU erst nach telefonischer Rücksprache beim säumigen Gegner zu beantragen, eine unverschuldete Verhinderung i. S. v. § 337 des säumigen RA darstellen kann (bejahend BGH NJW 99, 2122; verneinend die h. M. in der Lit., s. unten Rn. **19**.06). Jedenfalls hat nach der bejahenden Meinung das Interesse des Mandanten (hier: drohende Verzögerung von 7 Monaten) Vorrang vor kollegialer Rücksichtnahme.

(6) Zulässigkeit der Klage (das VU ist ein Sachurteil): (+)

(7) Schlüssigkeit der Klage: (+)

(C) Die Widerklage durch A, B gegen P

(I) Zulässigkeit

(1) §§ 261 II, 78: (+)

(2) Prozessführungsbefugnis der Widerkläger A, B? Zunächst klarstellen: A und B machen (zu Unrecht) ein behauptetes *eigenes* Recht (nicht das der GbR) geltend.

(a) Früher: bei Aktivprozessen von BGB-Gesellschaftern wurde Zwang zu gemeinsamer Klageerhebung, also materiellrechtlich notwendige Streitgenossenschaft (§ 62 I, 2. Alt.) bejaht. Die Prozessführungsbefugnis steht bei materiellrechtlich notw. SG nur allen gemeinsam zu, so dass Einzelklagen (wie hier ohne den C) unzulässig sind.

(b) Nunmehr (seit BGHZ 146, 341): Kein Zwang zu gemeinsamer Klageerhebung durch A, B, C, denn materieller Rechtsinhaber der Forderung aus dem Vertrag (§ 611 BGB) ist die GbR als rechtsfähige Rechtsträgerin (§ 14 II BGB).

A, B besitzen also Prozessführungsbefugnis (haben aber keine Aktivlegitimation = Frage der Begründetheit), wenn sie – wie hier – ein behauptetes *eigenes* Recht geltend machen, weil sie behaupten, selbst Vertragspartner des P zu sein.

(3) § 33

(a) Meinung 1: besondere Prozessvoraussetzung: (+)

(b) Meinung 2: nur örtliche Zuständigkeit: (+)

(4) Besondere Voraussetzungen der Widerklage (ThP § 33, 22 ff.): (+)

(II) Begründetheit
Anspruchsgrundlage: § 611 BGB
Der Vertrag kam nur mit der rechtsfähigen Außen-GbR zustande.
A, B fehlt also die Aktivlegitimation. Die Widerklage ist unbegründet.

Es ergeht ein einheitliches Urteil als

Teilversäumnis- und Endurteil

 I. Die Bekl. zu 2–4 werden als Gesamtschuldner, die Bekl. zu 1 neben ihnen *wie* eine Gesamtschuldnerin *(vgl. oben Rn. 13.10)* verurteilt, an K € 20.000,– zu zahlen.
 II. Die Widerklage wird abgewiesen.
 III., IV. Kosten, sowie §§ 708 ff.

III. Die Wirkungen der notwendigen Streitgenossenschaft

Einerseits ist jeder SG selbstständig, in seinen Entscheidungen ebenso frei wie ein einfacher SG, er kann auch nur in seinem Prozess handeln, namentlich ist er nicht Vertreter der anderen nSG. Es gilt also grds. § 61 (ThP 16; StJ 30 zu § 62).   **14.14**

Andererseits muss die Sachentscheidung notwendig einheitlich sein. Im Dienste dieses Ziels können Prozesshandlungen des einen nSG auch zugunsten der anderen wirken (Vertretungsfiktion im Säumnistermin, § 62 I) oder widersprechende der anderen nSG wirkungslos sein etc. Insoweit wird in die Selbstständigkeit der Prozessrechtsverhältnisse eingegriffen und § 61 durch § 62 eingeschränkt (ThP § 61, 2).   **14.15**

1. Die Zulässigkeit der Klage

Die Prozessvoraussetzungen sind für jeden nSG **gesondert** zu prüfen (Blomeyer § 108 IV 3). Daher Prüfungsschema wie bei einfacher SG, siehe oben Rn. **13.05**.   **14.16**

Die **Folgen** bei Unzulässigkeit sind aber bei prozessual nSG und materiellrechtlich nSG verschieden:
– **prozessual nSG:** nur der unzulässige Teil wird abgewiesen, gegenüber den anderen nSG ergeht Sachurteil. Dazu Beispiel oben Rn. **14.03** zu (2).
– **materiellrechtlich nSG:** die gesamte Klage wird als unzulässig abgewiesen (Blomeyer § 108 IV 3 a). Dazu Beispiel oben Rn. **14.09** zu (2). Außerdem ist hier scharf auf die Prozessführungsbefugnis zu achten: unzulässige Einzelklage?!

2. Säumnis im Termin

Gegen den abwesenden nSG darf **kein VU** ergehen, er gilt (nicht: „ist") vertreten durch den anwesenden SG, **§ 62 I.**   **14.17**

Ein dennoch und daher unzulässig ergangenes Teil-VU (das Gericht hat etwa das Vorliegen einer nSG übersehen) kann nach h.M. zwar unter den Parteien dieses Teilurteils in formelle und materielle Rechtskraft erwachsen, hat aber bei mat. nSG keine materielle Rechtskraftwirkung gegenüber den anderen nSG (BGHZ 131, 376).

Daher findet überhaupt kein Versäumnisverfahren statt. Vielmehr wird mit den erschienenen SG **streitig** (kontradiktorisch) voll verhandelt **mit Wirkung für alle** (StJ § 62, 27 m. w. N., ThP § 62, 20):

Wird daher die Sache im „Säumnistermin" (der keiner ist) entscheidungsreif, ergeht **stets streitiges Endurteil** (dagegen also nur Berufung, auch der „Säumige" kann nur Berufung einlegen, nicht Einspruch), und zwar mit voller KostenE gem. § 100 auch für und gegen den Abwesenden (StJ § 62, 27). Im Interesse der notwendig einheitlichen Sachentscheidung repräsentiert der anwesende die abwesenden SG. Das gesamte mündliche Vorbringen des Anwesenden gilt für alle vorgebracht und seine Handlungen wie Anträge, Verzichte, Geständnisse, Einwilligungen gelten zugleich als Handlungen des Abwesenden, mögen sie ihm günstig oder nachteilig sein (StJ § 62, 27).

Beispiel: Erklärt der einzig anwesende nSG Anerkenntnis, bzw. Verzicht, so ergeht einheitlich (alle nSG sind im Rubrum aufzuführen!) Anerkenntnis- bzw. Verzichtsurteil. Der anwesende nSG ist aber **dennoch nicht „Vertreter"** der abwesenden nSG: legen diese gegen das Anerkenntnisurteil Berufung ein, so sind sie im Berufungsverfahren nicht an das Anerkenntnis des Anwesenden im früheren „Säumnistermin" gebunden, da sie weder selbst ein Anerkenntnis abgegeben haben, noch dabei vertreten worden sind. Gelingt es ihnen, sich gegenüber der Klage durchzusetzen, wird die gesamte Klage (unter Aufhebung des Anerkenntnisurteils auch gegenüber dem Anerkennenden) abgewiesen: notwendig einheitliche Sachentscheidung! (ThP § 62, 20 und 17).

3. Bestreiten, Beweisantritte

14.18 Ausgehend von § 61 (Selbstständigkeit jedes SG), kann jeder nSG – auch im Widerspruch zu den anderen nSG (BGHZ 131, 380) – für sein Prozessrechtsverhältnis bestreiten, Beweisanträge stellen oder Tatsachen unstreitig stellen. Nur: am Ende muss sachlich einheitlich entschieden werden.

Beispiel: Hypothekar H klagt im Wege der Gesamthandklage (§ 2059 II BGB) gegen die Miterbengemeinschaft A, B, C gem. § 1147 BGB auf Duldung der ZwV. Nur A bestreitet, dass H noch aktivlegitimierter Hypothekar sei, da H Forderung samt Hypothek an dessen Ehefrau abgetreten habe. B und C stellen die Aktivlegitimation des H unstreitig.
Hier kann nicht einfach Teilurteil gegen die nichtbestreitenden B, C ergehen, da dies ein unzulässiger Vorgriff auf die notwendig einheitliche Sachentscheidung wäre. Vielmehr muss wegen des Bestreitens durch A auf Antrag des H Beweis über dessen Aktivlegitimation erhoben werden. Erst in der abschließenden einheitlichen Beweiswürdigung (§ 286) ist gegenüber *allen* festzustellen, ob H noch aktiv legitimiert ist oder nicht (StJ 33; ThP 17 zu § 62). Vgl. auch die Beispiele oben Rn. **14.**03 u. **14.**09 je zu (3).

4. Klagerücknahme, Hauptsacheerledigungserklärung durch nur einen der nSG

14.19 Bei **prozessual nSG:** zulässig und wirksam, denn die einheitliche *SachE* ist gegenüber den im Prozess verbleibenden übrigen nSG möglich (ThP § 62, 17).

Bei **materiellrechtlich nSG** hingegen *strittig:*

14.20 Diese Prozesshandlungen haben alle zur Folge, dass eine einheitliche Sachentscheidung unter Beteiligung *aller* nSG nicht möglich ist. Die Konsequenz ist strittig:

(a) Meinung 1: diese Maßnahmen sind zulässig und wirksam, weil dem ausscheidenden nSG nicht zuzumuten ist, länger im (aussichtslosen?) Prozess zu verbleiben. Folge: Die Klage wird jetzt bzgl. der übrigen nSG insgesamt unzulässig, weil die einheitl. Sachentscheidung nicht mehr ergehen kann (StJ § 62, 35 m. w. N.).

(b) Meinung 2: diese Maßnahmen sind unwirksam, weil sie die gebotene einheitliche Sachentscheidung gegenüber allen verhindern (Zöller § 62, 25 m. w. N.).

§ 15 Die Parteiänderung (Wechsel und Beitritt)

Die Parteiänderung ist im Gesetz nur teilweise geregelt. Die gesetzlich geregelten Fälle bezeichnet man als **gesetzlichen Parteiwechsel(-beitritt),** im Übrigen spricht man von **gewillkürtem Parteiwechsel(-beitritt),** ThP 11 ff. vor § 50.

I. Der gesetzliche Parteiwechsel

Hierher gehören 2 Fallgruppen. Gemeinsam ist, dass der Parteiwechsel gesetzlich gere- **15.01** gelt ist (daher: „gesetzlicher Parteiwechsel"), **in jeder Instanz zulässig** ist, sowie die wichtige Folge, dass die neue Partei den Rechtsstreit **in der Lage übernehmen muss,** in der er sich beim Wechsel befindet: bereits ergangene Entscheidungen (z.B. Zwischenurteil über den Grund, § 304) und Prozesshandlungen des Vorgängers wirken fort, erfolgte Beweisaufnahme ist nicht zu wiederholen, neue Prozesshandlungen (Beweisantritt, Erledigungserklärungen etc.) kann wirksam nur die neue Partei vornehmen, das Urteil ergeht mit einheitlicher Kostenentscheidung **nur zwischen den neuen Parteien** (ThP 18 vor § 50).

Die 2 Fallgruppen:

1. Fallgruppe 1: Der Parteiwechsel tritt in folgenden Fällen bereits **mit dem vom** **15.02** **Gesetz genannten Ereignis** ein (= Parteiwechsel kraft Gesetzes), ThP 16 vor § 50.

a) § 239: Tod einer Partei nach Rechtshängigkeit: gesetzlicher Parteiwechsel auf die Erben. Diese sind also nun kraft Gesetzes Parteien.

Eine ganz andere Frage ist, wann der Prozess fortgeht: Grundsätzlich ist er **unterbrochen** (Wirkungen: § 249), jedoch dann nicht, wenn der Verstorbene **durch** einen **RA vertreten** war, § 246 (Unterbrechung nur auf Antrag des RA, Fortdauer der Vollmacht, § 86).

§ 239 und die ihm zugrunde liegende gesetzliche Regelung wird **analog** angewandt in weiteren Fällen der Gesamtrechtsnachfolge und enthält damit den Grundsatz: eine **materiellrechtliche** Gesamtrechtsnachfolge während des Prozesses führt **verfahrensrechtlich** zum gesetzlichen Parteiwechsel.

Das Gesetz regelt den gesetzlichen Parteiwechsel in §§ 239 ff. zwar nicht expressis verbis, doch liegt er der gesetzlichen Regelung in §§ 239 ff. nach allgemeiner Meinung zugrunde und wird dort **vorausgesetzt,** indem das Verfahren nicht mit dem Tod bzw. dem Erlöschen der jur. Person etc. endet bzw. für erledigt zu erklären ist, sondern mit dem Nachfolger einfach fortgesetzt wird (StJ 20 vor § 239; Jauernig § 86 I 1).

Wichtige Fälle des gesetzlichen Parteiwechsels infolge Gesamtrechtsnachfolge sind (insb. im Gesellschaftsrecht): Dem Tod einer Partei (§ 239) steht analog §§ 239 ff. gleich das liquidationslose Erlöschen einer juristischen Person oder einer parteifähigen Personengesellschaft (OGH, KG, BGB-Außengesellschaft), *wenn* gleichzeitig eine Gesamtrechtsnachfolge in ihre Rechte eintritt, z.B. durch Vollbeendigung einer Personengesellschaft ohne Liquidation infolge Ausscheidens aller Gesellschafter bis auf einen, oder Übertragung aller Gesellschaftsanteile auf den letztverbleibenden Gesellschafter (vgl. §§ 736, 738 BGB). Übertragende Umwandlung durch Verschmelzung von Personenhandels- oder Kapitalgesellschaften gem. §§ 2–122 UmwG (so h.M., BGHZ 157, 151).

BGH NJW 02, 1207; 71, 1844; StJ 5 ff.; ThP 1, 3; Zöller 6 zu § 239; RoSG § 125, 2, 5.

Beispiel: Die OHG Farbenhandlung A, bestehend aus den Gesellschaftern A, B, C lässt durch RA R eine – was übersehen wurde – bereits verjährte Kaufpreisforderung von € 20 000,– gegen S einklagen. Noch vor dem ersten Termin scheiden A und B aus der OHG aus. Der Gesellschaftsvertrag enthält die Bestimmung, dass beim Ausscheiden einzelner Gesellschafter die OHG von den übrigen fortgesetzt werde (vgl. § 736 BGB, § 105 III HGB). Im Termin lässt S Abweisung der Klage als unzulässig beantragen, da die OHG erloschen sei, hilfsweise werde klageabweisendes Versäumnisurteil gem. § 330 beantragt, da die Klagepartei im Falle eines Parteiwechsels nicht vertreten sei, im Übrigen erhebt S erstmals die (begründete) Einrede der Verjährung.

RA R erklärt, er trete für C als Gesamtrechtsnachfolger der OHG auf und erklärt für die Klagepartei die Erledigung der Hauptsache im Hinblick auf die nunmehr erhobene Verjährungseinrede. S widerspricht der Erledigung der Hauptsache.

Wegen der gesellschaftsvertraglichen Übernahmeregelung fand eine Gesamtrechtsnachfolge für die OHG statt auf C (Palandt § 736, 4), der die vormalige OHG nun mit allen Aktiven und Passiven als Einzelkaufmann fortführt. Die liquidationslose Vollbeendigung der OHG mit gleichzeitiger Gesamtrechtsnachfolge führte zu einem gesetzlichen Parteiwechsel entsprechend der dem § 239 zugrunde liegenden Regelungen (BGH NJW 71, 1844; 02, 1207) auf C, dem neuen Kläger. Die Klage ist also weiterhin zulässig.

C ist auch nicht säumig, auch hat er wirksam die Erledigung als Prozesshandlung und als Klageänderung erklären lassen: Die von der OHG erteilte Prozessvollmacht gilt analog § 86 HS 1 als fortbestehend, nunmehr für den Gesamtrechtsnachfolger C (BGH NJW 02, 1207). Da die erstmals im Prozess erfolgte Erhebung der Verjährungseinrede ein die Hauptsache erledigendes Ereignis darstellt (BGH NJW 10, 2422), ergeht nach der nur einseitigen Erledigungserklärung zu der im Übrigen unstreitigen Klageforderung das Feststellungsurteil: „Es wird festgestellt, dass der Rechtsstreit in der Hauptsache erledigt ist." Zum Rubrum s. oben Rn. **1.**06.

Weiteres Beispiel (Berufung nach Parteiwechsel): Rn. **26.**08.

b) § 240: Insolvenzfall. Soweit der schwebende Prozess die Insolvenzmasse betrifft (also nicht bei familiären Rechtsstreitigkeiten des Schuldners), erlischt die Prozessführungsbefugnis des Schuldners mit der Stunde des Eröffnungsbeschlusses, § 27 InsO (oder i. F. § 240 S. 2), gleichzeitig tritt Unterbrechung des Prozesses ein (ThP § 240, 7). Folgt man der h.M. (Partei kraft Amtes), erfolgt gesetzl. Parteiwechsel auf den Insolvenzverwalter mit dessen Aufnahme des Verfahrens, der wieder endet (Parteiwechsel auf den Schuldner) mit Ablauf des Amtes (ThP 16 vor § 50; RoSG § 42, 4).

Die **Freigabe** eines zur Masse gezogenen Gegenstandes durch den Ins-Verwalter hat die gleiche Wirkung wie die Beendigung des Insolvenzverfahrens: Parteiwechsel auf den Schuldner, § 265 ist unanwendbar (str.), BGHZ 46, 249, BL § 240, 24. Die Unterbrechung hingegen endet aus Gründen der Rechtsklarheit nicht schon mit der Freigabeerklärung des Ins-Verwalters an den Schuldner, sondern erst mit der Aufnahme durch den Schuldner oder dessen Prozessgegner (wichtig für den Wiederbeginn von Fristen, § 249), BGHZ 36, 258; BL a. a. O.

c) Allgemein: **Parteiwechsel** tritt ein, **wenn bei Partei kraft Amtes die Verwaltung beginnt oder endet** (Insolvenzverwalter § 80 InsO, Nachlassverwalter § 1984 BGB, Testamentsvollstrecker, §§ 2212, 2213 BGB, Zwangsverwalter bei Grundstücken, § 152 ZVG; ThP § 51, 25, 26), ThP 16 vor § 50; RoSG § 42, 4.

d) § 242: Eintritt der Nacherbfolge: gesetzlicher Parteiwechsel auf den Nacherben. § 242 gilt aber **nur** bei Aktivprozessen des Vorerben, der entweder **befreit ist** (§ 2136 BGB), oder mit Zustimmung des Nacherben verfügt hat (§ 2120 BGB), ThP § 242, 1.

Andernfalls (Aktivprozesse des nicht befreiten Vorerben, Passivprozesse schlechthin) bleibt der Vorerbe trotz Eintritts der Nacherbfolge Partei (bei dessen Tod gem. § 239 dessen Erben). Bei Aktivprozessen verliert der Vorerbe dann allerdings die Aktivlegitimation (er muss die Hauptsache für erledigt erklären, andernfalls Klageabweisung), bei Passivprozessen (insbes. wegen Nachlassverbindlichkeiten) gilt Weiterhaftung des Vorerben in den Grenzen von § 2145 BGB (dazu Pal. § 2145, 1). StJ § 242, 5 ff.

15.03 **2.** Fallgruppe 2: Der Parteiwechsel ist in folgenden Fällen nur gesetzlich *geregelt*. Ob es zum Parteiwechsel überhaupt kommt, hängt von Erklärungen der Parteien, also vom Parteiwillen ab (und nicht, wie nach Fallgruppe 1, bereits vom Eintritt eines Ereignisses, z.B. Tod). ThP 17 vor § 50:

§§ 265, 266: Übernahme des Prozesses durch den Rechtsnachfolger (Erwerber der veräußerten Sache). Dazu oben Rn. **10.**08 u. 16.

§§ 75–77: In der Praxis selten, zur Tenorierung in diesen Fällen: Furtner Urteil S. 257–262.

II. Der gesetzliche Parteibeitritt

Einzige gesetzliche Regelung: **§ 856 II.**   15.04

Ist eine Forderung (z.B. Gehaltsforderung des Schuldners) für mehrere Gläubiger gepfändet und an sie überwiesen, so können die Gläubiger vom Drittschuldner (Arbeitgeber) Hinterlegung verlangen (§ 853) und gem. § 856 I darauf auch Klage erheben.

Einer solchen Klage eines oder mehrerer Gläubiger gegen den Drittschuldner auf Hinterlegung kann sich ein weiterer Gläubiger durch einseitige zustimmungsfreie Erklärung gem. § 261 II anschließen, wodurch notwendige Streitgenossenschaft entsteht (ThP § 856, 2).

III. Der gewillkürte Parteiwechsel

Seine Behandlung ist mangels gesetzlicher Regelung seit langem umstritten. Im Vor-   15.05
dergrund stehen dabei **2 Problemkreise,** die auseinanderzuhalten sind (ThP 14 vor § 50):
- **Zulässigkeit der Parteiänderung?** Falls ja:
- **Fortwirkung** der bisherigen Prozessergebnisse, **Bindung** der neuen Partei daran auch ohne oder gegen ihre Zustimmung?

In den Fällen der gesetzlichen Parteiänderung (oben I und II) waren beide Fragen zu bejahen, bei der gewillkürten (Wechsel und Beitritt, III und IV) sind beide umstritten.

Zunächst die beiden Hauptmeinungen, sodann zur klausurmäßigen Behandlung ein durchgelöster Fall (unten 3).

1. BGH: Klageänderungstheorie

BGHZ **65, 267, 268** (guter Überblick); NJW 81, 989; 87, 1946; 96, 2799; 06, 1353 (Tz. 24).

a) Zulässigkeit:

Gewillkürter Parteiwechsel und -beitritt (beide werden also im Wesentlichen gleich- 15.06
behandelt) seien Klageänderungen und daher **direkt** nach oder jedenfalls **analog** §§ 263 ff. zu beurteilen, zulässig daher bei Sachdienlichkeit auch gegen den Willen der Beteiligten. Jedoch gelten Besonderheiten beim *Beklagten*wechsel (-beitritt):

aa) Klägerwechsel (in 1. und 2. Instanz): Er ist uneingeschränkt als Klageänderung anzusehen (BGHZ 65, 268). Nach BGH NJW 96, 2799 wird fehlende Zustimmung des Bekl. (§ 269 I) durch Sachdienlichkeit ersetzt (außer im besonders geregelten Falle des § 265 II 2).

bb) Beklagtenwechsel:

In **1. Instanz:** Hier ist Zustimmung nur des alten Beklagten erforderlich analog § 269 I. BGH NJW 06, 1353; 81, 989: „Dies folgt aus § 269 I ZPO. Danach hat der Beklagte von Beginn der mündlichen Verhandlung zur Hauptsache an einen Anspruch auf eine Sachentscheidung, der ihm ohne seine Zustimmung nicht mehr entzogen werden kann". Nach dieser grundsatzartigen Formulierung gilt das offenbar für Beklagtenwechsel in allen Fällen, also in 1. wie in 2. Instanz (obwohl Anlass dieser Entscheidung nur ein Bekl.-Wechsel in 2. Instanz war). Ohne diese Zustimmung bleibt der alte Bekl. Partei. Gegen ihn ist der Prozess fortzusetzen, ohne dass der Kläger einen bereits gestellten Antrag wiederholen müsste, da wegen der Einheit der mündlichen Verhandlung der gestellte Antrag fortwirkt (BGHZ 141, 193; ThP § 269, 12). I. d. R. führt das zu einem Sachurteil bzgl. des alten und einem Prozessurteil gegen den unzulässig eingewechselten neuen Beklagten (BGH NJW 81, 989).

In **2. Instanz:** Hier sind §§ 263 ff. (analog) nicht anwendbar (BGH NJW 81, 989). Erforderlich ist – neben der Zustimmung des alten Beklagten beim Parteiwechsel (analog § 269 I) – die Zustimmung des **neuen** Beklagten (sonst inwoweit Klageabweisung als unzulässig, BGH a. a. O.), dem nicht ohne seinen Willen eine Tatsacheninstanz verlorengehen solle.

Die Zustimmung des neuen Beklagten ist nur dann entbehrlich, wenn ihre Verweigerung *rechtsmissbräuchlich wäre*. Dies ist nach BGHZ 90, 19; BGH NJW 87, 1946 i. d. R. der Fall, „wenn ein schutzwürdiges Interesse des neuen Bekl. an der Weigerung nicht anzuerkennen und ihm nach der gesamten Sachlage zuzumuten ist, in den bereits im Berufungsrechtszug schwebenden Rechtsstreit einzutreten". So etwa, wenn der neue Beklagte in erster Instanz schon als Vertreter einer der Parteien dabei war und damit in dieser Funktion alle Verteidigungsmöglichkeiten wahrnehmen konnte (BGHZ 91, 134), oder der bisherige Bekl. gesetzlicher oder organschaftlicher Vertreter des neuen Bekl. (GmbH u. Co. KG) ist (BGH NJW 87, 1946).

b) Bindung der neuen Partei an die bisherigen Prozessergebnisse?

15.07 Grundsätzlich: **ja.** Die konsequente Anwendung der §§ 263 ff. führt dazu, dass nur die *personelle* Besetzung des Prozesses geändert wird, während die *sachliche* Prozesssubstanz (insbes. Beweisaufnahme, Parteierklärungen, ergangene Entscheidungen) unverändert bleibt.

Das kann zu Unbilligkeiten für die neue Partei (insbesondere beim Beklagtenwechsel) führen, die gegen ihren Willen in den Prozess gezwungen wird. Der BGH hat in NJW 96, 196 (= BGHZ 131, 76) die strenge Bindung gelockert und sich weitgehend dem Schrifttum angenähert. Die Ergebnisse des Prozesses bleiben hiernach grundsätzlich verwertbar (= Ausgangspunkt wie bisher), jedoch kann der neue Beklagte eine Ergänzung einer bereits durchgeführten Beweisaufnahme oder deren Wiederholung dann verlangen, wenn er sonst in seiner Rechtsverteidigung beeinträchtigt wäre. Hinsichtlich neuen Parteivortrags und neuer Beweismittel kann der neue Beklagte nicht mit der Begründung präkludiert werden, der ursprüngliche Beklagte könne damit nicht mehr gehört werden, weil diesem gegenüber infolge abgelaufener Fristen die Voraussetzungen der §§ 296, 528 etc. eingetreten seien. Damit ist eine weitgehende Annäherung der Standpunkte eingetreten, die sich vereinfacht etwa dahin abgrenzen lassen: BGH: verwertbar, aber nicht *gegen* die Zustimmung der neuen Partei, Literatur: nur *mit* deren Zustimmung.

2. Herrschende Meinung im Schrifttum: prozessuales Institut eigener Art (Theorie der Gesetzeslücke)

ThP 15 ff. vor § 50; Zöller 3, 19 ff.; Musielak 13 ff.; Müko-ZPO 67 ff.; BL 5 ff. zu § 263; StJ § 263, 48 ff.; RoSG § 42, 17, 20; Blomeyer § 114 V; Jauernig § 86 II.

a) Zulässigkeit

15.08 Nach h. M. liegt jenseits der gesetzlich geregelten Fälle eine **Gesetzeslücke** vor. Die Lückenausfüllung mache den gewillkürten Parteiwechsel und -beitritt zu einer eigenständigen Institution der ZPO.

Diese Lückenausfüllung müsse von den u. a. in **§ 265 II S. 2, § 269 I** enthaltenen Grundsätzen ausgehen:

– **Eintritt:** niemand müsse ohne seine Zustimmung einen laufenden Rechtsstreit übernehmen, wenn er an dessen – ohne ihn zustande gekommenen – Ergebnisse gebunden werden soll (ThP 15 vor § 50). Argument: § 265 II S. 2.

- **Ausscheiden:** Der Ausscheidende dürfe, wenn er schon zur Hauptsache verhandelt habe, entspr. § 269 I nicht ohne seine Zustimmung aus dem Prozess gedrängt werden, er hat Anspruch auf abschließende Sachentscheidung (allg. M., so auch BGH NJW 81, 989 trotz Klageänderungstheorie, ThP 22 vor § 50; Müko-ZPO § 263, 71, 77).

- § 263 (Sachdienlichkeit) wird von manchen als weiteres Kriterium herangezogen, um die Parteiänderung in einigen – aber nicht allen – Fällen auch ohne Zustimmung zuzulassen (so z.B. Müko-ZPO 67 ff.; StJ ab 22. Aufl., 48 ff. zu § 263), wodurch eine Art Mixtur mit der Klageänderungstheorie des BGH erfolgt, was die Sache noch unübersichtlicher macht, als sie es schon ist.

Aus diesen Grundsätzen ergeben sich die jeweiligen Zustimmungserfordernisse, die es – im Gegensatz zu der insoweit einfacher gelagerten Klageänderungstheorie – erforderlich machen, zwischen Parteiwechsel und -beitritt zu unterscheiden und dies je nach Instanz.

Einzelheiten zu den jeweiligen Zulässigkeitsvoraussetzungen: Siehe Überblick unten Rn. **15.15**.

Die Klageänderungstheorie der Rspr. wird im Schrifttum überwiegend abgelehnt, vor allem aus 3 Gründen. **Erstens:** die §§ 263 ff. seien nur auf die Veränderung des Streitgegenstandes selbst (bei gleich bleibenden Parteien) zugeschnitten (RoSG § 42, 17: Wer sollte z.B. beim Klägerwechsel die Klageänderung vornehmen?). **Zweitens:** die Anwendung der §§ 263 ff. (Sachdienlichkeit) führe zu einer grundsätzlichen Bindung der neuen Partei an den bisherigen Prozessverlauf auch ohne dessen Zustimmung, was gegen rechtsstaatliche Grundsätze verstoße. **Drittens:** für Beklagtenwechsel und Beklagtenerweiterung in der Berufung werde die Klageänderungstheorie (Sachdienlichkeit genügt!) aufgegeben (Einwilligung jetzt doch erforderlich), könne also nicht konsequent durchgeführt werden.

b) Bindung der neuen Partei an die bisherigen Prozessergebnisse?

Die Zulässigkeit der Parteiänderung ist streng zu trennen von der Frage der Bindungswirkung: der Parteiwechsel(-beitritt) kann zulässig sein, der neue Kläger ist infolge seiner Einwilligung stets, der widersprechende neue Beklagte hingegen nicht an die Prozessergebnisse gebunden (ThP 21, 22 vor § 50; Musielak § 263, 18; StJ § 263, 52, 55). | **15.09**

Einzelheiten zur Frage der Bindung: siehe Überblick unten Rn. **15.15**.

3. Zusammenfassender Fall: Beklagtenwechsel in 1. Instanz | **15.10**

K klagt vor dem AG gegen die OHG X auf Zahlung von € 4000,– Kaufpreis (Gesellschaftsschuld). Im Termin vom 1. 2. werden 3 Zeugen vernommen, die die Klageforderung bestätigen. Da K Bedenken wegen der Zahlungsfähigkeit der OHG und der Vollstreckungsmöglichkeiten gegen sie kommen, erklärt er mit Schriftsatz vom 15. 3. Parteiwechsel auf den Gesellschafter B, fügt eine gleich lautende (€ 4000,–) Klageschrift gegen B bei, diesem am 1. 4. zugestellt wird.
Die OHG erklärt sich mit dem Parteiwechsel einverstanden, B widerspricht, da er seiner Ansicht nach nur subsidiär hafte, müsse sich K erst einmal an die OHG wenden.

> I. **Zulässigkeit**
>
> 1. Die **Klage gegen B**
>   a) Ordnungsmäßigkeit der Klagerhebung, § 253: (+)
>   b) Zulässigkeit des Parteiwechsels:
>   – BGH: §§ 263 ff.: Zustimmung des neuen Beklagten B fehlt, aber Sachdienlichkeit ist zu bejahen, da es um ein und dieselbe Gesellschaftsschuld geht (§ 128 HGB). In zweiter Instanz allerdings wäre die Zustimmung des neuen Bekl. wegen des Verlustes einer Tatsacheninstanz erforderlich, außer ihre Verweigerung wäre rechtsmissbräuchlich (BGHZ 65, 268).

> – Lit.: Zustimmung der neuen Partei ist für die Zulässigkeit nicht erforderlich, da sie ja auch ohne Parteiwechsel ohne Zustimmung verklagt werden kann. Ihre Zustimmung ist aber für die Verwertung der Beweisaufnahme erforderlich (unten II.2.).
>
> c) Sachliche Zuständigkeit des AG: (+) (K will nur *einmal* € 4000,–, selbst bei Streitgenossenschaft würde nicht Addition gem. § 5 erfolgen, da wirtschaftliche Identität vorliegt: Gesellschaftsschuld, § 128 HGB).
>
> d) Sonstige Sachurteilsvoraussetzungen: (+)
>
> 2. Die **Klage gegen die OHG**
>
> Fraglich, ob noch rechtshängig (= noch Prüfungsobjekt):
>
> – BGH: § 269 I analog: die OHG musste dem Ausscheiden zustimmen, da schon zur Hauptsache verhandelt (BGH NJW 81, 989; 06, 1353). Hier: (+)
>
> – Lit.: § 269 I analog: wie BGH, also: (+)
>
> Über die Klage gegen die OHG ist also zur Zulässigkeit und Begründetheit **nicht mehr zu entscheiden.** Folge: entweder vorab Kostenbeschluss analog § 269 III S. 2, IV: „Der Kläger trägt die außergerichtlichen Kosten der vormals beklagten OHG" (ThP 22 vor § 50), oder: gleiche Kostenentscheidung im Endurteil.
>
> II. **Begründetheit**
>
> Zu prüfen ist nurmehr die **Klage gegen B**
>
> Anspruchsgrundlage: §§ 433 II BGB, 128 HGB
>
> 1. BGH: Der Klageanspruch ist im Prozess mit der OHG bewiesen, B ist nach Parteiwechsel an die Beweisaufnahme gebunden, die Klage hat Erfolg. B macht zur Vermeidung der grds. Bindungswirkung auch nicht (wie zulässig, BGH NJW 96, 197) geltend, die Beweisaufnahme müsse wiederholt werden, da er andernfalls in seiner Rechtsverteidigung beeinträchtigt wäre. B macht lediglich (rechtsirrig) subsidiäre Haftung geltend.
>
> 2. Lit.: Der Parteiwechsel ist zwar zulässig. Das Gericht muss aber nun B auffordern zu erklären, ob er der Verwertung der Beweisaufnahme zustimme, da eine konkludente Zustimmung nicht offensichtlich vorliegt. Stimmt B nicht zu, ist die Beweisaufnahme zu wiederholen (ThP 22 vor § 50). Es fehlt dann die *Entscheidungsreife.*

Die Entscheidung:

Folgt man dem BGH bzw. ergibt die nach der Lit. erforderliche Wiederholung der Beweisaufnahme dasselbe Ergebnis, ergeht nach dem zumeist schon zuvor erlassenen Kostenbeschluss gem. § 269 III S. 2, IV bzgl. der ausgeschiedenen OHG nunmehr **Endurteil nur gegen den jetzigen Bekl. B** (im Rubrum taucht wegen zulässigen Parteiwechsels die OHG entweder gar nicht mehr auf oder mit der Klarstellung: „... gegen B, vormals OHG X", vgl. oben Rn. **1.**06).

ENDURTEIL

I. Der Beklagte (= B) wird verurteilt, an den Kläger € 4000,– zu zahlen.

II. Kosten
   – BGH: Die Kosten des Rechtsstreits (also alle !) trägt der Beklagte *(§ 91).*
   – Lit.: Die Kosten der Beweisaufnahme vom 1. 2. trägt der Kläger (Kostentrennung analog § 96, da B dem Wechsel nicht zugestimmt hat, die Beweisaufnahme also nicht gegen ihn verwertbar ist). Die übrigen Kosten des Rechtsstreits trägt der Beklagte (= B).

III. Das Urteil ist gegen Sicherheitsleistung in Höhe von … vorläufig vollstreckbar *(§ 709 S. 1 bzw. S. 2).*

Ist – wie im **Klausurfall** i. d. R. – der **Kostenbeschluss bzgl. der ausgeschiedenen OHG noch nicht ergangen,** muss man den Kostenerstattungsanspruch der OHG in den Tenor einbeziehen (mit der Konsequenz, dass die OHG auch im Rubrum noch aufzuführen ist, da sie aus dem Urteil noch etwas vollstrecken kann, also bzgl. der Kosten noch Partei ist, vgl. oben Rn. **1.**06). Also:

ENDURTEIL

I. (wie oben)

II. Die außergerichtlichen Kosten der ausgeschiedenen OHG X trägt der Kläger *(§ 269 III S. 2, 269 IV analog).*

III. (wie oben zu II).

IV. Das Urteil ist vorläufig vollstreckbar, für den Kläger jedoch nur gegen Sicherheitsleistung in Höhe von … *(§ 709 S. 1 bzw. S. 2).*

(Zusätzlich:) Der Kläger kann die Vollstreckung aus Ziffer II abwenden durch SL in Höhe von … wenn nicht die OHG X vor der Vollstreckung SL in Höhe von … erbringt *(§§ 708 Nr. 11, 711 S. 1, 2).*

Abwandlung: Der schriftsätzlich erklärten und zugestellten Parteiänderung stimmen **15.11** weder B, noch die OHG zu, das Gericht verneint die Sachdienlichkeit.

I. **Zulässigkeit**

1. Die **Klage gegen B**

a) Ordnungsmäßigkeit der Klageerhebung, § 253: (+)

b) Zulässigkeit des Parteiwechsels

aa) **BGH:** §§ 263 ff.: Die Zustimmung des B fehlt, die Sachdienlichkeit wird vom Gericht verneint. Die Zustimmung der OHG (§ 269 I analog) fehlt. Der Pt-Wechsel ist danach unzulässig.

bb) **Lit.:** Die Zustimmung des neuen Beklagten (B) ist nicht erforderlich.
Zustimmung der alten Pt (OHG): erforderlich, verweigert. Unklar ist in Lit., ob die Zustimmung der alten Partei analog § 269 I lediglich für deren *Ausscheiden* gefordert wird, oder darüber hinaus auch als Zulässigkeitsvoraussetzung des „Rollentausches", also das *ersetzende* Einwechseln der *neuen* Partei. Für Letzteres spricht, dass der Kläger *sachliche* Prüfung ja nur gegen *eine* Partei will, das wirksame „Verschwinden" der alten Partei also Voraussetzung sein soll für den „Rollentausch". In dieser Richtung ThP 27 vor § 50: Am Prozessrechtsverhältnis beteiligt könne beim Parteiwechsel nur die alte oder neue Partei sein. Folgt man dieser Interpretation des Zustimmungserfordernisses der alten Partei (§ 269): Der Parteiwechsel ist also unzulässig (nach beiden Meinungen).

2. Die **Klage gegen OHG X**

Diese ist noch rechtshängig: die OHG ist mangels Einwilligung i. S. v. § 269 I analog nicht ausgeschieden.

Der Prozess geht gegen die alte Partei weiter (BGH NJW 98, 1497 m. w. N.), es ist also Zulässigkeit und Begründetheit der Klage gegen die OHG X zu prüfen:

a) Ordnungsmäßigkeit der Klageerhebung, § 253: (+)

b) Sachliche Zuständigkeit: € 4000,– (nicht § 5, da wirtschaftliche Identität der Streitgegenstände; im Übrigen setzt Addition bei § 5 voraus, dass der Verbund der Ansprüche zulässig ist, StJ § 5, 5, woran es hier wegen Unzulässigkeit des Pt-Wechsels fehlt.)

c) Sonstige Sachurteilsvoraussetzungen: (+)

II. **Begründetheit**

Zu prüfen hier nur noch: **Klage gegen die OHG.**

Anspruchsgrundlage: §§ 433 II BGB, 124 I HGB.

Nach der Beweisaufnahme ist die Klage voll begründet.

Entscheidung: Das Gericht muss über die alte Klage (OHG) *und* die neue (B) entscheiden, Grunsky VerfR § 13 IV 2 a: die Klage gegen die OHG ist (mangels § 269 I) **rechtshängig geblieben,** die gegen B ist nach allg. Regeln (§§ 253, 261 I) **rechtshängig geworden.**

Es muss also **Sachurteil** ergehen gegen die OHG (volle Verurteilung) und **Prozessurteil** gegen B (unzulässiger Parteiwechsel), so BGH NJW 81, 989; Müko-ZPO § 263, 98; RoSG § 42, 28. Also Effekt einer (ungewollten) Streitgenossenschaft.

Nach a. A. erlischt bei unzulässigem Parteiwechsel die Rechtshängigkeit bzgl. der neuen Partei rückwirkend wieder wie im Falle eines Hilfsantrags, der nicht zum Tragen kam (vgl. oben Rn. **8.**13), also mit rechtskräftiger Feststellung der Unzulässigkeit des Parteiwechsels, sodass Endurteil als Sachurteil nur zwischen den alten Parteien (K-OHG) ergeht (Zöller 25, 31; Musielak 16 zu § 263). Aber eine bedingte – von der Zulässigkeit des Parteiwechsels abhängige – Klage durch oder gegen einen Dritten ist unzulässig, weil mit dem Dritten noch kein Prozessrechtsverhältnis besteht, sodass keine innerprozessuale Bedingung vorliegt, weshalb diese Konstruktion m. E. nicht möglich ist (vgl. RoSG § 65, 24 ff.; Zöller 20 vor § 128).

IV. Der gewillkürte Parteibeitritt

1. Meinungsstand. Zu Einzelheiten vgl. Überblick unten Rn. **15.**15 ff.

15.12   **a) BGH: Klageänderungstheorie, §§ 263 ff.** Gewillkürter Parteiwechsel und -beitritt werden weitgehend gleichbehandelt.

Eine **Zustimmung** ist daher nur in **2. Instanz beim Beklagtenbeitritt** erforderlich, da dem neuen Beklagten eine Instanz verlorengeht.

Ausnahme: die Verweigerung der Zustimmung wäre rechtsmissbräuchlich.

Beispiel BGH NJW-RR 86, 356: Erweiterung der Klage in 2. Instanz auf den Ehemann der auf Schadenersatz verklagten Grundstücksverkäuferin. Die Weigerung des Ehemanns war rechtsmissbräuchlich, die Parteierweiterung zulässig. Zwar genüge nicht schon die bloße Informationsmöglichkeit über den Prozessverlauf 1. Instanz (die hat ja jeder Ehepartner). Aber nach der konkreten Lage des Einzelfalles war der Ehemann mit dem gesamten Prozessstoff vertraut, nach Verlauf und Ergebnis der 1. Instanz (Abweisg.) konnte gesagt werden, dass der Instanzverlust lediglich abstrakt war u. keine proz. Nachteile zu befürchten waren. Weiteres Bsp.: BGH NJW 87, 1946.

Bei **Unzulässigkeit** ergeht Prozessurteil bzgl. der unzulässig hereingezogenen neuen Partei (die §§ 263 ff. sind besondere Sachurteilsvoraussetzungen, daher Prozessurteil). Die Lit. hingegen kommt nur zur Prozesstrennung gem. § 145 (ThP 25 vor § 50).

Bindung der neuen, weiteren Partei an die bisherigen Ergebnisse.

Beispiel: BGHZ 131, 76 bejaht für den Fall einer parteierweiternden Widerklage („Drittwiderklage") nach durchgeführter Beweisaufnahme Bindung der neuen Partei an die Beweisergebnisse. Die neue Partei darf aber Wiederholung bzw. Ergänzung der Beweisaufnahme verlangen, wenn sie sonst in ihrer Rechtsverteidigung beschränkt wäre.

15.13   **b) Literatur:** Gewillkürter Parteibeitritt ist schlicht nachträgliche Begründung einer Streitgenossenschaft.

aa) In 1. Instanz ist er daher unter den gleichen Voraussetzungen zulässig, unter denen diese Streitgenossenschaft gleich von Anfang an hätte hergestellt werden können, also

– *Beklagtenbeitritt:* Klageschrift + §§ 59, 60 (also keine Zustimmungen erforderlich).

– *Klägerbeitritt:* Zustimmung des alten Klägers + §§ 59, 60.

ThP 25 vor § 50; Zöller 21, 27; Musielak 23; BL 14 zu § 263.

Wird die **Zulässigkeit** des Beitritts **verneint,** wird die neue Klage lediglich **abgetrennt** (§ 145), ThP 31 vor § 50; Zöller a. a. O.

bb) In **2. Instanz** str., h. M.:

– *Beklagtenbeitritt:* wie in 1. Instanz, zusätzlich aber Zustimmung des neuen Bekl. er-forderlich (Ausnahme wie BGH: Verweigerung wäre rechtsmissbräuchlich).

– *Klägerbeitritt:* wie in 1. Instanz (= Zustimmung des alten Klägers), zusätzlich ist die Zustimmung des Beklagten erforderlich.

Zöller § 263, 19; Blomeyer § 114 IV 2 b. Gänzlich ablehnend für 2. Instanz, da mangels funktioneller Zuständigkeit ein neues Prozessrechtsverhältnis nicht vor einem Rechtsmittelgericht begründet wer-den könne (Klage wäre also bzgl. Erweiterung unzulässig): ThP 26 vor § 50; BL § 263, 14.

cc) Keine Bindung der neuen Partei an die bisherigen Prozessergebnisse, außer bei allseitiger Zustimmung, der Prozess gegen sie beginnt völlig neu, Musielak § 263, 27; Blomeyer § 114 IV 1 a, 2 a. Nach ThP 25 vor § 50 soll der neue Kläger stets, der neue Beklagte grds. nicht gebunden sein.

Vernehmungsprotokolle jedenfalls bleiben im Urkundenbeweis verwertbar (Blomeyer § 114 IV 1 a, näher: ThP § 286, 10, 11).

15.14 2. Zusammenfassender Fall: Beklagtenbeitritt in 1. Instanz

K hat die OHG X auf Bezahlung einer Kaufpreisschuld von € 4000,– verklagt. Es werden 3 Zeugen vernommen, die die Klageforderung bestätigen. Nunmehr erstreckt K die Klage mit zugestelltem Schriftsatz auch auf den Gesellschafter B. B widersetzt sich seiner Einbeziehung in den Prozess, nicht aber der von K angebotenen Verwertung der Zeugenaussagen im Urkundenprozess.

Lösungsskizze:

> I. **Zulässigkeit**
>
>   1. **Klage gegen die OHG X**
>
>   a) Ordnungsmäßigkeit d. Klageerhebung, § 253: (+)
>
>   b) Parteifähigkeit: § 124 I HGB
>
>   c) Gesetzliche Vertretung der prozessunfähigen OHG: (+) (§ 125 HGB, ThP § 51, 6, § 52, 4)
>
>   d) Sachliche Zuständigkeit: € 4000,– (nicht § 5, da wirtschaftliche Identität in beiden Prozessen: dieselbe Gesellschaftsschuld)
>
>   2. **Klage gegen den Gesellschafter B**
>
>   a) Ordnungsmäßigkeit der Klageerhebung: § 253: (+)
>
>   b) Zulässigkeit des gewillkürten Parteibeitritts?
>
>   – BGH: Klageänderungstheorie (§§ 263 ff.): zwar keine Einwilligung des B, aber die Parteierweiterung ist sachdienlich.
>
>   – Lit.: Zulässig unter den Voraussetzungen der §§ 59, 60.
>
>   c) Sonstige Sachurteilsvoraussetzungen: (+)
>
> II. **§§ 59, 60,** sowie § 260 analog (vgl. Rn. **13**.05): Verbindungsvoraussetzungen (bei Verstoß nur: Trennung, § 145). Hier: (+)
>
> III. **Begründetheit**
>
>   1. **Klage gegen die OHG**
>
>   Entscheidungsreif. Nach der Beweisaufnahme ist der Klage voll stattzugeben (§§ 433 II BGB, 124 I HGB).
>
>   2. **Klage gegen den Gesellschafter B**
>
>   Nach beiden Meinungen entscheidungsreif. BGH: Fortwirkung der Verfahrensergebnisse, kein Einwand des B, in der Rechtsverteidigung beschränkt zu sein. Lit.: jedenfalls bleibt der Urkundenbeweis. Klage also voll begründet.
>
>   Zum Tenor: OHG und Gesellschafter sind zwar nicht Gesamtschuldner, werden aber zweckmäßigerweise „*wie* Gesamtschuldner" verurteilt (s. oben Rn. **13**.10; Baumbach-Hopt § 128, 39 m. w. N.).

V. Zusammenfassende Übersicht zur Parteiänderung

1. Die **Rechtsprechung:** Klageänderungstheorie   **15.15**

1. Instanz

Parteiwechsel

Parteibeitritt

§§ 263 ff. analog
(Sachdienlichkeit genügt
also) BGHZ 65, 268

Klägerwechsel
Klägerbeitritt

2. Instanz
(vgl. BGHZ 65, 268)

§§ 263 ff. analog, Sach-
dienlichkeit ersetzt also Einwilligung des Beklagten
(BGHZ 155, 25)

Beim Beklagtenwechsel
erfordert aber dessen Ausscheiden seine Zustimmung
analog § 269 I.
So BGH NJW 81, 989
grundsätzlich, also offenbar
für 2. wie für 1. Instanz.
Ebenso BGH NJW 06, 1353.
Konsequenterweise müsste
§ 269 I auch beim Kläger-
wechsel gelten in 1. und
2. Instanz, doch BGH NJW
96, 2799 lässt Sachdienlichkeit
genügen.
Unzulässig ist bedingter,
hilfsweiser Parteiwechsel für
den Fall der Erfolglosigkeit
bzgl. der alten Parteien
(= Prozessurteil bzgl. der
geänderten Klage, da die
Begründung eines Prozess-
rechtsverhältnisses nicht in der
Schwebe bleiben darf), BGH
NJW-RR 04, 640.

Beklagten-
wechsel
Beklagten-
beitritt

§§ 263 ff. hier nicht an-
wendbar, vielmehr:

– Zustimmung des neuen
Beklagten erforderlich
wegen Verlusts einer
Tatsacheninstanz
(Ausnahme:
Verweigerung wäre
Rechtsmissbrauch)

– Beim Beklagtenwechsel
erfordert dessen
Ausscheiden seine
Zustimmung analog
§ 269 I (BGH NJW 81,
989; BAG NJW 10, 2909)

Wirkung

Grundsätzlich Bindung der neuen Partei an die bisherigen Prozessergebnisse, die neue Partei kann
aber Wiederholung verlangen, wenn sie sonst in der Rechtsverteidigung beschränkt wäre (BGH NJW
96, 196 = BGHZ 131, 76).

2. Die h. M. im Schrifttum: Prozessuales Institut eigener Art

15.16   a) **PARTEIWECHSEL:**

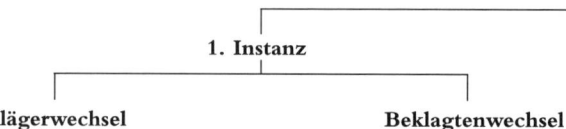

1. Instanz

Klägerwechsel   **Beklagtenwechsel**

Zulässigkeit:	**Zulässigkeit:**
1. Zuzustellende Erklärung des **neuen** K (nicht § 261 II 1. Alt., Zöller § 263, 26, str.)	1. Klageschriftsatz an neuen B (§ 261 II gilt nicht für personelle Änderungen, da bzgl. Dritter noch kein rechtshängiges Prozessverhältnis besteht; Zöller § 263, 26).
2. Zust. des ausscheidenden **alten** K. (Kein Hinausdrängen ohne seine Zust.) ThP 21 vor § 50	2. Zust. des **alten** B, wenn schon zur Haupts. verhandelt, analog § 269 I (ThP 22 vor § 50).
3. Zust. des B analog § 269 I wenn mit altem K schon zur Haupts. verhandelt war, da dann Anspr. auf SachE. Für die Zust. gilt § 267 analog (ThP a. a. O.).	3. **Keine** Zustimmung des **neuen** B erforderlich, da auch gesonderte Klage gegen ihn ohne Zust. möglich. Aber sie ist für Verwertung d. bisherigen Prozessergebnisse nötig (ThP a. a. O.), also:

Wirkung bei zulässigem Parteiwechsel:

– Die bisherigen Ergebnisse gelten für und gegen den neuen Kläger fort.
– Aber Geständnis des Vorgängers widerrufbar.
– Materiellr. Folgen der Rechtshängigkeit (Verjährg etc.) erst ab Eintritt des neuen K, Jauernig § 86 II, ThP a. a. O.

Zu differenzieren: neuer Beklagter stimmt der Verwertung der bisherigen Prozessergebnisse

zu   nicht zu

wie bei Klägerwechsel

völlig neu zu verhandeln, die bisherigen Prozessergebnisse verfallen. (ThP 22 vor § 50).

Entscheidung: Parteiwechsel ist

zulässig

1. Es ergeht **EndU nur unter den neuen Parteien** (im Verhältnis zur ausscheidenden Pt beendet der Wechsel die RHängigkeit der Hauptsache, Müko-ZPO § 263, 94). Auch die KostenE ergeht idR nur unter den neuen Parteien, da bzgl. der ausgeschiedenen idR vorab Kostenbeschluss analog § 269 IV ergeht. Im Rubrum taucht dann die alte Pt nicht mehr auf (ThP 28 vor § 50).
2. Bzgl. des **Ausgeschiedenen** gilt: Kostenbeschluss analog § 269 IV vorab oder Entscheidung im Endurteil:
   Klägerwechsel: Ausgeschiedener Kläger trägt analog § 269 III S. 2 die Mehrkosten, die er dem B verursacht hat (Müko-ZPO 109; BL 15 zu § 263).
   Beklagtenwechsel: K trägt die außergerichtlichen Kosten des ausgeschiedenen Bekl., ebenfalls analog § 269 III S. 2 (Müko-ZPO 109, BL 16 zu § 263; RoSG § 42, 29). Sonderfall: bei Rechtsnachfolge mit Beklagtenwechsel i. F. § 265 II 2 ergeht die KostenE, da vom Kläger nicht herbeigeführt, analog § 91 a (BGH NJW 06, 1351, Rn. 26, 28).

2. Instanz

Klägerwechsel

Zulässigkeit

wie in 1. Instanz
(ThP 23 vor § 50)

Beklagtenwechsel

Zulässigkeit:
Zustimmung **aller** Beteiligten nötig (ThP 23 vor § 50):
1. Klageschriftsatz an neuen B als Erklärung des K
2. Zustimmung des **alten** B stets, weil stets schon jedenfalls in
   1. Instanz zur Haupts. verhandelt wurde, § 269 I
3. Zustimmung des **neuen** B wegen Verlustes einer Tatsacheninstanz
   (entbehrlich bei Rechtsmissbrauch).

Wirkung bei zulässigem Parteiwechsel:
wie in 1. Instanz, ThP 23 vor § 50

unzulässig
1. Der **ursprüngliche Prozess geht weiter,** insoweit Endurteil zwischen den **alten** Parteien
   (Müko-ZPO § 263, 98).
2. Bzgl. des **neuen** Klägers (Beklagten) ergeht wegen des unzulässigen Parteiwechsels Prozessurteil
   (nicht etwa Wechsel unbeachtlich, da ja RHängigkeit eingetreten ist mit Zustellung). Also Effekt
   einer ungewollten Streitgenossenschaft.
   Müko-ZPO § 263, 98; RoSG § 42, 28. Nach a. A. tritt insoweit rückwirkender Wegfall der
   Rechtshängigkeit ein (Zöller 25, 31; Musielak 16 zu § 263, aber m. E. nicht zutreffend, oben
   Rn. **15.**11 a. E.).

15.17

b) PARTEIBEITRITT:

1. Instanz | **2. Instanz**

Durch Klage   gem. § 147

Zulässigkeit
- Klägerbeitritt:
  Zustimmung des bisherigen K **und**
  Voraussetzungen von §§ 59, 60
  (ThP 25 vor § 50).
- Beklagtenerweiterung:
  Keine Zustimmung des alten u. weiteren
  Bekl. Lediglich Klageschrift + §§ 59, 60
  (ThP a. a. O.).

Zulässigkeit str.:
- Meinung 1:
  stets unzulässig, weil erstinstanzliche Klage
  vorliegt, für die es an funktioneller Zuständigkeit fehlt (ThP 26 vor § 50; BL § 263, 14).

- Meinung 2:
  Mit Zustimmung des weiteren Beklagten bei
  Beklagtenerweiterung bzw. Zustimmung von
  Beklagten u. bisherigem Kläger bei Klägerbei-
  tritt (Musielak § 263, 24).

Wirkung bei zulässigem Beitritt:

Der Prozess beginnt für und gegen die neue Partei **ohne Bindung** an die bisherigen Prozessergebnisse, mit ihr ist völlig neu zu verhandeln, außer bei allseitiger Zustimmung (Blomeyer § 114 IV 1, 2; Musielak § 263, 27). Nach ThP 25 vor § 50 stets Bindung des neuen Klägers, nicht aber des Beklagten. Vernehmungsprotokolle jedenfalls bleiben im Urkundenbeweis verwertbar, der Gegner kann auf (nochmaliger) Vernehmung bestehen (dazu ThP § 286, 10, 11).

Entscheidung: der Beitritt ist

zulässig

Endurteil mit allen jetzigen Beteiligten

unzulässig

weil
- §§ 59, 60 nicht erfüllt: Abtrennung § 145
- Unzulässig in 2. Instanz (= Meinung 1): ProzessU
  bzgl. Erweiterungsklage (ThP 26 vor § 50).

§ 16 Die Beteiligung Dritter am Rechtsstreit, §§ 64 ff.

(Kurzübersicht)

§§ 64, 65
Hauptinter-
vention (selten,
daher hier nicht
erläutert)

§§ 66–71
Nebenintervention (Streithilfe)

§§ 72–77
Streitverkündung
Der Empfänger kann:

16.01

einfache
(unselbst-
ständige)

streitgenössische, § 69
(selbstständige)
Beispiel: der Erbunwür-
digkeitsklage gegen den
Erben (§ 2342 BGB)
können sich weitere
Anfechtungsberechtigte
(§ 2341 BGB) als
streitgen. NI anschließen.

Er ist gleichfalls nicht
Partei, sondern NI, aber
selbstständiger.
Hauptunterschiede:
– Er kann im Wider-
  spruch zur Hauptpartei
  handeln (Bestreiten,
  was diese zugesteht)
  ThP § 69, 6.
– Vernehmung als Partei.
– Es läuft für ihn eigene
  R.Mittelfrist.
– KostenE: § 101 II
  → § 100
  (wie eine Partei!).

untätig
bleiben

§§ 74
III, 68

bei-
treten

= NI
§§ 74 I, 66

Parteiwechsel
auslösen
§§ 75–77

§ 75 § 76 § 77

Einzelheiten:
nachfolgend § 17

Einzelheiten:
nachfolgend § 18

§ 17 Die Nebenintervention (Streithilfe), §§ 66–71

Die **Nebenintervention** (NI) ist die Beteiligung eines Dritten an einem fremden 17.01
Rechtsstreit im eigenen Namen (Gegensatz: Vertreter), jedoch nicht als Partei (Gegen-
satz: Streitgenossenschaft), sondern nur „zum Zwecke der Unterstützung" einer der
Hauptparteien.
Zum Verständnis der Rechtsfigur des NI (warum eigentlich? Befugnisse?) muss man
sich seine **Interessenlage** klarmachen. Dieser Interessenlage wegen ist die NI in der
Praxis zumeist Reaktion auf eine Streitverkündung: **es geht um die Interventions-
wirkung, § 68.**

17.02 **Einführendes Beispiel:** Käufer K klagt gegen seinen Verkäufer V auf Kaufpreisrückgewähr, da der PKW schon bei Übergabe infolge eines zunächst unbemerkten Getriebeschadens fehlerhaft gewesen sei. V bestreitet die Fehlerhaftigkeit bei Gefahrübergang. Da V den PKW selbst nur für einige Stunden in Besitz gehabt hat, müsse – wenn K recht habe – V seinerseits von seinem Lieferanten L fehlerhaft beliefert worden sein, weshalb er V seinerseits gegen L Gewährleistungsrechte hätte.

V verkündet daher dem L den Streit (§ 72), L tritt dem V bei, da er sich im Zugzwang sieht durch die drohende Interventionswirkung des § 68: wird im Prozess K/V festgestellt, dass Getriebeschaden bei PKW-Übergabe vorlag, so steht diese Einzeltatsache auch bindend fest im Verhältnis V zum Streitverkündeten L und zwar selbst dann, wenn L gar nicht beitreten sollte, § 74 III.

L muss daher befürchten, dass V den Prozess mit wenig Engagement führt: entweder gewinnt V (Klage wird abgewiesen), oder er wird verurteilt, dann hat er jedenfalls einen Regressanspruch gegen L, dessen Grundvoraussetzungen der jetzige Kläger K erkämpft hat und die nun über § 68 gegen L wirken. V wird daher kaum mit letztem Einsatz kämpfen (die Praxis belegt das auch: oft ist es nur der beigetretene Streitverkündungsempfänger, der das – erfolgreiche – RMittel eingelegt hat, vgl. z. B. BGHZ 76, 299). Da ist es schon besser, wenn L seine Position selbst aktiv vertritt. Das Gesetz gibt ihm auch – wegen der harten Folgen aus § 68 – diese Möglichkeit durch § 67: er kann die Rechte wahrnehmen fast wie eine Partei neben V, tut dieser nichts, handelt L mit Wirkung für V (ThP § 66, 1), aber nur „fast": widerspricht V (z. B. das von L beantragte SV-Gutachten ist ihm zu teuer), so ist nur das Verhalten der Hauptpartei (V) maßgeblich, da der Streithelfer nur „unterstützen", nicht aber widersprechen darf. Das Gutachten wird dann also nicht erholt, aber tröstend für L: die Hauptpartei V hat sein Verteidigungsmittel verhindert, den L trifft daher insoweit nicht die Interventionswirkung aus § 68 (dort HS 2): L kann im Regressprozess des V gegen L einwenden, dass der Vorprozess ungenügend geführt worden ist, die Sach- und Beweislage ist insoweit noch offen.

17.03 Wie das Beispiel zeigt, geht es bei der NI (und der Streitverkündung) um **2 Abschnitte:**
– **den Vorprozess**

Dies ist der Hauptprozess unter Beteiligung des NI (oder bei Streitverkündung: nach Aufforderung zum Beitritt, wobei auch ohne Beitritt die Interventionswirkung des § 68 droht). Rechtsprobleme dabei: Voraussetzungen des Beitritts, Rechtsstellung des NI (was darf er tun, was nicht?), das Urteil. **Dazu unten I.**

– **den Folgeprozess**

Das ist der danach folgende Regress-Prozess der unterstützten Hauptpartei gegen den vormaligen NI (bzw. mangels Beitritts: des Streitverkünders gegen den Streitverkündeten). Hier geht es um das Zentralproblem: die Interventionswirkung gem. § 68. **Dazu unten II.**

I. Der Vorprozess

1. Der Beitritt

17.04 Er erfolgt (auch in Reaktion auf Streitverkündung) durch **Einreichung** eines Schriftsatzes (bei Anwaltszwang also über RA, § 78) mit dem Inhalt des § 70 I. Eine Glaubhaftmachung (§ 294, z. B. eidesstattl. Versicherung) des rechtlichen Interesses ist *zunächst* nicht erforderlich (wird es nur, *falls* es zu dem Zwischenstreit gem. § 71 kommt, ThP § 70, 3).

Bereits mit der *Einreichung* ist der Beitritt bewirkt (selbst wenn formfehlerhaft), nicht erst mit der Zustellung, § 70 I S. 1 (ThP § 66, 9, 12).

17.05 Die **Voraussetzungen** (§§ 66 I, 70) werden grds. nur auf Rüge (= Antrag gemäß § 71) geprüft, ausgenommen die Prozesshandlungsvoraussetzungen (der Beitritt ist eine Prozesshandlung), die wie stets v. A. w. zu prüfen sind, also insbes. Partei-, Prozess-, Postulationsfähigkeit (§ 78), BGHZ 165, 358; ThP § 66, 10.

Hierzu folgende **Übersicht:**

> **Prüfung von Amts wegen:**
> 1. Vorliegen einer Beitrittserklärung (Auslegung).
>   Prüfung der Form des § 70 erst auf Antrag (§ 71), BGHZ 38, 111.
> 2. Persönliche Prozesshandlungsvoraussetzungen (§ 78 I, Partei- u. Prozessfähigkeit).
>   Bei Fehlen erfolgt Zurückweisung des Beitritts als unzulässig durch einen nach § 567 anfechtbaren Beschluss, nicht nach § 71, da Prüfung v. A. w. (h. M., ThP § 66, 10).

Alles Übrige (also die besonderen Voraussetzungen der NI) wird nur auf Antrag und nur im Verfahren nach § 71 (Glaubhaftmachung) geprüft (BGHZ 165, 358).

Also:

dem Beitritt   widerspricht

niemand

Der NI wird dann ohne ausdrückliche Entscheidung, also stillschweigend zugelassen.

eine **Hauptpartei**

Widerspruch/Rüge = Antrag gem. § 71, der zu Zwischenstreit mit Zwischenurteil führt. Geprüft wird dort:
- Form der Beitrittserklärung (§ 70)
- Rechtsstreit zwischen Anderen muss schon und noch anhängig sein (§ 66 I).
  Beitreten können z. B. der OHG deren Gesellschafter (str. aber bzgl. der Vertretungsberechtigten, vgl. Zöller § 66, 5)
- Rechtliches Interesse am Obsiegen der unterstützten Partei (§ 66 I) muss glaubhaft (§ 294) gemacht werden (§ 71 I 2).
  Hauptfall: Regressanspruch der unterstützten Partei gegen den NI bei Prozessverlust (ThP § 66, 5).
- § 295 I: Mängelheilung für diese 3 Voraussetzungen möglich, wegen § 295 II nicht aber für die v. A. w. zu prüfenden obigen 2 Voraussetzungen

Entscheidung (§ 71 II)

Zwischenurteil
(§ 71 II)

Zwischenurteil **verbunden mit** dem **Endurteil,** bleibt aber auch dann Zwischenurteil (= sofortige Beschwerde, § 71 II). Zöller § 71, 5

Dazu Beispiel unter 4.

2. Die Rechtsstellung des einfachen NI, § 67

Der NI ist weder Partei noch Vertreter der unterstützten Partei, sondern Dritter, der **17.07** **im eigenen Namen kraft eigenen Rechts** handelt.

Kraft dieses eigenen Rechts (§ 67) kann er alle Prozesshandlungen, die der unterstützten Partei zustehen, „wirksam vornehmen", d. h. mit der Wirkung, **als hätte sie die**

Hauptpartei selbst vorgenommen (BGH NJW 85, 2480), jedoch solche **nicht, die im Widerspruch zur Hauptpartei** stehen: sie wären dann unwirksam (ThP § 67, 6, 11).

In diesen Befugnissen sowie in der Tatsache, dass dem NI im Urteil nichts zu- oder aberkannt werden darf, liegen die Hauptunterschiede zur einfachen Streitgenossenschaft, vgl. dort § 61: Der Streitgenosse ist nicht Vertreter eines anderen, seine Prozesshandlungen wirken daher nur in seinem eigenen Prozessrechtsverhältnis (oben Rn. 12.02–04; ThP § 61, 5). Aus diesem Grunde muss bei notwendiger Streitgenossenschaft § 62 I zu einer Unterstellung (Fiktion) der Vertretung greifen, die auch nur beschränkt gilt zur Abwendung der Säumnis.

Zur Rechtsstellung des einfachen NI folgender **Überblick:**

17.08 a) Befugnisse, Position:

– **Säumnis der Hauptpartei:** NI wendet VU ab, wenn er verhandelt.

> Ohne Ladung des NI ist wegen § 71 III die Hauptpartei nicht ordnungsgemäß geladen, § 335 I Nr. 2: kein VU (ThP § 67, 7, 8; StJ § 67, 13, 19).

– Als **Zeuge** kann er vernommen werden (nicht: Parteivernehmung, anders § 69).

– **Behaupten, Bestreiten, Beweisantritt:**
 Kann er selbstständig (ohne Rücksprache) vorbringen mit Wirkung für die Partei, dadurch z.B. Beweisaufnahme auslösen. Aber er darf nichts Gegensätzliches zur Hauptpartei tun: keine ihr widersprechenden anderen Tatsachen behaupten. Das, was die Hauptpartei „unstreitig gestellt" hat, kann er nicht mehr bestritten machen und so Beweisaufnahme erzwingen.

> Grundsätzlich: jede Erklärung des NI in der mdl. Verhandlung verliert ihre Wirkung, wenn sie die Hauptpartei sofort widerruft.

– Im **Zweifelsfall** aber ist nicht davon auszugehen, dass eine Prozesshandlung des NI im Widerspruch zur Hauptpartei steht und deshalb unwirksam ist, BGHZ 165, 358: Auch bei Untätigkeit der Hauptpartei kann der NI eigene Prozesshandlungen wirksam solange vornehmen, wie sich ein entgegenstehender Wille der Hauptpartei nicht feststellen lässt. **Im Zweifel also wirksam** (ThP § 67, 13).

– Dem NI kann von der Hauptpartei die gesamte **Prozessführung** *faktisch* allein überlassen werden.

> **Beispiel:** die unterstützte Hauptpartei hat in 1. Instanz verloren und will sich weiter nicht mehr aktiv beteiligen, lässt aber zu (sonst wegen Widerspruchs zur Hauptpartei unzulässig!), dass ihr Streithelfer Berufung einlegt: alle in der Berufung abgegebenen Erklärungen etc. des NI wirken für und gegen die passiv bleibende Hauptpartei (die aber weiterhin allein die Parteirolle hat), StJ § 67, 14.

– **Fristen:** sie laufen nie gesondert für den einfachen NI (anders § 69!), **maßgebend ist allein die Frist, die für die Hauptpartei läuft,** z.B. ab Zustellung an diese für: Einspruch, Berufung, § 296 (Verspätungspräklusion). BGH NJW 91, 229: keine gesonderte RMittelfrist für den einfachen (!) Streithelfer, arg. § 67.
 Also: der NI kann die Frist nur wahren, sofern sie für die Hauptpartei noch offen ist.

– **§ 296 (Verspätungspräklusion):** der NI kann die drohende Präklusion abwenden, wenn wenigstens *er* innerhalb der – für die Hauptpartei laufenden – Frist rechtzeitig vorträgt.

Aber: Beweismittel etc., mit denen die säumige Hauptpartei bereits gem. § 296 präkludiert ist, können nicht nachträglich vom NI geltend gemacht werden: gem. § 67 muss er den Rechtsstreit in der Lage (= § 296) übernehmen, in der er sich bei Beitritt befindet (ThP § 67, 12 m. w. N.).

– **Urteil**
Da er nicht Partei ist, kann **ihm nichts zugesprochen, er kann aber auch nicht verurteilt** werden (ThP § 67, 2). Aber: Kosten § 101. Im Rubrum ist der NI nach der von ihm unterstützten Hauptpartei aufzuführen, s. Musterbeispiel oben Rn. **1.**13.

b) Beschränkungen:

Der NI darf folgendes **nicht** (seine Handlung wäre sonst unzulässig, es sei denn, **17.09** die Hauptpartei ist doch damit einverstanden, wobei spätere Genehmigung nach BL § 67, 4 möglich, nach StJ § 67, 15 nicht möglich ist), vgl. ThP 11 ff.; StJ 9 zu § 67.
– die Klage ändern, erweitern, beschränken, zurücknehmen;
– Rechtsmittel der Hauptpartei zurücknehmen, BGH NJW 85, 2480;
– Widerklage oder Zwischenfeststellungs(wider)klage (§ 256 II) erheben;
– anerkennen, § 307;
– die Hauptsache für erledigt erklären oder einen Vergleich allein schließen;
– gegen den Willen der Hauptpartei Rechtsmittel überhaupt erst einlegen, BGHZ 49, 188. Tut er es doch, muss der Einspruch, die Berufung etc. als unzulässig verworfen werden (Müko-ZPO § 101, 19).

Anders und zulässig aber bei *streitgenössischer* NI, § 69, z. B. i. F. einer Erbunwürdigkeitsklage, § 2342 BGB: Hier gilt der NI als Streitgenosse und kann wie solcher ungeachtet eines Widerspruchs Angriffs- u. Verteidigungsmittel geltend machen und RMittel einlegen (ThP § 69, 7).

Aber ein **bloßes Untätigbleiben der Partei** (sie legt selbst kein RMittel ein), darf ebenso wie **17.10** die isolierte (vgl. nachstehenden Überblick zu 2) Rücknahme eines von der Partei schon eingelegten RMittels **nicht schon als solcher Widerspruch ausgelegt** werden (ThP § 67, 16; BGH NJW 89, 1357; BGHZ 165, 361; 76, 302): aus der Tatsache, dass die Partei ihre Berufung im Laufe des Verfahrens zurückgenommen hat, nachdem der NI gleichfalls Berufung eingelegt und das Berufungsverfahren betrieben hat, folgt nicht schon, dass die Partei mit der Berufung des NI nicht einverstanden sei. Arg.: damit zieht sich die Hauptpartei nur aus dem weiteren **Kostenrisiko** zurück, denn ab ihrer Nichtbeteiligung trägt der (erfolglose) NI alle Rechtsmittelkosten analog § 97 I alleine (RGZ 97, 216; ThP 6a; Müko-ZPO 19 zu 101).

Überblick: Legen Partei und NI Berufung ein, handelt es sich um ein einheitliches RMittel (das **17.11** der Partei), die RLage ist vergleichbar der bei wiederholter RMitteleinlegung durch die Partei (s. Rn. **26.**12; ThP § 519, 10, 11; BGH NJW 93, 2944; 85, 2480; 82, 2069):

(1) Die RMittelschrift des NI erhält selbstständige Bedeutung erst, sobald feststeht, dass das von der Partei eingelegte RMittel unzulässig ist (z. B. mangels Begründung), BGH NJW 85, 2480.

(2) Die Partei kann *isoliert* einen von mehreren Einlegungsakten „zurücknehmen", z. B. isoliert *nur* ihre *eigene* Berufungsschrift und der Berufung der NI *nicht widersprechen,* worauf dieser das Rechtsmittel zulässig weiterführen kann, BGH NJW 89, 1357.

(3) Nimmt allerdings die Hauptpartei ihr RMittel zurück und *widerspricht* dem für sie vom NI eingelegten, so bleibt das RMittel zwar – wegen seiner Einheitlichkeit (der NI hat es nicht zurückgenommen) – weiter anhängig, das des NI ist dann die alleinige Verfahrensgrundlage, aber es ist wegen ausdrücklichen Widerspruchs zur Hauptpartei (§ 67) auf Kosten des NI (analog § 97 I) als unzulässig zu verwerfen, BGH NJW 93, 2944; BGHZ 92, 279.

– Materiellrechtliche RGeschäfte: der NI darf nicht in die materielle Rechtszuständigkeit der Hauptpartei eingreifen, also nicht deren mat. Rechte ausüben, wie z. B. Anfechtung, Rücktritt, Aufrechnung mit Forderungen der *Hauptpartei* (wohl aber mit *eigenen*). Wegen der Doppelnatur des Prozessvergleichs (h. M.) kann er solchen nicht allein schließen, sondern sich daran nur neben der Hauptpartei beteiligen (ThP 15; StJ 10 zu § 67).

3. Das Urteil

a) Rubrum:

17.12 Der NI ist unmittelbar nach der unterstützten Partei aufzuführen (vgl. Musterbeispiel oben Rn. **1**.13).

b) Hauptsacheentscheidung:

17.13 Dem NI wird nichts zugesprochen, er kann auch nicht verurteilt werden.

c) Kostenentscheidung:

Wegen der Kostentrennung gemäß § 101 I hat man streng zu differenzieren nach den Kosten der NI und denen des Rechtsstreits.

17.14 **aa)** Die Kosten des **Rechtsstreits** sind die Gerichtskosten und die RA-Kosten der Parteien. Diese werden gemäß **§§ 91 ff.** unter den Hauptparteien je nach Unterliegen aufgeteilt.

17.15 **bb)** Die Kosten **der NI (§ 101 I)** sind die RA-Kosten des NI, dessen Fahrtauslagen und die Mehrkosten seiner Zuziehung (z. B. Zustellkosten). Nach § 101 I gilt infolge der Verweisung auf §§ 91–98 der **Grundsatz der Kostenparallelität,** wonach der Kostenerstattungsanspruch des NI inhaltsgleich ist mit dem der von ihm unterstützten Partei, sich also nach der Kostenregelung unter den Hauptparteien richtet (BGHZ 154, 354; BGH NJW-RR 04, 1506).

Danach gilt: Die Kosten der NI trägt dieser *selbst,* wenn und soweit die von ihm unterstützte Hauptpartei (z. B. der Bekl.) unterliegt, andernfalls der unterliegende *Gegner* (z. B. abgewiesene Kläger), **nie die unterstützte Hauptpartei.**

17.16 **Beispiele:** Der NI ist auf Seiten des Beklagten beigetreten. Tenorierung:

(1) Die Klage wird abgewiesen: „Der Kläger trägt die Kosten des Rechtsstreits und die der Nebenintervention."

(2) Der Klage wird voll stattgegeben: „Der Beklagte trägt die Kosten des Rechtsstreits, der NI die durch die NI verursachten Kosten selbst."

(3) Der Klage wird zu $^1/_3$ stattgegeben: „Von den Kosten des Rechtsstreits trägt der Kläger $^2/_3$, der Beklagte $^1/_3$. Von den Kosten der NI trägt der Kläger $^2/_3$, im Übrigen trägt sie der NI selbst."

(4) Die Kosten werden gegeneinander aufgehoben (im Urteil gem. § 92 I 2 bzw. im Beschluss gem. § 91 a): Kein Kostenerstattungsanspruch des NI, da seine Rolle im Prozess auch kostenmäßig der der unterstützten Hauptpartei entspricht (BGHZ 154, 351). Also: „Die Kosten des Rechtsstreits werden gegeneinander aufgehoben, der NI trägt die durch die NI verursachten Kosten selbst."

(5) Die im Prozessvergleich oder im außergerichtlichen Vergleich getroffene Regelung (Kostenquotierung oder -aufhebung) gilt wegen der zwingenden Vorschrift in §§ 101 I, 98 auch bzgl. des NI, worüber das Gericht durch Beschluss zu entscheiden hat (§ 91 a II gilt analog), Müko-ZPO § 101, 30.

(6) Außergerichtlicher Vergleich mit Kostenaufhebung und nachfolgende Klagerücknahme. Kein Kostenerstattungsanspruch des NI. BGH NJW-RR 04, 1506: Die im Vergleich getroffene Kostenregelung geht dem § 269 III 2 vor und gilt infolge des Grundsatzes der Kostenparallelität (Verweisung in § 101 I auf § 98) auch im Verhältnis zum NI, außer im Vergleich ist bzgl. des NI mit dessen Zustimmung anderes geregelt (vgl. ThP § 101, 4 a, 5).

cc) Der NI wird also grds. nicht mit den Kosten des Rechtsstreits, des RMittels belastet.

17.17 **Ausnahmen** nach der Rspr. bei **RMittelkosten:** hat der NI allein RMittel eingelegt und ist die Partei im RMittelzug völlig untätig geblieben, so trägt bei erfolglosem RMittel der NI analog § 97 I allein die RMittelkosten (BGHZ 39, 298; ThP § 101, 6 a).

Ebenso, wenn das RMittel des NI wegen Widerspruchs der Partei unzulässig war (BGHZ 92, 279).

d) Vorläufige Vollstreckbarkeit, §§ 708 ff. Dem NI kann aus dem Urteil ein **17.18** Kostenerstattungsanspruch zustehen, wenn gem. § 101 dem **Gegner die Kosten der NI** auferlegt wurden. Dann ist dafür auch ein Vollstreckungsausspruch nötig, der – wie stets – für jeden Beteiligten gesondert zu errechnen ist, hier also für den NI.

Der **Streitwert der Gebühren** bemisst sich gem. § 48 I GKG, § 3 ZPO und ist **strittig:** Nach wohl h. M. richtet er sich nach dem Interesse des NI am Prozesssieg der unterstützten Partei, also der Interventionswirkung gem. § 68 (so je zu „NI": ThP § 3; StJ § 3; Zöller § 3, der wie bei Feststellungsklagen einen Abschlag von 20% macht). Nach a. A. ist er dann der Wert der Hauptsache, wenn der NI die Partei uneingeschränkt (mit gleichen Anträgen) unterstützt (BGHZ 31, 146; BL Anh. § 3, 106).

e) Tatbestand: **17.19**

Wohin gehört der Vortrag des NI? Der Vortrag des NI, den

– **beide Hauptparteien nicht beanstanden:** gehört ins „Unstreitige".
– **nur der Gegner** (z. B. der Kläger) der unterstützten Partei (z. B. Beklagte) **bestreitet,** wird der Hauptpartei zugerechnet und bei deren (des Beklagten) streitigem Vortrag so berichtet, als wäre es deren eigener Vortrag, der NI wird insoweit nicht erwähnt.
– **alle bestreiten,** wird nach dem streitigen Vorbringen der unterstützten Hauptpartei berichtet, davon aber deutlich abgesetzt. Ebenso, wenn **nur die Hauptpartei** bestreitet, der NI aber zugesteht.

Beispiel:
„Der **Beklagte** bestreitet ... Er behauptet ... ist der Ansicht ... (jetzt erst:)
Der dem Bekl. als **NI** beigetretene Kfz-Händler L räumt indes ein ..."
Der widersprechende Vortrag ist zwar prozessual unstatthaft (§ 67), aber das ist im TB als immerhin vorgebrachtes Angriffs- oder Verteidigungsmittel wertungsfrei darzustellen, § 313 II. Rechtliche Schlussfolgerungen (solches wäre auch ein Weglassen des wegen § 67 unzulässigen Vortrags) sind im TB verboten u. den E-Gründen allein vorbehalten.

– Die Fakten des **Beitritts** sind in der **Prozessgeschichte** zu bringen.

4. Zusammenfassende Beispiele:

Fall 1: Der Einspruch des Streithelfers. **17.20**

Kaufmann K klagt gegen den Pkw-Verkäufer V vor dem LG auf Rückzahlung von € 10 000,– wegen Mangelhaftigkeit des Pkw, verweigerter Nacherfüllung und Rücktritt. V verkündet L, der ihm den PKW geliefert hat, daraufhin sofort den Streit. Im 1. Termin vom 20. 2. ist V säumig, es ergeht gegen ihn VU, das dem RA des V am 1. 3. zugestellt wird. Am 10. 3. geht ein Schriftsatz des RA R für L ein mit der Erklärung, L trete dem Rechtsstreit auf Seiten des V bei und lege gleichzeitig Einspruch ein gegen das VU, außerdem bestreite er, dass der PKW zum Zeitpunkt der Übergabe V an K fehlerhaft gewesen sei.
Im Einspruchstermin, in dem V wiederum nicht anwesend ist, zu dem jedoch K und L (beide anwaltlich vertreten) erscheinen, beantragt K Aufrechterhaltung des VU, L dessen Aufhebung und Klageabweisung. Nach streitiger Verhandlung werden die gem. § 273 ZPO geladenen klägerischen Zeugen vernommen, die jedoch nicht sagen können, ob der PKW bei Übergabe an K den behaupteten Getriebeschaden schon hatte.

Lösungsskizze:

I. Zulässigkeit des Einspruchs

1. An sich statthaft, § 338:
    a) Der NI kann gem. **§ 66 II** selbst Rechtsbehelfe einlegen. Dann müsste L wirksam NI geworden sein:

Da keine Partei dem Beitritt widersprochen hat (genau: Antrag gem. § 71 gestellt hat), ist das Gericht nur berechtigt und verpflichtet zu prüfen, **ob überhaupt** ein Beitritt vorliegt (Auslegung) und ob dieser als Prozesshandlung wirksam ist, dafür also die **Prozesshandlungsvoraussetzungen** vorliegen. Nur dies wird v. A. w. geprüft – alles andere nur auf Rüge (Antrag), § 71 (BGHZ 165, 358; ThP § 66, 10; vgl. oben Rn. **17**.06).

Lägen die Prozesshandlungsvoraussetzungen nicht vor, müsste schon der Einspruch als unzulässig verworfen werden. Anders ist es mit den übrigen, nur auf Rüge zu prüfenden Voraussetzungen der NI (§ 71): fehlen nur diese (z. B. das rechtliche Interesse), so behalten Prozesshandlungen (also auch der Einspruch, Berufung etc.) auch dann ihre Wirksamkeit, wenn auf Rüge die NI später zurückgewiesen wird, arg. § 71 III: Prozesshandlungen, die bis zur rechtskräftigen Zurückweisung vorgenommen wurden, bleiben wirksam (ThP § 71, 8).

Hier: L war bei Einlegung des Einspruchs anwaltlich vertreten (§ 78), er war und ist partei- und prozessfähig.

b) Unwirksamkeit des Einspruchs gem. **§ 67** wegen Widerspruchs zur Hauptpartei V?

Ein Widerspruch zum Prozessverhalten der Hauptpartei V, der die Handlungen des NI L unwirksam gemacht hätte (ThP § 67, 13), liegt nicht vor: **V ist nur untätig,** woraus nicht allein schon der Schluss gezogen werden darf, er sei grundsätzlich gegen eine Fortführung des Prozesses (vgl. BGHZ 165, 361 und oben Rn. **17**.10). Letztlich würde der Grundsatz gelten, dass **im Zweifelsfall ein Widerspruch zu verneinen** und die **Handlung des NI wirksam** ist (ThP § 67, 13; oben Rn. **17**.08).

2. Form, § 340 I, II: (+)

3. Frist, § 339 (es ist allein die für die Hauptpartei maßgebend): (+)

II. Zulässigkeit der Klage: (+)

III. Begründetheit der Klage

Anspruchsgrundlage: §§ 437 Nr. 2, 323 II, 346 I BGB

Die Sache ist entscheidungsreif, es hat streitige mdl. Verhandlung stattgefunden, da der NI L für die abwesende Partei V wirksam verhandelt hat. Da der NI alle Prozesshandlungen vornehmen kann, die der Hauptpartei möglich sind, konnte er auch den Antrag stellen auf Aufhebung des VU und Klageabweisung, sowie den klägerischen Tatsachenvortrag wirksam bestreiten.

Da kein Verbrauchsgüterkauf und damit keine Beweislastumkehr gem. § 476 vorlag, wurde K infolge wirksamen Bestreitens beweispflichtig, sein Beweis ist nach Einvernahme der Zeugen nicht erbracht, ihn trifft die Beweislast und es ergeht

ENDURTEIL

I. Das VU vom 20. 2.... wird aufgehoben und die Klage abgewiesen

II. Die Kosten des Rechtsstreits sowie die der Nebenintervention trägt K *(§§ 91 + 101 I),* ausgenommen die im Termin vom 20. 2. entstandenen Kosten des Rechtsstreits, die der Bekl. V trägt *(§ 344).*

III. Das Urteil ist vorläufig vollstreckbar.

Der Kläger kann die Vollstreckung seitens des Beklagten V abwenden durch SL in Höhe von € 780,–, sowie die des NI durch SL in Höhe von € 1470,– *(§§ 708 Nr. 11, 711 S. 1; bzw. gem. § 711 S. 2: 110%),*

der Beklagte die Vollstreckung durch den Kläger durch SL in Höhe von € 50,– *(§§ 708 Nr. 11, 711 S. 1; bzw. gem. § 711 S. 2: 110%),*

wenn nicht die Gegenseite *(„Gläubiger" i. S. v. § 711)* vor der Vollstreckung Sicherheit in jeweils gleicher Höhe erbringt *(§ 711 S. 1; bzw. § 711 S. 2 mit § 709 S. 2: 110%).*

Anmerkung zu III: Aus Ziff. II können alle 3 Beteiligten vollstrecken, weshalb für jeden von ihnen der Vollstreckungsausspruch gesondert zu errechnen ist:

(1) **Der Bekl. V kann vollstr.:** seine RA-Geb.: nur die 1,3 Verfahrensgebühr nebst Auslagen und MwSt., da weder in mdl. Verhandlung, noch bei Beweisaufnahme zugegen: also € 775,64.

(2) **K kann vollstrecken** (§ 344): nach Wegfall des § 38 BRAGO nicht mehr die im Säumnistermin anfallende 0,5 Terminsgebühr gemäß VV 3105, da diese in der Terminsgebühr für den Einspruchstermin (VV 3104) aufgeht (Zöller § 344, 2). Erstattungsfähig bleiben für K bzgl. des Säumnistermins z. B. Kosten für nochmalige Ladung von Zeugen, des Zeitausfalls, der Terminswahrnehmung (ThP § 91, 16), letztere seien hier mit Anreisekosten von € 50,– angesetzt. Vgl. Rn. **19**.21.

(3) **Der NI L kann vollstrecken:** seine RAKosten. Streitwert? Str., aber hier bei alleiniger Wahrnehmung des Prozesses sicher der Wert der Hauptsache (€ 10 000,–). Also 2,5 × € 486,– + € 20,– + € 234,65 (MwSt) = € 1469,65 = € 1470,–.

Fall 2 (Abwandlung): Der Kläger widerspricht dem Beitritt.   17.21

Der unterstützte Beklagte und Streitverkünder bleibt nach Erlass des VU untätig. Der Kläger widerspricht dem Beitritt des L und beantragt im Einspruchstermin, den Einspruch durch 2. VU (§ 345) zu verwerfen, hilfsweise, das VU aufrechtzuerhalten. Der anwaltlich vertretene NI L verweist zur Glaubhaftmachung des rechtl. Interesses auf die Streitverkündungsschrift und verfährt wie im Fall 1. Das Gericht vernimmt – nachdem es sich schlüssig geworden ist über die Zulässigkeit der NI – die 2 klägerischen Zeugen.

Lösungsskizze:

I. Der Zwischenstreit, § 71

Die NI ist zulässig:
Da K Antrag gem. § 71 I gestellt hat, sind alle Voraussetzungen der NI zu erörtern:
1. Vorliegen einer Beitrittserklärung (Auslegung): (+)
2. Prozesshandlungsvoraussetzungen bzgl. des NI, insbes. § 78 I: (+)
3. Form der Beitrittserklärung (§ 70): (+)
4. Ein Rechtsstreit zwischen anderen Personen (K/V) ist schon und noch anhängig (§ 66 I): (+)
5. Rechtliches Interesse und dessen Glaubhaftmachung (§ 71 I 2)? ja: zu befürchtender Regress V gegen L aus § 437 BGB. Zur Glaubhaftmachung (§ 294) genügt die Bezugnahme auf die Streitverkündungsschrift wegen der durch sie heraufbeschworenen Interventionswirkung, §§ 74 III, 68.

II. **Zulässigkeit des Einspruchs.** ⎫
III. **Zulässigkeit** der Klage.   ⎬   wie oben Fall 1
IV. **Begründetheit** der Klage. ⎭

ZWISCHEN- UND ENDURTEIL

    I. Der Beitritt des L als Streithelfer des Beklagten ist zulässig.
    II. Das VU wird aufgehoben, die Klage abgewiesen.
    III. Kosten = §§ 91, 101 I, 344.

Anmerkung zu I.: Die Entscheidung über den Zwischenstreit – Zulassung ebenso wie Zurückweisung – kann mit dem Endurteil verbunden werden. Die Zulassung der NI kann auch ausnahmsweise und nicht lege artis ohne Ausspruch im Tenor stillschweigend erfolgen durch die KostenE gem. § 101 I, BGH NJW 63, 2027, sozusagen als „Rettungsanker", **bleibt aber** insoweit (Ziff. I) ein **Zwischenurteil.** Folge: Anfechtung der Zulassung bzw. Zurückweisung des NI nur durch sofortige Beschwerde, § 71 II (BGH NJW 82, 2070). Die Kosten des Zwischenstreits fallen nach h.M. nicht unter § 101 I, sie sind vielmehr unabhängig vom Ausgang des Rechtsstreits dem im Zwischenstreit unterlegenen Teil analog § 91 aufzuerlegen, also bei Zulassung dem Widersprechenden, bei Zurückweisung dem NI (BAG NJW 68, 73; StJ 1; Musielak 2 zu § 101; Zöller 7; Müko-ZPO 9 zu § 71; a. A. ThP § 71, 6: § 101 I).

II. Der Folgeprozess: Interventionswirkung, § 68 (§ 74 III)

Die Interventionswirkung tritt nur ein **im Verhältnis der Hauptpartei zum NI** 17.22 (Streitverkündungsempfänger) des Vorprozesses und zwar dann, wenn es zu einem Folgeprozess zwischen diesen beiden kommt. ThP § 68, 1. Sie gilt nach h.M. **nur zugunsten,** nicht zu Lasten der unterstützten Hauptpartei (des Streitverkünders), die daher z.B. im Folgeprozess auch geltend machen darf, der Schaden sei doch höher, als er im Vorprozess festgestellt worden ist (BGHZ 100, 257; Müko-ZPO 9 ff.; ThP 1 zu § 68). Dazu näher in Rn. **17.26.**

1. Voraussetzungen

17.23 Es muss ein **Folgeprozess** stattfinden zwischen der Hauptpartei des Vorprozesses und ihrem damaligen NI (oder Streitverkündungsempfänger) **und** der **Vorprozess muss durch formell rechtskräftiges Urteil** (Vergleich genügt nicht) **abgeschlossen** sein (ThP § 68, 4).

17.24 a) Ob der **Beitritt** zulässig war (rechtlicher Grund i. S. v. § 66?), wird nicht nachgeprüft (ausgenommen die Prozesshandlungsvoraussetzungen): § 68 setzt eine tatsächlich praktizierte NI voraus: der Beitritt muss nur erfolgt und darf nicht zurückgewiesen (§ 71 III) sein (Zöller 3; ThP 3 zu § 68).

17.25 b) Ist **Streitverkündung vorausgegangen,** ist zu differenzieren: hat sie zum **Beitritt** geführt, so genügt diese Tatsache und es bleibt die Zulässigkeit und Wirksamkeit der Streitverkündung für § 68 ungeprüft. Über § 74 I gilt auch § 71 III, daher BGHZ 175, 1, Rn. 13: „Wird der Beitritt nicht rechtskräftig zurückgewiesen, löst folglich auch eine unzulässige Streitverkündung die Interventionswirkung des § 68 aus."

Ist der Streitverkündungsempfänger dem Vorprozess dagegen **nicht beigetreten,** weshalb dort auch keinerlei diesbezügliche Prüfungen erfolgt sind (§ 74 II), müssen jetzt im Folgeprozess Zulässigkeit (§ 72) und Wirksamkeit (§ 73) der Streitverkündung geprüft werden, denn jetzt ist für den Eintritt der Interventionswirkung (§ 68) nicht ein Beitritt, sondern allein die Streitverkündung kausal. Daher **gilt bei *fehlendem* Beitritt** (dem steht der Beitritt auf Seiten des Gegners des Verkünders gleich, s. unten Rn. 18.08): **nur eine zulässige Streitverkündung löst deren materiell- und prozessrechtlichen Wirkungen aus** (BGHZ 65, 131; BGH NJW 82, 282 (zu II 1 a); Zöller 5; ThP 2 zu § 74).

c) Beachte weiter: Diese Differenzierung gilt wegen § 74 I mit § 71 III nur für § 68, also den Eintritt der Interventionswirkung. Hingegen tritt Verjährungshemmung nach § 204 I Nr. 6 BGB stets nur bei zulässiger Streitverkündung ein, also unabhängig davon, ob ein Beitritt erfolgt ist, oder nicht (BGHZ 175, 1, Rn. 14).

2. Interventionswirkung, § 68 1. HS

17.26 Sie besteht darin, dass das Urteil des Vorprozesses so, wie der Rechtsstreit dem Richter vorgelegen hat, im Verhältnis des NI zur Hauptpartei (zu deren Gunsten, nicht Lasten) **als richtig gilt** (ThP § 68, 1; Knöringer JuS 07, 340 mit Bsp.). Sie ist v. A. w. zu beachten (BGHZ 96, 54; StJ § 68, 3).

Im **Unterschied zur Rechtskraft** (die nur den Rechtsfolgeschluss erfasst, nicht aber einzelne Tatsachen, präjudizielle Rechtsverhältnisse und nicht wie § 68 HS 2 den Einwand mangelhafter Prozessführung zulässt) **geht die Interventionswirkung erheblich weiter,** sie erfasst bindend auch alle tatsächlichen und rechtlichen Grundlagen der Entscheidung im Vorprozess (BGHZ 116, 102), also:

– die Feststellung aller **Einzeltatsachen,** die im Vorprozess entscheidungserheblich waren

z. B. der Geschehensablauf des Unfalls, des PKW-Verkaufs samt Abgabe und Inhalt arglistiger Täuschungen. Falls die Hauptpartei im Vorprozess wegen „non liquet" (Beweislast) unterlegen ist, steht für den Folgeprozess aber nur fest, dass die Tatsache „nicht zu klären ist", nicht etwa, dass sie nicht besteht und deshalb nur eine logische Alternative bleibe (etwa: Vertragsschluss dann eben mit B, statt mit dem beweislos verklagten A). Maßgebend ist die Beweislast im Folgeprozess: trifft sie dort den vormaligen NI, schadet diesem das insoweit bindende „non liquet" (er ist von Beweisführung ausgeschlossen, Zöller § 68, 10), trifft sie die Hauptpartei (*gegen* die § 68 nicht wirkt), muss diese (erneut) Beweis antreten u. kann abermals wegen Beweislast unterliegen (BGHZ 85, 257; Zöller 10; ThP 6 zu § 68).

– deren **rechtliche Beurteilung** (ThP § 68, 5)

z. B. beim fraglichen Hauskauf habe es sich um einen Werkvertrag – nicht Kauf – gehandelt, die Gewährleistungsrechte richten sich dann nach Werkvertrag, wovon auch im Folgeprozess auszugehen ist.

– die Feststellung **präjudizieller Rechtsverhältnisse** (ThP § 68, 7)

z. B. der im Vorprozess relevante Werkvertrag ist gültig; die herausverlangte Sache steht im Eigentum des X.

– aber **nur,** soweit das **Urteil im Vorprozess darauf beruht.**

Es muss sich um die die Vorentscheidung **tragenden Feststellungen** (tatsächlichen und rechtlichen) handeln, auf denen diese also **beruht** (Zöller § 68, 9 m. w. N.). Nicht dazu gehören Ausführungen, die bei objektiver Würdigung nicht notwendige Bedingungen für die Erstentscheidung sind, insbes. Hilfserwägungen oder „überschießende Feststellungen" zu nicht unmittelbar entscheidungserheblichen Fragen (BGHZ 157, 97; Zöller § 68, 10 mit Bsp.; ThP § 68, 5).

– **nur zu Gunsten** der Hauptpartei (s. sogleich)

Jedenfalls dann – und das ist der Regelfall – wenn eine Streitverkündung vorausgegangen ist (mit oder ohne Beitritt) tritt die Interventionswirkung aus § 68 wegen § 74 III **nur zu Gunsten des Verkünders** (der Hauptpartei im Vorprozess) ein, **nicht gegen ihn.** Das folgt aus dem Wortlaut des **§ 74 III:** „… gegen den *Dritten*" (also den Verkündungsempfänger). BGHZ 100, 257; ThP 1; Zöller 6 zu § 68.

Infolgedessen hat der Streitverkünder auch das Wahlrecht, ob er sich im Folgeprozess gegen den Streitverkündeten auf das Urteil im Vorprozess beruft oder nicht – aber nur im Ganzen und nicht durch Herausgreifen einzelner „Rosinen", da die Interventionswirkung unteilbar ist (BGHZ 100, 263; Zöller § 68, 6).

Beispiel (BGHZ 100, 257): K hat im Vorprozess den Schreiner A auf € 10 000,– Schadensersatz verklagt und dem bauleitenden Architekten B den Streit verkündet. Im rechtskräftigen Urteil wurden ihm nur € 2000,– zugesprochen, da der Schaden nur in dieser Höhe bestehe.

Im Folgeprozess macht K gegen B nunmehr sogar € 13 000,– geltend, da der Schaden infolge Konstruktionsfehler des B viel höher sei, als im Vorprozess festgestellt. B beruft sich auf die Interventionswirkung durch das Urteil im Vorprozess. K hingegen erklärt, er stütze sich überhaupt nicht auf dieses Urteil, auch nicht, soweit es teilweise für ihn günstig sei.

BGH u. h. M.: Nach § 74 III tritt die Interventionswirkung nach vorangegangener Streitverkündung nur *gegen* den *Dritten* (Streitverkündungsempfänger) ein, nicht aber gegen den Verkünder K, dem daher zur freien Wahl überlassen bleibt, „ob er das im Vorprozess ergangene Urteil gegenüber dem Streitverkündungsgegner gelten lassen will" (so BGHZ 100, 263), also die Interventionswirkung in Anspruch nimmt, oder nicht. Hier hat K klargestellt, dass er sich *nicht* auf sie beruft. K ist also frei und nicht durch die Feststellungen im Vorprozess gebunden. K hat auch beachtet, dass die Interventionswirkung *unteilbar* ist, sie dem B nur uneingeschränkt oder überhaupt nicht entgegengehalten werden kann (kein Herausgreifen von „Rosinen"), Zöller 6; ThP 8 zu § 68. Gelingt es K, die anspruchsbegründenden Umstände im jetzigen Verfahren K gegen B zu beweisen, wird er daher ohne Interventionswirkung mit € 13 000,– obsiegen.

3. Die Beseitigung der Bindung, § 68 2. Hs

Im Folgeprozess kann der NI die **Einrede der mangelhaften Prozessführung** erheben. 17.27

Mit dieser Einrede (BGH NJW 76, 293 zu II 2 vor a; ThP § 68, 9) kann er die Interventionswirkung (Bindung) ganz oder teilweise beseitigen. Hierzu muss er **darlegen und beweisen** (ThP § 68, 9), **dass**

– er selbst verhindert war, seinerseits ein bestimmtes Angriffs- od. Verteidigungsmittel geltend zu machen, z. B. wegen schon unabänderlicher Prozesslage oder wegen ausdrücklichen oder hypothetischen Widerspruchs zum Verhalten der Hauptpartei (BGH NJW 98, 80 zu 3).

– die Hauptpartei Angriffs- od. Verteidigungsmittel absichtlich oder grob schuldhaft nicht geltend gemacht hat und diese dem NI unbekannt waren (sonst hätte er sie selbst vorgebracht),

– in beiden Fällen: dass das unterbliebene Beweismittel auch geeignet war, eine andere Entscheidung im Vorprozess herbeizuführen (ThP § 68, 12).

17.28 4. Zusammenfassendes Beispiel (BGH NJW 76, 292):

Im Vorprozess klagte der PKW-Käufer F gegen den Händler X (jetziger Kläger) auf Rückzahlung des Kaufpreises von € 6000,–. X wurde dazu am 15. 3. verurteilt, das Urteil ist unangefochten und rechtskräftig. Es stützt sich auf die Feststellung, F sei bei den Verkaufsverhandlungen von A, einem bei X angestellten Verkäufer, der den PKW zuvor ½ Jahr privat genutzt u. daher bestens gekannt habe, über die Fehlerhaftigkeit des Motors arglistig getäuscht worden. X hatte zuvor alle Mitarbeiter ergebnislos befragt.

Diesem Angestellten A (jetziger Bekl.) hatte X den Streit verkündet mit Schriftsatz vom 9. 2., zugestellt erst am 1. 3., nach Schluss der mündlichen Verhandlung am 23. 2., ohne allerdings zu erwähnen, dass auf 23. 2. ein Termin anberaumt war u. a. zur Erörterung eines erholten Sachverständigengutachtens und zur mündlichen Verhandlung (Verstoß gegen § 73). Die Streitverkündung enthielt aber die sonst notwendigen Angaben.

A trat nicht bei, legte auch nicht Berufung ein. Im jetzigen Folgeprozess klagt X gegen den Streitverkündeten A aus pVV auf Schadenersatz. In diesem Prozess stellt sich heraus, dass der seinerzeitige arglistige Verkäufer nicht A, sondern der Angestellte H gewesen ist.

Der Kläger X beruft sich auf die Interventionswirkung, A bringt – nachdem er in 2 Terminen insoweit rügelos verhandelt hat – nunmehr vor, die Interventionswirkung greife nicht ein, weil es wegen Verstoßes gegen § 73 an einer wirksamen Streitverkündung gefehlt habe. Außerdem erhebt er die Einrede mangelhafter Prozessführung, § 68 2. Hs.

Lösungsskizze:

I. Zulässigkeit der Klage: (+)

II. Begründetheit der Klage
Anspruchsgrundlage: pVV des Arbeitsvertrags, §§ 280 I, 611 BGB
Grundsätzlich: Bekl. A hat bestritten, also müsste an sich Kläger X die Anspruchsvoraussetzungen beweisen. Aber dem Kläger X könnten die Interventionswirkungen zugute kommen, die v. A. w. zu beachten sind mit der Wirkung, dass die Anspruchsvoraussetzungen alle feststehen.

1. **Dann müsste die Interventionswirkung (§ 68 1. Hs.) überhaupt eingreifen.**
   Sie greift bei *fehlendem* Beitritt nur ein bei einer wirksamen (§ 73) und zulässigen (§ 72) Streitverkündung (s. Rn. **17.25**).
   a) **Wirksam?** Zwar **Verstoß gegen § 73,** weil die Streitverkündungsschrift nicht die genaue Lage des Prozesses (dazu ThP § 73, 4) angab, es fehlte erstens der Hinweis, dass ein Sachverständigengutachten vorlag und zweitens, dass mündliche Verhandlung (u. a. zu dessen Erörterung) auf 23. 2. anberaumt war.
   Aber Heilung gem. § 295 I. BGH NJW 76, 293 mit h. M.: Mängel des *Inhalts* einer Streitverkündungsschrift und ihrer *Zustellung* werden geheilt, wenn der (nicht beigetretene) Streitverkündungsempfänger diese nicht in der 1. mündlichen Verhandlung im Folgeprozess geltend macht.
   b) **Zulässig (§ 72):** Streitverkündungsgrund kann – wie hier aus pVV – ein Regressanspruch sein (ThP § 72, 7).
   Die Interventionswirkung greift also wegen (nach Heilung) wirksamer und zulässiger Streitverkündung grds. ein.

2. **Mit der Interventionswirkung müssten die Anspruchsvoraussetzungen feststehen:** Die Haftung aus pVV (§§ 280 I, 611 BGB) setzt voraus:
   a) **Schuldverhältnis**
   A war laut Urteil v. 15. 3. zurzeit des Verkaufs an F Angestellter des X, also: Vertrag X/A: (+)
   b) **Obj. Pflichtwidrigkeit des A:**
   Laut Urteil hat eine arglistige Beeinflussung des Käufers stattgefunden und zwar durch denjenigen Angestellten des X, der das Fahrzeug zuvor ½ Jahr privat gefahren hatte, nämlich (laut Urteil) den A.
   c) **Verschulden des A:** Interventionswirkungen wie zu b).
   d) **Schaden des X:** In Höhe von € 6000,–: § 68 1. Hs.

Die zu a–d relevanten Feststellungen sind auch „tragende" des Vorprozesses, auf denen das Urteil beruht; sie nehmen also an der Interventionswirkung teil.

3. **Einrede der mangelhaften Prozessführung, § 68 2. Hs.**

A hat sie erhoben. Wäre sie begründet, müsste X nachweisen, dass gerade A jener (arglistige) Verkäufer war. Die Einrede ist indes unbegründet:

a) **Verhinderung des A im Vorprozess (§ 68 2. Hs. 1. Alt.)?**

Maßgebend dafür ist die Zeit des möglichen Beitritts, § 74 III. Dieser war zwar erst nach Schluss der mdl. Verhandlung 1. Instanz (23. 2.) möglich (Zustellung der Streitverkündung. erst 1. 3.), aber **A hätte mit selbst eingelegter Berufung beitreten können, § 66 II** und in 2. Instanz unter Beweisantritt seine Nichtbeteiligung am Verkauf vortragen können (BGH NJW 76, 293, zu II 2 b) ohne Präklusion durch § 531 II Nr. 3, da X alle Mitarbeiter befragt hatte, ihm (als der maßgeblichen Hauptpartei) also keine Fahrlässigkeit zur Last liegt und X zu weiterer Nachforschung nicht verpflichtet war (BGH NJW-RR 09, 329; Zöller § 531, 30).

b) **§ 68 2. Hs. 2. Alt.?**

Nein, denn **das Verteidigungsmittel** – die Behauptung: es sei jedenfalls nicht der A gewesen – **war ja dem A nicht „unbekannt",** A wusste ja, dass er selbst nicht beim Verkauf zugegen war.

Ergebnis: Die Klage hatte wegen § 68 vollen Erfolg.

§ 18 Die Streitverkündung, §§ 72–77

Knöringer, JuS 07, 335: Die Streitverkündung. Eine fallorientierte Darstellung mit einem erläuterten Mustertext für einen Streitverkündungsschriftsatz.

Die Streitverkündung ist die **förmliche Benachrichtigung** („verkünden") eines Dritten von einem anhängigen Prozess (sog. Vorprozess) durch eine Partei (ThP § 72, 1). **18.01**

1. Zweck und Wirkungen:

– **prozessual: §§ 74 III, 68 (Interventionswirkung).**

Diese tritt entweder durch den nach Streitverkündigung erfolgten Beitritt als NI ein (§§ 74 I, 71 III, 68), oder mangels Beitritts durch die Streitverkündung, dann gemessen am Prozessstand zurzeit des möglichen Beitritts (§ 74 III, ThP § 74, 4). Der Beitritt dient also dazu, dem Prozess nicht tatenlos zuzusehen. **18.02**

Grenze aber: keine Bindung, soweit der Dritte nach § 67 gehindert war oder gewesen wäre (z. B. wegen Widerspruchs zur Hauptpartei), seinen Standpunkt zur Geltung zu bringen, BGH NJW 82, 282 (zu II 2 a, b); 87, 1266 (zu I 1 a); vgl. oben Rn. **17.27**.
Die Streitverkündung ist nach h. M. auch im selbstständigen Beweisverfahren (§§ 485 ff.) zulässig (ThP § 72, 3). Sie hat zur Folge, dass dem Streitverkündeten das Ergebnis der Beweisaufnahme analog § 68 in einem nachfolgenden Prozess entgegengehalten werden kann, ferner hemmt sie die Verjährung, § 204 I Nr. 6 BGB.

– **materiellrechtlich:**

Hemmung der Verjährung gem. § 204 I Nr. 6 BGB und zwar bei „demnächstiger" Zustellung schon mit Eingang der zuzustellenden (§ 73 S. 3) Streitverkündungsschrift, § 167 (BGH NJW 2010, 856). Allerdings tritt die Hemmung nur bei einer *zulässigen* Streitverkündung ein und zwar unabhängig davon, ob ein Beitritt erfolgt ist oder nicht (BGHZ 175, 1, Rn. 14; vgl. oben Rn. **17.25**). Die Hemmung endet 6 Monate nach rechtskräftigem Abschluss oder sonstiger Beendigung des Verfahrens, § 204 II BGB. Dies ist bedeutsam insbesondere für die Erhaltung der Mängelrechte beim Kaufvertrag (§ 438 BGB, zu beachten aber die Ablaufhemmung für den **18.03**

Rückgriffsanspruch beim Verbrauchsgüterkauf, § 479 BGB) und beim Werkvertrag (§ 634a BGB). Dies auch, wenn der Verkünder im Vorprozess obsiegt (BGHZ 36, 212; Zöller § 74, 8).

2. Voraussetzungen

18.04 Für die Prüfung der Zulässigkeitsvoraussetzungen der Streitverkündung ist danach zu differenzieren, ob ein Beitritt als NI erfolgt ist, oder nicht (dazu oben Rn. **17.**25). Abgesehen von der Verjährungshemmung werden die Zulässigkeitsvoraussetzungen nur bei fehlendem Beitritt und **erst im Folgeprozess (§ 68!) geprüft** (BGHZ 188, 193). Dort muss auch **in TB und E-Gründen** auf die jetzt wichtigen Fakten der Streitverkündung eingegangen werden. Im Vorprozess dagegen wird, wenn kein Beitritt erfolgt, auf die Streitverkündung nirgends, auch nicht in der Prozessgeschichte des TB, eingegangen (für den Vorprozess bedeutungslos! s. § 74 II).

Die Voraussetzungen sind (ThP § 73, 1, § 72, 4):

18.05 – **Formgerecht wirksame Vornahme, § 73**

Inhalt: Knöringer, JuS 07, 335 (mit Mustertext); ThP § 73, 2. Bei Verstoß ggfls. § 295 I im Folgeprozess (BGH NJW 76, 293). Wirksam **erst mit Zustellung** an den Streitverkündeten, § 73 S. 3.

18.06 – **Zulässigkeit, § 72,** insbesondere Vorliegen eines **Streitverkündungsgrundes.** Dieser kann – bezogen auf einen künftigen Folgeprozess – die Sicherung von Ansprüchen gegen Dritte (§ 72 I 1. Alt.), oder die Abwehr drohender Drittansprüche (§ 72 I 2. Alt.) bezwecken. Hier ist die Streitverkündung dazu bestimmt, verschiedene Beurteilungen desselben Tatbestandes zu verhindern, indem es den Verkünder über die Bindungswirkung gemäß §§ 74, 68 (Interventionswirkung) davor bewahrt, dass er sowohl im laufenden Vorprozess wie im künftigen Folgeprozess, also in *beiden* Prozessen, verliert, obwohl er zumindest *einen* gewinnen müsste (BGHZ 116, 100; Zöller § 72, 1). Das Unterlassen der Streitverkündung kann zur Anwaltshaftung führen!

Ob ein Streitverkündungsgrund vorliegt, beurteilt sich aus der (noch ungewissen) Perspektive der Vornahme der Streitverkündung („berechtigte Annahme"), nicht danach, ob der Verkünder mit seiner Prognose über den Ausgang des Vorprozesses recht behält, seine Befürchtung also begründet ist oder nicht (BGHZ 65, 131). Ohne Belang ist daher, wie der Vorprozess dann tatsächlich ausgeht (ThP § 72, 6).

18.07 **Beispiele** für Streitverkündungsgrund:

(1) Streitverkündung zur Sicherung von Ansprüchen gegen Dritte, § 72 I 1. Alt.
Nach allg. Meinung ist der Wortlaut des § 72 zu eng und eher beispielhaft zu verstehen. Entscheidend ist, dass der Anspruch des Streitverkünders, dessentwegen die Streitverkündung erfolgt, mit dem im laufenden Erstprozess geltend gemachten Anspruch in einem Verhältnis wechselseitiger Ausschließung, also einem **Alternativverhältnis,** steht: der Anspruch besteht entweder im Vorprozess, oder gegen den Dritten im Folgeprozess. Die Streitverkündung soll sicherstellen, dass er wegen solcher materiellrechtlicher Abhängigkeit der Ansprüche jedenfalls in *einem* Prozess obsiegt. Näheres und Erörterung der Hauptbeispiele s. Knöringer JuS 07, 336 ff. Hier daher nur Kurzbeispiele:

(a) Rückgriffsansprüche der verklagten Partei gegen einen Dritten auf *Gewährleistung* wegen Sach- oder Rechtsmängeln: BGB §§ 437, 453 (Kauf); 523, 524 (Schenkung); 536, 536a, 581 II (Miete, Pacht); 634 (Werkvertrag); 651 (Werklieferungsvertrag); 377, HGB. Zöller § 72, 6.

Beispiel: Pkw-Händler V wird von K auf Rückzahlung des Kaufpreises für einen neuen Pkw wegen ursprünglicher Mängel verklagt (§§ 437 Nr. 2, 323, 346 I BGB) und verkündet seinem Lieferanten, dem Herstellerwerk H den Streit. Alternativverhältnis: Liegt der Mangel vor, dann haftet V dem K, hat dann aber einen Rückgriffsanspruch gegen H. Die Ansprüche schließen sich gegenseitig aus.

(b) Zu den Ansprüchen auf *„Schadloshaltung"* gehören nicht nur Rückgriffsansprüche (z. B. des verklagten Bürgen gegen den Hauptschuldner, § 774 BGB), sondern (wichtig!) auch Ansprüche gegen Dritte, die anstelle des Beklagten *alternativ* als Schuldner (aus demselben oder einem anderen RGrund) in Betracht kommen, BGHZ 100, 259; ThP § 72, 7; Zöller § 72, 9. Beispiele: Zulässig Schadenersatzklage des Bauherrn gegen einen Handwerker, daneben Streitverkündung gegen den Architekten, falls die Schäden ausschließlich Folgen mangelhafter Architektenleistung sein sollten, BGHZ 100, 259. Streitverkündung zulässig, wenn alternativ die Vertragspartnerschaft des Vertretenen (§ 164 I BGB) oder des Vertreters (§ 164 II BGB) in Betracht kommt, BGH NJW 82, 281.

(2) Streitverkündung zur Abwehr drohender Drittansprüche, § 72 I 2. Alt.
Den *Anspruch eines Dritten zu befürchten* (§ 72 2. Alt.) hat die Partei, wenn sie ihm für den Ausgang des Prozesses haftbar ist. Das ist z. B. der Fall, wenn der Streitverkünder deshalb einem Dritten haften könnte, weil er einen Prozess über ein fremdes Recht führt, sei es im eigenen Interesse (Pfandgläubiger, Überweisungsgläubiger, § 835) oder im fremden Interesse (z. B. als Kommissionär, Frachtführer, Spediteur). Hier soll die Streitverkündung die Partei über §§ 68, 74 davor bewahren, dass sie in *beiden* Prozessen unterliegt, obwohl sie zumindest einen gewinnen müsste (BGHZ 116, 95; Zöller § 72, 9).

3. Reaktion des Dritten auf die Streitverkündung

- **Er bleibt untätig:** Die Interventionswirkung trifft ihn gem. §§ 74 III, 68 ab dem   **18.08** Zeitpunkt des *möglichen* Beitritts (einige Tage nach Zustellung, ThP § 74, 4).
- **Er tritt dem Verkünder bei:** Stellung jetzt (im Vorprozess) wie NI, § 74 I. Im Folgeprozess (Streitverkünder/beigetretener Dritter) wird bei Anwendung der Interventionswirkung (§ 68) nicht geprüft, ob die Streitverkündung zulässig war: dies ist überholt durch den *tatsächlichen* Beitritt, ThP § 68, 3.
- **Er tritt dem Gegner des Verkünders bei:** Dies hat einen doppelten Effekt, denn die Interventionswirkung tritt gegenüber *beiden* Hauptparteien ein: im Verhältnis zum Streitverkünder wirkt er wie ein unterlassener Beitritt (§§ 74 III, 68), im Verhältnis zum Gegner tritt sie normal durch den Beitritt ein, § 68 (BGHZ 85, 255; ThP § 74, 1).
- **Er will beitreten, aber die NI wird zurückgewiesen** (§ 71 I): Die Interventionswirkung über § 74 III tritt nicht ein, da der Streitverkündete keine Einflussmöglichkeiten auf das Verfahren hatte, arg. Art. 103 I GG (Zöller § 74, 3; ThP § 68, 3).

4. Sonderfälle: §§ 75–77   **18.09**

Sie können zu einem Parteiwechsel führen, wenn der Streitverkündete beitritt (worauf der Verkünder ausscheidet). In der Praxis selten.

§ 19 Das Versäumnisverfahren

Zu unterscheiden sind **3 Verfahrensabschnitte:**

- Der **Erlass** eines VU: Voraussetzungen und Entscheidung (echtes/un-
                                              echtes VU).
                                              Dazu unten I.

- Der **Einspruch:**   Seine Voraussetzungen (§ 341) und Wirkung
                                              (§ 342), sowie das weitere Verfahren, insbes. die
                                              abschließende Entscheidung im Normalfall
                                              (§ 343) und die Verspätungspräklusion.
                                              Dazu unten II.

- Sonderfall: **Säumnis im
  Einspruchstermin: § 345.**   **Dazu unten III.**

I. Der Erlass eines VU

1. Die Voraussetzungen, §§ 330, 331

Sie sind für ein VU gegen den Kläger (§ 330) und gegen den Beklagten (§ 331) dieselben, mit 2 Ausnahmen: **Für das VU gegen den Kläger gelten nicht: § 335 I Nr. 3** sowie das Erfordernis der **Schlüssigkeit.** Dies vorab bedacht, kann durchgegliedert werden:

19.01 (1) **Prozessantrag** der anwesenden Partei auf Erlass eines VU

Beim VU gegen den Beklagten: Der anwesende Kläger muss erstens den *Sach*antrag aus der Klageschrift stellen, zweitens den in § 331 geforderten *Prozess*antrag, darüber durch VU zu entscheiden (geschieht in der Praxis i. d. R. uno actu mit dem so auszulegenden Antrag, „gegen den Bekl. VU zu erlassen"). Beim VU gegen den Kläger: Klageabweisungsantrag (nach h. M. Prozessantrag) u. Prozessantrag gem. § 330 auf VU. Unterbleibt dies: § 251 a, also i. d. R. Ruhen. Vertagung nur bei „erheblichen" Gründen, §§ 251 a III, 227.

19.02 (2) **Termin** zur notwendigen mündlichen Verhandlung vor dem Prozessgericht, der **ordnungsgemäß angeordnet** worden sein muss:

Prozessgericht: auch EinzelRi (§ 348), Vorsitzender der KfH (§ 349 II Nr. 5).
Termin = *Verhandlungstermin* (Wortlaut in §§ 330, 331). Gleichgültig ist, ob es der erste oder ein späterer Termin ist (§ 332, dazu näher unten 3). Termin zur *Beweisaufnahme* ist erst *nach* deren Durchführung (z. B. Vernehmung der erschienenen Zeugen) Verhandlungstermin (§§ 367, 370), dazu näher unten 4.
Ordnungsgemäß angeordnet: Entweder
(a) Ladung, § 335 I Nr. 2, dazu unten (5)
(b) oder verkündeter Beschluss, § 218, der Ladung entbehrlich macht (Ausnahmen: §§ 335 II, 337 S. 2). Relevant nur für Fortsetzungstermine.

19.03 (3) **Säumnis**

Eine Partei ist säumig, wenn sie in einem ordnungsgemäß angeordneten Verhandlungstermin nach Aufruf (§ 220 I) **nicht erscheint oder nicht verhandelt (§ 333),** ThP 5 vor § 330.

Also:

– **Nicht erscheint:**

Anwaltsprozess (§ 78): es kommt nur auf das Auftreten eines zugelassenen RA an. Die anwesende, aber postulationsunfähige Partei ist säumig, wenn sie ohne RA erscheint. Parteiprozess: §§ 79, 157. Die Säumnis wird aber abgewendet, wenn ein notwendiger Streitgenosse (§ 62) oder ein Streithelfer (§ 67) erscheint und verhandelt (er muss seinerseits durch RA vertreten sein im Anwaltsprozess!) ThP 5; Zöller 4 vor § 330.

– **Nicht verhandelt, § 333:**

Gemeint ist **völliges** Nichtverhandeln, bei nur **unvollständigem** Verhandeln hingegen gilt **§ 334** (z. B. hinsichtlich einzelner Tatsachenbehauptungen des Gegners wird eine Stellungnahme „mangels Information durch den Mandanten" vorerst verweigert: Keine Säumnis, sondern Geständnisfiktion gem. § 138 III, IV oder freie Würdigung der Unterlassung gem. § 286, Verspätungspräklusion gem. § 296 für nachgereichten Vortrag). Hingegen **Teil-VU** möglich bei Nichtverhandeln zu selbstständigem Teil (i. S. v. § 301), ThP 1; Zöller 3 zu § 333.
Da **§ 333 „verhandeln"** nicht durch den Zusatz „zur Hauptsache" eingeschränkt (wie z. B. § 39, wo daher bloße Erklärungen zur Zulässigkeit nicht ausreichen, ThP § 39, 7), gilt ein **weitgefasster Begriff:** es genügt jede aktive Beteiligung an der Erörterung des Rechtsstreits (ThP § 333, 1), z. B. zur Zulässigkeit der Klage, Zuständigkeit des Gerichts. Die Stellung der Anträge genügt zwar alleine nicht, wohl aber dann, wenn die mdl. Verhandlung durch Schriftsätze vorbereitet ist, weil dann in der Antragstellung i. d. R. eine konkludente Bezugnahme auf sie liegt (s. oben Rn. **5.04**; ThP a. a. O.). Ungenügend aber (= Totalsäumnis): Antrag auf Vertagung, Aussetzung.

Lag Verhandeln, insbes. samt Antragstellung zu Beginn des Termins vor, führt vorzeitiges Verlassen desselben (z. B. Terminskollision) nicht mehr zur Säumnis (BGHZ 63, 94; ThP 1; Zöller 1 zu § 333).

– **Verschulden?**

Verschulden ist **keine Erlassvoraussetzung** und daher weder vom Gericht zu prüfen, noch vom Antragsteller vorzutragen oder gar zu beweisen.
Nichtverschulden aber ist Erlasshindernis gem. § 337, also vom Gericht bei Kenntnis v. A. w. zu beachten, es führt selbst bei Unkenntnis des Gerichts zum ungesetzlichen VU (RGZ 166, 246). Die Frage etwaigen Verschuldens ist im Prüfungsschema also zweckmäßigerweise *nach* der (bejahten) Säumnis unter eigenem Gliederungspunkt „Erlasshindernis" abzuhandeln, siehe sogleich (4).

(4) **Kein Erlasshindernis gemäß § 337 darf bestehen**   19.04

Normzweck des § 337 ist die Wahrung des rechtlichen Gehörs einer unverschuldet säumigen Partei, daher nur anwendbar bei Abwesenheit der geladenen Partei, nicht auch bei Nichtverhandeln trotz Anwesenheit gem. § 333 (Zöller 1, Musielak 1 zu § 337). Das Gericht **muss** (nicht: *kann*) in den Fällen des § 337 **vertagen**, darf also kein VU erlassen. Ein solches wäre gesetzwidrig (auch wenn das Gericht die Umstände bei Erlass des VU noch nicht kannte, ThP §§ 337, 4; 344, 5) mit insbes.
2 Konsequenzen: handelt es sich um ein technisch erstes VU, dürfen nach Einspruch die „Säumniskosten" nicht dem vermeintlich Säumigen gem. § 344 auferlegt werden, weil das VU nicht „in gesetzlicher Weise ergangen ist"; handelt es sich um ein **technisch 2. VU (§ 345),** so kann mit der auf die Frage der Säumnis beschränkten Berufung gem. § 514 II erfolgreich (Beweislast beim Berufungskläger, ThP § 514, 4) geltend gemacht werden, dass wegen unverschuldeter Terminsversäumung ein Fall der Säumnis nicht vorgelegen habe (ThP a. a. O.).

Wird gem. § 337 vertagt, so ist der „Säumige" zum neuen Termin zu laden, wo er durch Verhandeln die **Säumnisfolgen abwenden** kann (h. M., ThP 4; BL 19; StJ 12 zu § 337). Erscheint er nicht, so wird das VU auf Grund der *neuen* Verhandlung, nicht des früheren Termins erlassen (StJ, BL a. a. O.).

Voraussetzungen des § 337:

Für Praxis und Klausur wichtig ist vor allem, wann eine „unverschuldete Verhinderung" am Erscheinen vorliegt. § 337 gilt auch beim 2. VU (§ 345), BGH NJW 98, 3125.

Unverschuldetes Fernbleiben wird z. B. angenommen, wenn über den PKH-Antrag der (anwaltlich nicht vertretenen, str.) Partei erst *im* Termin entschieden oder der Antrag zu knapp vor dem Termin abgewiesen wird (ThP § 337, 3), sowie bei verzögertem Aufruf, wenn der erschienene RA wegen anderer Termine nicht länger warten kann (Zöller 4 vor § 330: über 1 Stunde, Müko-ZPO § 337, 5: 30 Minuten; a. A. ThP § 514, 4: es kann und muss Vertagung beantragt werden).

Verschuldet hingegen ist ein Fernbleiben in der Annahme, dem Vertagungsantrag werde schon stattgegeben werden. BGH NJW 82, 888: da hätte der Antragsteller bei Gericht nachfragen müssen.

Von besonderer Bedeutung sind folgende 2 Fälle:

Beispiel 1: Verkehrsstau, Krankheit   19.05
RA K, der zur Wahrnehmung eines Gerichtstermins rechtzeitig mit dem Auto losgefahren ist, gerät in einen unerwarteten Verkehrsstau, weshalb er erst 30 Minuten nach dem Termin im Gerichtssaal erscheint. Inzwischen war gegen seine Partei nach Ablauf der ortsüblichen Wartezeit von 15 Minuten und telefonischer Androhung ein Versäumnisurteil ergangen. Von der Möglichkeit, das Gericht über

das mitgeführte Handy zu unterrichten, hatte er während des Staus keinen Gebrauch gemacht. Erging das VU gesetzmäßig § 344?

Der *fehlenden* Säumnis stellt § 337 die *unverschuldete* gleich. Die Verschuldensfrage ist nach den gleichen Maßstäben zu beurteilen, wie bei der Wiedereinsetzung in den vorigen Stand (§ 233), BGH NJW 09, 687; 99, 2120 (zur insoweit gleichen Situation bei §§ 345, 514 II); StJ § 337, 3.

Verschulden des Vertreters steht dem der Partei gleich (§§ 85 II, 51 II), sodass auf beide zu achten ist.

Die Darlegungs- und **Beweislast** für fehlende bzw. unverschuldete Säumnis trifft die säumige Partei (BGH NJW 99, 2121; ThP § 514, 4).

Hier ist zwar der Verhinderungsgrund (Verkehrsstau) unverschuldet (anders, wenn K zu spät losgefahren wäre). Schuldhafte Säumnis liegt aber nach h. M. auch dann vor, wenn die Partei bzw. ihr RA (§ 85 II) nicht das Mögliche und Zumutbare getan hat, um durch rechtzeitige Mitteilung (Telefon, Handy) dem Gericht die Möglichkeit zu einer Vertagung zu geben. Nur wenn solche Mitteilung nicht möglich oder nicht zumutbar ist (kein Handy parat, keine Möglichkeit, das Auto abzustellen und Telefonzelle aufzusuchen), genügt für § 337 das objektive Vorliegen des als solchen unverschuldeten Verhinderungsgrundes (BGH NJW 09, 687; 07, 2047, Tz. 17; 06, 448; KG MDR 99, 185; Zöller § 514, 9; § 337, 3; ThP 3; Musielak 6; StJ 11 zu § 337).

Hier hat K die Säumnis verschuldet, da er über das mitgeführte Handy dem Gericht die Möglichkeit zu einer Vertagung (z. B. um 1 Std.) hätte geben können; das Gericht wäre bei einer solchen rechtzeitigen Mitteilung verpflichtet gewesen, angemessen zuzuwarten (BGH NJW 99, 724; ThP § 337, 3). Das VU ist also gesetzmäßig ergangen.

KG MDR 99, 185: wegen plötzlicher Schmerzen am Terminstag konnte der RA die Beinprothese zunächst nicht anlegen und daher die Anreise zum Gericht erst verspätet antreten. Er verständigte jedoch das Gericht nicht, wie es ihm über sein Funktelefon bereits bei Auftreten des Hindernisses möglich und zumutbar gewesen ist, von zu Hause aus, sondern erst auf dem Weg zum Gericht, weshalb dieses erst nach Erlass des VU verständigt wurde. Das KG bejahte ein Verschulden des RA und damit der Partei (§ 85 II).

19.06 Beispiel 2: Berufsordnungswidrige Beantragung eines VU

Im Termin vom 3. 5. erscheint nur der RA K des Klägers, während der RA B des Beklagten den Termin übersehen hat und in seinem Büro unweit des Gerichtsgebäudes sitzt. K beantragt nach einer Wartezeit von 15 Minuten ein VU, von einer vorherigen telefonischen Androhung bei B sieht K ab, nachdem ihm das Gericht mitgeteilt hat, für den Fall einer Vertagung komme ein neuer Termin erst Ende Oktober in Betracht.

Am Gerichtsort besteht unter den Anwälten die ständige Übung, ein VU erst nach telefonischer Rückfrage im Büro des säumigen Gegners zu beantragen.

Die Frage, ob anwaltliche Berufspflicht oder wenigstens ständige Übung (örtlicher Anwaltsbrauch) für ein Nichtverschulden i. S. v. § 337 überhaupt berücksichtigt werden darf, ist strittig und nach dem derzeitigen Stand der Meinungen eher zu verneinen:

(1) Anwaltliche Berufspflicht: § 13 BerufsO v. 11. 3. 97 bestimmte: „Der RA darf bei anwaltlicher Vertretung der Gegenseite ein VU nur erwirken, wenn er dies zuvor dem Gegenanwalt angekündigt hat; wenn es die Interessen des Mandanten erfordern, darf er den Antrag ohne Ankündigung stellen." Mit nachfolgender Meinung 1 wäre die Relevanz für § 337 zu bejahen, nach Meinung 2 zu verneinen. Das kann aber dahinstehen, da es derzeit keine rechtlich geregelte Berufspflicht hierzu gibt, da § 13 BerufsO wegen fehlender Ermächtigungsgrundlage zum Eingreifen in Art. 12 GG für nichtig erklärt worden ist, BVerfG NJW 00, 347.

(2) Ständige Übung. Relevanz für § 337 strittig:

(a) Meinung 1 (BGH):

Nach der Rspr. des BGH (NJW 99, 2122 m. w. N.) kann es das Verschulden i. S. v. § 337 ausschließen, wenn nach einem örtlichen Anwaltsbrauch die ständige Übung besteht, gegen eine durch RA vertretene Partei nicht vor Ablauf von 15 Minuten und nur nach telefonischer Rückfrage im Büro des Gegenanwalts ein VU zu beantragen und wenn ein RA unter Verstoß gegen diese Übung ein VU erwirkt. Eine solche Übung sei freilich nicht erheblich, wenn den Interessen des vertretenen Mandanten der Vorrang vor kollegialer Rücksichtnahme gebührt (so hier).

(b) Meinung 2 (h. M. in der Lit.)

§ 337 setze eine „Verhinderung" voraus, bevor es zu einer Verschuldensprüfung kommen könne. Bereits an solcher Verhinderung aber fehle es, wenn der RA nur im Vertrauen darauf nicht erscheine, man werde kein VU erwirken ohne vorherigen Anruf (Müko-ZPO 17; Musielak 4 zu § 337). Die

Interessen des Mandanten des anwesenden RA hätten in aller Regel Vorrang vor kollegialer Rücksichtnahme (Zöller 12 vor § 330; BL § 337, 10). Gewohnheitsrechtlich verfestigt sei lediglich die Wartezeit von 15 Minuten, die auch sonst in Wirtschaft und Gesellschaft anerkannt sei (Müko-ZPO § 337, 21). Diese Auffassung halte ich für zutreffend, da für den säumigen RA kein das Verschulden ausschließender Vertrauenstatbestand besteht, es werde kein VU ergehen ohne vorherigen Anruf in der Kanzlei etc., da er immer mit vorrangiger Interessenwahrnehmung des anwesenden RA rechnen muss, die nach allg. M. (auch BGH NJW 99, 2122) eine vorherige Androhung entbehrlich macht.

Danach muss hier das Gericht auch ohne Interessenabwägung ein VU gegen B erlassen, da kein Erlasshindernis gem. § 337 vorliegt.

(5) Kein Erlasshindernis nach § 335 darf bestehen

In allen 4 Fällen des § 335 ist ein VU unzulässig, der Prozessantrag darauf durch Beschluss zurückzuweisen (dagegen sofortige Beschwerde, § 336; Frist ab Verkündung, § 569 I).

– § 335 I Nr. 1   19.07

Betrifft von den v. A. w. zu beachtenden Voraussetzungen eines VU **nur die behebbaren Mängel,** die der Anwesende also noch beseitigen kann und will (ThP § 335, 2).

Beispiel: Rüge der Vollmacht, § 88 I, II, sofern deren Existenz und umgehende Vorlage versprochen wird.

Stehen die Mängel hingegen **endgültig** fest (z. B. fehlende Parteifähigkeit), ist die Sache schon **entscheidungsreif** und es muss **unechtes VU** auf Klageabweisung ergehen, bei Unzuständigkeit ggfls. Verweisungsbeschluss, §§ 281, 506 (ThP § 335, 2).

– § 335 I Nr. 2   19.08

Die Ladung ist nur **ordnungsgemäß,** wenn sie die **Belehrungen** gemäß § 215 I (sowie in Anwaltsprozessen auch die des § 215 II) enthält. Fehlen diese, ist ein VU wegen § 335 I Nr. 2 unzulässig (Bundesrats-Drucks. 88/05 v. 4. 2. 05, S. 18). § 215 I ist eingefügt worden zur Umsetzung der Vorgaben in Art. 17 der EG VO 805/2004 vom 21. 4. 2005 zur Einführung eines Europäischen Vollstreckungstitels für unbestrittene Forderungen (abgedruckt bei Zöller Anh. II E, ThP Anh. zu § 1086).

Die Ladung muss **fristgerecht** (§§ 217, 604 II) sein. Bei Einleitung des Verfahrens tritt an die Stelle der Ladungsfrist die 2-wöchige Einlassungsfrist § 274 III.

– § 335 I Nr. 3   19.09

(a) Gilt **nicht bei Säumnis des Klägers (§ 330):**

Gegen den Kläger bedarf es im Säumnisfall weder eines Sachantrags noch eines Tatsachenvortrags zur Klagabweisung, es **genügt der Prozessantrag** gem. § 330 (ThP § 335, 4). Grund: Säumnisstrafe ist bei § 330 die Unbegründetheitsfiktion. Diese Fiktion tritt allein durch Säumnis des Klägers ein, gleichgültig, ob und was der Beklagte vorgetragen hat.

Beispiel: Der Beklagte hat sich in der Klageerwiderungsfrist überhaupt nicht geäußert. Erst im frühen ersten Termin übergibt er dem Gericht den Klageerwiderungsschriftsatz, der auch den Klageabweisungsantrag enthält. Ist der Kläger säumig, so ergeht auf Antrag des B gegen ihn VU nach § 330. § 335 I Nr. 3 greift hier nicht ein.

(b) Bei **Säumnis des Beklagten (§ 331):**

Rechtzeitig: §§ 132, 274 III (beide ggfls. abgekürzt nach § 226). Nicht: § 282 (ThP § 335, 5).
Anträge: Nur Sachanträge (Begriff: ThP § 297, 1; BL § 297, 1), z. B. Klageantrag, nachträgliche Klagehäufung (z. B. durch Zwischenfeststellungsklage, § 256 II), klageauswechselnde Klageänderung, Klageerhöhung.
Tatsächliches Vorbringen: nur das zur Begründung des Sachantrags nötige, also **nur die Tatsachen, die von der Geständnisfiktion des § 331 I erfasst werden** (ThP § 335, 4). Nicht dar-

unter fallen daher (= ihr Vortrag erst im Säumnistermin hindert also nicht Erlass eines VU): Rechtsansichten sowie Tatsachen, die dem anwesenden Kläger ungünstig sind, StJ § 335, 13 (z.B.: K teilt im Säumnistermin mit, B habe sich außergerichtlich auf Verjährung berufen, aber aus folgenden rechtlichen Gründen zu Unrecht …) und schließlich Tatsachen, die völlig neben der Sache liegen: sie alle sind nicht Teil der „Geständnisfiktion" (§ 331 I), vor der sich B nach der ratio des § 335 I Nr. 3 durch rechtzeitige Mitteilung schützen können soll, ein dem Kläger ungünstiger Vortrag kann aber die Schlüssigkeit zu Fall bringen und daher gem. § 331 II zum abweisenden unechten VU führen.

19.10 (6) **Zulässigkeit der Klage**
Da das VU ein Sachurteil ist, müssen die Sachurteilsvoraussetzungen vorliegen, andernfalls ergeht Prozessurteil als unechtes VU (Zöller 10, 11 vor § 330).

19.11 (7) **Schlüssigkeit der Klage** (nur bei VU gegen den **Beklagten**)
Schlüssig heißt: das tatsächliche Vorbringen des Klägers – seine Wahrheit einmal unterstellt – rechtfertigt den Klageantrag.

Das ist dann der Fall, wenn der Kläger

– zu den Voraussetzungen der Anspruchsgrundlage die **„anspruchsbegründenden Tatsachen"** vorträgt
– sich dieses Ergebnis **nicht** dadurch wieder selbst zunichte macht, dass er von sich aus **ungünstigen Parteivortrag** aufstellt zu Belangen, für die eigentlich **der Beklagte** die Darlegungslast hat, nämlich dazu, dass der Anspruch entweder doch nicht entstanden ist (rechtshindernde Einwendung, z.B. § 138 BGB) oder wieder erloschen ist (rechtsvernichtende Einwendung, z.B. §§ 362, 275 BGB) oder wegen außerprozessual erhobener Einreden (rechtshemmende, z.B. §§ 214, 273 BGB) nicht durchsetzbar ist (ThP § 331, 5; 41–44 vor § 253). Näheres und Beispiele: unten Rn. **29.13**.

Beim VU **gegen den säumigen Kläger (§ 330)** gibt es diese Voraussetzung (Schlüssigkeit) nicht, da dieses VU ohne jede Sachprüfung ergeht. Allein schon auf Grund der Säumnis gilt die Klage als unbegründet: Unbegründetheitsfiktion als Säumnisstrafe.

2. Die Entscheidung: echtes oder unechtes VU

19.12 **Echtes VU:** Das ist nur ein solches, das **wegen** der Säumnis **gegen** den **Säumigen** ergeht (Säumnisstrafe).

(ThP 11; Zöller 10 vor § 330) Es ist ein echtes Sachurteil, daher auch der formellen und materiellen Rechtskraft fähig (BGHZ 35, 338). Besonderheiten gegenüber dem normalen Endurteil: anfechtbar als erstes VU nur mit Einspruch, § 338 (beim 2. VU stark eingeschränkte Berufung, § 514 II), ohne TB und E-Gründe (§ 313b), Vollstreckbarkeitsausspruch § 708 Nr. 2 (ohne Sicherh. und ohne Abwendungsbefugnis gem. § 711), Zustellung nur an unterlegene Partei (= Säumigen), § 317 I, an beide aber bei VU im schriftlichen Vorverfahren, da hier die Verkündung durch die Zustellung ersetzt wird, § 310 III. Maßgebend ist dann für die Einspruchsfrist die *letzte* Zustellung (z.B. bei VU gegen mehrere Beklagte), ThP § 310, 3.

Die in § 338 S. 2 und in § 340 III S. 4 vorgeschriebenen *Belehrungen* sind nicht Teil des VU selbst, sondern (erst) „bei der Zustellung" zu erteilen. Ihr Fehlen berührt weder die Wirksamkeit der Zustellung, noch den Lauf der Einspruchsfrist (BGH NJW 11, 522). S. näher Rn. **19.20**.

19.13 **Unechtes VU:** Das ist ein im Säumnistermin ergehendes **streitiges Endurteil** gegen den Kläger **auf Klageabweisung**

– bei Säumnis des **Beklagten:** wenn die Klage unzulässig oder unschlüssig ist, § 331 II. Es ergeht also nicht gegen den Säumigen, sondern gegen den Anwesenden.

– bei Säumnis des **Klägers:** wenn die Klage unzulässig ist. Es ergeht also zwar gegen den Säumigen, aber nicht wegen der Säumnis, sondern wegen fehlender Prozessvoraussetzungen.

Die Klageabweisung durch unechtes VU setzt in beiden Fällen voraus, dass der Kläger zuvor Gelegenheit hatte, zu den Bedenken gegen seine Klage (Unzulässigkeit; i. F. § 331 II auch: Unschlüssigkeit) Stellung zu nehmen auf Grund Hinweises des Gegners (Schriftsatz) oder des Gerichts (§ 139 II, der das Verbot von Überraschungsentscheidungen konkretisiert, ThP § 139, 15 ff.) Konsequenz aus dem Gebot rechtlichen Gehörs, Art. 103 I GG (BGH NJW-RR 86, 1041; BL 13; ThP 12; Zöller 11, je vor § 330).

Als normales streitiges Endurteil kann es nur mit **Berufung** (Revision) angefochten werden, für den **Vollstreckungsausspruch** gilt nicht § 708 Nr. 2, sondern es gelten §§ 708 Nr. 11, 711 oder 709. Die Bezeichnung „unechtes VU" soll sagen, dass es zwar im Säumnistermin ergeht (diese Anknüpfung ist wichtig, denn die Säumnissituation enthält in §§ 330, 331 die gesetzliche Rechtfertigung, dass ohne zweiseitige kontradiktorische Verhandlung, also in Einschränkung des Mündlichkeitsgrundsatzes in § 128 I, bereits auf Grund einer einseitigen mündlichen Verhandlung eine Endentscheidung ergehen darf), aber kein Versäumnisurteil ist, weil es nicht als Säumnisstrafe ergeht, sondern als normale Reaktion auf eine unzulässige bzw. unschlüssige Klage.

Im Einzelnen und zur Tenorierung (1. Instanz):

a) Säumig ist der Kläger 19.14

Beispiel 1: echtes VU, § 330. K macht € 20 000,– geltend. Im 1. Termin ist er säumig, der Beklagte stellt über seinen RA Prozessantrag auf VU. Ist die Klage zulässig, so ergeht echtes VU gem. § 330 gegen K (ohne Schlüssigkeitsprüfung!):

VERSÄUMNISURTEIL (= § 313 b I S. 2)

    I. Die Klage wird abgewiesen.
    II. Der Kläger trägt die Kosten des Rechtsstreits *(= § 91)*
    III. Das Urteil ist vorläufig vollstreckbar *(= § 708 Nr. 2)*

Beispiel 2: echtes oder **unechtes VU.** Ist in Beispiel 1 die Klage über € 20 000,– unzulässig, so ergeht grds. unechtes VU (Prozessurteil). Soweit allerdings der anwesende Beklagte durch Rügeverzicht oder rügelose Einlassung (§§ 39, 295) den Mangel heilen kann, hat er die Wahl:

(a) Will B ein **echtes VU,** weil das ein **Sachurteil** ist und er gerade an dessen Rechtskraftumfang interessiert ist, so muss er das Vorliegen der Sachurteilsvoraussetzungen darlegen und beweisen (das muss bei v. A. w. zu berücksichtigenden Prozessvoraussetzungen immer der, der ein ihm günstiges Sachurteil begehrt, ThP 13 vor § 253). Ggfls. kann er den Mangel heilen durch Nichtrüge gem. §§ 295, 39. Ist z. B. die Klage vor dem unzuständigen Gericht erhoben, so tritt Heilung gem. § 39 ein, wenn B klagabweisendes VU beantragt, ohne die Unzuständigkeit zu rügen (was er aber später i. F. eines Einspruchs wegen § 342 noch nachholen kann), Zöller § 39, 9; ThP § 330, 3. Es ergeht dann echtes VU gem. § 330 ohne TB und E-Gründe, § 313 b.

(b) Will oder kann das B nicht, ergeht **Prozessurteil als unechtes VU** (das als streitiges Endurteil normal TB und E-Gründe enthalten muss):

ENDURTEIL

    I. Die Klage wird abgewiesen.
    II. Der Kläger trägt die Kosten des Rechtsstreits. *(§ 91)*
    III. Das Urteil ist vorläufig vollstreckbar. Der Kläger kann die Vollstreckung abwenden durch Sicherheitsleistung in Höhe von € 1400,–, wenn nicht der Beklagte zuvor in gleicher Höhe Sicherheit erbringt *(§§ 708 Nr. 11, 711 S. 1; alternativ: § 711 S. 2).*

Der RA des B erhält neben der Verfahrensgebühr nur eine halbe Terminsgebühr gem. RVG VV 3105 (die aber nach Einspruch und Wahrnehmung des Einspruchstermins auf die dort anfallende Terminsgebühr angerechnet wird, Zöller § 344, 2 und oben Rn. **17.**20 a. E.).

19.15 b) Säumig ist der Beklagte

Beispiel 1: echtes VU, § 331. Es ergeht, wenn die Voraussetzungen oben 1 vorliegen, insbesondere auch die Klage zulässig und schlüssig ist. Bei Klage über € 20 000,– also

VERSÄUMNISURTEIL (= § 313 b I S. 2)

I. Der Beklagte wird verurteilt, an den Kläger € 20 000,– zu zahlen.
II. Der Beklagte trägt die Kosten des Rechtsstreits *(= § 91)*.
III. Das Urteil ist vorläufig vollstreckbar *(= § 708 Nr. 2)*.

Es ergeht ohne TB und E-Gründe, § 313 b. Der Umfang der RKraft ist dann unter Zuhilfenahme der Klageschrift zu bestimmen (BGH NJW 72, 2269).

Beispiel 2: unechtes VU. Es ergeht, wenn zwar die allgemeinen Säumnisvoraussetzungen vorliegen (sonst Ablehnung oder Vertagung), aber die Klage nicht zulässig oder nicht schlüssig ist, § 331 II Hs. 2. **Endurteil** dann wie soeben a) zu Beispiel 2 (b).

Beispiel 3: teils echtes, teils unechtes VU, § 331 II. K klagt auf Zahlung von € 20 000,–. B ist säumig. K beantragt VU. Die Klage ist zulässig, aber nur in Höhe von € 12 000,– schlüssig.

(TEIL-)VERSÄUMNIS- UND ENDURTEIL

I. Der Beklagte wird verurteilt, an den Kläger € 12 000,– zu zahlen (= echtes VU gem. § 331. Dagegen Einspruch). Im Übrigen wird die Klage abgewiesen (= unechtes VU über € 8000,–. Dagegen Berufung).
II. Von den Kosten des Rechtsstreits trägt der Kläger ⅖, der Beklagte ⅗.
III. Das Urteil ist vorläufig vollstreckbar, für den Kläger ohne Sicherheitsleistung *(= § 708 Nr. 2)*. Der Kläger kann die Vollstreckung (= aus Ziffer II) abwenden durch Sicherheitsleistung in Höhe von € 350,–, wenn nicht der Beklagte zuvor in gleicher Höhe Sicherheit leistet *(= §§ 708 Nr. 11, 711 S. 1; alternativ: § 711 S. 2)*.

Anmerkungen:

(1) **Urteilsüberschrift:** Sie muss wegen der unterschiedlichen Anfechtungsmöglichkeiten klarstellen, dass beides vorliegt: VU und normales streitiges Endurteil.

(2) **RBehelfe gegen das Urteil:** B kann gegen das echte VU (€ 12 000,–) nur Einspruch einlegen, K nur Berufung gegen das unechte VU (€ 8000,–), ThP § 331, 9. Zweckmäßigerweise setzt das Berufungsgericht das Verfahren analog § 148 aus bis zur Entscheidung über den Einspruch.

(3) **TB und E-Gründe:** Soweit unechtes VU ergeht (€ 8000,– Abweisung), müssen TB und E-Gründe gefertigt werden. § 313 b I gilt nicht für das unechte VU (Zöller § 313 b, 1). Soweit echtes VU ergeht (€ 12 000,–) wären an sich gem. § 313 b I TB und E-Gründe entbehrlich. Das würde praktisch zu einer teilweisen Auslassung aus einem i. d. R. doch einheitlichen Parteivortrag und Streitgegenstand führen, was die Verständlichkeit beeinträchtigen wird. Daher empfiehlt sich m. E., den durch echtes VU erledigten Teil (€ 12 000,–) in TB und E-Gründen abgekürzt – aber immerhin – mitzubehandeln, z. B. wie folgt:

(a) **TB:** Er enthält, da wegen Säumnis des B kein Antrag des B und kein streitiges Beklagtenvorbringen zu berichten ist, nur den Klägervortrag in Behauptungsform mit dem Klageantrag, sodann folgt – statt Beklagtenstation – die Prozessgeschichte zur Säumnis und abschließend der Säumnisantrag des K.

(b) **E-Gründe:** Sie enthalten zwei Teile: **Ziff. I** betrifft das echte VU mit der Beschränkung auf den zur Klarstellung gebotenen Satz: „Hinsichtlich eines Teilbetrages von € 12 000,– erwies sich die Klage als begründet, da der diesbezügliche schlüssige Klägervortrag infolge Säumnis des B als zugestanden gilt, § 331 I. Evtl. weiter: Der Beklagte war zum Verhandlungstermin ordnungsgemäß geladen und ist nach Aufruf nicht erschienen, der Kläger hat Antrag auf Erlass eines VU gestellt."
Danach **Ziff. II:** ausführliche Darlegung zum unechten VU, dass die Klage „im Übrigen" (€ 8000,–) erfolglos, weil unschlüssig ist.

3. Sonderfall 1: Säumnis in einem späteren Verhandlungstermin, § 332

Der Säumnisfall in einem Folgetermin ist so zu behandeln, als wäre es Säumnis im **19.16** allerersten Termin. Das erklärt sich aus dem Grundsatz der Gleichwertigkeit aller Termine: wer in *einem* der Termine säumig ist, ist in *der* mündlichen Verhandlung (die ja eine Einheit bildet) säumig (vgl. ThP § 332, 1).

Wenn damit zwar der Grundsatz der Einheit der mündl. Verhandlung im Sinne der *Gleichwertigkeit* der Termine erhalten bleibt, so wird andererseits der Grundsatz der Einheit im Sinne einer *Fortwirkung* aller Prozessergebnisse, Prozesshandlungen etc. durchbrochen: Da der Säumnisfall in einem der Folgetermine zu behandeln ist wie Säumnis im allerersten Termin, so **entfallen** damit **für das VU alle** seit dem 1. Termin **gewonnenen Prozessergebnisse,** wie bisheriges Bestreiten des jetzt Säumigen, Beweisergebnisse, Anerkenntnisse, Geständnisse etc. Das VU im Folgetermin kann daher im vollen Widerspruch stehen zu den bereits gewonnenen Prozessergebnissen! (Zöller 1; ThP 1 zu § 332).

Beispiele:
Ist der **Kläger** in einem der Folgetermine säumig, so kann wegen § 332 abweisendes VU gemäß § 330 selbst dann ergehen, wenn sich im bisherigen Prozessverlauf alle Behauptungen des Klägers als richtig erwiesen haben.
Ist der **Beklagte** in einem der weiteren Termine säumig, so ergeht wegen § 332 bei Schlüssigkeit der Klage (§ 331) ein dieser stattgebendes VU gemäß § 331, selbst wenn nach den bisherigen Prozessergebnissen alle Behauptungen des Klägers widerlegt sind.
Ausnahme: Fortwirkung behalten bereits ergangene End- und Zwischenurteile wegen § 318 (Sonderfall aber Grundurteil, vgl. Zöller § 332, 1) sowie schon eingetretene Heilung von Zuständigkeits- und Verfahrensmängeln gemäß §§ 39, 295 (vgl. Zöller a. a. O.; ThP § 332, 1).

4. Sonderfall 2: Die Säumnis im Beweistermin, §§ 367, 370

Beweisaufnahme und Verhandlung der Parteien sind 2 verschiedene Elemente des Verfahrens:

Die Beweisaufnahme unterbricht die mündliche Verhandlung: die Durchfüh- **19.17** rung des Beweisverfahrens ist ein besonders gearteter Prozessabschnitt, die Erledigung des Beweisbeschlusses erfolgt von Amts wegen, daher auch bei Nichterscheinen der Parteien (§ 367), BL 5 vor § 355; StJ § 367, 1. Den Parteien ist demzufolge auch lediglich „gestattet", der Beweisaufnahme beizuwohnen, § 357 I, nicht aber ist deren Anwesenheit (wohl aber Benachrichtigung) Voraussetzung zur Durchführung der Beweisaufnahme, weshalb bei ihrem Nichterscheinen auch nicht von „Säumnis" gesprochen werden kann, BL § 367, 4.

Solange die Beweisaufnahme andauert, liegt kein Verhandlungstermin vor, wie **19.18** ihn ein VU aber erfordert (Wortlaut der §§ 330, 331!), ein VU ist solange unzulässig, **§ 367 I** (ThP § 370, 2; BL § 367, 5).

Die mündliche Verhandlung wird also **nach der Beweisaufnahme fortgesetzt,** was auch erforderlich ist, damit das Ergebnis der Beweisaufnahme im Urteil auch verwertet werden kann, § 285 I (ThP § 285, 1).

Übersicht:

Termin vom 1. 3.:	§ 367	§ 370

Erst: **Beweisaufnahme** ——————|—————————————▶ dann **Verhandlungstermin**

Diese ist erst erledigt, wenn
– *ganz ausgeführt*. Falls 1 Zeuge
  oder SV nicht erscheint:
  Vertagung (§ 368), also kein VU
  in diesem T (ThP § 370, 2)
– *unausführbar* (z. B. Nichtzahlg. des
  Vorschusses, § 379, StJ § 370, 4)
– *Aufhebung des Beweisbeschlusses*
  oder Verzicht der Partei auf
  weitere Beweismittel
– Säumnis der zu vernehmenden
  Partei, *§ 454 II*

ab jetzt:
– VU oder § 331 a
– bei Säumnis beider: § 251 a

19.19 **§ 370 I** bestimmt nun, dass jeder Beweistermin kraft Gesetzes zugleich ein Termin zu solcher Fortsetzung der mündlichen Verhandlung, also anschließend an die Beweisaufnahme ein Verhandlungstermin ist: ab jetzt ist auch ein VU möglich.

Vorausgesetzt ist dabei aber, dass die Beweisaufnahme auch wirklich erledigt (Begriff: ThP § 370, 2) und nicht Vertagung (§ 368) nötig ist, denn erst mit der „Erledigung" der Beweisaufnahme **beginnt** (wieder) die streitige mündliche Verhandlung (ThP § 370, 2; BL § 370, 5).

Beispiel: Nach streitiger Verhandlung im frühen ersten Termin ergeht Beweisbeschluss, wonach auf Antrag des Beklagten 2 Zeugen zu vernehmen sind, Haupttermin wird zugleich bestimmt. In diesem (ordnungsgemäß verkündeten – Ladung dazu entbehrlich, § 218) Haupttermin erscheinen nur K und die beiden Zeugen, B erscheint nicht.
Wie ist zu verfahren?

(1) **Erst muss die Beweisaufnahme durchgeführt werden, auch bei Nichterscheinen** des B (oder gar beider Parteien), **§ 367** (Zöller § 367, 1). Die Anwesenheit der Parteien ist also nicht Voraussetzung für die Durchführung der Beweisaufnahme, sie haben nur ein Anwesenheits*recht,* § 357 I (BL § 367, 5), von dessen Ausübung sie auch freiwillig absehen können (StJ § 370, 7). Es müssen also zunächst die 2 erschienenen Zeugen vernommen werden.

(2) **Nach dieser Beweisaufnahme** findet im gleichen Termin sofort streitige mündliche Verhandlung statt, § 370 I. K kann jetzt (erstmals) wählen:

(a) K beantragt **VU**: Es ergeht, soweit die Klage schlüssig ist, § 331. Dabei bleiben alle gewonnenen Beweisergebnisse unbeachtet: Der jetzt (nach Beweisaufnahme) vorliegende Verhandlungstermin wird gemäß § 332 der Säumnis im allerersten Termin gleichgestellt. ThP § 370, 3. Siehe oben Rn. **19.16**.
Ausnahme: eine Behauptung des K hat sich durch die Beweisaufnahme als *bewusst unwahr* herausgestellt. Derartiges ist nach h. M. nicht geständnisfähig, weder i. S. v. § 288 noch kraft Fiktion gem. § 331 (ThP §§ 370, 3; 288, 7, Zöller, § 370, 1).

(b) **K beantragt Entscheidung nach Aktenlage, § 331 a:** Da frühere mdl. Verhandlung stattgefunden hat, kann streitiges Endurteil ergehen, §§ 331 a S. 2, 251 a II. **Dieses berücksichtigt voll das soeben gewonnene Beweisergebnis** (StJ § 370, 7). Haben z. B. die beiden Zeugen glaubhaft gegen K ausgesagt, wird die Klage abgewiesen (hätte K dagegen ein VU beantragt, wäre per VU der Klage stattgegeben worden, ein Grund, nach ungünstiger Beweisaufnahme nur ein VU zu beantragen).

(3) Sind **beide Parteien säumig** im Haupttermin: Auch hier kann und muss das Gericht in Abwesenheit der Parteien zunächst die Beweisaufnahme durchführen, also die 2 Zeugen vernehmen, § 367 I (Zöller, § 367, 1). Danach kann es nach § 251 a verfahren: Entscheidung nach Aktenlage (dabei Berücksichtigung der Zeugenaussagen!) oder Anordnung des Ruhens, nur u. U. (= § 227) Vertagung.

II. Der Einspruch und das weitere Verfahren

1. Das Prüfungsschema

Für den Klausuraufbau wichtig ist, sich die Bedeutung der §§ 341 I, 342 sofort klar-zumachen. **19.20**

Ist der **Einspruch unzulässig,** so erfolgt keine Rückversetzung, es bewendet bei dem VU, das Verfahren (die Instanz) ist beendet: der Einspruch wird verworfen, **§ 341 I S. 2.** Es kommt also nicht mehr zur Prüfung von Zulässigkeit und Begründetheit der Klage.

Ist der **Einspruch zulässig,** so wird durch ihn gem. **§ 342** der Prozess zurückversetzt in die Lage vor Eintritt der Säumnis: in *diesem* Stadium waren und sind nun wieder zu prüfen: Zulässigkeit und Begründetheit der Klage.

Das **Prüfungsschema** und ebenso der **Aufbau der Entscheidungsgründe** ist dem-nach **3-teilig:**

I. Die Zulässigkeit des Einspruchs, § 341 I

1. An sich **statthaft: § 338**
   Also nur bei *echtem* VU, was also schon hier zu prüfen ist. Bei inkorrektem (z. B. falsch bezeichnetem): Meistbegünstigungstheorie, unten Rn. **19.23.**

2. **Form: § 340 I und II**
   340 III hingegen enthält keine Zulässigkeitsvoraussetzung. Der Verstoß dagegen (feh-lende oder verspätete E-Begründung) führt nur zur Verspätungspräklusion (BGHZ 75, 138). Dazu unten 5. Die E-Begründung kann daher auch in einem gesonderten weiteren Schriftsatz (innerhalb der Einspruchsfrist) erfolgen (ThP § 340, 5).

3. **Frist: § 339.**
   Berechnung: § 222 i. V. m. BGB §§ 187 I, 188 II. Notfrist, daher Wiedereinsetzung möglich, §§ 233 ff. Im arbeitsgerichtlichen Verfahren: nur 1 Woche, §§ 59, 64 VII ArbGG.
   Fehlen oder Fehlerhaftigkeit der Belehrungen nach § 338 S. 2 und § 340 III 4 berühren nicht die Wirksamkeit der Zustellung des VU und den Lauf der Einspruchsfrist: beide sind nicht Teil des zuzustellenden Dokuments (§§ 166 I, 317 I), das ist vielmehr nur das Urteil selbst, da die Belehrungen nur „zugleich mit der Zustellung" zu erfolgen haben (BGH NJW 11, 522; ThP § 331, 1; § 340, 8).
   Beide sind auch bzgl. der Folgen zu unterscheiden:
   § 338 S. 2: Bei Fehlen/Fehlerhaftigkeit der Belehrung ggfls. Wiedereinsetzung in die versäumte Einspruchsfrist (ThP § 331, 9).
   § 340 III S. 4: Bei Fehlen/Fehlerhaftigkeit der Belehrung wäre eine Präklusion der nicht innerhalb der Einspruchsfrist, also verspätet vorgebrachten Tatsachen, Beweismittel etc. im Einspruchstermin unzulässig (Frage der Begründetheit der Klage, nicht des Laufs der Einspruchsfrist), ThP 8; Zöller 12 zu § 340.

4. **Zwischenergebnis:**
   Ist der Einspruch *zulässig,* empfiehlt es sich, *überzuleiten mit einem Hinweis auf § 342:* Die Rückversetzung ermöglicht jetzt wieder Prüfung von Zulässigkeit und Begründetheit der Klage.

Falls Einspruch **unzulässig:**

Verwerfung, § 341 I 2
stets durch Endurteil, auch ohne mündliche Ver-handlung, § 341 II. Dagegen Berufung § 511.

Falls Einspruch **zulässig:**

II. Die Zulässigkeit der Klage (nach *jetzigem* Stand)

III. **Die Begründetheit der Klage** (nach *jetzigem* Stand)
Beachte: Maßgebend ist für Zulässigkeit und Begründetheit der *Zeitpunkt der jetzigen* abschließenden Entscheidung (§ 343), es können Unzulässigkeitsgründe geheilt oder dazugekommen sein, Fallenlassen von Bestreiten, Beweisaufnahme, Aufrechnung, Klageänderung etc. muss berücksichtigt werden.
Denn die Rückversetzung gem. § 342 ermöglicht voll den Wiedereintritt in das durch VU zunächst abgeschlossene und entschiedene Verfahren. Die Rückversetzung *klammert nur den Säumnistermin aus* (die von der anwesenden Partei dort vorgenommenen Prozesshandlungen wie z. B. §§ 39, 267 werden wirkungslos, ThP § 342, 2), übrigbleibt davon *nur* das VU, das weiterbesteht und aus dem auch vollstreckt werden kann (ggf. § 719).

§ 343
Ratio des § 343: Es existiert schon ein Vollstreckungstitel (VU). Also:
– **entweder aufrechterhalten** (nicht erneut verurteilen, da sonst doppelte Vollstreckung möglich wäre, häufiger Klausurfehler!)
– **oder aufheben** und über die Klage anderweit entscheiden.

Im Folgenden nun die Hauptprobleme des Verfahrens nach Einspruch, sowie die Tenorierungsfragen:

2. Der Einspruch ist zulässig

19.21 Herausgegriffen sei der Hauptfall, dass das **VU gegen den säumigen Beklagten** erging, gleichzubehandeln der Fall, dass gegen ihn ein Vollstreckungsbescheid (§ 700 I) erging. Hierzu **3 Tenorierungsfälle, § 343:**

(1) **Klage voll erfolgreich:**

ENDURTEIL
I. Das VU (der VB) des … vom … wird aufrechterhalten *(§ 343)*.
II. Der Beklagte trägt auch die *weiteren* Kosten des Rechtsstreits *(§ 91)*
III. Vollstreckungsausspruch: vgl. oben Rn. **4**.15, also bei
– Hauptsache über € 1250,–: *§ 709 S. 3*
– Hauptsache unter € 1250,–: *§§ 708 Nr. 11, 711 bzw. § 713*

(2) **Klage voll erfolglos:**
z. B. Klage über € 3000,–.
Keine Beweisaufnahme.

ENDURTEIL
I. Das VU (der VB) des AG … vom … wird aufgehoben und die Klage abgewiesen.
II. Der Kläger trägt die Kosten des Rechtsstreits (= *§ 91*) mit Ausnahme der im Termin vom … (durch den Erlass des VB bedingten), die der Beklagte trägt. (= *§ 344*: zwingende Kostentrennung!)
III. Das Urteil ist vorläufig vollstreckbar.
Der Kläger kann die Vollstreckung durch SL in Höhe von € 590,–, der Beklagte sie durch solche in Höhe von € 50,– (vorgeschlagene Pauschale für § 344) abwenden, wenn nicht die Gegenseite vor der Vollstreckung Sicherheit in gleicher Höhe leistet. (*Beachte: § 709 S. 3 findet bei Aufhebung des VU, VB keine Anwendung, daher je nach Höhe des Kostenerstattungsanspruches von K bzw. B: § 709 S. 1, 2, oder wie hier: §§ 708 Nr. 11, 711).*

Anm. zu III und § 344: Zu den abtrennbaren Kosten des Säumnistermins i. S. v. § 344 gehört nicht die 0,5 RA-Gebühr des anwesenden RA aus VV 3105, da diese auf die im nachfolgenden Einspruchstermin anfallende Terminsgebühr aus VV 3104 wegen § 15 II S. 1 RVG angerechnet wird (Zöller § 341, 14; § 344, 2). Es verbleiben als abtrennbare Säumiskosten solche der Terminswahrnehmung (z.B. Reisekosten der Partei und des RA, Verdienstausfall der Partei, ThP § 91, 15, 16, 22; Zöller § 344, 2). Sofern solche besonderen Kosten noch nicht aktenkundig sind, wird man bei beziffertem Tenorierung gem. § 711 S. 1 bzw § 709 S. 1 hierfür eine Pauschale von € 50,– bis 100,– ansetzen.

Sonderfall: bei vorangegangenem VB (er entspricht einem VU, § 700 I) ist für diesen die zusätzliche 0,5 Gebühr aus VV 3308 angefallen, die – weil Verfahrensgebühr – nicht auf die nachfolgend im Einspruchstermin anfallende Terminsgebühr angerechnet wird, also zusätzlich angefallen bleibt und damit zu den gem. § 344 abtrennbaren Kosten zählt (Zöller § 344, 2).

(3) **Klage nur teilweise erfolgreich:**

Beachte: Keine (etwa zur Klarstellung) erfolgende Vollaufhebung des VU (VB) und Neuformulierung, da sonst der Rang einer darauf gestützten Vollstreckungsmaßnahme verloren ginge (§§ 775 Nr. 1, 776, ThP § 343, 3)

ENDURTEIL

I. Das VU (der VB) des … (z.B. über € 12 000,–) bleibt mit der Maßgabe aufrechterhalten, dass der Beklagte zur Zahlung von € 10 000,– verurteilt wird. Im Übrigen wird das VU (der VB) aufgehoben und die Klage abgewiesen.

II. Die durch die Säumnis des Beklagten (den Erlass des VB) bedingten Kosten trägt der Beklagte (= *344*). Im Übrigen trägt der Kläger ¹⁄₆, der Beklagte ⁵⁄₆ von den Kosten des Rechtsstreits (= *§ 92 I*).

III. Das Urteil ist vorläufig vollstreckbar, für den Kläger jedoch nur gegen SL in Höhe von € 11 900,– *(§ 709 S. 1, alternativ: S. 2: 110% des jeweils zu vollstreckenden Betrags; ThP § 709, 6)*. Die Vollstreckung aus dem VU darf nur fortgesetzt werden, wenn diese Sicherheit geleistet ist *(§ 709 S. 3)*. Der Kläger kann die Vollstreckung (aus Ziffer II) abwenden durch SL in Höhe von € 270,–, wenn nicht der Beklagte zuvor in gleicher Höhe SL erbringt *(§§ 708 Nr. 11, 711 S. 1; alternativ: S. 2)*.

Anmerkung zu Ziff. III:

Da das VU (VB) teilweise **aufrechterhalten** wird **und** die jetzt noch mögliche Vollstreckung daraus die Grenze von §§ 708 Nr. 11 (€ 1250,–) übersteigt, gilt insoweit **§ 709 S. 3.**

3. Der Einspruch ist unzulässig

Die Voraussetzungen eines zulässigen Einspruchs (§ 341 I: statthaft, Form, Frist) sind in jeder Lage des Verfahrens v. A. w. zu prüfen und beachten. Das Ergebnis bei unzulässigem Einspruch ist in allen Fällen dasselbe: **der Einspruch wird verworfen, § 341 I S. 2,** mag das erst festgestellt werden im Einspruchstermin (selbst bei Säumnis), nach einer Verweisung (§§ 281, 506), oder erst im Berufungsverfahren. **19.22**

Beispiel 1: Säumnis im Einspruchstermin

Gegen B erging VU über € 4000,–, zugestellt an B am Montag, dem 1. 2. Nach Einspruch des B vom Dienstag, 16. 2., wird Termin gem. § 341 a auf 1. 3. bestimmt. Dort ist B säumig. K beantragt Einspruchsverwerfung durch 2. VU gem. § 345. Nach § 341 I hat das Gericht in jeder Lage, also auch im jetzigen Säumnistermin v. A. w. zu prüfen, ob der Einspruch zulässig ist. Hier ist er **1 Tag verspätet,** also unzulässig. Das Gericht *muss* also den Einspruch jetzt verwerfen, ungeachtet der (erneuten) Säumnis des B. Eine Sachprüfung findet nicht mehr statt. Nach **h. M.** ist diese Verwerfung ein unechtes VU, also ein **streitiges Endurteil** (= dagegen Berufung), BGH NJW 95, 1561; ThP § 341, 5; Zöller § 341, 9; a. A. BL § 341, 9 (echtes VU).

ENDURTEIL

I. Der Einspruch des Beklagten gegen das VU vom … wird verworfen.
II. Der Beklagte trägt auch die weiteren Kosten des Verfahrens
    (= analog § 97 I, ThP § 341, 5)
III. Das Urteil ist vorläufig vollstreckbar *(= § 708 Nr. 3).*

Beispiel 2: Die erst in der Berufung bemerkte Unzulässigkeit

Gegen B ergeht ein der Klage voll stattgebendes VU über € 9000,– (§ 331). Der Einspruch des B ist verspätet, was aber übersehen wird. Im Einspruchstermin ergeht nach streitiger Verhandlung Urteil gem. § 343 dahin, dass das VU nur in Höhe von € 3000,– aufrechterhalten und die Klage im Übrigen abgewiesen werde. Dagegen Berufung von K und B zum OLG. Dieses muss das Endurteil auch darauf prüfen, ob es *überhaupt* noch hat ergehen dürfen, der Einspruch also zulässig war (BGH NJW-RR 07, 1363). Hier wird es die Unzulässigkeit des Einspruchs feststellen und daher entscheiden (vgl. Zöller § 341, 6):

I. Das Endurteil des LG … vom … wird aufgehoben.
II. Der Einspruch des B gegen das VU vom … wird verworfen *(§ 341).*
III. Kosten … .
IV. §§ 708 Nr. 10, 711.

4. Inkorrekte Entscheidung im Säumnistermin: „Meistbegünstigungs-Grundsatz"

19.23 Problematisch und umstritten ist, welches Rechtsmittel statthaft ist, wenn das Gericht eine **verfahrensrechtlich inkorrekte** Entscheidung erlassen hat. Inkorrekte Entscheidungen sind entweder ihrer Art nach zweifelhafte (z. B. erging *echtes* oder *unechtes* VU?) oder ihrer Art nach falsche (z. B. Beschluss statt Urteil).

Nicht hiermit gemeint ist das **inhaltlich** unrichtige Urteil („Fehlurteil", z. B. Verkennung der Beweislast).

Die Problematik stellt sich allgemein, nicht nur im Säumnisverfahren und wird daher in der Kommentarlit. in den Vorbem. vor den Rechtsmitteln, also vor § 511 behandelt: ThP 6 ff.; Zöller 29 ff.; BL 27 ff.; StJ 37 ff.; Musielak 31 ff. je vor § 511.

19.24 **Fallgruppe 1: Das seiner Art nach zweifelhafte,** weil falsch oder irreführend bezeichnete Urteil.

Beispiel: Der Kläger ist säumig. Der Bekl. beantragt VU gem. § 330. Die Klage ist, worauf das Gericht hingewiesen hatte (s. Rn. **19.**13), unzulässig. Das Gericht erlässt ein mit „Versäumnisurteil" überschriebenes klageabweisendes Urteil. In den E-Gründen heißt es u. a.: die Klage sei wegen der Säumnis des K abzuweisen, § 330, dies auch schon deshalb, weil sie mangels Prozessführungsbefugnis des K unzulässig sei, denn (wird ausgeführt).
Die Entscheidung ist verfahrensrechtlich inkorrekt, weil ihrer Art nach zweifelhaft: echtes VU (so die Überschrift u. der erste Teil der E-Gründe), oder unechtes VU (so der übrige Teil der E-Gründe)?
Zur Anfechtung inkorrekter Entscheidungen gibt es 3 Meinungen (von denen die beiden ersten heute kaum noch vertreten werden), vgl. BL Grdz. 27 vor § 511; StJ 40, 41 vor § 511.
(1) Die **subj. Theorie** (z. B. RGZ 143, 170, 173 a. E.): Maßgebend sei, was das Gericht erlassen wollte (aber das ist oft nicht verlässlich feststellbar, darf auch der Partei sonst zustehende RMittel nicht abschneiden). Dann hier evtl.: Gewollt ist echtes VU gem. § 330, zulässig daher (nur) der Einspruch.
(2) Die **obj. Theorie:** Maßgebend sei, welche Art der Entsch. obj. bei verfahrensrechtl. korrekter Behandlung hätte erlassen werden müssen (aber dann müssen die Parteien rechtskundiger sein, als das Gericht). Dann hier: unechtes VU, zulässig daher (nur) die Berufung.
(3) **H. M.: Grundsatz der Meistbegünstigung.**
BGHZ 40, 267; 73, 87; 98, 364; NJW 99, 583; 97, 1448; 94, 665; NJW-RR 95, 379, 380; ThP 6 ff.; Zöller 30; BL 28; Müko-ZPO 80 ff. vor § 511; RoSG § 134, 11.
BGHZ 73, 89: „Eine Partei darf durch ein unrichtiges Verfahren des Gerichts keinen Nachteil in ihren prozessualen Rechten erleiden. Bei verfahrensfehlerhaften (unkorrekten) Entscheidungen steht

der beschwerten Partei der Rechtsbehelf zu, der gegen die verfahrensrechtlich gebotene, vom Richter aber nicht gewählte Entscheidung zulässig gewesen wäre, und der Rechtsbehelf, der der vom Richter gewählten Form der Entscheidung entspricht."

Der Partei (hier K) stehen zur Vermeidung von Nachteilen (insbes. zur Fristwahrung) zunächst **beide Rechtsbehelfe** nebeneinander zu, also Einspruch **und** Berufung. Sie muss sich jedoch im Laufe des Verfahrens für einen entscheiden und den anderen zurücknehmen, da der Grundsatz der Meistbegünstigung nur Nachteile ausschließen, aber nicht zu einer Vermehrung der Rechtsbehelfe führen kann.

Auch führt er nicht zu prozessualen Vorteilen, die es bei korrektem Verfahren gar nicht gegeben hätte (insbesondere keine Anfechtbarkeit einer bei korrektem Verfahren unanfechtbaren Entscheidung) BGH NJW 97, 1448; StJ 43; ThP 10; Zöller 32; Musielak 31 je vor § 511.

Das Rechtsmittelgericht muss nach hM das Verfahren wieder auf das „richtige Geleis" bringen, es daher so durchführen, wie wenn die angefochtene Entscheidung in der nach der Prozesslage gebotenen Form korrekt ergangen und das hiergegen statthafte RMittel eingelegt worden wäre (Musielak 34; StJ 49, 62 vor § 511).
War im Ausgangsfall die Klage *zulässig,* hätte also schlicht ein VU gem. § 330 ergehen müssen und hat K Berufung eingelegt, so ist aufzuheben und zurückzuverweisen, damit dort das Verfahren wie nach Einspruch weiterbehandelt werden kann (Musielak a. a. O.).
War die Klage hingegen *unzulässig,* hätte also Prozessurteil ergehen müssen und hat K Einspruch eingelegt, so wird vielfach vertreten, dass der Einspruchsrichter den Rechtsstreit analog § 281 an das Berufungsgericht zu verweisen habe (Müko-ZPO 87; Zöller 33; StJ 62 vor § 511).

Fallgruppe 2: Das seiner Art nach falsche Urteil 19.25

(1) Das Gericht entscheidet nach übereinstimmender voller Erledigungserklärung (§ 91a) durch Urteil, statt durch Beschluss: Berufung, über die dann durch Beschluss zu entscheiden ist (um das Verfahren wieder auf das richtige Gleis zu bringen: § 572 IV) und/oder sofortige Beschwerde (§ 91a II). BGH JR 66, 67; ThP 8 vor § 511.
(2) Das LG verwirft den verspäteten Einspruch des Bekl. gegen das VU gem. § 331 durch Beschluss statt richtig durch Urteil (§ 341 II): Hiergegen Berufung und/oder sofortige Beschwerde. Legt B sofortige Beschwerde (§§ 567ff.) ein, so hat das OLG diese überzuleiten in ein Berufungsverfahren. Mit dem Überleitungshinweis an die Parteien gelten die Vorschriften zu Frist und Form der Ber-Begründung (§ 520), Müko-ZPO 87 vor § 511; Schenkel MDR 03, 138.
(3) Anstatt richtig ein erneutes 1. VU zu erlassen, wird inkorrekt ein technisch 2. VU gem. § 345 erlassen.
OLG Frankfurt, NJW-RR 2011, 216: Der Beklagte hat gegen das klagestattgebende VU rechtzeitig Einspruch eingelegt. Im Einspruchstermin vom 1.3. wird verhandelt. In einem weiteren Termin vom 1. 4. werden zunächst abschließend 2 Zeugen vernommen, sodann ergeht − da für den Beklagten niemand erschienen ist − ein 2. VU gem. § 345, worin der Einspruch verworfen wird.
Da im Termin vom 1. 4. zwar Säumnis, aber nicht im Einspruchstermin vorlag (keine doppelte Säumnis i. S. v. § 345, s. unten Rn. **19.**32) hätte nur ein − erneutes − technisch 1. VU ergehen dürfen („Das VU vom … wird aufrechterhalten …", s. unten Rn. **19.**32). Der Erlass eines die Instanz abschließenden 2. VU gem. § 345 war verfahrensrechtlich inkorrekt.
Hier gilt der Meistbegünstigungsgrundsatz: der Beklagte kann also Einspruch und/oder Berufung einlegen (BGH NJW 97, 1448; BGH VersR 84, 287, 288; OLG Frankfurt a. a. O.; RoSG § 134, 11).
Problematisch ist aber weiter, dass die hiernach eröffnete Berufung die Zulässigkeitsschranke nach § 514 II hat: der Beklagte als Berufungskläger muss schon für die Zulässigkeit schlüssige Tatsachen *behaupten,* dass *kein* Fall der Säumnis vorgelegen habe bei Erlass der angefochtenen Entscheidung vom 1. 4. Dies kann der Beklagte jedoch nicht, da er ja − nach Abschluss der Beweisaufnahme, § 370 I, s. Rn. **19.**10 − wirklich säumig war.
OLG Frankfurt a. a. O.: Also müsse dieses Erfordernis infolge des Meistbegünstigungsgrundsatzes entfallen, da andernfalls schon der Zugang zur 2. Instanz verschlossen wäre und dem Betroffenen nicht beide Rechtsbehelfe zur Wahl stünden. Es würde keine „Meist"-Begünstigung mehr darstellen, wenn bereits der Zugang zur nächsten Instanz durch Voraussetzungen behindert würde, die bei dem wahlweise statthaften Rechtsmittel oder Rechtsbehelf (hier: Einspruch) nicht eingreifen.

M. E. ist auch eine andere Begründung gut vertretbar: infolge des Meistbegünstigungsgrundsatzes kann der Beklagte zur Erfüllung der Zulässigkeitsschranke über den Wortlaut von § 514 II hinaus vortragen, es habe zwar Säumnis vorgelegen, aber nicht solche im Sinne von § 345, nämlich nicht im Einspruchstermin. Denn § 514 II ist funktionell ohnehin die Berufungskontrolle von Entscheidungen nach § 345.

(4) Der umgekehrte Fall: anstatt richtig ein 2. VU nach § 345 zu erlassen, ergeht ein technisch 1. VU. BGH NJW 97, 1448: Gegen den Beklagten erging am 1. 3. ein klagestattgebendes VU. Nach Einspruch des Beklagten wurde Termin anberaumt auf 1. 10. Nachdem das Gericht zu Beginn des Termins zu erkennen gegeben hatte, dass mit einem Erfolg der Klage zu rechnen sei, verhandelte der RA des Beklagten nicht. Daraufhin erging antragsgemäß ein VU gleichen Inhalts wie das vom 1. 3. („Der Beklagte wird verurteilt ...“). Dessen Existenz war dem Gericht und den Prozessbevollmächtigten damals nicht mehr gegenwärtig.
Kann der Beklagte hiergegen Einspruch und/oder Berufung einlegen?
Der BGH hat offen gelassen, ob auch hier der Meistbegünstigungsgrundsatz anzuwenden ist, jedenfalls sei aber der Einspruch statthaft. In der Tat liegt der Fall auf der Grenze zur Bejahung oder Verneinung, also zwischen Fallgruppe 2 und 3.
Gegen die Anwendbarkeit spricht eine Übertragung der Betrachtungsweise des BGH in NJW 94, 665 (Fallgruppe 3, s. sogleich).
Für die Anwendbarkeit des Meistbegünstigungsprinzips spricht, dass der Beklagte aus der verfahrensrechtlichen Inkorrektheit keinen Nachteil erleiden soll. Angesichts der Ungewissheit aus einer evtl. bevorstehenden „berichtigenden Auslegung“ durch das Gericht (gemeint sei nach der allen Parteien bekannten Prozesslage ersichtlich nur ein 2. VU nach § 345) oder einer Urteilsberichtigung nach § 319 stünden ihm nach dem Meistbegünstigungsgrundsatz mit Einspruch und/oder Berufung jedenfalls statthafte Rechtsbehelfe zur Seite.
Bejahend daher OLG Brandenburg NJW-RR 98, 1286; Zöller § 514, 4.
Allerdings hat auch ein Einspruch nur dann Erfolg, wenn – unter wertender Mitberücksichtigung des § 514 II – ein Fall der Versäumung tatsächlich nicht vorgelegen hat. Denn bei korrekter Verfahrensweise hätte der Beklagte nur die Möglichkeit aus § 514 II gehabt und das Meistbegünstigungsprinzip soll dem Betroffenen nicht (über einen uneingeschränkten Einspruch) mehr prozessuale Vorteile verschaffen, als er bei korrektem Verfahren gehabt hätte (BGH NJW 97, 1448; OLG Brandenburg, Zöller je a. a. O.).

19.26 Fallgruppe 3: Das bereits inhaltlich falsche und daher auch verfahrensrechtlich inkorrekte, aber *eindeutige* Urteil

Der Meistbegünstigungsgrundsatz gilt hingegen nicht, wenn das Gericht eine inhaltlich falsche Entscheidung getroffen hat, die deswegen auch verfahrensrechtlich verfehlt ist, aber andererseits so **eindeutig** ist, dass den Parteien für die Anfechtung kein falscher Weg gewiesen wird.

(1) BGH NJW 94, 665: Im Termin vor dem LG haben die Parteien die Anträge gestellt und zur Sache verhandelt. Sodann erklärte der Anwalt des Klägers, er trete nicht mehr auf. Auf Antrag der Beklagten erging daraufhin ein als „Versäumnisurteil“ bezeichnetes klageabweisendes Urteil, welches weder Tatbestand noch Entscheidungsgründe enthielt. Hiergegen legte der Kläger Berufung ein, da richtigerweise ein streitiges Urteil hätte ergehen müssen: trotz § 514 I statthaft nach der Meistbegünstigungstheorie? BGH: nein, das LG habe zwar *inhaltlich* falsch entschieden, da gar kein Fall der Säumnis vorgelegen habe (BGHZ 63, 94; ThP § 333, 1), aber es habe keinen irreführenden Verlautbarungsfehler (Falschbezeichnung, inhaltlich zweifelhaft, ob VU überhaupt vorliegt) begangen.
Gehe der Wille des Gerichts zweifelsfrei auf den Erlass eines VU und werde dies nach Form und Inhalt (hier: Überschrift, Fehlen von Tatbestand und Entscheidungsgründen) klar, so liege zweifelsfrei nur ein VU vor, gegen das allein der Einspruch in Betracht komme. Der Grundsatz der Meistbegünstigung greife hier nicht ein, weil das Gericht bei dieser eindeutigen Lage keinen falschen Weg für die Art der Anfechtung gewiesen habe. Ebenso BGH NJW 99, 584 zu cc.
Eine Umdeutung der Berufung in einen Einspruch scheidet aus, da ein Einspruch nicht wirksam beim OLG eingelegt werden kann. Also Verwerfung der unzulässigen Berufung.

(2) Weitere Beispiele: Wegen Unanwendbarkeit des Meistbegünstigungsgrundsatzes unzulässig wäre ein Einspruch gegen ein streitiges Endurteil, das eine Säumnis außer Acht gelassen hat. Unzulässig wäre eine sofortige Beschwerde gem. § 269 V gegen ein Endurteil, das die Klagerücknahme übersehen hat (MüKo-ZPO 84 vor § 511).

5. Einspruch und Verspätungspräklusion, §§ 340 III, 296

Im Einspruchsschriftsatz sollen zwar die Angriffs- und Verteidigungsmittel sofort vorgetragen werden. Dies ist aber keine Voraussetzung eines zulässigen Einspruchs, der Verstoß führt indes zur Verspätungspräklusion (ThP § 340, 7). Hierzu sind 3 Grundfälle zu beachten:

a) Fall 1: Zulässigkeitsrügen, §§ 340 III, 296 III, IV   19.27

Darunter fallen nur die „verzichtbaren", das sind **nur:** §§ 88, 110, 269 VI, 1032 I. Die Zuständigkeitsrügen fallen wegen Sonderregelung in §§ 39, 504 nicht unter §§ 296 III, 340 III, sind also nicht präkludiert. Alle übrigen Zulässigkeitsrügen sind v. A. w. zu prüfen, also unverzichtbar, sie können daher – als bloße Anregungen – bis zuletzt vorgebracht werden (ThP § 296, 40, 41).

Beispiel: Gegen B ist VU ergangen, gegen das er form- und fristgerecht Einspruch eingelegt hat. Erstmals im Einspruchstermin bringt er vor, nach der Schiedsklausel sei gar nicht das angegangene LG, sondern ein Schiedsgericht zuständig (§ 1032 I). Kann B diese Verspätung nicht entschuldigen (§ 340 III mit § 296 III, IV), bleibt die Rüge außer Betracht, da entgegen § 340 III nicht innerhalb der Einspruchsfrist vorgetragen. Auf *Verzögerung* kommt es bei § 296 III *nicht* an.

b) Fall 2: Das Angriffs- und Verteidigungsmittel wird erst *nach* der   19.28
Einspruchsfrist vorgebracht

Beispiel: B hat gegen das gegen ihn ergangene VU ordnungsgemäß Einspruch eingelegt, übersieht aber, innerhalb der Einspruchsfrist auch noch den Zeugen Z zu benennen, das macht er erst im Einspruchstermin, zu dem das Gericht alle bisher benannten Zeugen geladen hat und die auch alle erscheinen.

Da Z entgegen § 340 III nicht in der Einspruchsschrift selbst oder, was ausreicht (ThP § 340, 5), mit weiterem Schriftsatz der innerhalb der E-Frist eingeht, benannt wurde, ist dieser Zeuge jetzt gem. §§ 340 III, 296 I ausgeschlossen. Die 3fache Voraussetzung des § 296 I liegt vor:

(1) **Verspätung:** der Ablauf der Einspruchsfrist (§ 339) hat wegen Verweisung in § 340 III auf § 296 I die gleiche Wirkung, wie der Ablauf einer in § 296 I zitierten Frist (Zöller § 340, 7).

(2) **Verschulden:** wird vermutet, von B wurde auch nichts (sofort!) zur Entlastung vorgetragen (ThP § 296, 28);

(3) **Verzögerung:** ein weiterer Termin wäre erforderlich.

c) Fall 3: Eine Klageerwiderung vor dem 1. Termin fehlt völlig   19.29

Angriffs- und Verteidigungsmittel werden erstmals im Einspruch vorgetragen, aber vollständig (Unterschied zu Beispiel 2). **„Flucht in die Säumnis".** BGHZ 76, 173 und NJW 81, 286.

Beispiel: B hat die Klageerwiderungsfrist (§ 275) versäumt. Um im anberaumten frühen ersten Termin vom 1. 3. der Verspätungspräklusion gem. § 296 I zu entgehen, entschließt er sich zur „Flucht in die Säumnis": er lässt VU gegen sich ergehen und legt dagegen sofort Einspruch ein, wobei er jetzt den für die Klageerwiderung vorgesehenen Sachvortrag nachholt, dazu 2 Zeugen benennt und die Erholung eines zeitaufwändigen (ca. ½ Jahr) Sachverständigengutachtens beantragt. K beantragt, das gesamte Einspruchsvorbringen gem. § 296 I zurückzuweisen, da der Einspruch nicht den Zweck haben könne, die schon präkludierte Klageerwiderung quasi legal nachzuholen. Hier gilt:

Eine Präklusion gemäß **§§ 340 III,** 296 I scheidet aus, da der Vortrag des B innerhalb der Einspruchsfrist erfolgt ist.

Aber **§ 296 I** gilt direkt. Dafür bestehen 3 Voraussetzungen:

(1) **Verspätung:** Vorbringen, das bei Erlass des VU schon verspätet war (hier: wegen Ablaufs der Klageerwiderungsfrist, § 275), bleibt auch weiterhin verspätet und damit deswegen präklusionsfähig (BGHZ 76, 177; NJW 81, 286; Müko-ZPO § 340, 25).

Die Rückversetzung gem. § 342 hilft jedenfalls dann nicht, wenn – wie i. d. R – am Säumnistag die Klageerwiderungsfrist schon abgelaufen war: sie bleibt abgelaufen.
War aber die Klageerwiderungsfrist am Säumnistag noch nicht abgelaufen (z. B. gar nicht wirksam gesetzt), so bewirkt § 342, dass die Einspruchsfrist praktisch an die Stelle der (noch offenen) Klageerwiderungsfrist tritt, deren restlichen Lauf also entweder verlängert oder abkürzt (letzteres str.), da jetzt einheitlich nur mehr die 2-Wochenfrist des § 339 gilt (vgl. ThP 5; Zöller 9 zu § 340).

(2) **Verschulden:** Von B wurde nichts zur Entschuldigung vorgetragen.

19.30 (3) **Verzögerung:** Sie liegt i. d. R. vor, wenn und soweit das Vorbringen nicht mehr im Einspruchstermin verwertet werden kann (ThP § 340, 9). Besonderes gilt aber für den Zeugenbeweis: nach dem **„normativen"** (wertenden) **Verzögerungsbegriff** des BGH kommt hier Verzögerung lediglich dann in Betracht, wenn der verspätet benannte Zeuge nicht mehr rechtzeitig *geladen* werden konnte; konnte er aber noch geladen werden, so führt allein sein Nichterscheinen (der Zeuge will oder kann nicht kommen) nicht zur Präklusion, er muss vielmehr zu einem neuen Termin geladen werden. Denn allein das *Nichterscheinen* eines rechtzeitig geladenen Zeugen wird der Partei nicht als eine auf ihrem Verspätungsvortrag beruhende Verzögerung zugerechnet, weil das (entschuldigte wie unentschuldigte) Ausbleiben eines rechtzeitig und ordnungsgemäß geladenen Zeugen ein Verzögerungsgrund ist, der in *jedem* Prozess eintreten kann, *unabhängig* davon, ob der Zeuge rechtzeitig oder verspätet benannt wurde (ThP § 296, 12; BGH WM 86, 867; NJW 87, 502, 1949).

Das Gericht muss zwar stets, also auch bei der Vorbereitung einer gem. § 341 a anberaumten mündlichen Verhandlung alles Zumutbare tun, um die Folgen der Verspätung auszugleichen (BGHZ 75, 138; 76, 178). Das bedeutet aber nicht, dass der Einspruchstermin deswegen soweit hinausgeschoben werden müsste, damit der Verspätungsvortrag noch in vollem Umfang berücksichtigt werden kann (BGH NJW 81, 286). Vielmehr hat das Gericht „unverzüglich" (§§ 216 II, 341a) den Terminstag anzusetzen, der „so früh wie möglich" (§ 272 III) stattfinden soll, also z. B. am nächsten freien Sitzungstag des Richters unter Wahrung der Ladungsfrist, § 217 (ThP § 341a, 2).
Vorliegend wird also das Gericht nicht wegen des SV-Gutachtens erst auf 1. 10., sondern ganz normal schon z. B. auf 15. 4. terminieren (BGH NJW 81, 286: 6 Wochen Zwischenraum zwischen Terminierung und Einspruchstermin nicht zu beanstanden) und dazu die 2 Zeugen laden. Dass bis dahin das SV-Gutachten nicht erholt werden kann, führt zu dessen Präklusion, § 296 I (es sei denn, der Termin v. 1. 3. war ein sog. Durchlauftermin, ThP § 296, 8): **die „Flucht in die Säumnis" rettet also nur das, was im turnusgemäß angesetzten Einspruchstermin noch verwertet werden kann,** den **Zeugenbeweis** allerdings schon dann, wenn rechtzeitige (wenngleich erfolglose) *Ladung* des Zeugen noch möglich war.

6. Der Einspruch durch die Nichtpartei und Umdeutung in den Beitritt als Streithelfer

19.31 Prozesshandlungen, insbesondere Rechtsbehelfe und Rechtsmittel können nicht nur analog § 133 BGB ausgelegt, sondern auch – falls unzulässig – analog § 140 BGB umgedeutet werden in zulässige. Ein von einem Dritten unzulässig eingelegter Einspruch kann daher unter den Voraussetzungen von § 140 BGB analog umgedeutet werden als Beitritt als Streithelfer mit gleichzeitiger Einspruchseinlegung.

Beispiel: V, Eigentümer und Vermieter eines Gewerbegrundstücks, klagt gegen seinen Mieter M auf Räumung. Während des Rechtsstreits veräußert V sein Grundstück an K, der alsbald im Grundbuch eingetragen wird. Im folgenden Verhandlungstermin vom 1. 3. erscheint infolge eines Missverständnisses zwischen V und K, wer nun den Prozess weiterbetreiben müsse, für die Klagepartei niemand, worauf klageabweisendes Versäumnisurteil gem. § 330 gegen V ergeht. K legt durch seinen RA am 10. 3. Einspruch ein und bezeichnet sich unter Darlegung der erfolgten Veräußerung als neuer Kläger, da er gem. §§ 566, 578 BGB neuer Vermieter sei.

Im Einspruchstermin vom 1. 4. erscheinen nur K und M, beide anwaltlich vertreten. M beantragt, den Einspruch des K als den einer Nichtpartei gem. § 341 als unzulässig zu verwerfen, einem etwaigen Parteiwechsel widersetze er sich. Hilfsweise beantragt er, den Einspruch gem. § 345 durch 2. Versäumnisurteil zu verwerfen, da V erneut säumig sei.

K besteht darauf, seine Rechte als neuer Vermieter im laufenden Prozess wahren zu können.

I. Zulässigkeit des Einspruchs, § 341

1. Statthaftigkeit, § 338

Einspruch kann einlegen nur die Hauptpartei (V), ihr etwaiger Gesamtrechtsnachfolger (z. B. § 1922 BGB), oder ihr Sondernachfolger durch Parteiwechsel, oder der beigetretene Streithelfer (vgl. unten Rn. **26.**08).

a) Gem. §§ 566, 578 BGB fand zwar materiellrechtlich ein Wechsel auf K als neuen Vermieter statt. Dieser hat jedoch keinen gesetzlichen Parteiwechsel ausgelöst, vielmehr liegt i. F. von § 566 BGB ein Fall der Veräußerung streitbefangener Sache gem. **§ 265 II** vor (siehe Rn. **10.**3). Hauptpartei blieb demnach V. ein gewillkürter Parteiwechsel ist am Widerspruch des M gescheitert, § 265 II 2.

Zwischenergebnis: Der Einspruch des K ist der einer Nichtpartei, also unstatthaft.

b) Jedoch **Umdeutung analog § 140 BGB**

Eine unzulässige Prozesshandlung, ein unzulässiger Rechtsbehelf (Rechtsmittel) kann analog § 140 BGB umgedeutet werden in eine(n) zulässige(n). Zwar gelten die Vorschriften des BGB nicht für Prozesshandlungen (Palandt Überbl. 37 vor § 104), jedoch enthalten § 133 BGB und § 140 BGB allgemeine Rechtsgrundsätze und sind daher analog anwendbar (ThP Einl. III 16, 20). So wurde Umdeutung einer unzulässigen sofortigen Beschwerde gegen ein Endurteil des LG in eine zulässige Berufung angenommen (BGH NJW 87, 1204), sowie Umdeutung einer mangels Parteistellung unzulässigen Berufung in einen Beitritt als Streithelfer mit gleichzeitiger Einlegung der Berufung (BGH NJW 2001, 1217).

Dem letzteren Fall entspricht das vorliegende Beispiel: der Einspruch des K als Nichtpartei kann umgedeutet werden als dessen Beitritt als Streithelfer (§§ 66 ff.) mit gleichzeitiger Einlegung des Einspruchs mit Wirkung für die Hauptpartei (V). Die obj. und subj. Voraussetzungen von § 140 BGB analog (BGH NJW 2001, 1217; Palandt § 140, 8) liegen vor, da der Beitritt als Streithelfer ein Weniger ist gegenüber dem Eintritt als Kläger und die Einspruchsschrift des K alle Voraussetzungen des Beitritts (§ 70) erfüllt. Das rechtliche Interesse des K (§ 66) liegt darin, dass um seine Vermieterrechte nunmehr in Prozessstandschaft gem. § 265 II 1 prozessiert wird mit Rechtskraftwirkung gem. § 325 I für und gegen K. Die Umdeutung entspricht auch dem erklärten Willen des K. Schutzwürdige Interessen des M werden nicht verletzt.

II. Erlass eines 2. VU gem. § 345 gegen V?

Der Antrag des M gem. § 345 wird zurückgewiesen (Beschluss oder im Endurteil), da V durch den anwesenden Streithelfer K als vertreten gilt und dieser die Säumnis daher abwendet (oben Rn. **17.**08).

Wenn die Klage auch im Übrigen Erfolg hat, ergeht

ENDURTEIL

I. Das VU vom 1. 3. wird aufgehoben. Der Beklagte wird verurteilt … zu räumen und herauszugeben.

II. Die Kosten des Rechtsstreits *(§ 91)* und die der Nebenintervention *(§ 101 I)* trägt der Beklagte, mit Ausnahme der im Termin vom 1. 4. angefallenen Säumniskosten, die der Kläger (V) trägt *(§ 344)*.

III. § 709 S. 1 für die Räumung (da kein Geldanspruch). Streitwert § 41 II GKG.

§ 709 S. 2 bzgl. des Kostenausspruchs.

III. Säumnis im Einspruchstermin

19.32 1. Säumig ist der, der das 1. VU erwirkt hat

Beispiel: B ist im Termin vom 1. 10. durch VU zur Zahlung von € 20 000,– verurteilt worden, wogegen er rechtzeitig Einspruch eingelegt hat. Im Einspruchstermin ist K säumig, B beantragt VU gegen K. Es ergeht ein **technisch erstes VU** gem. § 330:

VERSÄUMNISURTEIL (§ 313b)

I. Das VU vom 1. 10. wird aufgehoben und die Klage abgewiesen (= *§§ 343, 330;* ThP *§§ 343, 4; 345, 2*).

II. Die Kosten des Rechtsstreits trägt der Kläger (= *§ 91*), mit Ausnahme der im Termin vom 1. 10. (oder: durch die Säumnis des B) entstandenen, die der Beklagte trägt (= *§ 344* ist zwingend!).

III. Das Urteil ist vorläufig vollstreckbar *(= § 708 Nr. 2).*

19.33 2. Säumig ist der Einspruchsführer, § 345

Beispiel: K klagt gegen B auf Zahlung von € 20 000,– vor dem zuständigen LG. Im 1. Termin stellt der RA des K den Antrag auf Verurteilung des B zur Zahlung von € 30 000,– aus einem 2 Tage zuvor eingereichten Schriftsatz. B ist säumig.
K beantragt den Erlass eines VU über € 30 000,–.
Das LG erlässt (entgegen § 335 I Nr. 3) ein VU über € 30 000,–. Hiergegen legt B form- und fristgerecht Einspruch ein.
Im Einspruchstermin ist B erneut säumig. K beantragt den Erlass eines 2. VU.
Welche Entscheidung hat zu ergehen? Wie ist es, wenn die Klage außerdem unschlüssig ist?

2. VU gemäß § 345? Voraussetzungen:

(1) **Prozessantrag** des K.

(2) **Zulässiger Einspruch** des B (andernfalls ist der Einspruch gem. § 341 zu verwerfen, ThP § 345, 1).

(3) **Säumnis** und zwar gerade **im Einspruchstermin.**
§ 345 bestraft nur den unmittelbar hintereinander liegenden 2. Säumnisfall, *ohne* dass es zwischen beiden Säumnisfällen zur Verhandlung über die Hauptsache kam. Der Einspruchsführer muss also säumig sein gerade im Einspruchstermin (= der gem. § 341a bestimmte) oder, wenn es dort *nicht* zur Verhandlung über die Hauptsache gekommen ist und sofort vertagt wurde, im Vertagungstermin (ThP § 345, 2).

Wurde jedoch im Einspruchstermin schon (teilweise oder ganz) zur Hauptsache streitig verhandelt und *dann* Termin zur Fortsetzung der mündlichen Verhandlung bestimmt (z. B. Beweisaufnahme etc.) und ist *dort* B säumig, scheidet § 345 aus. Zulässig für diesen neuerlichen Säumnisfall ist nur ein **erneutes technisch erstes VU gem. § 331,** welches lediglich wegen § 343 das erste *aufrechterhält* und über die *weiteren* Kosten befindet (Zöller 1; ThP 2 zu § 345), also: „Versäumnisurteil:
I. Das VU vom … bleibt aufrechterhalten *(= § 343).* II. Der Beklagte trägt auch die weiteren Kosten des Rechtsstreits (= *§ 91*). III. Das Urteil ist vorläufig vollstreckbar *(= § 708 Nr. 2).*"
Auf diese Weise (streitige Verhandlung *zwischen* den Säumnisfällen) können in der gleichen Instanz mehrere „erste" VU ergehen: alle nachfolgenden mit gleichem Tenor (§ 343), Ziff. II bezieht dann nur die weiteren Kosten ein.

(4) **Gesetzmäßigkeit des 1. VU.**
Strittig ist, ob i. F. d. § 345 außerdem (neu) zu prüfen ist, ob das 1. VU verfahrensrechtlich korrekt erging und die Klage (jetzt) zulässig und schlüssig ist.

(a) Meinung 1: nein, § 345 gehe als lex specialis dem § 342 vor (Ausnahme nur bei vorangegangenem VB, wegen der Sondervorschrift in § 700 VI).
BGHZ 141, 351; Müko-ZPO 9 ff.; ThP 4; Musielak 4; BL 6 zu § 345; RoSG § 105, 73.

Die Prüfung, ob ein VU ergehen dürfe, sei bereits bei Erlass des 1. VU erfolgt.

Die im 1. VU unterlegene Partei habe im Einspruchstermin die Möglichkeit, ihre Einwände gegen das 1. VU vorzubringen und wisse, dass sie nicht mehr säumig sein dürfe. Sie könne gerade nicht mehr darauf vertrauen, dass das Gericht im Einspruchstermin die Schlüssigkeit der Klage etc. (Gesetzesmäßigkeit des 1. VU) anders beurteilen werde. Daher sei es konsequent, an die erneute Säumnis die Sanktion des endgültigen Instanzverlustes zu knüpfen.

Folgt man dem, ergeht

ZWEITES VERSÄUMNISURTEIL
I. Der Einspruch des Beklagten gegen das VU vom ... wird verworfen *(§ 345)*.
II. Der Beklagte trägt die weiteren Kosten des Rechtsstreits *(§ 91)*.
III. Das Urteil ist vorläufig vollstreckbar *(§ 708 Nr. 2, der auch für das 2. VU gem. § 345 gilt, ThP § 708, 3)*.

(b) Meinung 2: ja, infolge § 342 werde der Prozess in die Lage vor der 1. Säumnis zurückversetzt, weshalb erneut zu prüfen sei:

– 1. VU verfahrensrechtlich korrekt: Säumnis, keine Hindernisse für den Erlass, z.B. §§ 335, 337?
– Klage zulässig?
– Klage schlüssig?

BAG NJW 74, 1103; Zöller 4; StJ 7 zu § 345 m. w. N.

Folgt man dem, liegen hier die Voraussetzungen des § 345 bzgl. der Klageerhöhung nicht vor, weil das 1. VU insoweit verfahrensfehlerhaft erging (Verstoß gegen § 335 I Nr. 3). Für die jetzt zu treffende Entscheidung ist zu differenzieren, ob das 1. VU *lediglich* verfahrensfehlerhaft war (Verstoß gegen § 335 I Nr. 3), im Übrigen aber die Klage zulässig und schlüssig war und ist, oder nicht. Tenor etwa: „Der Einspruch des B gegen das VU vom ... wird wegen eines Betrags von € 20000,– verworfen (§ 345), wegen eines Betrags von € 10000,– wird das VU vom ... aufrechterhalten" (§ 343 S. 1: erneutes 1. VU gemäß § 331 bzw. bei Unschlüssigkeit: „... wegen eines Betrags von € 10000,– aufgehoben und die Klage insoweit abgewiesen". § 343 S. 2: unechtes VU, dagegen Berufung).

3. Die Berufung gegen ein 2. VU, § 514 II   19.34

Beispiel: Fortführung des obigen Beispiels zu 2 (Rn. **19.**33): Das LG hat den Einspruch des B durch ein 2. VU gem. § 345 verworfen. Hiergegen legt B Berufung ein mit der Begründung, ein 2. VU habe nicht ergehen dürfen, da schon das 1. VU wegen Verstoßes gegen § 335 I Nr. 3 und wegen Unschlüssigkeit der Klage nicht habe erlassen werden dürfen.

(I) Zulässigkeit der Berufung (§ 522 I):

(1) Statthaftigkeit?

§ 514 II: Vorliegen eines 2. VU gem. § 345: (+)

(2) Behauptung schlüssiger Tatsachen i. S. v. § 514 II (diese schlüssige *Behauptung* gehört zur Zulässigkeit des R.Mittels (BGH NJW 09, 687; ThP § 514, 4), ob sie zutrifft – unstreitig oder bewiesen ist – zur Begründetheit), nämlich Behauptung zu:

(a) Keine Säumnis des B gerade im Einspruchstermin. B war jedoch säumig.

(b) Zwar Säumnis des B, aber nicht schuldhaft.

BGH NJW 09, 687; 99, 2120: Die Berufung gegen ein 2. VU kann auch darauf gestützt werden, dass die Versäumung nicht schuldhaft gewesen sei. § 337 gilt auch i. F. d.
§ 345 (BGH NJW 98, 3125; ThP § 345, 2). Hier: (–).

(c) Strittig ist, ob die Berufung zulässig außerdem auf die Behauptung gestützt werden
kann, dass das 1. VU schon nicht gesetzmäßig ergangen sei und es daher nicht zu einem 2. VU gem. § 345 hätte kommen dürfen.

Nach ganz h. M. ist dies zu verneinen. Der Wortlaut des § 514 II besage eindeutig, dass es
ausschließlich auf die Säumnis bei Erlass des 2. VU (§ 345), also nur im Einspruchstermin
ankomme. Unerheblich sei, ob auch bei Erlass des 1. VU Säumnis vorgelegen habe, da
§ 514 II nicht an eine *zweimalige* aufeinanderfolgende Säumnis anknüpfe.

Ob das 1. VU gesetzmäßig ergangen, insbesondere die Klage schlüssig gewesen sei,
werde schon bei Erlass des 2. VU gem. § 345 nicht mehr geprüft, weil dieser dem
§ 342 als lex specialis vorgehe.

BGHZ 141, 351; 97, 341; BAG NJW 94, 3182; Müko-ZPO 17 (mit Übersicht zum Meinungsstand);
ThP 4; StJ 11 ff.; BL 6; Musielak 9 zu § 514.
Eine Ausnahme wird nur zugelassen, wenn ein *Vollstreckungsbescheid* dem 2. VU vorausgegangen ist
wegen der sonst ungenügenden *richterlichen* Prüfung des VB (BGHZ 112, 367; ThP § 514, 4).

Folgt man der h. M.: Die Berufung des B muss als unzulässig verworfen werden,
§ 522 I.

19.35   **4. Klageerweiterung nach Erlass des 1. VU**

Beispiel: Über den eingeklagten Teil einer Schadensersatzforderung erging gegen den säumigen
Beklagten B ein VU über € 20000,–. Nach Einspruch des B erhöhte K rechtzeitig vor dem Einspruchstermin die schlüssige Klage auf € 30000,–. Im Einspruchstermin ist B erneut säumig.

Die Streitgegenstände des 1. und des 2. VU müssen übereinstimmen (Musielak § 345,
5). Erweitert der Kläger nach Erlass des 1. VU seine Klage – wie hier um € 10000,–
kann nur über den ursprünglichen Teil (€ 20000,–) ein 2. VU gem. § 345 ergehen, im
Übrigen (Klageerweiterung € 10000,–) nur ein technisch erstes VU gem. § 331
(ThP 5; Musielak 5; Zöller 6 zu § 345). Es ergeht ein einheitliches Urteil, das mit Berufung gem. § 514 II anfechtbar ist, soweit es als 2. VU ergangen ist, mit Einspruch,
soweit es als 1. VU erlassen worden ist (Zöller § 345, 6).

ZWEITES TEILVERSÄUMNIS-
UND ERSTES SCHLUSSVERSÄUMNISURTEIL
I. Der Einspruch des Bekl. gegen das VU vom … wird verworfen *(§ 345, dagegen § 514 II).*
II. Der Bekl. wird verurteilt, **weitere** € 10000,– an den Kläger zu zahlen *(§ 331 I, II, dagegen
§ 338).*
III. Der Bekl. trägt auch die weiteren Kosten des Rechtsstreits *(§ 91).*
IV. Das Urteil ist vorläufig vollstreckbar *(§ 708 Nr. 2).*

Anmerkung: Da der Einspruch kraft Gesetzes zwingend verworfen werden muss, und zwar unabhängig davon, ob die Klage erweitert wird oder nicht, stellt sich im Hinblick auf diese gesetzliche
Vorgabe auch nicht die Frage, ob nun unzulässige Teilurteile (vgl. § 301 I 2) entstehen. Jedenfalls geht
§ 345 als Sonderregelung vor.

Abwandlung: Wird hingegen die Klageforderung, über die das 1. VU ergangen ist,
nach Einspruch *ausgewechselt* (z. B. statt der titulierten € 20000,– für Sachschaden nach
Unfall, den die Versicherung nach Erlass des VU bezahlt hat, nunmehr Schmerzensgeld von € 12000,–), und ist B im Einspruchstermin säumig, so ergeht wegen Nichtidentität der Streitgegenstände kein 2. VU gem. § 345, sondern bei zulässiger, weil

sachdienlicher Klageänderung und Schlüssigkeit der neuen Klageforderung (§ 331 II) ein erneutes *erstes* VU (§ 331), das gemäß § 343 das frühere VU in Höhe von € 12 000,– aufrechterhält, im Übrigen aufhebt und die Klage abweist (Klageabweisung nur deklaratorisch und hier entbehrlich, weil die Rechtshängigkeit infolge zulässiger Klageänderung ohnehin entfallen wird, vgl. oben Rn. **9**.05). Ebenso ist zu verfahren (also nur erneutes 1. VU), wenn nach Einspruch die Klage durch Parteiwechsel gegen einen *neuen Beklagten* gerichtet wird (z. B. statt gegen die GmbH nunmehr gegen den Alleingesellschafter) und dieser im Einspruchstermin säumig ist (OLG Karlsruhe NJW-RR 93, 383; Zöller § 345, 6).

5. Erledigungserklärung des Klägers erstmals im Einspruchstermin   19.36

Beispiel: K erwirkte gegen B ein VU auf Zahlung von € 30 000,–. Nach Einspruch beglich B (oder dessen Versicherung) vorbehaltlos die Klageforderung. Im Einspruchstermin ist B erneut säumig, K erklärt dort die Hauptsache für erledigt und beantragt den Erlass eines 2. VU gem. § 345.

Nach h. M. ist die Erledigungserklärung des Klägers erstmals im Säumnistermin und Erlass eines 1. VU hierüber ohne Verstoß gegen § 335 I Nr. 3 möglich, da der Erledigungsantrag ein Weniger i. S. v. § 264 Nr. 2 darstellt und § 335 I Nr. 3 nicht die vorherige Mitteilung eines i. S. v. § 264 Nr. 2 ermäßigten Antrags fordert, näheres Rn. **11**.19. Das gilt auch für das 2. VU gem. § 345. Es ergeht daher (KG MDR 99, 185):

ZWEITES VERSÄUMNISURTEIL

   I. Der Einspruch des Beklagten gegen das VU vom … wird mit der Maßgabe verworfen, dass der Rechtsstreit in der Hauptsache erledigt ist (oder: in Höhe eines Teilbetrages von … erledigt ist).

§ 20 Das Mahnverfahren

Das Mahnverfahren, §§ 688 ff., hat in der Praxis eine große Bedeutung. Es gibt dem   **20.01** Antragsteller die Möglichkeit, bei passivem Verhalten des Gegners (kein Widerspruch oder Einspruch) zu einem Vollstreckungstitel, dem Vollstreckungsbescheid, §§ 700, 794 I Nr. 4 zu gelangen, ohne die Beschwerlichkeit und die längere Dauer eines streitigen Verfahrens hinnehmen zu müssen. Viele Gläubiger „probieren" daher erst einmal, auf diesem bequemeren Weg zum Titel zu kommen. Legt allerdings der Antragsgegner Widerspruch gegen den Mahnbescheid (§ 694) oder Einspruch gegen den Vollstreckungsbescheid (§§ 700 I, 338) ein, so beginnt jetzt erst (nach Abgabe, §§ 696, 700 III) das streitige Urteilsverfahren: Das gesamte Verfahren dauert dann also länger als bei normaler Klageerhebung (§ 253), nämlich um die Dauer des vorgeschalteten Mahnverfahrens. Zum Verfahrensablauf siehe nachfolgende Gesamtübersicht. Zu deren Erläuterung folgender

einführender Fall:

G aus Garmisch und S aus Stuttgart hatten in München einen PKW-Unfall. G will seinen Schadensersatz in Höhe von € 15 000,– im Mahnverfahren geltend machen, eine etwaige mündliche Verhandlung solle in München stattfinden, da G dort berufsbedingt tagsüber ist.
Hierzu muss er bei dem für ihn ausschließlich (§ 689 III) zuständigen zentralen Mahngericht (alle Bundesländer haben von der Ermächtigung in § 689 III Gebrauch gemacht, s. Übersicht bei ThP § 689, 7; für Bayern: AG Coburg) einen **Mahnantrag** stellen mit dem Inhalt des § 690. Darin muss er insbesondere, damit ein späterer VB materielle Rechtskraft erlangen kann, gem. § 690 I Nr. 3 den behaupteten **Anspruch** kurz nach Sachverhalt und Daten so **individualisieren,** dass in Abgrenzung von anderen Streitgegenständen eindeutig festgestellt werden kann, worüber entschieden wurde (ThP 9; Zöller 14 zu § 690).

Weiter muss er gem. § 690 I Nr. 5 das **für ein streitiges Verfahren (Urteilsverfahren) zuständige Gericht bezeichnen.** Das kann ein örtlich bzw. sachlich ausschließlich zuständiges Gericht (z. B. § 29 a), der allgemeine Gerichtsstand des Beklagten (§§ 12, 13) oder ein Wahlgerichtsstand sein (hier: München, §§ 32, 35).

Nach Widerspruch (bzw. Einspruch) wird das Verfahren gem. § 696 I (§ 700 III) direkt und ohne Zuständigkeitsprüfung an das von G als im Wahlgerichtsstand zuständige LG München I **abgegeben.** Das Gesetz ermöglicht noch eine weitere Flexibilität: vor der Abgabe können die Parteien übereinstimmend auch ein anderes, als das von G zunächst benannte Gericht als künftiges Streitgericht benennen (z. B. wegen Umzugs des G oder S etwa: Nürnberg) an das dann *vorrangig* und ohne Zuständigkeitsprüfung abgegeben wird (§ 696 I 1).

Das Gericht, das die abgegebene Sache erhält, ist durch diese Abgabe nicht gebunden, § 696 V (§ 700 III). Eine (Weiter-)Verweisung (nunmehr ist sie aber bindend, § 281 II) ist also möglich, für den ASt aber nicht mehr zwecks Aufsuchung eines Wahlgerichtsstandes, denn diese Wahl (§ 35) ist mit der freien Gerichtsstandsbestimmung im Mahnantrag verbraucht (BGH NJW 93, 1273; ThP § 696, 24).

Das Streitgericht (hier: LG München I) fordert nun den ASt zur **Anspruchsbegründung** binnen 2 Wochen auf, § 697 I (§ 700 III S. 2). Hierbei differenziert das Gesetz: geht nach Widerspruch gegen einen **MB** die Anspruchsbegründung nicht ein, so ruht das Verfahren bis zu einem Terminsantrag des Beklagten (§ 697 III), war aber schon ein **VB** ergangen, so ist nach Einspruch auch ohne Anspruchsbegründung unverzüglich Termin anzuberaumen (§ 700 V).

Nach Eingang der Anspruchsbegründung hat das Gericht **wie nach Eingang einer Klage** weiter zu verfahren (§§ 697 II, 700 IV), also zwischen dem Verfahren mit dem frühen ersten Termin oder dem schriftlichen Vorverfahren zu wählen, es kann auch entsprechende Erwiderungsfristen setzen, wobei die damit ermöglichte analoge Anwendung der präklusionsrelevanten Fristen (z. B. §§ 275 I S. 1, 276 I S. 2, jeweils mit Belehrung gem. § 277 II) auch zur analogen Anwendung der Präklusionsvorschrift § 296 I, ohne Fristsetzung zu § 296 II führt. Kurz: das gesamte Präklusionsrecht des § 296 ist infolge dieser Gleichbehandlung analog anwendbar.

20.02 Siehe hierzu die **Übersicht** S. 242.

I. Verfahren nach Widerspruch gegen Mahnbescheid

1. Der Widerspruch, § 694

20.03 **Form:** Schriftlich (i. d. R. unter Benutzung des Vordrucks, der dem Antragsgegner zugleich mit dem MB zugestellt wird) oder telegraphisch, nicht telefonisch, ThP § 694, 2.

Frist: 2 Wochen (§ 692 I Nr. 3, beim ArbG 1 Woche, § 46 a III ArbGG). Danach noch, wenn der VB noch nicht verfügt ist (§ 694 I).

Verspäteter Widerspruch: § 694 II

Beispiel: Ist der VB am Vormittag von der Geschäftsstelle in den Postauslauf gegeben worden, geht der Widerspruch erst am Nachmittag, also verspätet (§ 694 I) ein, so ist der Widerspruch nicht etwa als gegenstandslos zu behandeln oder als unzulässig zu verwerfen (wie bei Verspätung von Einspruch und Berufung). Er wird vielmehr als „Einspruch" gegen den jetzt bestehenden VB behandelt, § 694 II. Das Verfahren wird also an den Prozessrichter abgegeben, § 700 III, der nun wie bei Einspruch gegen ein erstes Versäumnisurteil verfährt.

§ 694 II findet analoge Anwendung, wenn der Widerspruch rechtzeitig eingegangen ist (z. B. am Vormittag), aber vor Erlass des VB (z. B. nachmittags) dem RPfl. noch nicht vorgelegen hat (ThP § 694, 9).

2. Die Abgabe

20.04 Wird nach Widerspruch Antrag auf Durchführung des streitigen Verfahrens gestellt (erfolgt i. d. R. schon vorsorglich im Mahnantrag, § 696 I S. 2), so gibt der bisher zuständige Rechtspfleger das Verfahren von Amts wegen an das Streitgericht ab, §§ 696 I, 700 III.

Die Abgabe beendet das Mahnverfahren, die Parteien (bisher Antragsteller und Antragsgegner) werden **Kläger** und **Beklagter** (ThP § 696, 7). **Das Urteilsverfahren beginnt.**

Die Abgabe erfolgt **zwingend,** unanfechtbar, von Amts wegen und ohne jede Zuständigkeitsprüfung an das Streitgericht, das im MB bzw. (dann vorrangig zu beachten) von beiden Parteien vor Abgabe übereinstimmend bezeichnet worden ist, §§ 696 I, 700 III. Da es an einer Zuständigkeitsprüfung fehlt, ist die **Abgabe nicht bindend,** § 696 V, und daher auch von einer echten *Verweisung* (§ 281) klar zu trennen.

Das nach Abgabe zunächst befasste Gericht kann daher noch gemäß § 281 auf **Antrag** des Klägers an ein anderes Gericht verweisen; erst **diese** Verweisung ist jetzt bindend, § 281 II.

3. Die Rechtshängigkeit

In Parallele zu dem mit Klageschrift eingeleiteten Rechtsstreit (§ 253) sind auch beim Mahnverfahren **3 Etappen** zu unterscheiden:

a) Vorwirkung der Einreichung, § 167   20.05

Schon die Einreichung des MB-Antrags, nicht erst Erlass und Zustellung des MB, bewirkt:

– **Hemmung der Verjährung** (§ 204 I Nr. 3 BGB)
– **Fristwahrung**
  Gemeint sind hier aber nur solche Fristen, die nur durch Klageerhebung oder vergleichbare gerichtliche Geltendmachung gewahrt werden können, z. B. §§ 3 ff. AnfG, vgl. § 7 I AnfG. Nicht z. B. § 121 BGB (ThP § 167, 3, 5).

Voraussetzung ist dabei aber stets, dass die Zustellung des MB „demnächst" erfolgt. Demnächst = angemessene, auch längere Frist, sofern der Antragsteller alles ihm Zumutbare für eine demnächstige Zustellung getan hat (BGHZ 168, 306; ThP § 167, 10 ff.).

b) Anhängigkeit: § 696 I S. 4 (§ 700 III S. 2)   20.06

Mit Zugang der Akten nach Abgabe ist das Mahnverfahren beendet und das Urteilsverfahren anhängig.

c) Rechtshängigkeit   20.07

Die ZPO differenziert, ob es zum Erlass eines VB kommt oder nur zu einem MB: Ergeht mangels rechtzeitigen Widerspruchs ein **VB,** so tritt gemäß § 700 II Rechtshängigkeit rückwirkend (Fiktion) ein mit Zustellung des MB. Kommt es wegen rechtzeitigen Widerspruchs nur zum Erlass eines **MB,** so sind im Hinblick auf § 696 III zwei Fälle zu unterscheiden:

(1) Die Abgabe erfolgt alsbald nach Widerspruch (§ 696 III):

Die Rechtshängigkeit wird per Fiktion zurückdatiert auf die Zustellung des MB.

„Alsbald" = wie „demnächst" i. S. v. § 167 (allg. M, vgl. ThP § 696, 12). Der ASt muss also unverzüglich nach Mitteilung über den Widerspruch den Antrag auf Durchführung des streitigen Verfahrens stellen (erfolgt i. d. R. schon im MB-Antrag, vgl. § 696 I S. 2) und die restlichen $2^{1}/_{2}$ Gerichtsgebühren gemäß KV 1210 einzahlen, sonst wird nicht abgegeben, vgl. § 12 III S. 3 GKG. Zum Erlass des MB musste nur eine halbe Gebühr entrichtet werden, KV 1100.

(2) Die Abgabe erfolgt nicht „alsbald":

Das Gesetz lässt diesen Fall offen, die Lösung ist daher umstritten:

(a) Meinung 1: Die Rechtshängigkeit tritt ein mit Vollzug der Abgabe, also Zugang der Akten beim Streitgericht.

Anhängigkeit (§ 696 I S. 4) und Rechtshängigkeit fallen hiernach stets zusammen (h. M., BGH NJW 09, 12, 13; Zöller 5; ThP 13 zu § 696).

(b) Meinung 2: Die Rechtshängigkeit tritt erst ein mit Zustellung der Anspruchsbegründung gemäß § 697 II, die jetzt an die Stelle der Klageschrift tritt (Müko-ZPO 22; BL 15; StJ 7 zu § 696).

II. Verfahren nach Einspruch gegen Vollstreckungsbescheid

1. Der Vollstreckungsbescheid, §§ 699, 700

20.08   Der VB ergeht nur auf **Antrag,** der frühestens nach Ablauf der Widerspruchsfrist, spätestens 6 Monate nach Zustellung des MB (sonst verfällt dieser, § 701) gestellt werden kann, §§ 699 I S. 2, 701.

Damit zwischenzeitliche Teilzahlungen des Schuldners auf den MB berücksichtigt werden können, muss der Antrag die Erklärung enthalten, ob und welche Zahlungen auf den MB geleistet worden sind, § 699 I.

Wirkung:

20.09   Der VB ist einem **technisch ersten Versäumnisurteil** (§ 331) gegen den Beklagten voll gleichgestellt. Daher Vollverweisung in § 700 I auf §§ 331 ff.

2. Verfahren nach Einspruch, § 700 III

Siehe dazu zunächst noch einmal die vorausgestellte Gesamtübersicht 20.02.

20.10   Daraus wird ersichtlich, dass das Verfahren nach Einspruch im Wesentlichen ebenso abläuft wie das Verfahren nach Widerspruch gegen MB. Das hat seinen Grund darin, dass §§ 700 I, III, 342 eine Rückversetzung anordnen in die Lage vor Erlass des VB. Konsequent daher die Verweisungen in § 700 III auf die Bestimmungen des Mahnverfahrens.

Die Abgabe erfolgt hier allerdings sofort v. A. w., also ohne vorherigen Antrag auf streitiges Verfahren, § 700 III S. 1 (es liegt ja schon ein Titel vor!). Anders bei Widerspruch gegen MB, § 696 I. Die Abgabe erfolgt automatisch, also ohne Prüfung, ob der Einspruch überhaupt zulässig ist.

3. Säumnis des Beklagten im Einspruchstermin

Das Gericht muss bei zulässigem, kann bei unzulässigem Einspruch Termin zur mündlichen Verhandlung anberaumen, §§ 700 I, 341 a.

Kommt es zu einem solchen Einspruchstermin, ist zu differenzieren:

20.11   **a) Der Einspruch ist unzulässig**

Beispiel: Das AG hat antragsgemäß VB erlassen, den K im Parteibetrieb über einen Gerichtsvollzieher hat zustellen lassen, §§ 699 IV, 192 (der Regelfall ist allerdings die Amtszustellung). Hiergegen legt B am 20. 6. Einspruch ein. Da K weder die Zustellungsurkunde zum VB vorgelegt noch den Zustellungstag mitgeteilt hat, kann der Richter die Zulässigkeit des E nicht prüfen und ggfls. im Bürowege gemäß §§ 700 I, 341 II verwerfen. Es beraumt daher E-Termin gemäß § 341 a an, zu dem aber B trotz ordnungsgemäßer Ladung unentschuldigt ausbleibt. K legt im E-Termin die Zustellungsurkunde vor, wonach der VB am 1. 6. zugestellt worden ist. K beantragt, den E zu verwerfen. Entscheidung?

(1) Zweites Versäumnisurteil gemäß §§ 700, 345?

§ 345 setzt wegen § 341 I 2 einen **zulässigen** Einspruch voraus (ThP § 345, 1; Zöller § 345, 3). Der Einspruch des B ist unzulässig, da die am 1. 6. beginnende E-Frist von 2 Wochen (§§ 700 I, 339) am 20. 6. bereits abgelaufen war. Die Verwerfung eines *unzulässigen* Einspruchs durch ein 2. VU gemäß § 345 ist also unstatthaft.

(2) Streitiges Endurteil, § 341 I S. 2

Nach allg. M muss die Verwerfung hier durch streitiges Endurteil gemäß § 341 I S. 2 erfolgen (ThP § 700, 20). Denn § 341 I S. 2 schreibt Verwerfung des unzulässigen Einspruchs wegen dessen Unzulässigkeit, also ungeachtet einer Säumnis vor.

b) Der Einspruch ist zulässig   20.12

Beispiel: Das AG hat am 1. 3. antragsgemäß MB über € 4000,– erlassen. Am Vormittag des 1. 4. geht der Widerspruch des B in der allgemeinen Posteinlaufstelle der örtlichen Justizbehörden ein, der Rechtspfleger erlässt in Unkenntnis davon am Nachmittag des 1. 4. den VB. Die 2wöchige Widerspruchs-Frist (§ 692 I Nr. 3) war längst abgelaufen. Der Rechtspfleger erhält den Widerspruch am 2. 4. und gibt das Verfahren gem. §§ 700 III, 694 II sogleich an den Prozessrichter ab, der Einspruchstermin gemäß §§ 700 I, 341 a anberaumt, zu dem B trotz ordnungsgemäßer Ladung nicht erscheint. Die dem B rechtzeitig vor dem Termin zugestellte Anspruchsbegründung (§ 697) ergibt, dass die Klage zulässig und schlüssig ist. K beantragt, den Einspruch durch 2. Versäumnisurteil zu verwerfen, hilfsweise, den B durch erstes Versäumnisurteil zu verurteilen. Entscheidung?

(1) Verwerfung gemäß §§ 700 VI, 345 durch ein zweites Versäumnisurteil?

Geht ein VB voraus, so hat ein 2. VU gemäß § 345 nach h. M. die folgenden Voraussetzungen (BGHZ 73, 87; ThP 21; Zöller 14 zu § 700):

- **Zulässiger Einspruch** (wegen § 341 I 2)
  Hier: § 694 II analog für rechtzeitigen (§ 694 I), aber verspätet erkannten Widerspruch (BGH NJW 83, 633).

- **Säumnis des B**
  Hier: rechtzeitige Ladung etc. (§ 335): (+)

- **Zulässigkeit und Schlüssigkeit der Klage, § 700 VI**
  Hier: (+)

- **Verfahrensrechtlich ordnungsgemäß ergangener VB**
  Diese Überprüfungspflicht ist zwar weder in § 345 noch in § 700 VI ausdrücklich erwähnt. Nach h. M. ergibt sich die Prüfungspflicht jedoch sinngemäß aus § 700 VI, da es klarer Zweck der Vorschrift ist sicherzustellen, dass vor der folgenschweren (§ 514 II) Verwerfung der VB wenigstens einmal von einem *Richter* geprüft wird (BGHZ 73, 92; ThP § 345, 3; 700, 21).
  Hier: Der VB ist verfahrensmäßig unzulässig ergangen, da vor seinem Erlass, also rechtzeitig, Widerspruch gegen den MB eingelegt worden war. Maßgebend war der Einlauf des Widerspruchs bei der Posteinlaufstelle, nicht erst die Vorlage beim RPfl, vgl. oben Rn. **20.03**.
  Ein technisch zweites VU gemäß § 345 als Strafe für abermalige Säumnis ist unstatthaft, da schon die erste Säumnisbestrafung durch VB unstatthaft war.

(2) Demnach bleibt nur die Sanktion für die jetzige, erstmalige Säumnis, also nur ein **technisch erstes VU** (§ 331), das wegen §§ 343 S. 1, 700 I den VB aufrecht erhält.

zu Übersicht zum Verfahrensablauf

20.02 Zur Erläuterung diene das vorstehende Beispiel: Antragsteller wohnt in Garmisch, Antragsgegner in Stuttgart, Wahlgerichtsstand (Unfallort § 32 ZPO) ist München. MB = Mahnbescheid; VB = Vollstreckungsbescheid

RPfl

Antrag ist

unzulässig

§ 691: Zurückweisungsbeschluss
des RPfl mit Gründen, Kosten
analog § 91 (ThP § 691, 6).

ohne Widerspruch

VOLLSTRECKUNGSBESCHEID

§ 699. Auf Antrag, sonst Verfall, § 701.
VB steht erstem Versäumnisurteil gleich, § 700 I

kein Einspruch

dagegen

Einspruch
(ist auch der ver-
spätete Wider-
spruch, § 694 II)

Titel, § 700 I, formell
u. mat. rechtskräftig
(ThP § 700, 2).

Einspruch ist unzulässig

Verwerfung gem. §§ 700 I, 341 II durch Urteil

nach E gegen **VB**
§ 700 VI: Schlüssigkeitsprüfung!

soweit schlüssig etc.

soweit unschlüssig

2. VU, §§ 700 VI, 345
E wird verworfen

unechtes VU: VB wird aufgehoben
u. Klage abgewiesen, § 700 VI.

Beschränkte Berufung § 514 II

Normale Berufung (§ 511 II?)

Mahnantrag:

Voraussetzungen: §§ 690, 691

- Ausschließlich zuständiges zentrales Mahngericht (§ 689 III) hier AG Coburg.
- Gemäß § 20 Nr. 1 RPflG ist der RPfl funktionell zuständig. Dieser prüft nur, ob der Antrag zulässig, nicht auch, ob er schlüssig ist, vgl. § 692 I Nr. 2.

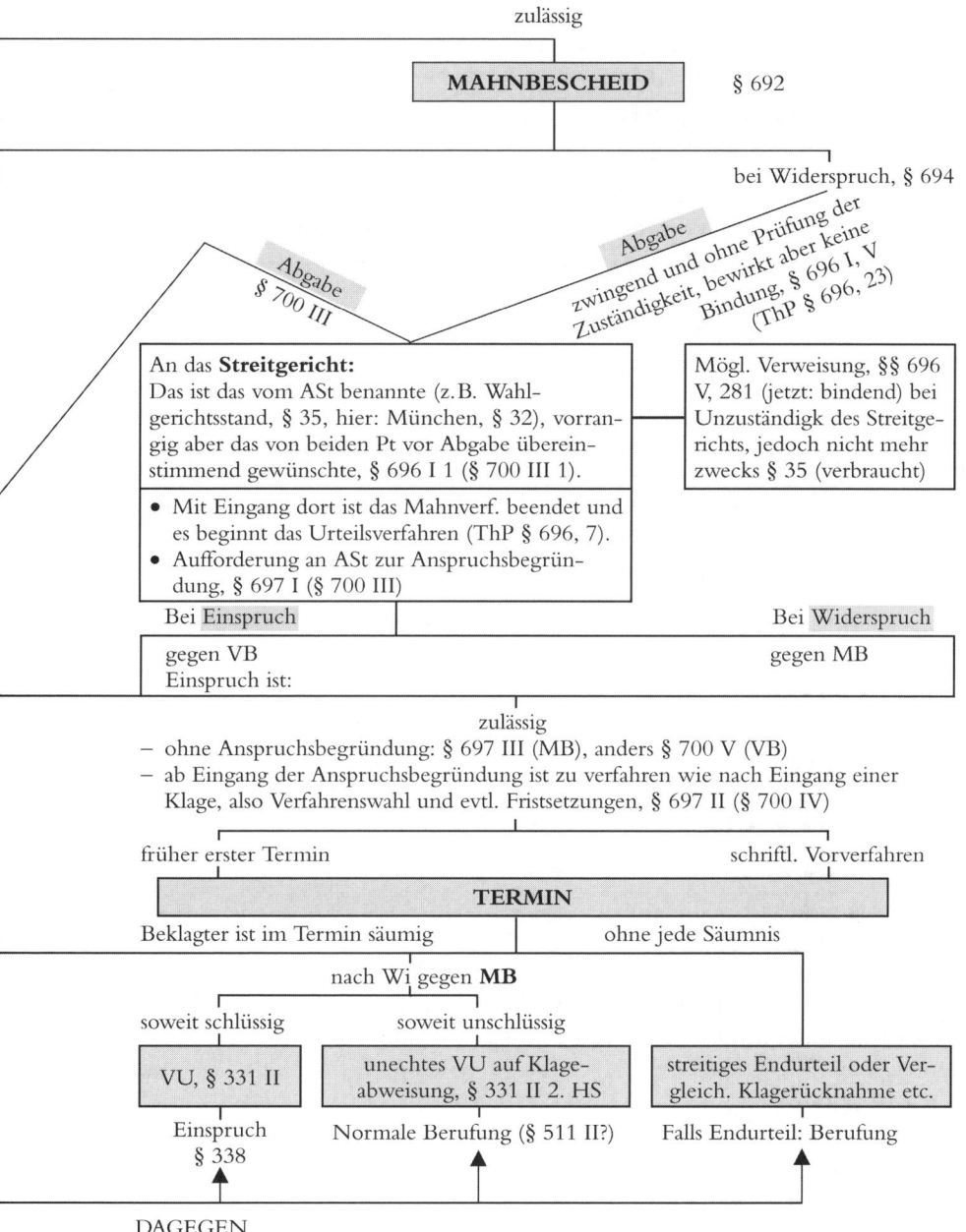

zulässig

MAHNBESCHEID   § 692

bei Widerspruch, § 694

Abgabe § 700 III

Abgabe zwingend und ohne Prüfung der Zuständigkeit, bewirkt aber keine Bindung, § 696 I, V (ThP § 696, 23)

An das **Streitgericht:**
Das ist das vom ASt benannte (z.B. Wahl-gerichtsstand, § 35, hier: München, § 32), vorran-gig aber das von beiden Pt vor Abgabe überein-stimmend gewünschte, § 696 I 1 (§ 700 III 1).

- Mit Eingang dort ist das Mahnverf. beendet und es beginnt das Urteilsverfahren (ThP § 696, 7).
- Aufforderung an ASt zur Anspruchsbegrün-dung, § 697 I (§ 700 III)

Mögl. Verweisung, §§ 696 V, 281 (jetzt: bindend) bei Unzuständig des Streitge-richts, jedoch nicht mehr zwecks § 35 (verbraucht)

Bei Einspruch   Bei Widerspruch

gegen VB   gegen MB
Einspruch ist:

zulässig
– ohne Anspruchsbegründung: § 697 III (MB), anders § 700 V (VB)
– ab Eingang der Anspruchsbegründung ist zu verfahren wie nach Eingang einer Klage, also Verfahrenswahl und evtl. Fristsetzungen, § 697 II (§ 700 IV)

früher erster Termin   schriftl. Vorverfahren

TERMIN

Beklagter ist im Termin säumig   ohne jede Säumnis

nach Wi gegen **MB**

soweit schlüssig   soweit unschlüssig

| VU, § 331 II | unechtes VU auf Klage-abweisung, § 331 II 2. HS | streitiges Endurteil oder Ver-gleich. Klagerücknahme etc. |

Einspruch § 338   Normale Berufung (§ 511 II?)   Falls Endurteil: Berufung

DAGEGEN

§ 21 Die Drittwiderspruchsklage, § 771

21.01 Sie ist eine **prozessuale Gestaltungsklage:** dem Titel wird die Vollstreckungsfähigkeit *in* einen bestimmten Gegenstand genommen. Das obsiegende Urteil führt über **§§ 775 Nr. 1, 776** zur Einstellung der Zwangsvollstreckung und zur Aufhebung der Vollstreckungsmaßnahme.

Der Kläger kann mit Klageerhebung gemäß **§§ 771 III, 769** flankierend beantragen, die Zwangsvollstreckung einstweilen – gegen oder ohne Sicherheitsleistung – einzustellen, das obsiegende Urteil kann dies im Tenor anordnen, **§§ 771 III, 770.**

Materiellrechtliche Herausgabeklagen, etwa aus § 985 BGB, sind während der Dauer der Zwangsvollstreckung unstatthaft.

Hierzu als zusammenfassender

21.02 Fall: Die anfechtbare Vermögensverlagerung auf die Ehefrau

M betreibt auf dem von V gemieteten Gelände ein Fuhrunternehmen in Hamburg. Wegen erheblicher Verbindlichkeiten aus Ankauf und Wartung seiner Lkw, sowie großer Steuerschulden überträgt er aus Sorge, alles zu verlieren, mit schriftlichem Vertrag vom 1. 1. seinen aus 5 Lkw bestehenden Fuhrpark, woraus im Wesentlichen sein Vermögen besteht, auf seine in alles eingeweihte Ehefrau F, die ihm die Weiterbenutzung der Lkw gestattet.

Da M auch seine Miete bei V von monatlich € 5000,– seit 1. 3. nicht mehr gezahlt hat, erwirkt V vor dem LG Hamburg am 10. 6. ein rechtskräftiges Anerkenntnisurteil gegen M über € 15 000,–, aus dem er sogleich vollstreckt, indem er den besterhaltenen Lkw des Fuhrunternehmens, einen Mercedes im Verkehrswert von € 90 000,– durch den Gerichtsvollzieher pfänden und auf einen Verwahrplatz bringen lässt.

1. Kann F gegen V auf Herausgabe gemäß § 985 BGB klagen?
2. F erhebt Drittwiderspruchsklage gem. § 771 gegen V. Dieser beantragt Klageabweisung, da F wegen Gläubigerbenachteiligung nicht Eigentümerin geworden, jedenfalls aber deswegen zur Duldung der Zwangsvollstreckung verpflichtet sei, schließlich habe er, V, im Pfändungspfandrecht und im Vermieterpfandrecht das bessere Recht. Wie ist zu entscheiden?
3. Wie ist bei Frage 2 zu entscheiden, wenn die Übertragung des Fuhrparks schon vor 5 Jahren und ohne Kenntnis der F von der Absicht des M, seine Gläubiger zu benachteiligen, erfolgt war?

Frage 1: § 985 BGB

21.03 Eine materiellrechtliche Herausgabeklage aus BGB § 985 (ebenso aus §§ 861, 1007, 812 BGB) ist für die Dauer der Zwangsvollstreckung **unstatthaft,** also unzulässig, da sie sonst die auf den Besitz angewiesene Durchführung der Zwangsvollstreckung unterlaufen würde. Der Dritte (F) ist auf §§ 771, 766 beschränkt (BGH NJW 89, 2542; ThP 4; Zöller 1 zu § 771).

Frage 2: § 771 ZPO

21.04 (I) Zulässigkeit

(1) Ordnungsmäßigkeit der Klageerhebung, §§ 253 II, 78 I. Klageantrag: „Die ZwV aus ... *in* ... wird für unzulässig erklärt.“

(2) Ausschließliche örtliche Zuständigkeit (§§ 771, 802): Hamburg.

(3) Sachliche Zuständigkeit: § 6. Maßgebend ist der Betrag der Forderung, für die gepfändet wurde, nicht der – wie hier – höhere Wert des gepfändeten Gegenstands (ThP § 771, 25). Zuständig also das LG, § 71 I GVG.

(4) Das Rechtsschutzbedürfnis besteht, da die Zwangsvollstreckung begonnen hat und noch nicht beendet ist, ThP § 771, 10, 11 (Hinweis: bei Pfandfreigabe entfällt das Rechtsschutzbedürfnis und ist die Hauptsache erledigt, ThP § 771, 23).

(II) Begründetheit

Die Klage aus § 771 ist begründet, wenn erstens F ein **Recht** i. S. v. § 771 I hat und zweitens **keine Einwendungen** bestehen, die F also die Zwangsvollstreckung nicht aus anderen Gründen dulden muss (ThP 14 ff.; Zöller 14, 15; Musielak 11 zu § 771).

(1) Ein die **Veräußerung hinderndes Recht** der F (Aktivlegitimation)   **21.05**
Zum Begriff BGHZ 55, 26: ein solches Recht hat der Dritte (F), wenn der Vollstreckungsschuldner (M), würde *er* den Gegenstand veräußern, in den Rechtskreis des Dritten eingreifen würde und deshalb der Dritte den Schuldner (M) hindern könnte zu veräußern.

Ein solches Recht ist das Eigentum. F müsste es wirksam von M erworben haben:

(a) Rechtsbegründend (Beweislast bei F): Voraussetzungen von §§ 929, 930 BGB. Hier: (+)

(b) Rechtshindernd (Beweislast bei V, Musielak § 771, 14): § 138 BGB, der aber bei Gläubigerbenachteiligung gegenüber §§ 3, 4 AnfG subsidiär ist wegen der dort geregelten geringeren Rechtsfolgen (lediglich Anfechtbarkeit, auch bei Anfechtung keine Nichtigkeit). § 138 BGB ist daher erst anwendbar, wenn außerhalb des Anfechtungstatbestands liegende sittenwidrige Umstände hinzutreten, also noch Schlimmeres vorliegt, als von § 3 AnfG erfasst ist, was der beklagte V darlegen und beweisen muss (Palandt § 138, 15, 23), hier aber nicht kann.

(2) **Einwendungen** des Beklagten V.   **21.06**
Hinweis: Hier liegen oft zentrale Probleme der Klausur! Prägen Sie sich den Aufbau und die wichtigsten Einwendungen ein.

Der Klage aus § 771 steht der Einwand der unzulässigen Rechtsausübung (§ 242 BGB) entgegen, wenn der Kläger interveniert, obwohl er **materiellrechtlich selbst** für die titulierte Forderung haftet (z. B. als Bürge), oder der beklagte Vollstreckungsgläubiger ein „**besseres Recht**" am gepfändeten Gegenstand hat, etwa ein vor dem Erwerb durch den Dritten erworbenes gesetzliches oder vertragliches Pfandrecht oder ein Pfändungspfandrecht, oder der Kläger wegen der Einrede des Beklagten aus § 9 AnfG die Zwangsvollstreckung dulden muss, weil er sein Widerspruchsrecht aus § 771 durch ein anfechtbares Rechtsgeschäft erhalten hat (Musielak 32, 33; ThP 14a; Zöller 14, 15 zu § 771).

(a) **Pfändungspfandrecht** des V?   **21.07**
Nach der herrschenden gemischten öffentlichrechtlich-privatrechtlichen Theorie (BGHZ 119, 87 ff.; Palandt Überbl. 4 vor § 1204), die wegen der Verweisung in § 804 II auf §§ 1204 ff. BGB neben der Verstrickung auch Schuldnereigentum voraussetzt, hat V dann ein Pfändungspfandrecht erworben, wenn der beim Vollstreckungsschuldner M gepfändete Lkw dessen Eigentum war (wie nicht) oder M gemäß § 1362 II BGB als dessen Eigentümer galt und F diese Vermutung im Prozess nicht widerlegen kann (Palandt § 1362, 10).

Zum Geschäftsbetrieb eines Ehegatten (M) gehörende Sachen fallen bei – wie hier – klarer räumlicher Trennung vom Ehebereich unter § 1362 II BGB (h. M., Müko-BGB 29; Bamberger/Roth 14; Jauernig 5 zu § 1362; Musielak 5; Zöller 6 zu § 739).

Hier kann F die Vermutung aus § 1362 II BGB durch Vorlage des schriftlichen Übereignungsvertrages vom 1. 1. widerlegen (V müsste im Gegenzug dessen Unwirksamkeit gem. §§ 138, 117, 119 ff. etc. BGB darlegen und beweisen, was er nicht kann).

V kann sich also nicht im Wege der Einwendung auf ein Pfändungspfandrecht berufen.

21.08 (b) **Vermieterpfandrecht** des V (§§ 578, 562 BGB)?

Der Lkw Mercedes müsste eingebrachte Sache des Mieters und Vollstreckungsschuldners M gewesen sein bei Entstehung der Mietzinsforderung. M hat aber schon am 1. 1., also vor Entstehung des Mietrückstandes ab 1. 3. den Lkw wirksam an F veräußert. Jedoch wiederum Eigentumsvermutung aus § 1362 II BGB für Eigentum des M (Palandt § 562, 8), die aber F widerlegen kann.

21.09 (c) Einrede des V aus **§ 9 AnfG?**

Die Geltendmachung der Gläubigeranfechtung kann auf zweierlei Weise erfolgen:

Durch **aktives** Vorgehen gemäß § 11 AnfG, also durch Erhebung einer Klage (gegen F) auf Duldung der Zwangsvollstreckung (Huber AnfG § 11, 17: F müsse sich so behandeln lassen, als ob der gepfändete Lkw noch zum Vermögen des Vollstreckungsschuldners M gehören würde). Diese Klage kann wegen § 2 AnfG erst erhoben werden, wenn der Gläubiger (V) zuvor gegen den Schuldner (M) einen vollstreckbaren Titel erlangt hat und die Zwangsvollstreckung daraus erfolglos ist oder zu sein scheint. Sie kann aber auch **verteidigungsweise** erfolgen – so hier – durch Erhebung der Einrede gemäß § 9 AnfG, die spätestens bei der Entscheidung (hier: bzgl. § 771) einen endgültigen, also rechtskräftigen und vorbehaltlosen Titel (wie hier) voraussetzt (BGH NJW-RR 04, 1221; Huber AnfG § 9, 10).

Letzteres folgt aus § 14 AnfG, der sicherstellen will, dass die Rechtsfolgen nach dem AnfG nur eintreten, wenn der Gläubiger wirklich und endgültig zur Vollstreckung befugt ist. Im Detail: Während bei *aktivem* Vorgehen des Gläubigers durch *Klage* nach § 11 AnfG ein Vollstreckungstitel genügt, der nur vorläufig vollstreckbar ist oder einen Vorbehalt enthält, worauf dann das zu § 11 AnfG ergehende obsiegende Urteil einen Vorbehalt gem. § 14 AnfG erhält, ist bei nur *verteidigungsweisem* Vorgehen *per Einrede* nach § 9 AnfG – wie hier – ein solcher Vorbehalt nicht möglich, da die Einrede im Tenor des Urteils zu § 771 nicht mit einem Vorbehalt versehen werden kann. Im vorliegenden Fall ist dem genügt, da das Anerkenntnisurteil vorbehaltlos und rechtskräftig ist.

Die Erhebung der Einrede gem. § 9 AnfG kommt hauptsächlich bei der Drittwiderspruchsklage in Betracht, sie kann auf alle Anfechtungstatbestände (§§ 3, 4 AnfG) gestützt werden und führt bei Erfolg zur Abweisung der Drittwiderspruchsklage (Huber AnfG § 9, 3).

§ 3 AnfG: Absichtsanfechtung
§ 4 AnfG: Schenkungsanfechtung

Beide Tatbestände setzen eine objektive Gläubigerbenachteiligung voraus, die vom Standpunkt des *betreibenden* Gläubigers aus zu beurteilen ist, es kommt nicht darauf an, ob auch *andere* Gläubiger benachteiligt werden (Huber AnfG § 1, 33). Erforderlich ist die Feststellung einer besseren oder schnelleren Befriedigungsmöglichkeit ohne die angefochtene Rechtshandlung. Die Darlegungs- und Beweislast liegt beim anfechtenden Gläubiger (Huber AnfG § 1, 33, 34).

Diese obj. Gläubigerbenachteiligung liegt hier vor, da M das Wesentliche seines Vermögens auf F übertragen hat.

Obwohl auch § 3 I 1 AnfG erfüllt ist, wird sich V im Prozess vorwiegend auf den ebenfalls erfüllten Anfechtungsgrund aus § 4 AnfG stützen wegen der dort bestehenden geringeren Darlegungslast (kein subjektiver Tatbestand zur Gläubigerbenachteiligung, was sich aus der Schwäche des unentgeltlichen Erwerbs erklärt, Huber AnfG § 4, 11).

Die Klage der F ist daher wegen der erfolgreichen Einrede des V aus § 9 AnfG unbegründet. Es wird folgendes Endurteil ergehen:

I. Die Klage wird abgewiesen.

II. Die Klägerin trägt die Kosten des Rechtsstreits *(§ 91)*.

III. Das Urteil ist vorläufig vollstreckbar gegen Sicherheitsleistung des Beklagten in Höhe von 110% des jeweils beizutreibenden Betrags *(§ 709 S. 2)*.

Anm. zu III: Der Kostenerstattungsanspruch richtet sich nach dem Streitwert, hier € 15 000,– (§§ 23 I RVG, 48 I GKG, 6 ZPO).

Frage 3: Begründete Klage aus § 771

Auch hier kann V aus denselben Gründen weder ein Pfändungspfandrecht, noch ein **21.10** Vermieterpfandrecht einwenden. Es versagt hier aber auch die Einrede gemäß § 9 AnfG, da die Frist gem. § 4 AnfG verstrichen und § 3 I 1 AnfG mangels Kenntnis der F von der Benachteiligungsabsicht nicht erfüllt ist. Die Klage der F ist hier begründet und es ergeht Endurteil:

I. Die Zwangsvollstreckung aus dem Anerkenntnisurteil des LG Hamburg vom 10. 6. .., Aktenzeichen ... **in** den Lkw ... (Fahrgestell-Nr. etc.) wird für unzulässig erklärt.

II. Der Beklagte trägt die Kosten des Rechtsstreits.

III. Das Urteil ist vorläufig vollstreckbar, aus Ziff. I jedoch nur gegen Sicherheitsleistung in Höhe von € 15 000,– *(§ 709 S. 1)*, aus Ziff. II nur gegen Sicherheitsleistung in Höhe von 110% des jeweils zu vollstreckenden Betrags *(§ 709 S. 2)*.

Anm. zu III: Ziff. I ist, obwohl kein Leistungsurteil, ausnahmsweise sogar in der Hauptsache vorläufig vollstreckbar, da andernfalls die vollstreckungshemmende Wirkung nicht sofort über § 775 Nr. 1, sondern erst mit Rechtskraft eintreten könnte (vgl. oben Rn. **4.**02, ThP § 767, 30). Streitwert gemäß RVG und GKG i. V. m. § 6 ist die beizutreibende Forderung von € 15 000,–, nicht der höhere Wert des Lkw. Da aus Ziff. I keine Geldvollstreckung möglich ist, kann nicht nach § 709 S. 2, sondern nur beziffert nach § 709 S. 1 tenoriert werden.

Für Ziff. II hingegen kann vereinfacht nach § 709 S. 2 tenoriert werden.

§ 22 Die Vorbereitung der mündlichen Verhandlung

I. Die vorgeschaltete obligatorische Güteverhandlung, § 278 II

Sie ist dem § 54 ArbGG nachgebildet, im Unterschied zur dortigen Güteverhandlung **22.01** aber noch *nicht* Teil der mündlichen Verhandlung, sondern ihr vorschaltet, in ihr kann also z. B. (noch) kein Versäumnisurteil ergehen, es tritt kein Verlust des Rügerechts gem. § 39 ein.

Eine getrennte Terminierung von Güteverhandlung und frühem ersten Termin/Haupttermin ist zwar möglich, aber ganz unzweckmäßig. Regelmäßig wird das Gericht zu *beiden* Elementen laden: zur Güteverhandlung *und* zur anschließenden streitigen mündlichen Verhandlung, wie das § 279 I 1 für den Regelfall auch vorsieht, was jedoch die Ladung der Parteien auch zur mündlichen Verhandlung voraussetzt (Zöller § 278, 10).

I. d. R. wird daher der frühe erste Termin bzw. der Haupttermin beginnen mit einem 1. Abschnitt, nämlich der vorgeschalteten Güteverhandlung, woran sich dann nach der Protokollierung des Ergebnisses (§ 160 III Nr. 10) unmittelbar die streitige mündliche Verhandlung anschließt (§ 279 I 1). Nur dies ermöglicht, dass bei Nichterscheinen einer Partei zur Güteverhandlung (oder dem gleichgestellt entspr. § 333: deren Weigerung, sich zur Sache zu erklären, Zöller § 278, 20) im Anschluss an diesen sogleich ein VU ergehen kann (Zöller § 278, 10, 20).

In der reinen Güteverhandlung können die Parteien wirksam Prozesshandlungen vornehmen, sofern diese nicht bereits eine streitige mündliche Verhandlung voraussetzen (daher z. B. nicht Stellung von Sachanträgen, § 297, Verzicht § 306, Anerkenntnis § 307 I,

Geständnis § 288), wirksam jedoch z. B. Klagerücknahme (ohne Einwilligung des Bekl.,
§ 269 I; Protokollierung gem. §§ 160 III Nr. 8, 162 I ersetzt Schriftform, Zöller § 278,
13), übereinstimmende Erledigungserklärung, Vergleich (vgl. Zöller § 278, 13).

II. Die Prozessförderungspflicht des Gerichts

22.02 Nach § 272 I ist der Rechtsstreit i. d. R. in einem – und zu diesem Zweck umfassend
vorbereiteten – Haupttermin zu erledigen.

Dies ist nur möglich, wenn alle Beteiligten (Gericht und Parteien) „mitmachen." Um
dies sicherzustellen und nicht nur dem freien Belieben der Beteiligten zu überlassen,
bestehen

Prozessförderungspflichten

des **Gerichts**	der **Parteien**
• konkretisiert in § 273	• insbes. §§ 277 I, IV 282
• Ein Verstoß kann Verspätungspräklusion gemäß § 296 unstatthaft machen	• Verstoß kann zur Verspätungspräklusion gemäß § 296 führen

1. Grundsätzliches zur Prozessförderungspflicht des Gerichts

22.03 Die Prozessförderungspflicht des Gerichts ist **konkretisiert in § 273 I** (i. V. m.
§§ 272, 275, 276): Das Gericht hat erforderliche vorbereitende Maßnahmen rechtzeitig zu veranlassen, damit der Rechtsstreit in einem Termin erledigt werden kann,
§§ 273, 272.

Das Gericht ist auch verpflichtet, sogar **verspätetes** Vorbringen noch darauf **zu
überprüfen,** ob durch zumutbare (keine Eilanordnungen!) vorbereitende Maßnahmen gemäß § 273 II doch noch dessen Berücksichtigung möglich ist und die drohende **Verzögerung aufgefangen werden kann** (BGHZ 75, 138; ThP § 296, 9).

Beispiel: Die Klageerwiderungsfrist ist ohne Beweisangabe am 1. 10. abgelaufen, Termin auf 1. 11.
bestimmt. Benennt der Beklagte am 10. 10., also verspätet, einen Zeugen zu einem beweiserhebli-
chen Punkt, so hat ihn das Gericht trotz Verspätung gemäß § 273 II Nr. 4 zum Termin vom 1. 11. zu
laden, was im normalen Geschäftsgang (ohne Telegramm etc.) noch zumutbar veranlasst werden kann.

2. Verstoß gegen die Prozessförderungspflicht

22.04 Eine Unterlassung pflichtgemäßer gerichtlicher Förderungsmaßnahmen (§§ 139 IV, 273)
führt dazu, dass eine Verspätungspräklusion von Parteivorbringen (§ 296) unstatthaft
ist, wenn das Unterlassen mindestens mitursächlich ist für die Verspätung.

BVerfG NJW 87, 2003; 90, 2373; BGHZ 76, 178; BGH NJW 89, 718; ThP § 296, 9; Müko-ZPO
§ 273, 9; § 296, 115 ff.; Zöller § 296, 3.

Zur Begründung wird vielfach angegeben, die rechtsstaatlich gebotene faire Verfah-
rensführung schließe eine Präklusion gem. § 296 aus, da die Verzögerung nicht der
Partei alleine anzulasten sei (BVerfG NJW 87, 2003), andere verneinen die Verzögerung (BGHZ 76, 178).

Beispiel: Ist der nach Fristablauf, also verspätet, benannte Zeuge immerhin noch so zeitig benannt,
dass er gemäß § 273 II Nr. 4 zumutbar (ohne Eilanordnung oder Terminsverlegungen) zum Verhandlungstermin geladen werden kann, so ist der Zeuge noch zu laden. Unterlässt das Gericht die gemäß
§ 273 mögliche Zeugenladung, so kann es nicht im Termin argumentieren, der Beweisführer sei hinsichtlich des verspätet benannten Zeugen zu präkludieren (§ 296), weil ein neuer Termin nur dafür

nötig sei, was zur Verzögerung führe. Denn die jetzt zweifellos drohende Verzögerung wäre bei rechtzeitiger Vorbereitungstätigkeit des Gerichts (§ 273) nicht eingetreten, für die jetzige Verzögerung (neuer Termin nötig) ist das Gericht mitursächlich geworden, BGHZ 76, 178. Erscheint andererseits der trotz Verspätung sofort gem. § 273 geladene Zeuge nicht, (entschuldigt oder unentschuldigt), so darf nach dem „normativen Verzögerungsbegriff" keine Präklusion erfolgen, da *diese* Verzögerung bei wertender Betrachtung nicht auf dem Verhalten der Partei beruht, da das Nichterscheinen von Zeugen auch bei rechtzeitigem Vorbringen in jedem Prozess vorkommen kann (vgl. oben Rn. **19**.30; ThP § 296, 12).

III. Die zwei Verfahrensweisen: früher erster Termin und schriftliches Vorverfahren

Zunächst seien Verfahrenswahl und Verfahrensweise kurz skizziert. Dem folgen Übersichten zum jeweiligen Verfahrensablauf (unten 1, 2).

Zur Vorbereitung der mündlichen Verhandlung stehen zwei Verfahrensweisen zur Wahl (§ 272 II):

das Verfahren mit *frühem ersten Termin* (**§ 275**)

das *schriftliche Vorverfahren* (**§ 276**)
Die Verfahrenswahl steht im freien, nicht nachprüfbaren **Ermessen** des Gerichts (unanfechtbar), BGHZ 86, 35.

Verfahren mit frühem ersten Termin   22.05

Der frühe erste Termin ist seiner Funktion nach **vollwertiger Verhandlungstermin, nicht etwa** ein mehr oder minder bedeutungsloser **Vorschalttermin** (BGHZ 88, 182; ThP § 272, 3 ff.).

Er hat zum Grundsatz in § 272 I (umfassende Vorbereitung, Erledigung in nur einem Termin) eine gewisse Sonderstellung: Einerseits gilt uneingeschränkt das Beschleunigungsgebot (der frühe erste Termin sollte nur gewählt werden, wenn er der größtmöglichen Beschleunigung dient), andererseits ist er von der Pflicht (!) zur umfassenden Vorbereitung entbunden. Er kann als umfassender Haupttermin ausgestaltet werden, muss dies aber nicht.

Infolgedessen kann der frühe erste Termin je nach Prozesslage entweder als Vorbereitungs- und Vorbesprechungstermin oder als einziger Haupttermin eingesetzt werden.

Schriftliches Vorverfahren   22.06

Hier **unterbleibt zunächst eine Terminierung.** Mit einer ersten Fristsetzung an den Beklagten zur Anzeige etwaiger Verteidigungsbereitschaft soll zunächst geklärt werden, ob die Sache überhaupt streitig werden wird (sich der Beklagte also überhaupt zur Wehr setzt). Mit weiteren Fristsetzungen an Beklagten und Kläger wird bejahendenfalls der Prozessstoff gesammelt und durch jeweils rechtzeitige Hinweise des Gerichts (§ 139 IV), sowie durch vorbereitende Maßnahmen (§§ 273, 358 a) gezielt für den (einzigen) Haupttermin vorbereitet.

Dieses Verfahren mit umfassender Vorbereitung und anschließendem (tunlichst einzigem) Haupttermin **hat Bezüge zum Strafprozess** (Putzo NJW 77, 1). Dieses Verfahren wird unter Beachtung des Beschleunigungsgebots (§ 272 I) nur in Betracht kommen, wenn der Prozessstoff auch solcher umfassender und zeitaufwändiger Vorbereitung bedarf (etwa in einem Bauprozess).

Den beiden Verfahrensweisen vorausgestellt sei ein **Gesamtüberblick.** Dieser erhält sodann für jede Verfahrensweise ein Vergrößerungsformat, in dem die Einzelheiten einbezogen werden (unten Rn. **22**.08 und **22**.09). Diese Vertiefungen sollen insbesondere auch für die **Arbeit in der Station** hilfreich sein.

22.07 Gesamtüberblick

§ 272 II Verfahrenswahl

Früher erster Termin
§ 275

Schriftliches Vorverfahren
§ 276

- Zustellung der Klage mit Terminbestimmung
- Fristsetzung bzw. Aufforderung an Beklagten gemäß § 275 I

3-fache Zustellung an Beklagten:
- Zustellung der Klage ohne Terminbestimmung
- Aufforderung zur Verteidigungsanzeige, § 276 I S. 1
- Frist zur Klageerwiderung, § 276 I S. 2

Vorbereitung, § 273

AnerkenntnisU ohne mdl. Verhandlung, § 307

Der weitere Verlauf hängt vom Beklagten ab:

erkennt an   ohne   mit Verteidigungsanzeige

Früher erster Termin

AnerkenntnisU   VU
§ 307   § 331 III

Vorbereitung des HT

Beendigung des Verfahrens (Urteil, Vergleich)

sonst § 275 II: Vorbereitung des HT

ohne Klageerwiderung   mit Klageerwiderung

Zur Vorbereitung möglich:
- Beibringungsfristen an Kläger bzw. Beklagten entweder nach § 275, sonst nach § 273 II Nr. 1
- Vorbereitungsmaßnahmen gemäß § 273
- § 358 a
- § 356

§ 272 III

Zur Vorbereitung möglich:
- Frist an Kläger zur Replik, § 276 III
- Fristen an beide Parteien gemäß § 273 II Nr. 1 bzgl. einzelner (!) Punkte
- sonstige Vorbereitungsmaßnahmen gemäß § 273
- § 358 a
- § 356
Dabei stets straffe Prozessleitung durch rechtzeitige Hinweise und Auflagen (§§ 139, 273 I)

Terminbestimmung, Ladungen, Beischaffung der Beweismittel

Haupttermin

Beendigung des Verfahrens (Urteil, Vergleich, etc.)

weiterer Termin (z. B. ergänzende Beweisaufnahme)

Ruhen des Verfahrens §§ 251, 251 a III

1. Verfahren mit dem frühen ersten Termin 22.08

Vorbereitung des frühen ersten Termins

1. Formalien
  a) Zustellung der Klageschrift.
   Unverzüglich (§ 271 I), v. A. w. (§ 166 II)
  b) Terminbestimmung
   §§ 272 II, III, 216 II. Einlassungsfrist: § 274 III (mindestens 2 Wochen ab Zustellung der Klage; bei Verstoß: kein VU, § 335 I Nr. 2)
  c) Ladung zum Termin
   mit Belehrungen gem. § 215 I, im Anwaltsprozess auch § 215 II (Verstoß: § 335 I Nr. 2, VU unzulässig),
   zusammen mit der Zustellung der Klageschrift, § 274 II.
  d) Bei LG: Aufforderungen an Beklagten gemäß §§ 271 II, 275 I S. 2, Hs 2.

2. Fristsetzungen an die Parteien gemäß § 275

entweder	oder
Frist	ohne Frist

zur schriftl. Klageerwiderung an **Beklagten** (§ 275 I S. 1)	(§ 275 I S. 2)

zur schriftl. Klageerwiderung an **Beklagten** (§ 275 I S. 1)
- „Kann" (sonst § 275 I S. 2)
- Frist: § 277 III (mind. 2 Wochen)
- Belehrung über Form und Folgen der Versäumung: § 277 II
- Förmliche Zustellung, § 329 II S. 2, §§ 166 ff. (sonst keine Präklusion möglich! BGHZ 76, 236)
- Präklusion: § 296 I (Pflicht)

(§ 275 I S. 2)
- Gilt auch im Parteiprozess (AG), dort jedoch ohne RA-Pflicht und ohne Schriftsatzpflicht (die aber eigens angeordnet werden kann, § 129 II)
- Formlos, § 329 II S. 1
- Präklusion: nur § 296 II, § 282 II (Ermessen) und nur bei Schriftsatzpflicht (§ 129 I, II).

darauf
Frist zur Replik an den **Kläger** möglich, § 275 IV
- Frist: § 277 IV (mind. 2 Wochen)
- mit Belehrung über die Folgen einer Fristversäumung, § 277 IV, II
- Förmliche Zustellung, § 329 II S. 2, §§ 166 ff. (wichtig für Präklusion!)
- Präklusion: § 296 I (Pflicht)

3. Vorbereitungsmaßnahmen gemäß §§ 273, 358 a
- § 273 (z. B. Auflagen zu Ergänzungen, Ladungen von Zeugen)
- § 358 a (z. B. Rechtshilfe bzgl. auswärtiger Zeugen, Erholung eines Sachverständigengutachtens).

4. Erlass eines (Teil-)**Anerkenntnisurteils** ohne mündliche Verhandlung, § 307.

Früher erster Termin
- Zunächst Güteverhandlung; §§ 278 II, 279
- Der frühe erste Termin ist ein vollwertiger Verhandlungstermin (BGHZ 88, 182)
- kann bereits Haupttermin sein (je nach Vorbereitung und Prozesslage).

**Beendigung
des Verfahrens**
(Urteil, Vergleich etc.)

sonst

Vorbereitung des Haupttermins, § 275 II
- Form: zu verkündender oder zuzustellender (§ 329 II 2) Beschluss
- Inhalt:
  - Terminbestimmung
  - Anordnungen gem. § 273 II Nr. 5 zur Vorlage von Urkunden etc. durch die Parteien oder Dritte
  - Ladung von Zeugen u. Sachverständigen gem. § 273 II Nr. 4 (Beweisbeschluss dann erst im Termin) oder
  - Beweisbeschluss gem. § 359
  - Beibringungsfristen, entweder gemäß

§ 275 III, IV

Beklagter
§ 275 III
(sofern noch keine
Erwiderungsfrist nach
§ 275 I gesetzt war)

Kläger
§ 275 IV
(sofern noch keine Erwiderungsfrist
nach § 275 IV schon **vor** dem frühen
ersten Termin gesetzt war)

Präklusion:
§ 296 I (Pflicht des
Gerichts dazu)

sonst nach § 273 II Nr. 1

Präklusion:
§§ 230, 231

- Beibringungsfrist gemäß § 356
  (z. B. zur Adressenangabe eines Zeugen) ist Ausschlussfrist! Verschulden unerheblich (anders § 296)

evtl. weitere, noch nicht beschlossene
Maßnahmen nach §§ 273, 358 a (neue
Schriftsätze?!)

Haupttermin

Beendigung des Verfahrens
(Urteil, Vergleich etc.)

Weiterer Termin
(z. B. einer der Zeugen ist ausgeblieben)

Ruhen des Verfahrens
(§§ 251, 251 a III)

2. Verfahren mit dem schriftlichen Vorverfahren   22.09

Zustellungen an den Beklagten ohne Terminbestimmung

Zunächst erfolgt eine **3fache Zustellung** in einem Vorgang:

1. Zustellung der Klageschrift

§§ 276 I S. 1, 271, 166 II (unverzüglich, v. A. w., förmlich)

2. Aufforderung an Beklagten zur Verteidigungsanzeige, § 276 I S. 1,

a) *Notfrist,* §§ 276 I S. 1, Beachte: die Versäumung der Frist gem. S. 1 führt zum VU (§ 331 III), diejenige gem. S. 2 hingegen nur zur Verspätungspräklusion (§ 296 I).

b) *Belehrungen* gem. § 276 II über
  * Folgen der Versäumung (= VU gem. § 331 III, §§ 91, 708 Nr. 2), § 276 II. Ohne diese Belehrung kein VU nach § 331 III wegen § 335 I Nr. 4.
  * Form: Bei Anwaltsprozess (§ 78) wirksame (!) Verteidigungsanzeige nur über RA möglich, darauf Hinweis nötig gem. § 276 II.
    Bei Parteiprozess (§ 79) Hinweis gem. § 499 I.
  * Bei AG (gleich, ob Partei- oder Anwaltsprozess): § 499 (Folge eines Anerkenntnisses, § 307).

c) All dies in einem Vorgang *förmlich zuzustellen:* Klage (§§ 271, 166 II), Fristsetzung (wegen § 329 II S. 2, BGHZ 76, 236), mit dieser zusammen die Belehrung gemäß §§ 276 II, 499 (ThP § 276, 2).

d) Bei *Fristversäumung:* § 331 III.

e) *Nachricht an Kläger* (als Information der Verfahrenswahl, damit evtl. Anträge nach §§ 307, 331 III nachgeholt werden können), § 276 I S. 1. (Formlos, § 270).

3. Frist zur schriftlichen Klageerwiderung an Beklagten, § 276 I S. 2

a) *Keine* Notfrist. Dauer: mindestens 2 Wochen ab („weitere") Ende der Notfrist des § 276 I S. 1, § 276 I S. 2. Ab Klagezustellung hat Beklagter daher insgesamt mindestens 4 Wochen Zeit, die schriftliche Erwiderung abzufassen (bei frühem ersten Termin besteht nur eine Mindestfrist von 2 Wochen, §§ 275 I S. 1, 277 III).

b) *Belehrungen* über
  * Folgen der Versäumung (= § 296 I), § 277 II 2. HS (der im RA- u. Parteiprozess gilt, ThP § 277, 10). Unterlassen dieser Belehrung hindert Präklusion nach § 296 I, gleich, ob nicht, schon, da § 277 II 2. HS nicht zwischen Partei- und Anwaltsprozess differenziert (BGHZ 88, 180; ThP § 277, 10). Die Belehrung darf sich dabei nicht auf die bloße Wiedergabe des Wortlauts von § 296 I beschränken, sondern muss die Wirkung der Frist ganz klar machen, andernfalls beginnt diese gar nicht (BGHZ 86, 218), selbst dann nicht, wenn alsbald danach ein RA beauftragt wird (Unklarheit über Zeitpunkt anwaltlicher Beratung u. damit über Fristbeginn), BGH NJW 86, 133.
  * Anwaltspflicht, § 277 II 1. HS (nur im Anwaltsprozess, § 78).

c) *Förmliche Zustellung* (samt Belehrungen): § 329 II S. 2 (und wegen Verbindung mit Klagezustellung auch gemäß §§ 276 I S. 1, 166 II).

d) *Verspätung:* § 296 I.

Der weitere Verlauf hängt vom Verhalten des Beklagten ab:

Anerkenntnis   Ohne Verteidigungsanzeige   mit Verteidigungsanzeige

Anerkenntnis-Urteil,   VU, § 331 III
§ 307

Vorbereitung des HT

Ohne Klage-
erwiderung § 272 III

Mit Klageerwiderung

möglich: Frist an Kläger zur Replik §§ 276 III, 277 IV
- Erst ab Eingang der Klageerwiderung (BGHZ 76, 236)
- Kann-Bestimmung
- Frist: § 277 IV
- Mit Belehrung über Folgen einer Fristversäumung (§ 296 I),
  § 277 IV, II
- Zustellung förmlich, § 329 II S. 2
  (sonst nicht § 296 I! BGHZ 76, 236)
- Präklusion: § 296 I

Verspätete Klage-
erwiderung:
§ 296 I (Aber das
Gericht muss trotz
Verspätung gemäß
§ 273 II ausgleichen,
soweit möglich und
zumutbar, ThP
§ 273, 4).

Zur Vorbereitung:
- § 273: Insbes. ergänzende, punktuelle („bestimmte")
  fristgebundene Auflagen zur Ergänzung etc. an beide Parteien
  (Präklusion bei Frist: §§ 273 II, 296 I)
- § 358 a S. 2: Beweiserhebung vor dem HT
- Stets § 273 I: Rechtzeitige Prozessleitung durch Hinweise
  (§ 139) oder Auflagen zu ergänzendem Vortrag. Nichtbeachtung
  durch Partei führt bei Frist gemäß § 273 II zu § 296 I (Pflicht),
  ohne Frist ggfls. über § 282 II zu § 296 II (Ermessen).

- Terminbestimmung, § 272 III
- Ladung der Beteiligten (§ 274 I), bei RA: § 172
- I. d. R. Ladung auch der Parteien persönlich (nicht über RA, § 141 II), § 278 III
  (Güteverhandlung), §§ 141, 273 II Nr. 3 (Aufklärung).
- Beischaffung der Beweismittel
  – Förmlicher Beweisbeschluss (also mit allen Details gemäß § 359) nur zwingend bei
    gesetzlicher Anordnung, § 358, also bei Parteivernehmung (§ 450) und Anordnung gemäß
    § 358a S. 1 und 2 (Zöller § 358, 2).
    Beachte: Die Maßnahmen gemäß § 358 a sind in das Ermessen des Gerichts gestellt;
    falls sie aber beschlossen werden, muss dies durch förmlichen Beweisbeschluss (§§ 358, 359)
    geschehen, Zöller § 358a, 2.
  – Zeugen und Sachverständige können nach § 273 II Nr. 4 vorbereitend auch ohne Beweis-
    beschluss geladen und ihre Vernehmung ggfls. erst im HT formlos (= ohne Detailangaben
    gemäß § 359) beschlossen werden.
  – Das Gericht kann also entweder einen umfassenden Beweisbeschluss erlassen (§ 358 a S. 1),
    oder bzgl. Zeugen und Sachverständigen davon absehen und zunächst erst einmal nur deren
    Ladung gem. § 273 II veranlassen und über die Vernehmung im Termin entscheiden.

Güteverhandlung § 278 II. Im Anschluss daran HT, § 279

Haupttermin 279 I, II

Beendigung des Verfahrens   Weiterer Termin   Ruhen des Verfahrens
(Urteil, Vergleich)   (z. B. Verhinderung eines Zeugen)   (§§ 251, 251 a III)

§ 23 Die mündliche Verhandlung

I. Der Grundsatz der notwendigen mündlichen Verhandlung

Der Grundsatz der notwendigen mündlichen Verhandlung (**§ 128 I**)

- **Gilt für**

  - **Urteile:** grundsätzlich, § 128 I, IV.   **23.01**
    Entscheidungsgrundlage ist ausschließlich der Inhalt der mündlichen Verhandlung, nicht auch der Akteninhalt (es sei denn, er ist durch Bezugnahme gem. § 137 III eingebunden), daher „notwendige" mündliche Verhandlung.
    Hierher gehören auch die Fälle, in denen bei freigestellter mündlicher Verhandlung die mündliche Verhandlung angeordnet wird und daher durch Urteil statt durch Beschluss zu entscheiden ist, §§ 922 I 1, 936, 522 I.

    Ausnahmen: § 128 II (schriftliches Verfahren mit auf 3 Monate befristeter Zustimmung der Parteien), § 307, § 331 III (Anerkenntnis- und Versäumnisurteil im schriftlichen Vorverfahren gem. § 276 I), § 341 II (Verwerfung eines unzulässigen Einspruchs nach einem ersten Versäumnisurteil gem. §§ 330, 331 oder einem VB, § 700 I), § 128 III (Schlussurteil lediglich über die Kosten, z. B. wenn nach einem Teilanerkenntnisurteil der Kläger die restliche Klage zurücknimmt, Zöller § 269, 19 a).

  - **Beschlüsse:** grundsätzlich nicht, §§ 128 III, IV   **23.02**
    Hier gibt es die sog. freigestellte mündliche Verhandlung (§ 128 IV: „können"). Entscheidungsgrundlage ist im Unterschied zur notwendigen mündlichen Verhandlung auch der gesamte Akteninhalt (ThP § 128, 17).

    Beispiele: Beschlüsse zur Prozessleitung gem. §§ 145 ff. (Verbindung, Trennung, Aussetzung), Entscheidung über die Beschwerde, § 572 IV.
    Ausnahmen: § 320 III (Tatbestandsberichtigung), § 1063 II (Aufhebung eines Schiedsspruchs). Die Entscheidung ergeht durch Beschluss auf Grund notwendiger mündlicher Verhandlung.
    Sonderfälle: In manchen Fällen der freigestellten mündlichen Verhandlung ist bei Wahl der mündlichen Verhandlung durch *Urteil,* ohne sie durch *Beschluss* zu entscheiden. Beispiele: Entscheidung über den Antrag auf Arrest und einstweilige Verfügung, §§ 922 I 1, 936. Verwerfung einer unzulässigen Berufung, § 522 I (ThP § 522, 5). Wird hier mündliche Verhandlung angeordnet, steht sie einer notwendigen gleich und Entscheidungsgrundlage ist dann nur der Inhalt der mündlichen Verhandlung (ThP § 128, 16; § 922, 2; StJ § 922, 20 m. w. N.).

- **besagt zweierlei:**

  Die notwendige mündliche Verhandlung ist

  (1) **Entscheidungsvoraussetzung:** Ohne sie darf nicht entschieden werden. Das **23.03** Versäumnisurteil macht davon keine Ausnahme, denn es ist Termin zur notwendigen mündl. Verhandlung anberaumt, und es findet eine (einseitige) mündliche Verhandlung statt.

  (2) **Entscheidungsgrundlage: Nur,** aber auch ausnahmslos **alles** ist Entschei- **23.04** dungsgrundlage, was Gegenstand der mündl. Verhandlung wurde, wobei allerdings die Bezugnahmemöglichkeit gemäß § 137 III die Mündlichkeit (i. S. v. wörtlichem Vortrag) weitgehend verdrängt hat. Im Einzelnen:

  nur, was Gegenstand wurde:

  Der **Klageantrag** muss in der mündl. Verhandlung „**gestellt**" werden, was in aller Regel durch Bezugnahme (§ 297 II) auf die entspr. Schriftsätze erfolgt.

Weiter müssen **Sachvorträge** und **Beweisantritte** zumindest durch Bezugnahme (§ 137 III) eingeführt und **Beweismittel** zum Gegenstand der mündlichen Verhandlung gemacht werden (z.B. bei Urkunden durch Augenschein oder Bezugnahme, ThP 4 vor § 415).

Hierbei gilt nach der Rspr. als wesentliche Erleichterung und zur Vermeidung von Förmelei der **Grundsatz:**

> durch die Stellung der Anträge und anschließendes Verhandeln (= konkludente Bezugnahme gem. § 137 III, Zöller § 137, 3) wird der gesamte, bis zum Termin angefallene Akteninhalt zum Gegenstand der mündlichen Verhandlung gemacht (BGH NJW 04, 1876, 1879; 99, 2123; ThP § 137, 3; § 128, 6; Zöller § 137, 3. Vgl. oben Rn. 5.04).

23.05 alles, was Gegenstand wurde:

Auch das nicht zuvor schriftsätzlich angekündigte aber dennoch gebrachte und auch das infolge Verspätung präkludierte Vorbringen (z.B. der verspätete und verzögerlich wirkende Beweisantrag, § 296 I; oder die gemäß § 267 nicht mehr zulässige Rüge der unzulässigen Klageänderung) ist Gegenstand der mdl. Verhandlung geworden. Die Nichtberücksichtigung ist mindestens in den Gründen der Endentscheidung zu begründen (es ist ja eine Entscheidung auf Grund mündlicher Verhandlung!), ThP § 128, 9.

23.06 • Verstoß gegen das Mündlichkeitsprinzip

Beispiele: Verwertung von eingeholten Auskünften oder beigezogenen Akten, die den Parteien nicht zugänglich und nicht zum Gegenstand der mündlichen Verhandlung gemacht worden sind, Berücksichtigung klageerhöhender Anträge oder nicht nachgelassener (§ 283) Schriftsätze nach Schluss der mündlichen Verhandlung). Der Verstoß

– ist **heilbar gemäß § 295 I,** da die Mündlichkeit gemäß § 128 II zur Disposition der Parteien steht (ThP § 128, 10);

– kann gem. **§ 156** zur Wiedereröffnung der mdl. Verhandlung führen;

– kann bei unanfechtbaren (z.B. § 542 II) oder unanfechtbar gewordenen Entscheidungen (z.B. vom Gehörsverstoß wird erst Kenntnis erlangt nach Ablauf der Einspruchs- oder Berufungsfrist, ThP 2, Zöller 5 zu § 321 a) auf Gehörsrüge gem. **§ 321 a** zur Abhilfe durch Fortsetzung des ursprünglichen Verfahrens führen. Die Gehörsrüge erfasst aber nicht nur Verstöße gegen § 128 I, sondern das rechtliche Gehör allgemein, also auch Fälle der Nichtberücksichtigung.

Beispiel: Übergehen eines entscheidungserheblichen Beweisantrags, eines eingereichten, aber dem Richter nicht vorgelegten Schriftsatzes (Zöller § 321 a, 9).
Im fortgesetzten Verfahren hat das Gericht gem. § 321 a V S. 3 (§ 343 analog) auszusprechen, ob das frühere Urteil aufrecht zu erhalten, oder unter dessen Aufhebung neu zu entscheiden ist (Musielak § 321 a, 11).

– ist, falls nicht geheilt, ein **wesentlicher Verfahrensmangel,** der in der Berufung gemäß § 538 II Nr. 1 auf Antrag zur Zurückverweisung führen kann.

II. Die Einheit der mündlichen Verhandlung

Die mündliche Verhandlung ist eine Einheit ungeachtet der Zahl der Verhandlungstermine.

Arg.: Fehlen einer dem § 229 IV StPO entsprechenden Verfallbestimmung, sowie § 286: „gesamter Inhalt der Verhandlungen" ist Grundlage des Urteils.

23.07 Es gilt der Grundsatz der *Gleichwertigkeit* aller Verhandlungstermine: **Was einmal als Prozessstoff in einem der Termine in den Prozess eingeführt wurde, bleibt automatisch Prozessstoff in allen folgenden Terminen,** sofern es nicht wirksam (!) wieder herausgenommen wird, z.B. durch Fallenlassen der Behauptung, Teil-Klagerücknahme.

Einer Wiederholung bedarf es selbst bei längerem Verfahrensstillstand nicht, die ZPO hat keine dem § 229 StPO entsprechende Vorschrift.

Beispiel: Der Beklagte hat in der Klageerwiderung die Verzugsvoraussetzungen bezüglich der geforderten Verzugszinsen bestritten und sich im 1. Termin gemäß § 137 III auf seinen Erwiderungsschriftsatz bezogen. Dieses damit in den Prozess wirksam eingeführte Bestreiten bleibt uneingeschränkt erhalten, auch wenn in den folgenden Beweisaufnahmeterminen zur Hauptsache die Zinsforderung nicht mehr zur Sprache kommt und sodann Verkündigungstermin anberaumt wird. Der Beklagte braucht nicht in jedem Termin zu wiederholen, dass er „übrigens auch die Zinsforderung bestreite." Sein diesbezügliches Schweigen führt weder zum Verfall der Prozesserklärung mit dem nächsten Termin, noch zu einem konkludenten Außer-Streit-Stellen. Hat der Kläger keinen zulässigen Beweis angetreten, können infolge Fortwirkung des Bestreitens seitens des Beklagten Zinsen erst ab Rechtshängigkeit (BGB §§ 286 I S. 2, 288) unter Klageabweisung „im Übrigen" zugesprochen werden.

Auch der letzte Verhandlungstermin ist in diese Gleichwertigkeit der Termine einbezogen. Auf ihm liegt aber deswegen eine gewisse Betonung, weil dort der Prozessstoff seine letzte Formung erhalten kann und erhält. Das darf aber nicht vom Grundsatz ablenken, dass der gesamte urteilsfähige Prozessstoff aus dem Inbegriff aller Termine besteht.

Der **Grundsatz der Einheit** der mündlichen Verhandlung **besagt insbesondere:**   23.08

- Klageanträge müssen grds. nur einmal und nicht etwa in jedem Termin oder nochmals nach Beweisaufnahme etc. gestellt werden: Da es nur eine mündliche Verhandlung gibt, wirkt die Prozesshandlung der Antragstellung fort bis zum Schluss der mündl. Verhandlung.

- Behaupten, Bestreiten, Beweisantritte behalten, einmal wirksam in der mündlichen Verhandlung erfolgt, trotz etwaiger Terminhäufung ihre prozessuale Existenz.
  Zu beachten ist jedoch, dass diese Parteierklärungen *konkludent* geändert werden können, was z.B. nach einem eindeutigen Beweisergebnis der Fall sein kann. Im Zweifelsfalle hält die Partei aber ihr bestrittenes Vorbringen weiter aufrecht (der Instanzenzug ist ja noch nicht zu Ende).

- Fortwirkung unwiderruflicher Parteierklärungen, wie z.B. Anerkenntnis, Verzicht, Geständnis, Genehmigung der bisherigen Prozessführung des Postulationsunfähigen durch den Postulationsfähigen.

- Fortwirkung von Unterlassungskonsequenzen.
  Hauptfall: die rügelose Einlassung des Beklagten bei Unzuständigkeit des Gerichts (§ 39), bei Klageänderung (§ 267) und für beide Parteien bei verzichtbaren Verfahrensmängeln (§ 295 I).
  Eine gesetzliche Ausnahme enthält § 342 (Rückversetzung des Prozesses bei Einspruch): Im Säumnistermin vorgenommene Prozesshandlungen – darunter zählen auch Nichtrüge des Anwesenden bezüglich Unzuständigkeit (§ 39) und Unzulässigkeit der Klageänderung (§ 267) – verlieren infolge Rückversetzung ihre Wirkung wieder, im Einspruchstermin können die Rügen also wieder vorgebracht werden (ThP § 342, 2).

Exkurs: Die Rolle des Klageantrags in Prozessverlauf soll in nachfolgender Übersicht kurz dargestellt werden.

23.09 Übersicht: Der Klageantrag im Prozessverlauf

Klageerhebung		Stellung in der mdl. Verhandlung		Fortwirkung	Urteil
Einreichung: § 4: Wertberechnung ab Eingang, § 4 gilt auch für spätere Klageänderung, wodurch sog. „gestufte" Streitwerte entstehen, also unterschiedlich hohe Streitwertabschnitte, für die die Kosten und das Maß des Obsiegens und Unterliegens jeweils abschnittweise zu errechnen sind. § 12 GKG: Gerichtskostenvorschuss. (Ermäßigt sich nicht bei späterer *Teil*-Klagerücknahme, vgl. KV 1210, 1211).	**Zustellung:** • Fixierung des Streitgegenstandes • RHängigkeit mit materiellrechtlichen und prozessualen Folgen, insbes. § 263 • Ab jetzt bedeutet jede Veränderung des Antrags Klageänderung, also auch dann, wenn schriftsätzlich angekündigter und mündl. gestellter divergieren. Klageänderung kann also auch schon im 1. Termin und sogar schon davor vorliegen.*	**Form** § 297	**Wirkung** • § 137 I Beginn der streitigen mündlichen Verhandlung i. S. v. § 128 I • Durch Antragstellung und Verhandeln (= § 137 III) wird der gesamte Akteninhalt bis zum Termin Gegenstand der mdl. Verhandlung (s. oben Rn. **5.**04; **23.**04).	**Einheit der mündlichen Verhandlung:** Der einmal wirksam gestellte Antrag braucht nicht mehr wiederholt zu werden. Streitig nur wegen § 309 bei Richterwechsel (verneinend die h. M., Zöller 2; ThP 1 zu § 137).	**§ 308 I:** „ne ultra petita." Das Urteil ergeht in den Grenzen des zuletzt gestellten Antrags.

---

 * Die in der Klageschrift oft gebrauchte Formulierung: „Ich werde beantragen zu erkennen" bedeutet nicht etwa, dass der angekündigte Antrag bis dahin prozessual bedeutungslos und folgenlos abänderbar ist, vielmehr ist der Streitgegenstand bereits fixiert, § 261 I, die Ankündigungsformulierung drückt nur aus, was der Kläger auch zum Gegenstand der mündl. Verhandlung machen will, um darüber nach dem Gebot des § 128 I auch „mündlich zu verhandeln."

§ 24 Der Prozessvergleich

I. Übersicht zu Vergleichen bei Anhängigkeit eines Rechtsstreits

Außergerichtlicher		Gerichtlicher (Prozessvergleich, PV)			
§ 779 BGB	RA-Vergleich mit Vollstreckungsunterwerfung und Niederlegung bei Gericht oder Notar. §§ 796 a–c. Vollstreckungstitel ist erst der Beschluss des Gerichts oder Notars über die Vollstreckbarkeit §§ 796 b II 2, 796 c I 2. (Müko-ZPO § 796 a, 12)	Vor Gütestelle nach Landesrecht. Steht einem PV gleich.	PKH § 118 I 3. Vollstreckungstitel, § 794 I Nr. 1. Kein RA-Zwang (ThP § 118, 4)	Selbst. Beweisverfahren § 492 III	§ 278 VI Schriftlicher Vorschlag der Parteien oder des Gerichts mit anschließendem Feststellungsbeschluss des Gerichts.	Regelfall: zu Protokoll der Sitzung §§ 794 I Nr. 1, 160 III Nr. 1

Im anhängigen Prozess: Erledigung der Hauptsache, oder Klage- bzw. RMittelrücknahme, oder Ruhen des Verfahrens.

1. Der während eines anhängigen Prozesses geschlossene **außergerichtliche Vergleich** (§ 779 BGB) beendet den Rechtsstreit nicht unmittelbar, beeinflusst aber die Begründetheit der Klage, die sich jetzt nach der Regelung im Vergleich richtet. Hat sich der Kläger im Vergleich zur Klage-(Rechtsmittel-)Rücknahme oder Erledigungserklärung verpflichtet, so begründet dies für den Beklagten eine **prozessuale Einrede** gegen die Fortsetzung des Rechtsstreits. Bei vertragswidriger Fortsetzung ist daher die Klage (das Rechtsmittel) auf Einrede des Beklagten als unzulässig durch Prozessurteil abzuweisen (BGH NJW 02, 1503; RoSG § 130, 67) mit Kostenlast des (Berufungs-)Klägers, § 91 bzw. § 97 (BGH NJW 89, 39, 40). **24.01**

Da der außergerichtliche Vergleich nicht zur Beendigung der Rechtshängigkeit führt, müssen die Parteien den Rechtsstreit übereinstimmend für erledigt erklären (ThP § 91a, 5) oder es muss die Klage (das Rechtsmittel) zurückgenommen werden, andernfalls wird das ruhende Verfahren nach der Aktenordnung nach 6 Monaten weggelegt.

Für die **Kostenregelung** gibt es **3 Möglichkeiten:** die Parteien können die Kostenverteilung frei vereinbaren (§ 98 S. 1, 2 HS 2 analog), andernfalls kommt die subsidiäre Kostenaufhebung analog § 98 zum Zuge (BGH NJW 09, 519; Müko-ZPO § 98, 25). In diesen beiden Fällen darf nach h. M. auch bei nachfolgender Erledigungserklärung oder Klagerücknahme kein Kostenbeschluss erlassen werden (es bleibt bei der nur außergerichtlichen Regelung), da die Parteien das Gericht nicht zu bestimmten von den gesetzlichen Kostenvorschriften (§ 91a, § 269 III etc.) abweichenden Kostenentscheidungen verpflichten können und nicht auf diese Weise ein Vollstreckungstitel geschaffen werden **24.02** dürfe, was nur beim Prozessvergleich möglich sei (§ 794 I Nr. 1), ein Kostenantrag nach § 91a oder § 269 IV etc. sei als unzulässig zu verwerfen (BGH JZ 1970, 464, 465). Nach a.A. bedarf es – vor allem zur Klärung von Zweifelsfällen und zur Vermeidung eines neuen Prozesses nur wegen der Kostenfrage – eines Kostenbeschlusses nach § 91a bzw. § 269 IV, der die Parteivereinbarung zum Inhalt hat (Müko-ZPO 28ff., StJ 6 zu § 98).

Die dritte Möglichkeit ist die sog. negative Kostenregelung: die Parteien schließen eine eigene Kostenregelung und die (analoge) Anwendung des § 98 aus und unterstellen die Kostenverteilung gerichtlicher Entscheidung. Hier gilt der (sonst von § 98 verdrängte) § 91a: der Kostenbeschluss richtet sich nach dem mutmaßlichen Ausgang des Rechtsstreits, nicht nach dem Unterliegen gemäß Vergleichsforderung zur Klageforderung (ThP § 98, 4).

24.03 **2. Der Anwaltsvergleich** gem. **§§ 796a–c** ist ebenfalls ein außergerichtlicher Vergleich, jedoch mit der Besonderheit, dass er zu einem Vollstreckungstitel (das ist erst der Gerichtsbeschluss gem. § 796b II 2, BGH NJW 06, 695, Tz. 24) führen kann. Das Verfahren ist umständlich. Der Gläubiger kann schneller und besser sein Ziel erreichen durch eine vollstreckbare Urkunde, § 794 I Nr. 5 (Zöller § 796a, 3)

24.04 **3. Der Prozessvergleich** (Begriff: § 794 I Nr. 1) hat nach h.M. eine **Doppelnatur,** weil er sowohl als Prozesshandlung (Prozessvertrag) den Rechtsstreit beendet, als auch materiellrechtliches Rechtsgeschäft ist, weil er als privatrechtlicher Vertrag nach § 779 BGB die Ansprüche und Verbindlichkeiten der Parteien regelt (BGHZ 164, 190; 79, 71; ThP § 794, 3).

BGHZ 164, 194: Beide Vertragsteile bilden „eine Einheit, die eine gegenseitige Abhängigkeit der prozessualen Wirkungen und der materiell-rechtlichen Regelungen bewirkt (BGHZ 79, 74). Daher ist ein Prozessvergleich nur wirksam, wenn sowohl die materiell-rechtlichen Voraussetzungen für einen Vergleich (§ 779 BGB), als auch die prozessualen Anforderungen erfüllt sind, die an eine wirksame Prozesshandlung zu stellen sind. Fehlt es auch nur an einer dieser Voraussetzungen, liegt ein wirksamer Prozessvergleich nicht vor, die prozessbeendigende Wirkung tritt nicht ein."

Voraussetzungen sind demnach:

24.05

Materiell-rechtlicher Vertrag § 779 BGB	Prozessvertrag mit Inhalt der Prozessbeendigung
• Wirksamkeit nach BGB, insbes. §§ 145ff., §§ 164ff., § 779 (Vorliegen der Vergleichsgrundlage, Palandt § 779, 13ff.).	• Anhängigkeit eines Rechtsstreits. Auch im Verfahren über Arrest, einstweilige Verfügung, Zwangsvollstreckung
• Verfügungsbefugnis über den Streitgegenstand (Palandt § 779, 6ff., z.B. die Klageforderung).	• Zwischen den Parteien dieses Rechtsstreits, dann auch mit Dritten
• Gegenseitiges Nachgeben, wobei geringfügiges genügt (z.B. Bewilligung von Raten, Stundung, Nachgeben bei Zinsen, Kosten, Palandt § 779, 9).	• In mündlicher Verhandlung oder nach §§ 118 I 3, 278 VI, 492 III.
• Form: Falls nach BGB ausnahmsweise formbedürftig (z.B. § 311b, 623, 925 BGB), ersetzt die Protokollierung jede Formpflicht, § 127a BGB. Auf den schriftlichen Prozvgl. gem. § 278 VI ZPO ist § 127a BGB analog anzuwenden (BAG NJW 07, 1831, Tz. 20), nicht aber bei Auflassung (§ 925 BGB) mangels gleichzeitiger Anwesenheit (Zöller § 278, 31 str.).	• Vorliegen der Prozesshandlungsvoraussetzungen (ThP Einl. III, 10): Parteifähigkeit (§ 50), Prozessfähigkeit (§§ 52, 53) bzw. gesetzliche Vertretung, Prozessvollmacht (§ 80), Postulationsfähigkeit, insbes. § 78.
• Nichteintritt der aufschiebenden Bedingung, § 158 I BGB („Widerruf" beim sog. widerruflichen Vergleich, BGHZ 88, 364).	• Ordnungsgemäße Protokollierung, §§ 160 I, III Nr. 1, 162 I, 163 I 1. Wirksamkeitsvoraussetzungen sind demnach: – Vorlesen/Vorlegen zur Genehmigung. – Genehmigung durch die Parteien.
• Keine Anfechtung gem. §§ 119, 123 BGB darf erfolgt sein.	– Vermerk im Protokoll, dass dies alles erfolgt ist („vorgelesen und genehmigt"), § 162 I 3. – Protokollunterschriften nach § 163 I 1.
	• Bei § 278 VI: Feststellungsbeschluss nach § 278 VI 2, der die sonst erforderliche Protokollierung ersetzt (RoSG § 130, 12)

Rechtsfolgen der Unwirksamkeit nur eines Vergleichs*teils*

Materiellrechtliche Unwirksamkeitsgründe (z.B. § 158 I BGB: Widerruf beim **24.06** widerruflichen Vergleich, §§ 123, 134, 138 BGB) führen zur Unwirksamkeit sowohl des materiellrechtlichen Vergleichs (§ 779 BGB), als auch des Prozessbeendigungsvertrags (BGH NJW 11, 2141; Musielak § 794, 20).

Prozessuale Unwirksamkeitsgründe (zumeist formale Fehler) hingegen ziehen nicht ohne weiteres die Unwirksamkeit auch der materiell-rechtlichen Vereinbarung nach sich. Nach Auslegung des mutmaßlichen Parteiwillens kann die Vereinbarung ggfls. als außergerichtlicher Vergleich gültig sein (Musielak § 794, 20).

Wirkungen des Prozessvergleichs:

Prozessual: **24.07**

– Ende der Rechtshängigkeit ex nunc.
– Zuvor ergangene, noch nicht rechtskräftige Urteile werden wirkungslos.
– Vollstreckungstitel, § 794 I Nr. 1. Daher ist auch der vollstreckungsrechtliche Bestimmtheitsgrundsatz (ThP 16 ff. vor § 704) bei der Formulierung genau zu beachten: der Titel wäre unbestimmt und daher nicht vollstreckbar, wenn die Leistung nicht allein aus dem Titel, sondern erst aus dem Inhalt anderer Schriftstücke (Gerichtsakt, Schriftsätze, Anlagen) ermittelt werden kann.

> **Beispiel** (OLG Saarbrücken NJW-RR 2010, 95): „Der Beklagte verpflichtet sich, die Eingangstüre der Klägerin nachzubessern gemäß den Vorgaben des Architekten R, die dieser vor Ort bei der Nachbesserung machen soll." Dieser Vergleich ist mangels Bestimmtheit der Nachbesserungspflicht – welcher Mangel ist zu beseitigen, welcher Erfolg zu erzielen? – nicht vollstreckungsfähig. Ggfls. ein Haftungsproblem für die beteiligten RAe.

Materiell-rechtlich:

– Regelmäßig nur *Schuldabänderung,* keine Schuldumschaffung (Novation). Er lässt also i.d.R. den Grund des Schuldverhältnisses (z.B. die Kaufpreisverpflichtung als solche) unberührt und verändert als Änderungsvertrag nur Rechte und Pflichten daraus (z.B. Ermäßigung der Forderung, Verschiebung der Fälligkeit, Ratenbewilligung etc.).
  Das ist wichtig für den Fortbestand gegebener akzessorischer Sicherheiten (Bürgschaft, Hypothek), aber auch nichtakzessorischer (Grundschuld, Sicherungsübereignung), da bei einer Novation die Identität des Sicherungsobjekts nicht mehr gegeben ist.
  Für im Vertrag neu eingegangene, in Wahrheit nicht schon bestandene Leistungspflichten schafft er – bei Fortbestand als Änderungsvertrag im Übrigen – eine neue Rechtsgrundlage. Vgl. zu allem: Palandt 11 ff.; Müko-BGB 33 zu § 779.
  Eine *Novation* kann aber vorliegen, wenn in der Streitbeilegung mehrere unterschiedliche Rechtsbeziehungen zu einer Gesamtregelung verknüpft werden (Müko-BGB § 779, 34).
  Im Vergleich können nicht nur die Verpflichtungen geregelt, sondern auch die *Erfüllungsgeschäfte* vorgenommen werden, wie z.B. Auflassung, Übereignung, Abtretung (Palandt § 779, 1a).
– Gegenseitiger Vertrag (§§ 320 ff. BGB) ist der Prozessvergleich nach h.M. nicht schon wegen des geforderten gegenseitigen Nachgebens, sondern nur dann, wenn er – wie in aller Regel – gegenseitige Leistungen festlegt (Palandt § 779, 1a).
  Das ist wichtig u.a. für das gesetzliche Rücktrittsrecht aus § 323 BGB.

II. Nichtigkeit, Unwirksamkeit, Anfechtung, Rücktritt, Wegfall der Geschäftsgrundlage, Aufhebung des PV

Probleme: Fortsetzung des alten Verfahrens, oder Einleitung einer neuen? Zulässigkeit der Vollstreckungsabwehrklage, § 767, der Feststellungsklage?

24.08 1. Grundsatz. Nach der ganz herrschenden Lehre von der Doppelnatur des Prozessvergleichs (PV) führt jede Nichtigkeit oder Unwirksamkeit des Prozessvertrags oder des materiell-rechtlichen Vergleichvertrags, § 779 BGB, zur Unwirksamkeit des ganzen PV, die Rechtshängigkeit ist nicht erloschen, sodass das Ursprungsverfahren fortzusetzen ist.

Behauptet daher eine Partei die anfängliche oder nachträgliche Unwirksamkeit des PV, ist auf ihren Terminsantrag das **bisherige Verfahren zur Klärung fortzuführen** (Gefahr doppelter Rechtshängigkeit) und dort auch das auf den Vergleich bereits Geleistete zurückzufordern durch Klageerweiterung bzw. Widerklage, denn der Rückforderung in einem gesonderten Verfahren fehlt das Rechtsschutzbedürfnis, weil auch diese von der noch zu beurteilenden Wirksamkeit des PV abhängt, außer das Ausgangsverfahren ist bereits rechtskräftig abgeschlossen, h. M., BGH NJW 11, 2141, str., a. A.: zulässig wegen verschiedener Streitgegenstände, so StJ 61, 77; Müko-ZPO 74 zu § 794. Für eine Vollstreckungsabwehrklage (§ 767) oder eine Feststellungsklage zur (Un-)Wirksamkeit des PV (§ 256) fehlt daher i. d. R. das Rechtsschutzbedürfnis.

Insoweit allg. M. innerhalb der Lehre von der Doppelnatur (BGHZ 142, 253; BGH NJW 11, 2141; 71, 467; Zöller 15 ff.; ThP 34 ff. zu § 794).

24.09 2. Sonderfälle. Streitig aber ist, ob ebenfalls fortsetzen oder ein neues Verfahren zu beginnen ist, wenn lediglich der materiell-rechtliche Vertrag (§ 779 BGB) *ex nunc* betroffen ist durch gesetzlichen Rücktritt (§ 323 BGB), Wegfall der Geschäftsgrundlage (§ 313 BGB) oder außergerichtlichen Aufhebungsvertrag (§ 311 BGB).

24.10 a) Nach **BGH** und **BVerwG**, sowie Teilen der Lit. bleibt der prozessuale Vertrag als Prozessbeendigungsvertrag bestehen, die Rechtshängigkeit bleibt erloschen, sodass in diesen Fällen ein **neues Verfahren** einzuleiten ist. Im Unterschied zu einem von Anfang an unwirksamen PV, bei dem die Rechtshängigkeit nie beendet worden ist, wurde hier die Rechtshängigkeit durch einen wirksamen PV beendet und die Parteien sollen es nicht in der Hand haben, durch außerhalb des beendeten Rechtsstreits erfolgte Erklärungen oder Vereinbarungen die Rechtshängigkeit nach Belieben wieder aufleben zu lassen, was mit der durch die Prozessbeendigung geschaffenen Rechtssicherheit nicht vereinbar wäre (BGHZ 16, 393; 41, 313). Da der Titel formal fortbesteht, ist Vollstreckungsabwehrklage gem. § 767 zulässig. Eine Feststellungsklage auf Feststellung der Wirksamkeit des PV ist mangels Rechtsschutzbedürfnisses unzulässig, da diese Frage im fortzusetzenden Verfahren zu klären wäre (BGHZ 16, 388; 41, 310; BGH NJW 86, 1348; BVerwG NJW 94, 2306; Musielak 24; ThP 35, 36a, 38 zu § 794). Da die Rechtshängigkeit erloschen bleibt, kann die ursprüngliche Klageforderung in einem neuen Verfahren erneut geltend gemacht werden.

24.11 b) Nach dem **BAG** und einem Teil der Lit. sollen sämtliche Unwirksamkeitsgründe, anfängliche wie nachträgliche, ebenso Rücktritt, Aufhebung und Wegfall der Geschäftsgrundlage zumindest aus prozessökonomischen Gründen gleichbehandelt werden. Es gilt dann einheitlich das oben zu **24.**08 Ausgeführte (BAG NJW 83, 2213; RoSG § 130, 58 ff.; StJ 60 ff. zu § 794).

3. Hierzu folgende Übersicht unter Berücksichtigung der Differenzierung nach **24.12** BGH:

Bei Behauptung von Mängeln, die auch die Unwirksamkeit der Prozessbeendigung bewirken (z. B. ungenügende Protokollierung, § 123 BGB, rechtzeitiger Widerspruch = Nichteintritt der aufschiebenden Bedingung, § 158 I BGB, BGHZ 88, 364):

Endurteil über
1) Urspr. Klage
2) Rückerstattung des auf PV Geleisteten

Evtl. Zwischenurteil § 303

PV unwirksam

Ausgangsverfahren

z. B. Klage auf Kaufpreis

PV

Fortsetzung
– nebst Antrag (Widerklage) auf Rückerstattung des auf den PV Geleisteten aus § 812 bzw. § 346 BGB
– aber § 767 und § 256 i.d.R. unzulässig mangels Rechtsschutzbedürfnisses wegen Möglichkeit der Fortsetzung (BGHZ 142, 255)

PV Wirksam

– Bei Behauptung von Mängeln, die aber die Prozessbeendigung unberührt lassen, nämlich
  • gesetzlicher Rücktritt
  • Wegfall der GG
  • außergerichtliche Aufhebung

– **Neues Verfahren:**
Das Ausgangsverfahren bleibt abgeschlossen. Da die RHängigkeit erloschen bleibt, kann die ursprüngliche Klageforderung wiederholt und daneben Rückerstattung des auf PV Geleisteten gefordert werden (§ 346 BGB).

– § 767 gegen PV ist möglich.

h. M.:
Endurteil als Prozessurteil sui generis (kein Zwischenurteil BGH NJW 96, 3345)
– auf Feststellung, dass der RStreit durch den PV erledigt ist (ThP § 794, 39)
– die weiteren Kosten treffen analog § 91 I den, der sich auf die Unwirksamkeit des PV berufen hat (ThP § 794, 40)
– die Ansprüche auf Rückerstattung des auf den PV geleisteten gelten nach Erlöschen der RHängigkeit durch wirksamen PV als nicht rechthängig geworden (BGH WM 85, 673; ThP § 794, 39), daher jetzt keine Abweisung und kein Ausspruch im Tenor, aber zweckmäßig ist ein klarstellender Hinweis zu Protokoll oder in den E-Gründen.

24.13 **Beispiel** zur Verdeutlichung der Prüfungsstandorte:

K hat gegen B € 20000,– als Restkaufpreis für ein Bild eingeklagt. B hat Klageabweisung beantragt wegen Begleichung infolge anderweitiger Verrechnung. Schließlich schlossen die Parteien in mündlicher Verhandlung einen Prozessvergleich, wonach K noch € 10000,– erhalten, andererseits aber an B ohne Zusatzberechnung ein bestimmtes weiteres Bild liefern sollte, was K umgehend tat. Da B trotz Fristsetzung nicht zahlte, trat K vom Vergleich zurück und macht jetzt in einem neuen Prozess den schon im alten Verfahren geforderten Restkaufpreis von € 20000,–, sowie Rückübereignung des gemäß Vergleich geleisteten Bildes geltend.
B wendet u.a. Unzulässigkeit der neuerlichen Klage ein, da allenfalls das Ausgangsverfahren fortgesetzt werden könne.

   I. Zulässigkeit
     1. Ordnungsmäßigkeit der Klageerhebung, §§ 253 II, 78 I.
     2. Örtliche und sachliche (§ 5) Zuständigkeit.
     3. Anderweite Rechtshängigkeit, § 261 III Nr. 1?
       Das hängt von der Prozessbeendigung durch den PV ab, str.:
       a) BAG (oben Rn. **24.**11): Mit dem Rücktritt ist auch die Prozessbeendigung entfallen, die Rechtshängigkeit des Ausgangsverfahrens ist wieder aufgelebt. Die neue Klage ist gem. § 261 III Nr. 1 unzulässig.
       b) BGH, h.M. (oben Rn. **24.**10): Der gesetzliche Rücktritt gem. § 323 BGB lässt den prozessualen Prozessbeendigungsvertrag unberührt, die Rechtshängigkeit des Ausgangsverfahrens bleibt erloschen. K kann also die ursprüngliche Klageforderung erneut geltend machen. Folgt man dem:
     4. Entgegenstehende Rechtskraft, § 322 I?
       Ein PV ist nicht der materiellen Rechtskraft fähig, da er keine gerichtliche Entscheidung, sondern ausschließlich ein Vertrag der Parteien ist (ThP § 322, 4; § 794, 29).
     5. Rechtsschutzbedürfnis für die Rückforderung des auf den PV geleisteten Bildes?
       a) Nach BAG u.a. (oben Rn. **24.**11) in der Konsequenz zu verneinen, da auch dafür das Ausgangsverfahren fortzusetzen sei. Nach a.A. aber zu bejahen, da die Rückforderung einen anderen Streitgegenstand habe (z.B. StJ 61, 77; Müko-ZPO 74 zu § 794).
       b) Nach BGH (oben Rn. **24.**10) problemlos zu bejahen.
  II. Zulässigkeit der obj. Klagehäufung, § 260: (+)
  III. Begründetheit
     1. § 433 II BGB: Restkaufpreis € 20000,–.
     2. §§ 323, 346 I BGB: Rückübereignung des gemäß PV geleisteten Bildes.

§ 25 Die einstweilige Verfügung (eV)

I. Grundlegendes zu Arrest und einstweiliger Verfügung, §§ 916–945

25.01 • Summarische **Erkenntnisverfahren:** Anwendbar sind daher die Vorschriften des ZPO-Erkenntnisverfahrens, soweit sich nicht aus den §§ 916–945 Besonderheiten ergeben, Zöller 3; ThP 4 vor § 916.

• Beide dienen **nur** der **Sicherung,** nicht der Erfüllung
(Ausnahme: Leistungsverfügung analog § 940).

Daher stets beachten: Bei Erlass der eV dürfen nur solche Maßnahmen angeordnet (§ 938) werden, beim Vollzug des Arrestbefehls (§ 928) nur solche vollstreckt werden, die sich auf Sicherung beschränken und hinter der Erfüllung bzw. endgültiger Regelung eines Rechtsverhältnisses (§ 940) zurückbleiben, ThP § 928, 1; § 938, 3. Durch die eV darf die Entscheidung über die Hauptsache nicht vorweggenommen werden, Zöller § 938, 3.

Beispiel: Bei eV auf Herausgabe gem. § 985 BGB darf nur Herausgabe an einen Sequester angeordnet werden, nicht an den Gläubiger, weil das bereits Erfüllung des Anspruchs wäre (diese bleibt freiwilliger Erfüllung durch den Schuldner oder dem Hauptsacheprozess vorbehalten).

- **Arrest:** Sicherung der ZwV wegen **Geldforderung, § 916.**

- **eV:** Sicherung eines **sonstigen Individualanspruchs** (§ 935), vorläufige Regelung eines **Rechtsverhältnisses** (§ 940), ausnahmsweise Erfüllung (§ 940 analog).

- Arrest und eV haben jeweils **2 Voraussetzungen,** beide sind **glaubhaft** (§ 294) zu machen (§§ 920 II, 936):

  (1) Arrest- (Verfügungs-)**Anspruch**

  Das ist der materielle Anspruch, z.B. § 433 II BGB, bzw. das Rechtsverhältnis, aus dem Ansprüche entstehen können.

  (2) Arrest- (Verfügungs-)**Grund**

  Das ist die Dringlichkeit, die einen sofortigen, vorläufigen Rechtsschutz nötig erscheinen lässt:
  Arrest: §§ 917, 918 (z.B. Verschleuderung, auffallende Belastungen durch den Schuldner, ThP § 917, 1)
  eV: §§ 935, 940 (drohende Veräußerung oder drohende wesentliche Verschlechterung einer herauszugebenden Sache; Notlage bei ausstehender Lohn- oder Gehaltszahlung: Abschlagszahlungen, ThP § 940, 9).

- Das Verfahren hat 2 Teile:
  - **Anordnung** (Erlass des Arrestbefehls, der eV). Sie erfolgt ohne mündliche Verhandlung durch Beschluss, nach solcher durch Urteil, §§ 922 I, 936.
  - **Vollziehung**
    Arrest: §§ 928 ff., also durch Zwangsvollstreckung (aber nur zur Sicherung!) gem. §§ 704 ff. (Titel ist der Arrestbefehl), Sondervorschriften dazu enthalten §§ 929 ff. ThP § 928, 1.
    eV: § 936 verweist auf §§ 928, 929. Näheres s unten III 2; ThP § 936, 7.

- **Streitgegenstand** ist das Recht auf **Sicherung,** nicht der Anspruch selbst, der daher bei Arrest und eV noch gar **nicht rechtshängig** wird (das geschieht erst im Hauptsacheprozess).

  Weiter: Entscheidungen im Arrest-(Verfügungs-)Verfahren haben zwar formelle und materielle **Rechtskraft** (h.M.), aber eben nur für ihren Streitgegenstand, also die Sicherung und nicht für den zu sichernden Anspruch selbst.

  Beispiel: Die stattgebende eV auf Herausgabe muss zwar zwangsläufig den Verfügungsanspruch selbst (z.B. § 985 BGB) mitprüfen und bejahen, die Entscheidung beschränkt sich aber auf die *Sicherung* (z.B. Herausgabe an einen Sequester), so dass über den Anspruch selbst (§ 985 BGB) nicht rechtskräftig in der eV entschieden wird: die RKraft der eV hindert daher auch keinesfalls, dass im Hauptsacheprozess der Anspruch aus § 985 BGB überhaupt verneint wird (die eV wird dann wegen veränderter Umstände gem. §§ 927, 936 auf Antrag aufgehoben und zwar durch das Gericht der Hauptsache, § 927 II).
  Also: Entscheidungen im Arrest-(Verfügungs-)Verfahren haben **keine bindende Wirkung für das Hauptsacheverfahren** (Müko-ZPO 28; ThP 2 je vor § 916).

- **Übergang in den Hauptsacheprozess** ist **unzulässig** (weder nach § 263, noch analog § 596 möglich), da der einstweilige Rechtsschutz eine völlig andere Verfahrensart ist und ein anderes Rechtsschutzziel (Sicherung) hat (h.M., ThP 3; Zöller 14 zu § 920).
  Hingegen ist *innerhalb* des einstweiligen Rechtsschutzes ein Übergang vom Arrest- in das Verfügungsverfahren und umgekehrt möglich (strittig, ob analog § 263), Zöller 3 vor § 916. Arrest und eV schließen sich gegenseitig aber grds. aus, s. sogleich.

- **Gegenseitiger Ausschluss**
  Arrest (= Geldforderung) und eV (= Individualanspruch) schließen sich für denselben Anspruch gegenseitig grds. aus (ThP 8 vor § 916).

  Sonderfall: Da aber der Arrest auch angeordnet werden kann für einen Individualanspruch (z. B. Übergabe und Übereignung einer Sache, § 433 I BGB), der in eine Geldforderung *übergehen* kann (z. B. Schadensersatz wegen Nichterfüllung dieser Übereignung, §§ 433, 281, BGB) und *sofern auch dieser Geldersatzanspruch gefährdet ist,* hat der Gläubiger die Wahl zwischen Arrest und eV und kann sogar beide nebeneinander beantragen: mit der eV die Herausgabe an einen Sequester, mit dem Arrest die Sicherung der gefährdeten Geldersatzforderung wegen Nichterfüllung (Musielak 14; Zöller 2 zu, ThP 8 vor § 916).

- **Die Entscheidung** (§§ 922, 936). Dafür, ob sie zu begründen ist, ist zu unterscheiden:

  Beschluss: Stattgebender bedarf keiner Begründung (Ausnahme § 922 I 2, 936). Ablehnender ist stets zu begründen, da beschwerdefähig gem. § 567 I Nr. 2 (Zöller 10, 13; ThP 3 zu § 922).

  Urteil: Stets zu begründen, da normales Urteilsverfahren, sodass auch § 313 I Nr. 6 gilt. (Die Einschränkung in § 922 I 2 gilt nur für die Anordnung per Beschluss.) Zöller 16; StJ 26; Müko-ZPO 24 zu § 922.

- In **Familienstreitsachen** (§ 112 FamFG) ist zwar Arrest möglich, nicht aber eV (dafür nur einstw. AO gem. §§ 49 ff. FamFG), § 119 II FamFG (s. unten Rn. **25**.08).

In der Praxis hat die eV erheblich größere Bedeutung als der Arrest. Deshalb soll auch im Folgenden die eV im Vordergrund stehen (wobei aber die Arrestvorschriften mitbehandelt werden).

II. Die 3 Arten der einstweiligen Verfügung

25.02 Das Gesetz regelt in §§ 935, 940 zwei Arten der eV, deren Abgrenzung unscharf und ohne praktische Bedeutung ist (ThP § 935, 3). Hinzu kommt als 3. Form die von der Rspr. und Lehre entwickelte sog. Leistungsverfügung, die überwiegend auf § 940 analog gestützt wird.

Sicherungs- § 935	**Regelungs-** § 940	**Leistungsverfügung** § 940 analog
Sicherung eines **Anspruchs** (nicht auf Geld)	Vorläufige Regelung eines streitigen **Rechtsverhältnisses**	Vorläufige **Befriedigung** besonders wichtiger Ansprüche
Bsp.: Auflassungsanspruch: Sicherung durch Vormerkung	Bsp.: Mieter baut unerlaubt Dachstuhl aus.	Bsp.: Ansprüche auf Lohn oder Gehalt, Lieferung von Strom, Gas. Bei Familienstreitsachen (§ 112 FamFG), insbes. Unterhalt aber nur einstw. AO gem. §§ 49 ff. FamFG (s. unten Rn. **25**.08)

Anordnung (Tenor): § 938

nur Sicherung	nur Sicherung	vorläufige, befristete, teilweise Erfüllung Bsp.: Abschlagszahlungen auf Lohn oder Gehalt

Vollziehung: §§ 936, 928, 929

1. Die Sicherungsverfügung, § 935

Sie bezweckt die Sicherung eines Anspruchs auf eine (nicht in Geld bestehende) Individualleistung.

a) Verfügungsanspruch:

Das ist hier jeder Anspruch auf eine Individualleistung, die nicht in Geld besteht und **25.03** sich nicht in eine Geldleistung umwandeln kann (Abgrenzung zum Arrest, § 916).

Beispiele: Anspruch auf Herausgabe (die Sicherungsverfügung geht z. B. auf Herausgabe an einen Sequester, § 938 II). Anspruch auf Auflassung (Sicherung durch eV auf Vormerkung §§ 883, 885 BGB). Anspruch auf Grundbuchberichtigung gem. § 894 BGB (Sicherung durch eV auf Eintragung eines Widerspruchs, § 899 BGB). Anspruch auf Einräumung einer Bauhandwerkersicherungshypothek gem. § 648 BGB (Sicherung durch eV auf Eintragung einer Vormerkung, § 883 BGB. Beachte: das Gesetz gewährt in § 648 BGB nicht sofort eine Hypothek – die dann etwa als kraft Gesetzes entstandene sogleich eingetragen werden könnte – sondern nur den *schuldrechtlichen* Anspruch darauf, so dass zur Sicherung nur die – allerdings rangwahrende, § 883 III BGB – Vormerkung bleibt, vgl. Palandt § 648, 1).
Auch bedingte und betagte (gestundete) Ansprüche (z. B. ein von Baugenehmigung abhängig gemachter Auflassungsanspruch) sind durch eV sicherbar, künftige dann, wenn derzeit bereits eine Feststellungsklage möglich wäre (Müko-ZPO § 935, 12).

Der Antragsteller muss den zu sichernden Anspruch **schlüssig** darlegen. Nach h. M. findet eine volle, nicht nur eine eingeschränkte, summarische Schlüssigkeitsprüfung statt (Zöller 7; Müko-ZPO 13 je zu § 935). Die **tatsächlichen** Voraussetzungen sind **glaubhaft** zu machen, §§ 936, 920 II.

b) Verfügungsgrund

Es müssen – aus der Sicht eines objektiven Beurteilers – Umstände die Besorgnis be-   **25.04** gründen, dass durch die bevorstehende (und durch eV abzuwendende) Veränderung des bestehenden Zustandes die Verwirklichung des Individualanspruchs vereitelt oder wesentlich erschwert werden könnte, § 935.

Beispiele:
(1) Bejahend: ASt hat einen Herausgabeanspruch, es besteht auf Grund bestimmter Umstände die Besorgnis, dass bei Weiterbenutzung eine Verschlechterung der Sache eintritt, z. B. infolge vertragswidriger übermäßiger Nutzung.
Oder: Drohende Veräußerung, Belastung, Zerstörung, Weiterverarbeitung, Beiseiteschaffung der herauszugebenden Sache. Unerheblich ist, dass/ob der Schuldner für seine übermäßige Benutzung etc. später Schadensersatz leisten muss (ThP 6, 7; Zöller 10 zu § 935).
(2) Verneinend: Kein Verfügungsgrund ist für sich allein die Verschlechterung der Vermögenslage des Schuldners (Zöller § 935, 13), denn diese vermag zwar für eine Geldforderung einen Arrestgrund zu geben, nicht aber ergibt sich daraus allein schon die Gefährdung eines sonstigen Individualanspruchs, z. B. auf (unversehrte) Herausgabe. Aber: möglicherweise bestehen fassbare Hinweise darauf, dass der Schuldner angesichts der Vermögensverschlechterung die herauszugebende Sache belastet, dann ist die drohende Belastung, nicht allein die Vermögensverschlechterung der Verfügungsgrund.

Glaubhaftmachung (§ 294) des Verfügungsgrundes ist erforderlich, §§ 936, 920 II.

Ausnahmen: § 885 I 2 BGB (Vormerkung), § 899 II 2 BGB (Widerspruch). Hier besteht nach h. M. eine widerlegliche Vermutung eines Verfügungsgrundes:
Das Gesetz geht von einer typischen Gefährdung aus durch anderweitige Verfügung des (noch) Grundstückseigentümers (daher Vormerkung) bzw. gutgläubigen Erwerb (dagegen Widerspruch), so dass die Gefährdung (der Verfügungsgrund) nicht glaubhaft gemacht werden muss. Die darin liegende gesetzliche Vermutung des Verfügungsgrundes kann allerdings durch den Antragsgegner widerlegt werden, worauf dann der Antragsteller wie sonst auch die Gefährdung darlegen und glaubhaft machen muss (Müko-ZPO § 935, 22; Erman § 885, 13).

2. Die Regelungsverfügung, § 940

25.05 An die Stelle des zu sichernden Individualanspruchs (§ 935) tritt bei § 940 das durch eV zu regelnde Rechtsverhältnis.

Strittig ist die Einordnung. Nach der wohl **h. M.** stellt § 940 einen eigenständigen Fall der eV dar, der allerdings von § 935 nur unscharf abzugrenzen ist, weil auch aus dem Rechtsverhältnis i. S. v. § 940 Ansprüche entstehen können – nach h. M. muss das sogar möglich sein. Im Unterschied zu § 935 müssen allerdings die Ansprüche noch nicht entstanden sein, es genügt, dass das Rechtsverhältnis, aus dem sie entstehen können, im Streit ist (Zöller § 940, 2; ThP § 935, 3; § 940, 2).
Nach **a. A.** ist § 940 keine eigenständige Rechtsgrundlage für eine eV, diese sei vielmehr auch hier § 935. § 940 regle lediglich in Ergänzung zu § 938 den zulässigen *Inhalt* einer eV (Müko-ZPO § 940, 1).

Voraussetzungen:

a) Verfügungsanspruch: streitiges Rechtsverhältnis

25.06 **Rechtsverhältnis.** Der Begriff entspricht demjenigen in § 256 und ist daher weit auszulegen: er umfasst nicht nur schuld-, sachen-, erbrechtliche und gesellschaftsrechtliche Rechtsverhältnisse, sondern auch sämtliche absoluten Rechte (Eigentum, Besitz, Persönlichkeitsrecht etc.) und rechtlich geschützten Güter (z. B. Ehre) (ThP 2; Müko-ZPO 5; StJ 4 zu § 940).

Streitig ist das Rechtsverhältnis, wenn beide Seiten gegensätzliche Positionen darauf stützen oder es bereits verletzt worden ist (ThP 3; Zöller 2 zu § 940).

Nicht erforderlich ist, dass aus dem Rechtsverhältnis (z. B. Miteigentum) bereits bestimmte Ansprüche entstanden sind, jedoch müssen daraus **Ansprüche** für den Antragsteller **entstehen können,** andernfalls eine eV abzulehnen ist (StJ 2; Müko-ZPO 5; ThP 2 zu § 940).

Denn Aufgabe der eV nach § 940 ist es insbes., den status quo des Rechtsverhältnisses zu erhalten, damit der Antragsteller die daraus resultierenden primären Rechte (z. B. sein Eigentum bei unbefugter Veräußerung durch Miteigentümer) nicht verliert und nicht auf Sekundäransprüche (z. B. Schadensersatz) nach vollzogener, irreparabler Änderung des Rechtsverhältnisses beschränkt ist (Müko-ZPO § 940, 3).

Beispiele: Der Miteigentümer A will gegen den Willen der anderen heimlich den gemeinsamen Lkw veräußern (möglich gem. § 938: eV auf strafbewehrte Unterlassung, § 890). Der Mieter will unerlaubt den Dachstuhl ausbauen (eV wie soeben). Einer der Miterben einer ungeteilten Miterbengemeinschaft will einen zum Nachlass gehörenden Pkw, den die Erbengemeinschaft für das Wochenende zum Verkauf inseriert hat, gegen den Willen der anderen für eine 3-wöchige Urlaubsfahrt an sich nehmen (eV wie soeben).
Wichtig sind (einstweilige!) Regelungen bei **Miet- und Pachtverhältnissen.** Das Gericht kann z. B. die gemeinsame Benutzung von Räumen (Waschraum) oder Belästigungen durch geräuschvolle Tätigkeiten der Nachbarn regeln (z. B. Klavierspielen nur während bestimmter Tageszeiten), StJ § 938, 12. Weiter: Gebot der Zufuhr von Wasser, Strom, Heizung nach Sperrung wegen Zahlungsrückstands. Häufig sind eV gem. § 940 bei vereins- und **gesellschaftsrechtlichen** Rechtsverhältnissen:
Zulässig sind z. B.: Verbot des Betretens von Geschäftsräumen; der Einsichtnahme in Geschäftsbücher; Untersagung der Abhaltung einer Gesellschafterversammlung oder der Vollziehung eines gefassten Beschlusses (Zöller § 940, 8 „Gesellschaftsrecht").
Weiter: Entziehung der Geschäftsführungs- und Vertretungsbefugnis (§§ 117, 125 HGB), dies nach h. M. jedoch nur, wenn im Hauptverfahren die gänzliche Ausschließung dieses Gesellschafters betrieben wird oder werden soll. Grund: die eV dürfe nicht schon eine Gestaltungswirkung vorwegnehmen, die erst dem Hauptprozess vorbehalten ist (BGHZ 33, 105; StJ § 938, 7; Schönke-Baur Bd. I 53.21).

Unzulässig sind daher: die einstweilige Ausschließung aus der Gesellschaft; die Eintragung der Auflösung einer OHG; die Löschung einer im Handelsregister eingetragenen Firma; das Gebot, in der Gesellschafterversammlung in bestimmter Weise zu beschließen (Schönke-Baur Bd. I 53.21).

Schlüssig vorgetragen und **glaubhaft** (§§ 936, 920 II) gemacht werden müssen die Tatsachen, aus denen sich das Rechtsverhältnis und der mögliche Anspruch ergeben. Geht es um die Abwehr von Störungen, umfasst die Schlüssigkeitsprüfung auch die Frage der Rechtswidrigkeit/Rechtmäßigkeit der Störung (Zöller 3, StJ 3 zu § 940).

b) Verfügungsgrund: „nötig"

Die einstweilige Regelung muss notwendig sein, das Gesetz nennt Beispiele („insbesondere"): Abwendung wesentlicher Nachteile, drohende Gewalt oder andere Gründe.   **25.07**

Beispiele: Einstellung eines Baues (z. B. Grundstücksnachbar baut über die Grenze; Mieter oder Pächter baut ohne Erlaubnis aus). Ausübung einer Dienstbarkeit (z. B. bei Wegegrunddienstbarkeit: einstweiliges Verbot, das dienende Grundstück mit Lkw zu überfahren). Ausübung eines Vermieterpfandrechts (z. B. Verbot an Vermieter, den sichergestellten Pkw des Mieters zu Geschäftsfahrten zu benutzen), StJ § 940, 11.

Auszugehen ist vom Interesse des Gläubigers aus objektiver Sicht. Jedoch fordert der **Verhältnismäßigkeitsgrundsatz** (er gilt also schon beim „ob" der eV, nicht nur beim „wie" i. S. v. § 938!) eine Interessenabwägung: eine einstweilige (nur darum geht es!) Regelung ist **vor** der umfassenden Klärung im Hauptsacheprozess nur dann gerechtfertigt, wenn der Vorteil für den Gläubiger nicht außer Verhältnis zum Nachteil des Schuldners steht, „nötig" ist sie nur dann, wenn sie nicht ihrerseits gewichtige Interessen des Schuldners verletzt (ThP 5; Zöller 4 zu § 940).

Dabei spielt der **Zeitfaktor** eine erhebliche Rolle: die Dringlichkeit fehlt, wenn der Antragsteller in Kenntnis der Umstände untätig bleibt und die eV erst nach längerer Zeit beantragt (dann kann ihm zugemutet werden, auch noch den Hauptsacheprozess abzuwarten). Diese sog. **Selbstwiderlegung** der Dringlichkeit ist zwar für den Wettbewerbsprozess entwickelt worden, kann aber heute allgemein gelten (StJ 7; Müko-ZPO 10 zu § 940. Beispiele: ThP § 940, 5).

3. Die Leistungsverfügung (§ 940 analog)

Über die bloße Sicherung eines Anspruchs (§ 935) und die vorläufige Regelung eines Rechtsverhältnisses (§ 940) hinaus lassen Rspr. und h. M. eine teilweise **Erfüllung** im Wege der eV bei Dringlichkeit zu, sog. Leistungsverfügung.   **25.08**

Hauptfälle: eV auf Zahlung einer **Geldsumme,** insbes. von Lohn und Gehalt; Unterlassungsgebot aus Gesetz oder Vertrag insbes. in Wettbewerbssachen; presserechtliche Gegendarstellung; Herausgabe von Sachen nach verbotener Eigenmacht.
Rechtsgrundlage ist nach überwiegender Auffassung § 940 (Unterfall der Regelungsverfügung oder Analogie), nach a. A. handelt es sich um eine dritte, durch richterliche Rechtsfortbildung gebildete Art der eV (vgl. StJ 31 vor § 935; Zöller § 940, 1; Baur-Stürner Bd. I 53.23 je m. w. N.). Mit Zöller a. a. O. kann die strittige Einordnung im Hinblick auf die heute allgemeine Anerkennung dahinstehen.

Beachte: Sonderregelung nach FamFG

Ihren Ausgangspunkt hatte die Leistungsverfügung zwar bei Geldforderungen wegen dringenden Unterhaltsbedarfs genommen, jedoch gilt nunmehr das FamFG.
In Familienstreitsachen (§ 112 FamFG: Unterhalts- und Güterrechtssachen, sowie sonstige Familiensachen i. S. v. § 266 FamFG, z. B. Gesamtschuldnerausgleich unter Ehegatten, Keidel, FamFG § 266, 14) ist eine eV nach §§ 935, 940 ZPO ausgeschlossen und ersetzt durch die einstweilige Anordnung

nach §§ 49ff., 246ff. FamFG. Denn § 119 II FamFG ermöglicht nur den Erlass eines Arrestes nach §§ 916ff. ZPO, verweist aber ausdrücklich nicht auf §§ 935–942 ZPO, womit die Anwendbarkeit der eV in Familienstreitsachen ausgeschlossen ist (ThP 1; Keidel 7 zu § 119 FamFG; BT-Drucks. 16/6308, S. 226).
Wird also z. B. einstweiliger Rechtsschutz beansprucht für Kindes-, Verwandten-, Trennungs-, Scheidungsunterhalt etc. (§ 231 FamFG), so liegt nach § 112 Nr. 1 FamFG eine Familienstreitsache vor, für die wegen § 119 II FamFG nur eine einstweilige Anordnung nach §§ 49ff., 246ff. FamFG möglich ist.

Voraussetzungen der Leistungsverfügung analog § 940:

Die auf Erfüllung gerichtete Leistungsverfügung setzt wie sonst auch Verfügungsanspruch und Verfügungsgrund nach Maßgabe der §§ 935, 940 voraus, die **zusätzliche** Besonderheit besteht darin, dass **Erfüllung** gewährt wird, was zu besonders strengen Anforderungen an den Nachweis von Verfügungsanspruch und Verfügungsgrund führt, da oft irreparable Verhältnisse geschaffen werden (ThP § 940, 6; Müko-ZPO § 935, 15; § 938, 20).

a) Verfügungsanspruch

25.09 Das ist der Anspruch i. S. v. § 935 bzw. das streitige Rechtsverhältnis i. S. v. § 940 (z. B. Arbeitsverhältnis). Das Gericht muss eine streng am materiellen Recht orientierte Schlüssigkeitsprüfung vornehmen. Besteht hiernach der Anspruch nicht, darf die eV nicht ergehen, auch wenn die übrigen Voraussetzungen, wie Notlage beim Antragsteller, bestehen (StJ 36 vor § 935).

b) Verfügungsgrund

25.10 Dringlichkeit: der Gläubiger ist auf sofortige Erfüllung dringend angewiesen (Zöller § 940, 6).

Der Antragsteller muss glaubhaft machen (§§ 936, 920 II), dass ohne die beantragte einstweilige Zahlung von Lohn oder Gehalt eine **Notlage** besteht, nämlich sein Lebensunterhalt gefährdet ist oder die geschuldete Handlung so kurzfristig zu erbringen ist, dass die Erwirkung eines Titels im ordentlichen Verfahren nicht möglich ist (z. B. bei Ankündigung von Erfüllungsverweigerung bei einem Fixgeschäft kurz vor der Leistungszeit, Zöller a. a. O.).

Beispiele:

(1) eV auf Zahlung einer **Geldsumme**

Bei Ansprüchen auf **Lohn** oder **Gehalt** können per eV Abschlagszahlungen zugesprochen werden, die jedoch erstens **zeitlich** begrenzt (allg. M., arg. § 926; h. M.: 6 Monate; strittig, ob mit Eingang des Antrags oder ab Entscheidung, ThP § 940, 9) und zweitens der **Höhe** nach begrenzt sein müssen, da es ja nur um die Behebung der momentanen Notlage geht (also z. B. in Höhe des notwendigen Unterhalts).
Erhält der Antragsteller bereits öffentliche Sozialleistungen, fehlt es i. d. R. am Verfügungsgrund, müsste er diese erst einklagen, darf er aber nicht darauf verwiesen werden (Zöller § 940, 6).

(2) eV auf **Herausgabe** einer Sache. Zu unterscheiden sind:

(a) §§ 858ff. BGB: Soweit **verbotene Eigenmacht** vorausgegangen ist, können alle Besitzschutzansprüche (Herausgabe, Beseitigung, Unterlassung, §§ 861, 862 BGB) auch ohne Notlage durch Leistungsverfügung auf Erfüllung geltend gemacht werden, der frühere Besitzer kann also Herausgabe an sich selbst verlangen (nicht nur, wie i. F. § 935, an einen Sequester).
Der Grund liegt darin, dass das Gesetz in § 863 BGB erkennen lässt, dass es die Befriedigung der Besitzschutzansprüche für besonders eilbedürftig hält, StJ 44 vor § 935.

(b) §§ 985, 1007, 812, 667 BGB: hier gilt § 863 BGB nicht, so dass diese Ansprüche nicht durch Leistungsverfügung (Herausgabe an Gläubiger) geltend gemacht werden können, außer der Gläubiger ist auf die Sache zur Gewinnung seines Lebensunterhalts dringend angewiesen z. B. bei Arbeitsgeräten oder bei Arbeitspapieren, die der Arbeitgeber zu Unrecht zurückhält (StJ 45 vor § 935).

(3) eV auf **Weiterbeschäftigung** des gekündigten Arbeitnehmers für die Dauer des Kündigungsschutzprozesses.

Nach h. M. Leistungsverfügung, nach a. A. Regelungsverfügung. Vollziehung (Vollstreckung): §§ 936, 888 I (Zöller § 940, 8 „Arbeitsrecht"; ThP § 940, 4). Hier geht es um die **Entgegennahme** der Dienste, so dass § 888 II nicht einschlägig ist.

(4) eV auf **Unterlassung**

Bedeutsam in der Praxis insbes. in Wettbewerbssachen und im Bereich des Persönlichkeitsschutzes (z. B. Verbot der Verbreitung ehrenrühriger Behauptungen).

StJ 48; Müko-ZPO § 938, 34 ff.; ThP § 940, 14. Solche Unterlassungsansprüche können sich z. B. ergeben aus Vertrag, aus §§ 12, 823, 824, 862, 1004 BGB.

Die Leistungsverfügung **unterliegt voll den Bestimmungen der §§ 935 ff.** Der Hauptsacheprozess wird also nicht ersetzt. Auch nach rechtskräftiger Leistungsverfügung kann die Hauptsacheklage erhoben werden, denn das Rechtsschutzbedürfnis besteht darin, dass der Gläubiger nicht nur eine vollstreckbare, sondern auch eine die Leistungspflicht rechtskräftig feststellende Entscheidung beanspruchen kann. Gegen eine doppelte Vollstreckung ist der Schuldner durch § 775 Nr. 4, 5 geschützt (Zöller § 940, 7).

Unterschiede zur Sicherungs- und Regelungsverfügung sind (außer der Rechtsfolge Erfüllung):

– Vollziehung (§ 936): da die Leistungsverfügung auf Erfüllung abzielt, sind alle auf sie gerichteten ZwV-Maßnahmen (§§ 803 ff.) zulässig.
– § 767: Gegen eine Leistungsverfügung kann mit Klage aus § 767 vorgegangen werden, die Möglichkeit des Widerspruchs schließt sie aber aus (Zöller § 940, 7; § 927, 15).

III. Die Anordnung und die Vollziehung der einstweiligen Verfügung

1. Ein Beispiel

V hat an K aus München einen neuen Pkw für € 30 000,– unter Eigentumsvorbehalt verkauft, ist aber wegen Zahlungsverzugs des K vom Kaufvertrag zurückgetreten und hat K ergebnislos zur sofortigen Rückgabe des Pkw aufgefordert. Da V über A, einen anderen Kunden und Arbeitskollegen des K in Erfahrung gebracht hat, dass K den Pkw weiterhin auf Fahrten zur Arbeit benutzt und in 2 Tagen damit zu einer längeren Urlaubsreise starten will, außerdem der Pkw bereits einen Blechschaden aufweist, beantragt er beim LG München I unter Vortrag des obigen Sachverhalts und Beifügung der Kaufvertragsurkunde, des Mahn- und Rücktrittsschreibens, sowie einer eidesstattlichen Versicherung des A den Erlass einer einstweiligen Verfügung gegen K auf Herausgabe gem. § 935.

a) Die **Voraussetzungen**

Die eV gem. § 935 kann angeordnet werden, wenn der Antrag zulässig und begrün- **25.11** det ist, also Verfügungsanspruch und Verfügungsgrund glaubhaft gemacht sind (ThP § 935, 1, 4).

(I) Zulässigkeit:

(1) Antrag (auch ohne RA, §§ 936, 920 III, 78 III HS 2, aber nur für das Gesuch selbst, ThP § 78, 14; § 920, 1).

(2) Zuständiges Gericht: § 937 (das der Hauptsache; hier: LG München I), Sonderfall: § 942.
   Beachte: anders beim Arrest, § 919: „sowohl ..."

(3) Vorliegen der allgemeinen Prozessvoraussetzungen.

(4) Behauptung eines durch eV sicherbaren Anspruchs (ThP § 935, 1. Arrest und eV schließen sich gegenseitig aus, ThP 8 vor § 916). Beachte: Schlüssigkeit und Glaubhaftmachung sind Fragen der Begründetheit.

(II) Begründetheit

(1) **Verfügungsanspruch** i. S. v. § 935

Der Individualanspruch folgt aus § 985 BGB und ist **schlüssig** vorgetragen, die Tatsachen sind durch Beifügung der Urkunden **glaubhaft** gemacht (§§ 936, 920 II, 294).

Beachte: da V angesichts vorangegangener Veräußerung an K zwingend auf die *rechtsvernichtende* Einwendung aus §§ 449 II, 986 BGB (BGHZ 82, 18; Palandt § 986, 1; § 449, 26) zu sprechen kommen muss, hat er zur Erhaltung der Schlüssigkeit den *rechtserhaltenden* Umstand schlüssig vorzutragen, dass die Einwendung aus § 986 BGB infolge wirksamen Rücktritts nicht mehr besteht.

(2) **Verfügungsgrund** i. S. v. § 935

V hat die Weiterbenutzung des Pkw durch K und die damit verbundene Gefahr der Verschlechterung, sowie einen unbehobenen Blechschaden (der zur Durchrostung, also weiterer Verschlechterung führen kann) vorgetragen und die **Tatsachen** (Weiterbenutzung, unreparierter Blechschaden) mittels eidesstattlicher Versicherung des A glaubhaft gemacht (§§ 936, 920 II, 294).

b) Die Entscheidung

25.12 Die Voraussetzungen für den Erlass der eV gem. § 935 liegen vor. Bei Stattgabe (so hier) darf die Entscheidung – anders als beim Arrest (§ 922 I) – gem. **§ 937 II** grundsätzlich nur nach mündlicher Verhandlung (dann durch Urteil) ergehen, **ohne mündliche** Verhandlung (dann durch Beschluss) **nur ausnahmsweise** bei besonderer Dringlichkeit (ThP 2; Zöller 2 § 937).

Dringlichkeit i. S. v. § 937 II liegt nicht schon im Verfügungsgrund (hier: Verschlechterungsgefahr), sondern entweder darin, dass selbst eine innerhalb kürzester Frist anberaumte mündliche Verhandlung nicht abgewartet werden kann (so hier: bis zur Abreise kann K nicht mit verlässlicher Sicherheit geladen werden), oder wenn der Zweck der eV eine Überraschung des Gegners erfordert, z. B. bei Gefahr der Vereitelung durch Beiseiteschaffen (Zöller § 937, 2).

Die besondere Dringlichkeit i. S. v. § 937 II ist glaubhaft (§ 294) zu machen (Müko-ZPO § 937, 6), dem V mittels eidesstattlicher Versicherung des A genügt hat.

Es ergeht hier also gem. § 937 II ohne mündliche Verhandlung ein die eV anordnender **Beschluss,** der – anders als das stattgebende Urteil oder die ablehnende Entscheidung – **keiner Begründung bedarf,** §§ 936, 922 I (der Sonderfall, dass die eV im Ausland zu realisieren ist, liegt nicht vor). Zur Differenzierung bei der Begründungspflicht s. oben Rn. **25.01.**

BESCHLUSS

In Sachen V (Antragsteller) gegen K (Antragsgegner), Adressen, Prozessbevollmächtigte, erkennendes Gericht ………… wird im Wege einstweiliger Verfügung – wegen Dringlichkeit ohne mündliche Verhandlung – angeordnet:

 I. Der Antragsgegner hat den Pkw (genaue, vollstreckbare Bezeichnung) zwecks Sicherung des Anspruchs des Antragstellers auf Rückgabe an einen vom Antragsteller zu beauftragenden Gerichtsvollzieher herauszugeben *(= § 938).*
 Im Übrigen wird der Verfügungsantrag zurückgewiesen.
 II. Der Antragsgegner hat die Kosten des Verfahrens zu tragen *(= § 92 II).*
 III. Der Streitwert wird auf € 10 000,– festgesetzt *(= § 53 I Nr. 1 GKG, § 3 ZPO).*

Anmerkungen:

Zu I: Das Gericht entscheidet gem. **§ 938** nach **freiem Ermessen** über die geeigneten Maßnahmen. Insoweit bestehen jedoch folgende **Grenzen** (ThP 1 ff.; Zöller 2–4 zu § 938):

(a) § 308 I (innerhalb des Antrags). § 938 hebt den Grundsatz der Antragsbindung (§ 308 I) nicht auf, lockert ihn aber: der Antragsteller muss überhaupt keinen präzisen Antrag stellen (Ausnahme: Unterlassungsverfügung erfordert genaue Angabe des erstrebten Verbots, Zöller § 938, 2), es genügt, dass er sein Rechtsschutzziel angibt. Stellt er aber – wie üblich und zweckmäßig – einen bestimmten Antrag, darf das Gericht gem. § 308 I die Grenzen dieses Antrags nicht überschreiten, wohl aber unterschreiten – so hier: Herausgabe nicht, wie gefordert, an V direkt, sondern nur an einen mit der Verwahrung zu beauftragenden Dritten (Müko-ZPO 6; ThP 2 zu § 938). Daher Zurückweisung „im Übrigen".

(b) **Keine Vorwegnahme der Entscheidung zur Hauptsache.**
Im Verhältnis zum Hauptsacheanspruch (hier: § 985 BGB) muss die Maßnahme stets ein **minus** und ein **aliud** sein (hier: Herausgabe nur an Dritten und nur zur Sicherung/Verwahrung, also nicht zum uneingeschränkten Gebrauch wie i. F. § 985 BGB), Zöller § 938, 3.
Die Maßnahme muss sich auf Sicherung beschränken und darf (außer bei Leistungsverfügung) nicht zur Befriedigung des Gläubigers führen, auch keine endgültige Vollziehung enthalten (wie z.B. Abgabe einer endgültigen Willenserklärung; Löschung im Grundbuch), ThP 4; Zöller 3 zu § 938.

(c) **Verhältnismäßigkeitsgrundsatz.**
Die Maßnahme muss zur Erreichung des Zwecks erforderlich, andererseits aber auch genügend sein: „nötig" ist nur das **mildeste Mittel** (ThP 7; StJ 17; Zöller 4 zu § 938).

(d) Die Maßnahmen müssen grds. einen **vollstreckungsfähigen Inhalt** haben (ThP 5; StJ 20; Zöller 4 zu § 938).

Zu II: Auch im Arrest- und Verfügungsverfahren gelten die §§ 91 ff. (ThP 4; StJ 12 ff. zu § 922; BL § 91, 73 ff.). Gibt das Gericht einem Antrag auf eV nur teilweise statt, wird man i. d. R § 92 II Nr. 1 anwenden können, da die Fassung ohnehin gem. § 938 im Ermessen des Gerichts steht und die abweichende Fassung nicht stets auch ein beachtliches Weniger gegenüber dem Antrag darstellen wird, so BL § 92, 6 „Arrest".
Hinweis: Möglich ist auch im Arrest- und Verfügungsverfahren die **Erledigung der Hauptsache,** hier gelten für einseitige wie übereinstimmende Erledigungserklärungen die gleichen Regeln wie für die Klage (Zöller § 922, 4).

Vorläufige Vollstreckbarkeit: Ein Ausspruch darüber unterbleibt, weil Arrest und eV schon kraft Gesetzes vorläufig vollstreckbar sind, arg. §§ 929, 936 (Zöller § 929, 1; ThP § 922, 4).

Zu Ziff. III: Streitwertfestsetzung im Tenor ist bei Entscheidung durch Beschluss (nicht: per Urteil) zweckmäßig. Höhe: § 53 I Nr. 1 GKG, § 3 ZPO, i. d. R. $\frac{1}{3}$ der zu sichernden Forderung (ThP § 3, 52). Bei Leistungsverfügung kann aber der Wert der Hauptsache erreicht werden (ThP § 936, 16).

c) Bei der **Zustellung** der eV/des Arrestes ist zu unterscheiden: *Zunächst* wird der anordnende Beschluss nur dem Antragsteller (Gläubiger) zugestellt und zwar von Amts wegen gem. § 329 II 2 wegen der vom Gläubiger zu wahrenden Frist gemäß § 929 II. *Sodann* muss der Gläubiger den Beschluss dem Schuldner zustellen lassen (§§ 922 II, 936) und zwar im Parteibetrieb (§§ 192–194). Diese letztere Zustellung ist *Wirksamkeitsvoraussetzung* für die eV/den Arrestbefehl (Musielak § 922, 9): Enthält etwa eine eV ein Verfügungsverbot, z.B. ein Veräußerungsverbot, wird die eV erst mit dieser Parteizustellung des Gläubigers an den Schuldner wirksam und erst damit entsteht das Verfügungsverbot (BayObLG NJW-RR 2004, 736). **25.13**

d) Die **Vollziehung** der eV **25.14**
Sie erfolgt nach §§ 936, 928, 883 dadurch, dass der von V beauftragte Gerichtsvollzieher den Pkw dem K wegnimmt und zwar innerhalb der Vollziehungsfrist von 1 Monat, § 929 II (§ 936). Näheres zur „Vollziehung" sogleich unter 2.

2. Die „Vollziehung" der eV, §§ 928, 929, 936

Der Begriff der „Vollziehung" ist nach h. M. in § 928 (§ 936) und § 929 (§ 936) in einem unterschiedlichen Sinn zu verstehen, nämlich in § 928 grundsätzlich als Vollziehung durch Zwangsvollstreckung von eV/Arrest und in § 929 als Vollziehung im Sinne der Fristwahrung gem. § 929 II, III, wobei dort bedeutsam ist, welcher *Teil* der gesamten Vollziehung (Zwangsvollstreckung) schon genügt aber auch nötig ist, um die bedeutsame Frist zu wahren, Zöller § 928, 2.

25.15 **a) „Vollziehung" als Gesamtdurchführung im Wege der Zwangsvollstreckung, § 928 (§ 936):** Die Vorschriften über die ZwV sind nur „entsprechend" anzuwenden, da eV/Arrest nur zur Sicherung, nicht auch zur Befriedigung führen dürfen (BGHZ 120, 77). In einzelnen Details unterscheiden sich Vollziehung von Arrest und eV (dazu Zöller § 928, 4 ff.; 8).

Beispiele: Je nach dem Inhalt der eV (§ 938) sind etwa anzuwenden:

(1) eV betreffend Gebot, Verbot, Unterlassen: §§ 887, 888, 890.

(2) eV betreffend Eintragung einer Vormerkung, eines Widerspruchs (§§ 885, 899 BGB): Eintragungsantrag des Gläubigers (§ 13 I GBO) bzw. Ersuchen des Gerichts, das die eV erlassen hat an das Grundbuchamt gem. § 941 ZPO, § 38 GBO. Die eV ersetzt die sonst gem. § 19 GBO nötige Bewilligung des Betroffenen.

(3) eV betreffend Herausgabe (so im Beispiel zu 1): die Vollziehung erfolgt nach §§ 936, 928, 883 dadurch, dass der von V beauftragte Gerichtsvollzieher nach Zustellung der eV den Pkw dem K wegnimmt. Die Zustellung der eV ist sowohl Wirksamkeitsvoraussetzung gem. § 922 II (§ 936) bei Beschlussverfügung wie im Beispiel zu 1, als auch Vollstreckungsvoraussetzung gem. §§ 750 I, 928, 936 (BGHZ 120, 79; ThP § 750, 1 mit 15 vor § 704). § 929 III erlaubt als Ausnahme lediglich die *Nachholung* der Zustellung binnen Wochenfrist. Die Zustellung ist schließlich nötig zur Wahrung der Vollziehungsfrist gem. § 929 II (dazu sogleich unter b).

b) „Vollziehung" zur Wahrung der Vollziehungsfrist nach § 929 II, III

25.16 Beachte allgemein: Für den Vollzug von Arrest und eV gilt die **Monatsfrist** gem. §§ 929 II, 936 ab der Verkündung, sonst ab der Amtszustellung oder Aushändigung auf der Geschäftsstelle (§ 173) an den *Antragsteller.* **Nach Fristablauf darf** aus dem Arrestbefehl nicht mehr vollstreckt (§ 928), die eV **nicht mehr vollzogen** (§§ 936, 929, 928) werden, sofern die Vollstreckungsmaßnahme nicht schon vor Fristablauf beantragt wurde. Eine Vollzugsmaßnahme, die erst nach Fristablauf eingeleitet wird, muss gem. § 766 auf Erinnerung aufgehoben werden (allg. M., Zöller § 929, 22), der Titel (Arrest/eV) auf Widerspruch oder gem. §§ 927, 936 auf Antrag aufgehoben werden (ThP § 929, 5). Nach BGHZ 112, 356 ist die Vollstreckungsmaßnahme sogar unwirksam, es entsteht z.B. kein Arrestpfandrecht (§§ 930 I, 804).

Strittig ist, welche Teile der gesamten Vollstreckung bereits erfüllt sein müssen, damit die Vollziehungsfrist gewahrt ist. Nicht gefordert wird, dass innerhalb der Monatsfrist die *gesamte* Vollstreckung durchgeführt ist.

Nach h.M. muss zur Fristwahrung in aller Regel eine **Zustellung der eV im Parteibetrieb** (§§ 191 ff.) erfolgen und zwar sowohl bei einer durch Beschluss wie einer durch Urteil ergangenen eV. Dass es gerade eine *Partei*zustellung sein muss (und eine Amtszustellung i.d.R. nicht genügt), beruht darauf, dass der Gläubiger seinen Vollziehungswillen und damit seine Bereitschaft bekunden muss zur Übernahme des Haftungsrisikos gem. § 945 (BGHZ 120, 73, 79 f.; ThP § 936, 7; § 929, 7; Zöller § 929, 12).

In Ausnahmefällen kann eine Amtszustellung genügen verbunden mit dem erkennbaren Willen des Gläubigers, von der eV Gebrauch zu machen (dazu ThP § 936, 8; Zöller § 929, 12).

Strittig ist, ob zur Wahrung der Vollziehungsfrist außer der Parteizustellung auch noch der *Beginn* der Vollstreckung erfolgt sein muss, was die wohl h.M. verneint (ThP § 936, 7). Für Eintragungen ins Grundbuch (Vormerkung, Widerspruch) genügt der Eingang des Eintragungsantrags beim Grundbuchamt, §§ 932 III, 936.

Beispiel (nach BGH WM 99, 1577): Bauunternehmer K hat wegen seiner Werklohnforderung gegen B am 1. 2. eine Vormerkung gem. § 648 BGB per eV erlangt, an ihn am gleichen Tage zugestellt. Die Vollziehungsfrist gem. § 929 II läuft daher vom 2. 2.–1. 3.

Am 3. 2. geht beim Grundbuchamt der Antrag des K auf Eintragung der Vormerkung ein, die am 10. 2. erfolgt.
Erst am 20. 2. lässt K die eV dem B zustellen (§ 929 III 2 ?!).
Die Vormerkung bleibt weiterhin im Grundbuch eingetragen, da B keine Rechtsbehelfe dagegen ergreift (§ 766; GBO § 22; BGB § 894).
Am 1. 4. erhebt K Klage gegen B aus § 648 BGB auf Bewilligung einer Sicherungshypothek gemäß § 1184 BGB (da erst diese ihm die beabsichtigte Zwangsvollstreckung ermöglicht) und zwar mit dem Rang der Vormerkung vom 10. 2. (§ 879 BGB, ThP § 867, 9). Nach Eintragung der Vormerkung sind mehrere Grundpfandrechte eingetragen worden, die den Wert des Grundstücks völlig ausschöpfen.
Begründetheit der Klage?

Die Klage ist u. a. nur dann begründet, wenn die Vormerkung (noch) wirksam besteht, da sie nur dann gem. § 879 BGB den Rang wahren kann, den K laut Klageantrag begehrt. Dies aber ist wegen Missachtung der Vollziehungsfrist gem. § 929 III 2 zu verneinen:

Zwar wirkt der Antrag auf Eintragung der Vormerkung gem. § 932 III (§ 936) als fristwahrende „Vollziehung" i. S. v. § 929 II, III. Da die „Vollziehung" eine Zwangsvollstreckung ist (§§ 928, 936), müsste an sich gem. § 750 *zuvor* die Zustellung der eV an B erfolgt sein. In Ausnahme zu § 750 lässt § 929 III schon vor solcher Zustellung die „Vollziehung" von Arrest/eV zu, um dem Gläubiger einen überraschenden Zugriff zu ermöglichen. Dieser Vorgriff ist gem. **§ 929 III 2** allerdings nur wirksam, wenn die Zustellung innerhalb **1 Woche** nach der Vollziehung **nachgeholt** wird (also in der Zeit vom 4. 2. bis 10. 2.) und *vor* Ablauf der grundsätzlichen Vollziehungsfrist gem. § 929 II (die hier von 2. 2.–1. 3. läuft).

Da hier die Zustellung der eV erst am 20. 2. erfolgte, ist die Wochenfrist gemäß § 929 III 2 versäumt, was zur Folge hat, dass die durchgeführte Vollstreckungsmaßnahme, hier die Eintragung der Vormerkung, unwirksam ist. Denn die Versäumung der Frist aus § 929 II und/oder derjenigen aus § 929 III 2 führt zur Unwirksamkeit der Vollstreckungsmaßnahme, so dass diese keine materiellrechtlichen Wirkungen entfalten kann (BGH WM 99, 1577; BGHZ 112, 356; ThP § 929, 7).

Die Vormerkung ist also nicht wirksam (geworden bzw.) geblieben, so dass sie auch keinen Rang für die von K beantragte Sicherungshypothek wahren kann. Da K im Hinblick auf die nachfolgend eingetragenen Grundpfandrechte gerade diesen Rang will und dieser Teil seines Antrags ist, muss die Klage als unbegründet abgewiesen werden (so BGH WM 99, 1577). Hilfsanträge bzgl. schlechterer Rangstelle hat K nicht gestellt.

Ohne Einfluss ist, dass die Vormerkung weiterhin eingetragen blieb: sie ist materiellrechtlich unwirksam, das Grundbuch unrichtig i. S. v. § 894 BGB.
Weiterer Hinweis: das Grundbuchamt beachtet zwar, aber ermittelt nicht die Versäumung der Nachholungsfrist gem. § 929 III 2, so dass das Bestehenbleiben der Eintragung nicht gesetzwidrig ist und folglich weder Amtslöschung noch Amtswiderspruch gem. § 53 GBO erfolgen können (ThP § 929, 2; § 932, 4).
Weiter: Vor Ablauf der gesamten Vollziehungsfrist 2. 2.–1. 3. (§ 929 II) hätte daher K die eV *erneut* vollziehen können und müssen durch neuen Antrag auf Eintragung der Vormerkung: die eV selbst ist durch die Versäumung der Wochenfrist gem. § 929 III 2 nicht unwirksam geworden, nur die darauf gestützte Vollstreckungsmaßnahme, und solange die Vollziehungsfrist des § 929 II läuft, kann die Vollziehung wiederholt werden (ThP 7; Zöller 25 zu § 929).

3. Die eV mit Verfügungsverbot, Vormerkung

25.17 **Beispiel 1:** V hat an K einen Pkw verkauft, den K in 1 Woche gegen Bezahlung abholen und zu Eigentum erhalten soll. K erfährt zuvor, dass V zu günstigerem Preis an X verkaufen will und beantragt ein Verfügungsverbot im Wege eV gem. § 935. Bei entsprechender Glaubhaftmachung von Verfügungsanspruch (§ 433 BGB), Verfügungsgrund (Vereitelung) und besonderer Dringlichkeit (§ 937 II) ergeht z. B. Beschluss:

EINSTWEILIGE VERFÜGUNG

    I. Zur Sicherung des Anspruchs des Antragstellers auf Übertragung des Eigentums am Pkw … (Marke, Kennzeichen, Fahrgestell-Nr.) wird dem Antragsgegner − (bei entsprechendem, schon jetzt möglichen Antrag gem. §§ 936, 928, 890 weiter: bei Vermeidung eines Ordnungsgeldes bis zu € 250 000,− oder einer Ordnungshaft bis zu 6 Monaten) − verboten, über den genannten Pkw zum Nachteil des Antragstellers zu verfügen.

    II. Der Antragsgegner hat die Kosten des Verfahrens zu tragen.

    III. Streitwert (Anm.: die Höhe des Ordnungsgeldes ist dafür ohne Einfluss, ThP § 3, 52).

Wirksam wird die Verfügungsbeschränkung mit der Zustellung des Beschlusses durch K an V im Parteibetrieb, § 922 II (BayObLG NJW-RR 04, 736). Beachte aber: diese eV kann einen gutgläubigen Erwerb des X wegen §§ 136, 135 II, 932 BGB (Palandt § 136, 4) nicht verhindern, weshalb es zweckmäßiger ist, Verwahrung anzuordnen (StJ § 938, 25), was wegen § 308 I freilich nicht gegen einen auf Anordnung eines Verfügungsverbots lautenden Antrag möglich ist, dann auch nicht zusätzlich neben ihm, weil dem Gläubiger entgegen § 308 I mehr ausgesprochen würde als er beantragt hat.

25.18 Bei **Grundstücken** ist ein Veräußerungsverbot ebenfalls per eV möglich, die Eintragung ins Grundbuch zulässig und wegen § 892 I 2 BGB dringend geboten (Palandt § 892, 17; Demharter GBO 27. Aufl., Anh. zu § 13, 21).

Die Eintragung erfolgt als Maßnahme der Grundbuchberichtigung gem. § 22 GBO, weil die Verfügungsbeschränkung bereits außerhalb des Grundbuchs entstanden ist (Demharter § 22, 50). Die Eintragung erfolgt entweder auf Antrag (§ 13 GBO), oder (i. d. R.) direkt auf Ersuchen des Verfügungsgerichts an das Grundbuchamt, §§ 38 GBO, 941 ZPO (Demharter § 38, 5). Nach h. M. sind §§ 932 III, 929 III 1, 2, 936 entsprechend anwendbar, so dass das Grundbuchamt also auch vor oder ohne Zustellungsnachweis eintragen darf, jedoch muss die Zustellung binnen Wochenfrist (§ 929 III 2) nachgeholt werden (ThP 1, Zöller 2; Müko-ZPO 4, je zu § 941).

In den meisten Fällen wird aber die Eintragung einer **Vormerkung** oder eines **Widerspruchs** möglich und als der einfachere Weg vorzuziehen sein (keine Glaubhaftmachung des Verfügungsgrundes nötig, §§ 885 I 2, 899 II 2 BGB). Die eV lautet z. B.:

EINSTWEILIGE VERFÜGUNG

    I. Zur Sicherung des Anspruchs des Antragstellers (aus dem Kaufvertrag vom … zu notarieller Urkunde des Notars … in München, URNr. …) auf Auflassung des im Grundbuch für München-Schwabing, Bd. … Blatt unter der lfd. Nr. 1 eingetragenen Grundstücks des Antragsgegners ist eine Vormerkung einzutragen.

    II. Der Antragsgegner hat die Kosten des Verfahrens zu tragen.

    III. Das Grundbuchamt wird um Eintragung ersucht (§§ 38 GBO, 941 ZPO).

    IV. Streitwert.

Der Verfügungsanspruch muss nicht unbedingt im Tenor bezeichnet werden. Beachte nochmals zur **Zustellungsproblematik:** § 929 III (§ 936) findet auf Vormerkung und Widerspruch Anwendung, die Eintragung kann also zwar vor der Zustellung der eV erfolgen, **aber** die Eintragung verliert gem. § 929 III 2 ihre Wirkung, wenn die Zustellung nicht innerhalb 1 Woche nach Eingang des Gesuchs (§ 941) oder des Eintragungsantrags (§ 13 GBO) erfolgt (§§ 936, 932 III). Ging also z. B. das Eintragungsgesuch am 1. 3. beim Grundbuchamt ein, so ist die etwa am 10. 3. erfolgte Zustellung der eV verspätet, die Wirkung der Eintragung verfällt − wichtig für die nun auch entfallenden materiellrechtlichen Wirkungen etwa der Vormerkung, § 883 BGB (siehe das Beispiel oben Rn. **25.16**).

Beispiel 2 (BayObLG NJW-RR 04, 736): Grundstückseigentümer E hat dem Käufer K am 23. 6.   **25.19**
notariell eine Auflassungsvormerkung bewilligt, der Eintragungsantrag des K ist am 26. 6. beim
Grundbuchamt eingegangen, die Eintragung erfolgte am 14. 7. F, der 1 Woche zuvor das Grundstück
ebenfalls von E gekauft hat, erwirkt am 25. 6. im Wege einstweiliger Verfügung ein Veräußerungsverbot gegen E, dessen Eintragung er noch am 25. 6. beim Grundbuchamt beantragt, die Zustellung
durch F an E im Parteibetrieb erfolgte am 27. 6. Erst mit dieser Zustellung (§ 922 II) ist das Verfügungsverbot entstanden, kommt aber jetzt zu spät: Denn nach § 878 BGB, der analog auch für die
Vormerkung gilt (BGHZ 28, 182; Palandt 4; Müko-BGB 24, je zu § 878) wirkt sich die Verfügungsbeschränkung des E nicht mehr aus, da auf den früheren Eingang des Antrags auf Eintragung der
Vormerkung (26. 6.) abzustellen ist.
Zwar gelten auch §§ 932 III, 929 III analog für Veräußerungsverbote per eV. Sie ersetzen aber nicht
das Erfordernis der Parteizustellung gemäß § 922 II als *Wirksamkeits*voraussetzung (also ab 27. 6.),
sondern beschränken sich darauf, dass die *Frist* zur Vollziehung (§ 929 II: 1 Monat; § 929 III 2:
1 Woche), durch den Eintragungsantrag (25. 6.) gewahrt wird und vollstreckungsrechtlich die Maßnahme entgegen § 750 schon *vor* der Zustellung erfolgen darf (ThP § 932, 3; § 929, 7).

4. Die eV mit Erwerbsverbot

Beispiel: V und K haben einen wegen Unterverbriefung formunwirksamen Grundstückskaufvertrag   **25.20**
geschlossen, V hat darin dem K bereits die Auflassung erklärt. Da K nun die Differenz nicht zahlen
will, möchte V die Eintragung verhindern und das Geschäft rückabwickeln. Würde es dem K gelingen, die Eintragung zu erreichen, würde dies gem. § 311b I S. 2 BGB zur Heilung führen. Um dies
zu verhindern, kann V per eV gem. §§ 935, 938 ein sog. **Erwerbsverbot** gegen K erwirken, wodurch dem K verboten wird, den Eintragungsantrag zu stellen oder geboten wird, den bereits gestellten zurückzunehmen.
Verfügungsanspruch: § 812 I 1 BGB auf Kondiktion der Auflassungserklärung (RGZ 117, 290). Verfügungsgrund: drohender Eigentumsverlust ab Eintragung des K. Zulässige Maßnahme gemäß
§ 938 II: Erwerbsverbot.

Dieses Erwerbsverbot (h.M.: analog §§ 135, 136 BGB) stellt ein vom Grundbuchamt
von Amts wegen zu beachtendes Eintragungshindernis dar. Es hat nicht nur verfah-
rensrechtliche Bedeutung, sondern greift zugleich sachlich in die Erwerbsfähigkeit des
Betroffenen (K) ein, so dass die Voraussetzungen der Eintragung gemäß § 20 GBO
nicht mehr vorliegen und das Grundbuchamt den Eintragungsantrag des K daher zu-
rückweisen muss (RGZ 117, 287; 120, 118; Palandt § 136, 5; § 888, 11).

Wird K *dennoch* eingetragen, ist dies analog §§ 135, 136 BGB dem V gegenüber unwirksam, sodass die Eintragung keine heilende Wirkung gem. § 311b I BGB hat. Da
der Kaufvertrag infolge Unterverbriefung formunwirksam bleibt, kann V seine Auflassungserklärung gem. § 812 I 1 BGB kondizieren und diesen Rückforderungsanspruch
durch eine Vormerkung sichern lassen. Strittig ist, ob V auch einen Widerspruch gegen eine dennoch erfolgte Eintragung des K eintragen lassen kann, da der Verstoß gegen das Erwerbsverbot infolge analoger Anwendung der §§ 135, 136 BGB nur zur
relativen Unwirksamkeit führt, die als solche nach h.M. das Grundbuch nicht unrichtig macht. Zum Ganzen näher und mit Beispiel: Knöringer Freiwillige Gerichtsbarkeit, 5. Aufl. S. 139ff. vgl. ThP 8, Zöller 12, 13; StJ 26 zu § 938; Demharter GBO
§ 19, 97.

IV. Rechtsbehelfe

25.21

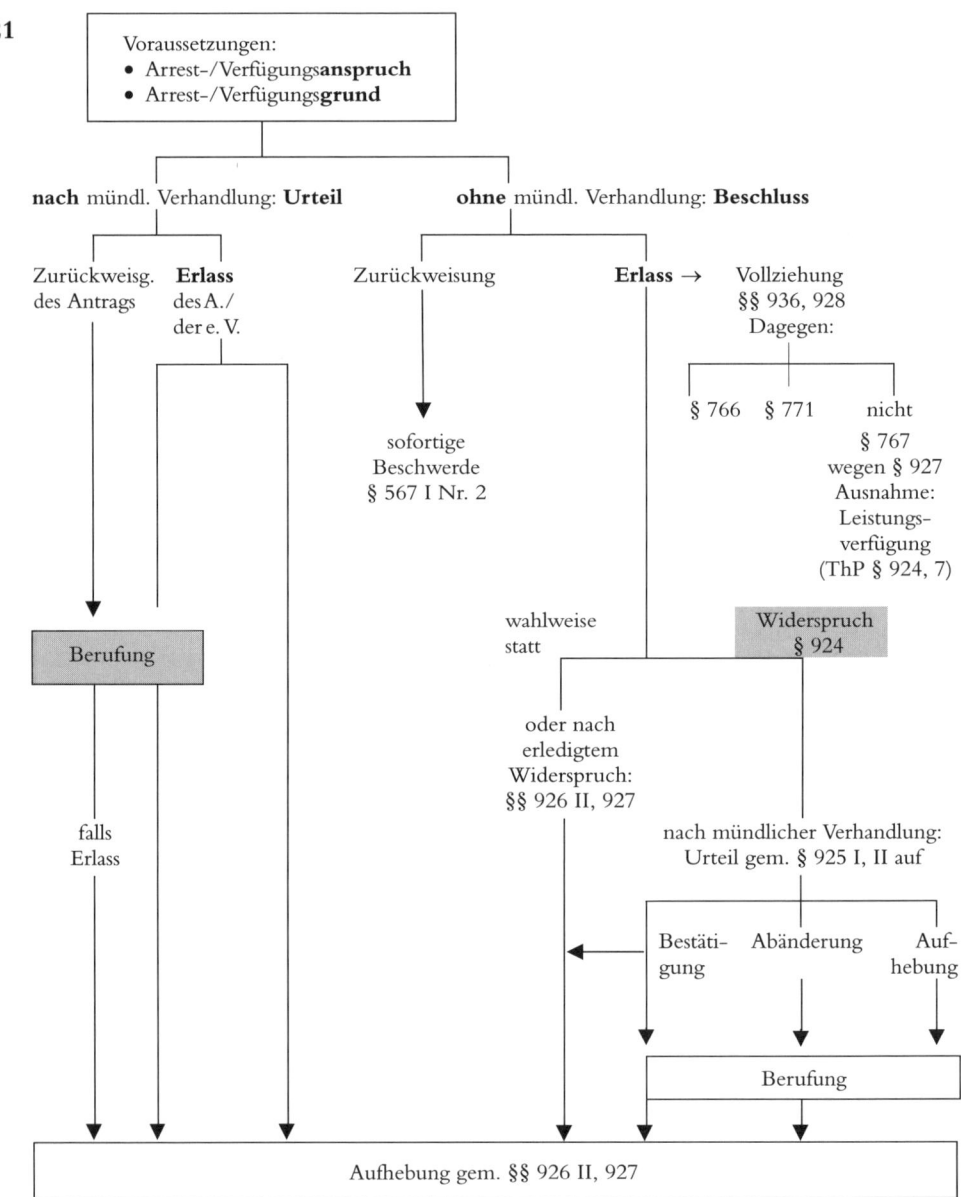

Die RBehelfe Widerspruch, Berufung, bzw. §§ 926 II, 927 stehen nach hM nicht *nebeneinander,* wohl aber §§ 926 II, 927 wahlweise und auch noch *anschließend* zur Verfügung: Nach Erlass oder Bestätigung des Arrestes/der e.V. kann der Schuldner noch nach §§ 926 II, 927 vorgehen (Zöller § 927, 2). Die RKraft einer Bestätigung des Arrestes/der e.V. (z.B. im Berufungsurteil) steht dem Verf. nach §§ 926 II, 927 nicht entgegen (§ 926 = A./e.V. müssen lediglich noch existieren; § 927 = Wortlaut), schließt aber für § 927 Einwendungen aus, die vor Erlass der Bestätigungsentscheidung hätten vorgebracht werden können (Zöller § 924, 3).

Gegen die Anordnung des Arrestes, der eV durch *Beschluss* kann der Schuldner **Widerspruch,** gegen 25.22
die durch *Urteil* **Berufung** einlegen.
Wahlweise stattdessen kann er nach §§ **926, 927** vorgehen (nach wohl h. M. aber mangels Rechtsschutzbedürfnisses bzw. entgegenstehender Rechtshängigkeit nicht kumulativ, Zöller § 924, 3; a. A.
Müko-ZPO 5; Musielak 2, je zu § 924).

(1) **Widerspruch** und **Berufung** ermöglichen Berücksichtigung sämtlicher Umstände, der Schuldner kann also sowohl einwenden, Arrest/eV hätten von Anfang an nie ergehen dürfen, als auch, infolge neu eingetretener Umstände sei die Anordnung jetzt nicht mehr gerechtfertigt.

(2) **§ 927** kann nur auf nachträglich eingetretene (oder bekanntgewordene, h. M.) Umstände gestützt
werden.

(3) **§ 926** ermöglicht die Aufhebung aus einem rein formalen Grund, nämlich der Nichteinhaltung
der gesetzten Frist zur Erhebung der Hauptsacheklage.
Aufhebungen auf Widerspruch (Berufung) und gem. § 926 II haben Rückwirkung, solche nach
§ 927 wirkt nur ex nunc (Zöller 1; Müko-ZPO 1, 2; StJ 4 zu § 924). Im Folgenden sollen Widerspruch (§§ 924, 925) und Aufhebung gem. § 927 näher besprochen werden.

1. Widerspruch, §§ 924, 925

Der Widerspruch gegen den Arrest/Verfügungs-*Beschluss* führt zum *Urteils*verfahren 25.23
(§ 925 I): der Gläubiger wird Arrest/Verfügungs-*Kläger,* der Schuldner Arrest/Verfü-
gungs-*Beklagter,* entschieden wird durch Endurteil (mit TB u. E-Gründen), bei Säumnis einer Partei durch VU (§§ 330 ff.). Zöller § 925, 1, 6. Der Widerspruch ist **nicht
fristgebunden,** also grds. möglich, solange der Arrestbefehl bzw. die eV besteht, sogar
noch nach rechtskräftiger Entscheidung zur Hauptsache (ThP 1; Müko-ZPO 11 zu
§ 924). Grenze: Verwirkung (Zeit- und Umstandsmoment).

Er führt zu notwendiger mündlicher Verhandlung und **bewirkt** – ähnlich dem Einspruch gem. §§ 342, 343 –, dass über die Rechtmäßigkeit des Arrestes bzw. der eV
nach **jetzigem** Stand zu entscheiden ist.

Liegen die Voraussetzungen daher jedenfalls **jetzt** vor, ist der Arrest bzw. die eV zu
bestätigen (auch wenn die Maßregel ursprünglich – z. B. mangels damals bestehender
Gefahr – unberechtigt gewesen sein sollte), andernfalls ist die Maßregel kostenpflichtig
aufzuheben, § 925 II. Hat sich das Arrest- oder Verfügungsgesuch nach Erlass **erledigt** – Hauptfall: Zahlung/Leistung durch den Schuldner – kann der Kläger zur Vermeidung der Kostenpflicht oder können auch beide Parteien übereinstimmend für
erledigt erklären, die Grundsätze der Hauptsacheerledigung gelten auch hier (Müko-
ZPO § 925, 7; StJ § 925, 9).

Beachte: entschieden wird gem. § 925 II über den Arrest/die eV selbst, nicht über den Widerspruch
(falsch wäre es zu schreiben: „Begründetheit" des Widerspruchs. Gleiche Situation wie beim Einspruch gegen VU, §§ 342, 343). Für das Widerspruchsverfahren genügt, wie schon im Anordnungsverfahren, Glaubhaftmachung.

Beispiel 1: Arrest/eV erweisen sich als rechtmäßig

ENDURTEIL
    I. Die am … angeordnete eV (der Arrest) wird bestätigt.
    II. Der Verfügungs-(Arrest-)beklagte hat auch die weiteren Kosten des Verfahrens zu tragen
      (§ 91).

Ein Ausspruch über die vorläufige Vollstreckbarkeit kommt nur bei Aufhebung oder Änderung
(= teilweise Aufhebung) in Betracht, § 708 Nr. 6. Bei Bestätigung unterbleibt er, da es bei der (kraft
Gesetzes gegebenen) Vollstreckbarkeit der Vorentscheidung verbleibt (Zöller 8; ThP 7 zu § 708).

Beispiel 2: Arrest/eV erweisen sich als unberechtigt

ENDURTEIL

I. Die am … angeordnete eV (der Arrest) wird aufgehoben.

II. Der Antrag des Verfügungs-(Arrest-)Klägers vom … auf Erlass einer eV (eines Arrestes) wird zurückgewiesen.

III. Der Verfügungskläger hat die Kosten des Verfahrens zu tragen (= § 91).

IV. Das Urteil ist vorläufig vollstreckbar (= § 708 Nr. 6). Falls berufungsfähig weiter: §§ 711 S. 1, 2, sonst § 713.

2. Aufhebung wegen veränderter Umstände, § 927

25.24 § 927 (§ 936) gibt einen Rechtsbehelf nur gegen die **Fortdauer** des Arrestes bzw. der eV wegen **veränderter Umstände.** Die Frage der ursprünglichen Rechtmäßigkeit der Anordnung wird im Verfahren nach § 927 nicht geprüft (Zöller § 927, 1).

Gleich ist, ob der Arrest/die eV durch Beschluss oder durch Urteil angeordnet worden ist. § 927 setzt nicht voraus, dass der Arrest/die eV bereits bestätigt worden ist, sondern nur, dass veränderte Umstände vorliegen, die sogar noch − so ist das „auch" zu lesen − nach Bestätigung relevant sind für eine Aufhebung (Musielak 1; Müko-ZPO 2, je zu § 927).

Beispiel: Verkäufer V hat beim LG eine auf verzugsbedingten Rücktritt gestützte eV gegen K erwirkt auf Herausgabe eines Pkw an einen Sequester (§ 938 II), bei dem das Fahrzeug seither steht. Im Hauptsacheprozess wird nunmehr rechtskräftig die Klage des V gegen K auf Herausgabe (§ 985; §§ 323, 346 BGB) abgewiesen, da der Rücktritt des V mangels Verzugs des K unwirksam gewesen sei. Daraufhin wird K nach § 927 (§ 936) vorgehen, um sein Fahrzeug zurückzuerhalten.

Voraussetzungen:

(I) Zulässigkeit

(1) Antrag des K gemäß § 927 I, Anwaltszwang, § 78.

(2) Ausschließlich zuständig (§ 802) ist das Verfügungsgericht (LG), da der Hauptsacheprozess abgeschlossen ist, § 927 II (ThP § 927, 3).

(3) Vorliegen der allgemeinen Prozessvoraussetzungen.

(4) Rechtsschutzbedürfnis:
Es fehlt z.B., wenn K gleichzeitig Widerspruch (Berufung) eingelegt hat und darüber noch nicht entschieden worden ist, weil dort umfassendere Prüfung möglich ist (ThP § 927, 4). Verhindert werden soll aber nach h.M. nur, dass der Schuldner die Rechtsbehelfe *zugleich* geltend macht, möglich ist also, dass er sie *nacheinander* geltend macht, also z.B. erst Widerspruch einlegt, nach etwaiger Bestätigung der eV später gem. § 927 vorgeht.

(II) Begründetheit

Der Antrag nach § 927 ist begründet, wenn der Schuldner **glaubhaft** macht, dass sich die **Umstände geändert** haben. Diese Veränderung kann insbesondere betreffen (ThP § 927, 12, 13):

(1) den Verfügungs**anspruch**

Beispiele: Erlöschen der zu sichernden Forderung. Rechtskräftige Klageabweisung als unbegründet im Hauptsacheprozess, so hier. Ein nur vorläufig vollstreckbares Urteil genügt nicht, wenn dagegen Rechtsmittel noch möglich sind.

(2) den Verfügungs**grund**

Beispiele: Der Verfügungsgrund entfällt ab rechtskräftigem stattgebenden Leistungsurteil für den Gläubiger im Hauptsacheprozess, denn das etwa auf Grund der Arrestvollziehung erlangte Arrest-pfandrecht behält seinen Rang auch für die ZwV aus dem Leistungstitel (Zöller § 927, 6). Nicht ge-nügt ein nur vorläufig vollstreckbares Leistungsurteil oder ein Feststellungsurteil. § 927 greift auch, wenn die Vollziehungsfrist des § 929 II abgelaufen ist, ohne dass die Vollziehung erfolgt ist (Zöller § 927, 6, 7).

Im obigen Beispiel kann K alle Voraussetzungen erfüllen. Es ergeht dann gem. §§ 927 II, 936

ENDURTEIL

I. Die am … angeordnete eV wird aufgehoben.

II. Der Aufhebungsbeklagte (Verfügungskläger V) hat die Kosten des Aufhebungsverfahrens (hier ausnahmsweise weiter:) und des Anordnungsverfahrens zu tragen (= § 91).

III. Das Urteil ist vorläufig vollstreckbar (= *§ 708 Nr. 6).* Der Aufhebungsbeklagte (V) kann die Vollstreckung abwenden durch SL … *(§ 711).*

Anmerkungen: Da den Antrag gem. § 927 nur der Schuldner stellen kann, wird *er* jetzt zum Kläger, die Parteirollen vertauschen sich also gegenüber dem Anordnungsverfahren (Zöller 9; ThP 1 zu § 927). Zu Ziff. II: Die **Kostenentscheidung** im Aufhebungsverfahren beschränkt sich grundsätzlich auf die im Verfahren gem. § 927 entstandenen Kosten (da es ein eigenes, abgeschlossenes Verfahren ist) und lässt die Kostenentscheidung im Anordnungsverfahren unberührt. Es gilt also der Grundsatz der kos-tenmäßigen Selbstständigkeit von Anordnungs- und Aufhebungsverfahren (Zöller § 927, 12).
Nur **ausnahmsweise** – so aber hier – sind die Kosten auch des Anordnungsverfahrens dem Verfü-gungskläger (V) aufzuerlegen, z. B. wenn die Hauptsacheklage als von Anfang an unbegründet rechts-kräftig abgewiesen worden ist (Zöller 12; ThP 8 zu § 927).

§ 26 Das Berufungsverfahren

Vorab **Grundlegendes** zum Berufungsverfahren. Dem folgt das Prüfungsschema (Zu-lässigkeit u. Begründetheit der Berufung, unten I, II.) und ein zusammenfassender kurzer Fall mit Tenorierung (unten III.)

- **Einheit der mündlichen Verhandlung, die Berufung ist deren Fortsetzung.** 26.01
Die Berufungsverhandlung ist nach altem wie dem seit dem ZPO-Reformgesetz vom 27. 7. 2001 geltenden Recht die Fortsetzung der mündlichen Verhandlung der ersten Instanz, davon zu unterscheiden ist die (neue) Bindungswirkung an die Tatsachenfest-stellung der ersten Instanz.

Die wichtige Konsequenz hieraus ist, dass alle Angriffs- und Verteidigungsmittel, die in 1. Instanz eingeführt wurden (Behaupten, Bestreiten, Beweisantritte, Erklärung der Aufrechnung, Einreden aus Zurückbehaltungsrechten etc.), voll erhalten bleiben, also nicht erneut vorgebracht (eingeführt) werden müssen (Zöller § 528, 4).

Das geht besonders deutlich aus dem Beibehalt der Tatsachenfeststellungen gemäß § 529 I Nr. 1 hervor.

- **Prüfungsumfang des Berufungsgerichts, § 529** 26.02

Altes Recht: § 525 a. F. Der erstinstanzlich gewonnene Prozessstoff incl. Beweisergebnisse blieb voll er-halten und war nicht etwa neu zu gewinnen, aber er war „von neuem zu verhandeln", d. h., neu und *ohne* Bindungswirkung zu beurteilen. Demgegenüber will das **jetzige Berufungsrecht** nach dem ZPO-RG unter grundsätzlicher *Bindung* an die erstinstanzlich gewonnene Tatsachenfeststellung primär der **Feh-lerkontrolle und –beseitigung** dienen (BGH NJW 10, 376; Zöller 1; ThP 1 zu § 529).

Jetziges Recht: **§ 529.** Hierzu folgende Hinweise:

(1) Grundsätzliche **Bindung** an die *Tatsachen*feststellungen des Erstgerichts, § 529 I Nr. 1 (nicht an dessen *rechtliche* Beurteilung).

Beispiel: Hat das LG nach Beweisaufnahme festgestellt, dass der beklagte Verkäufer den Pkw mit Mängeln geliefert hat, so hat das OLG davon auszugehen und nur im Wege der Rechtsprüfung (§§ 513, 546) zu überprüfen, ob der vom LG bejahte Rücktritt des Klägers rechtlich zutreffend ist (§§ 437 Nr. 2, 323 BGB).

(2) Ausnahme 1: Erneute Feststellung (bei Zeugen: wiederholte Vernehmung gem. §§ 398, 525) nur, wenn konkrete Anhaltspunkte vorliegen für Zweifel an der Vollständigkeit und Richtigkeit der *Tatsachen*feststellung, **§ 529 I Nr. 1.**

Beispiel: Versteht das OLG die protokollierten Zeugenaussagen, oder beurteilt es die Glaubwürdigkeit anders als das LG, dann liegen solche Anhaltspunkte vor und das OLG *muss* die Zeugen erneut (§ 398, Ermessensreduzierung auf Null) vernehmen, andernfalls verletzt es das rechtliche Gehör der benachteiligten Partei (BGH NJW 11, 1364; ThP § 398, 4).

(3) Ausnahme 2: Neue Tatsachen, **§§ 529 I Nr. 2,** 531 II.

(4) Im Übrigen aber vollständige Prüfung in der Sache, **§ 529 II 2,** auch ohne diesbezügliche Berufungsrüge (BGH NJW 05, 1583).

Beispiel: Der Kläger fordert Herausgabe eines Grundstücks wegen beeinträchtigender Schenkung, § 2287 BGB. Das LG hat fehlerfrei festgestellt, dass sich der Erblasser mit dem Beklagten wirksam auf den notariellen Hofüberlassungsvertrag vom 1. 3… geeinigt hat, ist aber der Auffassung, dass der Vertrag aus Rechtsgründen ein entgeltliches Geschäft darstelle, weshalb es auf die − vom LG bejahte − Absicht des Erblassers, den Kläger als Vertragserben zu beeinträchtigen, rechtlich nicht ankomme. Das OLG beurteilt auf der Basis der bindenden *Tatsachen*feststellung den Hofüberlassungsvertrag *rechtlich* als Schenkung und wird der Klage stattgeben.

• Die Bindung an die Berufungs- und Anschließungsanträge **(§ 528)** besagt (wie die Parallele in § 557 I für die Revision) ein Doppeltes:
  − Verbesserungsverbot (wie § 308 I)
  − Verschlechterungsverbot (reformatio in peius), sofern nicht auch der Gegner Berufung oder Anschlussberufung eingelegt hat (ThP § 528, 3, 4).

26.03 • **§ 533:** Klageänderung, Widerklage und Aufrechnung stehen unter einer doppelten Voraussetzung: sie sind zulässig nur bei Einwilligung/Sachdienlichkeit *und* nur, wenn sie auf Tatsachen gestützt werden können, die das Berufungsgericht „ohnehin" nach § 529 zugrunde zu legen hat, die also keiner Einbeziehung neuer Tatsachen (und damit i. d. R. neuer Beweisaufnahme) gerade und nur für die Widerklage, Klageänderung, Aufrechnung bedürfen.

26.04 • **Zurückverweisung, § 538**
Die frühere Regelung zur Zurückverweisung (§§ 538–540 a. F.) wurde im Grundsatz umgedreht, § 538: Eine Zurückverweisung darf nur noch in Ausnahmefällen erfolgen (§ 538 II Nr. 1–7) und auch dann nur auf *Antrag* einer Partei (Ausnahme beim unzulässigen Teilurteil, Nr. 7) und selbst dann nicht zwingend (§ 538 II: „darf zurückverweisen", nicht: muss). Der jetzige Grundsatz steht in § 538 I: Das Berufungsgericht soll ohne Zurückverweisung alles selbst erledigen.

26.05 • Berufungsurteil, **§ 540.** Dazu unten Rn. **26.**28.

Prüfungsschema zu Zulässigkeit und Begründetheit der Berufung.

I. Zulässigkeit der Berufung, § 522 I

Die Beweislast liegt beim Berufungskläger (ThP 14 vor § 511).

1. Statthaftigkeit, § 511

Die Entscheidung muss ihrer Art nach überhaupt berufungsfähig sein: a). Die Parteien **26.06** müssen zulässigerweise Berufungskläger bzw. -beklagter sein können (Berufungsberechtigung, b, c).

a) **Berufungsfähig** sind Endurteile der 1. Instanz (auch TeilU, echtes 2. VU gem. **26.07** §§ 345, 514 II, VorbehaltsU wegen §§ 302 III, 599 III), sowie solche Zwischenurteile, die hinsichtlich der RMittel den Endurteilen gleichgestellt sind (§§ 280 II, 304).

Das 1. VU (§§ 330, 331) ist nur bei Eingreifen der Meistbegünstigungstheorie berufungsfähig, § 514 I, vgl. oben Rn. **19.23**.

b) **Berufungskläger** können nur sein: die Hauptparteien, sowie diejenigen, die in **26.08** 1. Instanz oder im Laufe der Rechtsmittelfrist als Gesamtnachfolger oder Sondernachfolger durch Parteiwechsel oder -beitritt in den Prozess eingetreten sind, sowie der Streithelfer (Zöller § 511, 4; ThP § 511, 6 ff.).

Beispiel: Die A-GmbH u. Co. KG klagt gegen B und wird unter dieser Parteibezeichnung abgewiesen. Kurz vor Urteilserlass hatte der einzige Kommanditist seinen Gesellschaftsanteil auf die GmbH übertragen, eine Mitteilung davon an Gericht und B unterblieb.
RA R legt Berufung „namens der Klagepartei" ein, die er mit „A-GmbH u. Co. KG" bezeichnet. B hält die Berufung für unzulässig, da die KG erloschen, und die Berufung daher von einer Nichtpartei eingelegt worden sei; die GmbH selbst sei nicht als Partei am Rechtsstreit beteiligt und daher nicht berufungsberechtigt, einem Parteiwechsel in der Berufungsinstanz widersetze er sich.
Die Berufung ist zulässig: Bei einer 2gliedrigen Personengesellschaft (wie hier: Komplementär-GmbH und nur 1 Kommanditist, ebenso bei einer mehrgliedrigen im Falle der Übertragung aller Anteile auf nur einen Gesellschafter) tritt infolge der Übernahme (Anspruchsgrundlage: § 140 I HGB direkt oder analog bei wichtigem Grund, sonst Gesellschaftsvertrag, z.B. Auslegung der Fortsetzungsklausel bei Tod, sonst – so hier – eine jederzeit zulässige Vereinbarung, Palandt § 736, 4) eine **Gesamtrechtsnachfolge** ein, da in all diesen Fällen der Anteil des (der) Ausscheidenden gem. § 738 I 1 BGB (§ 105 III HGB) ohne besondere Einzelübertragungsakte dem Übernehmenden (hier: GmbH) allein anwächst (BGHZ 50, 308; BAG ZIP 98, 1974; Palandt § 736, 4; gegen die Begründung mit Anwachsung gem. § 738 I 1: Baumbach-Hopt § 131, 35, 39). Die KG erlischt ohne Liquidation (Palandt a. a. O.).
Bei Gesamtrechtsnachfolge tritt **Parteiwechsel kraft Gesetzes** ein, hier also auf die GmbH (Einzelheiten s. oben Rn. **15.**02; ThP 16 vor § 50; Baumbach-Hopt § 140, 25). Die neu eintretende Partei bleibt an alle ergangenen Entscheidungen und Prozesshandlungen der KG gebunden (ThP 18 vor 50). Klägerin in 1. Instanz war zuletzt also die GmbH, das Urteil ist lediglich im Rubrum zu berichtigen, die Berufung „namens der Klagepartei" ist nach Auslegung die der GmbH, die als Klägerin berufungsberechtigt ist. Die von der erloschenen KG erteilte Prozessvollmacht gilt analog § 86 1. HS als fortbestehend für die Gesamtnachfolgerin, die GmbH (BGH NJW 02, 1207). RA R vertritt also nach dem Parteiwechsel nun die GmbH. § 86 HS 2 erfordert keine Neuerteilung, sondern dient nur dem Nachweis, dass der Nachfolger (GmbH) die Vollmacht nicht widerrufen hat (ThP § 86, 2; siehe auch das Beispiel oben zu Rn. **15.**02).

c) **Berufungsbeklagte** kann nur sein die Hauptpartei erster Instanz, daher nicht der **26.09** Streithelfer (da nicht Partei) ThP § 511, 10. Strittig ist, ob bei zulässiger Berufung die *Klage* (nicht die Berufung!) auf Dritte erweitert werden kann.

Beispiel: Kläger K wurde abgewiesen. Er legt Berufung ein gegen B und erweitert die Klage auf C, die Pkw-Haftpflichtversicherung des B. Gegen Parteierweiterung in 2. Instanz grds. ThP 26 vor § 50; BL § 263, 14, da es insoweit mangels erstinstanzlicher Entscheidung an der funktionellen Zuständigkeit des Berufungsgerichts fehle. Für Zulässigkeit bei Zustimmung der neuen Partei (die bei Rechtsmissbrauch entbehrlich ist): BGHZ 65, 268; BGH NJW 97, 2885; StJ § 264, 141. Vgl. Übersicht oben Rn. **15.**15 ff.

2. Form der Einlegung, § 519

26.10 Die Berufung muss formgerecht „eingereicht" (§ 519 I), mit dem notwendigen Inhalt gem. § 519 II versehen und von einem (falls zum OLG: bei einem OLG) zugelassenen Anwalt (§ 78) unterschrieben sein. Die Berufung kann also nur „oben" eingereicht werden, im Unterschied zum Strafprozess (§ 314 StPO).

26.11 **a)** Bei **Prozesskostenhilfeantrag** sind insbes. 4 Fälle zu unterscheiden:

(1) Einlegung der Berufung „falls PKH bewilligt wird", ist als bedingte Berufung unzulässig (ThP § 519, 4).

(2) Werden PKH-Antrag und unterschriebene Berufungsschrift miteinander eingereicht, so ist es Auslegungsfrage, ob nur PKH-Antrag gestellt ist. Nach h. M. liegt bereits unbedingte Berufungs*einlegung* vor, wenn der PKH-Antrag allen Anforderungen an eine Berufungsschrift (§ 519) entspricht und nicht ausdrücklich ein Zusatz etc. angebracht ist, dass die beigefügte Berufungsbegründungsschrift lediglich der Begründung des PKH-Antrags dient, oder als „Entwurf" beigefügt ist (nur dann ist Berufung noch nicht „eingereicht"), ThP § 519, 4.
Gleiches gilt für die Berufungs*begründung* (§ 520 III): Wird Berufung eingelegt und sodann ein PKH-Gesuch eingereicht, das allen Anforderungen des § 520 III genügt, so gilt dieses PKH-Gesuch als Berufungsbegründung, sofern nicht ein anderer Wille des Berufungsklägers erkennbar ist, BGH NJW-RR 99, 212.

(3) Ausschließlich PKH-Antrag liegt vor, wenn die **nicht** unterschriebene Berufungsbegründungsschrift nur als Entwurf beigefügt ist und nur zur Begründung des PKH-Antrags auf sie Bezug genommen wird.

(4) Zulässig ist es, zunächst nur PKH-Antrag für die 2. Instanz zu stellen. Wird darüber erst nach Ablauf der Berufungsfrist entschieden, ergeben sich Wiedereinsetzungsfragen: Es muss Wiedereinsetzung innerhalb der Frist gem. § 234 beantragt werden. Bei Verweigerung der PKH beginnt die Frist nach 3–4 Tagen Überlegungszeit, da das Hindernis erst ab dann als behoben gilt (h. M., BGH NJW-RR 09, 789; ThP § 234, 8 a) und es muss innerhalb dieser Frist Berufung *eingelegt* werden (§ 236 II 2). *Daneben* muss der Berufungsführer achten auf den Ablauf der Berufungs*begründungsfrist,* die nach § 520 II 1 bereits mit Zustellung des Urteils begonnen hat und daher innerhalb dieser 2 Monate die Berufung begründen (oder Verlängerung der Frist beantragen, § 520 II 2, was sich häufig empfehlen wird, um nicht eine Berufung begründen zu müssen bevor entschieden ist, ob W. E. gegen Versäumung der Berufungsfrist überhaupt gewährt wird). Ist die Begründungsfrist (§ 520 II 1) bei Entscheidung über den PKH-Antrag bereits abgelaufen, muss er auch für *diese* Frist W. E. beantragen und die versäumte Prozesshandlung nachholen, also die Berufung begründen (§ 236 II 2), wobei gemäß § 234 I 2 für *diese* Wiedereinsetzung *und* die Nachholung der Berufungs*begründung* wegen § 236 II 2 eine Frist von 1 Monat ab Entscheidung über die PKH gilt (BGH NJW 06, 2857, ThP § 234, 3 b).

26.12 **b) Mehrfache Einlegung**

Hauptfälle: die Partei und ihr Streithelfer legen je selbstständig Berufung ein.
Erneute Berufungseinlegung wegen Zweifel an der Formwirksamkeit (Unterschrift?) der bereits erfolgten.
Berufung durch Telefax und nachgereichten Originalschriftsatz (BGH NJW 93, 3141; BAG NJW 99, 2989).

Es liegt im Ergebnis nur *ein* Rechtsmittel vor: ist ein Einlegungsakt unzulässig (z. B. nicht rechtzeitig begründet), ein anderer aber zulässig, so ist die Berufung insgesamt zulässig, keine gesonderte Verwerfung der unzulässigen Einlegung (sie wird vielmehr gegenstandslos), BGHZ 45, 380; BGH WM 05, 857; ThP § 519, 10. Die zweite Berufungseinlegung gewinnt immer *erst dann* selbstständige Bedeutung, wenn und sobald die Unwirksamkeit oder Unzulässigkeit der ersten feststeht, etwa wegen Versäumung der Begründungsfrist (§ 520 II), BGH NJW 93, 269, 3141; ThP § 519, 10.

Beispiel: Das stattgebende Urteil wird dem Beklagten am 1. 2. zugestellt, hiergegen legt er am 10. 2. Berufung ein mit einem nicht unterschriebenen Schriftsatz seines RA., die er am 20. 3. begründet. Sein Streithelfer legt am 28. 2. Berufung ein, die er am 28. 3. begründet. Die 1. Berufung ist, weil nicht unterschrieben unzulässig, wird aber nicht verworfen (sondern ist gegenstandslos), weil die 2. Berufung (Streithelfer) rechtzeitig eingelegt und begründet worden ist: es liegt ein einheitliches, zulässiges Rechtsmittel vor, nämlich das der Partei.
Nimmt die Partei (Beklagter) isoliert „ihre" Berufung (vom 10. 2.) zurück, so betrifft das nur diesen Einlegungsakt, nicht das Rechtsmittel als solches, daher weder Beschluss noch Kostenfolge aus § 516 III. Die vom Streithelfer geführte Berufung bleibt als Berufung des Beklagten (es ist ein einheitliches Rechtsmittel) weiter anhängig. Widerspricht allerdings der Beklagte der weiteren Fortführung der Berufung durch den Streithelfer, muss dieser zurücknehmen (mit Folge aus § 516 III), andernfalls die Berufung des Streithelfers wegen Widerspruchs zur Hauptpartei (§ 67) als unzulässig verworfen wird, BGH NJW 93, 2944; vgl. oben Rn. **17.**11.

3. Frist zur Einlegung, § 517

Fristberechnung: § 222, BGB §§ 187 I, 188 II. Ereignisfrist: maßgebend für das Frist-　**26.13** ende ist daher das Kalenderdatum der Amtszustellung (§ 317) des vollständigen (!) Urteils, phasenverschoben auf den Folgemonat, BGH NJW 84, 1358.

Beispiele: Urteilszustellung am 1. 3.: Fristende 1. 4. (24 Uhr), ist der 1. 4. ein Samstag, dann Fristende am Montag 3. 4., § 222 II. Urteilszustellung am 30. 1.: Fristende 28. 2. (29. 2.), § 188 III BGB. Wurde das Urteil nicht oder nicht in vollständiger Form zugestellt, *endet* die Frist 6 Monate (5 + 1) nach Verkündung, z. B. Verkündung am 1. 2.: Fristende 1. 8., §§ 517, 222, BGB § 188 II.
Im arbeitsgerichtlichen Verfahren schließt sich an die 5-Monatsfrist des § 517 die Jahresfrist des § 9 V 4 ArbGG an (h. M. BAG NJW 98, 774: mangels Urteilsbegründung auch keine Belehrung).

4. Frist zur Begründung, § 520 II

Sie beginnt ebenfalls mit der Zustellung des vollständigen Urteils und endet nach　**26.14** 2 Monaten am gleichlautenden Kalendertag, § 222, BGB §§ 187 I, 188 II.

Beispiel: Zustellung am 10. 1., Ende der Begründungsfrist: 10. 3., 24 Uhr (bzw. am Montag 12. 3., § 222 II).
Die Frist zur Begründung (§ 520 II) ist keine Notfrist (da nicht ausdrücklich als solche bezeichnet, § 224 I S. 2), aber Wiedereinsetzung ist gemäß § 233 möglich. Nach Abschaffung der Gerichtsferien (§§ 199–202 GVG a. F.) ist die Begründungsfrist auch nicht mehr gehemmt (§ 223 a. F.), es besteht nunmehr lediglich ein Anspruch der Parteien auf Terminsverlegung in der Zeit vom 1. 7. bis 31. 8. (§ 227 III), was auf den Fristablauf jedoch keinen Einfluss hat.

5. Ordnungsgemäße Begründung, § 520 III S. 2

Bei zulässiger Berufung erstreckt sich die gerichtliche Prüfung – in den Grenzen des　**26.15** Berufungsantrags – auf den *gesamten* Streitstoff, nicht nur auf die in der Berufungsbegründung vorgetragenen Rügen, § 529 II S. 2. Der vorgeschaltete Begründungszwang in § 520 I, III hat also nicht die Begrenzung des Prüfungsstoffs zum Ziel, sondern die Aufgabe, den Berufungsführer zu zwingen konzentriert vorzutragen, weshalb konkret das Urteil falsch sein soll, bezweckt also im Interesse der Prozessbeschleunigung Gericht und Gegner aus der Fülle des erstinstanzlichen Stoffs möglichst schnell auf das zu lenken, was eine Abänderung gebieten soll.

a) Berufungsanträge, § 520 III S. 2 Nr. 1

26.16 Die Anträge werden zweckmäßigerweise ausdrücklich formuliert. Zumindest aber muss sich gemäß § 520 III S. 2 Nr. 1 aus der Begründungsschrift Umfang und Ziel der Berufung ergeben (ThP § 520, 17).

Beachte: **Auch eine nur beschränkte Berufung hemmt zunächst die Rechtskraft des Urteils in vollem Umfang.** Der nicht angefochtene Teil wird erst dann rechtskräftig, wenn der Gegner nicht mehr Anschlussberufung einlegen kann (Frist: § 524 II S. 2) und der Berufungskläger den etwa hinter seiner Beschwer zurückgebliebenen und daher grds. bis zur vollen Beschwer erweiterungsfähigen Berufungsantrag nicht mehr erweitern kann (Frist: Berufungsbegründung, ThP § 520, 19). ThP § 705, 10.

Beispiel: BGH NJW 94, 2896: Berufung gegen Abweisung einer Leistungsklage gestützt auf Vertrag, zulässige Erweiterung der Berufung auf die zunächst nicht angefochtene Abweisung auch der erstinstanzlichen Zwischenfeststellungsklage betreffend Wirksamkeit des Vertrages. Weiteres Beispiel: BGH NJW 92, 2296.

Beachte: Nicht verwechselt werden darf die Erweiterung des *Berufungs*antrags mit der Erweiterung des *Klage*-Antrags, wofür weder § 520 II, noch § 520 III gilt, sondern § 533 bzw. § 264 (ThP § 520, 19).

Beispiel: K hat in 1. Instanz im Wege der Teilklage € 30 000,– aus einer behaupteten Forderung von € 50 000,– geltend gemacht. B hat nur den Grund, nicht die Höhe bestritten. Gegen das klageabweisende Urteil hat K form- und fristgerecht Berufung eingelegt. 2 Wochen nach Ablauf der Berufungsbegründungsfrist (§ 520 II) erweitert K nunmehr die *Klage* auf den ganzen Forderungsbetrag, also € 50 000,–. Keine Verfristung gemäß § 520 II, da K nicht die *Berufung* ändert, sondern *neben* die unverändert bleibenden Berufungsanträge eine zusätzliche Klageforderung stellt, also die *Klage* ändert (die Klageerweiterung greift ja das Ersturteil nicht an): Zulässig als Klageerweiterung nach §§ 264 Nr. 2, 525, da der Lebenssachverhalt derselbe blieb. § 533 gilt nicht für Antragsänderungen nach § 264 Nr. 2, 3, da diese per Fiktion nicht als Klageänderungen anzusehen ist, was auch für das Berufungsverfahren gilt (BGHZ 158, 295; BGH WM 2010, 1142). Da die Tatsachen zur Höhe unstreitig sind, ergeben sich keine weiteren Probleme.
Exkurs: erfordert die Antragsänderung nach § 264 Nr. 2, 3 die Berücksichtigung weiterer Tatsachen, ist zu differenzieren: waren diese bereits in 1. Instanz vorgebracht, wurden sie dort aber nicht festgestellt, sind sie wegen Zweifeln i. S. v. § 529 I Nr. 1 ergänzend festzustellen (BGHZ 158, 296 LS 2; ThP § 533, 11). Waren sie nicht vorgebracht, sind sie also neu, dürfen sie nur nach § 531 II berücksichtigt werden (BGHZ 158, 308 zu 2).

b) Berufungsgründe, § 520 III S. 2 Nr. 2–4

26.17 Die Berufungsbegründung muss geeignet (nicht unbedingt auch schlüssig) sein, das gesamte Urteil in Frage zu stellen, ihm seine Tragfähigkeit zu nehmen, andernfalls ist die Berufung für den nicht angegriffenen Teil unzulässig. Bei einem teilbaren Streitgegenstand oder bei mehreren Streitgegenständen muss sie sich grundsätzlich auf alle Teile des Urteils erstrecken, hinsichtlich derer eine Abänderung beantragt wird (BGH NJW 2012, 763, Tz. 6; 07, 1534; ThP §520, 25 ff.). Die diesbezügliche Rechtsprechung des BGH zu § 519 III Nr. 2 a. F. gilt auch für die Neufassung in § 520 III S. 2–4 (BGH NJW 07, 1534).

Beispiele:

(1) **Klageabweisung** (BGH NJW 90, 1184). Das LG hat die Schadensersatzklage gegen einen Notar abgewiesen, da eine Pflichtverletzung nicht vorliege, jedenfalls sei der Anspruch verjährt. Hier liegen 2 voneinander unabhängige, selbstständige und „gleichwertige" (BGH NJW 2000, 590, was zu verneinen wäre bei Abweisung als nur zur Zeit unbegründet mangels Fälligkeit sowie wegen Verjährung: letzteres

dominant, Berufungsbegründung hiergegen genügt) Abweisungsgründe vor, die Berufungsbegründung muss daher *beide* angreifen und zwar *konkret*. Der BGH hat die Berufung insgesamt als unzulässig behandelt, da die Berufungsbegründung hinsichtlich des zweiten, selbstständigen Abweisungsgrundes (Verjährungseinrede) ungenügend lediglich auf das erstinstanzliche Vorbringen Bezug nahm (Zöller § 520, 37 a; BGH NJW-RR 07, 415 zu 3 a).

Abwandlung 1 (BGH NJW 94, 2289 LS 4 a. E.): Hätte das LG die Abweisung *nur* auf Verjährung gestützt, muss der Kläger gemäß § 520 III S. 2 Nr. 2 nur dies angreifen und nicht vorsorglich auch auf weitere Anspruchshindernisse eingehen, die im Ersturteil gar nicht behandelt worden sind.

Abwandlung 2 (BGH NJW 07, 1534). Der Berufungsangriff gegen nur einen von 2 selbstständigen Abweisungsgründen kann ggfs. aus Rechtsgründen auch den anderen zu Fall bringen: dann genügt der Angriff gegen den ersteren: Das LG wies die Schadensersatzklage gegen den Verkäufer einer mangelbehafteten Immobilie ab, da der Anspruch aus §§ 437 Nr. 4, 280, 281 BGB schon am vereinbarten Gewährleistungsausschluss, außerdem am Fehlen der Fristsetzung zur Nacherfüllung (§ 439 BGB) scheitere. Der Kläger hat die Berufung nur damit begründet, dass infolge Arglist der Gewährleistungsausschluss unwirksam sei (§ 444 BGB), zu der vom LG vermissten Fristsetzung zur Nacherfüllung aber nichts ausgeführt. BGH: Letzteres für § 520 III S. 2 Nr. 2 unschädlich, da bei Bejahung der Arglist auch das Erfordernis der Nacherfüllung entfalle, so dass gleichzeitig dieser Abweisungsgrund zu Fall gebracht sei.

(2) **Klageerfolg** (BGH NJW 94, 1656). Hätte das LG im Beispiel 1 hingegen der Klage stattgegeben, also den Anspruch bejaht und die Verjährung verneint, so genügt es, wenn die Berufungsbegründung des Beklagten (bei 1 Streitgegenstand) *ein* wesentliches Begründungselement des Urteils angreift (z. B. nur die Verjährungsfrage), weil bereits damit dessen Tragfähigkeit in Frage gestellt ist. Ist dem genügt, so muss der Beklagte nicht auch zu allen weiteren ihm nachteiligen Streitpunkten Stellung nehmen, vielmehr eröffnet die zulässige Berufung dann uneingeschränkt die sachliche und rechtliche Prüfung des gesamten, also auch des erstinstanzlichen Prozessstoffs (§ 529 II S. 2).

(3) **Mehrere Streitgegenstände:** Das LG hat die Klage aus eigenem und aus abgetretenem Recht abgewiesen (2 Streitgegenstände, ThP Einl. II Rn. 32). Legt der Kläger hiergegen uneingeschränkt (Berufungsantrag?!) Berufung ein, muss die Begründung sich auf alle Teile des Urteils erstrecken, hinsichtlich deren eine Abänderung beantragt ist, also auf *beide* Streitgegenstände, andernfalls ist die Berufung hinsichtlich des unzureichend begründeten Streitgegenstandes als unzulässig zu verwerfen (BGH NJW 98, 1081). Nach BGH NJW 91, 1685 und NJW 93, 3074 war daher die Berufung, die sich nur mit der Abweisung des Anspruchs aus abgetretenem Recht beschäftigte und hinsichtlich des aus eigenem Recht lediglich auf das erstinstanzliche Vorbringen Bezug nahm (genügt nicht), hinsichtlich des letzteren als unzulässig zu verwerfen, § 522 I (Tenor z. B.: „… im Übrigen wird die Berufung verworfen"). BGH NJW 91, 1685 zu II 1.

(4) **Unzulässig** (BGH NJW 97, 1787): Das LG hat der Werklohnklage stattgegeben und ausgeführt, worin es die Abnahme sieht. Die Berufung des Bekl. führt pauschal aus: es sei wiederholt vorgetragen worden, dass keine Abnahme erfolgt sei. BGH: dies lässt nicht erkennen, aus welchen tatsächlichen oder rechtlichen Gründen die Urteilsfeststellungen unrichtig sein sollen. Die Berufung war unzulässig (§ 520 III S. 2 Nr. 3). Ungenügend ist auch die bloße Wiederholung des erstinstanzlichen Vortrags *ohne* zu sagen, wo und weshalb das Urteil unrichtig sein soll.

6. Beschwer des Rechtsmittelklägers

Sie ist der wichtigste Ausdruck des **Rechtsschutzbedürfnisses,** das nur in Ausnahmefällen noch ergänzend zu erörtern ist (BGHZ 50, 263; 57, 225; ThP 17 vor § 511). Maßgebend ist, ob der **rechtskraftfähige** Inhalt der Entscheidung für den Rechtsmittelkläger nachteilig ist, hinzutreten muss das Begehren, diese **Beschwer zu beseitigen.** Die Beschwer muss sich aus der angefochtenen Vorentscheidung ergeben, sie kann also nicht erst durch die Rechtsmittelschrift geschaffen werden, also nicht etwa nur durch Klageerweiterung seitens des Klägers oder Widerklage seitens des Beklagten. Der Rechtsmittelkläger muss vielmehr das **vorinstanzliche Begehren zumindest teilweise weiterverfolgen** (BGH NJW 2011, 3653; ThP 21; Zöller 10; StJ Einl. 72 vor § 511).

26.18

Eine Berufung ist daher unzulässig, wenn mit ihr lediglich im Wege der Klageänderung ein neuer, bislang nicht geltend gemachter Anspruch zur Entscheidung gestellt wird, also ohne den erstinstanzlichen abgewiesenen Anspruch zumindest teilweise weiterzuverfolgen (BGH a. a. O.; BGHZ 155, 26). Stützt der Kläger nach Klageabweisung die Berufung in einem Hauptantrag auf einen erstmals in der Berufungsinstanz eingeführten neuen Streitgegenstand und das abgewiesene Klagebegehren aus erster Instanz nur mehr auf einen Hilfsantrag, so ist die Berufung mit dem Hauptantrag unzulässig (weil nicht die Beseitigung der Beschwer verfolgend), die auf den nunmehrigen Hilfsantrag gestützte hingegen zulässig, weil insoweit die Beseitigung der Beschwer erstrebt wird (BGH NJW 01, 226).

Die h. M. fordert formelle Beschwer bei der Berufung des Klägers und lässt materielle genügen bei der des Beklagten. BGH NJW 04, 2020; ThP 18, 19 vor § 511; nach a. A. gilt formelle Beschwer für beide Parteien, also auch für den Beklagten, so Müko-ZPO 14 vor § 511; StJ Einl. 84 vor § 511.

26.19 a) **Kläger:** erforderlich ist **formelle** Beschwer, d. h. nachteilige Abweichung des Urteils von dem in 1. Instanz gestellten Antrag.

(1) **Beispiele für vorhandene** formelle Beschwer: Der Klage wird unter Abweisung des Hauptantrags (= Beschwer) nur nach dem Hilfsantrag stattgegeben. Verurteilung nur Zug um Zug, statt wie beantragt uneingeschränkt (Wert der Beschwer ist das Interesse an der Beseitigung der Zug um Zug Leistung, also der Wert der Gegenleistung, begrenzt durch den Wert des Klageanspruchs, BGH NJW 82, 1048).
Klageabweisung nach einseitiger Erledigungserklärung. Auch wenn es im Einzelfall dem Kläger nur um eine Abänderung der ihn belastenden Kostenentscheidung gehen sollte, wird formelle Beschwer bejaht. Da K wegen § 99 I nicht isoliert die KostenE anfechten kann, eine Änderung dem K aber ermöglicht werden muss, lehnt die h. M. Berufung zu: Wert der Beschwer ist die abgewiesene Hauptsache (BGHZ 57, 224; ThP 22; Zöller 14 vor § 511).
BGH NJW 94, 2098: Die Klage des K auf Feststellung der Schadensersatzpflicht des Beklagten wird als unzulässig abgewiesen, denn K hätte auf Leistung klagen können. Dagegen legt K Berufung ein mit nunmehr beziffertem Leistungsantrag. K ist durch die Abweisung beschwert, er verfolgt auch zwecks Beseitigung dieser Beschwer das erstinstanzliche Begehren weiter, wenn auch jetzt in Gestalt eines Leistungsantrags, denn der dem Schadensersatzbegehren zugrundeliegende Lebenssachverhalt ist derselbe.

(2) **Beispiel für fehlende** formelle Beschwer: K obsiegt erstinstanzlich mit seiner aus Kostengründen zunächst begrenzten Teilklage und erstrebt mit der Berufung Klageerweiterung auf den Rest. K ist nicht beschwert, da er erstinstanzlich alles erhalten hat, was er beantragt hat. Klageänderung und Klageerweiterung in 2. Instanz setzen eine zulässige Berufung voraus, also eine Beschwer und das Begehren, diese zu beseitigen; die Beschwer aber kann sich nur aus dem Ersturteil ergeben, nicht (ausschließlich) durch Klageerweiterung in 2. Instanz (BGH NJW 92, 2296; Zöller 10 a vor § 511).
Beachte: Legt hingegen B die Berufung ein, kann K die Klageerweiterung durch Anschlussberufung vornehmen, da diese keine Beschwer voraussetzt (ThP 21 vor § 511).

26.20 b) **Beklagter:** es genügt **materielle** Beschwer, d. h. jeder nachteilige rechtskraftfähige Inhalt der angefochtenen Entscheidung ungeachtet des erstinstanzlichen Antrags des Beklagten, denn über dessen Antrag wird nicht entschieden, sondern nur über den Sachantrag des Klägers (h. M., ThP 19 vor § 511).

Beispiele für vorhandene materielle Beschwer: (1) Jede Verurteilung des Beklagten, mag sie auch seinem Anerkenntnis entsprechen, Zöller 19 a vor § 511 (die a. A., die auch hier formelle Beschwer fordert, bejaht Beschwer nur, wenn der Beklagte geltend macht, er habe gar kein wirksames Anerkenntnis erklärt, StJ Einl. 87 vor § 511).

(2) Zurückverweisung statt Sachabweisung (ThP 28 vor § 511).

(3) Aufrechnung: Klageabweisung infolge Aufrechnung; Verurteilung des Beklagten unter Aberkennung der Aufrechnung, § 322 II (ThP 28; Zöller 26, 26 a vor § 511).

7. Berufungssumme, bzw. Zulassung der Berufung, § 511 II

a) **§ 511 II Nr. 1.** „Beschwerdegegenstand" ist der Teil der Beschwer (durch das Erst- **26.21** urteil, also nicht infolge Klageerweiterung in der Berufung etc.), der durch die Berufung beseitigt werden soll. Berechnungskriterien sind also: Beschwer (= Obergrenze) und Berufungsantrag (§ 520 III S. 2 Nr. 1).

Beispiele: (1) Klage auf € 3000,–, Urteil auf € 1000,–, Berufung des Klägers auf weitere € 500,–, des Beklagten auf Klageabweisung. Die Berufung des Beklagten ist zulässig (Beschwer und Berufungsantrag: € 1000,–). Die Berufung des Klägers ist unzulässig: zwar Beschwer € 2000,–, aber Berufungsantrag unter € 600,– (aber ggfls. Umdeutung in unselbstständig Anschlussberufung, ThP § 522, 1).

(2) Aufrechnung: ThP § 511, 16; Zöller 26 ff. vor § 511; § 511, 23.

(3) Haupt- und Hilfsantrag abgewiesen: Addition, soweit (!) wirtschaftlich selbstständig (Zöller § 511, 28).

(4) Berufung des Beklagten gegen ein die Erledigung feststellendes Urteil. Strittig: Wert aller Kosten aus erster Instanz (Kostenvermeidungsinteresse, BGH NJW 69, 1173), nach a. A. Wert der Hauptsache, da über sie rechtskraftfähig entschieden wird (Klageänderungstheorie), jedoch Abschlag wie sonst bei positiver Feststellungsklage, ThP § 91 a, 53, 59.

Ausnahme: § 514 II: Berufung gegen ein technisch 2. VU (§ 345).

Sonderfall: § 64 II ArbGG (Berufung in Kündigungsschutzprozessen zulässig auch ohne Zulassung u. unabhängig vom Wert der Beschwer).

b) **§ 511 II Nr. 2.** Die Vorschrift wird bedeutungslos bleiben, da die nach ihren Kriterien wichtigen Fälle sicher alle einen Beschwerdegegenstand von über € 600,– haben und daher schon unter § 511 II Nr. 1 fallen werden.

II. Begründetheit der Berufung

Die Berufung ist begründet, wenn (soweit) das Ersturteil abgeändert oder die Sache **26.22** unter Aufhebung zurückverwiesen wird. Sie ist unbegründet, wenn das Berufungsgericht zum selben Ergebnis kommt, sei es auch aus anderen Gründen (ThP 12 vor § 511).

Zur Begründetheit sind 2 Punkte zu prüfen (ThP 12 vor § 511): Ordnungsmäßigkeit des Verfahrens 1. Instanz, also Gründe, die zu einer Abänderung des Ersturteils führen, ohne dass es zu einer Sachprüfung kommt (unten 1) und sodann die eigentliche Sachprüfung (unten 2).

1. Zulässigkeit der Klage und Zurückverweisungsgründe, § 538 II

a) Zulässigkeit der Klage

Dieser Prüfungspunkt gehört aus folgenden Gründen zur „Begründetheit" der Beru- **26.23** fung: Hat etwa das Erstgericht die Klage als zulässig behandelt und ein Sachurteil erlassen, ist sie aber tatsächlich (zumindest jetzt) unzulässig, so muss das Ersturteil aufgehoben und die Klage abgewiesen werden. Ähnlich im umgekehrten Fall: Hat das Ersturteil die Klage als unzulässig abgewiesen, bejaht das Berufungsgericht aber die Zulässigkeit, so muss es aufheben und selbst in der Sache entscheiden (Regelfall gem. § 538 I), oder unter Aufhebung zurückverweisen (§ 538 II Nr. 3).

Beachte: zu prüfen ist, ob die Klage *jedenfalls jetzt* (Berufungsinstanz) zulässig ist (also z. B. zur Prozessstandschaft jedenfalls jetzt die Zustimmung des Rechtsinhabers erteilt worden ist). Denn maßgebender Zeitpunkt für die Zulässigkeit ist der Schluss der mündlichen Verhandlung (ggfls. in der Revisionsinstanz), ThP 11 vor § 253.

Besonderheiten gelten für Zuständigkeitsfragen:

§ 513 II: jede Nachprüfung der bejahten (!) örtlichen und sachlichen, auch ausschließlichen, Zuständigkeit unterbleibt, auch wenn sie ausdrücklich gerügt worden war.

§ 17 a V GVG: die Zuständigkeit der Arbeitsgerichtsbarkeit (Rechtsweg) wird vom Berufungsgericht also grds. nicht mehr geprüft, da dies in 1. Instanz vorab im Beschwerdeverfahren, also auf Rüge, zu prüfen gewesen wäre, § 17 a III 2 GVG. Prüfung daher in 2. Instanz nur, wenn das Erstgericht trotz Rüge entgegen § 17 a III 2 GVG *nicht vorab* durch Beschluss (dagegen nämlich sofortige Beschwerde, § 17 a IV GVG) sondern erst im Endurteil entschieden hat, § 17 a V GVG ist dann unanwendbar, BGHZ 119, 247; 121, 367; ThP § 17 a GVG, 22. (Dann also z. B.: Aufhebung des Ersturteils und Verweisung an ArbG gemäß § 17 a II GVG.)

b) Zurückverweisungsgründe (§ 538 II)

26.24 Die Berufung ist bereits dann begründet, wenn es nur zur Aufhebung und Zurückverweisung kommt.

Die Zurückverweisung ist nach § 538 der Ausnahmefall (§ 538 II: *darf* nur zurückverweisen, wenn) zur Regel in § 538 I. Voraussetzungen sind gem. § 538 II:

– Antrag einer Partei (Ausnahme Teilurteil, Nr. 7)
– Zurückverweisungsgrund

> In § 538 II Nr. 1 und 7 liegt ein Verfahrensmangel vor, demzufolge das erstinstanzliche Verfahren keine ordnungsgemäße Grundlage darstellt, in § 538 II Nr. 2–6 beruht die Zurückverweisung darauf, dass über die Klageforderung sachlich noch nicht oder (bei Vorbehaltsurteil) nicht endgültig verhandelt worden ist, den Parteien also ohne Zurückverweisung eine Instanz verlorenginge (ThP § 538, 4).

– Fehlende Entscheidungsreife (§ 538 II: soweit – nach Behebung des Mangels – weitere Verhandlung zur Sache erforderlich ist)
– Ermessen des Berufungsgerichts („darf" – nicht: muss – zurückverweisen), das aber gebunden ist durch den Grundsatz in § 538 I.

Beispiel 1 (§ 538 II Nr. 1): Das LG wies die Klage des Bestellers K auf Schadensersatz gem. §§ 634 Nr. 4, 280 I, 281 BGB wegen Verjährung ab und überging dabei trotz Widerspruchs umfangreiche Beweisangebote zur behaupteten Hemmung der Verjährung. In der Berufungsinstanz beantragt K vorsorglich die Zurückverweisung.

(1) **Verfahrensmangel:** darunter zu verstehen ist der Fehler beim Weg zum Urteil, (error in procedendo) im Unterschied zum materiellrechtlichen Fehler der Rechtsanwendung (error in iudicando). Ob ein error in procedendo oder in iudicando vorliegt, ist vom materiellrechtlichen Standpunkt des *Erstrichters* aus zu beurteilen. (st. Rspr. BGH NJW 93, 539). Danach ist das Übergehen von Beweisangeboten grds. ein Verfahrensfehler, so hier. Werden Beweisangebote allerdings deswegen übergangen, weil der Erstrichter die Beweislast verkannt hat und es deshalb – aus seiner (!) Sicht – nicht auf sie ankam, liegt nur ein materiellrechtlicher Fehler vor.

(2) **Wesentlich** ist der Verfahrensmangel, wenn danach das erstinstanzliche Verfahren keine ordnungsgemäße Grundlage für die Entscheidung darstellt (so die Formel des RG und des BGH, z. B. NJW 93, 2318), er muss für das *Ergebnis erheblich* sein, so hier (nicht nur für die Begründung) BGH WM 96, 1323; ThP § 538, 9.

(3) **§§ 534, 295.** Der Verfahrensmangel darf nicht bereits im 1. Rechtszug durch Nichtrüge geheilt worden sein. Hier: Widerspruch seitens K.

(4) **Umfangreiche** oder aufwändige Beweisaufnahme ist bei Beseitigung des Mangels geboten, so hier: umfangreiche Beweisangebote zur Hemmung der Verjährung.

(5) **Relevanz** dieses Fehlers für die *eigene* Sachentscheidung des Berufungsgerichts?

Keine Zurückverweisung, wenn sich der Verfahrensfehler nach der eigenen Rechtsauffassung des Berufungsgerichts (jetzt ist *dessen* Sicht maßgebend!) auf die nunmehr zu treffende Entscheidung nicht auswirkt, sich die Erstentscheidung im *Ergebnis* aus anderen Gründen als richtig erweist (BGH NJW 2000, 2508). So etwa, wenn das OLG feststellt, dass der Klageanspruch vorliegend schon an der unterbliebenen Fristsetzung zur Nacherfüllung (§ 281 I BGB) scheitert.
Diese Ausnahme liegt hier nicht vor, sodass eine Zurückverweisung berechtigt ist.

Beispiel 2 (zu § 538 II Nr. 2): Das LG hat gegen den Bekl. ein VU erlassen und seinen Einspruch dagegen gemäß § 345 durch ein 2. VU verworfen. Dagegen Berufung des Bekl. gem. § 514 II. Das OLG verneint die Säumnis im Einspruchstermin: i.d.R. wird die Entscheidungsreife fehlen, da zur Sache – wie hier – noch nicht zweiseitig (kontradiktorisch) verhandelt worden ist. Das OLG wird daher das 2. VU aufheben und auf Antrag zurückverweisen.
Das OLG kann aber auch die Sache trotz des Fehlers behalten und sie nebst Beweisaufnahme zur Entscheidungsreife fördern (§ 538 I. § 538 II: darf zurückverweisen, muss aber nicht). Die Berufung ist dann begründet, wenn und soweit auch das 1. VU aufgehoben (§ 343 S. 2) wird, unbegründet, wenn es im Ergebnis beim 1. VU verbleibt (§ 343 S. 1).

2. Begründetheit der Klage

Sie ist zu prüfen **nach jetzigem Stand** (also incl. neuem Vorbringen) **unter Beibehal- 26.25 tung** der Beweisergebnisse und des gesamten Prozessstoffs erster Instanz (Behaupten, Bestreiten, Zeugen, Urkunden, Geltendmachung von Einwendungen, z. B. Aufrechnung, von Einreden, z. B. Verjährung, §§ 273, 320 BGB). BGH NJW 12, 2662, Tz. 16.

Es gilt der Grundsatz der **Fortsetzung** und damit der **Einheit der mündlichen Verhandlung von erster und zweiter Instanz:** was in 1. Instanz eingeführt wurde, bleibt Prozessstoff auch für die 2. Instanz (vgl. Zöller § 528, 4).

§ 529 gibt allerdings folgende Prüfungsreihenfolge vor: Das Berufungsgericht ist zunächst grundsätzlich an die Tatsachenfeststellung des Erstgerichts **gebunden,** muss aber für jeden entscheidungserheblichen Prüfungspunkt (z. B. die einzelnen Anspruchsvoraussetzungen) klären, ob die Tatsachenfeststellungen zu wiederholen sind (weil konkrete Zweifel an der Richtigkeit und Vollständigkeit bestehen) und/oder auf neue Tatsachen zulässigerweise (§§ 529 I Nr. 2, 531 II) zu erstrecken sind. Bleibt die Tatsachenfeststellung unverändert, ist zu prüfen, ob das Erstgericht das Gesetz darauf zutreffend angewendet hat, also ob „die Entscheidung auf einer Rechtsverletzung (§ 546) beruht", **§ 513.**

III. Zusammenfassender Fall. Tenorierung

Fall: K macht gegen den Bauunternehmer B nach vergeblicher Fristsetzung zur Nacherfüllung eine 26.26 Schadensersatzforderung aus §§ 634 Nr. 4, 281 I, 280 I BGB über €100 000,– vor dem LG geltend. B bestreitet, dass die Mängel bereits vor Abnahme, also in seinem Verantwortungsbereich, entstanden seien. Die auf Antrag des K vernommenen Zeugen A, B bekunden, dass die Mängel schon vor Abnahme vorgelegen haben. Der Beklagte wird daraufhin durch Endurteil zur Zahlung von €100 000,– verurteilt.
In der form- und fristgerecht eingelegten und begründeten (§§ 517, 519, 520) Berufung führt B konkret (§ 520 III Nr. 3) aus, weshalb den Zeugen nicht zu folgen sei, er beantragt Aufhebung des angefochtenen Urteils und Klageabweisung.
Hilfsweise rechnet er nunmehr auch auf mit einer Werklohnforderung über € 60 000,– aus einem anderen Bauvorhaben. K bestreitet die Aufrechnungsforderung und widersetzt sich ihrer Zulassung in der Berufung (§ 533).
Drei Tage vor der Berufungsverhandlung geht beim OLG ein Schriftsatz des Beklagtenvertreters ein, worin zum Beweis dafür, dass die Mängel vor Abnahme nicht vorhanden gewesen sein, die Zeugen C und D angeboten werden. C sei in 1. Instanz infolge eines Versehens des Beklagtenvertreters nicht benannt worden. D habe nicht benannt werden können, da erst 8 Tage nach Urteilsverkündung be-

kannt geworden sei, dass D als seltener Besucher des Nachbarn entsprechende Wahrnehmungen gemacht habe. Eine Ladung von C, D konnte nicht mehr erfolgen.

Wie ist zu entscheiden, wenn

(a) die Aufrechnungsforderung bereits anderweit rechtshängig ist,
(b) die Aufrechnungsforderung dasselbe Bauvorhaben betrifft, nicht anderweit rechtshängig ist und K die erstmals in der Berufungsinstanz fällig gewordene (wichtig wegen § 97 II) Aufrechnungsforderung im Laufe der Berufungsverhandlung nach Antragstellung unstreitig stellt?

I. Zulässigkeit der Berufung

1. Statthaft

a) § 511 I: Endurteil des LG

b) Berufungskläger und -Beklagter sind problemlos die Hauptparteien 1. Instanz

2. Form, § 519 I, II: (+)

3. Frist zur Einlegung (1 Monat, § 517): (+)

4. Frist zur Begründung (2 Monate, § 520 II S. 1): (+)

5. Ordnungsgemäße Begründung

a) Anträge, § 520 III S. 2 Nr. 1: (+)

b) Begründung, § 520 III S. 2 Nr. 2–4: (+)

6. Beschwer des Berufungsführers (Beklagter) als besondere Form des Rechtsschutzbedürfnisses.

Hier: materielle Beschwer durch Verurteilung zu € 100 000,–.

Die erstmals in der Berufung erklärte Hilfsaufrechnung ist für die Frage der Beschwer unerheblich, da sich diese nur am rechtskraftfähigen Inhalt der angefochtenen Entscheidung orientiert und in 1. Instanz über die Aufrechnung nicht entschieden wurde.

Hinweis: Von der *Beschwer* (durch das Ersturteil) sind begrifflich streng zu trennen der Rechtsmittelstreitwert sowie der Gebührenstreitwert der Rechtsmittelinstanz.
Der *Rechtsmittelstreitwert* (§§ 2–9) ist der Wert z.B. des Berufungsantrags (des „Beschwerdegegenstands" i.S.v. § 511 II Nr. 1), also der Teil der Beschwer, der z.B. mit dem Berufungsantrag angegriffen wird (Musielak 2; StJ 34 zu § 2). Er ist bedeutsam für die Zulässigkeit der Berufung (§ 511 II Nr. 1).
Er kann, muss aber nicht identisch sein mit dem *Gebührenstreitwert* des Berufungsverfahrens (der sich nach § 47 GKG richtet). Das zeigt sich anschaulich, wenn mit der Berufung auch die *Klage* erweitert wird (zu diesem wesentlichen Unterschied schon oben Rn. **26**.16). Beispiel: Die Klage über € 100 000,– wird abgewiesen (Beschwer des K: € 100 000,–). Hiergegen volle Berufung des Klägers (Rechtsmittelstreitwert € 100 000,–, denn nur das betrifft das Rechtsmittel, nicht die Klageerweiterung, sie ist kein Rechtsmittel) nebst Klageerweiterung auf jetzt insgesamt € 120 000,– (= Gebührenstreitwert des Berufungsverfahrens, § 47 II 2 GKG). Siehe auch Rn. **3**.19 (Streitwertarten).

7. Berufungssumme, § 511 II Nr. 1: (+)

II. Begründetheit der Berufung

1. Zulässigkeit der Klage, keine Zurückverweisungsgründe (§ 538 II): (+)

2. Begründetheit der Klage (nach jetzigem Stand)

Auszugehen ist infolge der Bindungswirkung gem. § 529 I Nr. 1 von den Feststellungen des Erstgerichts (mit der Klärung, dass/ob diese vollständig und richtig sind (verneinendenfalls, was hierzu die erneute Beweisaufnahme ergeben hat).

Dem folgt die evtl. Einbeziehung neuer Beweismittel (§ 531 II) bzw. der Ausschluss präkludierter Behauptungen u. Beweismittel (§§ 530, 531). Hier:

Anspruchsgrundlage: §§ 634 Nr. 4, 281 I, 280 I BGB.

a) Anspruch entstanden

aa) Wirksamer Werkvertrag: (+)

Die Tatsachen zum Konsens waren unstreitig, die Tatsachenfeststellung des LG ist problemlos korrekt. Die Subsumtion unter einen Werkvertrag ist zutreffend und stellt keine Rechtsverletzung (§ 513) dar.

bb) Fristsetzung gemäß § 281 I BGB: (+)

Tatsachenfeststellung korrekt, da unstreitig (wie soeben).

cc) Mangel vor Abnahme

(1) Vom LG durch 2 Zeugen (A, B) festgestellt. Die Feststellung ist für das OLG bindend, da keine konkreten Zweifel i. S. v. **§ 529 I Nr. 1** bestehen:

– Vollständigkeit: das LG hat keine weiteren Beweisantritte (insbes. Zeugen) übergangen.

– Richtigkeit: die Beweiswürdigung durch das LG enthält keinen Verstoß gegen Denkgesetze oder Erfahrungssätze, keine Widersprüche.

Es ist also keine erneute Feststellung geboten (durch wiederholte Vernehmung der Zeugen A, B gem. §§ 525, 398).

(2) Zeuge C:

Seine Vernehmung ist e contrario gem. **§ 531 II Nr. 3** ausgeschlossen: Seine Benennung ist „neu", seine in 1. Instanz mögliche Benennung ist infolge Nachlässigkeit des Beklagten unterblieben, dem das Verschulden seines Prozessbevollmächtigten gem. § 85 II zugerechnet wird.

(3) Zeuge D:

§ 531 II? Die Vernehmung des D ist nicht schon e contrario gemäß § 531 II Nr. 3 ausgeschlossen, da keine Nachlässigkeit des Bekl. vorlag. Beim Nachbarn nach geeigneten Zeugen zu ermitteln, überspannt die Anforderungen.

§ 530? Die Vernehmung des D muss aber unterbleiben, da das Beweisangebot gemäß §§ 530, 296 I präkludiert ist (Die Präklusion ist i. F. § 296 I zwingend):

– Der Zeuge D hätte bereits in der Berufungsbegründung und innerhalb der Begründungsfrist benannt werden müssen, § 520 II, III S. 2 Nr. 4, denn dieses Beweismittel gehört gerade zu der Thematik, auf die die Berufung gestützt wurde.

– Verzögerung: der Prozess ist bereits entscheidungsreif (auch bzgl. der Aufrechnung).

– Verschulden der Partei bezieht sich auf Versäumnisse innerhalb der Berufungsbegründungsfrist gem. § 520 II und ist hier zu bejahen, da das Beweismittel schon 8 Tage nach Verkündung des Ersturteils dem Bekl. bekannt war.

b) Erloschen durch Aufrechnung?

Dann müsste die Aufrechnung in 2. Instanz zunächst überhaupt zulässig sein: **§ 533.**

(1) **Alternative 1:**

Die Aufrechnung ist gemäß § 533 unzulässig:

– Keine Einwilligung seitens K, auch keine Sachdienlichkeit, da diese zu verneinen ist, wenn die bestrittene (so hier) Aufrechnungsforderung bereits anderweitig rechtshängig ist (so hier), BGH FamRZ 90, 979; Zöller § 533, 29.

– Zudem scheitert die Aufrechnung an § 533 Nr. 2, da sie einen prozessfremden Sachverhalt betrifft mit dessen Befassung das Berufungsgericht nicht gezwungen werden soll.

Es ergeht:

ENDURTEIL:

I. Die Berufung des Beklagten gegen … wird zurückgewiesen.

II. Der Beklagte trägt die Kosten des Berufungsverfahrens *(§ 97 I)*.

III. Das Urteil ist vorläufig vollstreckbar. Der Beklagte kann die Vollstreckung abwenden durch Sicherheitsleistung in Höhe von € 110 000,–, wenn nicht der Kläger zuvor Sicherheit in gleicher Höhe erbringt *(§§ 708 Nr. 10, 711 S. 1; alternativ S. 2)*.

IV. Die Revision wird zugelassen *(§ 543 I Nr. 1)*.

Anmerkung:

Zu Ziffer III. Üblich ist, in die Sicherheitsleistung auch das einzurechnen, was aus dem Ersturteil vollstreckt werden kann. Der Vollstreckungsausspruch des OLG gem. §§ 708 Nr. 10, 711 tritt an die Stelle des erstinstanzlichen (Müko-ZPO § 708, 17). War das Urteil des LG gem. § 709 S. 1 nur *gegen* SL vollstreckbar (wie hier), so wird es jetzt *ohne* SL vollstreckbar (§ 708 Nr. 10), aber der Gegner (B) kann abwenden (§ 711) durch SL in Höhe der zuerkannten Hauptsache nebst Kostenerstattungsansprüchen des K aus *beiden* Instanzen (ThP § 708, 11).

Zu Ziffer IV. Die *Zulassung* muss „in dem Urteil" erfolgen (§ 543 I Nr. 1), ohne Gebot, sie im Tenor auszusprechen, aber dies ist üblich. Die *Nichtzulassung* hingegen wird i.d.R. nur am Ende der Entscheidungsgründe abgehandelt. Schweigen bedeutet Nichtzulassung. Bei *beschränkter* Zulassung (z.B. nur für einen von mehreren Streitgegenständen, nur für die Widerklage etc.) empfiehlt sich im Tenor zuzulassen: „in dem in den E-Gründen näher dargelegten Umfang" (Zöller § 543, 16).

Hier: die Zulassung ist falsch, da nicht von den Voraussetzungen des § 543 II gedeckt, weil es nur um die beweismäßige Beurteilung eines Einzelfalles geht. Dennoch ist die Zulassung bindend für den BGH, die Revision also „statthaft", § 543 II S. 2.

(2) **Alternative 2:**

Hier ist die Aufrechnung gemäß § 533 zulässig: sie ist sachdienlich, da die Aufrechnungsforderung nunmehr unstreitig ist und sie wird – da sie dasselbe Bauvorhaben betrifft – auf dieselben Tatsachen gestützt, die das Berufungsgericht ohnehin nach § 529 I Nr. 1 zugrunde zu legen hat, § 533 Nr. 2. Es ergeht

ENDURTEIL:

I. Auf die Berufung des Beklagten wird das Endurteil des LG … dahin abgeändert, dass der Beklagte verurteilt wird, an K € 40 000,– zu zahlen und die Klage im Übrigen abgewiesen wird.

Im Übrigen wird die Berufung zurückgewiesen.

II. Die Kostenentscheidung des angefochtenen Urteils wird aufgehoben (oder: dahin abgeändert …). Von den Kosten des Rechtsstreits 1. Instanz trägt der Kläger ³/₅, der Beklagte ²/₅ *(§ 92 I 1)*, von denen der 2. Instanz trägt der Kläger ³/₈, der Beklagte ⁵/₈ *(§§ 92 I, 97 I)*.

III. Das Urteil ist vorläufig vollstreckbar. Der Beklagte kann die Vollstreckung abwenden durch Sicherheitsleistung in Höhe von € 44 000,–, der Kläger sie durch ein solche in Höhe von € 4000,–, sofern nicht die Gegenseite zuvor Sicherheit in gleicher Höhe erbringt *(§§ 708 Nr. 10, 711 S. 1; alternativ S. 2)*.

Anmerkungen:

Zu I: Wenn die Berufung **voll begründet** ist, enthält der Tenor – in getrennten Ziffern – einen aufhebenden sowie einen ersetzenden (oder zurückverweisenden) Ausspruch.

Ist die Berufung hingegen – wie hier – nur **teilweise begründet,** erfolgt i.d.R. nur eine **Abänderung** und Neufassung des erstinstanzlichen Hauptsacheausspruchs (Wortlaut des § 528 S. 2) sowie Abänderung (bzw. Aufhebung und Neufassung) des Kostenausspruchs. Nur wenn es die Klarheit erfordert, erfolgt auch hier ausnahmsweise Aufhebung und Neufassung (h.M., ThP 42 vor § 511). Abänderung statt Vollaufhebung hat auch den Vorteil, dass der Rang von Vollstreckungsmaßnahmen, die auf das Ersturteil gestützt sind, erhalten bleibt (so der Grund z.B. auch bei § 343, vgl. ThP § 343, 3, oben Rn. **19.**21).

Zu II: Ist die Berufung **erfolglos**, wird gem. § 97 I lediglich über die Kosten der Berufung entschieden, bei der Kostenentscheidung der 1. Instanz hat es also sein Bewenden.

Ist die Berufung aber ganz oder teilweise – wie hier – **erfolgreich** (wird das Ersturteil aufgehoben oder abgeändert), so muss über die Kosten des Rechtsstreits *insgesamt* (also *aller* Instanzen) entschieden werden, und zwar, wenn die Streitwerte der Instanzen identisch sind, durch einheitliche Quote für alle Instanzen (den Rechtsstreit), wenn sie verschieden sind (insbes. bei beschränktem Rechtsmittel), getrennt für jede Instanz (wegen der unterschiedlichen Gebührenhöhe).
Letzteres trifft hier zu: Streitwert der 1. Instanz: € 100 000,–. Streitwert der 2. Instanz wegen der hier streitwerterhöhenden Eventualaufrechnung (§ 45 III GKG, § 322 II): € 160 000,–. Dass die Aufrechnungsforderung später unstreitig geworden ist, ist wegen § 40 GKG unerheblich: entscheidend ist, dass sie bei Antragstellung streitig war.
Das Unterliegen bemisst sich nach dem jeweiligen Gebührenstreitwert (ThP § 97, 15; § 92, 2). In der 1. Instanz wirkt sich die Aufrechnung noch nicht streitwerterhöhend aus (noch nicht erklärt). Gleichwohl ist sie – zwar ohne Erhöhung, aber – als Erlöschensgrund zu berücksichtigen, weil auf das Prozess*end*ergebnis abzustellen ist: am Schluss der mündlichen Verhandlung ist die Klageforderung eben in dieser Höhe erloschen (durch Aufrechnung, in anderen Fällen z.B. durch Zahlung oder Verzicht in 2. Instanz). Auf die Rückwirkung gemäß § 389 BGB muss also gar nicht abgestellt werden. K unterliegt also in 1. Instanz in Höhe des Aufrechnungseinwands, also im Verhältnis € 60 000,– zu € 100 000,– = 3/5.
Um ein Teilunterliegen zu vermeiden, hätte K nach Erklärung der Aufrechnung die Hauptsache in Höhe von € 60 000,– für erledigt erklären müssen (Aufrechnung: ThP § 91 a, 5).
In der 2. Instanz unterliegt K in Höhe von € 60 000,– zum erhöhten Streitwert € 160 000,– (§ 45 III GKG), also zu 3/8.
Bei Teilerfolg – wie hier – beruht die Kostenentscheidung, soweit das Rechtsmittel erfolglos ist, auf § 97 I, im Übrigen auf § 92 (ThP 15; Zöller 8 zu § 97).
Der Ausnahmefall des § 97 II liegt hier nicht vor, da die Aufrechnungslage erst nach Schluss der Verhandlung erster Instanz eingetreten ist.

26.27

Zusammenfassend ein **Überblick in Stichworten:**

Berufung voll **erfolglos:**	**§ 97 I** (im Tenor nur: Kosten der Berufung).
Berufung voll **erfolgreich:**	**§ 91** (Tenor: Kosten des – gesamten – Rechtsstreits).
Volle Berufung mit **Teilerfolg:**	**§ 97 I mit § 92** (ThP § 97, 15–18). Falls identischer Streitwert: einheitliche Quoten.
Beschränkte Berufung: (z.B. Verurteilung zu € 100 000,–, dagegen erfolgreiche Berufung B nur in Höhe von € 40 000,–)	**Trennung nach Instanzen,** da unterschiedliche Streitwerte (ThP § 97, 8): Die Kosten der 1. Instanz trägt K zu 2/5 und B zu 3/5 (§ 92 I). Die Kosten der (voll erfolgreichen) Berufung trägt K alleine (§ 91).

„Gründe", § 540. Das Berufungsurteil enthält nicht mehr die traditionelle Aufteilung in TB und E-Gründe (§ 540 verbietet allerdings nicht, das BerUrteil wie bisher nach § 313 abzufassen, ThP § 540, 1). Dem Tenor folgen vielmehr nur „Gründe", die aber in Anlehnung an die bisherigen Elemente von TB und E-Gründen zu gliedern sind in 2 Ziffern ohne Überschrift (Zöller § 540, 3 ff.; Böhme-Fleck-Kroiß Nr. 17):

26.28

I. § 540 I Nr. 1: Tatsächliche Feststellungen (Anlehnung an früheren TB).

1. Bezugnahme auf die tatsächlichen Feststellungen im Ersturteil.

2. Soweit im Berufungsrechtszug Änderungen oder Ergänzungen erfolgt sind (z.B. geänderter oder neuer Sachvortrag, neue Beweismittel), müssen diese zwar kurz (Verweisungen wegen der Details auf Schriftsätze), aber doch so verständlich dargestellt werden, dass ersichtlich ist, welchen Sachvortrag und welche Beweiser-

gebnisse das BerGericht seinem Urteil zugrunde legt (BGH NJW-RR 07, 781; Musielak § 540, 3).

3. Die Berufungsanträge sind zwar in § 540 I Nr. 1 nicht ausdrücklich vorgeschrieben, die dort vorgesehene Bezugnahme kann sich auch nicht auf sie erstrecken. Ihre Wiedergabe (wörtlich oder sinngemäß) ist aber unverzichtbar, da der Umfang der Anfechtung berichtet werden muss, andernfalls erfolgt Aufhebung und Zurückverweisung wegen eines Verfahrensmangels (BGH NJW 03, 1743).

II. § 540 I Nr. 2: Begründung der Berufungsentscheidung (Anlehnung an die früheren E-Gründe).

Aus ihr muss sich ergeben, warum das Berufungsgericht dem Ersturteil folgt oder es abändert (Zöller § 540, 3).

Teil 3. Die Klausurtechnik.
Hinweise zur Klausurbearbeitung im *streitigen* Fall

In Teil 1 und insbesondere in Teil 2 wurden bereits viele Prüfungsschemata, sowie Darstellungsbeispiele zu Tatbestand und Entscheidungsgründen behandelt.
In Teil 3 soll nunmehr eingegangen werden auf die klausurmäßige Bearbeitung des **streitigen** Falls.
Zunächst kurz zur Zulässigkeit der Klage (samt einer Prüfungs-„Check-Liste"), sodann zur Begründetheitsprüfung anhand eines Aktenfalles.

§ 27 Die Zulässigkeit der Klage

Im Hinblick auf weitgehend vorhandenes Grundwissen aus der 1. Staatsprüfung beschränke ich mich auf 2 Punkte: wichtige Prüfungsgesichtspunkte (I) und eine kurze Gesamtübersicht über die allgemeinen und besonderen Prozessvoraussetzungen in Form einer Art „check"-Liste zum schnellen Wiederholen (II).

I. Wichtige Prüfungsgesichtspunkte

1. Prüfungsvorrang der Prozessvoraussetzungen. Rechtskraft des Prozessurteils

Nach ganz h.M. besteht ein uneingeschränkter Prüfungsvorrang der Prozessvoraussetzungen (= Sachurteilsvoraussetzungen) vor den Begründetheitsvoraussetzungen: 27.01

ein **Sachurteil** darf erst ergehen, wenn zuvor die **Zulässigkeit** geprüft und **bejaht ist.** Das gilt nicht nur für klagestattgebende, sondern **auch für klageabweisende** Urteile.

BGH WM 78, 470; NJW 08, 1228, Tz. 14; ThP 8 vor § 253; BL Grdz. 14 ff. vor § 253; Zöller 10 vor § 253.

Daraus ergeben sich **2 wichtige Konsequenzen:**   27.02
- **keine Abweisung** *sowohl* **als unzulässig, als auch als unbegründet.**
  Bei Verstoß erwächst die Abweisung als unbegründet nicht in Rechtskraft, die Ausführungen dazu gelten nach dem Vorrang der Prozessvoraussetzungen als nicht geschrieben (BGH NJW 08, 1227, Tz. 14; ThP 8 vor § 253).
- **kein Sachurteil, solange die Zulässigkeit** *ungeklärt* **ist.** Unstatthaft ist also, die Zulässigkeit offenzulassen oder die Klage alternativ als unzulässig oder unbegründet abzuweisen („es kann dahingestellt bleiben, ob die Klage zulässig ist, denn sie ist jedenfalls auch offensichtlich unbegründet …").
  Bei Verstoß erwächst die Abweisung als unbegründet allerdings angesichts des ausdrücklichen Offenlassens der Zulässigkeit oder der nur alternativen Begründung nach h.M. gleichwohl in materielle Rechtskraft, denn hier habe sich das Gericht (fehlerhaft) nicht auf die Unzulässigkeit der Klage festgelegt, die Situation sei vielmehr der vergleichbar, dass das Gericht das Fehlen einer Prozessvoraussetzung über-

sehen oder die Zulässigkeit grob fehlerhaft bejaht habe (BGH NJW 08, 1227, Tz. 16, 17 m. w. N.; a. A. Zöller 43 vor § 322).

Sonderfall: Feststellungsklage, § 256.
Sie darf nach der Rspr. auch dann durch Sachurteil als *unbegründet* abgewiesen werden, wenn das Feststellungsinteresse fehlt oder noch zweifelhaft ist: demnach ist das Feststellungsinteresse echte Prozessvoraussetzung **nur für das klagestattgebende** Urteil (vgl. BGHZ 12, 316; NJW 78, 2032; Zöller § 256, 7). Aber noch str.; a. A. (ausschließlich Prozessurteil zulässig): ThP § 256, 4, m. w. N.

27.03   Auch das **Prozessurteil** erwächst (neben formeller = Unanfechtbarkeit) in materielle R.Kraft. Seine materielle **Rechtskraft beschränkt sich aber** auf den behandelten **konkreten Zulässigkeitsmangel,** dessentwegen die Klage (oder weiter: das R.Mittel, der Einspruch, ThP § 322, 3) als unzulässig abgewiesen (verworfen) wurde (BGH NJW 85, 2535; Zöller § 322, 2; ThP a. a. O.). Nicht erfasst sind also weitere (unbehandelte) Zulässigkeitsmängel und insbes. nicht die Frage der Begründetheit.

2. Prüfung von Amts wegen

Die Prozess (Sachurteils-)voraussetzungen sind in jeder Lage des Verfahrens v. A. w. zu prüfen, sie müssen spätestens zum Schluss der mündlichen Verhandlung vorliegen. Kurz:

27.04   **– v. A. w., also nicht erst auf Rüge**
Daher sind auch verspätete Zulässigkeitsrügen (nach Ablauf gesetzter Klageerwiderungs- und Begründungsfristen etc.) stets zu beachten: sie sind nur Anregungen der Parteien (ThP § 296, 40). Zwar „motiviert" § 282 III die Parteien, sämtliche (auch v. A. w. zu prüfende) Zulässigkeitsrügen sofort vorzubringen, aber dies ist „sanktionslos" weil § 296 dafür keine Präklusion anordnet.

Ausnahmen: die 4 prozesshindernden Einreden (§§ 88; 110; 269 VI; 1032 I). Sie sind nur zu berücksichtigen, wenn sie erstens überhaupt und zweitens rechtzeitig erhoben wurden, § 296 III (beachte: dort kommt es auf „Verzögerung" ausnahmsweise nicht an, ThP § 296, 41).

27.05   **– Prüfung, aber nicht Ermittlung von Amts wegen.**
Auch hier ist der Beibringungsgrundsatz (ThP 12 vor § 253) anzuwenden: es bleibt Sache der Parteien, die Tatsachen für das Vorliegen der Prozessvoraussetzungen beizubringen (keine Amtsermittlung durch das Gericht). Prüfung von Amts wegen besagt:
Ist der Stoff beigebracht, unterliegt er der Amtsprüfung (Anerkenntnisse, „Unstreitigstellen" bzgl. Zulässigkeitsvoraussetzungen gibt es also nicht, da ihr Vorliegen unverzichtbar ist, Zöller 9 vor § 253). *Fehlt etwas,* oder bestehen **Bedenken,** hat das Gericht darauf hinzuweisen (§ 139 II) und – soweit behebbar – zur Beschaffung der Nachweise aufzufordern, arg. § 335 I Nr. 1 (ThP 12 vor § 253).

27.06   **– Freibeweis?**
Nach h. M. darf das Gericht ohne Bindung an die allgemeinen Beweisvorschriften (= Strengbeweis) verfahren und sich im Wege des Freibeweises überzeugen, also z. B. ohne Parteiöffentlichkeit oder Unmittelbarkeit der Beweisaufnahme, Einholung amtlicher Auskünfte (BGHZ 143, 124; Zöller § 56, 8; ThP 6 vor § 284).

3. Darlegungs- und Beweislast

Trotz Prüfung von Amts wegen bewendet es, wie dargelegt, beim Beibringungsgrund- **27.07** satz. Der Sachverhalt zur Zulässigkeit kann streitig, oder trotz übereinstimmenden Parteivortrags wegen der Amtsprüfung aufklärungsbedürftig sein: die Tatsachen, die ein Sachurteil erst zulassen, sind also **beizubringen.** Daher geht es auch bei der Zulässigkeit der Klage um die Darlegungs-(Behauptungs-)last, also die Pflicht, den Tatsachenstoff zur Zulässigkeit vorzutragen und die Folge, wenn diese Darlegung nicht oder nicht überzeugend erfolgt ist, also die Beweislast.

Grundsatz: Darlegungs- und Beweislast treffen (nach allg. Regeln) die Partei, die ein ihr günstiges **Sachurteil** erstrebt, also

den **Kläger** im Regelfall,

den **Beklagten** nur in folgenden Fällen:

- beim VU gegen Kläger, § 330
- beim Verzichtsurteil, § 306
- hinsichtlich der 3 prozesshindernden Einreden (§§ 110; 269 VI; 1032 I)
- hinsichtlich der negativen Prozessvoraussetzungen (Rechtskraft, Rechtshängigkeit) aus praktischen Gründen (ThP 13 vor § 253).

Beispiel: K klagt nach eigenem Vortrag aus fremdem Forderungsrecht des Z gegen B mit der Behauptung, zur Einziehung ermächtigt zu sein (Prozessstandschaft).

a) Bestreitet B das eigene rechtsschutzwürdige Interesse des K, so trifft diesen die Darlegungslast. Bleibt das relevante Eigeninteresse des K auch nach weiterem Vortrag zweifelhaft, so trifft ihn die Beweislast: Prozessurteil gegen K.

b) Ist Kläger K im Termin säumig und will B ein VU als abweisendes *Sach*urteil, so hat er die zweifelhaften Voraussetzungen einer Prozessstandschaft des K darzulegen. Gelingt ihm dies nicht, ergeht *Prozess*urteil gegen K als unechtes VU (also mit anderem Rechtskraftumfang, vgl. oben 1), ThP § 330, 3.

Zu beachten ist, dass die Beweislast (wie stets) erst zum Tragen kommt, wenn ein *non liquet* besteht. Dies setzt einen schlüssigen Vortrag des Darlegungspflichtigen (im Regelfall also des Klägers) zur Zulässigkeit voraus (StJ § 1, 17). Fehlt es schon am schlüssigen Vortrag des Klägers zu den Zulässigkeitsvoraussetzungen, so muss schon deswegen (nicht erst wegen Beweislast) Prozessurteil ergehen.

II. Überblick über die Prozessvoraussetzungen („check-Liste")

Nach ganz h.M. hat die **Prüfung damit zu beginnen,** ob der prozessuale Anspruch überhaupt **27.08** zulässig in das Verfahren eingeführt wurde (ThP 15 vor § 253). Am Anfang stehen daher: Ordnungsmäßigkeit der Klageerhebung und anschließend: Zulässigkeit etwaiger Klageänderung.

Im Übrigen ist die Prüfungsreihenfolge umstritten, für den Praxisfall aber wenig bedeutsam (ThP 14 vor § 253): nach ganz h.M. darf jedenfalls das abweisende Prozessurteil auf den am leichtesten und schnellsten feststellbaren Verfahrensmangel gestützt werden, die übrigen Voraussetzungen können dahinstehen (Zöller 11; ThP 14 vor § 253).

Aus rein systematischen Gründen teilt man ein in allgemeine (die bei jeder Klage vorliegen müssen) und in besondere Prozessvoraussetzungen:

27.09 „Check-Liste":

A. Allgemeine Prozessvoraussetzungen

1. § 15 a I EGZPO

Die erfolglose Durchführung der Schlichtung *vor* Erhebung der Klage und die Vorlage der Bescheinigung der Gütestelle über die erfolglose Einigung ist dort besondere Zulässigkeitsvoraussetzung der Klage (BGH NJW 05, 437), wo der Landesgesetzgeber eine Schlichtung zwingend vorgeschaltet hat (Übersicht in Schönfelder ErgänzungsBd. Nr. 104 ff.; kommentiert in Zöller, ThP je zu § 15 a EGZPO) und keine Ausnahme nach § 15 a EGZPO eingreift (also z. B. nicht nach vorangegangenem Mahnverfahren, im Urkundenprozess). Vorgesehen ist die Schlichtung in vermögensrechtlichen Streitigkeiten bis € 750,–, in Nachbarstreitigkeiten (§§ 906, 910, 911, 923 BGB), sowie bei Ansprüchen wegen Verletzung der Ehre (soweit nicht durch Presse oder Rundfunk begangen), § 15 a I 1 EGZPO.

2. Ordnungsmäßigkeit der Klageerhebung, §§ 253 II, 78

a) Bestimmter Antrag (dazu u. zum zulässig unbezifferten: ThP § 253, 11, 12). Mängel und deren Heilung (z. B. § 295): ThP § 253, 19, 20.

b) Klagegrund: individualisierbarer Lebenssachverhalt: er muss nicht schlüssig sein, sondern nur die Abgrenzung von anderen rechtshängigen Prozessen ermöglichen.

c) § 78 (in Anwaltsprozessen): Postulationsfähigkeit. Beachte: die Postulationsfähigkeit ist keine eigene Sachurteilsvoraussetzung, sondern nur Prozess*handlungs*-Voraussetzung. Die Klageerhebung als solche ist eine Prozesshandlung. Daher ist die Postulationsfähigkeit **dort** (= § 253) zu prüfen und nicht gesondert unter Zulässigkeit der Klage. Deshalb hat man zu unterscheiden:

– Klageschrift ohne RA: Die Prozesshandlung der Klageerhebung ist wegen § 78 I unzulässig mit der Folge, dass die Klage nicht ordnungsgemäß erhoben ist und wegen Verstoßes gegen §§ 253, 78 I abzuweisen ist.

– Klage zwar über RA erhoben, der aber dann im Termin nicht auftritt: Die Klage ist zulässig, aber die Partei ist säumig (ThP 5 vor § 330): also bei Antrag VU gegen den Kläger, § 330.

d) Klageerweiterung, –änderung erst im Laufe des Rechtsstreits: §§ 261 II, 297.

3. Zulässigkeit etwaiger Klageänderung, §§ 263 ff.

Diese ist zwar „besondere" Sachurteilsvoraussetzung für den neu eingeführten Anspruch, aber aus den oben Rn. **9**.02 genannten Argumenten stets an 2. Stelle zu prüfen.

4. Gerichtsbezogene

a) Deutsche Gerichtsbarkeit, §§ 18–20 GVG, Zulässigkeit des Rechtswegs § 13 GVG.

Die Zuständigkeit der **Arbeitsgerichte** im Verhältnis zu den ordentlichen Gerichten ist eine Frage der Rechtswegzuständigkeit (nicht der sachlichen Zuständigkeit), für eine Verweisung gelten gem. § 48 I ArbGG die §§ 17 ff. GVG (nicht § 281 ZPO), MükoZPO 281, 7; Zöller § 13 GVG, Rn. 3; ThP § 17 GVG, 2.

b) Örtliche Zuständigkeit, §§ 12 ff. (gelten für ArbG im Urteilsverfahren über § 46 II ArbGG, Grunsky ArbGG § 2, 36 ff.).

c) Sachliche Zuständigkeit: §§ 23, 71 GVG, §§ 38–40 (ThP 3 vor § 38).

Beachte: **Kammer für Handelssachen,** §§ 93 ff. GVG. Ob diese oder die Zivilkammer zuständig ist, ist **keine Frage der sachl. Zuständigkeit,** sondern der Geschäftsverteilung, die ausnahmsweise gesetzl. geregelt ist in §§ 96 ff. GVG (Zöller 1 vor § 93 GVG). Die Zuständigkeit der KfH ist also nicht in der Zulässigkeit der Klage zu prüfen, maßgebend ist nur die Zuständigkeit des LG als solchem (das durch KfH **und** Zivilkammer repräsentiert wird, ThP 1 vor § 93 GVG).

5. Parteibezogene

a) Parteifähigkeit, § 50.

b) Prozessfähigkeit, §§ 51, 52.
Fehlt sie, ist gesetzliche Vertretung Prozessunfähiger als Ersatz der Prozessfähigkeit erforderlich, § 51 I (ThP § 51, 3). Beispiele: Prozessunfähig sind z.B. OHG, KG, BGB-Außengesellschaft, jur. Personen, beschränkt geschäftsfähige Personen (ThP § 52, 4). Bei der OHG etwa sind gesetzliche Vertreter die nach dem Gesellschaftsvertrag erforderlichen (!) vertretungsberechtigten Gesellschafter.

c) Prozessführungsbefugnis, § 51 I.
– Bei Behauptung *eigenen* Rechts: problemlos zulässig.
– Bei Behauptung *fremden* Rechts: gesetzl. oder gewillkürte Prozessstandschaft (Voraussetzungen: ThP § 51, 24, 31).
– Bei *materiellrechtlich notwendiger Streitgenossenschaft* (§ 62 I 2. Alt.) sind Einzelklagen wegen Fehlens alleiniger Prozessführungsbefugnis unzulässig (so auch, wenn die mat.-notw. SG auf der Beklagtenseite besteht, die Klage also nur gegen einzelne der Mitberechtigten erhoben wird, vgl. BGH NJW 84, 2210: Notwegduldungsklage gegen mehrere, aber nicht alle MitEigt.), vgl. Rn. **14.12**.

6. Streitgegenstandsbezogene

a) Keine anderweitige Rechtshängigkeit, § 261 III Nr. 1.

b) Keine entgegenstehende Rechtskraft, § 322.

7. Rechtsschutzbedürfnis

Dazu: ThP 26 ff. vor § 253. Fehlt i.d.R. für Leistungsklage, wenn der Kläger schon einen Titel (Urkunde etc.) hat.

Aber kein Dogma. BGH NJW 86, 2704: Ein durch Prozessvergleich begründeter Anspruch auf Abgabe einer Willenserklärg. (z.B. Einräumg einer Hypothek, Auflassung) kann auch mit einer Leistungsklage durchgesetzt werden, arg: längere Vollstreckungsdauer bei § 888 gegenüber § 894.

8. Lediglich auf Einrede zu beachten:

§§ 88 I; 110 ff.; 269 VI; 1032 I (Schiedsklausel). Beachte: Verspätungspräklusion tritt hier ein, ohne dass es auf Verzögerung ankäme, § 296 III (ThP § 296, 39).

B. Besondere Prozessvoraussetzungen

Sie gelten für besondere Klage- oder Verfahrensarten (ThP 32 vor § 253). Echte besondere Sachurteilsvoraussetzungen sind diese Zusatzbestimmungen jedoch nur, wenn ihr Fehlen unmittelbar zur Klageabweisung als unzulässig führt (Prozessurteil). Das ist bei den einzelnen besonderen Voraussetzungen im Einzelnen umstritten.

Hauptfälle:

1. Klage auf künftige Leistung, §§ 257–259

Liegen diese besonderen Voraussetzungen zum Schluss der mdl. Verhandlung (noch) nicht vor, ergeht Prozessurteil, tritt andererseits nunmehr Fälligkeit ein, so geraten die besonderen Prozessvoraussetzungen der §§ 257 ff. (weil jetzt ja überflüssig geworden), in Fortfall. Urteil also *ohne* Erfordernis der §§ 257 ff. und ohne, dass der Antrag geändert werden müsste (RGZ 88, 178; Zöller § 257, 7). Andererseits ist der Übergang von einer Klage auf gegenwärtige Leistung zu solcher auf künftige eine Antragsbeschränkung, zulässig stets gem. § 264 Nr. 2 (Zöller 7; ThP 1 zu § 257).

2. Selbstständige Feststellungsklage, § 256 I

Besondere Sachurteilsvoraussetzungen sind:
a) **Streitgegenstand** muss sein: (Nicht-)Bestehen eines Rechtsverhältnisses bzw. (Un-)Echtheit einer Urkunde.
b) **Strittig** ist, ob das **Feststellungsinteresse** (gesteigerte Form des allg. Rechtsschutzbedürfnisses) eine echte besondere Sachurteilsvoraussetzung ist (ihr Fehlen also jegliche Sachentscheidung hindert):
  aa) h.M.: BGHZ 12, 316; NJW 78, 2032; Zöller § 256, 7 m.w. N.: echte Prozessvoraussetzung nur für ein *stattgebendes* Sachurteil. Möglich also Sachurteil trotz fehlenden oder dahingestellten Feststellungsinteresses bei Unbegründetheit der Klage.
  bb) ThP § 256, 4: *stets* echte Prozessvoraussetzung, bei Fehlen stets *Prozess*urteil.
c) **Verhältnis zur Leistungsklage?** Das Feststellungsinteresse fehlt i.d.R. (aber kein Dogma!), sobald Leistungsklage erhoben werden kann. Es entfällt für die negative und die positive Feststellungsklage i.d.R., sobald (vom Gegner) Leistungsklage wegen desselben Anspruchs erhoben wird und nicht mehr einseitig zurückgenommen werden kann. Näheres oben Rn. **11.**20; ThP § 256, 18, 19.

3. Zwischenfeststellungs(wider)klage, § 256 II

Besondere Voraussetzungen: Streitiges Rechtsverhältnis und Vorgreiflichkeit. Bei Fehlen: Zulässigkeit nach § 256 I prüfen, falls auch diese zu verneinen: Prozessurteil (ThP § 256, 30).

4. Widerklage

Siehe dazu Beispiel Rn. **12.**03.

5. Urkundenprozess, §§ 592 ff.

Besondere Sachurteilsvoraussetzungen sind (ThP § 592, 1):
a) Erklärung gemäß § 593 I
b) Streitgegenstand i.S.v. § 592
c) Beweisbarkeit allein durch Urkunden, § 592
Bei Fehlen von b) und c) § 597 II: Prozessurteil: Die Klage wird „als im Urkundenprozess unstatthaft" abgewiesen. Jedoch ist Wechsel vom Urkundenprozess zum normalen Verfahren in 1. Instanz gem. § 596 ohne Einwilligung zulässig.

6. Änderungsklage, §§ 323, 323 a

Besondere Sachurteilsvoraussetzungen sind (ThP § 323, 17 ff.):

a) Vorliegen eines Titels i. S. v. § 323 (§ 323 a), z. B. Renten gem. §§ 843–845 BGB (Zöller § 323, 1).

b) Identität des Anspruchs im Vorprozess (bzw. § 323 a: Titel, z. B. im Vergleich) und im jetzigen Abänderungsverfahren.

c) Behauptung von Tatsachen zu (nur bei § 323: wesentlicher) Veränderung der Umstände (fehlt es schon an solcher *Behauptung,* ist die Klage unzulässig. Können die behaupteten Tatsachen dann nicht *festgestellt* werden, ist die Klage unbegründet, ThP § 323, 19).

Beachte: Für die Abänderung von **Unterhalts**-Titeln (Urteile, Beschlüsse, Vergleiche, Urkunden) gelten die **§§ 238 ff. FamFG.**

7. Kündigungsschutzklage, §§ 4, 13 KSchG

Nach h. M. ist die 3-Wochenfrist nach § 4 KSchG keine prozessuale Ausschlussfrist (Folge bei Versäumung wäre: Prozessurteil), sondern eine zwar prozessuale (wichtig für Mängelheilung nach Prozessrecht, z. B. § 295 ZPO) Klageerhebungsfrist, deren Versäumung jedoch **lediglich zur materiellrechtlichen Wirksamkeitsfiktion nach § 7 KSchG führt** (die Kündigung gilt als wirksam) und daher erst unter der *Begründetheit* der Klage zu prüfen ist (BAG NJW 86, 3224; Müko-BGB/KSchG § 4, 61).

Beachte: „Erhoben" ist die Klage auch hier erst mit ihrer Zustellung (§ 46 II ArbGG, §§ 495, 253), jedoch wahrt gem. § 167 bereits die Einreichung (Anhängigkeit) die Frist, sofern die Zustellung demnächst erfolgt (ist letzteres nicht geschehen, so gilt dieser Fehler gem. § 295 I als geheilt, wenn der Beklagte rügelos zur Hauptsache verhandelt, Müko-BGB, § 4 KSchG, 59).

8. Mieterhöhungsklage, § 558 b II BGB

Besondere Voraussetzungen sind:

a) Ablauf der *Überlegungsfrist* des Mieters gem. § 558 b II S. 1 BGB. Die Frist wird nach h. M. nur durch ein wirksames Erhöhungsverlangen (dazu Palandt § 558 a, 2) ausgelöst, Palandt § 558 b, 2, 9. Bei endgültiger Ablehnung durch Mieter muss Vermieter aber die Frist nicht abwarten, sofortige Klage also zulässig, auch wird verfrüht eingereichte Klage später zulässig, wenn die Überlegungsfrist vor Schluss der mdl. Verhandlung abläuft (Palandt § 558 b, 9).

b) Die 3-monatige *Klagefrist* (§ 558 b II S. 2 BGB), die sich unmittelbar an den Ablauf der Überlegungsfrist anschließt, darf noch nicht abgelaufen sein; verspätete Klage wäre wegen Fehlens einer besonderen Prozessvoraussetzung (Ausschlussfrist) unzulässig (Palandt § 558 b, 9).

§ 28 Die Begründetheit der Klage

Die Arbeitstechnik sei am Beispiel einer Leistungsklage erläutert. Dabei wurde Wert gelegt auf möglichst schlichte und klare Strukturen, damit der „rote Faden" des Arbeitsablaufs deutlich hervortritt (daher ein eher einfacher Fall).

28.01 Aktenfall: Die verkaufte, statt reparierte, Golduhr

RA Dr. Klein …
1. 3. …

An das
Amtsgericht München
…

Namens und im Auftrag des Klägers beantrage ich zu erkennen:

> Der Beklagte wird verurteilt, an den Kläger € 1200,– zu zahlen.

Der Kläger hat am 2. 1. seine Golduhr (Wert € 3000,–) dem Bekl., Inhaber eines Uhren- und Schmuckgeschäfts, zur Generalüberholung gegeben. Der Bekl. hat jedoch entgegen diesem Auftrag die Uhr, anstatt sie zu reparieren, an einen – offenbar – gutgläubigen Kunden, der zudem nicht mehr zu ermitteln ist, am 10. 1. für € 1800,– verkauft.
Der Beklagte hat dem Kläger diesen Betrag erstattet, weigert sich aber, die Differenz von € 1200,– zur vollen Schadloßstellung zu begleichen.

RA Dr. Klein

RA Dr. Braun
20. 3. …

An das
Amtsgericht München

Aktenzeichen: 22 C 407/…

Ich bestelle mich für den Beklagten und beantrage in dessen Namen, die Klage abzuweisen.

Es wird bestritten, dass der Kläger Reparaturauftrag erteilt hat. Vielmehr hat der Kläger die Uhr dem Beklagten ausschließlich zum Weiterverkauf in Kommission gegeben.
In Ausführung dieses Auftrags ist die (unreparierte) Uhr – wie zutreffend vom Kläger geschildert – für € 1800,– an einen Kunden verkauft worden, den der Bekl. der Einfachheit halber im Glauben gelassen hat, er sei selbst der Eigentümer.

Name und Anschrift dieses Kunden sind nicht mehr festzustellen (Laufkundschaft).

Es mag sein, dass die Uhr auch vor der Überholung € 3000,– Wert gewesen ist, aber mit Erhalt des Verkaufserlöses von € 1800,– hat der Kläger alles bekommen, was ihm vertragsmäßig zusteht.

Im Übrigen wäre der vom Kläger behauptete Anspruch auch längst verjährt.

Vorsorglich rechnet der Beklagte auf mit einer noch offenen Kaufpreisforderung über € 1500,– für eine Halskette, die der Kläger am 23. 12. des Vorjahres gekauft, aber bisher nicht bezahlt hat.

RA Dr. Bauer

RA Dr. Klein   1. 4. …

… erwidert der Kläger:

Wie der Kläger nachträglich von dem Angestellten A des Beklagten erfahren hat, hat A dem Beklagten – als dieser noch rege mit dem Kläger verhandelte – bedeutet, der Bekl. müsse sich wohl verhört haben: der Kunde habe nur Reparaturauftrag erteilt.

Beweis: Angestellter A … als Zeuge

Selbst wenn also ein Werkvertrag wegen Dissenses nicht zustande gekommen sein sollte, haftet der Beklagte jedenfalls aus Gesetz: §§ 990, 989; 823 BGB. B wäre dann bei der Veräußerung an den Unbekannten auch bösgläubig gewesen i. S. v. § 990 BGB, da er dann infolge unverständlicher Leichtsinnigkeit, also grob fahrlässig, eine angebliche Besitzberechtigung aus Kommissionsvertrag angenommen hätte, obwohl nach den Hinweisen des Mitarbeiters A ein Dissens nahegelegen und sich eine Erkundigung beim Kläger geradezu aufgedrängt hätte.

Die Aufrechnungsforderung wird bestritten; der Kläger hat zu keinem Zeitpunkt eine Halskette beim Bekl. gekauft. Möglicherweise verwechselt der Bekl. den Kläger mit dessen Zwillingsbruder, der allerdings zum letzten Weihnachtsfest seiner Frau eine schöne Halskette geschenkt hat.

RA Dr. Klein

Auszug aus dem Protokoll   20. 4. …

Gegenwärtig …

Nach Aufruf der Sache erscheinen:
für den Kläger: RA Dr. Klein
für den Beklagten: RA Dr. Braun
Es wird festgestellt, dass die Parteien in der durchgeführten Güteverhandlung zu keiner Einigung gekommen sind. Die Güteverhandlung wird daher für beendet erklärt (§§ 160 III Nr. 1, 278 II).

Der Klägervertreter stellt Antrag aus dem Schriftsatz vom 1. 3., der Bekl.-Vertreter aus Schriftsatz vom 20. 3.

Die Parteien verhandeln streitig zur Sache unter Bezugnahme auf ihre Schriftsätze. Bekl.-Vertreter bestreitet die mit klägerischem Schriftsatz vom 1. 4. behaupteten Äußerungen des A.

(Es ergeht Beweisbeschluss. Daraufhin wird der Angestellte A als Zeuge vernommen):

Zur Person: …

Zur Sache: „Ich entsinne mich noch, dass der Kläger eine Golduhr ins Geschäft gebracht hat, kann aber nach der langen Zeit nicht mehr sicher sagen, was die Beiden gesagt und vereinbart haben. Ich habe auch nur einen Teil des Gesprächs mitbekommen, da ich wieder zurück in die Werkstatt musste.

Es stimmt, dass ich dem Beklagten, bevor er die Uhr zu den Verkaufsgegenständen legte, zugerufen habe, ob er sich da soeben nicht verhört habe. Er hat es aber damit abgetan, dass ich nicht alles mitbekommen hätte."

Vorgelesen und genehmigt.

Die Parteivertreter verzichten auf Beeidigung und verhandeln zum Ergebnis der Beweisaufnahme.

Nach geheimer Beratung des Gerichts ergeht

BESCHLUSS

Termin zur Verkündung einer Entscheidung wird bestimmt auf 2. 5. …, 9.00 Uhr, SS 204.

I. Vorüberlegungen

1. Schritt: Was will der Kläger zuletzt?

28.02 Ausgangspunkt ist der zuletzt gestellte Klageantrag. Zu prüfen ist nicht „die Rechtslage", sondern nur, ob die **Klage in ihrer letzten Fassung** Erfolg hat.

Also vorab nachsehen im letzten Protokoll: welche Anträge sind noch aktuell?

Frühere Anträge können infolge Klageänderung, Teil-Rücknahme, übereinstimmender Teil-Erledigungserklärung, Prozessvergleichs über einen Teil des Streitstoffes etc. für den Hauptsacheausspruch ausgeschieden sein. Solche Anträge beeinflussen dann noch die Kostenentscheidung, sofern sie besondere Kosten verursacht haben; im TB sind sie in der Prozessgeschichte – i. d. R. vor den letzten Anträgen – zu berichten, s. oben zum TB, Rn. **5.**09.
Für die eigentliche Prüfung von Zulässigkeit und Begründetheit der Klage aber scheiden sie zunächst einmal aus. **Prüfungseinstieg ist der vom Kläger zuletzt gestellte Antrag.**

Hier: 1 Antrag, K will restlichen Schadensersatz. Also Leistungsklage, damit Frage nach den Anspruchsgrundlagen.

Dabei empfiehlt sich – damit man nicht am Klageantrag vorbeiarbeitet – eine „**Kontroll-Gegenfrage**" zu stellen:

Was will der Kläger *nicht*? Hier will er nicht: Erlösherausgabe, die Surrogationsansprüche (§§ 285 I, 816 I BGB) scheiden also aus.

2. Schritt: Welche Anspruchsgrundlagen kommen dafür in Betracht?

Sammlung aller den Klageantrag stützenden denkbaren Anspruchsgrundlagen, und **28.03**
zwar in der Reihenfolge (Medicus BGB, Rn. 8 ff.):

(1) Vertragliche Ansprüche: hier §§ 631, 283 S. 1, 280 I BGB.

(2) GoA: hier: (–)

(3) Gesetzliche dingliche Ansprüche: hier: §§ 990 I 1, 989 BGB.

(4) Gesetzliche Ansprüche im Übrigen: insbes. aus Delikt, §§ 823 ff. und Bereicherung §§ 812 ff. BGB. Hier: § 823 I BGB, der in der „Sammlung" zunächst zu berücksichtigen ist, weil erst die folgende Prüfung ergeben wird, ob § 990 BGB eingreift und damit den § 823 BGB verdrängt, §§ 992, 993 BGB.

3. Schritt: Dann müssten die Voraussetzungen der Anspruchsgrundlage(n) vorliegen: Welche sind sie genau?

Klare und genaue Voraussetzungsübersicht auf dem Arbeitspapier auflisten. **28.04**
Es wird viel zu wenig aus den Anspruchsgrundlagen heraus gearbeitet.

Bei der Korrektur von Prüfungs- und Ausbildungsarbeiten zeigt sich immer wieder, dass wichtige Probleme nicht aufgespürt werden, Auslassungen gemacht und falsche Ergebnisse erzielt werden, **vor allem deshalb, weil (unter Zeitdruck) nicht alle** Voraussetzungen ganz konsequent **Punkt für Punkt abgefragt** und mit der allgemeinüblichen juristischen Arbeitstechnik (= Definition + Subsumtion der Fakten) bearbeitet werden.

Hier sieht das Anspruchsgrundlagen-Konzept wie folgt aus: **28.05**

I. Anspruchsgrundlage §§ 631, 283 S. 1, 280 I BGB

1. Entstanden
a) Rückgabepflicht aus Werkvertrag, § 631 BGB.
b) Unmöglichkeit der Rückgabe (§ 275 I BGB):
ja, wenn die Veräußerung an den Dritten wirksam ist (§ 932 BGB?), im Übrigen aber schon, wenn der Erwerber nicht mehr zu ermitteln ist.
c) vom Bekl. zu vertreten (§ 276 BGB): Verschuldensvermutung gegen den Bekl., § 280 I 2 BGB, Entlastungsbeweis (Palandt § 280, 40)?
d) Schaden: Wert: € 3000,–, davon geltend gemacht: € 1200,– (§ 308 I)

2. Nicht erloschen
Möglicher Erlöschenstatbestand: § 389 BGB.
Dann müssten dessen Voraussetzungen vorliegen:
a) Aufrechnungserklärung, § 388 BGB
b) Aufrechnungslage, §§ 387, 389 BGB
aa) gegenseitige Forderg. des B gegen K: § 433 II BGB (Halskette 1500,–)
bb) Gleichartig: Geld ./. Geld
cc) Fälligkeit der Aufrechnungsforderung des B: § 271 BGB
dd) Erfüllbarkeit der Hauptforderung des K: § 271 BGB
ee) Einredefreie Durchsetzbarkeit der Aufrechnungsforderung des B, §§ 390 ff. BGB

3. Durchsetzbarkeit
Mögliche rechtshemmende Einrede: § 214 I BGB.
a) Einrede im Prozess erhoben (Tatsache muss Prozessstoff werden, Palandt § 214, 2)
b) Ablauf der Verjährungsfrist: welcher?
aa) § 634 a BGB nicht relevant, da kein Mangel behauptet wird.
bb) § 195 BGB.

II. Anspruchsgrundlage § 990 I S. 1 BGB

1. Entstanden
a) Vindikationslage zurzeit der fraglichen Verletzungshandlung

b) Verletzungshandlung i. S. v. § 989 BGB: Unmöglichkeit der Herausgabe
c) Bösgläubigkeit des B
d) Verschulden
e) Schaden

2. Nicht erloschen: § 389 BGB?
3. Durchsetzbar: § 214 I BGB? } wie oben I

III. Anspruchgrundlage § 823 I BGB
1. Anwendbarkeit (Fall wegen Besitzrechts des B kein EBV, sonst gilt § 992 BGB). Falls ja:
2. Entstanden
   a) Eigentumsverletzung: wirksame Veräußerung an D
   b) Rechtswidrigkeit
   c) Verschulden
   d) Schaden
3. Nicht erloschen: § 389 BGB?
4. Durchsetzbar: § 214 I BGB? } wie oben I

4. Schritt: Was ist dazu vorgetragen?

28.06 Hier ist wichtig, sich an der Verteilung der Darlegungslast zu orientieren.

Denn die Sichtung und Bearbeitung des Prozessstoffes läuft auf folgende 3 Fragen („Stationen") hinaus:

- Hat der Kläger im Rahmen **seiner** Darlegungslast schlüssig vorgetragen?
- Hat der Beklagte dies substantiert bestritten und/oder im Rahmen **seiner** Darlegungslast schlüssig vorgetragen zu anspruchshindernden, -vernichtenden, -hemmenden Einwendungen?
- Stehen die hiernach beweisbedürftigen Tatsachen fest durch Beweisaufnahme, bzw. wen trifft die Beweislast?

Daher hier einige grundsätzliche Hinweise:

Die Verteilung der Darlegungslast – bezogen auf die jeweilige Anspruchsgrundlage – sieht wie folgt aus: Der Anspruch – und damit die auf ihn gestützte Leistungsklage – ist begründet unter **3 Voraussetzungen** (ThP 41 vor § 253), nämlich wenn der Anspruch:

1. Entstanden ist, also	**Darlegungs- und Beweislast** dafür:
a) alle Voraussetzungen der Anspruchsgrundlage vorliegen (die **anspruchsbegründenden** Tatsachen),	
also: Auflistung aller Voraussetzungen der Anspruchsgrundlage aa) bb) cc) Dazu gehört bei Rechtsgeschäften auch die Einhaltung der Formerfordernisse: die Formgültigkeit (§§ 125 ff. BGB) gehört zum rechtsbegründenden TB, Formmangel ist also nicht rechtshindernde Einwendung, Müko–BGB § 125, 35 m. w. N.; Baumgärtel/Laumen Beweislast § 125, 1.	Kläger
b) keine **rechtshindernden** Tatsachen vorliegen, also solche, die verhindern, dass der Anspruch entsteht	Beklagter
z. B. Sittenwidrigkeit, § 138 BGB, Verstoß gegen gesetzliches Verbot, § 134 BGB, Entlastungsbeweis bei § 831 BGB oder §§ 7 II, 17 III StVG, Geschäftsunfähigkeit, § 105 BGB	

> ### 2. Nicht erloschen ist
>
> Es dürfen keine **rechtsvernichtenden** Einwendungen erfüllt sein, also solche, die den bereits entstandenen Anspruch wieder zum Erlöschen bringen,
>
> z. B. Erfüllung, § 362 BGB, Unmöglichkeit, § 275 BGB, Anfechtung, §§ 119 ff. BGB, Aufrechnung § 389 BGB, Eintritt auflösender Bedingung, § 158 II BGB, Rücktritt, Kündigung, Verwirkung (§ 242 BGB), § 377 II, III HGB bei verspäteter Rüge.

Beklagter

> ### 3. Durchsetzbar ist
>
> Es dürfen keine **rechtshemmenden** Einreden vorliegen, also solche, die den Anspruch (ohne ihn zu vernichten) dauernd oder vorübergehend hemmen,
>
> z. B. Verjährung, § 214 BGB; Stundung; Zurückbehaltungsrecht (§§ 273, 1000 BGB); Einrede des nicht erfüllten gegenseitigen Vertrages, § 320 BGB.
> In den Fällen §§ 273, 320, 1000 BGB bewirkt die Einrede nicht völlige Klageabweisung, sondern nur Zug-um-Zug-Verurteilung (unter Abweisung im Übrigen, falls uneingeschränkt beantragt war), ThP 44 vor § 253.

Beklagter

II. Die Begründetheitsprüfung

Nach der Vorarbeit zu I kann nun mit der Prüfung begonnen werden. Zum grundsätzlichen Ablauf siehe die abschließende Gesamtübersicht, Rn. **28.**18.

1. Die Prüfung des Kläger-Vorbringens (sog. Klägerstation)

a) Grundsätzliches vorab:

Zuerst prüft man stets, ob die Klage **schlüssig** ist. Fehlt es schon hieran, so erübrigen sich alle weiteren Erörterungen zum Beklagtenvortrag, Beweise dürfen nicht erhoben werden: die Klage ist abweisungsreif. **28.07**

Schlüssig ist die Klage, wenn der **klägerische Tatsachenvortrag,** seine Wahrheit einmal unterstellt, **den Klageanspruch rechtfertigt** (allg. M., BGH NJW 07, 62; ThP 38 vor § 253).

Was zum schlüssigen Vortrag **mindestens** gehört, richtet sich nach der **Darlegungslast.**

Orientiert an der Verteilung der Darlegungslast ergibt sich für die Schlüssigkeitsprüfung des Klägervertrags:

(1) **Schlüssiger Vortrag muss vorliegen** für die Tatsachen, für die der **Kläger** die Darlegungslast hat. **28.08**

Das sind bei Leistungsklagen nur die anspruchsbegründenden Tatsachen.

28.09 (2) Im Übrigen, also soweit den **Beklagten** die Darlegungslast trifft, nämlich zu

- rechtshindernden (z. B. §§ 105, 138 BGB)
- rechtsvernichtenden (z. B. § 362 BGB)
- rechtshemmenden (z. B. § 214 BGB)

Tatsachen, gilt ein Doppeltes:

28.10 (a) **Einerseits** muss der **Kläger nicht das Fehlen** dieser Tatsachen von sich aus vortragen, um seine Klage schlüssig zu machen (ThP 41 vor § 253). Der Kläger muss also nicht negativ vortragen, dass sein Anspruch *nicht* nichtig, *nicht* durch Erfüllung erloschen, *nicht* verjährt ist. Andererseits darf er dazu nicht selbst etwas Ungünstiges vortragen (dazu unten b).

Der Kläger muss sich zu den Positionen, für die den Beklagten die Darlegungslast trifft, **erst** äußern, **wenn** der Beklagte dazu **überhaupt** etwas vorbringt. Dann allerdings muss der Kläger bestreiten etc., andernfalls der Beklagtenvortrag unstreitig wird: da das Unstreitige Vortrag beider Parteien ist, würde der unbestrittene Beklagteneinwand *auch* zum *Kläger*vortrag und würde die Klage jetzt unschlüssig machen.

> **Beispiel:** Um seine Kaufpreisklage schlüssig zu gestalten, muss der Kläger nicht auch vortragen, dass Umstände für Geschäftsunfähigkeit bei beiden Vertragspartnern *gefehlt* haben, der Vertrag und der auf ihn gestützte Anspruch also auch deswegen wirksam besteht. Denn § 105 BGB ist rechts-*hindernde* Einwendung (ThP 42 vor § 253), für die den *Beklagten* die Darlegungslast trifft.
> Behauptet aber der Beklagte die (rechtshindernde) Geschäftsunfähigkeit des Klägers bei Vertragsabschluss, so muss der Kläger darauf reagieren, z. B. indem er dies substantiiert bestreitet. Tut er das *nicht*, wird diese Behauptung des Beklagten *unstreitig*, sie ist dann *auch Kläger*vortrag: der Kläger trägt dann selbst vor, dass der Vertrag wegen Geschäftsunfähigkeit des Klägers nichtig war, der streitgegenständliche Kaufpreisanspruch also nie entstanden ist. Damit ist die (zunächst schlüssig gewesene) Klage *jetzt unschlüssig* geworden.

28.11 (b) **Andererseits** darf der **Kläger** zu den Positionen, für die er nicht die Darlegungslast hat, **keinen eigenen ungünstigen Parteivortrag** bringen („Eigentor"). Eigener ungünstiger Parteivortrag schadet, er wird in die Schlüssigkeitsprüfung einbezogen, ungeachtet dessen, dass der Gegner (z. B. der Beklagte) dafür die Darlegungslast trägt.

Denn das Parteivorbringen, hier der Klägervortrag, ist eine Einheit und in seiner Gesamtheit der Schlüssigkeitsprüfung zu unterziehen. Solch ungünstiger Parteivortrag kommt häufig dann vor, wenn der Kläger das vorprozessuale Verteidigungsvorbringen des Beklagten selbst in der Klage aufgreift (berichtet) und mit vermeintlich besseren Rechtsargumenten bekämpft, um den erwarteten Gegnervortrag „gleich im Keim zu ersticken."

> **Beispiel** (BGH NJW 08, 3435, Tz. 16): Der Kläger trägt vor, dass sich der Beklagte zwar vorprozessual auf die Verjährung berufen habe. Verjährung sei aber aus folgenden rechtlichen Gründen nicht eingetreten …
> Damit macht der Kläger die rechtshemmende Einrede der Verjährung *selbst* zum Prozessstoff. Sind seine Rechtsargumente unzutreffend, hat der Kläger ein Eigentor geschossen: die Klage ist unschlüssig; selbst bei Säumnis des Beklagten ergeht kein stattgebendes Versäumnisurteil, sondern abweisendes Endurteil (unechtes Versäumnisurteil), § 331 II Hs. 2.

28.12 (3) Der Umfang der Darlegungslast, die **Substanziierungslast,** richtet sich (übrigens für beide Parteien) nach der Einlassung des Gegners und wächst mit dieser (BGH NJW 07, 62; 05, 2711; 91, 2709; BGHZ 127, 358; ThP 38–40 vor § 253). Das bedeutet aber nicht, dass der Kläger schon deswegen, weil der Beklagte bestreitet, den Sachverhalt in allen Einzelheiten wiederzugeben hat.

BGH NJW 91, 2709, 05, 2711: Der Grundsatz, dass sich der Umfang der Darlegungslast nach der Einlassung des Gegners richtet „besagt vielmehr nur, dass der Tatsachenvortrag der Ergänzung bedarf, wenn er infolge der Einlassung des Gegners unklar wird und nicht mehr den Schluss auf die Entstehung des geltend gemachten Rechts zulässt." D.h., nähere Einzelheiten zu Zeit, Ort, Geschehensablauf sind zunächst nicht erforderlich, werden es erst, wenn und soweit der Gegenvortrag dazu Anlass bietet (BGH NJW 07, 62).

Beispiel: Der Pkw-Händler K klagt auf Zahlung von € 6000,– für einen gebrauchten Pkw Opel (genaue Bezeichnung), den B bei ihm besichtigt und gekauft habe. Dieser Vortrag genügt zunächst zur Schlüssigkeit. Bestreitet aber B den Abschluss eines Kaufvertrags, er habe sich nur informieren wollen, muss K jetzt seinen Vortrag substanziieren, indem er konkrete Tatsachen für Angebot und insbes. Annahme durch B vorträgt (z.B. B habe nach Erfragung aller Einzelheiten per Handschlag gekauft und unter Überlassung der nötigen Daten den K beauftragt, den Pkw sogleich auf B zuzulassen, was auch geschehen sei).

(4) Unschlüssig ist die Klage also dann, wenn der Kläger   28.13
– im Bereich seiner Darlegungslast:
    nicht alle Voraussetzungen der Anspruchsgrundlage vorträgt (die „anspruchsbegründenden Tatsachen") oder zwar vorträgt, aber, gemessen an der Einlassung des Gegners, unsubstanziiert.

– im Bereich der Darlegungslast des Beklagten:
    selbst ungünstigen Vortrag positiv bringt oder passiv durch Nichtbestreiten zu eigenem ungünstigen Vortrag macht.

b) Zum Fall: ist der Klägervortrag **schlüssig?**   28.14

I. §§ 631, 283 S. 1, 280 I BGB

1. Entstanden
   a) Rückgabepflicht? ja, aus Werkvertrag nach Reparatur.
   b) Unmöglichkeit? ja, da der Dritte Eigentümer geworden ist (Auftreten des B als Eigentümer = Vfg. eines Nichtberechtigten, aber: § 932 BGB) und nicht mehr zu ermitteln und daher auch keine die Unmöglichkeit abwendende Herausgabebereitschaft beim Dritten zu erzielen ist, vgl. Palandt § 275, 25).
   c) Verschulden des Bekl.?
      § 280 I 2 BGB beinhaltet eine Umkehr der Beweislast bzgl. der Verschuldensfrage: Sie trägt also der Bekl. Da **Beweislast und Darlegungslast einander entsprechen,** sich nach Gegenstand und Umfang decken, also gleichen Regeln (wenn auch verschiedenen Aufgaben) folgen (BGH NJW 72, 1438 zu 3 d), bedeutet **Umkehr der Beweislast auch Umkehr der Darlegungslast:**
      K muss also, um seine Klage schlüssig zu machen, zum Verschulden überhaupt nichts vortragen.
      Für die Schlüssigkeitsprüfung ist hier nur wesentlich, dass K jedenfalls nichts Ungünstiges vorgebracht hat.
   d) Schaden: obj. Wert € 3000,–, jetzt noch offen: € 1200,–.
   e) Rechtshindernde Tatsachen: kein (ungünstiger) Vortrag des K vorhanden.

2. Nicht erloschen
   Kein ungünstiger Vortrag des Klägers zu rechtsvernichtenden Einwendungen.

3. Durchsetzbar
   Kein ungünstiger Vortrag des Klägers zu rechtshemmenden Einreden.

Also: **Schlüssig zu §§ 283 S. 1, 280 I BGB.**

II. § 990 I 1, 989 BGB

1. Entstanden

a) Eigentum des Kl. bei Veräußerung durch Bekl.: (+)

b) Besitz des Beklagten bei Veräußerung durch Bekl.: (+)

c) Fehlendes BesitzR des Bekl.? § 986 BGB ist nach h. M. keine Einrede, vielmehr als Einwendung gegenüber § 985 BGB rechtsvernichtend (BGHZ 82, 18; BGH NJW 99, 3716 a. E.), im Rahmen der EBV-Ansprüche aus §§ 987 ff. BGB m. E. schon rechtshindernd, weil bei BesitzR ein Anspruch aus §§ 987 ff. BGB dann schon gar nicht entsteht. Der beklagte Besitzer trägt also die Darlegungs- und Beweislast für die Rechtmäßigkeit seines Besitzes (BGHZ 82, 17; Palandt § 986, 1, 2).

Aber: K hat im **Hauptvorbringen Ungünstiges** selbst vorgebracht, nämlich BesitzR des B aus § 631 BGB bis Reparaturende. Der Anspruch ist „nur" mit der Hilfsbegründung schlüssig (= falls Dissens, dann kein BesitzR des B).

Für die Hilfsbegründung weiter:

d) Unmöglichkeit seitens des Bekl. zur Herausgabe: wie oben I 1 b

e) Bösgläubigkeit des Bekl.: (+)
Begriff bei §§ 989 ff. BGB: Besitzer hat infolge grober Fahrlässigkeit eigenes BesitzR angenommen. Hier: warnende Zurufe des Angestellten A schaffen unklare Situation: Dissens? Nachfrage bei K drängte sich auf.

f) Verschulden
§ 280 I 2 BGB, der auch bei §§ 989 ff. BGB gilt (da gesetzl. Schuldverhältnis, Palandt § 989, 5). Damit auch Umkehr der Darlegungslast: K muss nichts vortragen, hat es aber:
Der Bekl. habe nach dem warnenden Hinweis des A jedenfalls fahrlässig gehandelt.

g) Schaden (wie oben zu §§ 631, 283 S. 1, 280 I BGB), also: (+)

2. Nicht erloschen: wie zu §§ 631, 283 S. 1, 280 I BGB: (+)

3. Durchsetzbar: wie zu §§ 631, 283 S. 1, 280 I BGB: (+)

Also: **Unschlüssig** (§ 986 BGB!) aus **Hauptvorbringen** (§ 631 BGB). **Schlüssig** aber aus **Hilfsvorbringen** (Dissens).

III. § 823 I BGB

1. Anwendbarkeit

Ja: nach dem **Hauptvorbringen** scheiden wegen Besitzrechts des B aus § 631 BGB die §§ 987 ff. BGB aus. Dann ist auch § 823 I BGB anwendbar, der frei neben §§ 631, 283 S. 1, 280 I BGB konkurriert.

2. Entstanden

a) Eigentumsverletzung: (+)

b) Verschulden des B nach warnendem Hinweis durch A: (+)

c) Schaden: (+)

3. Nicht erloschen: wie zu §§ 631, 283 S. 1, 280 I BGB

4. Durchsetzbar: wie zu §§ 631, 283 S. 1, 280 I BGB

Also: **Schlüssig aus dem Hauptvorbringen** (= Reparaturauftrag)

Zur Schlüssigkeitsprüfung des Klägervortrags also **insgesamt:** Die Klage ist **aus dem Hauptvorbringen schlüssig** zu §§ 631, 283 S. 1, 280 I und § 823 I BGB, aus dem **Hilfsvorbringen** schlüssig zu §§ 990 I S. 1, 989 BGB.

2. Die Prüfung des Beklagten-Vorbringens (sog. Beklagtenstation)

a) Grundsätzliches vorab: **28.15**

Ausgangspunkt ist auch hier der Klageantrag: ist das Vorbringen des Beklagten geeignet („erheblich"), den schlüssig vorgetragenen Klageanspruch ganz oder teilweise zu Fall zu bringen?

Anders formuliert, aber inhaltsgleich (weil primäre Orientierung am Klageantrag dokumentierend): Ist der Klageantrag nach dem abweichenden Vortrag des Beklagten immer noch berechtigt?
Nicht geht es im Ansatz darum, ob der Beklagte „recht hat": er kann – in Verkennung der Rechtslage – sich eingehend und womöglich schlüssig zu einem gar nicht streitgegenständlichen Anliegen äußern (z. B. er verwechselt das eingeklagte Darlehen mit einem anderen des Klägers). Es geht nur darum, was mit dem *Klage*anspruch ist.

Das Vorbringen des Beklagten besteht aus dem Unstreitigen (es ist das Vorbringen **jeder** Partei) und dem streitigen Vortrag des Beklagten, Siegburg Rdnr. 306, 410.

Die Verteidigungsmöglichkeiten des Beklagten sind: **Rechtsansichten – Bestreiten – Einwendungen.** Ihr Standort, orientiert an der Darlegungslast, ist:

Anspruchsgrundlage: §§ 631, 283 S. 1, 280 I BGB

b) Zum Fall: ergibt der Beklagtenvortrag, dass der Klageanspruch unberechtigt ist?   **28.16**

I. §§ 631, 283 S. 1, 280 I BGB

1. Zum Punkt: „**Entstanden**"?

Werkvertrag und Rückgabepflicht daraus werden **bestritten** (allenfalls Rückgabepflicht aus Kommissionsvertrag, aber der sei erfüllt).

2. Zum Punkt: „**Nicht erloschen**"?

Hilfs-Aufrechnung: Nach der herrschenden Beweiserhebungstheorie (ThP § 145, 15) muss vor der Aufrechnung erst einmal die Begründetheit der Klage geprüft werden, so dass ihre **Erörterung an dieser Stelle verfrüht** ist: Sie kann **erst nach der „Beweisstation"** (unten 3) geprüft werden.

3. Zum Punkt: „**Durchsetzbarkeit**"

Kein ausreichender, schlüssiger Vortrag zur Verjährungseinrede.

Also: Klageanspruch aus §§ 631, 283 S. 1, 280 I BGB danach nicht entstanden.

Konsequenz: entscheidungserheblich und beweisbedürftig ist, ob nach Behauptung des Klägers ein Werkvertrag vereinbart wurde.

II. §§ 990 I 1, 989 BGB

1. Zu: „Entstanden"?

a) Eigentum des K: (+)

b) Besitz des B: (+)

c) **Aber: rechtshindernder** (s. oben S. 312 zu II 1 c) Einwand aus § 986 BGB: Recht zum Besitz aus Kommissionsvertrag. **Darlegungslast beim Bekl., er muss insoweit schlüssig vortragen,** was auch erfolgt ist

d) Bösgläubigkeit: Warnender Zuruf durch Angestellten A: **bestritten**

e) **Verschulden:** infolge § 280 I 2 BGB Darlegungslast für Nichtverschulden bei B (Palandt § 989, 5). Hier: Korrekte Ausführung des Kommissionsvertrags.

Also: Anspruch aus §§ 990 I S. 1, 989 BGB danach nicht entstanden.

Konsequenz: entscheidungserheblich und beweisbedürftig ist, ob B ein Recht zum Besitz aus Kommissionsvertrag hatte, und falls nicht, ob B bösgläubig war.

III. § 823 I BGB

1. Anwendbarkeit

ja, da kein Eigentümer–Besitzer–Verhältnis (Recht zum Besitz!)

2. Zu: „Entstanden"?

Keine rechtswidrige, sondern vom Kläger gestattete Veräußerung: rechtshindernder Einwand betreffend Rechtswidrigkeit. Darlegungslast bei B, der schlüssig dazu vorgetragen hat.

Also: Klageanspruch aus § 823 I BGB danach nicht entstanden.

Konsequenz: Sofern § 823 anwendbar (kein EBV, da Besitzrecht bei B), ist entscheidungserheblich und beweisbedürftig, ob das Tun des B gerechtfertigt war durch einen Kommissionsvertrag.

28.17 **3. Stehen die entscheidungserheblichen, aber umstrittenen Tatsachen jetzt fest? (sog. Beweisstation)**

I. §§ 631, 283 S. 1, 280 I BGB

– **Entscheidungserheblich** und – da keine Ausnahme (z. B. §§ 291, 292, Anscheinsbeweis, siehe die nachfolgende Gesamtübersicht) eingreift – **auch beweisbedürftig** ist, ob die Parteien einen *Werkvertrag* (damit: Rückgabepflicht) geschlossen haben:

– Beweisführungslast (-antrittslast) bei K, der den (Haupt-)Beweis durch Benennung des A auch angetreten hat, **Beweis ist auch erhoben** worden.

– **Beweiswürdigung:** keine volle Überzeugung des Gerichts, da A nicht gesamtes Gespräch mitgehört hat, Erinnerung hat nachgelassen.

– **Beweislast:** beim Kläger, da anspruchsbegründende Tatsache. Anspruch aus §§ 631, 283 S. 1, 280 I BGB also unbegründet.

II. §§ 990 I S. 1, 989 BGB

– **Entscheidungserheblich und beweisbedürftig** ist zunächst die vom Bekl. behauptete rechtshindernde Tatsache, aus Kommissionsvertrag ein *Recht zum Besitz* gehabt zu haben, sowie das *Nichtverschulden* des B (§ 280 I 2 BGB).

– **Beweisführungslast bei B,** der einen Beweis nicht angetreten hat.

– **Beweislast** beim Beklagten.

– **Entscheidungserheblich u. beweisbedürftig ist weiter** die vom Kläger behauptete anspruchsbegründende Bösgläubigkeit des Beklagten. Beweis durch Zeuge A erbracht: warnender Zuruf.

– §§ 990 I S. 1, 989 BGB damit begründet. Jetzt wird die **Eventualaufrechnung** relevant:

Rechtsvernichtender Einwand des Bekl. Schlüssiger Vortrag des Beklagten liegt vor, aber substanziiert bestritten durch den Kläger. Da kein Beweisantritt durch B: **Beweislast beim Beklagten** = der Anspruch aus §§ 990, 989 BGB ist nicht erloschen, vielmehr voll begründet.

III. § 823 I BGB

Nach den Feststellungen zu soeben unter II wird § 823 I BGB verdrängt durch die vorrangige Haftung aus Eigentümer-Besitzer-Verhältnis (Palandt 19 vor § 987). Die Klage hat also **insgesamt vollen Erfolg** aus §§ 990 I S. 1, 989 BGB.

III. Zusammenfassende Übersicht: 28.18
Das Prüfungsschema bei Leistungsklagen

Abstraktes Schema, unabhängig vom soeben besprochenen Fall.

1. Rechtfertigt das Klägervorbringen den Klageantrag?
(„Klägerstation").

Schlüssigkeitsprüfung des Klägervortrags

Anspruchsgrundlage: §§ 631, 283 S. 1, 280 I BGB. Ist das Vorbringen schlüssig zu

(1) **Entstanden**
 – Hat K alle anspruchsbegründenden Tatsachen der Norm schlüssig behauptet? Vortrag nicht präkludiert gem. § 296?
 – Besteht kein ungünstiger Klägervortrag zu rechtshindernden Tatsachen (z.B. § 105 BGB)?

(2) **Nicht erloschen**
 Hierzu darf kein ungünstiger Klägervortrag (z.B. § 362 BGB) vorliegen

(3) **Einredefrei durchsetzbar**
 Dazu darf kein ungünstiger Klägervortrag vorliegen (z.B. § 214 I BGB sei von B vorgerichtlich geltend gemacht).

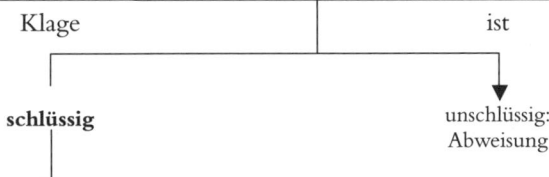

Klage   ist

schlüssig   unschlüssig: Abweisung

2. Ergibt das Vorbringen des Beklagten, dass der Klageanspruch ungerechtfertigt ist? („Beklagtenstation").

Erheblichkeitsprüfung des Beklagtenvortrags, gleichfalls ansetzend am Klageantrag

Anspruchsgrundlage: §§ 631, 283 S. 1, 280 I BGB. Ist das Vorbringen gem. § 296 präkludiert? (Dann: Behandlung wie unstreitige Klage, § 138 III, BGH NJW 87, 499).

Falls nicht: Ist es dahin schlüssig, dass der Klageanspruch

(1) **Nicht entstanden** ist
 – Bestreiten (einfaches oder qualifiziertes) anspruchsbegründender Tatsachen: substanziiert genug?
 – Behaupten rechtshindernder Tatsachen (z.B. §§ 105, 138 BGB)

(2) **Wieder erloschen** ist
 Behaupten rechtsvernichtender Tatsachen (z.B. § 362 BGB)

> **(3) Nicht durchsetzbar ist**
> Behaupten rechtshemmender Tatsachen (z. B. §§ 214 I, 320 BGB)

ja   **nein**

Klageanspruch besteht   Bekl.-vorbringen ist unerheblich
danach nicht   (unsubstanziiert, unschlüssig etc.):
                               Klage stattgeben.

3. Die **Beweisstation**

Nach dem schlüssigen Klägervorbringen ist der Klageantrag berechtigt, nach dem Beklagtenvortrag aber unberechtigt. Zu den Erfolgsvoraussetzungen der Klage liegen 2 verschiedene Versionen vor.

Es kommt also darauf an, **ob die entscheidungserheblichen, aber umstrittenen Tatsachen feststehen, oder** eine Lösung über **Beweislast**verteilung erfolgen muss („Beweisstation"):

a) Ausgangspunkt:

Entscheidungserheblich sind vorliegend folgende strittigen Tatsachen: … (soeben durch oben 1. und 2. herausgearbeitet).

b) Davon sind ausnahmsweise **nicht beweisbedürftig** (ThP 1, Zöller 10 vor § 284):

– **Offenkundige Tatsachen, § 291** (z. B. historische Fakten oder aktuelle des Zeitgeschehens. Deren Verwertung muss aber zur Wahrung rechtl. Gehörs zum Gegenstand der Verhandlung gemacht werden, ThP § 291, 4 m. w. N.).

– **Tatsachen, für die eine gesetzliche Vermutung besteht, § 292.** Z. B: §§ 891, 1138, 1155, 1006 I, 1362, 2365 BGB, ThP § 292, 1, 2.

– **Tatsachen, die laut Anscheinsbeweises zunächst feststehen.**

Dazu: ThP § 286, 12 ff. Palandt 130 vor § 249. Die Anwendung des Anscheinsbeweises setzt einen typischen Geschehensablauf voraus, d. h. es muss ein Sachverhalt feststehen, der nach der allgemeinen Lebenserfahrung auf eine bestimmte *Ursache* oder auf einen bestimmten *Ablauf* als maßgeblich für den Eintritt eines bestimmten Erfolgs hinweist (BGH NJW 2012, 1277, Rn. 16; BGHZ 160, 313). Die *Basis* des Anscheinsbeweises (typischer Geschehensablauf, typischer Erfolg) ist also von der beweisbelasteten Partei (wenn nicht unstreitig) erst einmal streng zu beweisen (also z. B. dass der PKW-Unfall gerade durch ein „Auffahren" passiert ist: ist *das* unstr. oder bewiesen, spricht der Anscheinsbeweis für das Verschulden des Auffahrenden).
Der Anscheinsbeweis hat nach h. M. seinen Standort im Rahmen des § 286 (Leitlinie der Beweiswürdigung), führt nicht zur Umkehr der Beweislast. Es genügt daher, ihn zu *erschüttern* (= echter Nachweis von Tatsachen, die – und das unterscheidet von der Beweislastumkehr – die „ernsthafte Möglichkeit" eines anderen Geschehensablaufes ergeben). Nach „Erschütterung" greift die ursprüngliche Beweisführungslast (-antrittslast) wieder ein. ThP § 286, 13; Zöller 29 ff. vor § 284; Palandt a. a. O.

c) Die **übrigen** entscheidungserheblichen, aber umstrittenen Tatsachen **sind beweisbedürftig.**

Ist danach **Beweisaufnahme erforderlich, so ist weiter zu prüfen:**

Beweisaufnahme ist

schon erfolgt	
Hauptbeweis (Obliegt dem Beweisbelasteten)	**Gegenbeweis** Darf mit Hauptbeweis zugleich angeordnet und erholt werden (Zöller 10; ThP 8 vor § 284). Bereits geglückt mit *Erschütterung,* nicht nötig, dass die Tatsache als unwahr *nachgewiesen* wird (ThP a. a. O.; Musielak § 284, 6)

(noch) nicht erfolgt	
zulässiger und wirksamer Beweisantritt ist noch unerledigt: ⏟ **Beweisbeschluss**	kein Beweisantritt (oder ein verspäteter §§ 296, 356)

entscheidungsreif

d) Beweiswürdigung. Ergebnis:

Bewiesen	Gegenteil steht fest	non liquet

e) Beweislastverteilung dazu: ThP 17 ff. vor § 284

Endurteil

Sachverzeichnis

Die fetten Zahlen bezeichnen den Paragrafen, die mageren die Randnummer.